Al Prof. Tierney
muy cordialmente
A. García
Sal. 20 Feb. 86

IGLESIA, SOCIEDAD Y DERECHO

BIBLIOTHECA SALMANTICENSIS
Estudios 74

ANTONIO GARCIA Y GARCIA

Iglesia, Sociedad y Derecho

Universidad Pontificia de Salamanca
Biblioteca de la Caja de Ahorros y M. de P. de Salamanca
1985

Es propiedad. de la U. P S.

Depósito Legal: S. 672 - 1985 I.S.B.N. 84-7299-155-5

Imprenta «KADMOS» S.C.L. - Compañía, 5 - Teléfono 21 98 13 - 37008 Salamanca 1985

PROLOGO

En la Alta Edad Media, Occidente estuvo a punto de caer en el estado de barbarie. Tres factores hicieron prevalecer la fuerza de la razón sobre la razón de la fuerza, creando el imperito de la ley frente al de la violencia. Estos tres factores fueron Grecia, Roma y el cristianismo. El pensamiento aristotélico renace durante el medievo en varias etapas sucesivas. La antorcha de la cultura de Roma fue transmitida por la Iglesia a la cristiandad medieval, mientras que en el s. XII se redescubre el derecho romano justinianeo.

De la simbiosis de estos tres elementos surge la civilización y cultura occidental. Aunque por mucho tiempo un estereotipo historiográfico consideró al medievo como la edad oscura y tenebrosa de Occidente, hoy día no cabe duda que en aquellos siglos se sitúa el nacimiento de las instituciones que constituyen la base de nuestro mundo moderno. El medievo nos legó instituciones como las universidades. A aquellos siglos se remontan algunos de los fundamentos más característicos de la democracia moderna. A los civilistas, canonistas y demás pensadores medievales pertenecen las primeras elaboraciones sobre estos temas. La democracia moderna surgió en el medio ambiente de la civilización y cultura occidentales, y no en las viejas civilizaciones de la India, China o Japón, ni del imperio azteca o del incaico, ni de Egipto o Babilonia.

La investigación y estudio de los textos jurídicos medievales constituye una aportación, importante como pocas, para el conocimiento de la identidad histórica de Occidente. Desde esta persuasión, el autor de este libro dedicó sus afanes durante sus veinticinco años de profesor en Salamanca a la investigación y estudio de diversos ordenamientos medievales. Partiendo del derecho canónico medieval, amplió el radio de su atención y curiosidad a otros campos, que en el medievo forman un todo indivisible, como ocurre con el derecho común romano-canónico medieval y con los derechos nacionales que en él se inspiran.

Durante este último cuarto de siglo, el autor de este volumen publicó alrededor de un centenar de artículos y varios libros sobre la temática que aquí se describe. De ellos se incluye en este libro una selección de veintitrés, que se distribuyen en cinco partes sobre otros tantos grandes sectores del tema aquí enunciado.

En una primera parte se trata del derecho común medieval o derecho paradigmático a semejanza del cual se elaboran entonces los nacientes derechos de los reinos occidentales.

Los canonistas y civilistas, que son los principales protagonistas de esta historia, desde el nacimiento o renacimiento de la ciencia jurídica al filo del s. XII, constituyen el segundo apartado de este libro.

El tercero versa sobre los orígenes de la escuela jurídica de Salamanca, que representa durante siglos el principal centro de estos saberes jurídicos en la Península Ibérica.

En cuarto lugar, se incluyen varios capítulos sobre algunos de los principales juristas o textos legales de los diferentes derechos españoles.

El último grupo de capítulos de este libro se centra en torno al derecho que presidió la actuación de España en Indias, donde se parte del derecho y pensamiento medievales para llegar a soluciones que ya no se inscriben en la Edad Media, sino en el mundo moderno.

Toda esta temática se sitúa en España, pero sin tratar de convertirla en una gesta exclusivamente hispánica, como la reconquista por ejemplo, sino situándola en el natural encuadre de la cristiandad medieval y del mundo moderno europeo.

El nivel prevalente de estos veintitrés capítulos es el de la investigación de primera mano, y sólo excepcionalmente el divulgativo. Dieciséis de estos trabajos aparecieron, a lo largo de los años, en diferentes series europeas y norteamericanas, de escasa circulación en nuestro país, y ahora se reeditan aquí, previa la oportuna puesta al día. Otros siete capítulos son rigurosamente inéditos.

Confío en que la amabilidad de los lectores sabrá subsanar algunas reiteraciones que se registran en varios capítulos de este libro, debidas a que fueron redactados en función de conferencias y publicaciones realizadas en unas coordenadas espaciotemporales muy amplias. Estos veintitrés estudios fueron escritos a lo largo de un cuarto de siglo, con destino a lugares tan distintos y distantes como Barcelona, Boston, Buenos Aires, Estrasburgo, Friburgo de Suiza, Lisboa, Madrid, Murcia, Passo de La Mendola (Italia), La Rábida, Roma, Salamanca, Santiago de Compostela, Toledo y Venecia. Una nueva redacción de estos capítulos cae fuera del plan y propósito del presente libro. Por ello, tampoco se describen en detalle los nuevos descubrimientos realizados desde la primera publicación de cada capítulo, sino que se remite a la bibliografía pertinente ya a propósito de cada tema puntual, ya en una nota adicional al final de cada uno de estos estudios.

Me es particularmente grato dejar constancia de los mejores sentimientos de gratitud al Dr. Francisco Cantelar Rodríguez por sus valiosas sugerencias e impagable ayuda en la corrección de pruebas de este libro.

No sería justo cerrar estas líneas proemiales sin dejar constancia de mi agradecimiento a los primeros editores de algunos de los capítulos de este libro, por su benévola autorización para reimprimirlos total o parcialmente en el presente volumen.

Salamanca, Pascua de 1985.

A. G. G.

Derecho común medieval

SIGLAS

ACA	= Archivo de la Corona de Aragón de Barcelona.
AEM	= *Anuario de Estudios Medievales.*
AHDE	= *Anuario de Historia del Derecho Español.*
AST	= *Analecta Sacra Tarraconensia.*
AUS	= Archivo de la Universidad de Salamanca.
BC	= Biblioteca Capitular o del Cabildo.
BN	= Biblioteca Nacional o Bibliothèque Nationale.
BP	= Biblioteca Pública.
BU	= Biblioteca Universitaria.
CDIAO	= *Colección de documentos inéditos relativos al descubrimiento, conquista y colonización de las posesiones españolas de América y Oceanía.*
CHP	= *Corpus hispanorum de pace.*
CSEL	= *Corpus scriptorum ecclesiasticorum latinorum* (Wien, 1866).
HS	= *Hispania Sacra.*
LThK	= *Lexikon für Theologie und Kirche.*
MIC	= *Monumenta iuris canonici.*
PL	= *Patrologia Latina* de Migne.
REDC	= *Revista Española de Derecho Canónico.*
RET	= *Revista Española de Teología.*
RHCEE	= *Repertorio de Historia de las Ciencias Eclesiásticas en España* (Salamanca, 1967-).
RHE	= *Revue d'Histoire Ecclésiastique.*
ZRG Kan.Abt.	= *Zeitschrift der Savigny-Stiftung für Rechtsgeschichte. Kanonistische Abteilung.*

1. EN TORNO A LA CANONISTICA PORTUGUESA MEDIEVAL *

El tema de este capítulo es demasiado amplio e indeterminado, por lo que se hace preciso delimitarlo convenientemente. No voy a ofrecer una síntesis de la canonística portuguesa medieval. A este tema dediqué un libro recientemente [1]. En él traté de describir los cauces del estudio del derecho del medievo en el medio ambiente universitario europeo y peninsular [2], la penetración del derecho común en este país, los datos esenciales de la biografía y de las obras de los canonistas portugueses, de algunos que sin ser lusitanos tuvieron especiales relaciones con Portugal y de otros cuya nacionalidad es dudosa en el estado actual de la investigación sobre los mismos [3]. Tampoco voy a ocuparme aquí de ningún tema monográfico sobre algún autor u obra concreta, tema que resultaría inapropiado para un sector de historiadores cualificados en sectores muy diversificados de los saberes históricos.

Dejando, pues, a un lado todos estos posibles tratamientos del tema enunciado en el epígrafe de este capítulo, pienso fijarme en una serie de coordenadas o aspectos, cuyo conocimiento juzgo necesario para todo tipo de medie-

* Este capítulo es el discurso de ingreso del autor en la Academia Portuguesa da História, pronunciado en la sede de la misma el día 2 de Diciembre de 1977. Fue publicado en la revista de dicha corporación titulada *Anais,* II serie, vol. 26, tomo 1 (Lisboa, 1979) 125-51. Se omite aquí un exordio de agradecimiento, en lengua portuguesa. En los tres capítulos siguientes se completa la misma temática para toda la Península Ibérica.

1 A. García y García, *Estudios sobre la canonística portuguesa medieval* (Publcaciones de la Fundación Universitaria Española — Monografías 29; Madrid 1976) 296 pp. Me es grato dejar constancia de que la preparación de este libro fue posible gracias a una bolsa de estudio de la Fundação Calouste Gulbenkian de Lisboa.

2 Sobre este tema he vuelto en la comunicación leída en un congreso sobre historia de las universidades: 'Aspectos de la Universidad Portuguesa Medieval', *The Universities in the Middle Ages* ed. by J. Ijsewijn and J. Paquet (Leuven, University Press, 1978) 133-47.

3 De los autores de que me ocupé en el cap. 3 del libro citado en la nota 1 de este artículo, son ciertamente portugueses Petrus Hispanus Portugalensis, Silvestre Godinho, Vicente Hispano, João de Deus, Ioannes Egitaniensis, Dominicus Dominici, Egas de Viseu, André Dias de Escobar y Bonifacio Pérez García. Martín Pérez, Alvaro Pelagio, Juan González y Juan Alfonso de Mella eran del vecino reino de Castilla. Martinus Martini no está todavía definitivamente identificado, como para saber cuál era su nacionalidad, pese a que le dediqué recientemente un artículo titulado 'Candelabrum Iuris', que se reedita en el cap. 11 de este libro. Recientemente localicé un discurso de D. Martín (ob. de Lisboa de 1379 a 1383) sobre el cisma de Occidente, que su autor pronunció ante el Rey de Francia. Espero volver sobre este escrito, que se encuentra en el MS Vat. lat. 5608 fol. 69r-76r.

valistas en orden a leer con provecho las fuentes legales y los comentarios de los canonistas en torno a dichas fuentes. Es bien sabido que el factor jurídico cuenta mucho para entender correctamente la vida y las instituciones de la sociedad medieval. Pero interesa leer los textos jurídicos desde la misma óptica en que fueron escritos, comprendidos y vividos entonces.

Me ocuparé del derecho canónico. Pero para encuadrarlo correctamente aludiré más de una vez a los derechos romano y nacionales de los reinos ibéricos de la Edad Media.

Las observaciones que siguen se refieren al área cronológica que corre desde el s. VI hasta el s. XVI, o lo que es lo mismo desde la monarquía visigótica hasta el Concilio de Trento. En esta larga secuencia de siglos, se suceden fundamentalmente dos ordenamientos jurídicos distintos en la Iglesia peninsular, que requieren un tratamiento por separado.

1. El derecho canónico visigótico

Los autores regalistas de cada uno de los países de la vieja Europa gustaron de hablar del derecho canónico patrio, dando por supuesto que la Iglesia de cada país en cuestión tuvo siempre un ordenamiento canónico completo, propio y peculiar del respectivo país y distinto por consiguiente del de cualquier otra nación de la vieja Europa [4]. Esto es verdad sólo en una mínima parte, sobre todo en ciertos momentos históricos.

Desde el afianzamiento de la monarquía visigótica en la Península Ibérica hasta la reforma gregoriana del s. XI, la disciplina de la Iglesia se rigió en estas tierras por la Colección Canónica Hispana, sus predecesoras y derivadas. Algo parecido sucedía en lo secular con el *Forum Iudicum*. Este doble ordenamiento canónico y secular era aludido con la frase de los diplomas *secundum legem gothicam et canonicam* [5].

Los historiadores suelen hablar del derecho canónico visigótico como de un ordenamiento propio y peculiar de la Península Ibérica, olvidándose de que este ordenamiento tenía mucho de universal y común a toda la cristiandad, que se extendía entonces desde las orillas del Báltico hasta el Mediterráneo y desde el Próximo Oriente hasta Portugal.

El universalismo del derecho visigótico es fácilmente detectable en sus mismos orígenes. En este ordenamiento se reciben los cánones de Oriente y de las Iglesias de Africa, las Galias e Italia, que es tanto como decir los principales centros creativos de entonces en el campo de la disciplina eclesiástica. Este universalismo se reflejaba ya en varias de las colecciones canónicas anteriores a la Hispana y que quedaron absorbidas en ella. Esto ocurre, por ejem-

4 Cf. mi trabajo 'Plan de una *Bibliotheca Canonica Hispana* del s. XVIII', AHDE 43 (1973) 445-65.

5 Para una descripción de las colecciones canónicas visigóticas ver mi *Historia del Derecho Canónico*, 1: *Primer Milenio* (Salamanca 1976) 176-84, con las indicaciones bibliográficas que allí se dan.

plo, en los *Capitula Martini,* que compuso Martín de Braga con motivo del Conc. 2 Bracarense del año 572, y en el *Epítome Hispánico,* compuesto tal vez por un obispo de la Provincia Bracarense hacia el 510.

La proyección universalista del derecho canónico visigótico es todavía más visible desde la invasión musulmana del 711. La Hispana entonces se proyecta bajo diversas formas en el centro del mundo cristiano de Occidente polarizado en torno a los dominios de los merovingios y carolingios. En forma más o menos pura, la Hispana informa la vida disciplinar de allende los Pirineos. Por ello, aún hoy día se conservan varios manuscritos de esta Colección Hispana en diferentes bibliotecas europeas como la Nacional de Viena, la Vallicellana de Roma, la Angélica y el Vaticano.

Entre las colecciones inspiradas por la Hispana, cumple recordar aquí especialmente la Dacheriana y el Pseudoisidoro. Como indicábamos en otro lugar 'la Hispana constituye la colección canónica más importante dentro del marco de la canonística pregraciánica. Su influjo fuera dela Península Ibérica fue siempre considerable. En Francia, representará con la Adriana un derecho universal y jerárquico frente a la atomizada literatura de los penitenciales. Fundidas externamente las dos colecciones darán lugar a la Adriano-Hispana. De la fusión interna de las dos, resultó la colección sistemática Dacheriana, que representa el entronque de no pocas colecciones posteriores. Otra colección que recibe el influjo directo de la Hispana es la cronológica conocida con el nombre de Decretales Pseudoisidorianas, que constituye una importante línea de influencia en muchas colecciones pregraciánicas. El influjo y proyección histórica de la Hispana no se agota con esto, sino que influye en otras muchas colecciones menores' [6].

Con la reforma gregoriana del s. XI y sobre todo con el Decreto de Graciano a mediados del siglo siguiente, llegará a su ocaso el reinado de las grandes colecciones canónicas de los once primeros siglos y por consiguiente también el de la Hispana. Desde entonces se convierten en objeto de historia. Pero es preciso constatar que casi un millar de textos de este ordenamiento visigótico prolonga durante muchos siglos su impacto en la disciplina de la Iglesia, debido a su inclusión en el Decreto de Graciano, que no pierde totalmente el carácter de derecho vigente hasta el Código de 1918 [7].

La conclusión que se desprende de las consideraciones que preceden es que en el derecho visigótico resalta aún más su carácter de ordenamiento común que el aspecto de derecho particular de la iglesia y sociedad visigóticas. Cualquiera que sea el tema y las preocupaciones de los historiadores, harán bien en acercarse a estos textos teniendo en cuenta su doble aspecto y proyección universal y particular. Hay que leerlos desde esta ensanchada óptica de tiempo y espacio con que fueron escritos, coleccionados y vividos. Bajo este aspecto, la historiografía no cabe duda de que fue a veces un tanto miope.

6 Cf. ibid., 184. Sobre el resto de las colecciones a que aludimos aquí, cf. ibid., 294-96 y 299-303.

7 Cf. L. Rodríguez Sotillo, 'Las fuentes ibéricas del Decreto de Graciano', *Miscelánea Comillas* 20 (1953) 299-329 y en *Studia Gratiana* 2 (1954) 13-48.

Esta miopía historiográfica afecta también a otras dimensiones del derecho visigótico. Este ordenamiento no fue un todo incambiado en el tiempo y en el espacio. No fue un derecho escrito de una vez para siempre, sino en etapas diversas. No nos hallamos ante textos muertos y fosilizados. Por el contrario, son textos vivos que se coleccionan y se ponen al día, evolucionando con las preocupaciones y problemas vitales de la iglesia cuya vida intentan regular.

En el estado actual de nuestros conocimientos, se distinguen por lo menos seis momentos estelares en el largo proceso evolutivo de las fuentes del derecho canónico visigótico: colecciones preparatorias de la Hispana, Hispana Isidoriana, Hispana Juliana, Hispana vulgata con una recensión común y otra catalana, Hispana sistemática en su doble forma latina y árabe, florilegios de la Hispana [8]. Por supuesto que esto significa que no todos los textos estuvieron vigentes durante todo el largo lapso de tiempo que corre del s. VI al XII. Pero tampoco se extendió por igual su vigencia en cada una de las áreas geográficas de la Iglesia visigótica y de sus zonas de influencia. La presencia de cualquier canon en colecciones diversas no significa que haya de interpretarse de modo absolutamente idéntico. Por el contrario, en un mismo texto subyace un significado algo diferente en cada colección por donde pasa, a tenor de las matizaciones que el autor de cada colección les imprime y que son las claves para leerlo.

He aquí toda una serie de matices de los textos disciplinares visigóticos, que si no se sitúan con el debido relieve, se acabará por darles más significado del que tienen o por no concederles todo el que les corresponde realmente. Todos estos matices y aspectos son difícilmente utilizables para los historiadores mientras no poseamos una edición crítica de la Hispana. Afortunadamente, esta meta que hasta hace poco se movía en la nebulosa de la lejanía, aparece ahora cercana, gracias sobre todo a los trabajos de los profesores Gonzalo Martínez Díez y Félix Rodríguez [9].

8 Es obvio que el número de códices que hoy día se conservan de cualquier obra no está necesariamente en relación directa con su difusilón manuscrita. Tampoco es seguro que la tradición manuscrita conocida refleje todas las recensiones de la obra en cuestión. Así, por ejemplo, hasta ahora se conocía por un único códice de la Biblioteca Central de Barcelona la así llamada Colección Pirenaica, que es un florilegio de la Hispana. Dicha colección fue estudiada y editada por G. Martínez Díez, 'Una Colección Canónica Pirenaica del s. XI', *Miscelánea Comillas* 28 (1959) 213-70. No hace mucho, me vino a las manos un nuevo códice de este florilegio, que nos ofrece una recensión muy divergente de la ya conocida. Espero describirlo en un próximo futuro. Esta nueva recensión se encuentra en el MS 227 fol. 1r-77v del Musée Plantin-Moretus de Amberes. Fue localizado por el Prof. Gérard Fransen (Univ. de Louvain-la-Neuve), a quien agradezco la noticia y un microfilm del mismo códice. Dicho manuscrito perteneció anteriormente al All Souls College de Oxford. La recensión del códice de Amberes (que podemos llamar A) es más amplia que la de Barcelona (que designaremos B). En la parte de los concilios ambos códices (A y B) se parecen bastante, aunque hay concilios que figuran en A y faltan en B, y viceversa. En el sector de decretales de los papas, B sólo trae cuatro o cinco, mientras que A sobrepasa el medio centenar. Pero todo esto requiere un estudio más a fondo que excede el marco de esta conferencia.

9 Cf. G. Martínez Díez, *La Colección Canónica Hispana,* I: *Estudio* (Madrid-Barcelona 1966). Entre las críticas que se hicieron a este primer volumen, merecen especial mención algunas como las de Ch. Munier, 'Nouevelles recherches sur l'Hispana chrono-

2. Derecho canónico medieval

Como es sabido, a lo largo de los s. XII-XV aparecen las diferentes colecciones que integran el *Corpus Iuris Canonici:* Decreto de Graciano (hacia 1150), *Liber Extra* o Decretales de Gregorio IX (1234), *Liber VI* de Bonifacio VIII (1298), Decretales Clementinas (promulgadas por Juan XXII en 1317), Extravagantes de Juan XXII (1325) y Comunes (colecciones que se imprimen por primera vez como tales en la edición parisina de Juan de Chapuis el año 1500 y 1503)[10].

Una primera observación en torno a estos textos legales tiene un sentido inverso a cuanto dijimos sobre el universalismo del derecho canónico de la época visigótica. El sistema canónico del *Corpus Iuris Canonici* es conocido por los historiadores como un derecho común y universal que no deja apenas resquicio alguno para la existencia de un derecho particular de las iglesias locales. Esta apreciación resulta rotunda en demasía, y por ende no exenta de equivocación. Y esto por diversos motivos.

Las ediciones del *Corpus Iuris Canonici* nos ofrecen un texto achatado, relativamente estereotipado y fijo. Pero quien se aproxime a la tradición manuscrita de cada una de estas colecciones, se percatará de que sobre todo en algunas de ellas la edición o ediciones se corresponden poco con la realidad histórica. De Graciano y de las Extravagantes de Juan XXII y Comunes circularon diferentes y dispares recensiones. Obviamente, cada una de estas recensiones obedece a unas coordenadas de tiempo y espacio que de algún modo la connotan y peculiarizan. No le quitan ciertamente su carácter universal, pero lo matizan a veces notablemente.

Las diferentes recensiones del Decreto de Graciano obedecen sin duda más a una tradición académica que pastoral. No es éste el lugar para abordar problemas tan complejos como la presencia o ausencia de determinados textos

logique', *Revue des ciences religieuses* 40 (1966) 400-10 y P. Landau, en ZRG Kan. Abt. 54 (1968) 406-14. Una síntesis de los resultados de las investigaciones previas del Prof. Gonzalo Martínez Díez, realizada por él mismo, puede verse en su estudio 'Canonística española pregraciana', RHCEE 1 (Salamanca 1967) 375-95. Entre los trabajos del coeditor de la Hispana, Prof. Félix Rodríguez, merecen especial mención los siguientes: 'El crecimiento de la Colección Canónica Hispana a través de sus Capitula', *Miscelánea Comillas* 30 (1972) 5-24; 'Las listas episcopales de Nicea en la Colección Canónica Hispana', *Burgense* 15 (1974) 341-58; 'Observaciones y sugerencias sobre algunos manuscritos de la Colección Canónica Hispana', *Burgense* 16 (1975) 119-43; 'Los antiguos concilios españoles y la edición crítica de la Hispana', *Proceedings of the Fifth International Congress of Medieval Canon Law,* Salamanca, 21-25 September 1976. Ed. by Stephan Kuttner and Kenneth Pennington (MIC. Series C: Subsidia 6; Città del Vaticano 1980) 3-13. Desde la primera redacción de este capítulo, aparecieron, en 1976, 1982 y 1984, los volúmenes segundo (Colecciones derivadas de la Hispana) y el tercero y cuarto (Concilios griegos y africanos). Estos volúmenes fueron preparados por G. Martínez Díez (el segundo), y por G. Martínez Díez y F. Rodríguez (el tercero y cuarto). Ver reseña en REDC 40 (1984) 167-69.

10 Ver sobre estas colecciones el manual de A. M. Sictkler, *Historia Iuris Canonici Latini. Institutiones Academicae,* 1: *Historia fontium* (Torino 1950) 197-276; G. Le Bras-Ch. Lefebvre-J. Rambaud, *L'Âge Classique 1140-1378: Sources et théorie du droit* (Histoire du Droit et des Institutions de l'Église en Occident 7; Paris 1965) 52-263.

en el Decreto, pero la praxis disciplinar se ajustaría indudablemente a la copia del Decreto que se podía tener a mano. La diferencia entre una copia y otra, podía en algunos casos referirse a muchos capítulos, tales como las páleas, textos de derecho romano, textos aparecidos después de la fecha de aparición del Decreto e incluidos donde les correspondería por razón de la materia que tocaban o en apéndice al volumen en donde se copiaban, etc. [11]. Todo esto comportaba a no dudarlo una serie de matices localistas.

Las Decretales de Gregorio IX y el *Liber VI* de Bonifacio VIII revisten menos interés desde el punto de vista que aquí comentamos, ya que su tradición manuscrita es mucho más uniforme. Pero las dos últimas colecciones del Cuerpo de Derecho Canónico (Extravagantes de Juan XXII y Extravagantes Comunes) merecen una especial atención bajo este aspecto. Es bien sabido que estas colecciones han sido mucho menos estudiadas que las restantes del *Corpus Iuris*. En todo caso, hay una cosa indudable, a saber que durante el s. XIV y XV circularon en diferentes y numerosas recensiones, entre los cuales se eligió para formar parte del *Corpus Iuris* solamente la que aparece en las ediciones. De esto se deduce que la praxis en esos siglos y para esas colecciones fuy muy diferente de lo que las ediciones acusan [12].

Los grandes cuerpos legales y su extensos comentarios no eran directamente consultados por muchos usuarios, que más bien se contentaban con opúsculos mucho más reducidos en precio y en dimensiones. Un buen ejemplo de este tipo de literatura puede verse en las obras del canonista portugués João de Deus, de las que todavía se conservan hoy día copias manuscritas en las principales bibliotecas con fondos medievales, como exponemos más ampliamente en el cap. 6 de este libro. Esto quiere decir que el derecho común y universal llegaba a conocimiento de muchos sólo de forma abreviada y tamizado por el prisma del autor o autores de este tipo de escritos.

Los autores nacionales dan con frecuencia noticias históricas interesantes para el país de referencia. Es especialmente citable bajo este aspecto para Portugal Vicente Hispano, quien no sólo fue un buen teórico del derecho

11 Cf. W. Holtzmann, *Kanonistische Ergänzungen zur Italia Pontificia* (Tübingen 1959), aparecido anteriormente en los volúmenes 27-28 de la revista *Quellen und Fourschungen aus italienischen Archiven und Bibliotheken;* G. Le Bras-Ch. Lefebvre-J. Rambaud, op. cit. en la nota anterior.

12 Entre los muchos ejemplos que podrían citarse de un orden y contenido diferente del divulgado en las ediciones del *Corpus Iuris,* puede verse el MS 108 fol. 282ra-95vb de la Biblioteca del Cabildo de Córdoba, donde aparecen entreveradas decretales de Juan XXII, Extravagantes comunes y otras decretales que no figuran en las ediciones del *Corpus Iuris Canonici.* Ver descripción de este códice en A. García y García-F. Cantelar Rodríguez-M. Nieto Cumplido, *Catálogo de los manuscritos e incunables de la Catedral de Córdoba,* Bibliotheca Salmanticensis VI — Estudios 5 (Salamanca 1976) 186-87. Un caso parecido, aunque no idéntico, tenemos en los MSS 4-17, 8-1, 8-3, 24-14 de la Biblioteca del Cabildo de Toledo. Cf. descripción en A. García y García-R. Gonzálvez Ruiz, *Catálogo de los manuscritos jurídicos medievales de la Catedral de Toledo* (Cuadernos del Instituto Jurídico Español — Delegación de Roma 6; Roma-Madrid 1970) 14-16, 18-19, 20-21, 98-99. Sobre lo que aquí se sugería en 1976, acaba de aparecer el excelente libro *Extrauagantes Iohannis* XXII ed. Jacqueline Tarrant (MIC. Series B: Corpus Collectionum 6; Città del Vaticano 1983). Ver reseña en AHDE 54 (1984) 677-80.

canónico, sino que tomó parte activa en numerosas causas relacionadas con Portugal [13].

Según el canon 6 del Conc. 4 Lateranense de 1215, la legislación de los concilios generales de la Iglesia había de ser aplicada a escala local por los concilios particulares, es decir por los concilios provinciales y por los que reunían más obsipos que los de una simple provincia eclesiástica, aunque sin llegar a la categoría de generales o ecuménicos. A su vez, los sínodos diocesanos tenían la misión de aplicar en su respectivo ámbito de la diócesis las normas supradiocesanas.

Muy pocos párrocos podían permitirse el lujo de adquirir un ejemplar del voluminoso *Corpus Iuris Canonici* o el texto completo de uno o varios concilios generales de reforma del medievo. Quiere decirse, pues, que esta legislación común y universal era normalmente conocida y aplicada a través de las breves y elementales normas del sínodo diocesano, donde se recogen tan sólo algunas de las innumerables reglas disciplinares que se encontraban en el *Corpus Iuris.*

Aunque teóricamente los concilios particulares y sínodos desde el s. XI sólo aplican, no crean la norma canónica, lo cierto es que en no pocas ocasiones acaban formulando una nueva disciplina que se mueve *extra, iuxta, contra, supra* o *infra legem.* Hasta la reforma gregoriana, estas asambleas tenían verdadero poder legislativo, con lo que la creación del derecho por parte de las mismas era un hecho corriente y normal. Con ello tenemos, que el derecho común no era tan común como a primera vista pudiera imaginarse, sino que se particularizaba a través de los concilios particulares y sínodos diocesanos. Pero este proceso no debe hacernos olvidar que a veces también sucedía lo contrario, es decir que un concilio particular no lo era tanto, ya que se celebraba bajo una muy eficaz orientación pontificia. Tal es el caso de los concilios legatinos, que convocaba, presidía y dirigía algún legado *a latere* del romano pontífice. En este sentido, la labor de algunos legados pontificios en la Península Ibérica fue particularmente memorable. La labor de un Juan de Abbeville o de Guillermo Godin será recordada mucho después, y sus nombres serán tan populares y conocidos que bastará aludir al *Legado* o al *Sabinense* para darse cuenta que se trata de uno de estos personajes [14].

Toda esta literatura de los concilios particulares y sínodos es cuantitativamente pequeña, pero de alta calidad informativa, por lo menos en muchos casos. Los más diversos aspectos de la vida del individuo y de la sociedad desfilan por sus páginas. De ahí que su lectura interesa a todo tipo de historiadores. Su difusión manuscrita debió ser enorme, pese a que hoy se con-

13 Cf. A. Domingues de Sousa Costa, *Mestre Silvestre e Mestre Vicente, juristas da contenda entre D. Alfonso II e suas irmãs* (Braga 1963); ver el mismo, *Un mestre portugês em Bolonha no século XIII. João de Deus. Vida e obras* (Braga 1957) 35-38 para el canonista lisboeta João de Deus.

14 Los dos fueron cardenales del título de Santa Sabina. Se conocen hoy día unos 20 códices manuscritos de las constituciones de Guillermo Godin, dadas en el Conc. de Valladolid del año 1322, lo que da una idea de la difusión e impacto de las mismas en la Iglesia castellana a donde iban dirigidas.

serven en pocos manuscritos, a veces en uno solo o en ninguno. He aquí un caso en donde el número de códices hoy conocido no da idea de la difusión real en su época [15]. Son pocos los países que cuentan con una edición científicamente al día de estos textos [16].

Otro sector del derecho canónico medieval que adquiere fácilmente matices particulares es el de las relaciones entre el poder espiritual y temporal. En algunos países, como Portugal, esto fue objeto de diferentes acuerdos o concordatos con el episcopado local, con o sin el respaldo de la Santa Sede. En tales casos cuentan bien poco las reglas de juego previstas en los textos del *Corpus Iuris* [17].

Las querellas entre los monarcas lusitanos y la Iglesia fueron bastante borrascosas en algunas ocasiones, mientras que durante algunos períodos se desarrollaron de forma normal. La dura tarea de la reconquista exigió de los monarcas copiosas y generosas donaciones de todo tipo, con el fin de asegurarse el apoyo y ayuda de los obispos y nobles. Con la Iglesia existía, además, la motivación religiosa, que se dio también sin duda en los reyes, por muy mezclada que se la suponga con otras miras. El hecho de ser Portugal un reino vasallo de la Santa Sede complicó todavía más las relaciones entre ambos poderes espiritual y temporal [18].

Los enfrentamientos entre el poder espiritual y temporal parecieron colmar la medida en tiempos del rey D. Alfonso III (1248-1279). Su hijo D. Dinís (1279-1325), sin renunciar a ninguna de las aspiraciones de sus antecesores, consiguió llegar a un primer acuerdo con la Iglesia en tiempos de Nicolao IV, concretamente en 1289. Este documento, redactado en cuarenta artículos y aprobado por el papa con la bula *Cum olim* del 7 de Marzo de 1289, es conocido en la historiografía como primer concordato del Rey D. Dinís [19].

El mismo año 1289 se elabora en Roma otro documento en once artículos, complementario del anterior de cuarenta. Ambos fueron elaborados por

15 Ver mi artículo 'Los concilios particulares en la Edad Media', *El Concilio de Braga y la legislación particular en la Iglesia* (Salamanca 1975) 135-67 con la bibliografía allí indicada.

16 Los sínodos ibéricos se encuentran hoy en fase de publicación en el *Synodicon hispanum*, 1: *Galicia* (Madrid 1981); 2: *Portugal* (Madrid 1982); 3: *Astorga, León y Oviedo* (Madrid 1984), con otros volúmenes en prensa y en preparación.

17 Una buena exposición de las normas de derecho común sobre esta árdua materia puede verse en el opúsculo del obispo de Viseu, D. Egas, *Summa de ecclesiastica libertate*, cuya edición y estudio puede verse en mi libro *Estudios sobre la canonística portuguesa* cit. supra nota 1, pp. 219-81; E. Melo Peixoto, 'Derecho concordatario medieval portugués', REDC 35 (1979) 305-38.

18 *Estudios sobre la canonística...*, cit. en la nota anterior, 222 n. 3.

19 Véase el texto latino en G. Pereira de Castro, *De manu regia tractatus* prima pars (Olyssipone 1622) fol. 225v-36v; texto portugués en *Ordenaçoens do Senhor Rey D. Affonso V* livro 2, tit. 1-4 (Coimbra 1792) 3-32 y en F. de Almeida, *História da Igreja em Portugal* 4 (Porto 1971) 61-69; también hay una edición portuguesa parcial en Visconde de Santarém = Luiz Augusto Rebello da Silva, *Quadro elementar das relações políticas e diplomáticas de Portugal com as diversas potências do mundo* 9 (Lisboa 1864) 241 ss. quien lo resume, por cierto poco fielmente, del *Livro de Leis e Posturas* que, como es sabido, se conserva en la Torre do Tombo de Lisboa.

sendas comisiones nombradas por el rey y por el papa. El primero lleva una aprobación pontificia, mientras que el segundo carece de tal requisito [20].

Recientemente descubrí un manuscrito, con una recensión diferente de la conocida, en la que se contienen entreverados los dos primeros concordatos de D. Dinís, junto con otras variantes de estructura. Remito para ello al estudio realizado por el Dr. Eduardo Melo Peixoto, que acabamos de citar.

El año 1292, y ante las quejas de los obispos por el incumplimiento de los anteriores *concordatos,* el rey D. Dinís expide en Porto una carta en once puntos, que pasó a la historia como tercer concordato [21]. Con esto, había ya sesenta y dos artículos concordados. ¡Demasiados para ser cumplidos fielmente por el rey!... De hecho, el monarca siguió la política de estar de acuerdo con el poder espiritual sobre el papel y poco más. D. Dinís fue maestro en el difícil arte de obtener el mayor y mejor partido de cada situación, sin provocar reacciones demasiado estridentes.

Este *corpus* de normas concordadas marca la pauta para la regulación de las relaciones entre la Iglesia y el Estado en Portugal durante el resto de la Edad Media. Habrá nuevos acuerdos entre ambas partes contratantes que en parte difieren de los tres documentos del tiempo de D. Dinís que acabamos de citar. Pero la lógica interna de estas relaciones será la misma. Con acuerdos de este estilo, las normas maximalistas del *Corpus Iuris Canonici* quedan parcialmente en vía muerta. Estas normas habían sido celosamente enumeradas por el obispo de Viseu D. Egas (1288-1313). Pero ante los concordatos de D. Dinís, no quedó memoria de ellas en Portugal, hasta tal punto que los cinco códices que conocemos de esta obra se conservan todos en bibliotecas del vecino reino de Castilla [22].

Portugal pagó su tributo al derecho romano-canónico, que desde su *recepción* en los s. XII-XIII, ejerce su reinado en toda la Europa occidental hasta finales del s. XVIII. El viejo ordenamiento del *Fuero Juzgo* y el derecho consuetudinario resultaron un cauce demasiado estrecho para las nuevas nacionalidades de la cristiandad medieval. Por ello, las normas y la doctrina emergente de los dos *Corpus Iuris* se convierten en la fuente de inspiración de toda actividad jurídica y en derecho supletorio de los nacientes ordenamientos de todos los pueblos occidentales. A ello contribuyen poderosamente los escolares que desde el s. XII van a Bolonia y más tarde a otras universidades con afamados estudios jurídicos [23]. A veces, estos escolares se quedan como maes-

20 Véase del texto portugués del acuerdo en 11 artículos en *Ordenaçoens do Senhor Rey D. Affonso V,* cit. nota anterior, pp. 33-34; G. Pereira de Castro, cit. nota anterior, fol. 238r-41r; F. de Almeida, cit. nota anterior, pp. 70-73; parcialmente en Visconde de Santarém, cit. nota anterior, pp. 278-86.

21 Véase esta carta en *Ordenaçoens do Senhor Rey D. Affonso V,* cit nota 19, pp. 44-47; G. Pereira de Castro, cit. nota 19, fol. 241v-43r, donde se denomina este documento 'Terceira concordia com o Rey Dom Dinis no Porto', F. de Almeida, cit. nota 19, pp. 76-80; parcialmente en Visconde de Santarém, cit. nota 19, pp. 288-90.

22 Cf. supra nota 17.

23 J. Veríssimo Serrão, *Portugueses no Estudo de Salamanca* 1 [1250-1550] (Lisboa 1962); el mismo, *Les portugais à l'Université de Toulouse* [*XIIIe-XVIIIe siècles*] (Paris 1970); el mismo, *Les portugais à l'Université de Montpellier* [*XIIe-XVIIe siècles*]

tros de las mismas universidades en donde habían aprendido los saberes jurídicos o es requerida su docencia en otros centros universitarios. Tal es el caso de los portugueses Vicente Hispano y Juan de Dios, entre otros. En la mayoría de los casos regresan a su país de origen, donde desempeñan importantes cometidos como prácticos del derecho en las cancillerías civiles o en los altos puestos eclesiásticos [24]. En todo caso, estos escolares no vuelven con las manos vacías, sino que son portadores del inapreciable tesoro de los códices jurídicos que les sirvieran de libro de texto o de obras de consulta [25]. Los estudiantes que acuden a las universidades interesados por los saberes jurídicos, hasta el s. XVIII sólo cursarán allí el derecho común romano-canónico y no los ordenamientos nacionales [26]. Es lógico que a la hora de aplicar el derecho, tuvieran muy en cuenta los conocimientos adquiridos en la universidad, y que giraban en torno a la letra y la doctrina de los dos *Corpus Iuris.* No se explicaban, en cambio, en ninguna universidad los textos legales de los respectivos ordenamientos nacionales, en los que por otra parte, se registró muy pronto la recepción de normas romano-canónicas [27].

Otro problema relacionado con la recepción, es el de los textos jurídicos en lenguas romance. Desde mediados del s. XIII estas lenguas comienzan a utilizarse como vehículo de la expresión culta del pensamiento. Así, tenemos que en dicha centuria circula por lo menos una versión castellana del *Forum Iudicum,* que se conserva en numerosos manuscritos y ha sido reiteradamente editada [28]. Pero este hecho, significativo para Castilla, no parece tener significado para Portugal, donde las leyes del Fuero Juzgo se encuentran cada día más en vía muerta [29]. Sin embargo, el fenómeno de las traducciones de textos jurídicos al portugués se realizará, por lo menos inicialmente, a través del vecino reino castellano. En fecha incierta, que debe situarse muy a finales del s. XIII o quizás a principios del s. XIV [30], se traducen al portugués las obras

(Paris 1971); A. Domingues de Sousa Costa, *Estudantes portugueses na Reitoria do Colégio de S. Clemente de Bolonha na primeira metade do séc. XV* (Arquivos de História da Cultura Portuguesa 3.1; Lisboa 1969); el mismo, 'Portugueses no Colégio de S. Clemente de Bolonha durante o século XV', *El Cardenal Albornoz y el Colegio de España* 3 = *Studia Albornotiana* 13 (Bolonia 1973) 211-415.

24 Ver ejemplos para Portugal en G. Braga da Cruz, 'O direito subsidiário na historia do direito português', *Revista Portuguesa de História* 14 (1975) 182-83 nota 7.

25 Ver sobre este tema el cap. 2 de mi libro *Estudios sobre la canonística portuguesa...* cit. supra nota 1, pp. 67-94. Ver igualmente los catálogos citados en la nota 12 de este artículo, donde aparecen frecuentemente estudiantes como antiguos poseedores de los códices.

26 Cf. mi libro *Estudios,* cit. supra nota 1, p. 39 y el artículo citado supra en la nota 2.

27 G. Braga da Cruz, cit. supra nota 24, p. 189, nota 17.

28 Ver, entre otras, la ed. *Los Códigos españoles concordados y anotados* 1 (Madrid 1847) 97-218.

29 Cf. G. Braga da Cruz, cit. supra nota 24, p. 180 nota 1. Se conserva una versión portuguesa de los 19 primeros capítulos (justamente de los que tienen aplicación general) del Fuero de León, en el *Liber Fidei* de la Sede de Braga, lo que parece querer decir simplemente que en la zona que después sería Portugal habían estado en vigor las leyes de la monarquía leonesa. Cf. G. Braga da Cruz, *História do direito português* (Coimbra 1955: ed. policopiada).

30 Me parece algo sospechosa la fecha de 1273-82 propuesta por M. Paulo Merêa,

castellanas del jurista italiano Giacopo Giunti o Giunta, llamado en la historiografía española Jacobo de las Leyes, tituladas *Flores del Derecho* y *Nueve tiempos de los pleitos* [31], juntamente con el *Fuero Real* y las *Partidas* de Alfonso X el Sabio [32]. Estas últimas circularon ampliamente por Portugal en traducción portuguesa y en castellano, con comentarios y sin ellos [33]. Estas obras castellanas fueron traducidas y utilizadas en Portugal debido a la elevada dosis de derecho romano-canónico en ellas contenida y no en su calidad de derecho castellano. Este último aspecto era el menos interesante en un reino como Portugal que tuvo que luchar reiteradamente para afirmar su propia independencia frente a Castilla. Contra el uso del derecho romano-canónico tomado no directamente de las fuentes originales, sino de segunda mano a través de las mencionadas traducciones castellanas, protestarán los estudiantes de Coimbra en 1361, dando lugar a una provisión del rey D. Pedro I, fechada a 13 de Abril de dicho año [34], contra el Conservador de la Universidad que alegaba los derechos por las *Partidas*. Las cortes celebradas en Elvas, el mismo año de 1361, también piden que el derecho canónico sea tenido en cuenta por los justicias del reino, ya que dimana del papa de Roma y es válido para todos los cristianos, mientras que las *Partidas* fueron hechas por el rey de Castilla, que no tiene jurisdicción sobre Portugal [35].

Pero las colecciones de derecho romano y de derecho canónico estaban en latín. Muchos jueces seculares e incluso muchos eclesiásticos no dominaban la lengua del Lacio con la precisión que requiere la aplicación del derecho, por lo que comienzan a circular traducciones portuguesas de las Decretales de

Estudos de História do Direito (Coimbra 1923) 61-62 y aceptada por otros como G. Braga da Cruz, cit. supra nota 24, pp. 197-8 nota 29. Esta versión es sin duda de fecha más reciente, que deberá precisar mejor un oportuno estudio.

31 M. Paulo Merêa, 'A versão portuguesa das *Flores de las leyes* de Jácome Ruiz', *Revista da Universidade de Coimbra* 5 (1916) 444-57 (estudio introductorio) y 6 (1917) 341-71 (texto de la versión portuguesa). Hay una tirada aparte bajo el título *Contribuições para a história do direito português. A versão portuguesa das* Flores de las leys *de Jácome Ruiz* (Coimbra 1918) 45 pp. El estudio introductorio volvió a publicarse, previa revisión, por el mismo autor en sus *Estudos de História do Direito* (Coimbra 1923) 45-65.

32 *Fuero Real de Alfonso X, o sabio. Versão portuguesa do século XIII* publicada e comentada por Alfredo Pimenta (Lisboa 1946) xii-464; Alfonso X, *Fuero Real. Ed., estudo, glossário e concordância da versão portuguesa* por J. de Azevedo Ferreira (Braga 1982). De las *Partidas* no se conoce ninguna versión portuguesa completa, sino tan sólo de la *Primera Partida* completa y de la *Tercera* (ésta en dos traducciones diferentes), aparte de muchos fragmentos de menor dimensión. Cf. G. Braga da Cruz, cit. supra nota 24, pp. 201-2 nota 35. Ver infra cap. 15.

33 Cf. A. de Jesus da Costa, 'Fragmentos preciosos de códices medievais', *Bracara Augusta* 2 (1954) 50-52. El mismo autor, en la p. 63 cita un pasaje del testamento del canónigo conimbricense, João Gonçalves, fechado en 1285, donde se menciona 'quemdam librum de VII.[em] partibus glosatum per linguagium' y 'alium librum de VII.[em] partibus glosatum per latinum'. En la Iglesia de Santiago de Torres Novas se conservaba hacia 1538 la *Primera Partida*, como indica I. da Rosa Pereira en su artículo 'Dos livros e dos seus nomes. Bibliotecas litúrgicas medievais', *Arquivo de Bibliografia Portuguesa* 17 (1974) 127. Ver infra cap. 15 sobre el alcance de estos y otros datos similares.

34 G. Braga da Cruz, cit. supra nota 24, p. 202 nota 37.

35 Ibid., 203-4 nota 38.

36 Ibid., 207 nota 43. Esta noticia procede de un documento del 23 Feb. 1359, donde en un reparto de bienes aparecen 'humas Degretaes em lingoagem'. Esto ha venido

Gregorio IX [36], del Código de Justiniano y de los comentarios que al mismo Código dedicaron Accursio y Bartolo de Saxoferrato [37]. La primacía otorgada a Accursio y Bartolo de Saxoferrato el año 1426 en el derecho subsidiario portugués, tiene paralelos muy similares en Castilla, donde se adoptan diversas medidas sobre esta materia. Una de las principales es precisamente del año 1427 [38]. El problema de fondo a mediados del s. xv se estaba desplazando de la tensión entre el poder temporal y espiritual, a la tensión que en el campo de la aplicación del derecho se daba entre derecho común romano-canónico y derecho nacional. El primero era un derecho culto al que no podía resistir el segundo por su propia virtud. Había que defender, pues, el derecho nacional frente al influjo excesivo de un derecho supletorio como lo era el romano-canónico. Esto fue lo que se hizo en Castilla y la misma política se siguió en Portugal, sobre todo con las *Ordenações Afonsinas* de 1446-47. En ellas se establece la siguiente jerarquización de fuentes legales: leyes del Reino, estilo de la Corte, costumbre antigua de estos Reinos y, sólo a falta de todos estos niveles legislativos, se podía recurrir al derecho supletorio romano-canónico. Como en éste solía haber opiniones muy encontradas a propósito de un mismo asunto, se establece la norma de que prevalezca la opinión de la Glosa Ordinaria de Accursio y la de Bartolo de Saxoferrato. Para el derecho canónico no se prevé ningún autor concreto, al revés de lo que ocurría en Castilla donde gozaron de esta primacía Nicolás de Tudeschis y Juan de Andrés [39].

entendiéndose de una versión portuguesa de las Decretales de Gregorio IX, como puede puede verse por la bibliografía indicada por G. Braga da Cruz, en el lugar citado en esta nota. Sin embargo, la indicación del documento aludido es ambivalente: lo mismo puede referirse a una versión portuguesa de las Decretales que a una traducción castellana. De hecho circularon en castellano unos *casus* de las Decretales de Gregorio IX, que fácilmente pudieron ser confundidos con unas Decretales en lengua vulgar, como le ocurrió al editor moderno de esta obra. J. Mans Puigarnau, *Decretales de Gregorio IX. Versión medieval española* 1-3 (Barcelona 1939-43). No se trata propiamente de una traducción del texto completo, sino de un resumen del mismo. Esta obra tuvo amplia difusión manuscrita.

37 G. Braga da Cruz, cit. supra nota 24, p. 207 nota 44. El Rey D. Juan I alude como ya hecha a esta versión el 16 de Abril de 1426. En el MS 10816 fol. 1r-94va de la Biblioteca Nacional de Madrid se contiene una versión medieval castellana de diversos fragmentos del Código de Justiniano. Este códice es del s. XIV. Ver mi trabajo 'La canonística ibérica medieval posterior al Decreto de Graciano (III)', RHCEE 5 (Salamanca 1976) 395. De las otras obras aquí mencionadas no conozco ninguna traducción castellana medieval.

38 Ver mi artículo 'La canonística ibérica medieval posterior al Decreto de Graciano' (II), RHCEE 2 (Salamanca 1971) 184 nota 6. Como allí se indica, el *Ordenamiento de Alcalá* de 1348 admite el estudio del derecho común, pero no su aplicación. Las Cortes de Briviesca de 1387 permiten la plicación de 'leyes e decretales e decretos', norma que es recogida en las *Ordenanzas de Castilla.* El Rey D. Juan II, el 8 de Febrero de 1427 dio una pragmática admitiendo el uso del derecho común romano-canónico como supletorio, pero prohibiendo que se cite a Juan de Andrés (muerto en 1348) y a Bartolo de Saxoferrato (muerto en 1357). Las *Ordenanzas de Madrid* de 1499 amplían el tope indicado, admitiendo que se pudiera citar también a Baldo degli Ubaldi (muerto en 1400) y a Nicolás de Tudeschis (muerto en 1445 según unos, o en 1453 según otros). Sólo a partir de 1505 consigue la autoridad real constituirse en fuente supletoria del derecho vigente, sin admitir expresamente el recurso al derecho romano canónico como derecho supletorio.

39 Como se acaba de indicar en la nota precedente, no es del todo exacto lo que suele afirmarse de que fue un caso singular del derecho portugués el conceder a las opi-

Las antinomias entre derecho romano y canónico se resuelven concediendo la primacía al primero para las cuestiones temporales, y al segundo para las de orden espiritual, con la excepción de que la *ratio peccati* es un título que da competencia a la Iglesia y al derecho canónico para intervenir en cuestiones temporales. Este sistema es el que está en vigor en Portugal hasta 1769, ya que será sustancialmente respetado por las *Ordenações Manuelinas* de principios del s. XVI y por las *Ordenações Filipinas* de 1603. Se equivocaría, no obstante, quien pensara que el derecho romano-canónico sólo tuvo el influjo que aquí se le asigna. Muy por el contrario, en la práctica fue aplicado con mucha más largueza de la que prevén estas normas de jerarquización de fuentes legales [40].

La extensión y profundidad de la penetración del derecho común romano-canónico medieval en las instituciones y en la vida de la sociedad portuguesa medieval e incluso posterior hasta el s. XVIII es un hecho de tales dimensiones que los historiadores forzosamente han de tener en cuenta para leer, comprender y escribir la historia de estos siglos.

Pasando del derecho romano al canónico, también aquí las traducciones al idioma vulgar jugaron un papel importante. Durante el s. XIII se registran algunos textos canónicos de breves dimensiones en Castilla, tales como estatutos sinodales y algunos opúsculos didácticos que hoy día llamaríamos catecismos [41]. La primera obra realmente importante, por su extensión y por su contenido, escrita directamente en el idioma de Castilla fue el *Libro de las confesiones* de Martín Pérez, que su autor estaba redactando en 1316. El habernos ocupado de esta obra en otras ocasiones, nos ahorra entrar aquí en más detalles descriptivos de la misma [42]. Su finalidad fue poner al alcance de

niones de Bartolo el carácter de derecho supletorio. Cf. G. Braga da Cruz, cit. supra nota 24, p. 221 nota 56.

40 Véanse las consideraciones que Francisco Suárez hace sobre el uso del derecho común romano en España y Portugal, a principios del s. XVII, en su *Tractatus de legibus* lib. 3, cap. 8. Ed. crítica bilingüe por L. Pereña-V. Abril y otros colaboradores 5 (CHP 15; Madrid 1975) 97-107.

41 Hay dos tipos de obras en castellano, en el sentido que aquí nos interesa. El primer tipo consiste en una especie de catecismos. Cf. por ejemplo A. Morel Fatio, 'Textes castillans inédits', *Romania* 16 (1887) 364-82, especialmente pp. 379-82 donde reproduce una explicación de los diez mandamientos en castellano dirigida a los confesores; A. de Poorter, 'Un cathéchisme du XIIIe siècle', RHE 28 (1932) 70-74; J. M. Casas Homs, 'Un catecismo hispano-latino medieval', HS 1 (1948) 113-25, que, como el título indica, está parcialmente en latín y en parte en castellano; P. Galindo Romeo, 'El Catecismo Cesaraugustano', editado como cap. 5 de la obr. del mismo autor titulada *El Breviario y el Ceremonial Cesaraugustano. Siglos XII-XIV* (Zaragoza-Tudela 1930) 99-104, editado también en el vol. 1 del *Homenaje a Finke: Revista... Zurita* (Zaragoza 1935) 42-47. Otro género literario, también en castellano, y en relación con lo que aquí decimos, está constituido por sínodos diocesanos en lengua vulgar. Cf. *Synodicon hispanum* cit .supra nota 16.

42 Ver el artículo que preparé en colaboración con mi ilustre colega de la Universidad Pontificia de Salamanca J. M. Múgica, 'O *Libro de las confesiones* de Martin Pérez', *Itinerarium* 20 (1974) 137-51; mi libro *Estudios sobre la canonística portuguesa*, cit. supra nota 1, pp. 201-17; mi artículo 'La canonística ibérica medieval posterior al Decreto de Graciano' (III), RHCEE 5 (Salamanca 1976) 382. A los códices hasta ahora conocidos, cabe añadir todavía el MS 713 fol. 1-119 y 1-158 de la Fundación Lázaro Gal-

los confesores los conocimientos de moral y derecho canónico necesarios para la correcta administración de la cura de almas, teniendo como centro de esta acción pastoral la penitencia. En este sentido se parece a las sumas de confesores, a las que sustituye con la ventaja de presentarse en lengua vulgar. Un autor del s. XV describe esta obra como manual para buena parte del clero, que se describe como ignorante del latín, por lo que tiene que acudir a obras en lengua vulgar como la presente [43]. Esta obra está dividida en tres partes: de los pecados comunes a todos los estados, de los específicos de cada profesión y de los sacramentos. Esta obra así concebida tuvo una amplia difusión manuscrita [44].

Inicialmente, no se sabía si el autor de esta obra era portugués o castellano. Hoy día no admite la menor sombra de duda que se trata de un personaje castellano, ya que la obra original va escrita en español. Como hay muchos personajes de este nombre por la época en que aparece este libro, resulta todavía dudosa su identificación definitiva, sin que sobre este punto pueda añadir nada nuevo a lo indicado en otra ocasión. Lo que sí quiero consignar aquí es la existencia de una traducción portuguesa, realizada al parecer en 1399. Esta traducción tuvo también una notable difusión manuscrita, pudiendo aun hoy día comprobarse la existencia de varios códices. El traductor fue un cierto Stephanus, monje de Alcobaça. Tres de los códices conocidos en los que se conserva parcialmente esta obra pertenecen precisamente al fondo Alcobacense de la Biblioteca Nacional de Lisboa. El libro de Martín Pérez es recordado con elogio por el rey Don Duarte (1391-1438) en su *Leal Conselheiro.* Debemos recordar también que este monarca poseyó 'Dous livros de Martym Pirez'. También el Infante Santo, D. Fernando, escribió el 10 de junio de 1431 al abad de Alcobaça pidiéndole 'treslado do livro de Martim Pires', prometiendo su puntual devolución una vez realizada la copia. Es curioso notar que el traductor portugués no conoció la obra castellana completa. Tratándose de una obra tan extensa, que salió copiada en tres códices diferentes, correspondientes a cada una de las tres partes, el traductor portugués parece que no llegó a tener a mano la segunda parte. Pero como en el prólogo se habla de tres partes, el traductor subdivide la primera parte en dos, distinguiendo también dos partes en la tercera, con lo cual obtiene

diano de Madrid, cuya primera noticia debo a una indicación del Prof. Charles Faulhaber (Univ. de Berkeley). Agradezco al señor Felipe C. R. Maldonado los datos que me suministró para conseguir identificar este códice. Debo a D. Manuel Nieto Cumplido la noticia y una transcripción del testamento de Fr. Gonzalo de Illescas (8 Oct. 1464), conservado en el Archivo Catedralicio de Córdoba, Fondo Gestoso t. XIX fol. 144r-152r, donde el testador dispone de un códice con 'la primera parte de Martin Peres, escripta en papel con sus tablas de papel, cobiertas con cuero colorado con dos çerraduras e con dos botones', y otro códice con 'la segunda parte de Martin Peres escripta en papel, con sus tablas cobiertas con cuero colorado e dos çerraduras'. El mencionado estudioso y el infrascrito editaremos próximamente este testamento, con el oportuno comentario.

43 Ver mis *Estudios sobre la canonística portuguesa* 131-2 donde se transcribe el texto correspondiente.

44 Su reinado termina con el momento en que aparecen impresas otras obras que vienen a ocupar su puesto, tales como las sumas de confesores.

una versión en cuatro partes, paradójicamente una más que en castellano y con carencia de la segunda parte de la obra castellana original. Así, pues, esta obra castellana de principios del s. XIV suplió parcialmente en Castilla y Portugal la literatura de las sumas de confesores.

Otra obra castellana dirigida también al clero con cura de almas, que fue traducida al portugués y publicada en dos diferentes ediciones es el *Sacramental* de Clemente Sánchez (1370?-1458), arcediano de Valderas, conocido también como Clemente Sánchez de Vercial. Identificamos ocho obras suyas, y una de ellas es precisamente el *Sacramental,* compuesto entre el 3 de Agosto de 1421 y finales de Marzo de 1423. Comenzó a redactar esta obra en Sigüenza y concluyó su labor en León. Del *Sacramental* se conoce una edición portuguesa de Lisboa (1502) y otra de Braga (1539). Esta obra fue incluida en el famoso índice de libros prohibidos de Valdés, en 1539, figurando ya en todos los índices españoles hasta el s. XIX, cuando estos índices dejaron de estar en vigor. Como es fácil comprobar en el cap. 8 de este libro, el *Sacramental* tuvo una notable difusión tanto manuscrita como editorial durante más de un siglo, hasta su inclusión en el índice de libros prohibidos. No es fácil para el lector moderno imaginarse por qué fue incluida esta obra en la lista de libros prohibidos, ya que leyéndola no se advierte el menor asomo de herejía en sus páginas. Posiblemente fue porque cita obras que estaban en el índice, y es bien conocido el concepto amplificativo que los medievales tenían de la herejía [45].

Tanto el *Libro de las confesiones* de Martín Pérez como el *Sacramental* de Clemente Sánchez representan dos obras más cercanas a la vida real que las sumas de confesores. Ya el simple hecho de estar redactadas en lengua vulgar, acerca más la disciplina canónica y la moral a la vida. Ambas constituyen documentos de primera mano para el conocimiento de la praxis canónico-pastoral de la época en el área geográfica de su difusión y utilización que es Castilla y Portugal y para el segundo también Cataluña. Del *Sacramental* circularon ejemplares castellanos en Portugal [46]. Otro valor de estas obras en romance consiste en que crearon una terminología canónico-pastoral en lengua vulgar que antes no existía, por lo menos con la amplitud con que aquí se encuentra. Su prosa no es ningún dechado de buena literatura. Pero sí es interesante para la historia del léxico.

45 Sobre este complejo concepto de herejía, cf. la obra escrita en colaboración por varios autores *The Concept of Heresy in the Middle Ages, 11th-13th C.* (Mediaevalia Lovaniensia, Series 1, Studia 4; Leuven 1976).

46 En el convento franciscano de S. Clemente das Penhas existía un ejemplar del *Sacramental* en castellano. Cf. I. da Rosa Pereira, 'Dos livros e dos seus nomes. Bibliotecas litúrgicas medievais', *Arquivo de Bibliografia Portuguesa* 17 (1974) 97-167, especialmente 102-4 donde describe la edición incunable de 1484. En la Biblioteca Nacional de Lisboa está un ejemplar de la primera edición portuguesa, bajo la signatura Res. 149v.

2. DEL DERECHO CANONICO VISIGOTICO AL DERECHO COMUN MEDIEVAL *

El 25 de Mayo de 1085 fallecía en Salerno el papa Gregorio VII. Ese mismo día, el rey Alfonso VI reconquistaba Toledo a los musulmanes. Voy a evocar aquí estos dos acontecimientos, no en lo que tienen de evento factual, sino como símbolo de la transformación que se opera en los reinos ibéricos en el contexto de la reforma gregoriana.

En dicha transformación intervienen muchos factores, y uno de ellos fue el de la disciplina eclesiástica, que no voy a considerar en toda su amplitud, sino tan sólo en la medida en que se refleja a través de la difusión manuscrita del ordenamiento canónico.

En cuatro apartados sucesivos trataré de describir la supervivencia del derecho canónico visigótico, las colecciones de la reforma gregoriana que circulan por la Península y el paso al derecho común romano-canónico medieval, para concluir con algunas observaciones en torno al posible impacto de cada uno de estos ordenamientos en la Península, en Toledo y en lo que Toledo entonces significaba.

1. Supervivencia del derecho canónico visigótico

Con el carácter obviamente convencional de toda periodificación, suele decirse que el derecho de la reforma gregoriana del s. XI sustituyó y redujo a objeto de historificación el ordenamiento canónico visigótico. Que esto no puede entenderse de un cambio instantáneo creo que resulta evidente por las consideraciones que siguen a continuación.

En primer lugar, durante varias décadas del s. XII, el derecho canónico visigótico sigue siendo objeto de demanda por parte de destinatarios que hacen copiar nuevos manuscritos. Prueba de ello es algún códice de la colección canónica Hispana, copiado en plena era gregoriana. Sirva de ejemplo el MS 15-17 de la Bibl. Capitular de Toledo, transcrito el año 1095, en Alcalá [1].

* Conferencia pronunciada el 20 Mayo 1985 en el 'II Congreso Internacional de Estudios Mozárabes', Toledo 20-25 Mayo 1985, en cuyas actas se añaden algunos detalles al texto aquí editado.

1 A. García y García-R. Gonzálvez Ruiz, *Catálogo* cit. en el cap. 1 de este libro, nota 12, 47-48.

En el s. XII se sitúa la fecha de transcripción del MS XV (30) de la colección de Novara [2]. A principios de la misma centuria parece pertenecer el MS 944 de la Biblioteca de Catalunya, que contiene la llamada Colección Pirenaica [3]. Desde 1958 se tiene noticia de otro códice, que he podido examinar rápidamente, en el que se contiene una recensión más larga que en el códice de Barcelona. La parte conciliar es sensiblemente parecida en ambos códices. Pero este nuevo manuscrito contiene más de medio centenar de decretales frente al códice de Barcelona que no llega a media docena. El códice en cuestión es el MS 277 fol. 1r-77v del Musée Plantin-Moretus de Amberes [4].

A lo largo de la primera mitad del s. XII siguen copiándose colecciones precursoras y derivadas de la Hispana, como el MS Vat. lat. 1388 (Col. Hadriano-Hispana) y el MS XVI-15 de la Bibl. Mediceo-Laurenziana de Florencia (*Capitula Martini*) [5].

Curiosamente, no sólo se siguen copiando códices del derecho anterior en tierras de Castilla y León, más reacias a la reforma gregoriana, sino que este fenómeno se registra también en Cataluña. Aparte del caso de la Colección Pirenaica, vemos cómo a comienzos del s. XII se copia en el sector aragonés del valle del Ebro el MS 6367 fol. 1v-95v de la Biblioteca Nacional de Madrid, que contiene el *Decretum* de Burcardo de Worms, y que fue regalado a Felipe II por el obispo de Vich don Juan Bautista Cardona. La misma colección fue copiada en el monasterio de Alcobaça (Portugal) a finales del s. XII, conservándose este códice en Lisboa, Biblioteca Nacional, MS Alcob. 365 [6].

La coexistencia de colecciones gregorianas con otras anteriores, como podían ser Burcardo de Worms o la Hispana y sus derivadas, no es fácilmente inteligible en el sistema legislativo actual. Pero en el s. XII éste era un fenómeno perfectamente normal para aquellos tiempos, tanto dentro como fuera de la Península Ibérica. Así, por ejemplo, seguían reproduciéndose códices del Pseudoisidoro, a lo largo y a lo ancho de la cristiandad, sobre todo

2 G. Martínez Díez, 'La colección del MS de Novara', AHDE 33 (1963) 391-538.

3 Idem, 'Una colección Pirenaica del s. XI', *Miscelánea Comillas* 38 (1962) 1-60.

4 Sobre este manuscrito, cf. G. Fransen, en *Congrès de droit canonique médiéval,* Louvain-Bruxelles 22-26 Juillet 1958 (Bibliothèque de la *Revue d'histoire ecclésiastique* 33; Louvain 1959) 102; St. Kuttner, 'News of canonical collections before Gratian', *Bulletin for 1958* del Institute of Research and Study of Medieval Canon Law, inserto en la revista *Traditio* 14 (1958) 509; A. García y García, 'En torno a la canonística portuguesa medieval', *Anais* de la Academia Portuguesa da História, II serie, vol. 26, tomo 1 (Lisboa 1972) 132, reproducido en el cap. 1 de este libro.

5 G. Martínez Díez, *La colección canónica Hispana* 1: *Estudio* (Madrid 1946) donde se describen estos códices y otros que igualmente pudieran citarse a este propósito. Nada se dice sobre el lugar donde fueron copiados estos códices, que no parece haber sido la Península Ibérica.

6 A. García y García, 'Notas para un censo de los códices canónicos extrapeninsulares pregregorianos en la Península Ibérica', *Circulación de códices y escritos entre Europa y la Península en los siglos VIII-XIII,* Santiago de Compostela 17-19 Sept. 1982 (en prensa).

ultramontana [7]. Los *satatuta sanctorum patrum,* contenidos en aquellas vetustas colecciones pregregorianas, continuaban gozando de la estima de amplios sectores de la Iglesia. Por otra parte, había en tales colecciones muchos textos que no eran anulados por el derecho gregoriano, como ocurría con no pocos cánones de concilios generales y particulares, decretales pontificias, etc. Por otra parte, no se olvide que ni siquiera con la reforma gregoriana se llega en la Iglesia a una única colección canónica exclusiva de las demás, como ocurrirá en el primer tercio del s. XIII, con la Compilación tercera antigua y sobre todo con Gregorio IX [8]. Es más, en una misma colección se incluyeron a veces textos irreconciliables o no fácilmente concordables. No le faltaba razón a Graciano, a mediados del s. XII, para titular como *Concordia discordantium canonum* su obra que la posteridad conocerá más bien como *Decretum.*

2. Colecciones canónicas de la reforma gregoriana

Por lo que a las colecciones gregorianas se refiere, hay una diferencia clara entre Cataluña y los restantes territorios peninsulares. En Cataluña se copian colecciones canónicas gregorianas, e incluso se llegan a componer allí algunas autóctonas. Naturalmente, entendemos por Cataluña no sólo la actual región autonómica de este nombre, sino también el correspondiente territorio de la actual Francia.

El MS 2348 (*Polycarpus*) de la Universidad de Salamanca perteneció anteriormente al Colegio de San Bartolomé de la misma ciudad. Pero presenta una inscripción del s. XIII, según la cual el poseedor anterior había sido un obispo de Maguelone: 'Armarii episcopi (?) Magalonensis'. A juzgar por un catálogo de papas contenido en este códice, donde el último que figura es Honorio II (1124-1130), cabe pensar que el códice debió ser escrito antes de 1130. La letra no se parece a la de otros códices ciertamente catalanes [9]. Otro códice, incompleto en este caso, del *Polycarpus,* conservado en la Península, es el MS 7127 fol. 286r-453r de la Biblioteca Nacional de Madrid. Pero tampoco es de origen ibérico, sino que fue escrito en Italia, verosímilmente en Roma, y perteneció al erudito español Luis Usoz (1805-65). Trátase, por consiguiente, de un manuscrito venido a España en fecha tardía, tal vez en el siglo pasado [10]. En la misma situación de haber ingresado en España en

7 S. Williams, *Codices Pseudo-Isidoriani. A palaeographico-historical study* (MIC. Series C: Subsidia 3; New York 1971).

8 La Compilación tercera antigua fue promulgada por Inocencio III en 1210 para que pudiera ser usada 'tam in iudiciis quam in scolis'. Y esta fue la primera vez que la S. Sede da carácter oficial a una colección canónica.

9 F. Marcos Rodríguez, 'Tres manuscritos del s. XII con colecciones canónicas', AST 32 (1960) 44-48.

10 P. M. Gassó, *Pelagii I papae epistulae qua supersunt (556-61)* (Scripta et documenta 8; Montserrat 1956) LIII-LIV, donde admite la posibilidad, a mi juicio equivocada, de que este códice puede haber sido copiado en España.

la edad moderna se encuentran algunos otros de la reforma gregoriana, como los dos escurialenses de la colección en 74 títulos, que actualmente llevan la signaturas L.III.19 y Z.III.19 [11]. Pero éstos no se relacionan para nada con el tema de la difusión medieval de las colecciones gregorianas en España durante el s. XII.

A tenor de lo dicho, parece que se puede concluir que no se da una difusión de las colecciones gregorianas romanas en los reinos peninsulares, con excepción de Cataluña, que luego veremos. Hay, sin embargo, un caso problemático que merece especial análisis. Me refiero al detalle desconcertante de que el arzobispo de Santiago don Diego Gelmírez (obispo desde 1101, y arzobispo desde 1120 hasta 1140) es el personaje a quien el clérigo romano Gregorio, cardenal de San Crisógono, dedica su colección *Polycarpus,* que es una de las típicas de la reforma gregoriana: 'Dilecto domino Didaco, sancti Iacobi ecclesie pontificali infula digne decorato Gregorius presbiterorum humillimus salutem. Petistis iam dudum, et hoc sepe, ut opus arduum et supra uires meas aggrederer Liber canonum scilicet ex Romanorum pontificum decretis...'. El *Polycarpus* se compuso verosímilmente en 1111, con una segunda recensión en torno al 1120 [12]. Esta dedicatoria ha permitido a algunos considerar esta colección como hispánica, cosa que, como veremos, es enteramente ajena a la realidad.

Esta dedicatoria es desconcertante porque don Diego Gelmírez estuvo animado por muchos ideales, que persiguió con gran eficacia, pero entre ellos no figuran los de la reforma gregoriana como un fin en sí misma, ni en su forma rígida originaria ni en su forma más mitigada posterior.

Como es sabido, Gelmírez viajó a Roma en 1104 con la finalidad de obtener para su diócesis compostelana el rango de metropolitana, y para su persona la dignidad arzobispal. Entre sus contactos y conexiones en la Urbe figura el autor del *Polycarpus,* quien dedica su obra a Gelmírez, ya sea por amistad, ya por algún don recibido o que esperaba recibir, motivaciones que en la mayoría de los casos suelen condicionar aún hoy día la dedicatoria de los libros. No se olvide que Gelmírez era un diplomático muy hábil en la *captatio benevolentiae* de las gentes que le interesaban, dejando para el final la fuerza, cuando fallaban los halagos y dones.

¿Quiere decirse que esta explicación resta todo interés de Gelmírez por el *Polycarpus* y consiguientemente por el derecho de la reforma gregoriana?... No, en absoluto. Creo, por el contrario, que a Gelmírez le interesaba vivamente este derecho. Veamos por qué.

Una relectura de un pasaje de la *Historia Compostelana,* en el que se

11 *Diuersorum patrum sententiae siue Collectio in LXXIV titulos digesta,* ed. J. Gilchrist (MIC. Series B: Corpus collectionum 1; Città del Vaticano 1973) XXXV-XXXVI y XLVI-XVLII.

12 U. Horst, *Die Kanonessamlung Polycarpus des Gregor von S. Crisogono. Quellen und Tendenzen* (Monumenta Germaniae Historica, Hilfsmittel 5; München 1980) xviii-270 pp. La colección como tal no está aún editada, salvo algunos fragmentos en la PL tomo 56.

describen las joyas y libros que dejó Gelmírez a su iglesia, creo que encierra la prueba del interés de don Diego por las colecciones canónicas gregorianas, lo cual no significa obviamente un interés real por los ideales de la reforma gregoriana plasmados en dichas colecciones. Dice así el pasaje en cuestión, al enumerar las cosas que el arzobispo Gelmírez legó a su sede compostelana: '... unum antiphonarium, unum officiarium, unum missale, tres breuiales, unum quadragesimale, duos benedictionales, librum pastoralem, librum de uita episcoporum, canones, alium librum ex diuersis sententiis, alium librum de fide sanctissime Trinitatis et de aliis sententiis, alium librum maiorem per totius anni circulum' [13]. Ningún editor o estudioso, que yo sepa, trató de identificar el sentido de la expresión 'librum ex diuersis sententiis'. Creo que se trata, con toda verosimilitud, de la famosa colección canónica de la reforma gregoriana, conocida por su comienzo como *Diuersorum patrum sententie* o también por el título que le ha dado la historiografía moderna de *Collectio in 74 titulos digesta,* que acaba de editar críticamente John Gilchrist [14], quien la describe como 'one of the most widespread collections in use in the period 1076-1141' [15]. Hasta ahora no se conocía la presencia de ningún códice de esta colección en España durante el período medieval. De este modo, Gelmírez no sólo poseyó, como es lógico suponer, un manuscrito del *Polycarpus* que le dedicó su autor, sino también la *Collectio 74 titulorum.*

En el mismo pasaje de la Historia Compostelana antes transcrito, precede la mención de 'Canones'. No es segura cualquier identificación que se intente. Pero no hay que olvidar que el *Polycarpus* también se denomina *Liber canonum,* como vimos más arriba, por lo que bien pudiera tratarse de tal colección. Más misterioso resulta el enunciado de 'Librum de fide sanctissime Trinitatis et de aliis sententiis', que tal vez haya que identificar con alguna colección canónica que comenzaba hablando de la Trinidad.

El códice o códices de colecciones gregorianas que pertenecieron a don Diego Gelmírez se perdieron, o por lo menos desconocemos su paradero. Dentro de la misma provincia eclesiástica compostelana consta que se conservaba, al filo de los años 1286-90, un manuscrito de la *Collectio 74 titulorum* en el cabildo de Zamora, que aparece descrito del siguiente modo en un inventario de la fecha indicada: 'Diuersorum patrum de primatu Romane ecclesie. Pelagius' [16]. No sabemos si acaso es el mismo este manuscrito de Zamora (hoy perdido) y el que poseyó dos siglos antes don Diego Gelmírez.

¿De dónde le venía a Gelmírez este interés por las colecciones canónicas

13 Lib. 2, cap. 57 (*España Sagrada* 20; Madrid 1765, p. 380). El fragmento transcrito aparece idéntico en los siguientes manuscritos que consulté para este estudio: Salamanca, Bibl. Universitaria, MS 2658 fol. 85vb, MS 1943 fol. 260v-61r y MS 1944 fol. 211r. En la ed. de PL y en A. López Ferreiro, *Historia de la Sante A. M. Iglesia de Santiago de Compostela* 4 (Santiago 1901) 71 se introduce, creo que indebidamente, una coma que quita el sentido antes de la frase 'et de aliis sententiis'.

14 Vid. supra nota 11.

15 Ibid. p. XVII.

16 M. L. Guadalupe Beraza, 'El tesoro del cabildo zamorano: aproximación a una biblioteca del s. XIII', *Studia historica* 1 (1983) 175, n. 22.

gregorianas, siendo así que él no estaba directamente interesado por los ideales de la reforma en ellas recogidos?... Dentro del contexto del ajedrez político del Occidente peninsular y de las luchas primaciales y metropolitanas de la España del s. XII es donde se sitúan los verdaderos intereses de Gelmírez. En este contexto, Gelmírez podía obtener del centralismo romano-gregoriano lo que se veía imposible a tenor del derecho canónico visigótico. Como es sabido, el derecho canónico gregoriano ponía en manos del papa el poder establecer, suprimir y modificar las circunscripciones eclesiásticas, saltándose viejas tradiciones, normas o privilegios. De ahí que Gelmírez se muestra sagaz trasladando el campo de batalla de los conflictos primaciales y metropolitanos de la Península a Roma, donde podía salir más favorecido, como así sucedió: no obtuvo la primacía frente a Toledo, pero sí la dignidad metropolitana para Santiago frente a todos los que la impugnaban, particularmente Braga y Toledo. Así creo que se explica su interés por las colecciones canónicas gregorianas, sus viajes a Roma y su captación de voluntades en la Urbe que pudieran patrocinar sus aspiraciones. En este sentido, sin duda podía esperar mucho más del derecho gregoriano que del visigótico. Cuando se creó este último, no existía Santiago como diócesis, y menos aún como metrópoli o como sede primacial. Y estos últimos eran precisamente los ideales de Gelmírez, que tal vez se podían convertir en realidad apoyándose en el derecho gregoriano, que ponía en manos del papa la decisión de esta clase de problemas.

Tal es la situación peninsular con respecto a las colecciones canónicas gregorianas, si se exceptúan los territorios catalanes, de los que vamos a ocuparnos a continuación. En los otros territorios de la Península, diferentes de Cataluña, no tenemos noticia de que se copiara códice alguno de las colecciones gregorianas, salvo la relación de la presencia un tanto artificial de las colecciones que pudo poseer Gelmírez. La única excepción puede ser el códice de Zamora, cuya presencia allí, por otra parte, sólo consta desde finales del s. XIII. Todos los demás códices gregorianos hoy conocidos entraron en la Península en tiempos modernos. Algunos provienen significativamente de Cataluña.

En tierras catalanas, en cambio, parece que pueden haberse originado dos colecciones canónicas gregorianas, a saber la *Caesaraugustana* y la *Tarraconensis*[17].

El nombre de *Caesaraugustana* no conecta su origen con Zaragoza, sino que se refiere simplemente al hecho de que el códice por el que esta colección llega a conocimiento de la investigación moderna estuvo primero en la cartuja de Aula Dei de Zaragoza, y hoy se conserva en Salamanca, Biblioteca Universitaria MS 2664. Este códice es de la primera recensión y fue copiado

17 Como bibliografía general sobre estas dos colecciones, ver R. Losada, 'Colección Cesaraugustana', *Diccionario de Historia Eclesiástica de España* 1 (Madrid 1972) 442-43; G. Fransen, 'Liber Tarraconensis', ibid. 445-46 con los autores citados en estos dos artículos; A. García y García, *Historia del Derecho Canónico* 1: *Primer milenio* (Salamanca 1967) 316 y 321.

en algún monasterio catalán. Don Antonio Agustín fue su primer estudioso. La colección tiene dos recensiones, la primera algo anterior a 1125 y la segunda un poco antes de 1139. Uno de los tres códices que hay de la segunda recensión es el de Barcelona, Archivo de la Corona de Aragón, MS S. Cugat 63. Los otros dos son el Paris, Bibl. Nationale MS 3756 y el Vat. lat. 5715. Los tres códices fueron escritos poco después de 1143, a juzgar por los datos que se desprenden de una lista de papas y otra de reyes de Francia que traen. El último papa citado es Inocencio II (1130-1143), y el último rey de Francia es Luis VII (1137-1180). De la primera recensión hay también algún códice copiado en Cataluña, como ocurre con el MS Paris, Bibl. Nationale lat. 3875 [18].

El *Liber Tarraconensis* es otra colección canónica gregoriana de finales del s. XI, con dos recensiones, de las cuales la primera proviene de Aquitania y la segunda posiblemente de la Cataluña española. Se conserva en cinco manuscritos. Tres contienen la primera recensión: Tarragona, Bibl. Provincial MS 26 (44); Milán, Bibl. Ambrosiana, MS 59 sub.; Paris, Bibl. Nationale, MS lat. 5517. Los otros dos contienen la segunda: Paris, Bibl. Nationale, MS lat. 4821 B y el Vat. lat. 6093. Otro códice tarraconense, de contenido eminentemente gregoriano, es el MS 35 (18) de la Bibl. Provincial de Tarragona, en el que se contiene el *Libellus contra symoniacos* de Deusdedit [19].

Entre las colecciones dependientes de la reforma gregoriana hay, aparte de la *Caesaraugustana* ya aludida, algunos códices del *Decretum* y de la *Panormia* de Ivo de Chartres. No voy a ofrecer aquí una lista exhaustiva de los códices de Ivo en España, sino que me limitaré a algunos que tuve ocasión de xaminar con otros objetivos. En otro trabajo [20], di cuenta de los tres códices seguntinos, a saber el MS 5, 61 (*Panormia*) y 75 (*Decretum*), que se conservan en la Bibl. Capitular de Sigüenza. Los tres son de origen francés.

Cumple recordar aquí también el MS 8 de la Bibl. Capitular de Burgo de Osma, que guarda una cierta analogía con el MS 5 de Sigüenza. Este códice de Burgo de Osma fue mal descrito por Rojo Orcajo [21]. Según la reciente descripción y estudio de Peter Linehan [22], contiene la *Panormia* con una larga interpolación que no figura en el texto editado. Contrariamente a lo que decía Rojo Orcajo, no contiene un fragmento del *Polycarpus* en los

18 P. M. Gassó, o. c. supra nota 10, pp. XXXV-XXXIX; L. Fowler-Magerl, 'Vier französische und spanische vorgratianische Kanonessammlungen', *Aspekte europäischer Rechtsgeschichte. Festgabe für Helmut Coing zum 70. Geburstag* (Frankfurt a. M. 1982) 123-46.

19 Ibid.

20 Ver mi artículo 'Manuscritos jurídicos medievales de la Catedral de Sigüenza', *Xenia Medii Aevi hisoriam illustrantia oblata Thomae Kaeppeli O. P.* (Storia e Letteratura. Raccolta di Studi e Testi 141; Roma 1978) 27-50.

21 T. Rojo Orcajo, 'Catálogo descriptivo de los códices que se conservan en la Santa Iglesia Catedral de Burgo de Osma', *Boletín de la Real Academia de la Historia* 94 (1929) 710-15.

22 P. Linehan, 'The Synod of Segovia (1166)', *Bulletin of Medieval Canon Law* New Series 10 (1980) 31-44, que se reproduce en su libro *Spanish Church and Society 1150-1300* (London 1983) 31-44.

fol. 162v-182v, sino que es una reelaboración a base de Burcardo y sobre todo de Ivo de Chartres, que parece idéntica a la correspondiente colección del MS 5 de Sigüenza. Es muy verosímil que el códice de Burgo de Osma provenga de Sigüenza, y que haya sido llevado allí por obra de Pedro García de Osma, muerto en 1474 [23]. Así, pues, este códice del Burgo constituye un raro ejemplo de mediados del s. XII, de alguna forma vinculado a la provincia eclesiástica de Toledo, con materiales relacionados con asuntos locales y con textos de Ivo de Chartres.

En resumidas cuentas, no encontramos en la Península, fuera de Cataluña, vestigios de colecciones canónicas gregorianas del s. XI, que denoten una recepción de dicha reforma en su modalidad más rígida, si se exceptúa la presencia en Zamora a finales del s. XIII de un códice de la *Collectio 74 titulorum,* cuyo significado allí resulta un tanto enigmático. Mi impresión es de que verosímilmente se hallaba ya en Zamora en el s. XII, porque casi todas las obras del inventario en donde encontramos esta referencia, pertenecen a dicha centuria, sin que aquella librería se volviese a actualizar a lo largo del s. XIII, lo cual también resulta significativo. Las colecciones dependientes de la reforma gregoriana, que presentan dicha reforma desde una modalidad mitigada, aparecen tímidamente sobre el horizonte castellano con las colecciones de Ivo de Chartres. Estas no sólo circulan en Cataluña, sino que la *Caesaraugustana* es posible se originase allí.

3. Derecho común romano-canónico medieval

Contrariamente al uso tan parco o nulo de las colecciones canónicas gregorianas en Castilla, hay que decir que prendió con fuerza, en toda el área peninsular, la llama del derecho común romano-canónico medieval. Esta llama, por cuanto al derecho canónico se refiere, fue encendida a mediados del s. XII en Bolonia por el monje Graciano. Fue, a su vez, asumida por el pontificado romano, que, en colaboración con las universidades, a quienes los papas dirigen sus colecciones oficales, y con el renacido derecho romano justinianeo, se introduce, se afirma y domina en toda la Península como en el resto de la cristiandad durante siglos. Su éxito se debe a muchas causas, entre ellas al hecho de que no es un derecho autoritariamente impuesto como el gregoriano, sino que de alguna manera se impone por su propia virtud, es decir por su mayor perfección frente a otro cualquiera, perfección y pulimiento que adquirió debido en gran parte a su contacto con el derecho romano. Por ello, será llamado por la historiografía moderna derecho culto (droit savant), frente a cualquier otro derecho que no era tan culto ni pulido. Baste pensar que hasta Graciano el sistema legislativo canónico consistió en yuxtaponer textos, sin ulterior armonización y comentario de los mismos.

23 Ver J. V. Frías Balsa, 'Don Pedro García Huete, arcediano de Sigüenza y obispo de Osma', *Wad-Al-Hayara* 5 (1978) 315-25.

Por eso Graciano, con su *Concordia discordantium canonum* es considerado con justicia como el padre de la ciencia canónica.

Sobre el derecho común romano-canónico medieval en la Península Ibérica durante el s. XII y primera mitad del XIII existe una relativamente amplia bibliografía, que reuní recientemente en un artículo de la revista *Bulletin of Medieval Canon Law* del año 1981 [24], desde cuya fecha aparecieron ya numerosos títulos nuevos [25].

Sin entrar aquí en muchos detalles, expuestos ya en otros estudios míos, indicaré aquí algunos de los primeros códices de este derecho que se conservan en la Península, aunque no siempre conste desde qué momento se encuentran en ella. Prescindo deliberadamente de otros que consta llegaron a tierras ibéricas en la época moderna, y que por consiguiente nada tienen que ver con nuestro tema. Los códices de derecho común llegados en el medievo a los reinos ibéricos, vinieron las más de las veces de manos de escolares hispanos que fueron a estudiar a Bolonia y eventualmente a otras universidades italianas o del mediodía de Francia. A finales del s. XII ya había maestros ibéricos en Bolonia, lo cual arguye una presencia anterior de escolares. Por esta razón, la mayoría de los códices están escritos en letra italiana (generalmente boloñesa), sin que falte alguno en escritura francesa. En varios casos, es algún obispo u otro dignatario eclesiástico quien compra un códice con motivo de algún viaje allende los Pirineos.

Pero el camino hacia las universidades italianas o francesas no es de dirección única. De allá vienen también maestros. Dejando a un lado algunos de los que sólo conocemos el nombre, tenemos que en torno al año 1184 enseñaba en Palencia un maestro italiano llamado Hugolino de Sesso, del cual quedan tres trataditos de tema procesal en el MS S. Cugat 55 fol. 138ra-139rb del Archivo de la Corona de Aragón de Barcelona [26]. Con ello, tenemos también una prueba de que la Universidad de Palencia se fundó durante el último tercio del s. XII y no en los comienzos del s. XIII, como se afirma todavía en diversas publicaciones recientes. El maestro que dedica las *Flores de Derecho* a Alfonso Fernández (un hijo natural de Alfonso X el Sabio) es también un italiano cuyo verdadero nombre era Jacopo Giunta, aunque en

24 Ver mi artículo 'La canonística ibérica (1150-1250) en la investigación reciente', *Bulletin of Medieval Canon Law* New Series 11 (1981) 41-75.

25 A. Pérez Martín, 'Estudiantes zamoranos en Bolonia', *Studia Zamorensia* 2 (1981) 23-66; idem, 'El Ordo iudiciarius «Ad summariam rei notitiam» y sus derivados', *Historia. Instituciones. Documentos* 8 (1982) 1-72; A. Gouron, 'Aux origines de l'influence des glossateurs en Espagne', ibid. 1-22; A. García y García, 'El «Studium Bononiense» y la Península Ibérica', *Chiesa, diritto e ordinamento della «Societas christiana» nei secoli XI e XII,* Nona settimana internazionale di studi medievali (Passo della Mendola, Trento) [en prensa] reproducido en el cap. siguiente de este libro; idem, 'Notas para un censo de los códices canónicos extrapeninsulares pregregorianos en la Península Ibérica', *Coloquio sobre Circulación de códices y escritos entre Europa y la Península Ibérica en los siglos VIII-XIII,* Santiago de Compotela 16-19 Sept. 1982 [en prensa].

26 Ver art. cit. supra nota 24, pp. 74-75 (nota adicional).

nuestra historiografía se llame Jacobo de las Leyes [27]. Más tarde, en la segunda mitad del s. XIII aparecerán también en Salamanca dos personajes, que con toda verosimilitud son los hijos del glosador Francesco de Accursio, y que se llamaban Cervotto (1240-87) y Guillermo (1246-1312) [28].

Este trasfondo, que sólo a grandes rasgos acabo de describir, hace perfectamente comprensible la temprana presencia del derecho común en la Península, tanto por lo que se refiere a las leyes como a los cánones. Me voy a limitar a la indicación de algunos ejemplos más antiguos.

El MS 36-2 de la Biblioteca Capital de Toledo contiene lo que parece ser la copia más antigua del *Authenticum,* transcrita en Bolonia hacia el 1180. Este texto boloñés lleva una glosa de origen francés al margen. Ignoramos en qué fechas llegó a Toledo [29]. Obviamente, la Biblioteca Capitular no existía aún, pero esto no quita para que el códice pudiera encontrarse en Toledo antes de la aparición de la Biblioteca en donde ahora se conserva. Sin salir de Toledo y de la misma Biblioteca Capitular, tenemos también en ella el MS 41-1 con la *Summa Trecensis* [30]. Aunque el manuscrito es del s. XIII, su presencia en Toledo, siempre que sea medieval, denota un interés nada común en la Península por una obra típica del s. XII. Aunque las obras contenidas en los dos códices que acabamos de citar pertenecen al derecho romano medieval, su relación con el canónico y con los hombres de Iglesia en esta época es bien conocida.

De medio centenar de códices del *Decretum Gratiani* conservados hoy día en España, diez son de finales del s. XII y de principios del s. XIII. Varios de éstos llegaron a la Península en fecha tardía, por lo que su mención aquí no interesa. Pero otros es posible que se encuentren en España desde fechas cercanas a su origen. Tal es el caso del MS Ripoll 78 del Archivo de la Corona de Aragón de Barcelona, copiado en Bolonia poco después de la mitad del s. XII, y que también parece haberse detenido momentáneamente en el sur de Francia en su viaje hacia el monasterio de Ripoll, al que pertenecía antes de pasar a su actual domicilio barcelonés. A este grupo que comentamos pertenecen también los siguientes: Seo de Urgel, Bibl. Capitular, MS 2009; Tortosa, Bibl. Capitular, MS 240; Madrid, Fundación Lázaro Galdiano, MS 440; Madrid, Bibl. Noviciado, MS 1137 (perteneciente antes al Colegio de San Ildefonso de Alcalá); y el MS 4-5 de la Bibl. Capitular de Toledo.

27 R. de Ureña y Smenjaud-A. Bonilla y San Martín, *Obras del Maestro Jacobo de las Leyes, jurisconsulto del s. XIII, publicadas en virtud de acuerdo del Ilustre Colegio de Abogados de Murcia* por... (Madrid 1924) v-viii.

28 Ver A. Pérez Martín, 'Estudiantes zamoranos en Bolonia', cit. supra nota 25, p. 30, nota 38; idem, 'El Ordo iudiciarius' cit. supra nota 51, p. 42, nota 139; F. P. W. Soetermeer, 'Un professeur de l'Université de Salamanque au XIIIe siècle: Guillaume d'Accurse', AHDE 55 (1985: en prensa).

29 A. García y García-R. Gonzálvez, *Catálogo de los manuscritos jurídicos medievales de la Catedral de Toledo* (Roma-Madrid 1970) 129-30. Los datos que aquí se añaden sobre el contenido de la descripción de este catálogo, se deben a una amable comunicación del Dr. Gero Dolezalek, quien examinó este códice en 1976.

30 Ibid. 157-58. Cf. A. Gouron, art. cit. supra nota 25, quien corrige además la falsa identificación que de este códice se daba en el Catálogo.

Todos estos manuscritos contienen, al margen del texto del Decreto de Graciano, alguna de las más primitivas composiciones de glosas, como hoy día se llaman, después de los trabajos que a este tema dedicó Rudolf Weigand [31].

Las colecciones de decretales realizadas en la Península Ibérica o en circulación en los reinos ibéricos en la segunda mitad del s. XII o principios del s. XIII, son realmente importantes. Baste recordar las colecciones Alcobacenses, Dertusenses, Seguntina y Salmanticense [32]. El arzobispo compostelano don Bernardo II (1224-37) poseía en su librería personal un códice con las 'Decretales Alexandri tercii in uno volumine', que no sabemos si se identifica con la Alcobacense I, Dertusense I u otra colección hoy día desconocida [33].

Las llamadas *Compilationes antiquae* tuvieron una amplia difusión en la Península, com lo demuestra el hecho de que hoy día se conservan once manuscritos relativamente completos de alguna de ellas, aparte de restos de otros muchos códices. La distribución geográfica de estos manuscritos en la Península es la siguiente: Orense, Salamanca, Segovia, Madrid (Biblioteca Nacional y Real Academia de la Historia), Escorial, Toledo, Córdoba, Burgo de Osma y Tarragona. Los de Madrid se encuentran allí desde fechas posteriores al Medievo, pero pertenecieron casi siempre a antiguas bibliotecas ibéricas medievales. En la glosación de estos códices se contienen comentarios que pertenecen, entre otros, a Tancredo de Bolonia, Juan Teutónico, Jacobo de Albenga, quienes asumen materiales de otros como Lorenzo y Vicente Hispano, etc. [34].

Los códices de concilios medievales son mucho menos numerosos: uno del Conc. 4 Lateranense de 1215 en Lisboa (MS Alcob. 173) y otro en Toledo (MS 15-26), otros dos del mismo Concilio emigrados a Francia (Aix-en-

31 Ver mis artículos 'Los manuscritos del Decreto de Graciano en las bibliotecas y archivos de España', *Studia Gratiana* 8 (1962) 162-93; 'Nuevos manuscritos del Decreto de Graciano en España', *Études d'histoire du droit canonique dediées à Gabriel Le Bras* 1 (Paris 1965) 117-28; sobre las primitivas composiciones de glosas al Decreto de Graciano, ver R. Weigand, 'Der erste Glossenapparat zum Dekret: Ordinaturus Magister', *Bulletin of Medieval Canon Law* New series 1 (1971) 31-41; idem, 'Frühe Glossen zu D. 12 c. 1-6 des Dekrets Gratians', 5 (1975) 35-51, 8 (1978) 41-47, donde se citan otros trabajos suyos sobre el particular. En el *Internationales Symposion 'Die Glossen zum Dekret Gratians'*, celebrado en Würzburg, 17-20 Okt. 1982, Rudolf Weigand informó ampliamente sobre los alentadores resultados que en esta temática arroja la puesta en ordenador de una muestra de seis diferentes lugares de estas primeras composiciones de glosas al Decreto de Graciano. Cf. REDC 38 (1982) 612-13.

32 Ver varios autores, 'Colecciones canónicas', *Diccionario de Historia eclesiástica de España* 1 (Madrid 1972) 442-47; *Studies in the collections of the twelfth-century decretals from the papers of the late Walter Holtzmann,* edited, revised, and translated by C. R. Cheney and Mary Cheney (MIC. Series B: Corpus collectionum 3; Città del Vaticano 1979) 8-15 y 291-99; S. Chodorow, 'The Collectio Dertusensis tertia and Tortosa MS 269', REDC 39 (1983) 27-42.

33 Ver mi librito *La canonística medieval en Galicia* (Collectanea scientifica Compostellana 1; Santiago de Compostela 1981) 21-25.

34 G. Fransen, 'Manuscrits canoniques (1140-1234) conservés en Espagne', *Revue d'Histoire Ecclésiastique* 48 (1953) 224-34, 49 (1954) 152-56, 51 (1956) 935-41; ver también mis notas publicadas bajo el título de 'Canonistica hispanica' en el *Bulletin* of the Institute of Medieval Canon Law, inserto en *Traditio* 22 (1966) 466-69, 23 (1967) 504-11, 26 (1970) 457-69, y en *Bulletin of Medieval Canon Law* New series 1 (1971) 70-73.

Provence, Bibl. Mèjanes 1683 y Laon, Bibl. de la Ville, MS 156), y uno de ingreso moderno en España, que es el MS 7127 de la Biblioteca Nacional de Madrid, que contiene entre otras cosas el Conc. 2 Lateranense de 1139, y que fue escrito en Italia [35].

En el Fragm. H de la Biblioteca Capitular de Toledo hay un trozo del apparatus de Alano Anglico a su propia colección de decretales [36]. Otros códices de decretistas de finales del XII y principios del s. XIII, son los siguientes: Tarazona, Bibl. Capitular, MS 93 (glosas de Juan Teutónico a los *arbores consanguinitatis et affinitatis*); Salamanca, Biblioteca Universitaria, MS 2075 (*Summa* sobre el Decreto de Juan Faventino y la de Esteban de Tournai). La *Summa* de Juan Faventino se encuentra asimismo en los códices de Salamanca, Bibl. Univ., MS 2399; Escorial, Bibl. del Real Monasterio, MS I.II.11; Barcelona, Archivo de la Corona de Aragón, MS Ripoll 34; Calahorra, Bibl. Capitular, MS 8; Madrid, Biblioteca Nacional, MS 399 (bajo el título equivocado de 'Iohanes de Deo super Decreto'), MS 421 y 682; Tarazona, Biblioteca Capitular, MS 41 y 47 (bajo el falso título de 'Lectura Laurentii super toto Decreto'). La *Summa* sobre el Decreto de Sicardo de Cremona se conserva en los códices de Córdoba, Bibl. Capitular, MS 137 y Salamanca, Bibl. Universitaria, MS 2247. Un apparatus que comienza 'Tractaturus magister', diferente del habitual aparece en el MS 440 de la Biblioteca Lázaro Galdiano de Madrid. La famosa *Summa* del canonista Huguccio está en los códices de Madrid, Bibl. Nacional, MS 251 y 11962 (el único que trae en su sitio las causas de Iohannes de Deo); Madrid, Bibl. Fundación Lázaro Galdiano, MS 440; Madrid, Palacio, MS II 509; Salamanca, Biblioteca Universitaria, MS 1930; Tarazona, Bibl. Capitular, MS 97 y 151; Calahorra, Biblioteca Capitular, MS 8. El MS S. Cugat 55 del Archivo de la Corona de Aragón contiene las *Glossae Stuttgardienses.* El apparatus 'Ecce vicit leo' se conserva en el códice de Madrid, Bibl. Noviciado (del antiguo Colegio de S. Ildefonso de Alcalá), MS 1137; Salamanca, Bibl. Universitaria, MS 2491; el apparatus 'Ius naturale' en la Biblioteca Capitular de Seo de Urgel, MS 2009. Hay asimismo numerosos códices con introducciones diversas al Decreto de Graciano, algunas realmente antiguas. Tampoco faltan algunos códices con obras de canonistas de esta época, que no constituyen un comentario corrido a texto legal alguno. En esta situación se encuentran los siguientes: Sigüenza, Bibl. Capitular, MS 62 (*Liber poenitentiarius,* de Robert de Flamborough); los códices 9 y 41 de la misma Biblioteca (*Verbum abbreviatum,* de Pierre de Blois); Córdoba, Bibl. Capitular, MS 10 (comentarios diversos a las tres primeras Compilaciones antiguas), y Lisboa, Bibl. Nacional, Alcob. 202 y 371 (*Ordo iudiciarius,* de Tancredo de Bolonia); dos tratados *De praesumptionibus* en el MS 421 de la Bibl. Nacional de Madrid y en el MS S. Cugat 55 de Barcelona. En este último manuscrito hay, entre otras cosas, una colec-

35 Ver mi libro *Constitutiones Concilii quarti Lateranensis una cum Commentariis Glossatorum* (MIC. Series A: Corpus glossatorum 2; Città del Vaticano 1981) ver índice de códices en las pp. 497-99.

36 Ver *Catálogo* cit. supra nota 29, p. 180.

ción de *Quaestiones*[37]. A escala de derecho particular sinodal, merece especial mención el *Liber synodalis,* de Eudes de Sully, conservado en el MS Alcob. 184 de la Bibl. Nacional de Lisboa, y asumido casi íntegramente en el sínodo lisboeta del año 1240[38].

La primera obra importante de derecho canónico medieval, que parece haber sido escrita en España, es la primera recensión de la *Summa de casibus* de S. Raimundo de Peñafort, varios de cuyos códices se conservan aún en Cataluña, como es el caso del MS Ripoll 194 del Archivo de la Corona de Aragón, el MS 157 del Seminario de Gerona, el MS 239 de la Biblioteca Capitular de Tortosa y el MS 135 de la Biblioteca Capitular de Vich; otros tuvieron amplia difusión por el resto de la Península, como el MS Res. 198 y Vitr. 21.2 de la Biblioteca Nacional de Madrid, el MS 6 de la Real Academia de la Historia, el MS 19 de la Biblioteca Capitular de Sigüenza, el MS 4-2 de la Biblioteca Capitular de Toledo y el MS 38 de la Biblioteca Capitular de Valencia[39].

4. Impacto e incisividad de los ordenamientos canónicos

De lo hasta aquí expuesto se deduce que la Península pasa por tres ordenamientos consecutivos, durante este largo siglo que corre desde 1085 hasta 1212 (Navas de Tolosa) ó 1215 (Conc. 4 Lateranense). El primero de estos ordenamientos es el visigótico, contenido en la colección canónica Hispana. El segundo es el gregoriano, que emerge de las cartas pontificias de los papas gregorianos, de los concilios legatinos propiciados por los enviados de dichos papas, y de las colecciones canónicas gregorianas. El tercero es el derecho común medieval contenido en una selección del derecho del primer milenio recogido en el Decreto de Graciano, que aparece hacia 1140-50, y en las colecciones de decretales que sucesivamente lo complementan y que se nutren de las decretales de los papas y de los concilios, aparte de un elemento enteramente nuevo que es la doctrina de los canonistas.

A lo largo de las páginas que anteceden traté de evaluar el impacto e incisividad de estos tres ordenamientos canónicos en los reinos peninsulares, partiendo del parámetro de la difusión de los códices en que cada uno de estos ordenamientos se contiene. Obviamente, este criterio de la tradición o difusión manuscrita no es ni puede ser exclusivo, pero es un elemento de juicio del que no se puede prescindir en un buen quehacer historiográfico.

Circunscribiéndonos ahora más a Toledo, su restauración al filo de la conquista y su ulterior encumbramiento reconocen como punto de partida

37 Sobre los códices portugueses, ver I. da Rosa Pereira, 'Manuscritos de direito canónico existentes em Portugal', *Arquivo histórico da Madeira* 11 (1959) 196-242 y 13 (1962-63) 28-41; sobre los manuscritos españoles aquí citados ver G. Fransen, en los artículos citados supra nota 34.

38 *Synodicon hispanum,* 2: *Portugal* (Madrid 1982) 285-97.

39 Ver mis artículos citados supra nota 34.

jurídico-canónico el ordenamiento visigótico. El primer criterio en esta materia por parte de los reconquistadores y repobladores fue el de respetar el orden visigótico, de suerte que una nueva sede episcopal que no había existido en la época visigótica tenía muy pocas probabilidades de abrirse camino en el contexto de la reconquista peninsular del s. VIII al XI. Mucho más difícil, por no decir impensable, era todavía la creación de una nueva metrópoli o de una sede primacial inexistentes antes de la invasión musulmana.

El derecho canónico gregoriano de finales del s. XI introduce en esta cuestión un nuevo elemento, que acabará afectando muy de cerca a la sede toledana. Me refiero a la centralización en manos del romano pontífice, a quien se reserva la última decisión de esta clase de cuestiones, sin que tenga que atenerse necesariamente a anteriores costumbres o tradiciones, a la hora de crear, suprimir o modificar sedes episcopales o supraepiscopales en toda la cristiandad. Por ello, se explica perfectamente que no se encuentren vestigios de colecciones canónicas gregorianas en Toledo ni en muchos kilómetros a la redonda, y que aparezcan, en cambio, en el extremo noroccidental de la Península. En Santiago, el hábil Gelmírez apuesta decididamente por el nuevo derecho gregoriano, movido a ello no porque se trataba de un derecho reformista de las corruptelas clericales, sino porque podía favorecer la elevación de rango de su diócesis compostelana y el consiguiente expansionismo hacia León, hacia la meseta castellana y hacia el interior de Portugal.

Y don Diego no se equivocó del todo, ya que consiguió invertir la situación existente cuando él entró en el gobierno de la sede compostelana. Dicha sede, geográficamente asediada por las sufragáneas de Braga que no le dejaban respiro, se convierte en metropolitana y rodea el territorio de la bracarense de sufragáneas compostelanas en el reino de León, Castilla y Portugal, proyectándose hasta muy cerca de Toledo, al contar a Avila entre las sedes episcopales que le estaban sujetas. El centro de la Península (las dos mesetas, León, parte de Portugal y Extremadura) quedan divididos en dos porciones sensiblemente iguales, de las que una depende de Toledo y la otra de Compostela. De ahí a discutirle el primado a Toledo quedaba todavía un gran paso. Pero este paso se dio muy pronto, porque Gelmírez había puesto las bases para ello. Pocos años después de la muerte de don Diego, ocurrida en 1140, sus sucesores se encargarán de formular esta reivindicación primacial, hecho que ocurre por lo menos desde 1167 [40].

Paradójicamente, don Raimundo de Toledo sintonizaba tal vez mejor que Gelmírez con los ideales de la reforma gregoriana. Sin embargo, fue el prelado compostelano quien obtuvo grandes ventajas del ordenamiento canónico de la nueva reforma, en gran parte a costa de Toledo [41].

40 Puede verse otra interpretación de la actitud de Gelmírez frente al derecho canónico gregoriano en R. A. Fletcher, *Saint Jame's Catapult. The Life and Times of Diego Gelmírez of Santiago de Compostela* (Oxford, Clarendon Press, 1984). Ver la reseña que le dedico en el *Anuario de Historia del Derecho Español* 55 (1985) en prensa. Fletcher supone que Gelmírez se identificó con los ideales reformistas de los gregorianos.

41 Con otros elementos de juicio, llega a una conclusión sustancialmente idéntica

En los últimos decenios del s. XII, los reinos ibéricos entran decididamente en la órbita del nuevo derecho canónico que emerge del Decreto de Graciano y de las decretales pontificias, varias de cuyas colecciones se elaboran precisamente en los reinos peninsulares a finales del s. XII y principios del s. XIII. En este nuevo ordenamiento se consolidan las posiciones adquiridas en la etapa anterior por cuanto se refiere a la cuestión de la sede primacial y metropolitanas. La discusión primacial acaba empantanándose, de suerte que los papas no encuentran forma de llegar a una decisión definitiva en este punto. Esto se expresa bien en la crónica de Giessen, cuyo autor, un alemán anónimo, neutral en esta contienda peninsular, subraya cómo el papa Inocencio III, en pleno Conc. 4 Lateranense de 1215 durante la sesión que tuvo lugar el viernes, 13 de Noviembre de dicho año, intentaba, sin conseguirlo, poner de acuerdo a las partes contendientes: 'Tertia uero die litem que inter Compostellanum et Tolletanum episcopos super optinendo primatum hucusque durauit, dominus papa dirimere et rationabiliter inde diffinire conabatur' [42].

J. Francisco Rivera Recio, *La Iglesia de Toledo en el s. XII (1086-1208)* 1 (Publicaciones del Instituto Español de Historia Eclesiástica. Monografías 10; Roma 1966) 193-96.

42 St. Kuttner-A. García y García, 'A new eyewitness account of the Fourth Lateran Council', *Traditio* 20 (1964); A. García y García, 'El Concilio 4 Lateranense (1215) y la Península Ibérica', RET 44 (1984) en prensa.

3. EL STUDIUM BONONIENSE Y LA PENINSULA IBERICA *

El objeto de este capítulo consiste en determinar y evaluar las líneas de fuerza que condicionan las relaciones entre el Studium de Bolonia y la Península Ibérica en la Baja Edad Media, y muy en particular durante la segunda mitad del s. XII y primera mitad del s. XIII. No se trata, por consiguiente, de trazar aquí un censo de los juristas hispanos relacionados con Bolonia y de sus obras, temática a la cual dediqué ya otros trabajos, y que, en todo caso, no sería más que una parte del tema del presente estudio.

Para comenzar, es preciso constatar que las relaciones altomedievales entre las dos penínsulas, itálica e ibérica, es un tema que no ha sido todavía objeto de un estudio monográfico y de conjunto [1]. Conocemos hoy día bastante mejor las relaciones entre Bolonia y la Península Ibérica a partir de finales del s. XII que sus antecedentes, por lo que es más fácil esclarecer éstos por aquéllas que viceversa. En el estado actual de nuestros conocimientos, más bien parece que fue el cultivo de ambos derechos el que condicionó la afluencia de españoles a Bolonia y de maestros italianos a la Península Ibérica, sin que dicha afluencia haya que relacionarla necesariamente con precedentes entre ambas penínsulas en época anterior.

Para desarrollar esta temática, nos ocuparemos primero del marco ambiental de la cultura ibérica en el s. XII, los escolares y maestros hispanos en Bolonia, maestros boloñeses en Castilla, tradición manuscrita y editorial del derecho común en la Península Ibérica, recepción *de iure* y *de facto* del derecho común en los reinos hispánicos.

* Este capítulo fue, en su origen, una conferencia del autor en la novena semana internacional del Passo de la Mendola (Italia) sobre el tema *Chiesa, Diritto e Ordinamento della* societas christiana *nei secoli XI e XII,* que tuvo lugar los días 28 Agosto-2 Sep. 1983. El texto que aquí se edita sólo difiere en algunos detalles accidentales del que aparecerá en las actas de dicho Congreso.

1 De un modo ocasional y a veces de forma sectorial, se trata esta temática, como ocurre en el reciente Simposio sobre la *Circulación de códices y escritos entre Europa y la Península en los siglos VIII-XIII,* celebrado en la Universidad de Santiago de Compostela los días 17-19 de Septiembre de 1982, y cuyas actas están en prensa. A ellas remito para el tema de las relaciones altomedievales entre la Península Ibérica y el resto de Europa en materia de libros y otros escritos.

1. Marco general de la cultura ibérica en el s. XII

Desde la invasión musulmana del s. VIII, la Península Ibérica estaba empeñada en una lucha intermitente, tendente a la expulsión de los mahometanos. Este es el período, ocho veces secular, conocido en la historiografía ibérica con el nombre de *reconquista* [2].

La ocupación de la Península por los musulmanes, junto con su permanencia en buena parte de su territorio hasta 1492, conlleva el doble efecto del encuentro con nuevas culturas de que eran portadores los musulmanes, a la vez que una situación político-social de emergencia que coloca a los nuevos reinos cristianos peninsulares en situación cultural de desventaja con respecto al resto de la cristiandad. Así como los cristianos no renunciaron nunca a reconquistar todo el territorio peninsular, tampoco renunciaron a su cultura cristiana ni generalmente a su religión, sin que esto signifique que fueron impermeables a la lengua y cultura musulmanas. Sirva de ejemplo, sin salirnos del ámbito jurídico, el MS árabe 1623 fol. 1r-435v de la Biblioteca del Real Monasterio del Escorial, en el que se conserva la Colección Hispana Sistemática en lengua árabe, lo cual refleja bien a las claras la identidad cristiana de sus usuarios y a la vez su asimilación de la lengua y cultura musulmanas [3].

Los reinos cristianos peninsulares sufren por otra parte verdaderos problemas de identidad, que se reflejan en sus luchas internas e intentos anexionistas de unos con respecto a otros. El ambiente resultante de esta doble lucha no era ciertamente muy adaptado para el florecimento de las letras.

Entre los reinos cristianos peninsulares de la Alta Edad Media, unos muestran mayor apego a las leyes visigóticas (Reino de León), otros se muestran antivisigóticos (Castilla), otros en fin tratan de abrirse a la cultura franca e italiana (Portugal, Navarra, Aragón y Cataluña) [4].

En el s. XI, con la reforma gregoriana, el derecho canónico visigótico pasa a ser objeto de historificación y la Península se abre a las colecciones de dicha reforma, auspiciada por Gregorio VII, a la vez que se sustituye igualmente la vieja liturgia visigótica por la romana. Es obvio que esta sustitución de ordenamientos produce una situación de vacío en la formación de canonistas, vacío que ya existía desde mucho antes en el mundo del derecho civil, que se opera paulatinamente a lo largo de la Alta Edad Media, debido a las circunstancias ambientales de una sociedad culturalmente depauperada.

Para colmar este triple vacío de cultura general, de cultura jurídica civil

2 D. W. Lomax, *The reconquest of Spain* (London 1978). Hay traducción alemana: *Die Reconquista. Die Wiedereroberung Spaniens durch das Christentum* (München 1980).

3 M. Casiri, *Bibliotheca arabico-hispana Escurialensis* (Madrid 1760) 541-43; G. de Andrés, 'Un valioso códice árabe de concilios españoles recuperado para el Escorial', *La Ciudad de Dios* 179 (1966) 681-95.

4 R. Gibert, *Enseñanza del derecho en Hispania durante los siglos VI a XI* (Ius Romanum Medii Aevi Pars I, 5 b *cc*; Milano 1967) 54 pp.

y canónica, se advierte desde finales del s. XI y a lo largo de todo el s. XII la tendencia de algunos obispos a potenciar en sus diócesis la formación intelectual de sus clérigos. Para ello, tratan de enviar a los mejores a estudiar a otros lugares de la cristiandad más favorecidos bajo este aspecto, para que una vez vueltos a su diócesis de origen, fueran los maestros de los futuros clérigos. Paralelamente se nota el deseo de traer maestros extranjeros para elevar el nivel de los centros peninsulares. De lo uno y de lo otro se registran testimonios a lo largo de la duodécima centuria. Veamos algunos.

Comenzaremos por Santiago de Compostela, en el lejano ángulo noroeste de la Península, pero favorecida en su condición de meta de las peregrinaciones que hacia allí se dirigen desde toda Europa a lo largo del Camino de Santiago [5]. Su primer arzobispo, Diego Gelmírez (obispo desde 1101, y arzobispo de 1120 a 1140), dio una canonjía al clérigo toscano Raniero [6], quien, después de haber estudiado en Inglaterra, se establece en Santiago hacia 1134 y tal vez sea uno de los autores de la *Historia Compostelana,* junto con varios franceses como Hugo, Giraldo, etc. Con Gelmírez aparece, en 1119, un médico de Salerno llamado Roberto, aunque no sabemos qué relación mediaba entre el médico y el prelado [7]. Un sobrino del arzobispo aparece en 1121 estudiando filosofía en París [8] y se alude a otros clérigos que el mismo Gelmírez envió a Francia para estudiar [9]. La afición de este prelado por el nuevo derecho de la reforma gregoriana se deduce del hecho de que a él va dedicada la colección romana *Polycarpus* [10], y de que entre los libros que dejó a su Iglesia es muy verosímil que se encontrara un códice de la colección igualmente gregoriana *Diuersorum patrum sententie* o *Col. in 74 titulos* [11], y unos *Canones* que bien pudieran ser la mencionada colección canónica *Polycarpus,* llamada también *Liber canonum.* El 30 de Junio de 1169 el Cabildo compostelano da un estatuto en favor de los clérigos que acudían

5 E. Valiña Sampedro, *El Camino de Santiago. Estudio histórico-jurídico* (Madrid 1971), con la bibliografía citada en este libro.

6 A. López Ferreiro, *Historia de la Santa A. M. Iglesia de Santiago de Compostela* 4 (Santiago 1901) 172.

7 *Historia Compostelana* o sea *Hechos de D. Diego Gelmírez primer arzobispo de Santiago,* tr. por M. Suárez y notas e introducción de J. Campelo (Santiago 1950) pp. 253-54, que corresponde al lib. II, cap. 8, n. 1. Ed. latina de esta obra en E. Flórez, *España sagrada* 20 (Madrid 1765 = Madrid 1965) 1-598. Cf. L. Vones, *Die 'Historia Compostellana' und die Kirchenpolitik des Nordwestspanischen Raumes 1070-1130. Ein Beitrang zu Beginn des 12. Jahrhunderts* (Köln-Wien 1980).

8 *Historia Compostelana* 2.49.1 (ibid. 317).

9 Ibid.

10 Cf. U. Horst, *Die Kanonessammlung Polycarpus des Gregor von S. Crisogono. Quellen und Tendenzen* (*Monumenta Germaniae Historica,* Hilfsmittel 5; München 1980).

11 *Historia Compostelana,* 2.57 ca. fin. (ibid. 343). Ver el comentario que dedico a este pasaje en mi librito *La canonística medieval en Galicia* (Collectanea Scientifica Compostelana 1; Santiago de Compostela 1981) 13. Hay noticia de otro códice medieval de la *Collectio 74 titulorum* que se conservaba en Zamora a finales del s. XIII, y que tampoco se sabe hoy de su paradero. Cf. M. L. Guadalupe Beraza, 'El tesoro del Cabildo Zamorano: aproximación a una biblioteca del s. XIII', *Studia historica* 1 (1983) 175, n. 22: 'Diuersorum patrum de primatu Romane ecclesie. Pelagius'. Trátase de un inventario realizado entre 1286 y 1290. Ver sobre este tema cap. anterior del presente libro.

a los estudios, que por el sentido se ve que iban fuera de Santiago e incluso de la Península. La escuela catedralicia de Santiago era por este tiempo una de las mejores de España, por lo que no tendría mucho sentido que clérigos santiagueses fueran a estudiar a otros puntos de la Península [12]. Esta tradición de interés por los estudios sigue viva en Compostela en lo sucesivo, ya que la primera constitución del sínodo de 1229 trata precisamente del modo de seleccionar a los clérigos que habían de ser enviados al estudio [13], ordenando que se pasen los nombres de los seleccionados al arzobispo, que a la sazón era D. Bernardo II, el cual precisamente parece había estudiado en París, dejando a su iglesia una importante biblioteca en la que, entre 93 códices, 17 eran jurídicos [14].

El 6 de Enero de 1173, el obispo gerundense don Guillermo dio un estatuto concediendo a los canónigos que se ausentasen por motivos de estudios un florín de oro mensual, sin limitación del tiempo invertido en el estudio [15]. Nótese la fecha de este estatuto de Gerona, que se adelanta en seis años a las normas del Conc. 3 Lateranense de 1179, c. 4, sobre esta misma temática.

El arzobispo Rodrigo Jiménez de Rada describe los orígenes de la Universidad de Palencia en estos términos: '... sapientes a Galliis et Italia convocavit, ut sapientiae disciplina a regno suo nunquam abesset, et magistros omnium facultatum Pallentiae congregavit, quibus et magna stipendia est largitus, ut omni studium cupienti quasi manna in os aliquando influeret sapientia cuiuslibet facultatis' [16]. Esta política del rey Alfonso VIII de Castilla guarda relación con la entrada de los cistercienses franceses en la Península, que se inicia en la década de los años 30 del s. XII y se intensifica a lo largo de toda esta centuria. Un reflejo posterior de esta noticia puede verse en la *Crónica de España* del rey castellano Alfonso X el Sabio refiriéndose igualmente a Alfonso VIII: '... Enuio (el Rey) por sabios a Françia et a Lombardia... et tomo maestros de todas las sçiençias et ayuntolos en Palençia ... pora uenir los clerigos de todas las Espannas, et dioles grandes sol-

12 A. López Ferreiro, cit. supra nota 6 de este artículo, pp. 99-101 de los Apéndices al t. 4. Cf. M. C. Díaz, 'Problemas de la cultura en los s. XI-XII. La escuela episcopal de Santiago', *Compostellanum* 16 (1971) 187-200; idem, 'La escuela episcopal de Santiago en los s. XI-XIII, *La Universidad de Santiago y la cultura gallega* (Santiago de Compostela 1975) 183-88, aparecido también en la revista *Liceo franciscano* 2.ª época, 28 (1975) con la misma paginación.

13 *Synodicum hispanum* 1, ed. por A. Bernal Palacios, E. Cal Pardo, F. Cantelar Rodríguez, E. Duero Peña, A. García y García, A. Gutiérrez Rodríguez y E. Valiña Sampedro (Madrid 1981) 264-65.

14 Ver mi libro cit. supra nota 11, pp. 22-24.

15 J. L. Villanueva, *Viage literario a las iglesias de España* 23 (Madrid 1850) 295. Cf. para éste y otros testimonios que siguen el trabajo de V. Beltrán de Heredia, 'La formación intelectual del clero en España durante los s. XII, XIII y XIV', RET 7 (1946) 313-97 (reproducido in *Miscelanea Beltrán de Heredia* 1; Salamanca 1972, 19-58); P. Linehan, '*Ecclesiae non mittentes:* The thirteenth-century background', *El Cardenal Albornoz y el Colegio de España* 2 = *Studia Albornotiana* 12 (Bolonia 1972) 261-74.

16 Rodrigo Jiménez de Rada, *De rebus Hispaniae* lib. VII, cap. 34 (*Patrum Toletanorum quotquot extant opera,* ed. F. Lorenzana, 3; Madrid 1793) 174.

dadas, porque tod'aquel que delos saberes aprender quisiere, que alli uenga' [17]. El cronista Lucas de Tuy alude a esto mismo, igualmente en tono grandilocuente como los anteriores, aunque asociando a esta empresa al obispo palentino don Tello: 'Eo tempore Rex Adefonsus evocavit magistros theologicos et aliarum artium liberalium, Palentiae scholas constituit procurante reverendissimo et nobilissimo viro Tellione eiusdem civitatis Episcopo. Quia ut antiquitas refert, semper ibi viguit scholastica sapientia, viguit militia [18]. Todos estos testimonios, excepto el último tal vez, aparecen especialmente interesados en situar la fundación de la universidad de Palencia después de 1208, durante el pontificado de Tello Téllez de Meneses (1208-47). Pero lo cierto es que la universidad funciona desde una fecha que se puede situar en torno al 1178. En efecto, durante el período comprendido entre 1178 y 1211 aparecen maestros palentinos en la documentación, que por añadidura llevan nombres al menos aparentemente extranjeros. Así, se habla del '... magistur Geraldus, regis notarius et Pallentinus archidiaconus...' [19], 'magister Lanfrancus, canonicus Pallentinus...' [20], 'Jordan, arcediano de Campos, et maestre Fornelin, canonigo de Palencia' [21], etc. Curiosamente, sólo éstos de Palencia llevan el título de maestros, entre otros muchos de otras diócesis que aparecen en la misma documentación. Más abajo, aludiremos a un maestro en derecho, llamado Hugolino de Sesso, que nos dejó tres tratados que hay que fechar poco después de 1184. De ahí que los testimonios aducidos al principio parecen referirse a una reforma o nuevo impulso que se le dio a la universidad de Palencia en tiempos de Alfonso VIII, con la colaboración del obispo don Tello, pero no se relacionan tales textos con la fundación de la universidad propiamente dicha.

Otro fenómeno que interesa mencionar aquí es el de las colecciones canónicas ibéricas de finales del s. XII. Más de la mitad de las decretales de los papas del s. XII, que circulan en colecciones canónicas, pertenecen al papa Alejandro III. Algunas sólo contienen decretales de este papa, mientras que en otras aparecen en elevada proporción las cartas del papa Bandinelli. Algunas de las colecciones del primer tipo fueron elaboradas en la Península Ibérica o por lo menos presentan una forma hispana. Tal es el caso de la Alcobacense I, de la Dertusense I y III [22]. En 1236 se conservaba en Santiago de Compostela un códice cuyo contenido era 'Decretales Alexandri tercii in

17 Alfonso X el Sabio, *Primera Crónica General de España,* ed. por R. Menéndez Pidal 2 (Madrid 1955) 686.

18 Lucas de Tuy, *Chronicon mundi,* ed. por Schottus (*Hispania illustrata* 4; Frankfurt a. M. 1603) 109.

19 Pedro Fernández del Pulgar, *Teatro clerical, apostólico y secular de las iglesias catedrales de España...,* Parte I, 2 (Madrid 1860) 253.

20 Ibid. 262.

21 R. Escalona, *Historia del Real Monasterio de Sahagún...* (Madrid 1782) 592.

22 *Studies in the collections of the twelfth-century decretals from the papers of the late Walter Holtzmann,* edited, revised, and translated by C. R. Cheney and Mary G. Cheney (MIC. Series B: Corpus collectionum 3; Città del Vaticano 1979) 8-15 y 291-99; S. Chodorow, *The Collectio Dertusensis tertia and Tortosa MS 269,* REDC 39 (1983) 27-42.

uno volumine' [23], que no sabemos si se identifica con alguna de las colecciones mencionadas o si se trata de otra hoy desconocida. Por otra parte, el volumen de cartas pontificias dirigidas a la Península Ibérica es realmente elevado, sobre todo en el pontificado de Alejandro III [24].

En conclusión, a finales del s. XII la Península Ibérica conecta plenamente con la canonística europea, que entonces tenía su centro de gravedad en Bolonia. Desconocemos cuáles fueron en detalle los cauces de penetración y de aclimatación del derecho nuevo en la Península. Pero los ejemplos apuntados nos permiten situarlos en líneas generales en las cartas de los papas dirigidas a los reinos peninsulares, en las frecuentes intervenciones pontificias en asuntos de los reinos e iglesias ibéricas, en los escolares hispanos que acudían a centros extranjeros para realizar sus estudios, en los maestros extranjeros que eran llamados a impartir su docencia o a actuar en la Península, aparte de los libros que maestros y escolares traían consigo. El contacto con Bolonia no fue exclusivo, ya que aparecen personajes que estudiaron en Montpellier, así como alguna de las colecciones canónicas mencionadas tiene antecedentes ingleses [25]. Las relaciones culturales entre la Península Ibérica y el resto de Europa apuntan en esta época hacia París para las artes y teología, y hacia Montpellier y sobre todo hacia Bolonia por cuanto respecta al derecho.

2. Los escolares y maestros hispanos en Bolonia

Resulta irrelevante, en este contexto, una tardía leyenda local boloñesa, según la cual se conservaba allí el cuerpo de San Isidoro de Sevilla, leyenda que, por lo demás, carece del menor fundamento histórico [26]. El primer hecho histórico del que podemos partir, en relación directa con nuestro tema, consiste simplemente en la presencia durante la segunda mitad del s. XII en Bolonia de una colonia española, que aparece ya en estado adulto, sin que se conozcan sus orígenes. Los primeros personajes que se conocen son maestros, y no simples escolares. Hay que añadir también que al menos desde 1208 los hispanos residen preferentemente en la calle Zaragoza, donde radicará también desde 1368 el actual Colegio de España.

Pero, antes de describir más en detalle esta presencia hispana en la universidad de Bolonia, conviene resumir aquí sumariamente cuál fue el contexto universitario medieval en la Península. Hasta el s. XIV, las universidades ibéricas no estuvieron en condiciones de satisfacer la demanda de estu-

23 Ver mi libro cit. supra nota 11, 22-24.

24 Ver mi artículo *Alejandro III y los reinos ibéricos,* en prensa en un volumen conmemorativo a cargo de la Academia Senese degli Intronati.

25 Cf. supra obra citada en la nota 23.

26 C. Mesini, 'Gli spagnoli a Bologna prima della fondazione del Collegio di Egidio d'Albornoz (1364-69)', *El Cardenal Albornoz y el Colegio de España* 2 = *Studia Albornotiana* 12 (Bolonia 1972) 41-71.

dios jurídicos. Son, ante todo, de fundación tardía, sobre todo si se compara con Bolonia. He aquí el orden cronológico de fundación de las universidades ibéricas medievales: Palencia (ca. 1178), Salamanca (1218-19), Valladolid (mediados del s. XIII), Tudela (1259?), Coimbra-Lisboa (1288), Lérida (1300), Huesca (1354), Calatayud (1415), Gerona (1446), Barcelona (1448), Zaragoza (1474), Palma de Mallorca (1483), Sigüenza (1489), Valencia (1500), Sevilla (1502). Pero hay que tener en cuenta que algunas de estas universidades, como Palencia, tuvieron una vida efímera. Otras, como Gerona, es dudoso que llegaran a fundarse realmente. Pero lo que más cuenta para nuestro objeto, es que ninguno de estos estudios tuvo importancia en el área del derecho, excepto Salamanca y, hasta cierto punto, Lérida. Pero incluso Salamanca lleva una existencia oscura durante todo el s. XIII. Comienza a afianzarse en el s. XIV. Tiene una cierta importancia y consistencia en el s. XV. Y sólo en el s. XVI ocupa un puesto de vanguardia en el mundo de entonces. Por ello, la mayor parte de los escolares ibéricos durante la segunda mitad del s. XII se ven obligados a dirigirse a centros extranjeros para el estudio del derecho. Este trasfondo universitario ibérico juega un papel importante en relación con la presencia hispana en Bolonia desde fechas muy tempranas.

La presencia de canonistas hispanos en Bolonia es realmente precoz, a juzgar sobre todo por lo que se deduce de las recientes investigaciones del profesor Rudolf Weigand sobre las primeras composiciones de glosas al Decreto de Graciano, con las que aparecen relacionados varios canonistas de la Península Ibérica presentes en Bolonia.

La cronología de las tres composiciones de glosas a que aquí nos referimos, tal como fue puesto de relieve en el Symposium de Würzburg (Octubre 1982) es como sigue. La primera, bastante dependiente de Paucapalea, data de una fecha que gira en torno al 1150. La segunda, en la que se cita el Decreto por títulos, proviene de los años cincuenta del s. XII. La tercera proviene de Rufino, que la integra en su *Summa*[27].

Ahora bien, la actividad de canonistas hispanos en Bolonia, relacionados con la antigua glosación sobre el Decreto, parece argüir la existencia previa de un grupo de escolares, de los que pudieron surgir los maestros aquí aludidos. Estos son, por lo menos, el canonista Melendo Hispano y Pedro Hispano, que pertenecen ciertamente a la primera generación conocida de canonistas de la Península en Bolonia. Sus glosas aparecen ya en la primera redacción del aparatus 'Ordinaturus'. La mayor parte de las glosas de Melendo hasta ahora conocidas aparecen sobre todo en el MS Gniezno 28. Otro canonista, llamado Juan Hispano, aparece, según Juan de Andrés, en Bolonia, como autor de una lectura al Decreto, en la que no alegaba aún ninguna decretal, por estar escrita antes de la aparición de la Compilación primera antigua[28].

27 Ver infra nota 67, con la bibliografía citada en los artículos que en dicha nota se indican.

28 Salvo para los detalles que aquí se añaden sobre estos autores hispanos, ver la

Las siguientes generaciones de maestros hispanos en Bolonia son mucho más numerosas. Durante el primer tercio del s. XIII aparecen allí maestros de origen ibérico como Bernardo Compostelano Antiguo, Lorenzo Hispano, Vicente Hispano, Martinus Zamorensis, Pedro Hispano Portugalense, Pelayo Gaytán (Pelagius Albanensis), Silvestre Hispano (Silvestre Godinho?), Juan Hispano de Compostela o Petesella, Raimundo de Peñafort, etc.[29]. Un número tan elevado de maestros hispanos en Bolonia en el relativamente corto lapso de tiempo de treinta años, supone la presencia de una colonia ibérica mucho más numerosa, de la cual este grupo de maestros no es más que una selección de los escolares más aventajados. Una prueba de que esta deducción no es aventurada puede verse en una documentación de la Catedral de Barcelona, según la cual entre 1218 y 1229 había en Bolonia 89 escolares catalanes, entre los que se cuentan personajes muy influyentes a lo largo del reinado de Jaime I el Conquistador (1213-1276), tales como San Raimundo de Peñafort, Vidal de Canyelles, Pere Albert y Arnau de Gurb[30]. En todo momento, parece que fue más importante la representación catalana en Bolonia que la de otras regiones de la Península Ibérica[31], aunque los otros reinos tampoco están ausentes como se infiere por el hecho de que entre los primeros maestros conocidos hay portugueses y gallegos, que provienen del extremo occidental de la Península, considerado entonces como el último confín del mundo[32], y llamado por ello en una de sus partes *Finisterrae*.

A partir de estas fechas que siguen al primer tercio del s. XIII, la presencia hispana en Bolonia está mucho más documentada, porque lo está también la historia de la Universidad boloñesa en torno a la cual gravita la presencia de estos escolares y maestros ibéricos. En la bibliografía que acabamos de citar se encuentran registrados los datos más salientes sobre la vida y obra de los restantes maestros hispanos en Bolonia, que enseñan y escriben allí, como son en el s. XIII los siguientes: Juan de Dios, Juan de Idanha, Juan Hispano Diácono, Bernardo Compostelano el Joven, Poncio de Lérida, Dominicus Dominici, etc. En el s. XIV-XV aparecen menos maestros hispanos

síntesis y la bibliografía indicada en mi libro *Estudios sobre la canonística portuguesa medieval* (Publicaciones de la Fundación Universitaria Española. Monografías 29; Madrid 1976) 104. Sobre Juan Hispano ver Thomae Diplovatatii *Liber de claris iuris consultis* (Studia Gratiana 10; Bologna 1968) 48-49. Los lugares aludidos en el texto de Diplovatacio se encuentran en el *Speculum iuris Guilielmi Durandi... cum Ionnis Andreae, Baldi de Ubaldis, aliorumque aliquot praestantissimorum iurisconsultorum theorematibus... pars prima* (Venetiis 1577) 3.

29 Ver mis trabajos 'La canonística ibérica medieval posterior al Decreto de Graciano', RHCEE 1 (Salamanca 1967) 397-434; 2 (Salamanca 1971) 184-214; 5 (Salamanca 1976, pp. 351-402; *Estudios,* cit. supra nota 28; *La canonística medieval en Galicia,* cit. supra nota 11; 'La canonística ibérica (1150-1250) en la investigación reciente', *Bulletin of Medieval Canon Law* New series 11 (1981) 41-75, con la bibliografía más específica citada en estos estudios.

30 J. Miret y Sans, 'Escolars catalans al Estudi de Bolonia en la XIII[a] centuria', *Boletín de la Real Academia de Buenas Letras de Barcelona* 15 (1915) 137-55.

31 Ver mi libro *Estudios* cit. supra nota 28, pp. 72-73.

32 Urbano IV afirmaba que Lisboa se encontraba en el confín del mundo: '... in remotis mundi partibus...'. Ver *Les registres d'Urbain IV (1261-64),* ed. J. Guiraud (Paris 1892-1958) 305.

en Bolonia, pese a que en 1367 se funda el Colegio de España, al que luego nos referiremos. Pero todavía se pueden encontrar personajes como Alvaro Pelagio, Fernando Alvarez Albornoz, Garsias Hispanus, etc. Tampoco falta alguno como el cardenal Martín de Zalba, a quien encontramos en los estudios de Toulouse, Bolonia y Avignon [33].

La reducción de la presencia española en Bolonia a partir del s. XIV coincide también con una disminución general de la presencia de maestros no italianos en dicho Estudio boloñés. Dicho en otros términos, Bolonia pasa a ser menos internacional de lo que era en el s. XIII. Aparte de otras causas, esto se debe también al auge de las universidades de otras partes de Europa y de la Península Ibérica en concreto. Por ello, al lado de juristas formados en Bolonia, aparecen por la Península Ibérica otros formados en las universidades del mediodía francés, tales como el ya mencionado Zalba (que estudió en Toulouse, Bolonia y Aviñón), Bernardo Raimundo (Montpellier), Pedro de Luna (después papa con el nombre de Benedicto XIII, que estudió en Montpellier), Juan Burgunyò (= Ioannes Burgundus, que estudió en Montpellier?), Pedro Díaz de Tenorio (que estudió en Toulouse), etc. Hay todavía un número mayor que estudió en Salamanca, como Bartolomé Talayero, Clemente Sánchez de Valderas, Diego Gómez de Zamora, Juan Alfonso de Benavente y su hijo Diego Alfonso de Benavente, Juan Alfonso de Madrid, Juan de Segovia, Juan de Torquemada (que estudió además en París), Juan López de Calahorra, Petrus Iohannis, Martín Fernández de Angulo, Tomás de Cuenca, etc. Hay un cierto número de juristas que no se sabe a ciencia cierta dónde estudiaron, y que aparecen actuando en la Península durante los siglos XIV-XV [34].

En 1367 fue fundado el Colegio de España en Bolonia, que garantizó e institucionalizó la afluencia a Bolonia de numerosos hispanos de los diferentes reinos ibéricos [35]. En el espacio comprendido entre 1368 y 1500 se calcula que pasaron por el Colegio de España en Bolonia 595 escolares, cifra muy elocuente por sí sola, aparte de que hubo escolares que consta pasaron por Bolonia, y que no aparecen censados en la documentación del mencionado Colegio [36].

Obviamente, ni todos ni solos los mejores escolares se quedaron en Bolonia como profesores. La inmensa mayoría volvió a su reino de origen, donde ejercieron su profesión de juristas a base del derecho que habían

33 Ver la bibliografía cit. supra nota 29.

34 Ibid.

35 Ver toda la serie *El Cardenal Albornoz y el Colegio de España* 1-6 (Bolonia 1972-79), iniciada como actas del Congreso Albornociano de 1969, y en la que se incluyen también otros trabajos no presentados en dicho Congreso. Los seis volúmenes editados corresponden a los tomos 11-13 y 35-37 de los *Studia Albornotiana.*

36 A. Pérez Martín, *Proles Aegidiana,* 1: *Introducción. Los colegiales desde 1368 a 1500 = Studia Albornotiana* 31.1 (Bolonia 1979). En los otros tres volúmenes de esta obra se contienen los escolares hasta 1977, dando una cifra aproximativa de 1138 escolares de 1500 a 1977, y 1733 en total.

estudiado en la Alma Mater bononiense. Pero sobre este aspecto volveremos más abajo.

No quisiera concluir este apartado sin aludir al significado que la presencia de Santo Domingo de Guzmán en Bolonia reviste para el objeto de este estudio. En 1218 envió allí a los primeros dominicos, entre los que figuraba un cierto frater Ioannes de Navarra. En 1221 aparece en Bolonia Santo Domingo visitando a ciertos escolares 'multum sibi familiares'. Allí murió ese mismo año, y junto a su sepulcro y basílica eligieron su última morada no pocos juristas boloñeses ilustres. En el claustro están los sepulcros de Dino de Mugello, Cino de Pistoya, Floriano de S. Pedro, Jerónimo Zanettini. En la plaza adyacente se levantan los dos sarcófagos sobre columnas, con los restos del canonista Egidio de Foscherari y del padre de la *ars notariae* Rolandino Passageri [37].

Fuentes tardías, a partir de finales del s. XIII, nos hablan de la presencia en Bolonia de otra interesante personalidad ibérica. Me refiero a San Antonio de Lisboa, después conocido como San Antonio de Padua, quien en fecha difícil de determinar parece haberse ocupado en Bolonia de enseñar teología a los miembros de la otra gran orden mendicante, a saber los franciscanos, que habían llegado a Bolonia hacia el 1211 o 1213 [38].

3. Maestros boloñeses en Castilla

Conocemos el caso de cuatro maestros de formación boloñesa, de los cuales uno enseñaba en Palencia poco después de 1184, otro fue preceptor de Alfonso, hijo natural de D. Alfonso X el Sabio (1252-84), y otros dos parecen haber enseñado en Salamanca.

Debo a una amable indicación de la profesora Linda Fowler (Regensburg) la identificación de tres tratados de Vgolinus de Sesso, conservados en el MS S. Cugat 55, fol. 138ra-145ra del Archivo de la Corona de Aragón de Barcelona, cuyos títulos expresan suficientemente su contenido procesal: *Tractatus domini Vgolini de appellationibus, Tractatus domini Vgolini de recusatione iudicum* y *De testibus secundum Vgolinum*. El primero y tercero de estos opúsculos se venían atribuyendo en la historiografía precedente al legista Ugolino de Bolonia [39]. La referencia más reciente a la que se puede asignar una fecha es la decretal 'Postremo' [40], o sea entre 1183 y 1184. Sólo se citan autores boloñeses en esos tres tratados: Alberico, Juan Bassiano,

37 Cf. C. Mesini, obra citada supra nota 26, pp. 66-68.

38 C. Mesini, 'S. Antonio di Padova primo lettore dell'ordine francescano', *La Venezia francescana* 29 (1965) 2-25.

39 A. Padoa Schioppa, *Ricerche suul'appello nel diritto intermedio* 2 (Milano 1970), passim (ver índice de materias); St. Kuttner, 'Analecta iuridica Vaticana (Vat. lat. 2343)', *Collectanea Vaticana in honorem Anselmi M. Card. Albareda* 1 (Studi e testi 219; Città del Vaticano 1962) 430.

40 Ph. Jaffé y otros, *Regesta pontificum romanorum ab condita ecclesia ad annum post Christum natum MCXVIII* 2 (Lipsiae 1888 = Graz 1956) n. 14965 (14966), p. 460.

Bulgarus, Jacobus, Johannes Faventinus, *Bar.,* etc. En estos escritos hay también alusiones a Castilla y a Palencia, de forma que no hay duda alguna de que se trata de un profesor de derecho, que enseñaba en Palencia. Esta es la primera noticia de un jurista que enseña en Palencia, y es asimismo un nuevo testimonio para adelantar la fecha de la fundación del Estudio Palentino en el sentido que más arriba indicamos [41]. El nombre de Vgolino de Sesso parece italiano sin duda alguna.

A partir de los estudios de Ureña [42], es conocido con el falso nombre de Jacobo Ruiz un personaje italiano llamado Giacopo Giunta o Giunti. Jacopo o Jacobo, como se dice en castellano, dedica a Alfonso X el Sabio la primera de sus obras, y con él parece que colaboró en la tarea de la redacción de sus opúsculos legales, particularmente en la tercera Partida. Por otra parte, es bien sabido que el reinado de Alfonso el Sabio supuso un florecimiento de los saberes humanos en Castilla, al cual va especialmente ligado, sin duda alguna, el nombre de Jacopo Giunta por cuanto al derecho se refiere.

Las obras de Jacopo Giunta, o Jacobo de las Leyes como la historiografía ibérica ha venido llamándole, están redactadas en castellano. No parece que su autor enseñara en ninguna universidad ibérica. Pero el influjo de sus obras fue duradero no sólo en Castilla, sino también en otros reinos de la Península, particularmente en Portugal y Cataluña a cuyos idiomas se tradujo la primera de las obras que indicamos seguidamente. He aquí los datos más salientes de cada una:

1. *Flores de derecho,* compuesta antes del 31 de Mayo de 1252, transmitida en una amplia tradición manuscrita. Se conocían siete manuscritos, sobre los cuales está hecha la edición de Ureña [43]. Hay una traducción portuguesa medieval, de la que se conoce un único manuscrito editado por el profesor Paulo Merêa [44]. Hay asimismo otra traducción catalana, transmitida en dos códices, a base de uno de los cuales se realizó una edición parcial y defectuosa [45]. En su día, di cuenta de dos nuevos códices, a saber el MS HC:

41 Ver mi artículo 'La canonística ibérica (1150-1250) en la investigación reciente', cit. supra nota 29, pp. 74-75 (nota adicional).

42 R. de Ureña y Smenjaud-A. Bonilla y San Martín, *Obras del Maestro Jacobo de las Leyes, jurisconsulto del s. XIII, publicadas en virtud de acuerdo del Ilustre Colegio de Abogados de Murcia* por... (Madrid 1924) v-viii.

43 Ibid. 11-184.

44 M. Paulo Merêa, 'A versão portuguesa das *Flores de las Leyes* de Jácome Ruiz', *Revista da Universidade de Coimbra* 5 (1916) 444-57 (estudio introductorio) y 6 (1917) 341-71 (texto de la versión portuguesa). Existe una tirada aparte bajo el título de *Contribuções para a história do direito português. A versão portuguesa das 'Flores de las Leyes' de Jácome Ruiz* (Coimbra 1923) 45 pp. El estudio introductorio volvió a publicarse por el mismo autor, previa revisión, en sus *Estudos de História do Direito* (Coimbra) 1923) 45-65. El autor da como fecha de esta versión los años 1273-1282, tesis aceptada por G. Braga da Cruz, 'O direito subsidiário na história do direito português', *Revista portuguesa de história* 14 (1975) 182-83, nota 7. Esta versión es, a mi juicio, más reciente, extremo que deberá esclarecer y puntualizar mejor en la futura investigación.

45 Obra citada supra nota 42, pp. 4-5.

411/534 p. 1a-22b de la Hispanic Society of America [46] y el MS 43-24, fol. 71ra-98vb de la Biblioteca del Cabildo de Toledo [47].

2. *Doctrinal,* editado por Ureña a continuación de la obra anterior [48], a base de un único códice entonces conocido, al que se puede añadir ahora el MS HC: 411/533 fol. 1r-83r de la Hispanic Society of America [49], con variantes no sólo verbales, sino también de estructura con respecto a la edición de Ureña.

3. *Summa de los noue tienpos delos pleytos,* editado igualmente por Ureña a base de cinco códices [50]. En el manuscrito antes citado de la Hispanic Society of America HC: 411/534 p. 42ab aparece un trozo de esta obra, que comprende desde la p. 380 lin. 10 de la edición hasta la p. 384 lin. 7 de la edición de Ureña. No es fácil determinar si se trata de un fragmento de este opúsculo desgajado tardíamente de la obra completa o si nos hallamos, por el contrario, ante una recensión diferente de la que hasta ahora se conocía.

Estas obras de Jacopo Giunta figuran en nuestra historiografía ibérica como de derecho procesal castellano. En realidad es derecho procesal que se enmarca en el área más amplia del derecho común medieval de estilo boloñés. Y esta es la razón de dedicarles aquí una glosa relativamente extensa. Su influjo en autores como Fernando Martínez de Zamora y Juan Infante ha sido puesto de relieve muchas veces [51].

Recientemente sostiene con toda verosimilitud el doctor Antonio Pérez Martín [52] que es muy probable que dos hijos del jurista Accursio (1225-1293) enseñaran en Salamanca. Estos se llamaban Cervotto (1240-87) y Guillermo (1246-1312), ambos autores de *Casus* a las *Institutiones* [53], y son mucho menos conocidos que su padre. El dato es, sin embargo, muy importante en el contexto de cuanto aquí vamos diciendo, aparte de su interés para colmar la laguna documental sobre Salamanca durante su primer siglo de existencia, por cuanto al derecho se refiere.

La presencia de estos maestros boloñeses en Castilla y la de otros que tal vez ignoramos representa un interesante cauce de penetración y aclima-

46 Descrito sumariamente en mi trabajo 'Los manuscritos jurídicos medievales de la Hispanic Society of America', REDC 18 (1963) 532-33 (edición aparte de este estudio, New York 1964, pp. 36-37).

47 A. García y García-R. Gonzálvez Ruiz, *Catálogo de los manuscritos jurídicos medievales de la Catedral de Toledo* (Cuadernos del Instituto Jurídico Español 21; Roma-Madrid 1970) 174-75.

48 Obra citada supra nota 42, pp. 185-376.

49 Obra citada supra nota 46, p. 532 (ed. aparte p. 36).

50 Obra citada supra nota 42, pp. 379-90.

51 Cf. obra citada supra nota 42; A. Pérez Martín, 'El Ordo iudiciarius Ad summariam rei notitiam y sus derivados', *Historia, instituciones, documentos* 8 (1981) 195-266, 9 (1982) 327-423.

52 Ver cap. anterior de este libro, nota 28.

53 E. Besta, *Storia del diritto italiano,* vol. I, parte 2.ª: *Fonti. Legislazione e scienza giuridica dalla caduta dell'Impero romano al secolo XVI* (Milano 1925 = Frankfurt a. M.-Firenze 1969) 824.

tación en la Península Ibérica del derecho común medieval que se enseñaba en Bolonia.

4. Tradición manuscrita y editorial del derecho común en la Península Ibérica

Recientemente dediqué un pequeño estudio a este tema [54]. Esto me excusa de entrar aquí en mayores detalles sobre esta cuestión. La primera difusión del derecho común en la Península Ibérica ocurre a finales del s. XII y primeros años del s. XIII. A partir de ese momento, la difusión es masiva como en cualquier otra parte de la cristiandad medieval. Desafortunadamente, no disponemos de una historia, buena ni mala, de los escritorios y de las bibliotecas ibéricas de este período. De ahí que los ejemplos coleccionados y aducidos aquí tienen un valor consiguientemente limitado. Pero creo que es, en todo caso, indicativo de las grandes líneas de este tema que aquí nos proponemos esclarecer de alguna manera. Para analizar debidamente esta materia, sería esencial disponer de muchos manuscritos que han desaparecido por incuria de sus poseedores y por causas de fuerza mayor, como guerras, dilapidaciones y destrucciones derivadas de las malas condiciones de conservación. Una última limitación o condicionamiento consiste en que no siempre consta que un determinado códice del s. XII haya circulado en esa centuria por la Península, sino que pudo llegar a ella en fecha más tardía, como así consta en algunos casos. Tal ocurre con el MS 87 y 251 de la BN de Madrid (*Decretum Gratiani*), que proviene de la Catedral de Messina y sólo llegó a España en el s. XVII.

Mi campo de observación para este apartado fue el canonístico, aunque sin perder enteramente de vista el civilístico, al que aludiré oportunamente. Tampoco es siempre posible saber si un códice fue copiado dentro o fuera de la Península. Pero como se trata generalmente de obras extranjeras, es obvio que fue de importación, ya el códice en cuestión ya otro del cual se copió.

Con todas estas limitaciones y condicionamientos, hay que interpretar los datos que doy a continuación, y que permiten, no obstante, entrever una notable difusión del derecho común medieval en los reinos peninsulares en una época relativamente temprana.

Los manuscritos de procedencia universitaria llegaron a la Península de la mano de los escolares y profesores a los que aludimos en los apartados precedentes. Pero también fueron a veces sujetos agentes de esta importación los obispos y otros dignatarios eclesiásticos, que los compraron en el extran-

54 'Notas para un censo de los códices canónicos extrapeninsulares pregregorianos en la Península Ibérica', Simposio sobre la *Circulación de códices y escritos entre Europa y la Península en los s. VIII-XIII*, Santiago de Compostela, 17-19 Sep. 1982 (en prensa).

jero para proveerse del instrumento de gobierno o del libro de consulta que los códices legales representan. Parece bastante claro que desde las últimas décadas del s. XII, Barcelona fue un centro comercial importante por lo que se refiere a los códices jurídicos. Así, en un documento del 11 de Mayo de 1188 se menciona un *Digestum Vetus*. En otro del 13 de Junio de 1195 aparecen casi todas las partes del *Corpus iuris civilis*, como sucede también en otro del 28 de Mayo de 1197. Este tipo de referencias va en aumento a medida que nos adentramos en el s. XIII [55].

Entre los manuscritos que vamos a mencionar predominan con mucho los que están escritos en letra boloñesa. Pero no faltan los que aparecen en escritura francesa. No conocemos códices de los que conste claramente haber sido escritos en la Península Ibérica, si se exceptúa el MS 70 de la BC de Tortosa, que es una mala copia del MS 240 de la misma Biblioteca. Este silencio de los escritorios locales a finales del s. XII contrasta con la época de difusión de los manuscritos de colecciones pregraciánicas, donde no es difícil señalar algunos copiados en la Península [56]. Un ejemplo del accidentado peregrinar de los códices jurídicos hacia la Península nos lo ofrece el MS 36-2 de la BC de Toledo, en el que se contiene una copia, tal vez la más antigua que se conoce, del *Authenticum*. Escrito hacia 1180 el texto legal en Bolonia, se le añade luego una glosa de tipo francés al margen, sin que sepamos en qué fecha llegó a la Península ni tampoco cuándo fijó su residencia definitiva en Toledo [57].

Consérvanse hoy día en España alrededor de medio centenar de manuscritos del Decreto de Graciano, de los que di cuenta en otra parte, y hay noticias de casi otros tantos que un día anduvieron por la Península, y cuyo paradero hoy se ignora [58]. De los cincuenta que han llegado hasta nosotros, diez son del s. XII o principios del s. XIII, quince del s. XIII o principios del s. XIV, trece del s. XIV, y dos del s. XV. En orden a puntualizar una posible temprana difusión de los manuscritos del Decreto en la Península Ibérica, es obvio que nos interesan aquí los diez más antiguos. Entre éstos está el MS 87 y el 251 de la BN de Madrid, que hay que descartar porque llegaron a España en el s. XVII, provenientes de la Catedral de Messina. El 12790 de la misma

55 A. García, 'El *Corpus iuris civilis* en els documents dels segles XII-XV', *Ausa* 6 (Vich 1969) 92-97.

56 Tal es el caso del MS 6367 fol. 1v-95v de la BN de Madrid, que contiene el Decreto de Burcardo de Worms, y que fue copiado el año 1105 en el sector aragonés del valle del Ebro. A finales del s. XIII se copiaba otro códice de la misma colección en el monasterio de Alcobaça (Portugal), que se conserva actualmente en la BN de Lisboa bajo la signatura Alcob. 365.

57 Agradezco al Dr. Gero Dolezalek (Max-Planck-Institut, Frankfurt a. M.) algunas interesantes indicaciones que amablemente me transmitió sobre este códice.

58 Ver mis artículos 'Los manuscritos del Decreto de Graciano en las bibliotecas y archivos de España', *Studia Gratiana* 8 (Bologna 1962) 162-93; 'Nuevos manuscritos del Decreto de Graciano en España', *Études d'histoire du droit canonique dediées à Gabriel Le Bras* 1 (Paris 1965) 117-28. En Portugal no se conoce actualmente ningún manuscrito del Decreto, pero se conocen numerosos fragmentos, de los cuales dos se conservan todavía.

Biblioteca madrileña fue comprado en Roma no sabemos por quién, a un judío, el año 1345. Ignoramos si antes o después de esta fecha, perteneceía a un poseedor de cerca de Lyon, con lo cual su entrada en la Península es ciertamente tardía. El MS Ripoll 78 del Archivo de la Corona de Aragón de Barcelona, que viene a ser como una especie de *Abbreviatio Decreti,* fue copiado a finales del s. XII en la Italia central. Una mano algo más tardía, francesa o catalana, le añadió al margen, a finales del s. XII o muy a principios del s. XIII, la parte del texto que había omitido el primer amanuense. De todas formas, antes de llegar al monasterio de Ripoll (Barcelona), de donde pasó a su sede actual, estuvo verosímilmente en el sur de Francia, como parecen confirmarlo dos hojas de guarda con un texto bíblico, que en rigor tampoco se sabe cuándo ni dónde le fueron añadidas. Los otros seis códices del grupo de los diez más antiguos no contienen indicaciones que permitan situarlos en unas determinadas coordenadas espaciales. Estos son el MS 440 de la Fundación Lázaro Galdiano (Madrid), el 1137 de la Bibl. Noviciado (Madrid), el 4-5 de la BC de Toledo, el 240 de la BC de Tortosa, el 2009 de la BC de la Seo de Urgel, y el 93 de la BC de Tarazona.

Casi todos estos manuscritos contienen, aparte de otros estratos de glosas más modernas, glosación que pertenece a las más primitivas composiciones de glosas del s. XII al Decreto de Graciano. Así, por ejemplo, el Madrid 87, Madrid 251 y Noviciado 1137 (contienen los tres glosas muy primitivas), el Galdiano 440 y el Tortosa 240 (contienen glosas de la primera composición), el Toledo 4.5 y el Madrid 251 (contienen el apparatus 'Ordinaturus'), y el Madrid 12790 (donde confluyen las tres primeras composiciones de glosas al Decreto) [59].

Ninguno de estos códices parece copiado en la Península Ibérica. Aparte de que no se ve un parecido cercano con escrituras peninsulares de la época que pudieran hacer pensar que hayan podido ser transcritos en los reinos hispanos, las pequeñas colecciones de decretales, que a veces aparecen insertas en el texto o en apéndice a estos códices, van siempre dirigidas a personajes o iglesias ultrapirenaicos, concretamente de Italia, Francia o Alemania.

En cuanto a las colecciones de decretales autónomas o independientes de la tradición manuscrita del *Decretum Gratiani,* no he visto ningún códice en la Península Ibérica, salvo los que contienen colecciones hispanas, como son las llamadas *Alcobacenses, Dertusenses, Seguntina* y *Salmaticense.* Más arriba aludimos a un códice que tenía en 1236 D. Bernardo II, arzobispo de

59 Sobre las composiciones de glosas al Decreto de Graciano en el s. XII, ver los trabajos de R. Weigand, 'Der erate Glossenapparat zum Dekret: Ordinaturus Magister', *Bulletin of medieval canon law* New series 1 (1971) 31-41; idem, 'Frühe Glossen zu D. 12 c. 1-6 des Dekrets Gratians', ibid. 5 (1975) 35-51; idem, *'Zur Handschriftenliste des Glossenapparats* Ordinaturus Magister', ibid. 8 (1978) 41-47, donde cita otros trabajos suyos sobre el particular. En el *Internationales Symposion 'Die Glossen zum Dekret Gratians',* Würzburg 17-20 Okt. 1982, Rudolf Weigand informó sobre los alentadores resultados que en este tema arroja la puesta en ordenador de una muestra tomada de seis diferentes lugares de estas composiciones primeras de glosas al Decreto de Graciano. Cf. REDC 38 (1982) 612-13.

Santiago de Compostela, con las decretales del papa Alejandro III. Pero la presencia de una colección ibérica en un determinado códice no significa necesariamente que éste haya sido copiado en la Península, sino que a veces consta expresamente que fue añadida a un manuscrito venido de fuera. Tal es el caso de la *Alcobacense II,* que se conserva en el MS Alcob. 173 de la BN de Lisboa junto con las constituciones del Concilio 4 Lateranense de 1215 y con la Compilación primera antigua. Estas dos últimas piezas fueron copiadas fuera de la Península. Algo parecido sucede con la Colección *Seguntina* que se encuentra al lado de una Compilación primera antigua venida de fuera. Pero se da además la circunstancia de que las cartas papales alusivas a Sigüenza fueron copiadas por una mano posterior a la de dicha Colección, al final de la misma. La Colección llamada *Salmanticensis,* que es una síntesis de las tres primeras Compilaciones antiguas, parece copiada en la España central entre 1210 y 1220.

De las llamadas Compilaciones antiguas se conservan hoy día en la Península Ibérica seis manuscritos de la primera, cuatro de la segunda, cuatro de la tercera y uno de la quinta, aparte de numerosos fragmentos de todas ellas. La impresión que dan estos manuscritos es de que provienen todos de Francia y sobre todo de Italia, y que a veces fueron complementados en la Península Ibérica con alguna pequeña pieza local, aprovechando espacios dejados en blanco por anteriores amanuenses. Esto ocurre con el MS K.I.9 del Monasterio del Escorial, donde, entre otras cosas, se le añade una decretal del papa Honorio III al obispo de Salamanca Gundisalvo (1199-1226), hasta ahora desconocida. El códice contiene las tres primeras *Compilaciones antiquae,* y es de origen boloñés. Un caso especial es el del MS 10 de la BC de Córdoba, que, en su estado actual, es el resultado de la fusión de dos códices: uno italiano con las tres primeras Compilaciones antiguas (fol. 1-307), y otro de escritura francesa (fol. 308-40) con la Compilación quinta antigua. También aquí hay una adición hispánica de siete cartas del papa Gregorio IX al rey San Fernando sobre la reciente conquista de Córdoba en 1238.

De los concilios generales de la Edad Media sólo he visto en bibliotecas ibéricas tres códices: el 15-26 de la BC de Toledo (Conc. 4 Lateranense de 1215) qu puede ser de origen local, el MS Alcob. 173 de la BN de Lisboa ya aludido anteriormente como venido de fuera, y el MS 7127 fol. 455r-457v de la BN de Madrid que contiene, entre otras cosas, el Conc. 2 Lateranense 1239, y proviene de Italia.

Aparte de los comentarios a Graciano que figuran al margen de los códices del Decreto ya mencionados, se conservan numerosos manuscritos con obras de los decretistas más conocidos, tales como Esteban de Tournai, Juan Faventino, Sicardo de Cremona, Ricardo Anglico, Huguccio de Pisa, 'Tractaturus magister' (el habitual y otro con este mismo comienzo), 'Ecce vicit leo', 'Ius naturale', *Glossae Stuttgardienses,* introducciones varias al Decreto, etc. Muchos de los códices de estas obras son tardíos, y no tienen gran cosa que ver con la difusión temprana de los decretistas en la Península Ibérica. Pero algunos son de comienzos del s. XIII. De los que he tenido a mano no he visto ninguno copiado en la Península [60].

Algunos de los códices actualmente conocidos de la primera recensión de la *Summa de casibus* de S. Raimundo de Peñafort, escrita en Barcelona, en 1222-27, fueron escritos verosímilmente en Cataluña. Los que se han descubiero en bibliotecas ibéricas son los siguientes: MS Ripoll 194 del ACA de Barcelona, 746 de la BU de Barcelona, 82 de la BP de Tarragona, 164 de la BC de Tortosa, 49 de la BC de Vich, 34 de la BC de León y 3250 de la BN de Madrid. Por otra parte, son muy pocos los descubiertos hasta ahora en bibliotecas extranjeras [61].

Tenemos, en conclusión, que la única actividad ciertamente ibérica en el campo de la canonística medieval registrable a finales del s. XII es la que se opera con las colecciones de decretales de origen hispano o que presentan una forma hispana. Es cierto asimismo que se difundieron con cierta profusión por la Península códices de derecho común medieval antes de concluir el s. XII, aunque muchos de los que se conservan actualmente hayan entrado en España después de esas fechas. Todos los síntomas convergen en que estos códices son de importación, sin que quede constancia de que se copiaran en la Península. Sólo en la década de los años 20 del s. XIII comenzamos a encontrar códices copiados en tierras hispanas, como ocurre con los de la *Summa de casibus* de S. Raimundo. La Península era, pues, más consumista que creadora desde este punto de vista. Es cierto que hubo grandes maestros ibéricos a principios del s. XIII. Pero estudiaron, enseñaron y escribieron preferentemente en Bolonia o, excepcionalmente, en alguna otra universidad italiana. Y Bolonia era una universidad más universal que italiana, por lo que los maestros hispanos que allí enseñaban también hay que verlos más desde esta perspectiva universal que desde la hispana de su origen.

Pero lo más sorprendente es que esta tendencia a la importación de los conocimentos y de los libros jurídicos no cede con el andar del tiempo, sino que continúa y se consolida en épocas más tardías. Se prolonga en la era de los incunables, postincunables y de las ediciones modernas. Baste decir que de las innumerables ediciones de los dos *Corpus iuris* no hay una sola impresa en la Península Ibérica. Algo parecido ocurre con los grandes comentarios. Todo esto resulta paradójico, si se piensa que estas obras circulaban por la Península Ibérica más o menos con la misma intensidad que por los países donde estas obras se editaban.

60 G. Fransen, 'Manuscrits canoniques (1140-1234) conservés en Espagne', RHE 48 (1953) 224-34; 49 (1954) 152-56; 51 (1956) 935-41; ver también mis notas publicadas bajo el título 'Canonistica hispanica', *Bulletin of the Institute of Medieval Canon Law*, en *Traditio* 22 (1966) 466-69; 23 (1967) 504-11; 26 (1970) 457-69; *Bulletin of medieval canon law* New series 1 (1971) 70-73; idem 'La canonística ibérica medieval posterior al Decreto de Graciano', cit. supra nota 29; idem, art. cit. supra nota 41, pp. 41-75.

61 Ver mi 'Canonística hispanica', cit. supra nota 60, 22 (1966) 648-69 y 26 (1970) 461-62.

5. Recepción de iure y de facto

Al hablar de la recepción del derecho común romano-canónico medieval en los ordenamientos civiles, conviene, ante todo, distinguir entre la recepción *de iure* y *de facto,* es decir entre las normas explícitas de los dichos ordenamientos por las que en teoría dicha recepción se regula, y la que realmente se producía independientemente de tales regulaciones. Estas normas de dichos ordenamientos civiles adoptan, aparentemente al menos, una actitud aperturista hacia el derecho común, admitiéndole en alguna medida como derecho supletorio, y ésta es la interpretación que de este fenómeno se ofrece en más de un manual de historia de derechos nacionales. Sin embargo, la realidad es muy otra. El problema de fondo que subyace en toda esta cuestión, es el del enfrentamiento de un derecho culto, como era el común medieval, con otros derechos mucho menos cultos, como eran los nacientes ordenamientos nacionales de los diferentes reinos.

En un momeno u otro de la Baja Edad Media, casi todos los diferentes reinos de la Península afrontan este problema, dando unas pautas que parecen concesivas, cuando en realidad son otros tantos intentos de contención del influjo del derecho común. Por ello, al lado de estas disposicones hay que tener muy en cuenta el influjo real o recepción que *de facto* se daba en la aplicación del derecho nacional en cuestión.

Veamos como ejemplo de normas reguladoras de la recepción que aquí llamamos *de iure,* algunas que se dieron en Castilla y Portugal. El *Ordenamiento de Alcalá* de 1348 [62] admite que se estudie, pero no que se aplique el derecho común. Las *Cortes de Briviesca* de 1387 [63] permiten la aplicación de 'leyes e decretales e decretos', es decir del derecho romano y canónico. Las *Ordenanzas de Castilla* [64] se atienen prácticamente a esta misma norma. Juan II prohibe, en una pragmática de 1427 [65], que se cite a otros civilistas y canonistas, excepto a Bartolo de Saxoferrato y Juan de Andrés. Lo cierto es que los prácticos del derecho siguieron citando profusamente a toda la constelación de civilistas y canonistas, como puede verse por cualquier proceso de la época. Por ello, las *Ordenanzas de Madrid* de 1449 [66] modifican la norma de Juan II admitiendo que se cite también a Baldo degli Ubaldi y a Nicolò dei Tudeschi. Todas estas normas y otras parecidas eran más teóricas que prácticas. En realidad, no sólo en Castilla, sino incluso en Aragón, donde no se admite el derecho común como supletorio, tanto los tratados jurídicos

62 *Ordenamiento de Alcalá,* tit. 28, ley 1 (*Los códigos españoles concordados y anotados* 1; Madrid 1847) 462-64.

63 *Cortes de Briviesca* de 1387, tratado 3, cap. 10 (Real Academia de la Historia, *Cortes de los antiguos reinos de León y de Castilla* 2; Madrid 1863) 376.

64 Ordenanzas de Castilla, lib. II, tit. 19, ley 11 (*Los códigos* cit. supra nota 62, 6; Madrid 1849) 337-38.

65 M. A. Pérez de la Canal, 'La pragmática de Juan II, de 8 Feb. 1427', AHDE 26 (1956) 659-68.

66 *Ordenanzas de Madrid de 1499,* cap. 37.

como los *consilia* y demás seriales del derecho que se aplicaba están materialmente empedrados de citas de los dos *Corpus iuris* y de sus comentaristas [67].

En Portugal nos interesan sobre todo las *Ordenações Afonsinas* de 1446-47, en las que se establece la siguiente jerarquización de fuentes del derecho: leyes del Reino, estilo de la Corte, costumbre antigua de estos Reinos, y a falta de los anteriores se podía recurrir al derecho común romano-canónico. Para el derecho romano figuraba la Glosa Ordinaria de Accursio y Bartolo de Saxoferrato como *auctores probati,* mientras que para el canónico no se menciona a ninguno. Para superar las antinomias que surgieran entre ambos derechos, romano y canónico, se da la norma de que en cuestiones temporales prevalece el primero, y en las espirituales el segundo. En sus grandes rasgos, este sistema se respeta hasta 1769, ya que las *Ordenações Manuelinas* de principios del s. XVI y las *Ordenações Filipinas* de 1603 no introducen modificaciones sustanciales [68]. En Portugal, como en los restantes reinos ibéricos, el derecho vigente es el nacional, pero su interpretación y aplicación se hace desde el derecho común.

Las razones de ello son fáciles de adivinar. Desde que se fundan las universidades en el s. XII hasta el s. XVIII, en toda Europa no se estudia otro derecho en las aulas que el común medieval de los dos *Corpus iuris.* Desde esta formación, en muchos casos adquirida incluso fuera del reino, sobre todo en la Universidad de Bolonia, aplican los juristas el derecho en las cancillerías regias, en los tribunales y demás puestos de trabajo [69].

Los instrumentos de trabajo que los juristas tenían a mano eran principalmente las grandes obras del derecho común. Basta echar una ojeada a los catálogos de nuestras bibliotecas medievales para percatarse de que había un porcentaje de códices de derecho romano-canónico inmensamente mayor, en cantidad y calidad, que los relativamente pocos códices de derecho local. Los ejemplos de la BC de Toledo y Córdoba son elocuentes a este respecto [70]. Pero en las restantes bibliotecas ibéricas la proporción era más o menos la misma, como he podido comprobar en diferentes visitas de trabajo a las mismas [71].

Finalmente, las facultades jurídicas de los reinos ibéricos se organizaron, como en general en el resto de Europa, según el modelo boloñés. A veces

67 Ver mis trabajos 'La canonística ibérica medieval posterior al Decreto de Graciano', cit. supra nota 29, 2 (Salamanca 1971) 184-85; idem, *Iter hispanicum* (*Codices operum Bartoli a Saxoferrato recensiti* 2; Firenze 1973) VIII-IX.

68 Ver el capítulo precedente de este libro. En Portugal se da también el dato curioso de que uno de los principales cauces de penetración del derecho común medieval fueron diversas obras originariamente en castellano, traducidas al portugués, como ya insinuamos en el cap. primero.

69 De este tema traté con relativa extensión en mi libro *Estudios,* cit. supra nota 27, pp. 17-65.

70 Ver *Catálogo* cit. supra nota 47, y el que publiqué en colaboración con F. Cantelar Rodríguez y M. Nieto Cumplido, *Catálogo de los manuscritos e incunables de la Catedral de Córdoba* (Bibliotheca Salmanticensis VI.5; Salamanca 1976).

71 En los trabajos citados en las notas precedentes se dan muchos códices de derecho común del resto de las bibliotecas ibéricas con fondos medievales, que confirman este punto de vista.

incluso se indica expresamente en las bulas pontificias que se les conceden a ciertos estudios generales los mismos privilegios y estatutos de Bolonia, como se insinúa en la carta de la Universidad de Huesca, que damos en apéndice, y que va dirigida a la de Bolonia, para rogarle les facilite una copia de tales privilegios y estatutos comunes, a los que de hecho se alude en las siguientes constituciones de la Universidad de Huesca [72].

Tales son, en síntesis, las grandes líneas de las relaciones entre el *Studium Bononiense* y la Península Ibérica, que en las páginas precedentes he tratado de enmarcar más que de describir en detalle.

APENDICE

BOLOGNA, Museo Storico dell'Università, XVII Vetrina

La Universidad de Huesca se dirige a la de Bolonia, el 26 de Febrero de 1530, para informarse de los privilegios y estatutos aplicables a entrambas universidades

Rector, doctores ac Universitas Oscensis perque Egregio Rectori dissertissimisque doctoribus et Bononiensi quam celebratissimae Universitati S. P. D.

Maiores nostri, qui hanc Universitatem optimis institutis, statutis ac privilegiis sanciendam curarunt, a summis pontificibus et a Paulo bonae memoriae praesertim secundo omnia vestrae almae Universitatis et Tolosanae privilegia, statuta et reliqua quae, huic nostrae Universitati existimarent profutura, commodissime obtinuerunt. Verum pluribus aliis impediti negociis ob multorum dierum itinera, ea in scriptum redigere hactenus distulerunt, quamquam eis saepius indiguimus. Nos vero operae pretium nostrae Universitati fore duximus, si quae a summis pontificibus illi privilegia magno studio sunt assecuti in scriptum ac debitam formam reduci operam navaremus. Quare cum esset nobis exploratum Martinum Olivarium, antiquissimae familiae adulescentem gratissimumque nostrae Universitatis filium, in vostro Bononiensi ludo utrique iuri indulgere, eum instituimus ac fecimus procuratorem ut his litteris nostro nomine cuncta privilegia, statuta, quae nostrae universitati putabit conducibiliora, a summis pontificibus Bononiensi Universitati concessa, a vobis peteret et exoraret scribendaque atque nobis mittenda quam diligentissime curaret. Cui quidem Martino procuratori nostro vos fidem habere et omnia quae nostro nomine petiverit aequo animo concedere ac elargiri vehementer etiam atque etiam oramus. Quod si feceritis, uti speramus et optamus, nos nostramquam Universitatem Oscensem summo hoc vobis beneficio in perpetuum devinctos habebitis. Valete ex urbe Osca, quarto kalendas Martii.

72 R. del Arco, *Memorias de la Universidad de Huesca* (*Colección de documentos para el estudio de la historia de Aragón* 11; Zaragoza 1916) 73.

4. EN TORNO AL DERECHO ROMANO EN LA ESPAÑA MEDIEVAL *

Los historiadores de los derechos españoles fácilmente están de acuerdo en que el estudio de cualquier institución no consiste solamente en lo que sobre ella dicen los textos legales, sino que hay que tender a una especie de historia total, extendiendo la investigación y el estudio a otros muchos aspectos que de alguna manera inciden en el tema que se trata de esclarecer. Lo que ya no es tan fácil es la realización de esta metodología, aplicable por otra parte a todas las historias especiales. De hecho, nuestros historiadores tienden a limitar el estudio de la recepción del derecho común romano-canónico medieval a las normas dictadas sobre este tema en los ordenamientos de los reinos ibéricos, prescindiendo del resto. Con ello, creo que se pierde incluso el verdadero sentido de las normas que los diferentes ordenamientos dieron sobre el derecho común, ya que, contrariamente a cuanto a primera vista pudiera parecer, no intentaban privilegiarlo o favorecerlo, sino limitar y poner freno al influjo y uso avasallador del derecho común, único que se estudia en las universidades hasta el s. XVIII.

No es mi intento explicar aquí por enésima vez en qué medida admiten o dejan de admitir los ordenamientos medievales ibéricos el derecho común. Trataré de aportar algunas informaciones, en parte nuevas, en parte no tanto, sobre el proceso de penetración, aclimatación y difusión del derecho romano medieval en España durante la Baja Edad Media. Me voy a referir sobre todo al primer siglo en que este fenómeno se desarrolla, que se puede contar a partir del último cuarto del s. XII. No ofreceré un tratamiento completo y sistemático de esta cuestión, sino que me limitaré a algunos aspectos sobre los cuales puedo ofrecer algunas pequeñas aportaciones.

A comienzos de la Baja Edad Media, el derecho común romano-canónico medieval está teóricamente vigente en toda la cristiandad. Pero su vigencia de facto, por cuanto al derecho romano concierne, es un problema complejo.

La situación del derecho romano en los diferentes reinos ibéricos se presenta fundamentalmente de dos maneras en el período que nos ocupa. Había, por una parte, territorios que seguían rigiéndose por el *Forum iudicum* visi-

* Este capítulo fue redactado en función de una conferencia de su autor en el Instituto de Historia de España de la Universidad de Buenos Aires, el día 9 de Agosto de 1971. Destinado a aparecer en el vol. 3 de los *Estudios en Homenaje a Don Claudio Sánchez Albornoz en sus 90 años.*

gótico, aunque dejando cada vez más margen a derechos locales, tanto escritos como consuetudinarios, que en parte ponían al día un derecho tan desfasado como era a estas alturas el visigótico. Se daban, por otra parte, zonas de la Península, donde este derecho local, a veces de origen germánico, había barrido prácticamente toda vigencia del *Fuero Juzgo.*

Presupuesta esta situación ambiental, se da un primer cauce de penetración del derecho romano a través de colecciones canónicas, como la *Caesaraugustana* (primera recensión ca. 1125, y segunda algo antes de 1139), y seculares como los *Usatjes* de Cataluña. Estos usáticos comienzan a formarse a mediados del s. XI, pero en su forma definitiva parecen ser de 1131-62, sin hablar ahora de su reorganización en 1413 con motivo de la primera recopilación de derecho territorial catalán [1]. Durante la primera mitad del s. XIII, los influjos romanísticos son patentes en colecciones como las *Consuetudines Ilerdenses,* los *Costums de Valencia,* en el *Libre de Costums de Tortosa, Fueros de Aragón* de Vidal Canyelles, para terminar, a mediados de siglo, con las *Partidas,* basadas en su mayor parte en el derecho romano-canónico [2].

Otro camino por el que penetra y se aclimata el derecho romano en la Península Ibérica es la práctica notarial. En los diplomas, tanto públicos como privados, se registran elementos romanísticos desde los años setenta del s. XII. Lo mismo ocurre, algunas décadas más tarde, en las resoluciones judiciales, como aparece por las ya citadas *Consuetudines Ilerdenses* del 1228. Tampoco permanecen ajenas a este fenómeno algunas disposiciones legislativas de los soberanos catalano-aragoneses de finales del s. XII y primeros años del s. XIII, tales como las cartas *de treuga et pace* y otras normas emanadas de cortes [3].

Otro cauce por el cual llega el derecho romano hasta los últimos rincones de la Península Ibérica es el constituido por los escolares, que acuden a las universidades donde el derecho romano se cultiva especialmente. El centro más importante en esta época es indudablemente Bolonia. No poseemos nóminas o listas de escolares hispanos en este período. Pero de unos documentos del Archivo Catedralicio barcelonés se deduce la presencia en Bolonia, de 1218 a 1229, de 89 catalanes. Entre ellos figuran varios personajes que ejercerán más tarde un influjo relevante como consejeros del monarca D. Jaime el Conquistador (1213-76). Tal es el caso de un Raimundo de Peñafort, Vidal de Canyelles, Pere Albert y Arnau de Gurb [4]. Aunque Cataluña estuvo

1 A. Iglesia Ferreirós, 'La creación del derecho en Cataluña', AHDE 47 (1977) 99-423.

2 N. Horn, en *Handbuch der Quellen und Literatur des neueren europäischen Privatsrechtsgeschichte,* 1: *Mittelalter* (München 1973) 296-97.

3 J. M. Font y Rius, 'La recepción del derecho romano en la Península Ibérica durante la Edad Media', *Recueil de mémoires et travaux publié par la Société du Droit et des Institutions des anciens pays de droit écrit* fasc. 6 (Montpellier 1967) 85-104, con la bibliografía que allí cita; art. cit. supra nota 1; A. Gouron, 'Aux origines de l'influence des glossateurs en Espagne', *Historia, instituciones, documentos* 10 (1983) 325-46.

4 J. Miret y Sans, 'Escolars catalans al Estudi de Bolonia en la XIII[a] centuria', *Boletín de la Real Academia de Buenas Letras de Barcelona* 15 (1915) 137-55.

en un contacto mucho más directo y eficaz con Bolonia a lo largo de toda la Baja Edad Media [5], no por ello hay que pensar que los demás reinos ibéricos estuvieran ausentes, ya que desde los últimos años del s. XII aparecen en Bolonia escolares y maestros portugueses, castellanos, gallegos, etc. [6].

Los escolares eran portadores de libros jurídicos, cuyo comercio se detecta en Barcelona desde las últimas décadas del s. XII. Así en un documento del 11 de Mayo de 1188 se menciona un *Digestum Vetus*. En otro del 13 de Junio de 1195 aparecen casi todas las partes del *Corpus iuris civilis,* como ocurre igualmente en otro del 28 de Mayo de 1197 [7]. Este tipo de actas son mucho más frecuentes, y van en constante aumento a lo largo de las siguientes décadas, por lo que es tan fácil como superfluo insistir aquí más en este punto. Los libros jurídicos, venidos a la Península de la mano de los escolares, constituyen una importante vía de acceso para el conocimiento y utilización del derecho romano en los reinos ibéricos. Un códice importante de finales del s. XII, que es el MS 36-2 de la Biblioteca Capitular de Toledo, merece aquí especial mención. Contiene el *Authenticum.* Fue escrito en Bolonia hacia 1180, pero lleva al margen una glosa de tipo francés. No sabemos en qué fecha llega este manuscrito a Toledo. Es tal vez el códice más antiguo que se conoce de las *Authenticae.* Posiblemente recorrió el itinerario de Bolonia a Toledo, con escala en el sur de Francia, por obra y gracia de uno o varios estudiantes, que frecuentaban por este tiempo tanto Bolonia como el mediodía francés, especialmente Montpellier [8].

Otra vía de penetración y aclimatación del derecho romano en las tierras ibéricas hay que buscarlo en la presencia de maestros extranjeros en centros españoles. La evidencia documental más antigua en este sentido nos habla de un maestro italiano, llamado Hugolino de Sesso, que enseñaba en Palencia poco después de 1184. La Universidad de Palencia tuvo, como es sabido,

5 Recientemente realicé el despojo de unas 80 actas del Archivio di Stato de Bolonia, relativas a los años 1300-1330. En estos registros hay 150 nombres de escolares españoles, de los cuales un 50 por 100 son catalanes. A partir de la fundación del Colegio de España en Bolonia, el año 1367, ver la obra de A. Pérez Martín, *Proles Aegidiana* 1-4 (Bolonia 1979), donde se da un catálogo documentado de todos los colegiales de dicho centro hasta la actualidad.

6 Ver mi trabajo 'La canonística ibérica (1150-1250) en la investigación reciente', *Bulletin of Medieval Canon Law* New Series 11 (1981) 41-75, donde se da cuenta de los maestros ibéricos en Bolonia a lo largo del período que aquí nos interesa. Para Portugal ver mi libro *Estudios sobre la canonística portuguesa medieval* (Madrid 1976). Para el área de Galicia remito a mi librito *La canonística medieval en Galicia* (Santiago de Compostela 1981) donde se trata de la tradición jurídica constatable en Santiago de Compostela desde los días del arzobispo Gelmírez (m. 1140).

7 A. García, 'El *Corpus iuris civilis* en els documents dels segles XII-XV', *Ausa* 6 (Vich 1969) 89-102.

8 Ver la descripción de este códice en A. García y García-R. Gonzálvez Ruiz, *Catálogo de los manuscritos jurídicos de la Catedral de Toledo* (Cuadernos del Instituto Jurídico Español 21; Roma-Madrid 1970) 129-30. Agradezco al Dr. Gero Dolezalek (Max-Planck-Institut für europäischen Rechtsgeschichte, Frankfurt a.M.) las observaciones que me transmitió después de haber examinado este códice. Cf. también A. Gouron, 'La science juridique française au XIe et XIIe siècles: duffusion du droit de Justinien et influences canoniques jusqu'à Gratien', *Ius Romanum Medii Aevi* 4 d-e (Milano 1978) 23.

una existencia efímera. Un tanto convencionalmente se venía, a veces, datando sus comienzos en 1200. Hay diversos síntomas de que esa fecha debe retrotraerse en unos quince años [9]. La presencia de este maestro italiano, Hugolino de Sesso, es una nueva prueba que apunta en el mismo sentido, aparte de constituir el primer testimonio del cultivo del derecho a nivel universitario en el Estudio general palentino [10]. Hacia mitad del s. XIII, la Universidad de Palencia entraba en eclipse definitivo, coincidiendo con un cierto auge que va adquiriendo para esas fechas el Estudio general de Salamanca, fundado en el invierno de 1218-19. Fuera de la constitución de las cátedras (un civilista, un decretista y dos decretalistas), no poseemos más información sobre los estudios jurídicos en Salamanca durante el s. XIII y primeras décadas del s. XIV [11]. Por ello, resulta preciosa una información epistolar del Dr. Antonio Pérez Martín [12], según la cual es casi seguro que los hijos del gran jurista Accursio enseñaron en Salamanca cuando fueron expulsados de Bolonia, a causa de incidentes políticos. Como es sabido, Francisco Accursio (1225-93) tuvo dos hijos que como juristas representan mucho menos que su padre, Cervotto (1240-87) y Guillermo (1246-1312), ambos autores de *Casus* a las *Institutiones* [13]. Esto constituye un dato de gran importancia para colmar la gran laguna documental sobre Salamanca durante su primer siglo de existencia, por cuanto se refiere a los estudios jurídicos.

El caso de estos legistas italianos que vienen a enseñar a la Península Ibérica no es único. A partir de los estudios de Ureña [14], es bien conocido el mal llamado Jacobo Ruiz por nuestros antiguos historiadores. Su verdadero nombre, aunque castellanizado, es el de Jacobo Junta, que responde sin duda al italiano Giunta o Giunti. Un hijo suyo aparece como Bona-Junta (en italiano Bonagiunta), nombre totalmente extraño en Castilla. A juzgar por las características de sus obras, parece claro que Jacobo se formó en Bolonia. Más abajo nos ocuparemos con cierta extensión de sus obras. La primera

9 C. M. Ajo, *Historia de las Universidades hispánicas. Orígenes y desarrollo desde su aparición hasta nuestros días,* 1: *Medievo y Renacimiento universitario* (Madrid 1957) 195-99 con la bibliografía y opiniones allí reseñadas.

10 Agradezco la indicación de la identificación de este autor a la Dra. Linda Fowler (Regensburg), a base de un códice de Barcelona al que aludimos más abajo.

11 B. Alonso Rodríguez, 'En torno a los canonistas medievales salmantinos', *Proceedings of the fifth International Congress of Medieval Canon Law* Salamanca, 21-25 September 1976 (MIC. Series C: Subsidia 6; Città del Vaticano 1980) 267-96; A. García y García, 'Nuevos descubrimientos sobre la canonística salmantina del s. XV, AHDE 50 (1980) 361-74, con la bibliografía citada en estas dos publicaciones.

12 Comunicación epistolar del 10 de Junio de 1981, que el Dr. Pérez Martín desarrolló en las siguientes publicaciones, aparecidas después 'Estudiantes zamoranos en Bolonia', *Studia Zamorensia* 2 (1981) 30 nota 38; idem, 'El Ordo iudiciarius *Ad summariam rei notitiam* y sus derivados', *Historia, instituciones, documentos* 9 (Sevilla 1982) 42 nota 139. Ver supra cap. 2, nota 28 de este libro.

13 E. Besta, *Storia del diritto italiano,* vol. 1, parte 2.ª: *Fonti: Legislazione e scienza giuridica dalla caduta dell'Impero romano al secolo XVI* (Milano 1925 = Frankfurt a. M.-Firenze 1969) 824.

14 R. de Ureña y Smenjaud-A. Bonilla y San Martín, *Obras del Maestro Jacobo de las Leyes, jurisconsulto del s. XIII, publicadas en virtud de acuerdo del Ilustre Colegio de Abogados de Murcia* por... (Madrid 1924) v-viii.

de ellas va dedicada precisamente a Alfonso Fernández, un hijo natural del futuro rey Alfonso el Sabio, en cuya obra legislativa colaborará Jacobo intensamente. A él se atribuye todavía un mayor influjo en la redacción de la Partida tercera [15].

Fruto de la conjunción de todas las circunstancias apuntadas, es la formación de legistas hispanos que llegan incluso a escribir algunas obras de derecho romano. Estos juristas son ibéricos autóctonos sólo hasta cierto punto, ya que varios de ellos se forman, enseñan y escriben en Bolonia o en otras universidades extranjeras. Sus obras aparecen en latín, alternándose después el uso de esta lengua con las nacionales de la Península Ibérica. He aquí la lista de los legistas de los que conocemos algún escrito y que pertenecen al primer siglo escaso que corre desde finales del s. XII hasta mediados del XIII:

1. *Ugolino de Sesso.* Más arriba aludí a la presencia de este personaje en la Universidad de Palencia, en torno al año 1184. Este jurista venía hasta ahora identificándose equivocadamente con el mucho más conocido y famoso homónimo el maestro Ugolino, también legista, que enseñó y escribió en Bolonia durante el primer tercio del s. XIII. De nuestro Ugolino de Sesso, de Palencia, conocemos tres tratados procesales que se conservan inéditos en el MS S. Cugat 55 del Archivo de la Corona de Aragón de Barcelona. Se intitulan del siguiente modo: *Tractatus domini Vgolini de appellatione, Tractatus domini Vgolini de recusatione iudicum* y *De testibus secundum Vgolinum.* Dos de estos tratados venían atribuyéndose en la historiografía anterior a Ugolino de Bolonia [16]. Los autores que cita Ugolino de Sesso son todos boloñeses: *Albericus, Johannes Faventinus, Ugo., Bas., Bar., Bulgarus* y *Jacobus.* La cita datable más reciente que contiene es una carta pontificia algo posterior a 1184. Por otra parte, en estos tratados alude inequívocamente a asuntos castellanos y también palentinos [17].

15 En el s. XV tenemos en Burgos un Juan de Junta, impresor, que ciertamente permanecía a la familia florentina de Filippo Giunti, como bien indica Ureña en el lugar citado en la nota anterior. Sobre la identidad del personaje a quien dedica Jacobo sus *Flores del Derecho,* ver A. Pérez Martín, 'El estudio de la recepción del derecho común en España', *Primer Seminario de Historia del Derecho Privado: Nuevas técnicas de investigación* (Barcelona 1982; en prensa) notas 71, 77 y 78; idem, 'Murcia y la obra legislativa alfonsina: pasado y presente', *Actas del Congreso sobre Alfonso X el Sabio: vida, obra, época* (en prensa). Agradezco al autor estas referencias bibliográficas de trabajos suyos en prensa.

16 Entre los estudiosos recientes que atribuyen a Ugolino de Bolonia los trabajos de Ugolino de Palencia, se encuentran St. Kuttner, 'Analecta iuridica Vaticana (Vat. lat. 2343)', *Collectanea Vaticana in honorem Anselmi M. Card. Albareda* (Studi e Testi 219; Città del Vaticano 1962) 430; A. Padoa Schioppa, *Ricerche sull'appello nel diritto intermedio* 2 (Milano 1970) passim (ver índice analítico). Como indiqué más arriba, la nueva atribución se debe originariamente a Linda Fowler (Regensburg), quien me comunicó amablemente la oportuna información sobre este tema.

17 El primero de los tratados aludidos se conserva en el MS S. Cugat 55 fol. 138ra-139rb del Archivo de la Corona de Aragón, y empieza *Tractatus domini Vgolini de appellationibus. Appellationis usus quam sit frequens quam necessarius;* des. *et mirum est quomodo bonus Alexander tertius dormitauit.* El segundo: *Tractatus domini Vgolini de recusatione iudicum. Quia suspecti et inimici iudicis;* des. *et sententiando partem facit*

2. *Pedro de Cardona.* Era hijo del Vizconde de Cardona, don Ramón Folch y de doña Sibila, hija del Conde de Urgel, don Armengol, que murió en 1154 al servicio del rey Alfonso VII de Castilla. Fue canónigo de Vich, abad de Husillos, y, desde 1178, Canciller de Castilla. Alejandro III le había ordenado de subdiácono con intención, al parecer, de retenerle en la curia papal. Es interesante la bula del 6 de Julio de 1181 del mismo pontífice nombrándole arzobispo de Toledo, sede que no llegó a ocupar personalmente. En Diciembre del mismo año de 1181, Lucio III le promovió al cardenalato, con el título de S. Lorenzo in Damaso. En el necrologio de Vich se le llama *doctor legum magnificus.* Pedro de Cardona residió algún tiempo en Montpellier, no sabemos si estudiando, o enseñando, o entrambas cosas. Allí pudo conocer personalmente a Alejandro III, cuando este papa visitó dicha ciudad. Según Juan Bassiano, Cardona es el autor del epítome latino de la constitución griega que aparece en el Código de Justiniano (Cod. 6.4.4), así como de la traducción latina de la constitución del emperador Zenón, que se registra en el mismo Cod. 3.10.2 [18]. Valls Taberner afirma que se le puede atribuir también un *Ordo iudiciarius* de hacia 1161 [19]. Según el obituario toledano, falleció el 26 de Junio de 1183 [20].

3. *¿Lorenzo Hispano?* Algunos han supuesto que este famoso canonista llegó a glosar las colecciones del *Corpus iuris civilis* [21]. Para ello, se alegan como prueba algunos textos de Lorenzo Hispano donde alude al Código de Justiniano, al Digesto y *Authenticum* con la expresión abreviada *no.,* que Franz Gillmann, en el trabajo que acabamos de citar, desdobla indebidamente como *notavi,* cuando la lectura correcta es *notatur,* con lo cual tenemos que Lorenzo no remite en modo alguno a glosas suyas, sino simplemente al texto legal o a comentarios de otros sobre el mismo.

4. *Vicente Hispano.* Entre las numerosas obras del canonista Vincentius, se incluyen, aunque no con toda seguridad en la atribución, dos pequeños tratados procesales: *Summula* o *Questiones de exceptionibus* y *De discordia testium et de consonantia et qualiter debeant recipi et repelli* [22].

(fol. 139rb-140ra). El tercero: *De testibus secundum Vgolinum. Lecturi capitulum de testibus ad euidentiam dicendorum;* des. *sit ei actio gratiarum* (fol. 140r-145ra).

18 Ver las ediciones de Kriegel y de Krüger, por donde aparece cómo la atribución de la versión de Cod. 3.10.2 está respaldada por el testimonio del códice Harl. 5117 de la British Library de Londres.

19 A. Gouron, 'Autour de Placentin a Montpellier: Maitre Gui et Pierre de Cardona', *Mélanges G. Fransen* 1 (Studia Gratiana 19; Bologna 1976) 347-54. Ver A. Pérez Martín, 'El Ordo iudiciarius'... cit. supra nota 12, p. 49 nota 152, donde apunta la posibilidad de que Pedro de Cardona sea el autor de la primera recensión del *Ordo iudiciarius* 'Ad summariam rei notitiam', tema que obviamente requiere ulterior estudio.

20 B. Alonso Rodríguez, 'Cardona, Pedro de', *Diccionario de Historia Eclesiástica de España* 1 (Madrid 1972) 352; J. F. Rivera Recio, *Los arzobispos de Toledo en la Baja Edad Media (s. XII-XIII).* Notas recogidas por... (Toledo 1969) 31-33.

21 Así opinaba F. Gillmann, *Des Laurentius Hispanus Apparat zur Compilatio III auf der Staatlichen Bibliothek zu Bamberg nebst einer Würdigung des Apparats* (Mainz 1935) 107 nota 1, que se prolonga por espacio de tres páginas; ver también A. M. Stickler, 'Il decretista Laurentius Hispanus', *Studia Gratiana* 9 (Bolonia 1966) 473.

22 Ver sobre este canonista mi art. cit. supra nota 6.

5. *Pedro Hispano Portugalense.* A este autor, que escribía en los años 20 del s. XIII, se atribuyen dos tratados civilísticos de materia procesal, que empiezan: *Ad summariam notitiam consueti cursus causarum* y *Quoniam utilissimum fore putaui.* Este jurista aparece en Bolonia en 1223 como *Petrus Hispanus magister decretorum* y, en 1229, en Padua como *Magister Petrus Spagnolus* [23].

6. *João de Deus* (Ioannes de Deo). Este prolífico canonista escribió también una serie de opúsculos, que guardan relación directa con la civilística de su tiempo. Tal es el caso de su *Liber iudicum* (aparecido antes de 1238), los *Casus legum canonizatarum* (fechados el 1 de Septiembre de 1241) y su *Liber Cauillationum* (con una recensión del 2 de Septiembre de 1246 y otra algo posterior a 1248) [24].

7. *Pontius Ilerdensis,* calificado por João de Deus como 'homo efficacissimi ingenii', escribió la *Summa arboris actionum,* entre 1213 y 1217, que aparece utilizada por Vicente de Beauvais a mediados del s. XIII [25]. No parece que se pueda identificar este Pontius Ilerdensis con el Ioannes Pontii que realizó una especie de abreviación del comentario de Vicente Hispano a las Decretales de Gregorio IX [26].

8. *João de Idanha,* que escribió un comentario al *Arbor actionum,* de Johannes Bassianus, que la historiografía anterior atribuía a João de Deus, hasta que Stephan Kuttner recondujo este escrito a su verdadero autor, que no es otro que João de Idanha (Johannes Egitaniensis), contemporáneo, pero diferente de João de Deus [27].

9. *Vidal de Canyelles,* que aparece como estudiante en Bolonia durante la década de los años veinte del s. XIII, fue uno de los más influyentes consejeros de don Jaime el Conquistador, y autor del Código de Huesca (Fueros de Aragón) [28].

10. *Rodrigo de Palencia.* Según el MS 150 fol. 6vb-8vb de la Biblioteca del Cabildo de Córdoba, hay que atribuir a don Rodrigo, obispo de Palencia de 1247 a 1254, el *Tractatus positionum,* que fue editado por Nicolini a base de un códice boloñés en el que se adjudica este opúsculo a Martín de Fano [29].

23 Ibid.
24 Ibid.
25 Editado por G. Rossi, *La Summa arboris actionum di Ponzio da Ylerda. Ed. critica con studio introduttivo* (Milano 1951).
26 Cf. supra art. cit. en la nota 6.
27 Ibid.
28 R. del Arco, 'Vidal de Canellas, obispo de Huesca', *Boletín de la Real Academia de Buenas Letras de Barcelona* 8 (1915-16) 463-80, 508-21, 545-50; ídem, 'Vidal de Canellas: nuevas noticias', ibid. 10 (1921) 83-113; ídem, 'El jurisperito Vidal de Canellas, obispo de Huesca', *Jerónimo Zurita: Cuadernos de Historia* 1 (1951) 23-113; A. Durán Gudiol, 'Vidal de Canellas, obispo de Huesca', *Estudios de Edad Media de la Corona de Aragón* 9 (1973) 267-369.
29 A. García y García, 'Magister Rodericus Palentinus', *Homenaje a Fray Justo Pérez de Urbel* 2 (Silos, Abadía, 1977) 111-15.

11. *Fernando Martínez de Zamora.* A este significativo personaje, que ocupa importantes cargos en la corte real castellana, atribuye la historiografía una verosímil intervención en la magna obra de las Partidas, y dos obras concretas tituladas *Margarita de los pleitos* [30] y *Summa de ordine iudiciario* [31]. En otra publicación me ocupé ya de la autoría de la segunda de estas obras, concluyendo que se trata de 'una traducción, adaptación y ampliación de la popular *Summa pauperum,* de Adenulfo de Anagni' [32]. El doctor Antonio Pérez Martín acaba de precisar más, en el trabajo que acabamos de citar, el estudio de las fuentes de esta obra, añadiendo como tales el ordo iudiciarius 'In nomine Domini', de Egidio de Fuscarariis, el *Libellus fugitivus,* de Nepos de Montealbano, y un formulario del monasterio de Sahagún. La falta de originalidad del autor de esta *Summa* queda todavía más patente.

Mis observaciones sobre las obras de Jacobo de las Leyes o Jacobo Giunta, que siguen a continuación, inciden de alguna forma sobre la falta de originalidad que creo se advierte también en la *Margarita de los pleitos.* En una primera hoja de guarda del MS 72 de la Biblioteca del Cabildo de Córdoba, hay un pequeño escrito en latín sobre la restitución de los frutos, que lleva la sigla *Magister ff. Zamoren.,* que verosímilmente se refiere a nuestro jurista. En el MS 150 fol. 21v-22r de la misma Biblioteca Capitular de Córdoba, se registra la sigla *f.za.* al margen del popular *Breviarium ad omnes materias in iure canonico inveniendas,* que la historiografía atribuye a varios autores, aunque preferentemente a Petrus Ilerdensis [33]. Difícil resulta explicar qué sentido exacto tiene aquí esta sigla colocada un tanto fuera de sitio.

12. *Jacobo Giunta o Jacobo de las Leyes.* A este jurista aludimos ya más arriba, al referirnos a los legistas extranjeros que vinieron a enseñar a la Península Ibérica. No consta que enseñase en ninguna universidad, pero sus obras ejercieron un influjo duradero, que se prolonga durante toda la Edad Media. Escribió las siguientes obras en castellano:

1) *Flores de derecho,* escrito anterior al 31 de Mayo de 1252, del que se conocían hasta ahora siete manuscritos, a base de los cuales está realizada la edición del texto castellano por Ureña [34]. Como es sabido, de esta obra hay una traducción portuguesa medieval, de la que se conoce un único códice editado por el profesor Paulo Merêa [35]. También hay otra traducción medieval

30 J. Cerdá, 'La Margarita de los pleitos de Fernando Martínez de Zamora. Texto procesal del s. XIII', AHDE 20 (1950) 634-738, donde se contiene una edición y estudio de esta obra.

31 Esta obra se conserva inédita en el MS 5-5-30 fol. 1ra-25vb de la Biblioteca Colombina y del Cabildo de Sevilla. Ed. y estudio por A. Pérez Martín, 'El ordo iudiciarius...' cit. supra nota 12, *Historia, instituciones, documentos* 8 (1981) 195-266 y 9 (1982) 327-423.

32 A. García y García, 'La canonística ibérica medieval posterior al Decreto de Graciano', RHCEE 5 (Salamanca 1976) 395-99.

33 Ibid. 397-98.

34 Ob. cit. supra nota 14, pp. 11-184.

35 M. Paulo Merêa, 'A versão portuguesa das *Flores de las Leyes* de Jácome Ruiz',

catalana, que se nos ha transmitido a través de dos códices, de uno de los cuales se hizo una edición parcial y defectuosa [36]. Por mi parte, puedo añadir dos nuevos manuscritos del texto castellano de las *Flores de derecho* del Maestro Jacobo, a saber el MS HC: 411/534 p. 1a-22b de la Hispanic Society of America [37] y el MS 43-24 fol. 71ra-98vb de la Biblioteca del Cabildo de Toledo [38].

2) *Dotrinal,* editado por Ureña a continuación de la obra anterior [39] a base del único manuscrito conocido, al que puedo añadir ahora el MS HC: 411/533 fol. 1r-83r de la Hispanic Society of America [40], con variantes no sólo verbales, sino de estructura con respecto a la edición de Ureña.

3) *Summa delos noue tienpos delos pleytos,* editado igualmente por Ureña a base de cinco manuscritos [41]. En el códice antes citado de la Hispanic Society of America HC: 411/534 p. 42ab (ver la descripción que figura como apéndice a este capítulo) aparece un trozo de esta obra, que comprende desde la p. 380 lín. 10 hasta la p. 384 lín. 7 de la edición de Ureña. No es fácil determinar si se trata de un fragmento desgajado tardíamente de la obra completa, o si nos hallamos, por el contrario, ante un recensión diferente de la que hasta ahora se conocía.

Entre la primera y cuarta pieza del códice neoyorkino, que describimos en apéndice, quedan otras dos piezas que bien se merecen un comentario especial. La segunda pieza contiene un tratado sobre las posiciones, que coincide sustancialmente con el fragmento correspondiente de la *Margarita de los pleitos* atribuida a Fernando Martínez de Zamora [42]. Ahora bien, este trozo de la *Margarita de los pleitos* procede directa o indirectamente de un tratado latino anónimo sobre las posiciones, editado por Ugo Nicolini, y que comienza 'Cum usus positionum necessarius sit in causis, primo circa positiones viii. principaliter sunt notanda...' [43]. El códice en que se basa la

Revista da Universidade de Coimbra 5 (1916) 444-57 (estudio introductorio) y 6 (1917) 341-71 (texto de la versión portuguesa). Existe una tirada aparte bajo el título de *Contribuçoes para a história do direito português. A versão portuguesa* das Flores de las Leyes *de Jácome Ruiz* (Coimbra 1923) 45 pp. El estudio introductorio volvió a publicarse por el mismo autor, previa revisión, en sus *Estudos de História do Direito* (Coimbra 1923) 45-65. Me parece algo sospechosa la fecha de 1273-1282 propuesta por Paulo Merêa en la p. 61-62 de la publicación que acabamos de citar en último lugar, y aceptada entre otros por G. Braga da Cruz, 'O direito subsidiário na história do direito português', *Revista Portuguesa de História* 14 (1975) 182-83 nota 7. Esta versión portuguesa es, sin duda alguna, más reciente, extremo que deberá precisar mejor un oportuno estudio.

36 Obra cit., supra nota 14, p. 4-5.

37 Descrito sumariamente en mi trabajo 'Los manuscritos jurídicos medievales de la Hispanic Society of America', REDC 18 (1963) 532-33 (edición aparte New York 1964, p. 36-37).

38 Descrito en el *Catálogo* cit. supra nota 8, p. 174-75.

39 Obra cit. supra nota 14, p. 185-376.

40 Obra cit. supra nota 37, p. 532 (ed. aparte p. 36).

41 Obra cit. supra nota 14, p. 379-90.

42 Obra cit. supra nota 30, p. 719-27.

43 U. Nicolini, *Trattati* De positionibus *attribuiti a Martino da Fano...* (Orbis Romanus 5; Milano 1935) 82-86 (texto) y 63-64 (estudio).

edición de este tratado latino es de finales del s. XIII o principios del s. XIV. Cabe preguntarse si esta traducción castellana del códice de New York fue hecha sobre el texto latino directamente, o si lo fue a través de algún intermediario.

La tercera pieza del códice de New York, descrito en apéndice, contiene un texto que coincide sustancialmente con el resto de la *Margarita de los pleitos,* de Fernando Martínez de Zamora, con lo cual tenemos que la segunda y tercera piezas del códice neoyorkino nos transmiten la obra de Fernando Martínez de Zamora completa, sólo que en un orden diferente del vulgato. Una vez más hay que preguntarse si este orden del códice que estamos comentando corresponde a una tradición manuscrita anterior, o si es un arreglo tardío de la obra atribuida a Fernando Martínez de Zamora o al margen de la misma. Todos estos interrogantes requieren un análisis más profundo y documentado que el que yo puedo hacer ahora. En todo caso, no pretendo decir aquí la última palabra sobre este tema, sino más bien la primera.

De lo dicho se desprende que nos hallamos ante una nueva prueba de que las obras castellanas procesalísticas que divulgan el derecho común medieval son traducción, acomodación o arreglo de otras latinas anteriores procedentes de fuera de la Península Ibérica. Como bien advierte Ureña, la *Forma libellandi* del doctor Juan Infante que entre 1473 y 1484 conoció un gran éxito a través de unas veinte ediciones, 'aparece claro que dicho Doctor se apropió la obrita del Maestro Jacobo, retocándola y adicionándola un tanto, sin mencionar el origen para nada' [44].

Para completar de alguna forma este apartado relativo al derecho romano en lengua romance, permítaseme recapitular aquí algunos datos que a través del tiempo he podido coleccionar. Comenzando por los textos del *Corpus iuris civilis,* hay una versión castellana de varios fragmentos del Código de Justiniano, que se conservan en el códice del s. XIV que figura bajo la signatura MS 10816 fol. 1r-94va de la Biblioteca Nacional de Madrid [45]. El rey Don Juan I de Portugal alude el 16 de Abril de 1426 a una versión portuguesa del Código justinianeo, junto con los comentarios que le dedicaron Accursio y Bartolo de Saxoferrato [46], sin que yo conozca ninguna otra información sobre este particular.

El bien conocido y popular *Libellus fugitivus* o *Libellus pauperum,* de Nepos de Montealbano (Neveu de Montauban), juez de Albi de 1266 a 1269, conoció una enorme difusión manuscrita y no menos de once ediciones, conservándose una versión castellana medieval en el MS HC: 411/520 fol. 3-116 de la Hispanic Society of America [47].

Realizando un censo de los manuscritos de Bartolo de Saxoferrato que hoy día se conservan en España, han venido a mi conocimiento dos dife-

44 Obra cit. supra nota 14, p. xxi. Ver las observaciones que sobre las obras de Jacobo de las Leyes y Juan Infante se contienen en los art. cit. supra nota 12.
45 Obra cit. supra nota 32, p. 395.
46 G. Braga da Cruz, l. c. supra nota 35, p. 207 nota 44.
47 Obra cit. supra nota 37, p. 530-31 (ed. aparte p. 34-35).

rentes traducciones castellanas del opúsculo bartoliano titulado *De insigniis et armis,* una de las cuales se encuentra en el MS Res. 125 fol. 1r-17r y otra en el MS 7099 fol. 6r-9r de la Biblioteca Nacional madrileña [48].

Un estudio a fondo de toda la literatura jurídica medieval española arrojará sin duda resultados mucho más copiosos que los que anteceden. Cuanto aquí queda consignado no es más que el resultado marginal de otras investigaciones y estudios que no tenían por objeto directo esta temática.

En un reciente artículo sobre la circulación de los códices jurídicos entre la Península Ibérica y el resto de Europa [49], llegué a la conclusión de que los manuscritos y ediciones del derecho común medieval fueron, salvo raras excepciones, importados de Italia y Francia, y no copiados ni impresos en la Península. Esto ocurrió durante toda la Baja Edad Media e incluso en los tiempos modernos. Nuestros juristas estaban sin duda al corriente de lo que se producía allende los Pirineos, y de ello es buena prueba la cantidad y calidad de libros que aún hoy día se conservan en nuestras bibliotecas con fondos medievales. Pero la creatividad ibérica en este campo es muy inferior a la de los centros foráneos, donde curiosamente descollaron importantes autores hispanos. Esta falta de iniciativa en la Península se advierte incluso en la confección de los códices y de las ediciones de las grandes obras del derecho romano-canónico medieval, que no se realizan aquí, sino que se importan hechas.

APENDICE

NEW YORK, The Hispanic Society of America, MS HC: 411/534

1 (p. 1-22b). JACOBO DE LAS LEYES, *Flores de derecho* (ed. Ureña 11-184). Titulo primero de la guarda de la dignidad del juez. Al mucho onrrado sennor don Alfonso Fernandez fijo del muy noble y bienauenturado sennor don Fernando; *des.* que es dicha en latin accio personalis.

2 (p. 22b28a). Por<que> el uso de las posiciones es necesario en los pleitos deuemos notar ocho cosas principalmente; *des.* e por otra decretal que se comiença Olim e es en el titulo de litis contestacione.

3 (p. 28a-42a). Cerca el amonestamiento de aquel que quisieres citar en juyzio; *des.* diz la ley del Codigo in titulo si aduersus rem iudicatum la primera ley del titulo.

4 (p. 42ab). En el pleito (=tienpo) de la çitaçion quatro cosas deue omne a catar; *des.* el juez primeramente lo deue dezir. Finito libro redantur laudes Christo domino nostro.

48 Ver mi libro *Iter Hispanicum* (Codices operum Bartoli a Saxoferrato recensiti 2; Firenze 1973) 67 y 68.

49 Ver mi artículo 'Notas para un censo de los códices canónicos extrapeninsulares pregregorianos en la Península Ibérica', destinado a aparecer en las actas del Simposio sobre la *Circulación de códices y escritos entre Europa y la Península en los siglos VIII-XIII* Santiago de Compostela 17-19 de Septiembre de 1982.

El códice está escrito por una sola mano de principios del s. xv. Columnas de 40 líneas por columna. Consta de seis cuadernillos de 2, 6, 2, 4, 6 folios, más uno suelto al final, sin reclamos al siguiente. Hay una guarda inicial y cinco finales. Foliación moderna arábiga a lápiz. Títulos en negro, dentro de la columna. Encuadernación moderna en cartón, con lomo de piel. Lleva en el tejuelo la siguiente inscripción (s. xx?): Jac. Ruiz, Flores de Derecho. Buen estado de conservación del códice y de la encuadernación. Este códice fue deficientemente descrito por mí en mi trabajo titulado 'Los manuscritos jurídicos medievales de la Hispanic Society of America', REDC 18 (1963), 522-23 (ed. aparte en New York, 1964, pp. 36-37). Ver ahora la descripción de Ch. B. Faulhaber, *Medieval Manuscripts in the Library of the Hispanic Society of America. Religious, legal, scientific, historical and literatry manuscripts* (New York, 1983) 328-31.

Canonistas y civilistas

5. VALOR Y PROYECCION HISTORICA DE LA OBRA JURIDICA DE SAN RAIMUNDO DE PEÑAFORT [1]

En las páginas que siguen se trata de realizar un balance de la aportación de S. Raimundo de Peñafort a la elaboración y práctica del derecho de la Iglesia, en cuanto esto es posible según el estado actual de nuestros conocimientos sobre este tema.

En este capítulo, fundamentalmente de divulgación, tratamos de informar a los lectores menos versados en estos temas. Para ello comenzamos por reproducir el cuadro general de las obras de S. Raimundo, indicando cuál es el estado actual de nuestros conocimientos sobre cada uno de estos escritos. Solamente partiendo de esta base, es posible (y esto no siempre) formular algún juicio valorativo sobre S. Raimundo como canonista. Indicamos en notas la bibliografía más moderna y que supone algún avance sobre lo ya conocido. Omitimos, casi sistemáticamente, toda mención de escritos de divulgación, bastante numerosos y de escaso valor por cuanto se refiere a la cuestión que nos ocupa [2].

Ofrecemos a continuación el esquema que vamos a seguir:

1. ESCRITOS GENUINOS:
   1) *Summa Iuris Canonici*
   2) Glosas al Decreto de Graciano
   3) *Summa de casibus poenitentiae*
   4) *Summa de matrimonio*
   5) *Liber Extra* o Decretales de Gregorio IX
   6) *Dubitabilia cum responsionibus (Responsa canonica)*
   7) *Constitutiones novae*
   8) Dictámenes, cartas y otros escritos con valor doctrinal
   9) Compilación de algunas decretales para uso de los Dominicos
   10) Constituciones de la Orden de Predicadores.

1 Este capítulo apareció en la REDC 18 (1963) 233-51. Se ha puesto al día el texto editado en este libro, aunque respetando la primera redacción en la medida de lo posible.

2 En nota adicional al fin de este capítulo, ofrecemos la bibliografía principal aparecida desde 1963.

2. ESCRITOS DUDOSOS:

1) *Summulae* sobre los árboles de consanguinidad y afinidad
2) Glosas a la Compilación IV Antigua
3) *Summa metrica iuris*
4) *Tractatus fr. Raymundi de vii. vitiis capitalibus.*

3. ESCRITOS APÓCRIFOS:

1) *Summa quando poenitens remitti debeat ad superiorem*
2) *Tractatus de bello et duello*
3) *De ratione visitandae dioecesis et curandae subditorum salutis*
4) *Modus iuste negotiandi in gratiam mercatorum*
5) *Libellus pastoralis de cura et officio archidiaconi.*

4. ACTUALIDAD DEL MAGISTERIO DE S. RAIMUNDO:

1) Patrono de hecho de los canonistas
2) El Instituto de S. Raimundo de Peñafort de Derecho Canónico del Consejo Superior de Investigaciones Científicas
3) Orden de la Cruz de S. Raimundo de Peñafort
4) Patrono de las Facultades de Derecho de las Universidades de España
5) Patrono de la Abogacía Española.

1. ESCRITOS GENUINOS:

1) *Summa Iuris Canonici*

Esta obra fue escrita cuando S. Raimundo era profesor de Bolonia (de 1218 a 1221), antes de entrar en la Orden de Predicadores (1 de Abril de 1222) y después de la aparición de la Compilación IV (1216-17). Solamente quedan las dos primeras partes en el MS Borghes. lat. 261 fol. 91-102v de la Biblioteca Apostólica Vaticana y en el fragmento del MS Can. 19 fol. 258r-259v de la Staatsbibliothek de Bamberg. Recientemente se ha hecho una edición a base del mencionado manuscrito, siendo de lamentar que dicha edición presente notables deficiencias [3].

3 *Sancti Raymundi de Penyafort Opera Omnia,* vol. 1: San Raimundo de Penyafort, *Summa Iuris,* ed. por J. Rius Serra (Barcelona 1945). Los fallos de esta edición fueron puestos de relieve por St. Kuttner, 'The Barcelona Edition of St. Raymond's First Treatise on Canon Law', *Seminar* 8 (1950) 52-67; también J. Giménez y Martínez de Carvajal, 'San Raimundo de Peñafort y las Partidas de Alfonso X el Sabio', *Anthologica Annua* 3 (1955) 284-5 subraya la confusión de Huguccio con el Hostiense, autor este último una generación posterior a S. Raimundo. La edición de Barcelona fue, en cambio, indiscriminadamente alabada por R. Baucells, 'La personalidad y la obra jurídica de S. Raimundo', REDC 1 (1946) 15 y por E. Luño Peña, *El pensamiento jurídico de S. Raimundo de Peñafort* (Zaragoza 1945) 14. G. Oesterle, '*Summa Iuris Canonici Sancti Raymundi de Penyafort*', REDC 2 (1947) 665-70, da un largo resumen sin juicio

Esta obra no es ni un comentario al Decreto de Graciano ni una *Summa decretalium,* sino que sigue un orden propio, aunque inspirado en el Decreto y Decretales. En el códice vaticano aparece sin título alguno. En la edición de Barcelona figura con el título, incongruente con la terminología de la época en que escribió S. Raimundo, de *Summa Iuris.* El título de *Speculum Iuris Canonici,* sugerido por el profesor St. Kuttner, responde al uso de la época. Consta de siete partes, que indica así en el prólogo: 1) *Varie species et differentie iuris,* 2) *De ministris canonum, differentiis et officiis eorumdem,* 3) *De ordine iudiciario,* 4) *De contractibus et rebus tam ecclesiarum quam clericorum,* 5) *De criminibus et penis,* 6) *De sacramentis,* 7) *De processione Spiritus Sancti.* Cada una de estas partes se subdivide en *tituli.* En el mismo prólogo se indica el método de este tratado. En cada título resume la *materia rubrice,* refiere las oportunas *questiones et solutiones earum,* formula *notule iuris ad rubricam pertinentes* (lo que en el lenguaje de la escuela se llama *notabilia*), en atención a los principiantes o *rudes* da las indicaciones de los lugares donde se encuentran los temas en cuestión en el Decreto y en las decretales *tam in textu quam in glossa.* En la *Summa de casibus poenitentiae* se reproducen no pocos pasajes de esta obra.

Esta *Summa Iuris Canonici* se aparta metodológicamente de la estructura usual entre los canonistas en el momento en que se escribió. Es de gran interés doctrinal, como puede apreciarse por las referencias de los pocos autores modernos que la utilizaron ya, en recientes invesigaciones sobre diversos temas [4].

2) Glosas al Decreto de Graciano

Las glosas al Decreto datan, como la obra anterior, del tiempo de su docencia en la Universidad de Bolonia. Hasta 1937 se ignoraba la existencia de estas glosas. En dicha fecha las dio a conocer St. Kuttner. Permanecen inéditas. Se conservan en los siguientes códices:

París, Bibliothèque Nationale, MS lat. 3903.

crítico alguno. Por cierto que en el artículo de R. Baucells se contienen varias inexactitudes. Así, en la p. 16 se habla de que las otras cinco partes de la obra de S. Raimundo 'fueron escritas por otro para completarla'. En la p. 15 se atribuyen a S. Raimundo obras que hace muchos años está demostrado que no son suyas. Nada se dice en este artículo de otras obras importantes ciertamente de S. Raimundo. El escrito de E. Luño Peña también es susceptible de no pocos reparos. En la p. 6 atribuye a S. Raimundo unas cuantas obras apócrifas, sobre cuyo tema vuelve a tratar de modo confuso e inexacto en la p. 24. En la p. 14 se dice que 'no figuran en el manuscrito vaticano las partes tercera y séptima' de la *Summa Iuris Canonici* de S. Raimundo. Otro artículo, ampuloso y de escaso valor, es el de E. Montero, 'San Raimundo de Peñafort', *Revista de la Facultad de Derecho de Madrid* 17 (1949) 1-11.

4 Esto puede apreciarse en St. Kuttner, *Kanonistische Schuldlehre von Gratian bis auf die Dekretalen Gregors IX* (Città del Vaticano 1935) pp. XIII, 152 n. 3, 153 n. 3, 156 n. 3, 157 n. 7, 164 n. 4, 165 n. 3, 166 n. 4, 168 n. 1 y 3, 169 n. 3, 174 n. 1, 262 n. 1 y 3, 263 n. 1 y 2, 264 n. 1 y 2, 267 n. 1, 272 n. 2, 288 n. 1; J. Giménez y Martínez de Carvajal, o. c. 283-98; M. Cuyás, *La buena fe en la prescripción extintiva de deudas* (Roma 1962) 61 ss.

Tours, Bibliothèque Municipale, MS 559 (tercer estrato).

Vaticano, Biblioteca Apostolica Vaticana, MS Vat. lat. 1367, tercer estrato)[5].

Teniendo en cuenta el género literario-jurídico de que se trata, cabe afirmar *a priori* que estas glosas son de gran interés doctrinal. Pero es necesario todavía ulterior estudio de este material raimundiano, para formarse una idea definitiva sobre su exacto significado e interés.

3) *Summa de casibus poenitentiae*

Hay dos recensiones de esta obra. La primera fue escrita entre 1222 y 1226. La segunda, consistente en una revisión de la primera, es posterior a la aparición del *Liber Extra,* y ha de colocarse entre 1234 y 1236[6].

La presente *Summa* es, entre las de su género, la más difundida. Las principales bibliotecas, con fondos manuscritos del medievo, conservan uno o varios ejemplares. La mayor parte de los códices pertenecen cronológicamente al lapso de tiempo que media entre su aparición y fines del s. XIV. Sólo quedan unos pocos del s. XV. Esto indica claramente el período de su mayor difusión y uso. Nada extraño que en el s. XV, a casi dos centurias de distancia, fuera reemplazada por otras sumas más recientes y más al día. Durante el s. XV y XVI no consta que apareciera ninguna edición. Pero en el s. XVII, tenemos, a sólo dos años de distancia de la canonización de S. Raimundo, la edición príncipe de Roma 1600, 1603 = Farnborough 1967 y la de Roma de 1619. En el s. XVIII, la de Aviñón 1715, Lyon 1718, París 1720, Verona 1744, Roma 1976[7].

Para enmarcar debidamente la *Summa de casibus poenitentiae* en su ambiente histórico, es preciso tener en cuenta que corresponde a una época en que se habían abandonado los penitenciales, con sus penitencias tarifadas. Ahora se administra la penitencia según el arbitrio del sacerdote, quien deberá juzgar según las circunstancias del pecador y del pecado[8]. El matiz de

5 Cf. St. Kuttner, *Repertorium der Kanonistik* (1140-1234). *Prodromus Corporis Glossarum* (Città del Vaticano 1937) 442; idem, 'The Barcelona Edition' 54, n. 8; idem, 'Zur Entstehungsgeschichte der Summa de casibus poenitentiae des hl. Raymund von Penafort', ZRG Kan. Abt. 39 (1953) 419 n. 2.

6 Cf. St. Kuttner, 'Zur Entstehungsgeschichte der Summa de casibus' 419-34. En este artículo da cuenta el autor de la primera recensión de la obra de S. Raimundo, encontrada por él en el MS 146 (Summary Catalogue 1917) de la Bodleian Library de Oxford. También se contiene en el MS lat. 3250 de la Bibliothèque Nationale de París, como indica, sobre una referencia de Mme J. Rambaud, G. Le Bras, *Institutons ecclésiastiques de la Chrétienté médiévale* (*Histoire de l'Eglise* de Fliche-Martin 12; París 1959) p. 71, n. 4. Ver indicación de otros códices en mis notas 'Canonistica hispanica', cit. infra en nota adicional a este capítulo.

7 Ver en nota adicional al fin de este capítulo indicaciones bibliográficas sobre la nueva edición de Roma 1976 y nuestro juicio sobre ella.

8 Esta nueva orientación penitencial aparece especialmente legislada en el c. 21 del Conc. 4 Lateranense de 1215: '*Sacerdos autem sit discretus et cautus, ut more periti medici superinfundat vinum et oleum vulneribus sauciati, diligenter inquirens et peccatoris circumstantias et peccati, per quas prudenter intelligat quale illi debeat prae-*

la obra de S. Raimundo es, por consiguiente, práctico. Pero ofrece también las consideraciones doctrinales imprescindibles, en las que debe basarse el confesor para emitir su dictamen. Se mueve, pues, en el plano de conjunción de la moral, del derecho canónico y de la pastoral. No es un manual para las aulas universitarias, sino para los confesores. Corresponde a la época en que los mendicantes, dominicos y franciscanos, son autorizados para oír las confesiones de los fieles, cosa antes reservada en exclusiva al clero secular con cura de almas. Para este cometido necesitaban un manual como el que S. Raimundo les brindó en esta *Summa*. De la alta estima y aprecio de que disfrutó hablan elocuentemente su gran difusión manuscrita [9] y el amplio uso que de ella hacen los autores de varias *Summae confessorum* que irán apareciendo durante varios siglos.

Como nada surge por generación espontánea, la *Summa de casibus* también tuvo sus precursores. En una línea semejante, aunque de modo más imperfecto, habían escrito anteriormente Roberto de Flamborough [10], Tomás de Chabham, Juan de Ken (?), Conrando de Höxter, Paulo de Hungría y Pedro de Poitiers [11]. Estas obras prepararon el camino a una primera culminación de este género de literatura penitencial, culminación que está representada por la obra de S. Raimundo. Pese a que en lo sucesivo aparecerán muchas *summae confessorum,* S. Raimundo seguirá ejerciendo su magisterio a través de la suya, de modo directo hasta principios del s. XV, e indirectamente (a través de otras sumas que le citan) hasta épocas mucho más recientes. Es más; la obra de S. Raimundo fue objeto de frecuentes comentarios: Guillermo Redonense le dedica un apparatus (entre 1240 y 1250), Juan de Friburgo escribe otro (entre 1280 y 1298), Burcardo de Estrasburgo compondrá una abreviación de la *Summa* raimundiana durante el último decenio

bere consilium et cuiusmodi remedium adhibere, diversis experimentis utendo ad sanandum aegrotum.'

9 A. Teetaert, '*Summa de matrimonio* Sancti Raymundi de Penyafort', *Jus Pontificium* 9 (1929) 54-61, 228-34, 312-22 registra muchos manuscritos de esta *Summa*. La lista de códices ofrecida recientemente por M. C. Díaz y Díaz, *Index scriptorum latinorum medii aevi hispanorum* (Madrid 1959) 278-80 en parte rebasa la de Teetaert y en parte es más incompleta. En las fichas dedicadas a obras de S. Raimundo en la obra del Prof. Díaz y Díaz hay referencias que necesitan una puesta al día. Así, por ejemplo, en la p. 279 se cita un códice de Praga como conteniendo la *Summa Iuris Canonici*. Desafortunadamente, esto no es cierto. Ver al fin de este capítulo (nota adicional) la bibliografía ulterior con indicación de nuevos códices de esta obra raimundiana.

10 Cf. St. Kuttner, 'Pierre de Roissy and Robert of Flamborough', *Traditio* 2 (1944) 492-9; F. Firth, 'The «Poenitentiale» of Robert of Flamborough', *Bulletin for 1960* del Institute of Research and Study in Medieval Canon Law, inserto en *Traditio* 16 (1960) 541-56; idem, 'More about Robert of Flamborough's Penitential', *Bulletin for 1961,* en *Traditio* 17 (1961) 531-2. Robert of Flamborough, *Liber poenitentialis. A critical edition* with introduction and notes by J. J. F. Firth (Toronto 1971). Del Penitencial de Roberto de Flamborough quedan tres recensiones anteriores a 1213, y una revisión posterior a 1215 para concordarlo con las constituciones del Conc. IV Lateranense de 1215. Cf. también P. Michaud Quantin, 'A propós des premières Summae confessorum: Théologie et droit canonique', *Recherches de Théologie ancienne et médiévale* 26 (1959) 300-5.

11 Sobre las obras de estos autores véase el primer artículo citado en la nota anterior, p. 494, n. 8-12.

del s. XIII [12]. El género iniciado por Roberto de Flamborough será continuado y perfeccionado por un gran número de teólogos canonistas durante varios siglos. Entre todos, será considerado como el principal S. Raimundo de Peñafort. De esta suerte, ejerció un prolongado e importante influjo en la vida penitencial de la Iglesia [13].

4) *Summa de matrimonio*

Es ligeramente posterior a la promulgación del *Liber Extra,* cuyas principales innovaciones aparecen registradas en la presente *Summa de matrimonio.*

Esta suma ha tenido casi la misma difusión que la *Summa de casibus,* con la que aparece editada, como cuarto libro o cuarta parte. También en los manuscritos aparecen las más de las veces las dos sumas en un mismo códice. No obstante, la tradición manuscrita las presenta generalmente como dos obras diferentes e independientes. Muchos códices presentan al margen, o a continuación, el apparatus de Guillermo Redonense [14].

Esta suma consiste fundamentalmente en una puesta al día de la obra del mismo título de Tancredo de Bolonia (escrita de 1210 a 1214). No está todavía claro si esta revisión o reedición de la *Summa de matrimonio,* de Tancredo, va unida en la mente de S. Raimundo y en la ejecución a la segunda recensión de la *Summa de casibus,* realizada por el mismo tiempo y con la misma finalidad de ponerla al día después de la aparición del *Liber Extra.* La temática de la *Summa de matrimonio* viene indicada en el proemio: *Primo, de sponsalibus et matrimoniis. Secundo, de quindecim impedimentis matrimonii. Tertio, qualiter ad matrimonium coniungendum et disiungendum agitur. De filiis insuper legitimis et dotibus propter nuptias: ordinate ostendens rubricas in locis debitis, et dubitationes diversas ad rubricas singulas pertinentes.*

El mérito principal de la *Summa de matrimonio* es cosa obvia que no radica en la originalidad del pensamiento en ella expuesto, sino en la circunstancia de ofrecer una síntesis metódica y equilibrada de las corrientes de pensamiento que andaban dispersas en numerosas, extensas y costosas obras.

12 Sobre estos autores y su obra, cf. A. van Hove, *Prolegomena ad Codicem Iuris Canonici* (Malinas-Roma 1945) 513-4, encontrándose, a veces, algunas referencias más al día en los respectivos artículos del *Dictionnaire de Droit Canonique.*

13 'Parmi ces *Summae confessorum,* indispensables aux confesseurs, la *Summa casuum* de saint Raymond de Penyafort occupe certes une place d'honneur et constitue sans conteste la somme la plus célèbre et la plus importante par son intérêt élevé et son influence considérable...' afirma, después de haberle dedicado varios estudios, A. Teetaert, 'La doctrine pénitentielle de saint Raymond de Penyafort', *Analecta Sacra Tarraconensia* 4 (1928) 138. El artículo completo abarca de la p. 121 a la 182. Véase del mismo autor: 'La «Summa de Poenitentia» de Saint Raymond de Penyafort', *Ephemerides Theologicae Lovanienses* 5 (1928) 49-72; cf. St. Kuttner, *Repertorium* 443-5, aparte del artículo citado en la n. 5.

14 Sobre esta *Summa de matrimonio* véase el artículo citado más arriba, en la n. 9.

5) *Liber Extra* o Decretales de Gregorio IX

Recibido el mandato de confeccionar esta colección en 1230, S. Raimundo realizó su trabajo en menos de cuatro años, siendo promulgada el 5 de Septiembre de 1234. El *Liber Extra* fue compilado, como afirma Gregorio IX en la misma Bula de promulgación, *per dilectum filium fratrem Raymundum, capellanum et poenitentiarium nostrum* [15]. No hay síntoma alguno de que S. Raimundo contara con la ayuda de colaboradores para esta tarea. De haber sido obra de un equipo, sería lo más lógico mencionar a sus componentes en la Bula de promulgación, como lo hará, al fin del mismo s. XIII, Bonifacio VIII, al promulgar el *Liber VI* [16]. En todo caso, parece que una tal circunstancia se habría traslucido de algún modo.

Entre las decretales atribuidas a Gregorio IX en el *Liber Extra,* la mayor parte no lleva más inscripción que *Gregorius IX* [17]. Estas decretales fueron confeccionadas expresamente para completar la nueva legislación en aquellas partes en que el derecho vigente presentaba lagunas. Tales textos ¿fueron redactados por Gregorio IX, como reza la inscripción, o por el mismo S. Raimundo previamente autorizado para inscribirlos a nombre del Pontífice? No disponemos de ningún dato que esclarezca definitivamente esta cuestión, que aún requiere ulterior estudio. Parece lo más lógico, sin embargo, que nadie como S. Raimundo podía advertir sobre la marcha de su trabajo la existencia de lagunas en la legislación hasta entonces vigente. De ahí que, en cualquier de las dos hipótesis, se necesitaba siempre una detallada indicación de su parte sobre el sentido que había que imprimir a cada nueva decretal, lo que casi equivale a la paternidad de las mismas.

Las condiciones históricas ambientales motivadoras de la nueva colección canónica, aparecen indicadas con exactitud por Gregorio IX, en la bula *Rex Pacificus,* por la que se promulgaba el nuevo código:

> '*Sane diversas constitutiones et decretales epistolas praedecesorum nostrorum, in diversa dispersas volumina* (excesiva multiplicidad de las colecciones existentes), *quarum aliquae propter nimiam similitudinem* (repeticiones inútiles), *et quaedam propter contrarietatem* (disposiciones contrarias sobre un mismo tema), *nonnullae etiam propter sui prolixitatem* (inclusión de partes narrativas y otros detalles superfluos), *confusionem inducere videbantur* (confusión resultante), *aliquae vero vagabantur* (las colecciones anteriores no eran exclusivas, ni todas juntas ni cada una de por sí; la mayor parte tampoco eran auténticas) *extra volumina supradicta, quae tanquam incertae frequenter in iudiciis vacillabant, ad communem, et maxime studentium, utilitatem per dilectum filium fratrem Raymundum, capellanum et poenitentiarium nostrum, illas*

15 Gregorio IX, Bula *Rex Pacificus* del 5 de Septiembre de 1234, dirigida a la Universidad de Bolonia y a otras. Cf. A. Potthast, *Regesta Pontificum Romanorum* 1 (Berlín 1874 = Graz 1957) p. 826 n. 9693-4; E. Friedberg, *Corpus Iuris Canonici* 2: *Decretalium Collectiones* (Leipzig 1879 = Graz 1955) col. 1-4.

16 Cf. E. Friedberg, o. c., *col.* 933-6.

17 Cf. los lugares citados por E. Friedberg, o. c., col. xvii.

in unum volumen resecatis superfluis providimus redigendas, adiicientes constitutiones nostras et decretales epistolas (las del propio Gregorio IX) *per quas nonnulla, quae in prioribus erant dubia declarantur* (muchas veces son puramente teóricas o hipotéticas, sin que en realidad hayan sido dirigidas a nadie, como queda indicado)...' [18].

Tenemos, pues, que la colección de Gregorio IX surgió para poner fin a la confusión resultante de la excesiva multiplicidad de colecciones canónicas, a su inevitables e inútiles repeticiones, a sus antinomias o contradicciones, al peso muerto de extensas partes narrativas que entorpecían el rápido manejo de la legislación en vigor. Todas estas circunstancias condicionaron una aguda crisis de crecimiento de la elaboración del derecho canónico, que venía realizándose pujante desde Graciano. Aparte de las llamadas *Compilaciones Antiquae* [19], en los decenios que preceden inmediatamente al *Liber Extra,* había en circulación innumerables colecciones canónicas, todas privadas. Solamente entre el Decreto de Graciano y la Compilación II Antigua conocemos hoy día 61 colecciones en curso [20]. Así se comprende que la codificación gregoriana era tanto o más imprescindible, en su tiempo, como pudiera serlo, a principios del siglo actual, la codificación y reajuste del derecho de la Iglesia, desacoplado con la realidad de las cosas, desde los días de la Revolución Francesa.

Cabe aducir aquí una nueva prueba de que estaba en el ánimo y la mente de los hombres de la época la necesidad de una síntesis o refundición del derecho vigente, con parecidos métodos a los que utilizará S. Raimundo en la confección del *Liber Extra.* Recientemente, he podido identificar y analizar detenidamente una nueva colección de Decretales contenida en el MS 2678 fol. 93r-154v de la Universidad Civil de Salamanca. Por el lugar de su hallazgo, la llamaremos (como es corriente en estos casos) *Collectio Salmanticentis.* En ella se contiene una fusión de la mayor parte de los materiales de las tres primeras Compilaciones Antiguas, más dos decretales desconocidas hasta el presente y que versan sobre asuntos de diócesis del centro de la Península Ibérica. Cronológicamente, pertenece esta nueva colección al tiempo que media entre la Compilación II y la Compilación IV Antigua. Es, por consiguiente, de 15 a 20 años anterior a la promulgación del *Liber Extra.* Esta nueva colección constituye un singular precedente de los métodos utili-

18 Cf. bibliografía citada más arriba en la n. 15.

19 Las cuatro primeras Compilaciones Antiguas fueron editadas por Antonio Agustín, *Antiquae Collectiones Decretalium* (París 1621; Lérida 1676); edición de las cinco, en parte implícita (por remitir a su edición del *Liber Extra* para los capítulos en él contenidos) es la de E. Friedberg, *Quinque Compilationes Antiquae nec non Collectio Canonum Lipsiensis* (Leipzig 1882 = Graz 1956). Recuérdese que de estas colecciones son auténticas sólo la primera, tercera (por orden cronológico) y la quinta.

20 Cf. W. Holtzmann, *Kanonistische Ergänzungen zur Italia Pontificia* (Tübingen 1959) p. 58 ss. Esta obra es una separata de *Quellen und Forschungen aus italienischen Archiven und Bibliotheken* tomo 37-8. Entre los trabajos anteriores es de todos conocida la edición de E. Friedberg, *Die Canones-Sammlungen zwischen Gratian und Bernhard von Pavia* (Leipzig 1897 = Graz 1958).

zados por S. Raimundo. Pero sólo un precedente. Ni la amplitud de la síntesis, ni el número de decretales nuevas, ni la homogeneidad del sistema igualan en modo alguno a la elaboración raimundiana. La difusión manuscrista es de mil contra uno a favor del *Liber Extra.* El carácter auténtico de este último frente a la circunstancia de ser la *Salmanticensis* una colección privada, ahonda más la diferencia entre ambas elaboraciones. La *Collectio Salmanticensis* constituye un fuerte alegato contra la interpretación de varios autores protestantes que supone era innecesario el *Liber Extra,* debiéndose su aparición a solo el capricho de Gregorio IX de imponer la hegemonía pontificia universal [21].

El *Liber Extra,* con todas sus ventajas y defectos, suplantó a todas las colecciones existentes, constituyéndose en el epicentro de la actividad legislativa y del movimiento científico de los canonistas. El *Liber Extra* representó, en gran parte, la asimilación y síntesis de los resultados de la ciencia canónica durante el primer período clásico de su existencia, que abarca el siglo escaso transcurrido desde Graciano a S. Raimundo. Representa, además, el principal fundamento, punto de partida y eje en torno al cual se verificará el adelanto ulterior de la ciencia canónica durante los siete siglos que le separan de los tiempos actuales. Esto es particularmente verdadero desde que la dinastía de los decretistas pareció extinguirse, momento que podemos hacer coincidir con el *Rosarium* de Guido de Baysio (hacia 1300) [22].

La colección confeccionada por S. Raimundo se constituyó en el principal centro de gravedad y de interés no sólo de la canonística, sino también de la actividad legislativa de los papas. Por referencia a los cinco libros de la compilación raimundiana, la colección de Bonifacio VIII se llamará *Liber VI* [23]. El papa Clemente V tuvo el mismo propósito al querer bautizar su colección con el nombre de *Liber VII* [24]. El papa Inocencio IV ordenó que los materiales contenidos en sus dos primeras colecciones se colocaran *sub singulis titulis,* es decir, bajo los títulos correspondientes del *Liber Extra* [25].

Otro aspecto no menos interesante del *Liber Extra* consiste en su supervivencia como derecho incorporado y como derecho supletorio en la legis-

21 Ver cap. 10 de este libro sobre la *Collectio Salmanticensis.* Acerca de la pretendida no necesidad de las Decretales de Gregorio IX, véase, entre otros, J. F. von Schulte, *Die Geschichte der Quellen und Literatur des Canonischen Rechts von Gratian bis auf die Gegenwart,* 2: *Von Papst Gregor IX. bis zum Concil von Trient* (Sttugart 1877 = Graz 1956) 4 ss.

22 Los maestros de las universidades comentarán indefinidamente el *Liber Extra* durante los siete siglos de su vigencia, particularmente en los tres primeros. Al respetarse, las más de las veces, el orden de los títulos de las Decretales de Gregorio IX, el método de elaboración de la ciencia canónica recibe un sello y fisonomía especial. Cae fuera de nuestro propósito incluir aquí la lista interminable de comentaristas del *Liber Extra.*

23 Así manda llamarlo Bonifacio VIII en la Bula de promulgación *Sacrosanctae Romanae Ecclesiae,* por la que dirigió la colección a las universidades de Bolonia, Orleáns, Oxford, París y Salamanca. Cf. E. Friedberg, *Corpus Iuris Canonici* 2 col. 933-36.

24 Cf. J. F. von Schulte, obra cit. 2, p. 49-50 n. 10.

25 Cf. J. Kessler, 'Untersuchungen über die Novellengezetzgebung Papst Innozenz IV', ZRG Kan. Abt. 31 (1942) 142-320, 32 (1943) 300-83, 33 (1944) 56-128.

lación actualmente vigente. Una gran parte del derecho antiguo se mantiene incorparada al Código de 1918, como indica el c. 6: *Codex vigentem huc usque disciplinam plerumque retinet.* Como derecho supletorio, el derecho antiguo sigue siendo necesario para la interpretación del actual, a tenor del mismo c. 6 n. 2-3 y c. 23. La siguiente estadística da una buena idea del amplio uso del *Liber Extra* en nuestro Código: De 1.971 capítulos de que consta el *Liber Extra,* se alegan 1.437 como fuentes del Código, en 3.701 lugares [26]. En el c. 6 § 2 del Código de 1983 el carácter supletorio del derecho precodicial queda muy diluido: '... teniendo también en cuenta la tradición canónica'.

Otros aspectos, bajo los cuales seguirá siempre interesando la legislación contenida en las Decretales de Gregorio IX son los siguientes: desde el punto de vista de la historia de la Iglesia, de la historia general de las instituciones y para el estudio de los nacientes derechos nacionales de la época. La verdadera historia interna de la Iglesia sólo puede escribirse conociendo a fondo, entre otras cosas, la de su legislación. Su ignorancia explica por qué muchas de las historias de la Iglesia en circulación, lo son desde un punto de vista demasiado extrínseco. Igualmente, el influjo del derecho de las decretales rebasa notablemente el campo estrictamente canónico, inspirando muchas instituciones de las entonces nacientes nacionalidades. Recuérdese a este propósito el influjo ejercido por el *Liber Extra* en las Partidas de Alfonso X el Sabio, que tan importante papel juegan en la historia de la legislación hispánica. Las Partidas se basan en las obras de San Raimundo (*Liber Extra, Summa Iuris Canonici, Summa de casibus,* etc.) hasta tal punto que ha podido plantearse la cuestión de si San Raimundo figuró entre los compositores del código alfonsino [27]. También en otros países europeos, como Francia, Italia, Alemania, Polonia, etc., tuvo el *Liber Extra* un influjo importante en la legislación nacional [28].

26 Sobre el significado y valor del trabajo compilatorio de S. Raimundo véase, entre otros, B. Kurtscheid, 'De VII codificationis Gregorianae centenario', *Apollinaris* 7 (1934) 187-92; A. van Hove, 'De Decretalium Gregorii IX origine historica, utilitate et momento', *Ius Pontificium* 14 (1934) 102-20; J. Séredi, 'De relatione inter Decretales Gregorii IX et Codicem Iuris Canonici', *Ius Pontificium* 14 (1934) 170-80 (este mismo artículo está también publicado en *Acta Congressus Iuridici Internationalis* 4, Roma 1937, 11-26).

27 Cf. J. Giménez y Martínez de Carvajal, 'El Decreto y las Decretales fuentes de la primera Partida de Alfonso el Sabio', *Anthologica Annua* 2 (1954) 239-48; ídem, 'San Raimundo de Peñafort y las Partidas de Alfonso el Sabio', *Anthologica Annua* 3 (1955) 201-338. Sobre la versión del *Liber Extra* al español cf. T. Riaza-M. Torres, 'Versiones castellanas de las Decretales de Gregorio IX', *Acta Congressus Iuridici Internationalis* 3 (Roma 1936) p. 293-6, donde se mencionan tres códices. A base de estos tres códices (de la Biblioteca de Palacio de Madrid y del Escorial) más un cuarto de la Bibliothèque Nationale de París se ha hecho recientemente la edición de J. Mans Puigarnau, *Decretales de Gregorio IX.* Versión medieval española 1-3 (Barcelona, 1939 ss). Esta versión española es de fines del s. XIII o principios del s. XIV.

28 Cf. A. van Hove, *o. c.,* p. 527 n. 5. Como bibliografía más moderna cf. S. Gagnér, *Studien zur Ideengeschichte der Gezetzgebung* (Acta Universitatis Upsaliensis: Studia Juridica Upsaliensia 1; Uppsala 1960) 28 ss.; H. G. Richardson, 'Roman Law in the Regiam maiestatem', *Juridical Review* 67 (1955) 155-87.

Debemos, finalmente, precisar que el trabajo de San Raimundo no fue solamente compilatorio, como se ha afirmado repetidas veces [29], sino que en muchas instituciones concretas imprimió una nueva fisonomía a la legislación. A esta conclusión llegan no pocos trabajos recientes sobre historia de alguna institución en particular [30]. No se ha hecho todavía un estudio sistemático que delimite de modo total la aportación de S. Raimundo desde este punto de vista.

6) *Dubitabilia cum responsionibus (Responsa canonica)*

Este escrito contiene las respuestas dadas por S. Raimundo, como Penitenciario del papa, a las consultas dirigidas a la S. Sede por los superiores de los misioneros franciscanos y dominicos que trabajaban en la región de Túnez. Esta obra gozó de una cierta difusión manuscrita, como lo demuestra el hecho de que se conservan aún cinco códices donde se nos transmite [31]. Se ha perdido otro que existía en la Biblioteca del Escorial, y que llevaba por título, según inventario de fines del s. XVI: *Raymundi de Penaforti Barchinonensis penitentiarii apostolici dubitabilia cum responsionibus ad quedam capita missa ad pontificem...* [32]. Estas consultas y respuestas son de gran interés para el conocimiento de la aplicación práctica del derecho. De este escrito hay tres ediciones [33].

29 Así, por ejemplo, A. Toso, 'Decretalium Gregorii IX cum Codice Iuris Canonici comparatio', *Ius Pontificium* 14 (1934) 143: ...*prima fronte quis animadvertit inesse Gregorii IX Decretalibus genuinam operis tessellati*... Las obras citadas en la nota siguiente demuestran que el *Liber Extra* es algo más que un simple mosaico de leyes preexistentes puestas al día. En él se introducen modificaciones de largo alcance jurídico.

30 Citamos solamente algunas monografías modernas, en las que se destaca el nuevo matiz impreso por S. Raimundo a la legislación hasta entonces en uso. Cf. en este sentido J. Salvioli, 'Las doctrinas económicas en la escolástica del s. XIII', *Anuario de Historia del Derecho Español* 3 (1926) 31-68; Ducquaire, *Etude sur l'obligation civile de réparer et son fondement juridique en droit romain et en droit canonique* (Lyon 1940) 90-100; R. J. Cox, *A study of the Juridic Status of Laymen in the Writings of the Medieval Canonists* (Washington 1959) 52; J. W. Baldwin, *The Medieval Theories of the Just Price. Romanists, Canonists and Theologians in the Twelfth and Thirteenth Centuries* (Philadelphia 1959) 50-2; M. Cuyás, S. I., *La buena fe en la prescripción* 72, quien concluye, después de haber examinado ampliamente la cuestión indicada en el título de su obra a base de varios escritos de S. Raimundo: 'Sorprende en San Ramón la visión amplia, en que ha encuadrado el estudio de la decretal *Quoniam omne*. Habremos de esperar muchos años para hallar una exposición tan completa de toda la problemática, y tan unificada y trabada con la propia filosofía del derecho'... Ver una selección de la principal bibliografía posterior a 1963 en la nota adicional que va al fin de este capítulo.

31 Cuatro manuscritos aparecen indicados en St. Kuttner, *Repertorium* 446; otro es indicado por el mismo autor en su artículo 'The Barcelona Edition' 54 n. 7 y en 'Zur Entstehungsgeschichte der Summa de casibus' 420 n. 7.

32 El inventario aludido se encuentra en el MS H. I. 5. Cf. G. Antolín, *Catálogo de los códices latinos del Escorial* 5 (Madrid 1923) 445.

33 J. F. von Schulte, 'Die canonistischen Handschriften der Bibliotheken... in Prag', *Abhandlungen der kgl. böhmischen Gesselschaft der Wissenchaften* 6. Folge 2.2 (Praga 1868) 98-102; 'Raymundiana seu documenta quae pertinent ad S. Raymundi de Pennaforti vitam et scripta', ed. F. Balme, C. Paban, I. Collomb, *Monumenta Ordinis Fratrum Praedicatorum historica* [4] 6 fasc. 1-2 (Roma 1898-1901) 29-37; J. Rius Serra, *Diploma-*

7) *Constitutiones novae,* que es una colección de la que se conocen por lo menos ocho manuscritos, en cuatro de los cuales se basa la edición de Roma (1976). Trátase de una colección de las decretales más novedosas del *Liber Extra,* distinta de otra más breve (de seis decretales) dirigida solamente a los dominicos, de la que hablamos más abajo en el núm. 9.

8) Dictámenes, cartas y otros escritos con valor doctrinal

En el epistolario de S. Raimundo hay varios textos de interés jurídico. Tales son, por ejemplo, una serie de documentos relativos a la conducta que había de seguirse con los herejes [34], sobre las misiones y envío de misioneros al norte de Africa [35], sobre los judíos [36], consultas [37], arbitrajes [38], etc. Toda esta documentación demuestra bien a las claras el gran prestigio de que gozó S. Raimundo entre sus contemporáneos. Esta documentación se refiere siempre a casos prácticos, siendo, por lo mismo, muy útil para conocer la aplicación del derecho común a los casos más diversos surgidos al contacto con la vida corriente. A este género pertenece también el opúsculo a que alude Creytens en el estudio citado en la nota adicional a este capítulo.

9) Compilación de algunas decretales para uso de los dominicos

Poco después de la promulgación del *Liber Extra* (1234), S. Raimundo coleccionó las decretales que más podían interesar a sus hermanos de hábito desde el punto de vista práctico del sagrado ministerio. Realizó esta labor en atención a los religiosos de su Orden, quienes no siempre podían contar con un costoso ejemplar completo del *Liber Extra.* De esta colección se conocen actualmente dos manuscritos: Basilea, Universitätsbibliothek, MS B-XI-2 y Praga, Biblioteca del Cabildo Metropolitano, MS X-XII [39].

tario 22-28; ed. Roma 1976. En dos de los códices este opúsculo lleva la fecha de 19 de Enero de 1235.

34 Cf. J. Rius Serra, *Diplomatario* 29-32, donde se contiene una contestación de S. Raimundo sobre el procedimiento que se ha de seguir con los herejes de la provincia eclesiástica de Tarragona; 51-52, otra respuesta sobre algunos acusados de herejía en el obispado de Seo de Urgel; 74-82, normas para distinguir las diferentes clases de herejes y las penas canónicas correspondientes; 119 ss., sobre la actuación inquisitorial contra los herejes de Berga.

35 Ibid., 133, carta de San Raimundo sobre el fruto de las misiones en el norte de Africa y reinos musulmanes de España; 134-5, testimonio de la intervención de S. Raimundo en la fundación de la Orden de la Merced; 135, Alejandro IV autoriza a S. Raimundo para enviar misioneros al norte de Africa.

36 Ibid., 149 ss., Jaime I ordena la revisión de los libros de los judíos según el consejo de S. Raimundo.

37 Aparecen muchas. Mencionaremos aquí, a título de ejemplo, la que le dirigió el obispo de Lincoln Roberto Grosatesta, aún sin conocer personalmente a S. Raimundo. Cf. ibid. 33-4.

38 Cf. por ejemplo, ibid. 93-6.

39 El MS Z. 50 Sup. de la Biblioteca Ambrosiana de Milán, citado por Teetaert, no contiene en realidad esta obra. Cf. St. Kuttner, 'Zur Entstehungsgeschichte der Summa de casibus' 420 n. 7.

10) Constituciones de la Orden de Predicadores

Las primeras constituciones de la Orden de Predicadores fueron promulgadas por Jordán de Sajonia en 1228. A éstas sucedieron las elaboradas por S. Raimundo de Peñafort. Esta redacción raimundiana fue *propuesta, aprobada* y *confirmada* en los capítulos generales de la Orden de 1239, 1240 y 1241. Las constituciones revisadas por S. Raimundo estuvieron en vigor hasta 1924, fecha en que fueron nuevamente revisadas para concordarlas con las prescripciones del Código de Derecho Canónico. Salta a la vista la estabilidad y duración de las constituciones de S. Raimundo frente a la extremada interinidad que caracterizó a las constituciones de otras órdenes religiosas [40].

2. Escritos dudosos:

1) *Summulae* sobre los árboles de consanguinidad y afinidad

'Estos dos breves escritos comentan respectivamente el árbol de consanguinidad y el de afinidad. Este éste un género literario jurídico muy abundante a partir del Conc. 4 Lateranense de 1215, que en su c. 50 reduce la consanguinidad del séptimo al cuarto grado, con los consiguientes efectos en la afinidad y en toda la frondosa casuística ligada al cómputo y extensión de los impedimentos matrimoniales correspondientes. La abundancia de comentarios de este estilo y el hecho de que casi todos dicen las mismas cosas, hacen de esta literatura un género verdaderamente monótono' [41]. Estas dos súmulas fueron publicadas en la ed. romana de 1976 de un modo deficiente, basado en un conocimiento a medias de la tradición manuscrita. De quince manuscritos conocidos por los editores, utilizaron sólo diez. En otra parte señalé la existencia de otros diecisiete que no han sido tenidos en cuenta para la mencionada edición, y cuyo estudio arroja nuevas perspectivas sobre la estructura de estas súmulas [42]. He aquí la lista de los nuevos códices:

Alba Iulia, Bibl. Batthyaneum II.5, fol. 108v-109r
Berlín, Deutsche Staatsbibliothek, MS lat. fol. 2, fol. 263v-64r
Budapest, Biblioteca Nacional Széchény, MS 30, fol. 1v-2r

40 Las constituciones de 1228 véanse en H. Denifle, 'Die Constitutionen des Prediger-Ordens vom Jahre 1228', *Archiv für Literatur-und Kirchengeschichte des Mittelalters* 1 (Berlín 1885 = Graz 1955) 165-227. Las de S. Raimundo fueron editadas por el mismo autor en la misma revista, bajo el título 'Die Constitutionen des Predigerorder in der Redaction Raimunds von Peñafort', ibid. 5 (Freiburg i/B 1889 = Graz 1956) 53-64; véase un estudio y nueva edición en R. Creytens, 'Les Constitutions des Frères Prècheurs dans la rédaction de S. Raymond de Peñafort', *Archivum Fratrum Praedicatorum* 18 (1948) 5-68. En este último estudio hay interesantes observaciones del editor para determinar la parte de S. Raimundo y lo que se encontraba ya en las anteriores.

41 A. García y García, '¡No es esto! Glosa a una nueva edición...' cit. en la nota adicional a este cap., p. 337.

42 Ibid. 336-39, a donde remito para otras cuestiones relacionadas con estas súmulas.

Córdoba, Biblioteca del Cabildo, MS 10, fol. 137v
Escorial, Biblioteca del Real Monasterio, MS c.I.3, fol. 1v2r
Firenze, Biblioteca Mediceo-Laurenziana, MS S. Croce V$^{\text{sin.}}$ 4, fol. 3v
Leipzig, Universitätsbibliothek, MS 965, fol. 1 s.
London, British Library, MS Royal 6.E.VII, fol. 382v-85r
—— MS Royal 11.D.I, fol. 4r
München, Staatsbibliothek, MS Clm. 3048, fol. 70v
—— MS Clm. 9501, fol. 2va-4rb
New York, The Library of Phyllis Goodhart Gordan and John Dozier Gordan Jr., MS 95, fol. 181r-84v
Saint-Omer, Bibliothèque municipale, MS 459, fol. 3v-4r
Vaticano, Biblioteca Apostolica Vaticana, MS Reg. lat. 980, fol. 3v-4r
—— MS Vat. lat. 1380, fol. 143va-44va
—— MS Vat. lat. 1383, fol. 3va-4rb
—— MS Vat. lat. 1390, fol. 211ra-12rb.

2) Glosas a la Compilación IV Antigua

Estas glosas datan de los mismos años en que S. Raimundo enseñaba en Bolonia. La sigla R aparece en un estrato de glosas del MS 22 de la Stiftsbibliothek de Admont (Austria). También aquí existe la posibilidad de que el autor sea otro Maestro Raimundo que a la sazón había en Bolonia [43].

3) *Summa metrica iuris*

La *Summa metrica iuris* aparece copiada en cuatro hojas insertas al fin del MS Ross. 595 fol. 303-306 de la Biblioteca Apostólica Vaticana. Empieza con estos versos:

Hos ego Ramundus uersus tibi profero, lector.
Set michi non tribuas nisi quas R littera monstrat.
Adicio reliquis rubrum notulasque probandi...

También estos versos didácticos necesitan ulterior estudio antes de pronunciarse por su paternidad [44].

43 Cf. St. Kuttner, 'The Barcelona Edition' 54 n. 8; idem, 'Zur Entstehungsgeschichte der Summa de casibus' 419 n. 3; M. Cuyás, *La buena fe en la prescripción* 61 y 64 propone como posible y tal vez probable testimonio tardío de las glosas de S. Raimundo a la Comp. IV, el de Juan de Imola: *Sed Raymundus in repetitione illius legis...* Pero la dificultad sigue en pie. Además surge otra nueva: la posible verificación de esta cita en Raimundo de Salgues, que escribió, durante el s. XIV, *Casus* y *Repetitiones* sobre las Decretales de Gregorio IX. Cf. R. Naz, 'Raymond de Salgues', en *Dictionnaire de Droit Canonique* 6 (París 1959) col. 464-5.

44 Cf. St. Kuttner, 'The Barcelona Edition' 56; 'Zur Entstehungsgeschichte der Summa de casibus' 419-20.

4) *Tractatus fr. Raymundi de vii. vitiis capitalibus*

Este opúsculo se conserva en el MS lat. 12387, fol. 55v-58 de la Bibliothèque Nationale de París y en el MS 5 de la Chapel Hill de la University of North Caroline (EE. UU.). Es todavía dudoso si se trata de una obra de S. Raimundo, o figura entre las indebidamente atribuidas a él, o si es alguna reelaboración raimundiana de otro escrito anterior a él [45].

3. Escritos apócrifos:

El prestigio de que disfrutó S. Raimundo entre su contemporáneos y ante la posteridad ha permitido atribuirle varios escritos que en realidad pertenecen a otros autores. Tales son los siguientes:

1) *Summa quando poenitens remitti debeat ad superiorem*
2) *Tractatus de bello et duello*
3) *De ratione visitandae dioecesis et curandae subditorum salutis*
4) *Modus iuste negotiandi in gratiam mercatorum*
5) *Libellus pastoralis de cura et officio archidiaconi* [46].

Por lo expuesto, habrá podido percatarse el lector de que para enjuiciar la aportación de S. Raimundo desde el punto de vista jurídico-canónico, se impone todavía una ardua tarea de investigación y estudio serio de sus obras. Antes de poner punto final, quisiera subrayar todavía otro factor, del que depende, a su vez, el juicio que hayamos de formarnos de la producción raimundiana. S. Raimundo, como jurista, es un alumno primeramente y luego profesor de la Universidad de Bolonia, que era el emporio de entrambos derechos. Hay que considerarle, por lo mismo, como conocedor y heredero del vasto movimiento científico de toda una constelación de decretistas y decretalistas, muchos de los cuales se encontraban en período de plena producción literaria durante los primeros decenios del s. XIII. Se comprende, por esto, que S. Raimundo tiene que ser tributario de la escuela de Bolonia no sólo en las líneas generales del sistema jurídico-canónico, sino también en muchos planteamientos y soluciones de detalle. Ahora bien; todo este movimiento preraimundiano nos es todavía muy insuficientemente conocido. La gran mayoría de los decretistas y antiguos decretalistas se encuentran aún inéditos. Sólo en esta última postguerra, parecen haber entrado estos temas en una fase decisiva de investigación, edición y estudio [47].

45 Cf. nota anterior.

46 Cf. St. Kuttner, *Repertorium* 449; del mismo, 'The Barcelona Edition' 53 n. 5 y 56. Véase en la nota 3 de este capítulo autores que aún siguen hablando de estas obras como auténticas, por una evidente falta de información.

47 Esta época constituye el objeto propio del Institute of Research and Study in Medieval Canon Law de Berkeley, que agrupa alrededor de doscientos especialistas pertenecientes a las principales universidades de Europa y América del Norte.

Si de la canonística pasamos a las fuentes o actividad legislativa, tenemos que tampoco se ha dicho aún la última palabra. Apenas transcurre un solo año sin que aparezca alguna nueva colección canónica de aquella época. La misma *Collectio Salmanticensis,* que mencionamos más arriba, demuestra la legitimidad de esta apreciación. Tampoco se encuentra definitivamente estudiada la interdependencia de la trilogía *Derecho Canónico-Derecho Romano-Teología,* no siendo siempre fácil precisar quién influyó en quién.

Por lo que se refiere a los tiempos posteriores a S. Raimundo, es mucho también lo que ignoramos. Fuera de las colecciones integradas en el *Corpus Iuris Canonici,* de las de Inocencio IV [48], de Gregorio X [49] y parte de la legislación emanada de los concilios ecuménicos de la época [50], apenas sabemos más nada de las fuentes o colecciones de textos legales de los siglos XIII-XV. De los canonistas, se publicó una importante selección de escritos. Pero quedan, por lo menos otros tantos, inéditos. ¿Quién nos asegura que lo publicado es siempre lo mejor y más representativo? Sería pueril pensarlo. Lo que dejamos dicho de los escritos de S. Raimundo demuestra cómo en varias de su obras se verifica el fenómeno contrario. Es menos todavía lo que se sabe de la práctica de las curias, de los tribunales, del contacto, en una palabra, del derecho con las situaciones concretas de la vida.

Se impone, pues, contar con la existencia de todas estas limitaciones al hablar de S. Raimundo o de cualquier otro canonista medieval.

4. Actualidad del magisterio de San Raimundo de Peñafort

Hemos visto ya, aunque de pasada, algunos detalles de la fama de que S. Raimundo disfrutó entre sus contemporáneos y a lo largo de los siete siglos que le separan de nosotros. Quisiéramos indicar, antes de finalizar estas líneas, cómo el prestigio y fama de S. Raimundo sigue precisamente en estos últimos años en el plano de la actualidad. De esto es índice la circunstancia de figurar como patrono de varias entidades relacionadas con el cultivo del derecho. He aquí la lista de sus patronazgos:

1) *San Raimundo patrono de hecho de los canonistas.* Sin haber sido nombrado expresamente, los cultivadores de la ciencia del derecho canónico le reconocen de *facto* por su patrono.

48 Sobre este particular véanse los trabajos de J. Kessler citados en la nota 25 de este capítulo.

49 Cf. St. Kuttner, 'Conciliar Law in the making. The Lyonese Constitutions (1274) of Gregory X in a manuscript at Washington', *Miscellanea Pio Paschini* 2 (Roma 1949) 39 ss.; idem, *L'édition Romaine des Conciles Généraux et les Actes du premier Concile de Lyon* (Roma 1940).

50 Aparte de la bibliografía citada en la nota anterior, véase la que ofrece, en los lugares correspondientes, la obra *Conciliorum Oecumenicorum Decreta* que publicó Herder recientemente (Freiburg i/B 1962, 3 ed. de 1973).

2) *Instituto de San Raimundo de Peñafort de Derecho Canónico.* Por decreto de 10 de Febrero de 1940 se constituía el Consejo Superior de Investigaciones Científicas para el cultivo de todas las ciencias. Entre los Institutos que deberían formar parte del Consejo figura en el artículo 7 [51] el Instituo de San Raimundo de Peñafort. El 29 de Abril de 1944 se daba cumplimiento a esta cláusula, creando por otro decreto, en Salamanca, el mencionado Instituto. La parte dispositiva de dicho documento dice así:

> 'Se crea en Salamanca el Instituto de Derecho Canónico San Raimundo de Peñafort... Este Instituto tendrá por fin fomentar, por medio de la investigación científica, el conocimiento adecuado del Derecho Canónico, tanto común como patrio, bajo todos sus aspectos. El Instituto San Raimundo de Peñafort de Derecho Canónico será sostenido y organizado por el Consejo Superior de Investigaciones Científicas, a propuesta de los prelados que forman parte del Consejo en representación de la Jerarquía eclesiástica' [52].

Este Instituto publicó, como es sabido, la *Revista Española de Derecho Canónico,* desde 1946 hasta 1984. Convocó, organizó y publicó las actas de las *Semanas Españolas de Derecho Canónico,* que se celebraron bienalmente [53]. Ha realizado también otras publicaciones y actividades. En virtud de un acuerdo entre el Consejo y la Universidad Pontificia de Salamanca, esta última continúa, desde 1985, las actividades del desaparecido Instituto San Raimundo de Peñafort.

3) *Orden de la Cruz de San Raimundo de Peñafort.* Fue creada por decreto del 23 de Enero de 1944 [54]. Actualmente se encuentra regulada por el decreto del 2 de Marzo de 1945 [55] más el decreto del 9 de Enero de 1950 [56]. El texto completo de este decreto abarca más de veinticinco artículos. Transcribimos aquí los dos primeros, que dan una idea aproximada de la naturaleza de esta condecoración:

> 'Se crea una condecoración para premiar el Mérito a la Justicia, poniéndolo bajo la advocación del eximio español y Príncipe de los canonistas, San Raimundo de Peñafort. Esta condecoración se denominará Orden de la Cruz de San Raimundo de Peñafort y será otorgada por el Minis-

51 *Boletín Oficial del Estado* del 17 de Febrero de 1940; Aranzadi, *Diccionario de Legislación* 4 (Pamplona 1951) 898.

52 *Boletín Oficial del Estado* del 7 de Mayo de 1944; Aranzadi, *o. cit.* 9, 1526.

53 Las Semanas se han celebrado en Salamanca (1945), Madrid (1947), Comillas (1949), Montserrat (1951), Salamanca (1954), Vitoria (1956), Granada (1958), Deusto (1960) y El Escorial (1962), etc. La IV Semana, celebrada en Montserrat, terminó con una solemne Misa con asistencia pontificial, celebrada en la Catedral de Barcelona, en la que se halla el sepulcro de San Raimundo de Peñafort, como homenaje de devoción de los canonistas españoles al mismo.

54 *Boletín Oficial del Estado* del 7 de Febrero de 1944.

55 *Boletín Oficial del Estado* del 28 de Marzo de 1945; Aranzadi, 5, 1067-70.

56 *Boletín Oficial del Estado* del 21 de Enero de 1950; Aranzadi, ibid.

terio de Justicia para premiar los servicios prestados por los funcionarios de la administración de Justicia, los miembros de las profesiones directamente relacionadas con ella y cuantos hayan contribuido al desarrollo del Derecho, al estudio de los Sagrados Cánones y de las Escrituras y a la obra legislativa y de organización del Estado. También se premiará con ella a los autores de publicaciones de carácter jurídico de relevante importancia y a los fundadores y cooperadores de entidades o instituciones que tengan por finalidad el perfeccionamiento de la técnica del Derecho y la Jurisprudencia.'

De hecho, el Ministerio de Justicia otorga, cada año, esta condecoración a numerosas personalidades españoles y extranjeras.

4) *Patrono de las Facultades de Derecho de las Universidades de España.* El decreto de ordenación de las Facultades de Derecho del día 7 de Julio de 1944 dispone en el artículo 5 del capítulo 2: 'La Facultad de Derecho se coloca bajo la advocación de San Raimundo de Peñafort, cuya fiesta se celebrará con solemnidades religiosas y académicas' [57].

5) *Patrono de la Abogacía española.* El Estatuto General de la Abogacía, dice textualmente en el artículo 6: 'La Abogacía española se coloca bajo el patrocinio de San Raimundo de Peñafort...' [58].

NOTA ADICIONAL

Desde la primera edición de este capítulo, aparecieron los siguientes trabajos sobre la obra jurídica de S. Raimundo dignos de especial mención:

Trabajos de conjunto:

F. Valls y Taberner, *San Ramón de Penyafort* (Nueva Colección Labor, Barcelona 1979) 182 pp. (ver reseña en AHDE 51, 1981, 806-7); A. García y García, 'Peñafort, Raimundo de, O. P.', DHEE 3 (1973) 1958-59.

Tradición manuscrita y editorial:

A. García y García, 'Canonistica hispanica', *Bulletin for 1966* inserto en *Traditio* 22 (1966) 468-69, 26 (1970) 461-62: L. Robles, 'Escritores dominicos de la Corona de Aragón', RHCEE 3 (Salamanca 1971) 12-53 (ed. aparte en Salamanca, 1972, 13-57); I. Vázquez, 'Manuscritos de S. Ramón de Penyafort y de otros dominicos medievales en la antigua biblioteca de S. Juan de los Reyes de Toledo', *Escritos del Vedat* 7 (1977) 259-98; R. Creytens, 'Operetta sconosciuta di Raimondo da Peñafort: «Responsa

57 *Boletín Oficial del Estado* del 4 de Agosto de 1944; Aranzadi, 7, 727.
58 *Boletín Oficial del Estado* del 28 de Junio de 1946; Aranzadi, 1, 126.

ad quaesita Fr. Ranoldo, O. P., prioris provincialis Daciae»', ibid. 10 (1980) 141-54; H. Boesse, 'Über die kleine Sammlung gregorianischer Dekretalen des Raymundus de Penyafort O. P.', *Archivum fratrum praedicatorum* 42 (1972) 69-80; S. Raimundus de Pennaforte, *Summa de paenitentia* y *Summa de matrimonio, Decretales novae, Responsiones ad dubitabilia, Quaestiones variae canonico-pastorales, Summula de consanguinitate et affinitate* curantibus X. Ochoa et A. Díez (Universa Bibliotheca Iuris vol. 1, tam. B-C; Roma, Commentarium pro Religiosis, 1976 y 1978) lix-cvii pp. + 227-896 col. y cxv-cliii pp. + 897-1442 pp. respectivamente; sobre esta edición ver, entre otros, A. García y García, '¡No es esto!... Glosa a una nueva edición de las obras de San Raimundo de Peñafort', REDC 35 (1979) 187-96, puesto al día y reeditado en *Arquivo histórico dominicano português: Actas do segundo encontro sobre história dominicana* (Porto 1984) 331-40; J. A. Martín Avedillo, 'Influjo del canonista Ambrosius en S. Raimundo de Peñafort', REDC 26 (1970) 329-55; A. García y García, 'Glosas de Juan Teutónico, Vicente Hispano y Dámaso Húngaro a los arbores consaguinitatis et affinitatis', ZRG Kan. Abt. 58 (1982) 153-85.

Sobre el Liber Extra:

St. Kuttner, 'Some emendentations to Friedberg's edition of Decretals', *Traditio* 22 (1966) 480-82; G. Fransen, *Las décrétales et les collections de décrétales* (Typologie des sources du Moyen Age occidental, ed. L. Génicot 2; Turnhout 1972); S. Horwitz, 'Reshaping a decretal chapter: *Tua nobis* and the canonists', *Law, Church, and Society: Essays in honor of Stephen Kuttner* ed. K. Pennington and R. Somerville (Philadelphia 1977) 207-21; idem, 'Magistri and magisterium: Saint Raymond of Penyafort and the Gregoriana', *Escritos del Vedat* 7 (1977) 209-38; A. García y García, 'Un antecedente ibérico de la actividad compilatoria de S. Ramón de Peñafort', ibid. 199-208 (con un contenido sustancialmente idéntico al del capítulo 10 de este libro); St. Kuttner, 'Raymond of Peñafort as editor: The «decretals» and «constitutions» of Gregory IX', *Bulletin of Medieval Canon Law* New Series 12 (1982) 65-80.

Instituciones:

Instituto de España, *Sesión de apertura del curso académico 1975-76* (Madrid 1976) 75 pp., donde se contienen tres conferencias o artículos: 'Aportación de S. Raimundo de Peñafort al Libro de las Decretales' por J. López Ortiz, 'S. Raimundo de Peñafort en la historia político-religiosa de la Corona de Aragón', por M. Batllori, y 'S. Raimundo de Peñafort, teólogo y moralista de su tiempo y el nuestro', por M. González (ver reseña de esta publicación en AHDE 79, 1979, 832); J. Gilchrist, 'Saint Raymond of Penyafort and the Decretalists doctrines on serfdom', *Escritos del Vedat* 7 (1977) 299-328; R. Weigand, 'Zur Lehre der Dispensmöglichkeit des Gelübdes in Raymunds «Summa de poenitentia» und bei ihren Bearbeiten', ibid. 329-354; F. E. de Tejada, 'Problemas jurídicos en el cap. 11 del lib. 1 de la Summa iuris', ibid. 355-56; P. Ribes Montané, *Relaciones entre la potestad eclesiástica y el poder secular según S. Ramón de Penyafort. Estudio histórico-jurídico* (Publicaciones del Instituto Español de Historia Eclesiástica. Monografías 26; Roma 1979) 162 pp. (ver reseña en REDC 36 [1980] 578-79).

6. PROYECCION DE LA CANONISTICA PORTUGUESA MEDIEVAL EN ESPAÑA *

La aportación ibérica medieval en el campo de la literatura y el arte fue realmente extraordinaria. En contrapartida, son más bien modestas las manifestaciones en el sector de las ciencias y de los otros saberes humanísticos. Los autores de la leyenda rosada dieron repetidas veces explicaciones un tanto peregrinas sobre el aporte más bien escaso de la Península Ibérica en el campo de las ciencias y en el sector de algunos saberes humanísticos. Pasando por alto las más o menos convincentes motivaciones, parece que las causas reales son estas cuatro: la presencia musulmana en la Península, la debilidad de las universidades ibéricas, la precocidad de las lenguas peninsulares más aptas para la expresión literaria que para matices técnicos y el extraordinario papel que hasta mediados del s. XV juegan los judíos [1]. Por lo que al derecho canónico se refiere, hay que señalar todavía una quinta causa, cuya incidencia se deja sentir tanto o más que las anteriores, reforzando alguna de ellas. Me refiero al extraordinario esplendor con que en el s. XIII y XIV se cultiva el derecho en Bolonia y otras universidades italianas. Esta circunstancia atrajo a Italia multitud de escolares de toda Europa y concretamente de la Península Ibérica. Concretándonos a Portugal, es innegable que sus mejores canonistas de la Edad Media, como Vicente Hispano y João de Deus, florecen en Bolonia y no en su país natal.

Como es sabido, las relaciones políticas entre Portugal y el vecino reino de Castilla pasaron por muchos altibajos. Pero las corrientes de pensamiento cruzaban en ambas direcciones la línea divisoria de los dos estados con mayor fluidez y facilidad. Veremos a continuación este tema por cuanto se refiere al derecho canónico, desde finales del s. XII hasta finales del s. XV. Como filones temáticos de este presencia lusitana en tierras españolas, nos ocuparemos sucesivamente de la difusión de escritos de canonistas lusitanos en España, de la presencia de alumnos y sobre todo de maestros portugueses en las aulas universitarias españolas, y, finalmente, de la utilización por parte de juristas españoles de escritos de sus colegas lusitanos.

* Este capítulo reproduce el texto de una conferencia en el Congreso que tuvo lugar en la Academia Portuguesa da História, en Lisboa, del 16 al 20 de Octubre de 1978, y editada en las actas: *Presença de Portugal no mundo* (Lisboa 1982) 11-33.

1 G. Beaujouan, *La science en Espagne aux XIVe et XVe siècles* (Paris 1967) 5-45.

Limitaremos el tema a los canonistas, sin ocuparnos de las colecciones canónicas ni de los concilios. Aunque se da un cierto parentesco entre la *Collectio Alcobacensis I* y la *Dertusensis I* [2], en realidad parece que es la segunda la que influye en la primera y no al revés, con lo cual esta cuestión cae fuera de nuestro tema. Durante la Edad Media hubo también algunos concilios particulares en Castilla, en los que se registra la presencia de prelados portugueses. Pero esto ocurre pocas veces, y además había diócesis portuguesas bajo el metropolitano de Santiago, como las había castellanas bajo la sede del arzobispo de Braga [3]. Por ello, su significado como proyección portuguesa en Castilla creo que es menos relevante, máxime habiendo otros filones de significado más claro e inequívoco.

Cualquiera que esté familiarizado con el tema de las bibliotecas medievales españolas, se habrá percatado sin duda de que en ellas se conserva todavía en la actualidad un crecido número de manuscritos con obras de los canonistas portugueses anteriores a 1500. Ofrezco, en apéndice, un censo de los códices y autores en ellos contenidos. Muchos de estos manuscritos fueron descubiertos y dados a conocer por el infrascrito en anteriores publicaciones [4], lo que me dispensa de entrar aquí en pormenores descriptivos. Permítaseme tan sólo hacer algunas consideraciones en torno al significado y verdadero alcance de esta difusión de códices canonísticos portugueses por tierras de la actual España.

Pudiera extrañar que se conserven más códices de canonistas portugueses en España, o incluso en sólo Castilla, de los que existen en Portugal. Aparte de que el volumen y número de bibliotecas medievales fue inferior en Portugal que en España, hay que tener presente que las bibliotecas portuguesas sufrieron más pérdidas que las españolas, y eso que en estas últimas es mucho lo que desapareció [5]. Por otra parte, los más renombrados canonistas portugueses florecen en Italia y no precisamente en Portugal. Como la presencia española en Bolonia y en otras universidades italianas era considerable, España resultaba mejor situada para la adquisición de estos y otros preciados códices que desde Italia se difundían por toda Europa, de cuanto lo estaba Portugal, geográficamente mucho más alejada. De Lisboa dirá el papa Ur-

2 A. García y García, *Estudios sobre la canonística portuguesa medieval* (Publicaciones de la Fundación Universitaria Española — Monografías 29; Madrid 1976) 99-100. Citaremos en adelante esta obra con la sola palabra *Estudios,* seguida de la indicación de páginas. Ver también la bibliografía cit. supra, cap. 3, nota 22.

3 F. de Almeida, *História da Igreja em Portugal,* nova ed. por D. Peres 1 (Porto 1967) 249 y 466. Ver *Synodicon hispanum* cit. supra cap. 1 nota 16.

4 *Estudios* 289-91, donde se da una lista de los códices utilizados, con indicación de las páginas del libro en que se alude a ellos y se da una bibliografía sobre los mismos cuando la hay.

5 Para hacerse una idea de los códices que se conservaban en las bibliotecas portuguesas en la Edad Media, véase el trabajo de I. da Rosa Pereira, 'Livros de direito na Idade Média', *Lusitania Sacra* 7 (1964-66) 7-60 y 8 (1970) 81-96, donde se da un buen muestreo documental sobre esta materia. Los que aún se conservan, que son realmente pocos, fueron descritos por el mismo autor, 'Manuscritos de Direito Canónico existentes em Portugal', *Arquivo Histórico da Madeira* 11 (1959) 196-242 y 13 (1962-63) 28-41.

bano IV que estaba situada *in remotis mundi finibus*[6]. Esto no significa que los códices de estos autores portugueses que descollaron en Italia, provinieran siempre de allende los Pirineos. Así, tenemos que el MS 1917 de la Universidad de Salamanca, que es el único que se conoce del *Breviarum decretorum* de João de Deus, parece haber estado en Portugal antes de fijar su domicilio en el Colegio Mayor de San Bartolomé de Salamanca, de donde pasó a la actual Biblioteca Universitaria después de 150 años (1803-1954) de permanencia en la Biblioteca del Palacio Real de Madrid. En el fol. 3v de este códice hay un súplica de mano del s. XV que el Cantor y Cabildo de Guimarães suscriben. Aunque esta hoja es de un folio de guarda, no perteneciente a ninguno de los tres manuscritos originariamente diferentes de que consta este códice, la encuadernación es medieval y parece de proveniencia portuguesa a tenor de lo dicho.

Como puede apreciarse por el índice final de autores y manuscritos, en la Biblioteca Universitaria salmantina se conservan actualmente copias manuscritas de varias obras de João de Deus: siete obras en cinco manuscritos diversos. El códice 1917 al que acabamos de aludir, como presumiblemente venido de Portugal. El MS 2069 parece encontrarse en Salamanca desde el s. XIV, aunque no sepamos si se copió allí o en otra parte. El MS 146 trae firmas de personajes medievales castellanos. Los demás códices (MS 1916 y 1974) no presentan indicios de su procedencia ni menos todavía de su origen. Nos hallamos en una época y ante un tipo de códices que no son nada fáciles de asignar a ningún escritorio determinado. En todo caso es interesante notar esta concentración de códices de João de Deus en Salamanca[7].

Pero no son solamente las obras de João de Deus las que se asoman a Castilla, principalmente a través de Salamanca. Como es bien sabido, hay toda una tradición de glosas de Vicente Hispano, conservada en los comentarios de Tancredo de Bolonia a las tres primeras Compilaciones Antiguas. De estos *Apparatus* de Tancredo, en los que se recogen glosas de muchos canonistas y concretamente de Vicente, hay varios códices en España, que generalmente provienen de Italia y Francia. Al no tratarse de manuscritos que contengan directamente obras de Vicente Hispano, no vamos a ocuparnos aquí de llos. Quisiera, sin embargo, mencionar el MS K.I.9 fol. 2ra-255vb de la Biblioteca del Escorial, que contiene las tres primeras Compilaciones Antiguas, llevando al margen total o parcialmente el *Apparatus* de Tancredo, con siglas de Vicente entre otros. Este códice escurialense parece provenir de Salamanca, ya que al final de la Compilación I trae una carta de Honorio III (19 Oct. 1222) al obispo Gundisalvo de Salamanca. Esta carta parece

6 *Les Régistres d'Urbain IV (1261-64)*, ed. J. Guiraud (Paris 1892-1958) 305.
7 Ver la descripción de este códice en F. Marcos Rodríguez, *Los manuscritos pretridentinos hispanos de ciencias sagradas en la Biblioteca Universitaria de Salamanca* (Salamanca 1971) 302, 390-1, 398, 409, aparecido también en RHCEE 2 (Salamanca 1971) de donde se hizo la edición aparte, citada en primer lugar en esta nota, sin cambio de paginación.

copiada muy poco después que el resto del códice, sin que yo tenga ahora mismo elementos de juicio para determinar si el manuscrito como tal se copió en Salamanca o vino de otra parte ya copiado [8]. El MS 2186 de la Biblioteca Universitaria de Salamanca, en el que se contiene la *Lectura* de Vicente Hispano sobre las Decretales de Gregorio IX, parece de proveniencia boloñesa [9].

La *Summa de libertate ecclesiastica* de Egas (ob. de Viseu, 1288-1313), se conserva en cinco códices conocidos, todos ellos situados actualmente en otras tantas bibliotecas del antiguo reino de Castilla: Burgo de Osma, Córdoba, Madrid, Salamanca y Segovia. En Portugal no se conocen códices de esta obra ni, en cuanto mis noticias alcanzan, indicaciones documentales de que hayan existido. Este opúsculo fue escrito verosímilmene en la diócesis de Viseu, en 1311. Un año antes se celebró un concilio en Salamanca, en el que participan algunos prelados portugueses, que parecen haberse inspirado en ideas más conciliatorias que las de don Egas, por supuesto ausente del concilio mencionado. De esta suerte, don Egas no sólo escribe en abierta polémica con la política del monarca lusitano don Dinís, sino probablemente también con varios de sus hermanos en el episcopado. De hecho no fueron sus ideas las que triunfaron, sino que se impuso una paz negociada en las luchas entre la Iglesia y la Corona lusitanas. Estas circunstancias quizás expliquen suficientemente por qué la obrita de don Egas tuvo que emigrar de su país de origen, que le debió dispensar una acogida más bien fría. Tampoco en Castilla eran modélicas las relaciones entre la Iglesia y el Estado, por lo que un escrito sobre este tema, venido del vecino reino de Portugal podía resultar interesante como teoría, sin que por otra parte encerrase posibles alusiones a situaciones de facto del reino castellano. De ahí que esta obra, traída muy posiblemente por escolares portugueses a Salamanca, se difunda desde la Ciudad del Tormes por el resto del antiguo reino de Castilla. De hecho, la mejor copia, que sirvió de base a la reciente edición, es precisamente la que nos ofrece el códice de Salamanca. Tanto éste como los demás códices de esta obrita son de origen castellano y algunos incluso con toda verosimilitud de Salamanca [10].

Aunque los códices de origen o de proveniencia portuguesa parecen haber entrado en España por Salamanca, también se registra algún caso en que no parece haber sido esa la trayectoria. Tal ocurre con la *Peregrina* que imprime en Sevilla, en 1498, el jurista Bonifacio Pérez de Lisboa. Como es bien sabido, esta obra constituye un diccionario de derecho romano-canónico-castellano. El autor se autopresenta como 'Bonifacio filio quondam Petri

8 A. García y García, 'Canonistica Hispanica (iii)', *Bulletin for 1970: Traditio* 26 (1970) 462-69, donde describo en detalle este códice.

9 Ver o. cit. supra nota 7, 422-23.

10 Aparte del de Salamanca, el de Córdoba también parece provenir de la Universidad salmantina a través de la Chancillería de Valladolid. El de Madrid contiene el texto más próximo al de Salamanca, lo que denota un ascendiente común muy próximo a los dos.

Garcie Vlisbonensis ciuitatis, in regno Portugaliae et serenissime donne Joanne regine Castelle et Legionis auditor'... Alude a Doña Juana, la segunda esposa de Enrique IV de Castilla, conocida también como Doña Juana de Portugal (1439-75), madre de la Beltraneja, porsonaje este último que tantas complicaciones vino a crear entre los dos reinos de Castilla y Portugal. Esta Doña Juana, de la cual el jurista Bonifacio Pérez García se dice Auditor, era hija del rey Don Duarte de Portugal, y se casó con Enrique IV de Castilla en 1455. El origen portugués de esta princesa, nacida en Almada, quizás explique la presencia en su círculo del mencionado jurista Bonifacio [11]. El papel que este personaje haya podido jugar en las relaciones entre los dos reinos, castellano y portugués, bien merece un mayor esclarecimiento.

Los códices que hoy día se conservan no acaban de darnos una idea exacta de la difusión de estas obras en España, ya que los actualmente existentes sólo son una parte de los que en otros tiempos figuraban en nuestras bibliotecas y que en gran parte hoy día no se conservan. Aunque carecemos de un aceptable estudio de conjunto sobre las antiguas bibliotecas medievales españolas, algunos estudios parciales en los que se editan antiguos inventarios nos ofrecen una rica muestra de la gran cantidad de códices que un día enriquecieron nuestras colecciones y que hoy día ya no existen o se desconocen su paradero.

Rastreando los nombres de los canonistas portugueses en antiguos inventarios de las bibliotecas hispánicas medievales, tenemos por lo menos una docena de noticias de manuscritos de canonistas lusitanos, que hoy día ya no se conservan o por lo menos se ignora dónde se encuentran.

El jurista catalán Pedro de Rajadell poseía, a finales del s. XIV, una *Lectura* de Petrus Hispanus sobre las Decretales:

> 'Item, un altre libre scrit en pregami amb posts de papel cubert de vert, appellat: Letura de P. Spanya sobre les Decretals en que ha daltres lectures e comença la primera carta «Gregorius. Rex» e feneix «tu dic quod est» e comença la derrera carta «per se poterit» e feneix «repeti quam deesse»' [12].

Dada la incertidumbre que hoy día reina sobre la identidad de los diferentes Pedros Hispanos, no es claro a cuál de ellos se refiere aquí. En todo caso, existe la posibilidad de que se refiera a Petrus Hispanus Portugalensis, aunque es la menos verosímil, dado que no se conoce ninguna obra suya identificable con la descripción que aquí se da [13].

11 Sobre el complicado problema de las fuentes de esta *Peregrina* y de sus relaciones con otra obra anterior castellana, véase *Estudios* 149-53.

En un testamento de 1464, citado en el cap. 1, nota 42 de este libro, se da la siguiente noticia de un códice de la *Peregrina:* 'Item, una Peregrina escripta en papel, con sus tablas, e coberturas de cuero amarillo ferreteadas con cuatro çerraduras.'

12 M. Mitjá, 'Pedro de Rajadell y su biblioteca jurídica', *Estudios Históricos y Documentos de los Archivos de Protocolos del Colegio Notarial de Barcelona* 1 (1948) 73 y 98.

13 *Estudios* 104-6.

Son, en cambio, inequívocas las referencias a dos códices con obras de Vicente Hispano. En el inventario de los libros del Arzobispo de Toledo, don Gonzalo García Gudiel, hecho en 1273, figuraba un 'Aparado de Vicent con otros aparados et otras escripturas' [14], con lo que se alude tal vez a su *Apparatus a la Comp. I Antiqua* o mejor aun a su *Lectura* a las Decretales de Gregorio IX.

Pedro de Luna, conocido también como el antipapa Gregorio XIII, tenía en su biblioteca de Peñíscola, a tenor del inventario de 1429, la *Lectura* de Vicente sobre las Decretales de Gregorio IX: 'Item, Lectura Vincentii super decretalibus coperta de nigro et croceo' [15].

Del comentario de João de Idanha o Iohannes Egitaniensis al *arbor actionum* se conocen hoy día muy pocos códices [16]. El papa Luna también poseía un manuscrito con una *Lectura* al *arbor actionum,* aunque es dudoso si se trata del de João de Idanha o del de Juan Bassiano, que es anterior y punto de referencia para la Lectura de João de Idanha: 'Item, Lectura super arbore actionum Johannis cum questionibus Pilei et aliis operibus coperta de corio rubeo. Incipit in primo corondello secundi folii *fides* et finit *aliqua ad'* [17].

Pero el autor más representado en estos códices perdidos es sin duda alguna João de Deus, como lo es también en los que se conservan. En 1283 se concede al canónigo de Lugo Fernando Fernández tener de por vida, entre otros libros, 'Lectura magistri P. de Sanssone et Cauillactiones Johannis de Deo' [18], con lo que se alude al *Liber cavillationum* de Juan de Dios.

Aparte de los códices del mismo canonista ya citados como todavía existentes en El Escorial, figuran todavía a finales del s. XVI otros tres que pertenecieron a la Biblioteca de Antonio Agustín, de donde pasaron a la del Real Monasterio escurialense: 'Joannis de Deo libellus de dispensationibus' [19], 'Joannis de Deo sacerdotis Liber iudiciarius in quatuor partes' [20], 'Joannis de Deo sacerdotis hispani de iudiciis libri quatuor' [21].

En otro índice de la misma Biblioteca escurialense de finales del s. XVI, se alude a otros dos manuscritos, de los que solamente uno pudiera coincidir

14 A. García y García-R. Gonzálvez Ruiz, *Catálogo de los manuscritos jurídicos medievales de la Catedral de Toledo* (Cuadernos del Instituto Jurídico Español — Delegación de Roma 21; Roma-Madrid 1970) 190-91.

15 P. Martí de Barcelona, 'La Biblioteca Papal de Penyscola', *Estudios Franciscanos* 28 (1922) 431 n. 253.

16 G. Rossi, 'Per una edizione dell'arbor actionum. Un prologo di Giovanni de Deo e un gruppo di glosse di incerto autore', *Studi e memorie per la storia dell'Università di Bologna* 18 (Bologna 1850) 29-94. Como es obvio, el autor de este estudio confunde aquí a João de Idanha con el también portugués João de Deus.

17 Obra cit. supra nota 15, p. 431, n. 267.

18 J. Villa-Amil y Castro, *Los códices de Galicia en la Edad Media* (Madrid 1874) 41 y 61.

19 G. Antolín, *Catálogo de los códices latinos de la Real Biblioteca del Escorial* 5 (Madrid 1923) 230, n. 350.

20 Ibid., 238, n. 398.

21 Ibid., 238, n. 400. Este y el anterior son diferentes de los que se citan a continuación.

con los que acabamos de mencionar como existentes en la Biblioteca del Arzobispo de Tarragona don Antonio Agustín: 'Joannes de Deo in Decretales. membr. (*tach.*: V.D. 24). VI. E.6', 'Eiusdem liber de dispensatione. VI.D. (*tach.* 3). 11'[22].

Otro ciertamente distinto de los anteriormente mencionados es el que en 1582 formaba parte del lote de libros de Silvestre Maurolico: 'Joannes de Deo de penitentia, antix.º et aliis'[23].

Una biblioteca bien lejana del medio ambiente castellano, es la del Cabildo de Gerona, donde se conservaban por lo menos dos obras de João de Deus: 'Johannes de Deo: Casus decretalium'[24] y 'Item, liber in quo sunt tractatus sequentes: Casus Bernardi super quinque libros decretalium, Principia doctorum, casus Bartholomei Brixiensis, Questiones dominicales Brixiensis, Questiones Magistri Ioannis de Deo'[25]. Otra referencia de este mismo catálogo a un 'Pastoral'[26], resulta por lo menos ambigua, ya que puede referirse a obras de S. Gregorio el Grande, de Francisco de Eiximenis y del mismo Juan de Dios o a la obra litúrgica de este nombre.

Téngase en cuenta que, dadas las dimensiones relativamente breves de las obras de João de Deus, junto con su consiguiente inclusión en códices misceláneos, es normal que los inventarios de entonces no las mencionen muchas de las veces, siguiendo la poco recomendable práctica de citar sólo la primera obra del códice en cuestión, o a lo sumo alguna de las más extensas.

El aflujo de estudiantes portugueses hacia universidades españolas se centró casi exclusivamente en Salamanca. 'Entre sus piedras de oro ... aprendieron ciencia', como diría Unamuno. En Salamanca 'gustaron de la apacibilidad de su vivienda' como le aconteciera a don Miguel de Cervantes. Sin embargo, hasta la segunda mitad del s. XV, la Universidad salmantina no llega a adquirir aquella madurez y esplendor que pudiera constituirla en foco de atracción para extranjeros. Durante el s. XIII llevó una existencia sumamente modesta. En 1298, Bonifacio VIII la elige como una de las seis universidades de la cristiandad medieval, a las que dirige su *Liber Sextus* de las Decretales. No sabemos si lo hizo porque Salamanca ya empezaba a sonar fuera de Castilla, o si más bien quiso que estuviera representada Castilla dentro del cuadro de países a cuyas universidades dirigía su nuevo código. Aunque el *Liber Sextus* fue, al decir de Chacón, enviado a la Universidad 'para que en ella se leyese y de allí en adelante se juzgase por él', lo cierto es que no encontramos mención de una cátedra de Sexto en Salamanca hasta el año 1441, en que se pide una en la que se alterne un año la lectura del Sexto y otro la de las Clementinas[27]. En 1312, el Concilio de Vienne ordena que

22 Ibid., 331.
23 Ibid., 269.
24 L. Battle Prats, *La biblioteca de la Catedral de Gerona desde su origen hasta la imprenta* (Gerona 1947) 99 (Libros de Berenguer de Anglesola [1384-1408]).
25 Ibid., 81, n. 32 (Inventario de 1512).
26 Ibid., 58 y 79.
27 B. Alonso Rodríguez, *Juan Alfonso de Benavente, canonista salmantino del siglo XV* (Cuadernos del Instituto Jurídico Español — Delegación de Roma 17; Roma-

se establezcan escuelas de hebreo, caldeo y árabe en París, Oxford, Bolonia y Salamanca, lo que parece acreditar que la Universidad salmantina representaba algo allende las fronteras de Castilla [28].

Pero los portugueses tenían algunos otros motivos para venir a Salamanca, aparte de la mayor o menor importancia de su Estudio General. Por de pronto, no eran del todo extranjeros en la Ciudad del Tormes. Desde el punto de vista eclesiástico, las diócesis de los dos países estaban entreveradas. Salamanca, Lisboa, Evora, Lamego y Guarda eran sufragáneas de Santiago de Compostela. Porto, Coimbra, Viseu, Astorga, Tuy, Orense, Lugo y Mondoñedo pertenecían a la metrópoli de Braga. En la Ciudad del Tormes habían fundado conventos las principales órdenes religiosas, lo que significaba para los miembros lusitanos de las mismas una solución satisfactoria para el problema del alojamiento, después de un viaje que para muchos portugueses era más corto que si se tratara de ir a Lisboa. En Salamanca había, además, gentes de ascendencia portuguesa desde los lejanos días del repoblamiento del valle del Duero por Alfonso VI. En una de las alternativas de las rivalidades entre Portugal y Castilla, se dice que Afonso Henriques llegó a ocupar Salamanca. Esta ciudad era, además, escala casi forzosa en los viajes de los escolares portugueses hacia Europa.

Por todos estos motivos, no es extraño que los lusitanos no formaran en Salamanca una nación aparte, sino que estaban englobados en una de las cuatro existentes que tenía a Santiago de Compostela como cabecera [29]. Esta división por naciones, en Salamanca, tenía especial interés para la elección de dos consiliarios por cada una y del futuro rector que era elegido anualmente por el cuerpo de consiliarios saliente, que constaba de ocho miembros. Uno de los dos consiliarios asignados a la nación de Santiago era siempre portugués.

Durante el s. XIII no se conocen apenas nombres de escolares de Salamanca, porque carecemos de documentación oficial para dicha época. Tampoco hay registros oficiales universitarios para el s. XIV. Pero por otras fuentes emerge un cierto número de nombres de escolares de Salamanca.

Madrid 1964) 9-10. Las otras universidades a donde iba dirigido el Libro Sexto eran Bolonio, Orleáns, París, Oxford y Toulouse. En el MS 104 fol. 1ra-160rb de la BC de Córdoba puede verse un códice del *Liber VI* dirigido a la Universidad de Salamanca. El MS 4-16 fol. 2ra-64vb de la Biblioteca del Cabildo de Toledo se dirige en el prólogo a los doctores y escolares de la curia Romana, dedicatoria que no suele citarse entre las universidades a quienes se dirigió el Libro Sexto. Ver B. Alonso Rodríguez, 'En torno a los canonistas medievales salmantinos', *Proceedings of the Fifth International Songress of Medieval Canon Law* Salamanca 21-25 September 1976. Edited by Stephan Kuttner and Kenneth Pennington (MIC. Series C: Subsidia 6; Città del Vaticano 1980) 267-306.

28 Conc. Vienne (a. 1311-12), c. 24 (*Conciliorum Oecumenicorum Decreta,* 3 ed., Bologna 1973, 379-80).

29 Al frente de las otras tres figuraban León, Burgos, Toledo. Esta división aparece ya como cosa normal en las Constituciones de Benedicto XIII (a. 1411) y Martín V (a. 1422), lo cual quiere decir que venía funcionando ya anteriormente. Ver los textos de estas dos constituciones en V. Beltrán de Heredia, *Bulario de la Universidad de Salamanca* 2 (Salamanca 1966) 30 y 178-80.

Para el s. XV sólo tenemos registros para los años 1464-81 [30]. El profesor Joaquim Veríssimo Serrão publicó en 1962 una primera lista, que totaliza unos 70 estudiantes portugueses en Salamanca para los siglos XIV-XV [31]. El mismo autor prepara actualmente una segunda edición, donde se incrementa esta lista, aparte de algunas otras noticias aparecidas entretanto en publicaciones sobre esta temática [32].

En las universidades medievales no ocurría como en las de ahora, donde se admite con relativa facilidad para que estudie como alumno, pero no se le admite a enseñar por mucha que sea su ciencia. Ya en 1242 aparece un cierto Miguel Pires, canónigo de Lamego, nombrado por el Rey Fernando III para formar parte de un tribunal encargado de dirimir las contiendas entre los universitarios y el municipio salmantino. No sabemos si había estudiado o enseñaba en Salamanca, aunque parece tratarse en todo caso de una persona impuesta en derecho. También nos encontramos, hacia 1380, enseñando derecho canónico en Salamanca portugueses como el canónigo de Braga don Vasco Rodrigues y Gonzalo Mendes de la diócesis de Evora [33]. Como indiqué en otra parte [34], también existe la posibilidad de que Martinus Martini, el autor del *Candelabrum Iuris* sea un escolar portugués del mismo nombre que por los años 1270 parece estudiaba en Salamanca. Como es sabido, toda la tradición manuscrita de esta obra se encuentra en Castilla [35].

Vimos más arriba cómo uno de los consiliarios de la Universidad era normalmente de nacionalidad portuguesa. Los ocho consiliarios y el rector salientes elegían cada año a sus sucesores, es decir al nuevo rector con su cuerpo de consiliarios. En un claustro que tuvo lugar el 10 de Noviembre de 1479 fueron elegidos dos rectores, que actuaron como tales durante cuatro meses, cada uno con su cuerpo de consiliarios. Este cisma fue posible debido a las largas e injustificadas ausencias de los rectores que habían precedido y dentro del contexto de múltiples intereses personales sobre todo con vistas a la provisión de cátedras. Un caso donde una cosa tan buena como puede ser la autonomía universitaria sirvió para su propia autodestrucción. Este extraño y pintoresco incidente concluyó el 19 de Marzo de 1480, fecha en que el visitador enviado con plenos poderes por los Reyes Católicos, don Tello Buendía, puso fin al cisma, deponiendo a ambos rectores y colocando en su lugar a don Rodrigo Alvarez, portugués, canónigo de Salamanca, con-

30 F. Marcos Rodríguez, *Extractos de los libros de Claustros de la Universidad de Salamanca. Siglo XV (1464-1481)* (Historia de la Universidad 6.3; Salamanca 1964).

31 J. Veríssimo Serrão, *Portugueses no Estudo de Salamanca, 1 (1250-1550)* (Lisboa 1962) 19-87.

32 V. Beltrán de Heredia, *Bulario de la Universidad de Salamanca (1219-1549)* 1-3 (Salamanca 1966-67); el mismo, *Cartulario de la Universidad de Salamanca* 1-6 (Salamanca 1970-73); F. Marcos Rodríguez, o. cit. supra nota 30; A. Moreira de Sá, *Chartularium Universitatis Portugalensis [1288-1537]* 1-6 (Lisboa 1966-1974).

33 J. Veríssimo Serrão, obra cit. supra nota 31.

34 *Estudios* 124.

35 Ver cap. 11 de este libro.

siliario de la Universidad, después vicerrector y finalmente rector de la misma [36].

De lo expuesto se deduce cuánto contribuyeron estos y otros portugueses hoy día anónimos para poner los fundamentos de la grandeza de Salamanca en la siguiente centuria. El contacto de las dos culturas, lusa y castellana, en el contexto ambiental de la Salamanca medieval hizo posible asimismo la colaboración tan extensa y profunda de la Universidad salmantina y de las Universidades portuguesas en la Edad Moderna, que tantos y tan maduros resultados produjo en beneficio de ambas partes.

Otro centro español, aunque situado fuera de España, a donde los escolares portugueses acuden por derecho todavía más propio que a Salamanca, es el Colegio de San Clemente de los Españoles de Bolonia, construido con los bienes que para ello dejó el cardenal Gil de Albornoz, muerto en 1367. En los primeros *Estatutos* del Colegio de España que se nos conservan, y que estuvieron en vigor de 1377 a 1488, se establece que las treinta plazas previstas para colegiales se distribuyan a tenor del siguiente baremo: 26 para diócesis castellanas, tres para diócesis de los reinos de la Corona de Aragón y una para Lisboa [37]. Las diócesis favorecidas con el privilegio de la presentación de candidatos para el Colegio de España eran las mismas en que el cardenal Albornoz había tenido beneficios eclesiásticos y entre ellas se contaba Lisboa. Cuando una de estas diócesis no tenía candidatos propios que presentar, podía dar el nombre de aspirantes de otras diócesis, de hecho, tanto Lisboa como otras diócesis españolas presentaron más de una vez a algún escolar lusitano para el Colegio de España. De esta suerte, quedó garantizada para el resto de la Edad Media la presencia portuguesa en el Colegio. Al revés de lo que ocurre en Salamanca, los registros de colegiales y demás documentación oficial del Colegio de España en Bolonia se conservan a todo lo largo de los ya seis largos siglos de su existencia. Por ello, es posible saber qué colegiales portugueses hubo allí. La documentación pertinente, incluso con algunas informaciones complementarias, ha sido dada a conocer por A. Domingues de Sousa Costa y por A. Pérez Martín. El primero de estos autores, aparte de algunos estudios que tocan tangencialmente este tema, tiene dos directamente relacionados con esta cuestión [38]. La obra de Antonio

36 F. Marcos Rodríguez-A. de Jesús Marques, 'Un cisma de rectores en la Universidad de Salamanca a fines del s. XV', *Salmanticensis* 14 (1967) 341-69, editado también en portugués en *Lusitania Sacra* 7 (1964-66) 1-35. Propiamente, el cisma no fue sólo de rectores, sino también de consiliarios.

37 Estatutos de 1377, n. 3. Estos *Estatutos* fueron editados por V. Beltrán de Heredia, 'Primeros Estatutos del Colegio Español de S. Clemente en Bolonia', HS 11 (1958) 187-224 y 409-26 y por B. M. Marti, *Tthe Spanish College At Bologna in the Fourtheenth Century.* Edition and Translation of Its Statutes, with Introduction and Notes (Philadelphia 1966).

38 A. Domingues de Sousa Costa, *Estudantes portugueses na reitoria do Colégio de S. Clemente de Bolonha na primeira metade do século XV* (Arquivos da História da Cultura Portuguesa 3.1; Lisboa 1969) 158 pp.; del mismo, 'Portugueses no Colégio de S. Clemente de Bolonha durante o século XV', *El Cardenal Albornoz y el Colegio de España* 3: *Studia Albornotiana* 13 (Bolonia 1973) 211-415, que promete continuación.

Pérez Martín es un censo de los colegiales desde la fundación del Colegio hasta nuestros días, con las oportunas indicaciones de fuentes y bibliografía sobre cada uno [39].

Entre los escolares portugueses hubo por lo menos tres que ejercieron el cargo de rector del Colegio: Fernando de Portugal (1395-1396 y 1401-2), Gomes Pais (1410-11) y João Cardoso de Portugal (1485-86). Figuran entre los vicerrectores João Pereira (1440-41), Antonio Martins (1443), Lobo de Guarda (1459-60) y Francisco Cordoso de Lamego (1497). Gomes Pais era doctor en derecho canónico desde 1414. João Pereira se doctoró en leyes y fue elegido para la lectura extraordinaria en 1438-9. Antonio Martins, doctor en decretos, fue profesor extraordinario de Decreto en el curso 1447-48 [40].

Antes de concluir esta panorámica de la presencia de los canonistas portugueses en la España medieval, se impone todavía analizar el impacto que pudieron ejercer en sus colegas hispanos. Entonces como ahora, la presencia de un libro en una biblioteca no siempre significa que se utiliza para algo más que simple elemento ornamental.

El jurista catalán Juan Pons no parece que tuviera sólo para adorno un códice con la *Lectura* de Vicente Hispano sobre las Decretales de Gregorio IX. A base de Vicente y de Goffredo de Trani [41], confecciona Juan Pons unas *Adiciones* a la Glosa Ordinaria sobre las Decretales de Gregorio IX [42]. Sólo se conocen a través de un único códice y no parecen haber sido tenidas en cuenta por la canonística subsiguiente. En realidad, estas adiciones a la Glosa Ordinaria están tomadas más de Vicente que de Goffredo. Se encuentran en el MS 178, fol. 76ra-143rb de la Biblioteca del Cabildo de Tortosa. He aquí cómo presenta el autor su obra:

> 'Incipiunt aditiones ad ordinarium apparatum Decretalium collecte fideliter per Magistrum Ioannem Poncii Yspanum tam de apparatu Vincentii quam Goffredi. Rogatus, nostri karissimi socii, tam a uobis quam a ceteris plerisque scolaribus supplicationes... ordinarium decretalium apparatum, tam de apparatu Vincentii quam Goffredi quasi flores de virenti prato doctrine decerpere dignum duxi ad uestram multorumque edificationem, sub hoc breui et compendioso opusculo comprehendens que per frequentes labores et studium repetitum ex decretorum doctorum dictis tam fideliter colligere potui quam attente' [43].

39 A. Pérez Martín, *Proles Aegidiana* 1-4 (Bolonia 1979) ver índices.

40 Cf. bibliografía indicada en las dos notas anteriores.

41 Goffredo de Trani, muerto en 1245, escribió su popular *Summa super titulis decretalium*, editada infinidad de veces y conservada en muchos manuscritos (ver por ejemplo ed. de Lyon 1519 = Aalen 1968, 1241-43). Es un comentario sistemático relativamente breve, mientras que la *Lectura* de Vicente Hispano es más analítica como corresponde al género literario-jurídico de las lecturas y por consiguiente más extensa.

42 Como es sabido, la Glosa Ordinaria a las Decretales de Gregorio IX tiene por autor a Bernardo de Parma y apareció en cuatro recensiones a lo largo de los años 1234-1263. El jurista Juan Pons (Ionnes Poncii) suponemos que es catalán por su apellido, y no sabemos sobre él otra cosa que lo que se dice en el texto que transcribimos seguidamente, del que parece deducirse además que enseñaba en alguna parte.

43 *Estudios* 111-12, donde por cierto está equivocada la signatura del códice que

Entre las obras de André Dias de Escobar, hay una titulada *Confessio minor* o *Confessio generalis* o *Modus confitendi,* que se conserva en no pocos códices y en 86 ediciones latinas incunables, lo que da idea de su inmensa difusión. También se conoce una traducción española, impresa en Sevilla, por Stanislaus Polonus, hacia 1500 [44].

Otra obra de Escobar, menos conocida y de menor difusión que la anterior, es su *Confessio generalis maior,* de la que se conoce un único manuscrito [45]. De esta obra, que su autor concluyó el 25 de Agosto de 1416, localicé una traducción castellana en el MS 4183 fol. 65r-71r de la Biblioteca Nacional de Madrid, que comienza de la siguiente manera: 'Confesion general ordenada por maestro Andres Español et romançada por Juan de Cardenas de Andujar. Porque a todo confesante es necesario dezir la confesion general, la qual es de tanta virtud segun el Maestro de la Sentencias... por ende yo maestro Andres Español, penitenciario menor de la romana corte, pobre obispo llamado Ciuitano, de la Orden de San Benito, requerido por los a mi confesantes, a prouecho dellos, aquesta general confesion de los dichos de muchos Santos Padres colegi, por las mas breues y mejores palabras...' [46].

Aparte de este uso tan concreto como es la traducción castellana de las dos obras que acabamos de indicar y de la reelaboración que Juan Pons hizo de la *Lectura* de Vicente Hispano sobre el *Liber Extra,* los canonistas españoles citan a sus colegas portugueses más o menos en la misma medida en que lo hacen los restantes canonistas de otras áreas de la cristiandad medieval. Los dos canonistas lusitanos más citados en este sentido son Vicente Hispano y João de Deus. Conviene indicar a este propósito que las citas suelen ser de primera mano en el s. XIII, aunque a veces también las hay hechas a través de la Glosa Ordinaria al Decreto de Graciano [47] o de otras de gran circulación en que se reflejan las opiniones o textos de los dos canonistas aludidos. En cambio, en los siglos XIV-XV las citas suelen ser casi siempre de segunda mano. Suelen estar tomadas del *Rosarium* de Guido de Baysio [48].

es 178 y no 17 como allí aparece por una errata tipográfica. De este autor y de esta obra di cuenta por vez primera en 'La canonística ibérica medieval posterior al Decreto de Graciano', RHCEE 1 (Salamanca 1967) 411-12. El códice es del s. XIII y por consiguiente también el Magister Ioannes Poncii.

44 *Gesamtkatalog der Wiegendrucke* 2 (Stuttgart-New York 1968) col. 233, n. 1815. Ejemplares en la Biblioteca Pública de Evora, Nacional de Madrid y Colombina de Sevilla.

45 A. García y García, 'La canonística ibérica medieval posterior al Decreto de Graciano', RHCEE 5 (Salamanca 1976) 357-58. Es anticuada la referencia que da A. Domingues de Sousa Costa, *Mestre André Dias de Escobar, figura ecuménica do século XV* (Roma-Porto 1967) 13.

46 A. García y García, o. cit. en la nota anterior, pp. 357-58.

47 Sobre las relaciones de João de Deus con la Glosa Ordinaria al Decreto de Graciano, ver *Estudios* 187-99.

48 El *Rosarium* de Guido de Baysio, escrito hacia 1300, contiene un amplio comentario al Decreto de Graciano y recoge infinidad de opiniones de autores anteriores al s. XIV, que indica con sus siglas correspondientes. Muchas de las citas de autores que escribieron después están tomadas del *Rosarium* y no directamente de los escritos que aparentemente citan.

En una cuestión contenida en el MS 123 fol. 148v-153v de la Biblioteca del Colegio de España de Bolonia, sobre si por derecho los reyes están obligados a obedecer al emperador, se dice textualmente[49]: 'ut apparet in Johanne qui erat <Teutonicus> et alii ytalici. Set yspani notauerunt contrarium, lxiii. di. c. Adrianus et Vinc<entius> et Jo<annes> de Deo extra de donationibus inter uirum et uxorem c. Et si necesse'... Este escrito anónimo es ciertamente de un autor catalán[50].

LISTA ALFABETICA DE AUTORES

André Dias de Escobar, *Confessio generalis,* en castellano (Confesión general): Madrid 4183.

Dominius Dominici, *Summa dictaminis:* Toledo 41-9 y Tortosa 137.

Egas (Obispo de Viseu de 1288 a 1313), *Summa de libertate ecclesiastica:* Burgo de Osma 12, Córdoba 12, Madrid 4402, Salamanca 2198 y Segovia Vitr. 19.

Ioannes de Deo, *Arbor versificata:* Bologna 280, Escorial V.I.2 y Tortosa 65.
— *Breviarium super toto corpore Decretorum:* Salamanca 1917.
— *Casus decretalium cum canonibus concordati:* Gerona (manuscrito perdido), Madrid 392, Salamanca 146, Seo de Urgel 2882 y Toledo 22-31.
— Com. a las *Causae haereticorum* (complemento a Huguccio): Madrid 11962.
— *Concordantiae decretorum cum titulis decretalium:* Salamanca 1916 y Toledo 22-31.
— (?) *Decretum abbreviatum:* Escorial c.I. 2 y c.I. 4, Gerona 157, Madrid 6, Madrid Res. 98, Madrid Vitr. 21.2, Salamanca 146, Sigüenza 19, Tarazona 115, Toledo 4-2, Tortosa 239, Valencia 38 y Vich 135.
— *Liber cavillationum:* Lugo (perdido), Madrid 387, Madrid 630, Madrid 631, Salamanca 2069, Seo de Urgel 2036 y 2041.
— *Liber dispensationis:* Escorial (perdido), Madrid 387 y Madrid 824 (fragmento).
— *Liber iudicum:* Escorial g.II.15, Escorial (perdido), Madrid 243 y Toledo 41-5.
— *Liber Pastoralis* (?): Gerona (manuscrito perdido).
— *Liber poenitentiarius:* Escorial c.II.20, Roma 1/91, Salamanca 1974 y Sevilla 7-2-35.
— *Liber quaestionum:* Gerona (manuscrito perdido) y Madrid 387.

49 Ibid., fol. 150v.
50 Ver 'El jurista catalán Guillem de Vallseca. Datos biográficos y tradición manuscrita de sus obras', en el cap. 16 de este libro, donde se apunta la posibilidad de que esta pieza como otras anónimas del códice boloñés pertenezcan al jurista Guillem de Vallseca. Por otros autores que cita, como Jaume Sigó, es claro que se trata, en todo caso, de un autor catalán.

Ioannes Egitaniensis (João de Idanha), *Lect. in arborem actionis:* Peñíscola (manuscrito perdido).

Ioannes Egitaniensis, *Lect. arborum consanguinitatis et affinitatis:* Segovia 176 y Toledo 40-1.

Ioannes Faventinus, *Summa Decreti:* Madrid 399 (confundido por los catalogadores con Ioannes de Deo).

Ioannes Poncii (Juan Pons), *Additiones ad ordinarium Apparatum Decretalium collectae... tam de Apparatu Vincentii quam Goffredi:* Tortosa 178.

Martinus Martini, *Candelabrum iuris:* Madrid 11970, Toledo 28-1, Toledo 28-2 y Frag. BB.

Petrus Hispanus, *Lectura super Decretalibus:* Barcelona (códice perdido).

Petrus Hispanus Portugalensis, *Tract. Ad sumariam rei notitiam:* Córdoba 150, Escorial O.II.15 y Seo de Urgel 2037.

Vicente Hispano, Glosas suyas en los Apparatus de Tancredo: Escorial K.I.9.

— *Lect. in Librum Extra Gregorii IX:* Madrid 30, Peñíscola (códice perdido), Salamanca 2186 y Toledo (códice perdido).

LISTA DE LOS PRINCIPALES MANUSCRITOS UTILIZADOS

Barcelona, Biblioteca de Pedro Rajadell (s. XIV), MS perdido: P<ere> Spanya, *Lectura sobre las decretales.*

Bologna, *Biblioteca del Colegio de España,* MS 280 fol. 259r-262rc: Ioannes de Deo, *Arbor versificata.*

Burgo de Osma, Biblioteca del Cabildo, MS 12 fol. 53va-56va: Egas de Viseu, *Summa de libertate ecclesiastica.*

Córdoba, Biblioteca del Cabildo, MS 12 fol. 16vb-18vb: Egas de Viseu, *Summa de libertate ecclesiastica.*

—— MS 150 fol. 1va-4ra: Petrus Hispanus Portugalensis, *Tract. Ad sumariam rei notitiam.*

Escorial, Biblioteca del Real Monasterio, MS c.I.2 fol. 2v-3r y MS c.I.4 folio 444va-445ra: Ioannes de Deo (?), *Decretum abbreviatum.*

—— MS c.II.20 fol. 63-81: Ioannes de Deo, *Liber poenitentiarius.*

—— MS g.II.15 fol. 1r-9vb: Ioannes de Deo, *Liber iudicum.*

—— MS K.I.9 fol. 2ra-255vb: Tancredus Bononiensis, *Apparatus* a las tres primeras Compilaciones Antiguas con glosas de Vincentius Hispanus incluidas.

—— MS O.II.15 fol. 33: Petrus Hispanus Portugalensis, *Tract. Ad sumariam rei notitiam.*

—— MS V.I.2 fol. 4v-5r: Ioannes de Deo, *Arbor versificata.*

—— dos manuscritos perdidos, pertenecientes a la biblioteca de Antonio

Agustín, y que contenían dos copias del *Liber iudicum* y una del *Liber dispensationum* de Ioannes de Deo.

—— dos códices que figuran en un índice de finales del s. XVI, hoy día perdidos, en los que se contenía el *Liber dispensationum* de Ioannes de Deo y un libro del mismo autor sobre las Decretales, que no es claro con cuál de sus obras se identifica.

Gerona, Biblioteca del Seminario, MS 157 fol. 390r: Ioannes de Deo (?), *Decretum abbreviatum.*

— Biblioteca de la Catedral, tres manuscritos perdidos en los que se conservaba un *Pastorale* (entre otras identificaciones posibles pudiera tratarse del *Liber pastoralis* de Ioannes de Deo), unos *Casus decretalium* y unas *Quaestiones* de Ioannes de Deo.

Lugo, Biblioteca del Cabildo, códice hoy día perdido que en 1283 fue prestado al canónigo Fernando Fernández, y que contenía el *Liber cavillationum* de Ioannes de Deo.

Madrid, Biblioteca de la Real Academia de la Historia, MS 6 fol. 371v: Ioannes de Deo (?), *Decretum abbreviatum.*

— Biblioteca Nacional, MS 30 fol. 1r-282vb: Vicente Hispano, *Lectura in Librum Extra.*

—— MS 243 fol. 18v-31: Ioannes de Deo, *Liber iudicum.*

—— MS 387 fol. 82v-87va: Ioannes de Deo, *Liber dispensationum.*

—— MS 387 fol. 90r-119v: Ioannes de Deo, *Liber quaestionum;* fol. 120-140va: Ioannes de Deo, *Liber cavillationum.*

—— MS 392 fol. 110r-146vb: Ioannes de Deo, *Casus decretalium cum canonibus concordati.*

—— MS 399 fol. 63ra-182vb: Ioannes Faventinus, *Summa Decreti.*

—— MS 630 fol. 44rvb y MS 631 fol. 1r-24r: Ioannes de Deo, *Liber cavillationum.*

—— MS 824 fol. 72vab: Ioannes de Deo, *Liber dispensationum* (fragmento).

—— MS 4183 fol. 65r-71r: André Dias de Escobar, *Confessio generalis maior* (en castellano, bajo el título de 'Confesión general').

—— MS 4402 fol 132v-135r: Egas de Viseu, *Summa de libertate ecclesiastica.*

—— MS 11962 fol. 232ra-249vb: Ioannes de Deo, *Summa super quatuor causis Decretorum* (complemento a la *Summa Decreti* de Huguccio de Pisa).

—— MS 11970 fol. 1ra-235r: Martinus Martini, *Candelabrum Iuris.*

—— MS Res. 198 fol. 2ra-3va y MS Vitr. 21.2 fol. 3ra-4va: Ioannes de Deo (?), *Decretum abbreviatum.*

Peñíscola, Biblioteca del papa Luna, códice perdido en el que se contenía la *Lectura arboris actionum* de Ioannes Egitaniensis.

8

— — códice perdido en el que se contenía la *Lectura super Decretalibus* de Gregorio IX por Vicente Hispano.

Roma, Biblioteca del Collegio Sant'Isidoro, MS 1/91 fol. 1-71: Ioannes de Deo, *Liber poenitentiarius.*

Salamanca, Biblioteca Universitaria, MS 146 fol. 33v-38vb: Ioannes de Deo (?), *Decretum abbreviatum.*

— — MS 146 fol. 40vb-95r: Ioannes de Deo, *Casus decretalium.*

— — MS 1916 fol. 246rb-248va: Ioannes de Deo, *Concordia decretorum cum titulis decretalium.*

— — MS 1917 fol. 4ra-53rb: Ioannes de Deo, *Breviarium super toto corpore Decretorum.*

— — MS 1974 fol. 11r-59v: Ioannes de Deo, *Liber poenitentiarius.*

— — MS 2069 fol. 132ra-137vb: Ioannes de Deo, *Liber cavillationum* (fragmento).

— — MS 2186 fol. 1r-33va: Vicente Hispano, *Lectura in Librum Extra.*

— — MS 2198 fol. 256r-260r: Egas de Viseu, *Summa de libertate ecclesiastica.*

Segovia, Biblioteca del Cabildo, MS Vitr. 19 fol. 50rb-53ra: Egas de Viseu, *Summa de libertate ecclesiastica.*

— — MS 176 fol. 245ra-248va: Ioannes Egitaniensis, *Lectura arborum consanguinitatis et affinitatis.*

Seo de Urgel, Biblioteca del Cabildo, MS 2036 fol. 19va-45vb y MS 2041 fol. 99ra-119va: Ioannes de Deo, *Liber cavillationum.*

— — MS 2037 fol. 86rbvb: Petrus Hispanus Portugalensis, *Tract. Ad summariam rei notitiam.*

— — MS 2882 fol. 92ra-138rb: Ioannes de Deo, *Casus decretalium cum canonibus concordati.*

Sevilla, Biblioteca Colombina y del Cabildo, MS 7-2-35 fol. 204-242: Ioannes de Deo, *Liber poenitentiarius.*

Sigüenza, Biblioteca del Cabildo, MS 19 fol. 161rv: Ioannes de Deo (?), *Decretum abbreviatum.*

Tarazona, Biblioteca del Cabildo, MS 115 fol. 1ra-4ra: Ioannes de Deo (?), *Decretum abbreviatum.*

Toledo, Biblioteca del Cabildo, MS 4-2 fol. 2r-5v: Ioannes de Deo (?), *Decretum abbreviatum.*

— — MS 22-31 fol. 220ra-235rb: Ioannes de Deo, *Casus decretalium cum canonibus concordati.*

— — MS 22-31 fol. 326va-327vb: Ioannes de Deo, *Concordantiae decretorum cum titulis decretalium.*

— — MS 28-1 fol. 1r-314r, MS 28-2 fol. 1r-200v y Fragm BB: Martinus Martini, *Candelabrum iuris.*

— — MS 40-1 fol. 1va-2rb: Ioannes Egitaniensis, *Lectura arborum consanguinitatis et affinitatis.*

—— MS 41-9 fol. 1r-28v: Dominicus Dominici, *Summa dictaminis* (mutilado).

— Biblioteca del Arzobispo D. Gonzalo García Gudiel (año 1273), códice hoy día perdido, en el que se contenía un *Apparatus* de Vicente Hispano.

—— MS 65 fol. 346v-47r: Ioannes de Deo, *Arbor versificata.*

—— MS 137 fol. 279r-292v: Dominicus Dominici, *Summa dictaminis.*

Tortosa, Biblioteca del Cabildo, MS 178 fol. 76ra-143rb: Ioannes Poncii (Juan Pons), *Additiones ad ordinarium apparatum Decretalium collecteae... tam de apparatu Vincentii quam Goffredi.*

—— MS 239 fol. 1ra-2vb: Ioannes de Deo (?), *Decretum abbreviatum.*

Valencia, Biblioteca del Cabildo, MS 38 fol. 31: Ioannes de Deo (?), *Decretum abbreviatum.*

Vich, Biblioteca del Cabildo, MS 135 fol. 1ra-3ra: Ioannes de Deo (?), *Decretum abreviatum.*

7. EL DECRETISTA FERNANDO ALVAREZ DE ALBORNOZ Y LA FUNDACION DEL COLEGIO DE ESPAÑA *

En un fresco medieval de la Capilla del Colegio de España de Bolonia, bastante borroso por la acción del tiempo, aparece todavía clara la imagen de Fernando Alvarez Albornoz ante Santa Catalina y el papa Urbano V [1]. Entre los cuadros que penden de las paredes del actual despacho del rector del Colegio, hay uno moderno que representa al mismo personaje, leyéndose al pie esta inscripción: *Ferdinandus Alvarus Albornoz, Primus Collegii Rector, 1365, Praepositus Valentinus, Archidiaconus Toletanus, Abbas Vallisoletanus, Episcopus Vlixbonensis, Archiepiscopus Hispalensis, 1327.* En realidad, la iconografía ha sido más fiel que la historia en conservarnos la memoria de este interesante personaje.

Fernando Alvarez Albornoz es una figura que la posteridad relegó al olvido. Sin embargo, la mayor parte de su vida y de su acción van unidas a dos importantes realidades: su profesorado en la Universidad de Bolonia y la edificación y puesta en marcha del Colegio de S. Clemente de los Españoles de la misma ciudad. Bajo ambos aspectos, su actuación parece haber sido transferida y puesta en el haber de su tío el cardenal Gil de Albornoz. La fundación del Colegio fue adjudicada en exclusiva al cardenal. Pero incluso la actuación de Fernando como profesor de cánones parece adjudicarse también a su tío. El mejor historiador general del derecho canónico del s. XIV, J. F. von Schulte [2], nos habla de Gil de Albornoz como canonista, sin dedicar una sola palabra a su sobrino Fernando. En realidad, no he podido encontrar una sola fuente de la época que hable del cardenal como canonista, mientras que son muchos los documentos que nos presentan como tal a su sobrino. El cardenal es una figura muy conocida. Su sobrino, en cambio, permaneció prácticamente ignorado. Por ello, y quizás por llevar ambos el

* Este capítulo constituyó una de las conferencias del Congreso Albornociano de 1969 (Madrid-Cuenca-Toledo, 20-22 Octubre 1969) y fue editado en las actas del mismo: *El Cardenal Albornoz y el Colegio de España: Studia Albornotiana* 2 (1972) 131-65.

1 Este fresco puede verse reproducido en F. Filippini, *Il Cardinale Egidio Albornoz* (Bologna 1933) 401, donde indica que es de 1370, teniendo por autor a Andrea de Bartoli.

2 J. F. von Schulte, *Die Geschichte der Quellen und Literatur des canonischen Rechts von Gratian bis auf die Gegenwart* 2 (Stuttgart 1877 = Graz 1956) 270, donde dice textualmente: 'Ausser verschiedenen Konstitutionen soll er *Commentaria in ius canonicum* geschrieben haben, welche nicht näher angegeben werden.' Schulte cita en el mismo sentido historiadores antiguos como Fabricius, Nicolás Antonio, Baluze, Panzirolo.

mismo apellido, cabe sospechar que se dio esta acumulación de la actuación de ambos personajes en uno solo.

Las páginas que siguen tienen por objeto describir la intervención de Fernando Alvarez de Albornoz en la fundación y puesta en marcha del Colegio y su actuación como canonista, tal como emergen de los documentos contemporáneos. Antes de abordar estos temas, ofrecemos los datos biográficos que se desprenden de las mismas fuentes, para concluir con un comentario sobre las nuevas indicaciones contenidas en esta documentación acerca de la docencia del derecho canónico en la Universidad de Bolonia de la segunda mitad del s. XIV.

Las fuentes utilizadas para este trabajo consisten fundamentalmente en dos códices del Decreto de Graciano, de los que uno se conserva actualmente en la Biblioteca del Cabildo de Toledo bajo la signatura 4-2 y el otro en la Biblioteca del Colegio de España de Bolonia, donde figura con la signatura MS 281 [3]. En el MS T fol. 1r hay tres pequeñas piezas. La primera (Ta) contiene una indicación de los *puncta Decreti,* que comentaremos más abajo. Este mismo escrito se encuentra en el MS B fol. 296rb. Ambos textos se editan al final de este artículo, como primer apéndice a doble columna. La segunda pieza del códice de Toledo (Tb) contiene una especie de esquema de la primera lección sobre el Decreto. En el códice de Bolonia hay un texto (Bb) que guarda una cierta analogía con el anterior. Ambos se editan consecutivamente en el apéndice a este artículo. En T sigue una indicación de los días de ayuno que tal vez observaba Fernando Alvarez Albornoz, que también transcribimos en apéndice (Tc). Finalmente, en T fol. 1r aparece una extensa autobiografía de este mismo personaje, que también editamos en apéndice (Td). Las dos primeras piezas del códice T (TaTb) bién editamos en apéndice (Td). Las dos primeras piezas del códice T (TaTb) son de una misma mano de la segunda mitad del s. XIV. Las otras dos piezas (TcTd) pertenecen a otra mano ligeramente más tardía. Td está escrito en diferentes ocasiones, tal vez por una única mano, que iba completando sucesivamente la autobiografía de Fernando. A esta documentación deben añadirse las casi innumerables referencias encontradas en el Archivo del Colegio de España de Bolonia y en el Archivio di Stato de la misma ciudad, que iremos citando oportunamente.

Las limitaciones documentales de este estudio son obvias. Del Fernando canonista quizás no se pueda saber más por el momento. Pero su biografía

3 Para mayor comodidad, designaremos en adelante estos códices por la inicial (T y B) de las ciudades en donde se conservan. El MS T puede verse descrito en mi artículo 'Los manuscritos del Decreto de Graciano en las Bibliotecas y Archivos de España', *Studia Gratiana* 8 (Bologna 1962) 161-93; para una descripción más detallada puede verse A. García y García-R. Gonzálvez, *Catálogo de los manuscritos jurídicos medievales de la Catedral de Toledo* (Roma-Madrid 1970). La descripción del MS B corre a cargo del infrascrito dentro del plan de catalogación de los códices del Colegio de España, actualmente en curso. Véase entre tanto G. Rossi, 'Per la storia della divisione del *Decretum Gratiani* e delle sue parti', *Il diritto ecclesiastico* 67 (1956) 298, n. 9 y nota 11.

podrá sin duda perfilarse aun con la documentación que eventualmente exista en Sevilla, Toledo, Vaticano, etc.[4].

1. Datos biográficos

Sintetizando los datos que nos suministra la autobiografía de Fernando Alvarez Albornoz, resulta el siguiente *curriculum vitae.*

El 17 de Enero de 1336 parece ser la fecha de su nacimieno. En Td n. 2 se da esta data, sin indicar qué ocurrió en tal día. Parece obvio que se trate de su nacimiento, si se tiene en cuenta que la siguiente indicación se refiere a su llegada a Bolonia para estudiar, cosa que ocurre el 25 de Septiembre de 1353, cuando según el cómputo adoptado tendría 17 años, edad normal para comenzar los estudios universitarios. Unos días más tarde, concretamente el día 11 de Octubre de 1353, comienza a estudiar el Decreto bajo la dirección de Paulo de Liazariis[5]. El día 9 de Octubre de 1356 fue promovido al acolitado, en la iglesia mayor de Ancona, siéndole conferida esta orden por el obispo de Segovia fray Gundisalvo O.F.M.[6]

El día 28 de Julio de 1361 aprobó los exámenes bajo Juan de Calderino, Juan de Lignano y Andrés de S. Petronio[7]. El 7 de Octubre del mismo año le fueron impuestas las insignias de doctor por el mencionado tribunal, en la iglesia de San Pedro[8]. El mismo día doctoró en derecho canónico a Pedro de Toledo, que después fue obispo de Osma de 1368 a 1373[9].

4 Agradezco vivamente al Prof. Dr. Evelio Verdera Tuells, entonces rector del Colegio de España de Bolonia, las facilidades que me brindó para la consulta de la Biblioteca y Archivo del mencionado Colegio.

5 Td n. 3. Cada alumno estaba especialmente encomendado a un profesor, al que podía llamar con razón su maestro. Cf. C. Savigny, *Geschichte des römischen Rechts im Mittelalter* 3 (Heidelberg 1834 = Bad Homburg 1961) 261-62.

6 Td n. 6. Sobre este Gundisalvo cf. C. Eubel, *Hierarchia Catholica Meaii Aevi* 1, 2 ed. (Monasterii 1913 = Patavii 1960) 443. Habiendo recibido alguna orden, los escolares podían disfrutar de beneficios eclesiásticos, lo que les facilitaba la financiación de sus estudios.

7 Td n. 4. El *curriculum studiorum* de derecho canónico eran seis años. Para el civilista se requerían ocho. No sabemos si Fernando interrumpió durante dos años los estudios o si dejó pasar algún tiempo entre los estudios que cursó y los exámenes. Véase una descripción del modo cómo se desarrollaban los exámenes en Bolonia en Savigny, 3.211 ss.

8 Td n. 5. En esta ocasión tuvo el discurso de investidura del doctorado de Fernando el canonista Juan de Calderino. Este discurso fue descubierto en un códice de la Biblioteca Marciana de Venecia y publicado por el Prof. C. Piana, *Nuove ricerche su le Università di Bologna e di Parma* (Spicilegium Bonaventurianum, 2; Quaracchi 1966), 29-30, a quien agradezco esta noticia tomada de su libro cuando estaba todavía en prensa.

9 Los principales derechos de los doctores eran el de poder enseñar en todo el mundo y el de conferir a otros el grado de doctorado. Fernando ejercita este derecho el día mismo que él recibió el doctorado. Cf. sobre esto Savigny, 3.231-2. Este personaje, Pedro de Toledo, fue obispo de Osma de 1368 a 1373 (cf. Eubel, 1.383), después lo fue de Cuenca hasta 1378 (Eubel, 201) y de Evora desde 1378 (Eubel, 236). De aquí se sigue que Fernando escribía esta autobiografía antes del año 1373, fecha en que Pedro de Toledo dejó de ser obispo de Osma. O sea, que la escribió apenas vuelto a España.

El 12 de Marzo de 1362 fue ordenado de subdiácono, en la capilla de la Roca de Ancona, por Juan Tedeschi, O.S.A., obispo de aquella ciudad [10]. El 2 de Abril del mismo año fue promovido al diaconado en el mismo lugar y por el mismo obispo [11].

El 10 de Octubre de 1363 empezó a explicar la *lectura ordinaria* del Decreto, teniendo el mismo día, por encargo de la universidad, el discurso inaugural del curso [12]. El 4 de Junio de 1369, en Montefiascone, el papa Urbano V le promovió al obispado de Lisboa [13], donde no llegó a residir. El 7 de Septiembre de 1369 cesa en la lectura ordinaria del Decreto, después de haber sido elegido por ambas universidades durante seis años consecutivos para este cargo [14]. El día 22 del mismo mes y año se ordena de presbítero, en la capilla del Colegio de España de Bolonia, recibiendo esta orden de manos de Pedro de Toledo, a la sazón obispo de Osma [15]. El 30 del mismo mes y año es consagrado obispo, en la iglesia de Santo Domingo de Bolonia, por el cardenal albanense Anglicus Grimoaldi [16]. El 9 de Junio de 1371 el papa Gregorio XI lo transfiere al arzobispado de Sevilla [17]. Finalmente, el 10 de Septiembre de 1372 abandona Bolonia.

Tal es la cronología y sucesos más notables de la vida de Fernando Alvarez de Albornoz hasta su partida para Sevilla, tal como nos lo refiere él mismo.

La biografía de Fernando puede todavía completarse y corroborarse con los datos que arroja una abundante documentación conservada actualmente en Bolonia. Ante todo, se corroboran las referencias que da él mismo en su autobiografía, presentándose como doctor en Decretos, obispo de Lisboa y arzobispo de Sevilla. Estos dos últimos extremos no necesitan, en realidad, confirmación, pues constan también por otras fuentes oficiales [18].

10 Td n. 7.

11 Td n. 8.

12 Td n. 9. Nótese que la fecha que indica aquí Fernando para el comienzo del curso no concuerda con lo que dice Savigny, 3.250: 'Am Tage nach St. Lucä (also den 19 Oktober) fiegen die Decretalisten an zu lesen, am folgenden Tage alle übrigen'. En este mismo lugar describe también Savigny el precepto estatutario del discurso de inauguración y otras normas relativas a la forma externa de las clases.

13 Td n. 17. En el Archivio Segreto Vaticano, Reg. Avin. 169 fol. 154v se registra este nombramiento. Coincide la fecha, pero se le supone todavía subdiácono, en contra de lo que dice el mismo Fernando en Td n. 8 de que era diácono desde el 2 de Abril de 1362. El Registro Vaticano dice textualmente: '*...ad Te archidiaconum Toletanum, decretorum doctorem, in subdiaconatus ordine constitutum, uite ac morum honestate...*'.

14 Td n. 18. La expresión *ambas universidades* significa aquí el cuerpo de los ultramontanos y citramontanos. Estos últimos correspondían a 17 regiones italianas. Los ultramontanos provenían de 18 países de allende los Alpes entre los que se contaban los reinos ibéricos de Portugal, Castilla, Aragón, Navarra. Fernando pertenecía al de Castilla. Cf. sobre este tema Savigny, 3.186-87.

15 Td n. 19. Cf. supra nota 9.

16 Td n. 20. Cf. Eubel, 1.20.

17 Td n. 21. Cf. Archivio Segreto Vaticano, Reg. Avin. 173 fol. 145rv, donde se registra este nombramiento en la misma fecha que indica Fernando.

18 Cf. supra notas 13 y 17.

En el s. XVIII, Lafiguera [19] afirma que Fernando Alvarez Albornoz era doctor en ambos derechos. Esto es insostenible por varias razones. En primer lugar, su *curriculum studiorum* sólo le daba derecho a un doctorado, no a dos. Estudió, en efecto, de otoño de 1353 a Junio de 1361 [20]. Por otra parte, la documentación boloñesa de la época le presenta siempre como *doctor decretorum* o sin ningún título [21].

A estos datos, conocidos por la autobiografía, se añaden otras referencias contenidas en la documentación boloñesa, donde aparece además como *praepositus Valentinus, abbas Vallisoleti,* y *archidiaconus Toletanus* [22]. De la

19 P. Lafiguera, *Elenchus Chronico-Historico-Criticus monumentorum omnium ... Cardinalis Aegidii Albornotii,* fol. 232r-233v. Esta obra manuscrita se conserva actualmente en el Archivo del Colegio de España de Bolonia con la signatura H.I.13. Hay otro ejemplar, igualmente manuscrito, con una redacción más extensa, bajo la signatura H.I.11, en el que dedica a este tema los fol. 188r-193r. Estas mismas referencias se encuentran, de modo más abreviado, en una nota del mismo Lafiguera que acompaña al documento n. 12 del vol. VIII del *Codex Albornotianus.* En la Biblioteca de la Universidad de Bolonia, bajo la signatura MS 881 hay una copia más lujosa de esta obra de Lafiguera. Trátase del ejemplar que fue presentado al papa. El documento n. 13 del vol. IX del *Codex Albornotianus,* que da lugar a esta extensa nota de Lafiguera, es una transcripción hecha por el P. Burriel (enviada desde Toledo a Lafiguera) de la autobiografía de Fernando existente en Toledo (Td).

20 Cf. Savigny, 3.211 ss. sobre los grados académicos y las condiciones requeridas para este efecto.

21 Cf. nota siguiente.

22 Damos a continuación una lista de los documentos, ordenados cronológicamente, en los que figura Fernando Alvarez Albornoz como procurador del cardenal o como ejecutor testamentario. óndicamos también los títulos con que aparece en esta documentación: Archivo del Colegio de España de Bolonia (en adelante ACE), *Codex Albornotianus* se encuentra en el Estante E, tabla II, y en el Estante F, tabla I, y consta de nueve volúmenes; ACE, Estante L, tabla II, *Instrumenta praediorum urbanorum,* t. I, n. 1 (2 Noviembre 1364), doctor en decretos y abad de Valladolid; n. 2, copia auténtica del mismo documento anterior; n. 3 (2 Noviembre 1364), doctor en decretos y abad de Valladolid; n. 4 (2 Noviembre 1364), doctor en decretos; n. 5 (2 Noviembre 1364), doctor en decretos y abad de Valladolid; n. 6 (2 Noviembre 1364), doctor en decretos y abad de Valladolid; n.7 (29 Noviembre 1364), doctor en decretos y abad de Valladolid; n. 8, copia antigua, no autétnica, de los documentos de los números 1, 6 y 7; n. 35 (5 Abril 1365), doctor en decretos y abad de Valladolid; n. 36 (5 Abril 1365), doctor en decretos y abad de Valladolid (aquí hay varios documentos); n. 9 (17 Abril 1365), doctor en decretos y abad de Valladolid; n. 11 (18 Abril 1365), doctor en decretos y abad de Valladolid; n. 12, copia auténtica del anterior; n. 14 (18 Abril 1365), doctor en decretos y abad de Valladolid; Estante Q, tabla I, *Libri i Contabilità,* n. 1, que contiene las cuentas de los gastos de la construcción del Colegio, pagados por Fernando Alvarez Albornoz desde el 21 de abril de 1365 hasta el final del mismo año; *Instrumenta praediorum urbanorum,* t. I, n. 15-16 (22 Abril 1365), doctor en decretos y abad de Valladolid; Archivio di Stato di Bologna, Demaniale, Collegio di Spagna, B. III/7872, *Instrumenta praediorum rusticorum,* t. III, n. 89 (6 Junio 1365); ACE, *Instrumenta praediorum urbanorum,* t. I, n. 38 (11 Julio 1365); *Codex Albornotianus,* V, n. 46 [este documento aparece registrado en J. Glénisson-G. Mollat, *Correspondence des Légats et Vicaires- Géneraux. Gil Albornoz et Androin de la Roche (1357-1367),* Bibliothèques des Écoles Francàises d'Athènes et de Rome (París 1964), 340-1, n. 1.107] (20 Agosto 1365), praepositus Valentinu.; *Instrumenta praediorum urbanorum,* t. II, nn. 1-3 (19 Septiembre 1365), doctor en decretos y abad de Valladolid; *Instrumenta praediorum urbanorum,* t. I, n. 37 (18 Octubre 1365), doctor en decretos; *Instrumenta praediorum urbanorum,* t. II, n. 19 (20 Diciembre 1365), doctor en decretos y praepositus Valentinus; n. 20, copia del anterior; *Instrumenta praediorum urbanorum,* t. I, nn. 19-20 (29 Julio 1366), praepositus Valentinus; *Codex Albornotianus,* VII, n. 435 (13 Agosto 1366), praepositus Valentinus y abad de Valladolid; Archivio di Stato, l.c.,

documentación alegada en la nota precedente, resulta que Fernando ya era *abbas Vallisoleti* el 2 de Noviembre de 1364. El 20 de Agosto de 1365 aparece por primera vez como *praepositus Valentinus*. A partir del 26 de Enero de 1368 figura también como *archidiaconus Toletanus*. Al lado de estos títulos puede observarse que Fernando aparece también en la documentación alegada como procurador del cardenal Gil Carrillo de Albornoz, y después de la muerte de éste (23 de Agosto de 1367) como ejecutor testamentario. Por lo que respecta a la fundación del Colegio es el principal ejecutor, por no decir exclusivo. De esta misma documentación últimamente citada aparece también que se dio en Fernando una acumulación de bene-

nn. 68-69 (28 Marzo 1367), praepositus Valentinus; ACE, *Instrumenta praediorum urbanorum,* t. I, n. 10 (29 Abril 1367), doctor en decretos y abad de Valladolid; n. 28 (16 Octubre 1367), praepositus Valentinus; n. 13 (29 Noviembre 1367), doctor en decretos y abad de Valladolid; *Codex Albornotianus,* IX, n. 14 (26 Enero 1368), 'olim praepositus Valentinus et hodie arch. Toletanus'; *Instrumenta praediorum urbanorum,* tt. II, nn. 4-5 (9 Marzo 1368), doctor en decretos y arcediano de Toledo; nn. 6-7 (16 Marzo 1368), arcediano de Toledo; nn. 8-9 (29 Abril 1368), doctor en decretos y arcediano de Toledo; *Codex Albornotianus,* IX, n. 5 (12 Mayo 1368), 'decretorum doctor, olim abbas Vallisoleti'; *Instrumenta praediorum urbanorum,* t. I, n. 21 (3 Julio 1368), doctor en decretos y arcediano de Toledo; nn. 22-23 (10 julio 1368), doctor en decretos y arcediano de Toledo; nn. 24-25 (24 Julio 1368), doctor en decretos y arcediano de Toledo; *Codex Albornotianus,* IX, n. 18 (8 Agosto 1368), doctor en decretos y arcediano de Toledo; ibid. (25 Agosto 1368), doctor en decretos y arcediano de Toledo, IX, n. 8 (2 Octubre 1368); *Instrumenta praediorum urbanorum,* t. II, nn. 10-11 (19 Diciembre 1368), doctor en decretos y arcediano de Toledo; *Codex Albornotianus,* IX, n. 18 (2 Enero 1369), doctor en decretos y arcediano de Toledo; ibid. (24 Enero 1369), doctor en decretos y arcediano de Toledo; ibid. (2 Febrero 1369), arcediano de Toledo; *Instrumenta praediorum urbanorum,* t. II, nn. 21-22 (3 Febrero 1369), doctor en decretos y arcediano de Toledo; n. 23 (16 febrero 1369), doctor en decretos y arcediano de Toledo; Archivio di Stato, l. cit., nn. 79-80 (20 Febrero 1369), doctor en decretos y arcediano de Toledo; n. 72 A (6 abril 1369), 'archidiacono Toletano ac decretorum doctori in Bononiensi studio legenti'; n. 72 B-C (21 Marzo 1369), la misma mención que en el anterior; ACE, *Codex Albornotianus,* IX, n. 18 (25 Marzo 1369), arcediano de Toledo; *Instrumenta praediorum urbanorum,* t. II, nn. 12-13 (22 octubre 1369), obispo de Lisboa; Archivio di Stato, l. cit., nn. 8-82 (5 Octubre 1370), obispo de Lisboa; ACE, *Codex Albornotianus,* IX, n. 22 (7 Octubre 1370), obispo de Lisboa; Archivio di Stato, l. cit., n. 73 (26 noviembre 1370), obispo de Lisboa; ACE, *Instrumenta praediorum urbanorum,* t. II, n. 18 (6 Febrero 1371), obispo de Lisboa; Archivio di Stato, l. cit., n. 72 D (último día de febrero de 1371), obispo de Lisboa (en el mismo pergamino hay otro documento del 14 de Marzo de 1371 donde figura Fernando también como obispo de Lisboa); nn. 76-77 (20 Marzo y 12 Agosto 1371), obispo de Lisboa; ACE, *Instrumenta praediorum urbanorum,* t. I, n. 33 (10 septiembre 1371), 'decretorum doctor, olim abbas Vallisoleti et ad presens archiepiscopus Hispalensis'; *Codex Albornotianus,* IX, n. 24 (2 octubre 1371), arzobispo de Sevilla; n. 26 (8 Octubre 1371), arzobispo de Sevilla; *Res oeconomales,* n. 3 (28 Enero 1372), arzobispo de Sevilla; Archivio di Stato, l. cit., n. 92 (Mayo 1372), en este arbitraje entre el rector y colegiales por una parte y Fernando por otra, sale repetidas veces a colación la actuación pasada y presente de Fernando (debo la noticia de la existencia de este documento y del siguiente a la señorita Berthe Marti, que realizó un estudio detallado de este arbitraje '1372: The Spanisr College versus the Executors of Cardinal Albornoz's Testament', *El Cardenal Albornoz y el Colegio de España* (*Studia Albornotiana* 12; Bologna 1972) 93-129); n. 93, es una copia tardía del documento anterior; ACE, *Codex Albornotianus,* IX, n. 28, copia tardía del arbitraje mencionado en los dos números anteriores; *Res eoconomales*, n. 7 (14 Junio 1372), arzobispo de Sevilla; *Codex Albornotianus,* IX, n. 27 (13 Noviembre 1387), copia de 1752 de un original que se encuentra en la Catedral de Toledo, donde se menciona repetidas veces a Fernando Alvarez Albornoz.

ficios, ya que después de recibir cada uno de los indicados, sigue figurando todavía como detentator de los anteriores, si se exceptúan los dos obispados de Lisboa y Sevilla.

Desde que empezó a enseñar en la Universidad en 1363 hasta que se marchó de Bolonia, Fernando dedicó su tiempo fundamentalmente a dos cosas: las tareas académicas y la fundación del Colegio. De esto último nos ocuparemos en el apartado siguiente. De sus tareas académicas nos queda parcialmente constancia en el *Chartularium* de la Universidad de Bolonia. El 24 de Abril de 1369 examina en derecho canónico a Juan de Wildemberg [23], el 26 de Mayo del mismo año examina a Paolo Herbord [24], el 23 de Junio del mismo año presenta a Alvaro Martini Hispano [25], el 6 de Agosto del mismo año asiste al examen del personaje anterior [26], el 11 de Agosto del mismo año examina a Ruggiero da Castel di Sangro [27], el 14 del mismo mes y año examina a Oberto della Fontana [28], el 12 de Septiembre del mismo año examina a Pietro da Monte Filottrano [29], el 14 de Abril de 1371 examina a Ubaldino di Cambio di Firenze [30], el 24 del mismo mes y el 2 de Junio del mismo año examina a Iacopo Orsini [31], el 31 de Marzo de 1372 examina a Gusberto de la Rena [32], el 9 del mismo mes y año examina a Clisiurio da Salerno [33], el 6 de Agosto del mismo año examina a Clemente de Cismario [34]. En otros años no cubiertos por la parte publicada del *Chartularium* se registran sin duda otras referencias similares a éstas.

2. La fundación del Colegio de España de Bolonia

En la nota 22 queda recogida, por orden cronológico, la documentación boloñesa en que figura Fernando Alvarez Albornoz [35]. Toda ella se refiere

23 *Chartularium Studii Bononiensis* 4 (Bologna 1919) 81, n. 102. Sobre los exámenes en la Universidad de Bolonia cf. Savigny, obra cit. 3.211 ss.

24 Ibid., IV, 82, n. 105. En este caso y en el anterior figura como arcediano de Toledo.

25 Ibid., 84, n. 108. En este caso y en los cuatro siguientes aparece Fernando como 'episcopus electus Ullisbonensis'.

26 Ibid., 86, n. 112.

27 Ibid., 86, n. 113.

28 Ibid., 87, n. 114.

29 Ibid., 88, n. 116.

30 Ibid., 95, n. 131. En este caso y en el siguiente figura como 'episcopus Vllisbonensis'.

31 Ibid., 102, n. 145, y 103, n. 147.

32 Ibid., 121, n. 182. En este caso y en el siguiente figura como 'archiepiscopus Hispalensis'.

33 Ibid., 116, n. 171.

34 Ibid., 115, n. 169. Aquí figura como 'archipresbiter Hispalensis'. Sin duda se trata de una mala lectura del editor o, lo que es menos probable, de un lapsus del que escribió estos registros.

35 Téngase en cuenta que la carpeta del Archivio di Stato de Bolonia, allí citada, figura como *Instrumenta praediorum rusticorum,* t. III. Ignoro el paradero de las otras dos carpetas que lógicamente debían existir con la indicación de *Tom. I* y *Tom. II*. Esto demuestra que se ha perdido una buena parte de la documentación.

a la adquisición del rico patrimonio urbano y extraurbano del Colegio y a la edificación y dotación del mismo. Cae fuera del objeto del presente artículo un estudio detallado de la formación de dicho patrimonio y de la creación del Colegio. Esto ocuparía por sí solo un extenso volumen.

De estas fuentes emerge la figura de Fernando como hombre eficaz en la ejecución de la gran idea de su tío el cardenal Albornoz de establecer, dotar y organizar el mencionado Colegio. Si la idea y la financiación son mérito exclusivo del cardenal, su ejecución corrió principalmente a cargo de su sobrino. Se puede afirmar, sin exageración, que si el cardenal fue el autor formal del proyecto, su sobrino fue el autor material de esta institución. Esto no había sido hasta ahora suficientemente puesto de relieve [36].

Hasta principios de 1372, Fernando rigió los destinos de la nueva institución sin que nadie le controlase mayormente. Pero en los primeros meses de dicho año, el primer rector del Colegio (Antonio Martín) y los primeros colegiales se manifestaron en franco desacuerdo con la actuación pasada y presente de Fernando Alvarez Albornoz. El problema era delicado. Fernando había sido el hombre de confianza del fundador del Colegio. Además, no se encausaba solamente a Fernando, sino también a los demás ejecutores, entre los que se contaba Pedro Rogerii, consagrado papa con el nombre de Gregorio XI el 5 de Enero de 1371, y que rigió los destinos de la Iglesia hasta 1378. Era, por consiguiente, el papa reinante cuando el rector y los colegiales se manifestaron en desacuerdo con la gestión de los ejecutores testamentarios de los cuantiosos bienes del cardenal Albornoz. Sin embargo, leyendo entre líneas el documento que citamos en la nota siguiente, se advierte que era sobre todo la actuación de Fernando la que se ponía en tela de juicio. Por todas estas circunstancias, y obedeciendo tal vez a la presión de buenos mediadores, el rector y los colegiales no entablaron un verdadero proceso judicial, sino que se sometieron a un arbitraje [37]. Entre los árbitros figuraba un canonista de primera categoría, Juan de Lignano, otro jurista entonces renombrado, Antonio de Presbiteris, y otros hombres eminentes en la vida boloñesa de aquellos años.

36 El único autor que alude, de modo por cierto bastante ocasional, a las actividades de Fernando es F. Filippini, *Il Cardinale Egidio Albornoz* (Bologna 1933). La actuación de Fernando como compilador de los estatutos del Colegio fue puesta de relieve por V. Beltrán de Heredia, 'Primeros Estatutos del Colegio de San Clemente en Bolonia', HS 11 (1958) 191 y 193. Cf. también B. M. Marti, *The Spanish College et Bologna in the Fourteenth Century. Edition and Translation of Its Statutes, with Introduction and Notes* (Philadelphia 1966) 116.2, 124.18, 126.8, donde aparece indicado en los mismos estatutos que Fernando jugó un papel importante en su confección. En las pp. 346.8, 316.2, 320.15 y 338.10 se indican las atribuciones que los mismos estatutos conferían a Fernando con carácter vitalicio, atribuciones que no parece ejercitara, sobre todo una vez que abandonó Bolonia.

37 Véase al final de la n. 22 de este mismo capítulo la indicación de las tres copias manuscritas hoy conocidas de este arbitraje. En el Archivo de la Catedral de Toledo se registra bajo a signatura de A.8.D.13 otra copia manuscrita de este arbitraje, que actualmente no se encuentra en su sitio. Ignoro si se ha perdido o si ha sido equivocadamente colocada en otro cajón del mismo Archivo, que se encuentra todavía en proceso de reorganización. La señorita Berthe Marti realiza un detenido estudio de este arbitraje, lo que me exime de entrar aquí en más detalles sobre el mismo.

Aparte de las dificultades que este litigio pudiera tener desde el punto de vista jurídico, los árbitros se encontraron con otro problema mucho mayor. Me refiero a lo embarazoso que tenía que resultarles emitir su veredicto sobre la actuación de personas tan eminentes como un papa (Gregorio XI), un arzobispo sobrino del fundador (Fernando) y otros personajes eminentes en la sociedad de entonces. Bajo este punto de vista el papel de los árbitros era bastante más difícil que el del historiador actual que se ocupa de este episodio.

El rector y los colegiales presentaron un larguísimo capítulo de reclamaciones, que en parte se refieren a la administración pretérita y en parte a la actual. De la lectura de este documento se saca la impresión de que Fernando llevó todo este asunto con la libertad que permite la gestión de un negocio familiar. Pero el Colegio era una institución pública, y en tal sentido presentaron sus reclamaciones el rector y los colegiales.

Los árbitros siguieron la política de dar por bien realizado lo que ya había pasado a la categoría de los hechos consumados, haciendo de todo lo pretérito borrón y cuenta nueva. Con ello salió favorecido Fernando y su socio ejecutor (ausente), que era Alfonso de Toledo. Pero por lo que respecta al dinero, única cosa susceptible de una solución presente, obligaron a los ejecutores, y en concreto a Fernando, a pagar al Colegio la cuantiosa suma de 8.839 ducados de oro, 14 sueldos y 11 denarios boloñeses. Con esto dieron también satisfacción a los demandantes.

Este episodio nubla algún tanto la aureola de Fernando. Aun concediendo que las reclamaciones fueran exageradas, la fama de Fernando no sale muy bien parada. Se comprende que su posición en el Colegio y en Bolonia resultara algún tanto violenta e incómoda. Esto explica sin duda por qué ahora y sólo ahora regresa a España. Este arbitraje tuvo lugar en el mes de Mayo. Su regreso a España se efectuó en Septiembre del mismo año. Los últimos meses los empleó en la gestión del traslado de los restos mortales del cardenal a Toledo [38].

Pero queda todavía un punto por esclarecer relacionado con el arbitraje que acabamos de mencionar. Trátase de la cuestión de los libros que el cardenal había dejado para el Colegio [39]. En el respectivo capítulo acusatorio, el rector y los colegiales decían textualmente:

38 Cf. Filippini, obra cit. 418-9. Fernando no abandonó definitivamente Bolonia el 10 de Septiembre de 1371, como indica este autor, sino exactamente un año después, como indica el mismo Fernando en su autobiografía y como aparece por la documentación citada más arriba en la nota 22.

39 Esta lista fue publicada por E. Orioli, *Elenco dei libri del card. Albornoz donati al Collegio di Spagna in Bologna* (Bolonia 1893); con algunas notas al pie, fue publicada de nuevo esta lista por M.-H. Laurent, *Fabio Vigili et les Bibliothèques de Bologne* (Studi e Testi 105; Città del Vaticano 1943) 175-79; confrontándola de nuevo con el original, fue editada finalmente por J. Gil Fernández, *De codicibus Albornotianis ad graecas latinasque litteras pertinentibus* (Bologna 1964) 4-7. Este mismo documento fue nuevamente publicado por B. M. Marti, *The Spanish College at Bologna* 77-82.

> 'Item, cum dominus noster bone memorie (el cardenal) plures libros dimiserit, et de quorum numero aliqui fuerunt assignati Collegio et aliqui fuerunt extimati et uenditi, quorum extimationis pretium fuit assignatum Collegio, et tamen Collegium antea uellet libros quam pretium, super hoc arbitretur.'

En efecto, los libros contenidos en la lista antes mencionada son exactamente 36. De éstos, sólo uno se conserva actualmente en el Colegio.

A este capítulo respondieron los árbitros cuanto sigue:

> 'Super dubio et capitulo loquente de libris domini, predictis de Collegio perpetuum silentium imponimus et mandamus, et maxime quia impossibile esset eos rehaberi posse et hoc in rem iudicatam transiuit' [40].

Una vez más se impuso aquí la política del hecho consumado. El testamento del cardenal estipulaba bien claro que los libros eran para el Colegio, no para venderlos.

Recientemente encontré una tasación de libros dejados por el cardenal Gil de Albornoz al Colegio y mandada hacer por su sobrino Fernando, en 1369. En ella aparecen 58 códices frente a los 36 que se registran en la lista de 1365, que publiqué, con el correspondiente comentario [40a].

En el MS 4-2 de la Biblioteca de la Catedral de Toledo se conservaba, en un folio, al principio, hoy extraviado, una lista a cuatro columnas de los libros que Fernando Alvarez Albornoz poseía. Uno de estos libros era precisamente el actual MS 4-2. Otro era el actual MS 43-1 de la misma Biblioteca, en el que se contienen las escrituras relativas al Colegio de España correspondientes a los años 1364 a 1371 [41]. Ambos llevan el escudo del arzobispo de Toledo don Pedro Tenorio, quien sin duda los recibió de don Fernando Alvarez Albornoz. Desconocemos actualmente el contenido del resto de la lista de los libros de Fernando [42]. Esta circunstancia me hizo sospechar que los libros dejados por el cardenal al Colegio, y que en el arbitraje se dicen vendidos, vinieran en realidad a parar a Toledo. Una confrontación de los *incipits* y *explicits* [43] de los libros del cardenal con los que en Toledo llevan el escudo de Tenorio dio resultado negativo. De casi todas las obras dejadas

40 Estos textos están tomados del arbitraje, según la copia que se conserva en el Colegio de España de Bolonia y que aparece citada al final de la nota 22 de este trabajo.

40a Ver mi artículo 'El legado de libros del Cardenal Gil de Albornoz al Colegio de Bolonia', *Studi Senesi* 21 (1972) 7-43.

41 Un análisis detallado del contenido de este códice fue dado a conocer por don Ramón Gonzálvez en una ponencia del Congreso Albornociano de 1969, a la que me remito para este tema. Ver *El Cardenal Albornoz y el Colegio de España: Studia Albornotiana* 2 (1972) 167-207.

42 Los datos precedentes sobre la lista de los códices que poseía Fernando Alvarez Albornoz los debemos a una nota del P. Burriel enviada a Lafiguera en el s. XVIII y que se conserva manuscrita actualmente en el Archivo del Colegio de España de Bolonia, *Codex Albornocianus,* vol. IX, n. 13. Hay otra copia manuscrita en el MS 13023 fol. 53r-56r de la Biblioteca Nacional de Madrid.

43 En la lista de los libros dejados por el Cardenal para el Colegio (cf. supra nota 39) se indica el *incipit* y *explicit* de la mayor parte de los libros en ella contenidos.

por el cardenal al Colegio existen códices actualmente en Toledo, pero no coinciden los comienzos y finales de las mismas. Por ello podemos asegurar que los libros dejados por el cardenal fueron realmente vendidos por Fernando, o por lo menos, que éste no los trajo consigo a España.

3. Los «puncta Decreti»

Como indicamos al principio, el MS T contiene una indicación de la extensión de cada uno de los puntos del Decreto que tenía que explicar el profesor tanto en la lectura ordinaria como en la extraordinaria del Decreto de Graciano. Es lógico suponer que habiendo sido Fernando profesor de la lectura ordinaria del Decreto copiara o hiciera copiar esta nota sobre los puntos, para su uso personal, en este códice del Decreto que perteneció a él ciertamente.

Antes de ocuparnos de los puntos propiamente dichos, veamos algunas de las normas que debían observar los profesores a quienes se refieren estos puntos.

La rúbrica 46 [44] de los Estatutos de la Universidad de Bolonia describe el modo cómo había que elegir a los profesores estipendiados.

El profesor como cargo público con estipendio es relativamente tardío en Bolonia. En 1279 se estipulaba un compromiso con Guido de Suzzara para que enseñase por 300 libras que debería pagarle la ciudad. Al año siguiente se hace un contrato parecido con Ioannes Garsias Hispanus por el que se comprometía a enseñar el Decreto por 150 libras. Pero éstos más bien parecen hechos pasajeros, hasta que en 1289 se instituyen dos cátedras con sueldo fijo, que debía establecerse cada año. Una era de Decreto, con un sueldo de 150 libras y la otra de Inforciato y Digesto Nuevo, con 100 libras [45]. La elección de los profesores no recaía necesariamente en los que las habían regentado el año anterior. Así, en 1301 no fue reelegido ninguno de los profesores del año precedente [46]. Por eso apunta Fernando en su autobiografía, no sin cierto orgullo, que fue elegido seis años consecutivos por ambas universidades. En 1295 se añadieron a las precedentes dos cátedras más, una extraordinaria de Decreto y otra para el *Volumen,* con 50 y 100 li-

44 Nos referimos aquí a los Estatutos de 1317-47, que se conservan en el MS 16 de la Biblioteca Capitular de Presburgo. Fueron editados, precedidos de un estudio, por H. Denifle, 'Die Statuten der Juristen-Universität Bologna von J. 1317-47 und deren Verhältniss zu jenen Paduas Perugias, Florenz', *Archiv für Literatur- und Kirchengeschichte des Mittelalters* 3 (Berlín 1887 = 1955-56) 196-397. Los mismos estatutos fueron nuevamente editados, después de nueva confrontación con el códice en que se conservan, por C. Malagola, *Statuti delle Università e dei Collegi dello Studio Bolognese* (Bolonga 1888). Cito en adelante por la edición de Denifle. Las variantes de la edición de Malagola no afectan a los textos aquí alegados. La rúbrica 46 a que aludimos en el texto se encuentra en Denifle, 304-8.

45 Savigny, 240-41.

46 Ibid., 242, n. f.

bras respectivamente. Con diversos cambios en el estipendio, y a veces en el número de profesores, estas cuatro cátedras duran mucho en Bolonia como ordenación fundamental. Pero hacia la mitad del s. XIV hubo cambios sustanciales en esta materia. En 1364 eran estipendiados un canonista y cinco legistas, que recibían en total 706 libras y cinco sueldos. Hacia finales del s. XIV, el estipendio se hace regla general, por lo que todos o casi todos los profesores entran en la categoría de empleados públicos [47]. Fernando, como *professor electus,* entraba en esta categoría de profesor estipendiado [48].

Para evitar que quedaran partes del texto legal sin explicar, se introducen los puntos poco después de mediados del s. XIII. Nos quedan testimonios de 1261 para Padua, del año 1300 para Lérida, de 1314 para Tolosa, del 1309 para Orleáns. Aunque la regulación de los puntos variaba algo de unas universidades a otras, coincide en lo fundamental [48]. En Bolonia, la tasación o determinación de la extensión y contenido de cada punto era hecha por los doctores y escolares designados por el rector. Podía cambiarse según la conveniencia, por lo que no constaba en los estatutos boloñeses. Los profesores venían obligados a observar estrictamente los *puncta* tanto por lo que se refiere al contenido como al tiempo de duración. La legislación de los estatutos universitarios medievales sobre los *puntos* era verdaderamente *puntillosa* [49]. Al concluir cada punto, había que anunciar el siguiente. Los estatutos prevén varias penas para los profesores que no cumplían los puntos. El notario debía: *puncta per universitatem taxare, legere et publicare per scholas omnium ad puncta legentium ea die, qua punctus completur.* El día primero o segundo no se computaba. Ningún profesor podía explicar más de un punto cada día. No se podían modificar, quitando algún capítulo, ley o párrafo que figurase en el punto del día en cuestión. Tampoco se podían explicar dentro del punto de cada día otros textos legales que no estuvieran comprendidos en dicho punto.

Esto explica bien que Fernando tuviese al principio del Decreto de su uso anotados los puntos, con su dimensiones exactas para no incurrir en alguna de las sanciones previstas en una legislación tan detallista. Aunque parezca paradójico, ninguna fuente conocida de la época nos explica cuáles eran, por cuanto al Decreto de Graciano se refiere, los mencionados puntos, ni cuál era su extensión tanto por lo que respecta al texto legal como a su duración. En los Estatutos de 1317-47 [50] falta la tasación de los puntos de los libros legales, que da por conocida supliéndola con un *etc.* Aquí radica la importancia de esta pequeña nota encontrada en el ejemplar del Decreto que usó Fernando Alvarez Albornoz.

47 Ibid., 243-45.
48 Cf. rúbr. 44 de los Estatutos de 1317-47.
48a Cf. B. Kurtscheid, 'De utriusque iuris studio saec. XIII', *Acta Congressus Iuridici Internationalis* 2 (Roma 1935) 323-24.
49 Véanse sobre los *puncta* los Estatutos de 1317-47 en las rúbricas 17-8, 22, 25, 42, 44, 45 y las explicaciones que da Denifle en las páginas 238-51 de su estudio preliminar.
50 Esto ocurre en la rúbrica 44. Cf. Denifle, 314, lín. 17.

Como indicamos en otro lugar, el mismo texto, aunque con variantes, aparece en Ba. El hecho de que este códice B se conserve desde muy antiguo en el Colegio de España, hace pensar en una posible relación entre Ta y Ba. El texto de Ta está escrito en letra gótica minúscula libraria algo más antigua que Ba. Este último aparece en letra gótica minúscula cursiva. Ta fue escrito ciertamente antes del 4 de Marzo de 1373, ya que la autobiografía, que es de factura más reciente, fue escrita antes de esa fecha [51]. El texto de Ba es fechado por Rossi [52] como de fines del s. XIV o principios del s. XV. De tener relación ambos textos, hay que suponer que Ta fue escrito antes de 1372, antes de que Fernando abandonara Bolonia rumbo a España. Paleográficamente parece también anterior al fin del s. XIV. Las pequeñas variantes que se registran entre ambos textos son fácilmente explicables si se tiene en cuenta que no se trataba de copiar un texto legal con toda fidelidad, sino simplemente de recoger el contenido de unas normas directivas que afectaban al profesor. Por otra parte, entre la copia de los dos manuscritos pudo mediar alguna pequeña modificación en la práctica seguida en la tasación de los puntos. Esquematizando los datos de entrambos textos (TaBa) resulta el siguiente cuadro, en el que aparece la numeración decada punto (primera columna) [53], la extensión del texto legal del Decreto comprendido en cada uno (segunda columna), los días que duraba en la lectura ordinaria del Decreto (columna tercera), los textos que se dejaban para la lectura extraordinaria (cuarta columna):

1	D. 1-14 y C 1	7 días	D. 15-22
2	D. 23-29 y D. 32-33 (B) 34 (T) y C. 2 q. 1-6	14 »	D. 30-31
3	D. 34 (B) 35 (T)-D. 47 y C. 2 q. 7-C. 3	13 »	....
4	D. 48-55 y C. 4	14 »	D. 49
5	D. 56-66 y C. 5-7	14 »	....
6	D. 67-90 y C. 8	14 »	....
7	D. 91-101 y C. 9-10 y Tract. *De poen.*	14 »	....
8	C. 11-12 y C. 27 q. 1-q. 2 dpc. 45	14 »	....
9	C. 13-14 y C. 27 q. 2 dpc. 45-C. 29	14 »	....
10	C. 15-C. 16 q. 1 dpc. 64 (dpc. 59?) y C- 30-31	14 »	....
11	C. 16 q. 1 dpc. 64 (dpc. 59?) y C. 18 (T) 17 (B) y C. 32 q. 1-q. 4 dpc. 2	14 »	
12	C. 19 (T) 18 (B)-C. 23 y C. 32 q. 4 dpc. 2-C. 36 y Tract. *De cons.*	22 »	C. 34 (T) 33 (B) y C. 35 q. 1-6

El Tract. *De poen.*, que aparece indicado bajo el punto séptimo, debía explicarse durante la cuaresma, en 188 lecciones [54]. Igualmente debía expo-

51 Cf. supra, nota 9, de este capítulo.

52 G. Rossi, 'Per la storia della divisione del Decretum Gratiani e delle sue parti', *Il Diritto Ecclesiastico* 67 (1956) 298, núm. 9, n. 11.

53 Esta numeración de los puntos no está en el texto, sino que es suplencia del editor.

54 Esta prescripción aparece en la rúbrica 101 de los Estatutos de 1317-47: *...tractatus de penitentia in volumine Decretorum, quod ordinarie legi precipimus, puctuatione facta per numerum lectionum totus vel ipsius pars maior quadragesimali tempore a doctore sit legendus, cum illo tempore melius se conformet.*

nerse en otras tantas lecciones el Tract. *De cons.* al terminar el punto duodécimo. Las diferencias registradas entre T y B en los puntos 2-3 y 11-12, que indicamos en el cuadro precedente con la sigla de cada códice seguida de la lectura variante del mismo, no es fácil dilucidar si son variantes de amanuense o si responden a un cambio introducido en la tasación de los puntos. La circunstancia de que en estos textos se juega demasiado con los términos *inclusive* y *exclusive* puede también condicionar que ambos quieran expresar de hecho la misma cosa. En realidad se explican suficientemente como variantes del amanuense. Todo se reduce a que T pone *xxxiiii.* donde B escribe *xxxiii.* en el punto segundo, y T escribe *xviii.* donde en B se lee *xvii.* en el punto undécimo.

Tampoco sabemos cuánto tiempo estuvieron en vigor estos puntos. Quizás pueda controlarse esto indirectamente por el análisis de las referencias que suele haber escritas al margen en algunos manuscritos boloñeses del s. XIV. Solamente examiné bajo este aspecto el MS B y T. En el fol. 7vb del MS B, frente a la D. 14, una mano del s. XIV tardío escribió: *Ab ista causa* <...> *usque ad xxiii. sunt extraordinaria.* A su vez, frente a la D. 23 [55] leemos: *A quartadecima usque hunc sunt extraordinaria.* No he visto en B más referencias de esta índole. No es verosímil que Fernando usara este códice, puesto que no aparece en el Colegio en el inventario de 1453, que presenta todos los síntomas de ser completo [56]. Un examen detenido de más códices universitarios boloñeses del Decreto permitirá sin duda aquilatar más esta cuestión. Afirma Denifle que los libros legales no se puntuaban, o sea, que no se señalaba en ellos la extensión de los puntos. Esto puede ser verdad si se entiende que dicha señalización no se realizaba al copiar el códice o al efectuar la tasación de modo oficial. Pero si se trata de indicaciones de usuarios, estas dos referencias del códice B evidencian lo contrario. Las dos referencias indicadas pueden coincidir o no con el cuadro que incluimos más arriba, según que las Distinciones 14 y 23 haya que considerarlas incluidas en el punto mencionado. En todo caso, creo que aquí se nos ofrece un nuevo aspecto para el estudio de los códices del Decreto usados en las universidades medievales en el s. XIV-XV. Es un extremo que la investigación futura deberá tener en cuenta, como se tiene hoy día por ejemplo la indicación de *pecias* para averiguar el escritorio o medio ambiente universitario de procedencia del códice en cuestión. En el MS T no he visto ninguna indicación de esta índole a lo largo del texto legal.

Por lo que respecta a la lectura ordinaria y extraordinaria a que se alude en estos puntos, hay que tener en cuenta cuanto sigue. Se ha dicho que la lectura ordinaria era la que tenía lugar en la sala o aula pública. Para otros, la que era estipendiada por las autoridades públicas. Ambos conceptos son

55 Fol. 16rb.

56 Este inventario se encuentra en el Archivio di Stato de Bolonia, bajo la signatura *Rogiti di Rolando Castellani, Busta 23 n. 44,* fol. 5r-6r, y ha sido descubierto y publicado recientemente por C. Piana, *Ricerche su le Università di Bologna e di Parma nel secolo XV* (Spicilegium Bonaventurianum 1; Quaracchi 1963) 53-55.

rechazados, con razón, por Savigny [57]. La verdadera diferencia entre una y otra está tomada de los libros legales que se explicaban, según que fueran considerados en todo o en parte como objeto de lectura ordinaria o extraordinaria. No está tan acertado Savigny [58] cuando dice que el Decreto y las Decretales eran libros ordinarios en derecho canónico. El pasaje de los estatutos citado por él no quiere decir eso exactamente, sino que establece que la lectura ordinaria de estos libros se hacía habitualmente por la mañana: ... *in iure vero canonico decretalem et decretum de mane ordinarie esse* [59]. De hecho, la lectura ordinaria tenía lugar por la mañana y la extraordinaria por la tarde. Pero al afirmar los estatutos que la lectura del Decreto y Decretales se efectuaba de ordinario por la mañana, deja ya entender que había partes que se leían por la tarde, en forma de lectura extraordinaria, como ocurría de hecho para el Decreto en los casos que indican TB y que aparecen en nuestro cuadro en la última columna. Es difícil precisar desde qué fechas se reservaba a los doctores la lectura ordinaria. En tiempos de Accursio todavía podía concederse esta lectura a individuos que no habían conseguido aún el doctorado [60].

Una última cuestión. ¿Escribió Fernando algún comentario al Decreto? Para responder a esta cuestión, analizamos cuidadosamente los dos manuscritos TB. En el último de estos códices, no hay al margen, aparte de la Glosa Ordinaria, comentarios de extensión apreciable. Sólo se registran algunas pequeñas adiciones, raras por cierto, que suelen aparecer en la mayor parte de los códices del Decreto de Graciano del s. XIV. En cambio en el MS 4-2 de Toledo se registra al margen de la Glosa Ordinaria un nutrido estrato de adiciones, escritas por una mano caligráfica de la segunda mitad del s. XIV. Al final de la C. 1 [61] se denomina este estrato como sigue: *Expliciunt apostille Rosarii siue archidiaconi super primam partem Decreti, etc.* A lo largo de estas glosas aparece con mucha frecuencia la sigla de Guido de Baysio y casi todas las que aparecen en el *Rosarium*. Es evidente que el autor de este estrato de glosas resume y utiliza largamente el *Rosarium* del Archidiácono. Es muy posible que sea Fernando el autor de estas glosas, pero no hay más prueba de ello que la circunstancia de hallarse esta glosación en el códice que utilizó nuestro decretista.

Al pie de cada página aparecen unos *notabilia* que en parte han sido cortados al encuadernar el códice. El primero actualmente visible se encuentra al pie de la D. 3-4 [62]. Comienza así: *Nota hic in summa quid sit canon, quid decretum, quid decretales, quid decreta, quid mandatum, quid interdictum, quid sanctio.* Tampoco podemos afirmar nada sobre la relación que estos *Notabilia* pueden tener con Fernando Alvarez Albornoz.

57 Savigny, 262 ss.
58 Ibid.
59 Toma este texto Savigny de la edición de 1561, lib. 4, p. 69.
60 Savigny, ibid.
61 MS T, fol. 101vb.
62 Ibid., fol. 8r.

Nota adicional

Agradezco a mi ilustre colega el Prof. Dr. Antonio Domingues de Sousa Costa, la fina atención que ha tenido de leer mi original de este artículo y el haberme proporcionado la siguiente importante documentación complementaria sobre Fernando Alvarez de Albornoz:

Reg. Vat. 207 fol. 250r: Aparece Fernando como porcionario de Toledo y se le concede, a petición de su tío el cardenal, la expectativa de una canonjía en Sevilla. Es un documento de Clemente VI del 7 de Junio de 1351.

Reg. Vat. 207 fol. 250v: En este documento, de la misma fecha que el anterior, manda el papa que le sean conferidas, cuando vaquen, a Fernando, una canonjía y prebenda en Avila, Cuenca y Valderas.

Reg. Vat. 222 fol. 368rv: En este documento de Inocencio VI, del 16 de Julio de 1353, se solicita, a petición del cardenal Gil de Albornoz, la dispensa para Fernando para recibir las órdenes y beneficios eclesiásticos. En este documento aparece Fernando como nacido de *coniugato et soluta.* Figura aquí Fernando como canónigo de Sevilla.

Reg. Vat. 224 fol. 425v-426r: Se concede a Fernando la dispensa de ilegitimidad que se pide en un documento anterior, cuya concesión parece no surtió efecto por la muerte de Clemente VI, con efecto retroactivo a partir del día *vii. kalendas Iunii anno primo* del pontificado anterior. Esta petición la hace ahora el rey Pedro III el Cruel. El documento se dirige a Inocencio VI, el 18 de Enero de 1353.

Reg. Vat. 225 fol. 271r-272r: Inocencio VI, el 2 de Noviembre de 1354, se dirige al obispo de Osma, para conceder a Fernando una canonjía en Toledo, a petición de su tío el cardenal Gil de Albornoz. Aquí aparece Fernando como canónigo de Cuenca.

Reg. Vat. 233 fol. 82rv: Inocencio VI, el día 25 de Septiembre de 1358, concede a petición del cardenal Gil de Albornoz, que Fernando sea nombrado abad de la iglesia secular de Santa María de Valladolid, que había quedado vacante por la muerte de un cierto Rodericus Roderici. Hace mención expresa de que Fernando puede seguir conservando los beneficios que tenía en Cuenca, Toledo y Sevilla. Este documento fue publicado, a base del Reg. Avin. 138 fol. 197v-198r, por V. Beltrán de Heredia, en el vol. 3, n. 1.410, del Bulario de la Universidad de Salamanca, cuya consulta en pruebas de imprenta debo a la amabilidad del autor. En este documento se dice que Fernando tenía 21 años en 1358, con lo cual resulta acertada la conjetura que hicimos más arriba acerca de la fecha de nacimiento de Fernando en 1336.

Reg. Vat. 233 f. 82v: El papa Inocencio VI se dirige *in eundem modum* que el documento anterior al obispo de Segovia para que se confiera a Fernando el cargo de abad de Valladolid.

La circunstancia de que Fernando era ilegítimo aparece en el documento Suppl. 23 fol. 22, en una súplica del 7 de Junio de 1351. Debo este último dato al Prof. Dr. Vicente Beltrán de Heredia, O. P., cuyas atenciones quiero agradecer desde estas páginas. Posteriomente, V. Beltrán de Heredia, *Bulario de la Universidad de Salamanca* 3 (Salamanca 1967), 348, n. 1.410, publica el nombramiento pontificio de Fernando Alvarez Albornoz para la abadía de Valladolid, documento fechado el 25 de Septiembre de 1358. En el n. 1.411 (ibid. 349) se publica el nombramiento de su sucesor en la abadía de Valladolid, fechado el 21 de Enero de 1366, en el que se alega que Fernando había sido nombrado para la prepositura de Valencia, con lo que (añade el documento) cesa en la abadía de Valladolid. Lo cierto es que en la documentación boloñesa (cf. supra n. 22) seguirá llamándose *abad de Valladolid* durante varios años.

APENDICES

A continuación publico, en apéndice, los siguientes textos a los que se alude repetidas veces a lo largo de este artículo:

TaBa = Texto de los *puncta Decreti,* tomado del MS Toledo 4-2 fol. 1r (en la primera columna de nuestra edición) y del MS Bologna 281 fol. 296vb (en la segunda columna de la edición).

Tb = Ordenación de la primera lectura del Decreto, tomada del MS Toledo 4-2 fol. 1r.

Bb = *Principium* o prolusión a los puntos asignados para el examen privado de derecho canónico, tomada del MS Bologna 281 fol. 296vb (cf. Estatutos de la Universidad de Bologna de 1317-47 rúbr. 47; Denifle 332-36).

Tc = Un texto relativo a los días de ayuno que tal vez observaba Fernando Alvarez Albornoz, tomado el MS Toledo 4-2 fol. 1r.

Td = Autobiografía de Fernando Alvarez Albornoz, tomada del MS Toledo 4-2 fol. 1v [1].

1 Esta autobiografía, aunque inédita, no permaneció desconocida a varios escritores desde el s. XVII. Toman, por ejemplo, datos de ella G. González Dávila, *Teatro eclesiástico de las iglesias metropolitanas y catedrales de los reinos de las dos Castillas* 2 (Madrid 1647) 57; J. Loperráez Corvalan, *Descripción histórica del obispado de Osma* 1 (Madrid 1788) 306. Recientemente P. E. Russell, 'The Memorias of Fernán Alvarez de Albornoz Archbishop of Seville, 1371-80', *Hispanic Studies in Honour of I. González Llubera* (Oxford 1959) 1-11 (en la separata que tengo a la vista) publica este documento completo. El manuscrito madrileño contiene la copia realizada a mediados del s. XVIII por el P. Andrés Marcos de Burriel a base del MS 4-2 de Toledo. Las acertadas observaciones de Russell sobre la aportación de este documento a la historia española me excusan de insistir más sobre este punto.

Ta

PVNCTA SERVANDA PER LEGENTEM ORDINARIE

1. *Primus punctus vii. dierum durat a principio libri usque ad xxiii. di. exclusiue* (D. 1-22), *exceptis xv. usque ad xxiii. exclusiue* (D. 15-22), *que leguntur extraordinarie.*

2. *Secundus punctus xiiii. dierum durat usque ad xxxiiii. di.* (D. 23-34) *pro prima parte, exceptis xxx. et xxxi. di.* (D. 30-31) *que leguntur extraordinarie. Et pro secunda parte debet incipi secunda causa et prosequi usque ad vi. questionem* (C. 2 q. 1-6).

3. *Tertius punctus xiii. dierum durat usque ad xlvii. di.* (D. 35-47) *pro prima parte. Et pro secunda usque ad tertiam causam* (C. 2 q. 7-C. 3).

4. *Quartus xiiii. dierum durat usque ad lv. di.* (D. 48-55), *excepta xlix.* (D. 49) *que legitur extraordinarie. Et pro secunda parte usque ad iiii. causam* (C. 4).

5. *Quintus xiiii. dierum durat usque ad lxvi. di.* (D. 56-66) *pro prima parte. Et pro secunda usque ad vii. causam* (C. 5-7).

6. *Sextus xiiii. dierum durat usque ad xc. di.* (D. 67-90) *pro prima parte. Et pro secunda usque ad viii. causam* (C. 8).

7. *Septimus xiiii. dierum durat usque ad finem distinctionum* (D. 91-101) *pro prima parte. Et pro secunda usque ad x. causam* (C. 9-10). *Et tractatus de penitentia debet legi totus in quadragesima uel maior pars, finito puncto qui ante illud occurrerit, in xviii. lectionibus.*

8. *Octauus xiiii. dierum durat a xi. causa usque ad xii.* (C. 11-12) *pro prima parte. Et pro secunda incipit*

Ba

PVNCTA DECRETORUM SERVANDA PER DOCTORES LEGENTES ORDINARIE

1. *In primo puncto vii. dierum a principio usque ad xxiii.* (*xxxiii.* B[ac]) *di. exclusiue* (D. 1-22), *exceptis a xv. di. usque ad xxiii. di. exclusiue* (D. 15-22), *que leguntur extraordinarie.*

2. *In secundo xiiii. dierum usque ad xxxiii. di.* (D. 23-33) *pro prima parte, exceptis xxx. et xxxi. di.* (D. 30-31) *que leguntur extraordinarie. Et pro secunda parte incipient secundam causam et omnem usque ad vi. questitonem secunde cause* (C. 2 q. 1-6).

3. *In tertio usque ad xlvii. di.* (D. 34-47) *pro prima. Et pro secunda usque ad tertiam causam* (C. 2 q. 7-C. 3).

4. *In quarto usque ad lv. di.* (D. 48-55) *pro prima, excepta xlix. di.* (D. 49) *que legitur extraordinarie. Et pro secunda usque ad iiiii. causam* (C. 4).

5. *In quinto usque ad lxvi. di.* (D. 56-66) *pro prima. Et pro secunda usque ad vii. causam* (C. 5-7).

6. *In sexto usque ad xc. di.* (D. 67-90) *pro prima. Et pro secunda usque ad viii. causam* (C. 8).

7. *In septimo x. dierum usque ad finem distinctionum* (D. 91-101) *pro prima. Et pro secunda usque ad x. causam* (C. 9-10). *Et debet legi tractatus de penitentia in quadragesima totus uel maior pars (totum uel maiorem partem* B[ac]), *finito puncto qui ante ipsum occurrerit et in xviii. lectionibus.*

8. *In octauo xiiii. dierum a x. causa usque ad xii. causam* (C. 11-12) *pro prima. Et pro secundo incipere*

in xxvii. causa et durat usque ad § Ex hiis omnibus xxvii. q. ii. (C. 27 q. 1-q. 2 dpc. 45).

9. *Nonus xiiii. dierum durat usque ad xiiii. causam* (C. 13-14) *pro prima parte et pro secunda usque ad xxix. causam* (C. 27 q. 2 dpc. 45-C. 29).

10. *Decimus xiiii. dierum durat usque ad § Quam uero xvi. q.i.* (C. 15-C. 16 q. 1 dpc. 64 § 1 ó dpc. 59) *pro prima parte. Et pro secunda usque ad xxxi. causam* (C. 30-31).

11. *Vndecimus xiiii. dierum usque ad xviii. causam* (C. 16 q. 1 dpc. 64 § 1 ó dpc. 59-C. 18) *pro prima parte. Et pro secunda usque ad § Hiis ita respondetur xxxii. q. iiii.* (C. 32 q. 1-q. 4 dpc. 2).

12. *Duodecimus xxii. dierum durat usque ad xxiii. causam* (C. 19-23) *pro prima parte. Et pro secunda usque ad tractatum de consecratione* (C. 32 q. 4 dpc. 2-C. 36), *exceptis xxxiiii. et xxxv. causis usque ad vi. q. xxxv. cause* (C. 34 y C. 35 q. 1-6) *que leguntur extraordinarie. Postea legitur tractatus de consecratione et in xviii. lectionibus.*

a xxvii. causa et esse usque ad § Hiis omnibus xxvii. q. ii. (C. 27 q. 1-q. 2 dpc. 45).

9. *In nono usque ad xiiii. causam* (C. 13-14) *pro prima. Et pro secunda usque ad xxix. causam* (C. 27 q. 2 dpc. 45-C. 29).

10. *In decimo usque ad § Cum uero alias ergo preter xvi. q.i.* (C. 15-C. 16 q. 1 dpc. 64 § 1 ó dpc. 59) *pro prima parte. Et pro secunda usque ad xxxi. causam* (C. 30-31).

11. *In undecimo usque ad xvii. causam* (C. 16 q. 1 dpc. 64 § 1 ó dpc. 59-C. 17) *pro prima. Et pro secunda usque ad usque ad § Hiis ita respondetur xxxii. q. iiii.* (C. 32 q. 1-q. 4 dpc. 2).

12. *In duodecimo puncto xxii. dierum debet esse usque ad xxiii. causam* (C. 18-23) *pro prima parte. Et pro secunda usque ad tractatum de consecratione* (C. 32 q. 4 dpc. 2-C. 36), *exceptis xxxiii. et xxxv. causis usque ad vi. q. xxxv. cause* (C. 33 y C. 35 q. 1-6) *que leguntur extraordinarie.*

Tb

<Ordinatio lecture Decreti>

Sic ordina lecturam. Primo incipe ab hominis creatione et peccato, cuius causa et pro ipsius reparatione data fuit ei lex, et quot leges, et que in temporis successione, et quomodo lex canonica habuit ortum et a quibus et qui fuerunt compilatores. Quod dic ut notat Hostiensis in summa in principio[1] *et tangit Archidiaconus in lectura super rubrica*[2]. *Deinde quere circa hunc librum de causis generalibus, de quibus consueuit queri in librorum principiis. Et in causa formali diuide librum prout diuidit Archidiaconus in lectura super rubrica*[3]. *Postmodum de-*

1 Hostiensis (Henricus a Segusio Card.), *In primum decretalium librum commentaria* (Venecia 1581), fol. 3rb-va.
2 Archidiaconus (Guido de Baysio), *Super Decreto* (Lyon 1558), fol. 3rv.
3 Ibid.

scende ad rubricam et quere quare non ponatur nisi una in hoc uolumine, quia saltem tres deberent poni, sicut tres sunt partes principales. Et responde ***ut*** *respondit (respondet T) Archidiaconus. Deinde lege rubricam exponendo et* ***(ut*** *T) super ea recita considerationes habendas circa concordiam* ***canonum, prout ponit*** *Archidiaconus et Guillelmus in Speculo de disput. et allegat. § Post hoc* ***uero***[4], *et generaliter omne* ***contrarium.*** *Postmodum, ante inceptionem nigri, summa glossam 'Tractaturus'*[5] *etc. et diuide distinctionem. Postea procedas more consueto.*

Decreta patrum et concilia Isidorus in unum magnum uolumen ***compilauit, de*** *quo xix. di. c.i.*[6]. *Quod cum esset nimis magnum, quidam Yuo*[7] *nomine abbreuiauit, quia non sine magno sumptu scribi poterat. Et quia hoc etiam non* ***parue*** *quantitatis erat quidam Hug.*[8] *ex eodem uolumine fecit libellum portatilem* ***(portilem*** *T^ac) qui appellatur Summa decretorum Yuonis (Yuonio T^ac). Item, quidam Fulgentius*[9] *quamdam compilationem fecit, que appellata est Abbreuiatio canonum Fulgentii, de qua lx. di. § Cum ergo*[10]. *Item quidam alius Brochardus*[11] ***nomine*** *fecit compilationem, quam distinxit per xx. libros, que appellata est* ***nomine auctoris sui Brochardus,*** *de qua lxxiii. di. In nomine Patris*[12]. ***Postmodum autem uidens*** *Gratianus etc.*[13].

Bb

<PRINCIPIUM CIRCA PUNCTA DECRETI>

Vide istum principium pro intrando examen. Lecturus puncta michi hodierna die per paternitates uestras assignata, primo incipiam a puncto Decreti tanquam ab antiquiori et per consequens digniori, c. Renouantes xxii. di. (D. 22 c. 6), *scilicet Domino sancto l. di.* (D. 50 c. 82), *c. Antiqua de priuilegiis* (X 5.33.23), *regula 'Qui prior' de regul.iuris in vi.* (In VI reg.iur. 54) *cum similibus. Et hunc ordinem alias in hoc libro obseruari solitum obseruabo. Primo enim continuabo causam ad precedentem. Secundum ponam casum in themate Magistri, ex quo eliciam conclusiones quibus per ordinem respondebo usque ad conclusionem illam*

4 Guiliermi Durandi, *Speculum iuris* lib. 2, Part. 2 de disput. et allegat., n. 4 (Venecia 1576) pp. 748-53.

5 *Glossa Ordinaria,* D. 1 pr. v. Humanum genus. Hay otras obras con este mismo *incipit,* pero en el s. XIV ya habían caído en desuso. Cf. St. Kuttner, *Repertorium der Kanonistik* (Città del Vaticano 1937), véase el índice de *incipits.*

6 D. 19 c. 1. En este canon, tomado de una epístola que se lee entre las actas del Concilio Romano del 865 (vid. Mansi, 15-693), se habla continuamente de un *codex canonum,* que no se atribuye expresamente a S. Isidoro como lo hace aquí el autor de este texto y antes que él Guido de Baysio (cf. infra, n. 12).

7 Editado en la PL 161-67 s. (reimpresión imperfecta de la edición de P. Fronteau de 1647).

8 En el *Rosarium,* en la edición citada fol. 3vb, se lee aquí *Hug. Cathel.* Trátase aquí de la *Summa decretorum* de Hugo, obispo de Châlons-sur-Marne (1100-1113). Cf. mi *Historia del Derecho Canónico* 1 (Salamanca 1967) 320, n. 77.

9 Editado en la PL 67.949 ss.; PL 88.817 ss.

10 En la D. 60 nada se dice sobre este tema. El *Rosarium* lee aquí *xiii. di.*; pero en la D. 13 tampoco se registra ninguna referencia a este tema.

11 El Decreto de Burcardo de Worms puede verse editado en la PL 140.537 ss.

12 D. 73 c.l.

13 Todo este pasaje sobre las colecciones canónicas puede verse casi literalmente igual en el *Rosarium* de Guido de Baysio (edición citada fol. 3vb).

sub qua situatum est casum meum. Illi autem non respondebo, set pro eius solutione capiam § Magistri, in quo una cum Magistro reuocabo in dubium de questione, pro cuius solutione capiam glossam summe, quam diuidam et expediam. Qua expedita ad casum meum me transferam (*transferant* B^{ac}), *et illud primo adaptabo ad intentionem Magistri, summabo, diuidam et ponam casum in terminis, legam litteras et colligam notabilia et apparatum glossarum componam. Cetera uero dominationibus uestris relinquam, quibus me humiliter commedo. Et hunc fere ordinem policeor in puncto decretalium obseruaturum. Redeo igitur ad primam partem.*

Tc

<Ferdinandi ieiuniorum dies>

In Christi nomine. Amen. In primis de mense Ianuarii, in uigilia sancti Antonii primi Heremite. Item, de mense Februarii, in uigilia Purificationis sancte Marie. Item, in uigilia Annuntiationis. Item, de mense Iunii, in uigilia sancti Ioannis Babtiste. Item, in uigilia sanctorum apostolorum Petri et Pauli. De mense Iulii, in uigilia sancti Iacobi apostoli. De mense Augusti, in uigilia sancti Laurentii martyris. Item, in uigilia Assumptionis domine nostre Virginis gloriose. Item, in uigilia sancti Bartholomei apostoli. Item, in uigilia doctoris maximi sancti Augustini. De mente Septembris, in uigilia Natiuitatis sancte Marie. Item, in uigilia sancti Mathei apostoli et in omnibus uigiliis sanctorum apostolorum ab Ecclesia ieiunari preceptis. Item, in uigilia sancti Michaelis arcangeli. De mense Octobris, in uigilia Omnium Sanctorum. De mense Nouembris, in uigilia preciosissime uirginis beate Katerine. De mense Decembris, in uigilia sancte Barbare. Item, in uigilia sancte Lucie. Item, in uigilia Natalis Domini. Item, in omnibus Quatuor Temporibus. Item, toto tempore uite mee in diebus solitis, propter reuerentiam domine nostre Virginis gloriose. Item, de hedificio in aliquo loco beati Augustini, etc.

Td

<Ferdinandi autobiographia>

1. *In nomine Domini mei Iesu Christi, Virginis gloriose matris, beatorum Michaelis archangeli, utriusque Ioannis et beate Katerine uirginis.*

2. *Anno Domini m.ccc.xxxvi., in die xvii. Ianuarii in festo S. Antonii confessoris primi* (*secundi* Td) *Heremite et Cesaris hera m.ccc.lxxiiii.* <...>.

3. *Anno Domini m.ccc.liii., in die Mercurii xxv. mensis Septembris, intraui Bononiam causa studiorum. Die Veneris xi. Octobris, incepi audire decretum sub domino Paulo de Lyazariis decretorum excellentissimo professore.*

4. *Anno* <*m.cc.*>*lxi., die 28 mensis Iulii, intraui examinibus sub domino Ioanne Calderino decretorum et domino Ioanne de Lignano utriusque iuris et domino Andrea de Sancto Petronio nepote domini Ioannis Andree decretorum doctoribus, pro quo fui publice approbatus.*

5. *Anno eodem, in die dominica xvii. Octobris, recepi insignia doctoratus Bononie publice, in ecclesia sancti Petri, sub eisdem dominis doctoribus. Et eodem die ego doctoraui in iure canonico dominum Petrum de Toleto, qui fuit postea episcopus Oxomensis.*

6. *Et anno <m.>ccc.lvi., die Sabbati, v. Idus Aprilis, fui promotus ad acolitatus ordinem Ancone, in ecclesia maiori, per Reuerendum in Christo patrem fratrem Gundissaluum episcopum Segobiensem.*

7. *Et anno <m.ccc.>lxii., die Sabbati iii*^{or}*. Temporum iiii. Idus Martii, fui promotus ad ordinem subdiaconatus Ancone, in capella Roche Papalis, per Reuerendum in Christo patrem et dominum fratrem Ioannem episcopum Anchonitanum.*

8. *Et anno eodem, die Sabbati iiii. Nonas Aprilis, fui promotus ad ordinem diaconatus in eodem loco et per eumdem patrem.*

9. *Et anno Domini m.ccc.lxiii., x. die Octobris, feci Bononie sermonem in principio studii, quia fueram electus per uniuersitatem ad lecturam ordinariam Decreti, quam lecturam continuaui toto illo anno et postea pluribus sequentibus, prout infra patebit.*

10. *Et anno Domini m.ccc.lxvi., in die Lune* (revera dies Sabbati et non Lunae fuit) *xiiii. mensis Martii, dominus meus dominus Rex Henrricus fuit assumptus in ciuitate Calagurritana in Regem Castelle et Legionis per comitem dominum Tellium et comitem dominum Sancium fratres eius et infinitos clericos, nobiles, barones et comites castellanos et legionenses, aragonenses et cathalanos, gallicos et anglicos, britones et alamanos et de aliis diuersis mundi partibus, qui ibidem in eius adiutorium conuenerant contra Regem Petrum, qui tunc regnum Castelle et Legionis detinebat, et tunc in ciuitate Burgensi existebat. Et dicto domino Rege Henrico contra eum dirigente gressus suos, predictam cuitatem deseruit et a facie eius fugit, in quam dictus Rex ingressus in die Resurrectionis Domini nostri Iesu Christi, v. die Aprilis fuit cum multa gloria coronatus. Deinde dictum regem Petrum cepit persequi et usque in Sibiliam efugauit et tandem eum de toto regno expulit, qui uagus et profugus pro subsidio confugit ad principem Galliarum, primogenitum Regis Anglie, magna copia auri et argenti et multis aliis muneribus sibi datis. Qui princeps, propter dicta munera sibi data, negotia ipsius Regis Petri assumpsit pre manibus et uiriliter satis, et multis nobilibus hinc inde quesitis, anglicis, uasconibus, flemingis et aliquibus societatibus, in Yspaniam est profectus cum multitudine armatorum, quem associarunt, inter alios magnates, dictus Rex Petrus et Iacobus Rex Maioricarum, dux Alancastri (frater ipsius principis), comes Almaniaci, dominus de Lebreto et infiniti alii comites et barones. Et ingressus est per Nauarram, Rege Nauarre prodente Regem Henricum. Cui Rex Henricus occurrit ex aduerso et cum multitudine nobilium armatorum. Et in ipsis principiis fortuna sibi multum arisit et dicto principi multo fuit aduersa, nam in quibusdam congressibus semper sui subcubuerunt et ad maximam desperationem deuenit propter famen et alias multas calamitates. Set finaliter ex condictu prelium campestre et generale inierunt in campo quodam iuxta Naiaram, die Sabbati, iii. Aprilis, anno m.ccc.lxvii., in quo princeps obtinuit et Rex Henrricus subcubuit propter discordiam que fuit inter suos, in quo multi nobiles fuerunt capti, inter quos fuit captus dominus Sancius frater ipsius Regis,*

comes Denie consanguineus eius, dominus Alfonsus Enrrici filius ipsius Regis, dominus Petrus nepos eius, dominus Bertrandus de Guiuara, dominus Aluarus Garssie de Albornotio, Ioannes Remiri de Gusman, Petrus Fernandi de Velasco, Petrus Manrrique, Ioannes Sancii Manuel, Petrus Sarmiento, Petrus Gundissalui de Mendoça, Lupus Didaci de Rojas, Petrus Lupi de Ayala et frater eius Didacus Lupi, Garssias Aluari de Toleto, Sancius Sancii de Moscosso, Aluarus Lupi de Serna, Garsias Iufre filius admirantis, Gomecius de Castañeda, Sancius de Touar, episcopus Pascensis, Fernandus Arias de Sibilia, Petrus Malfeyto et inifiniti alii nobiles castellani et legionenses. De Francia uero dominus Bertrandus de Cliquino et senescalcus Francie, Elbeque de Villians. De Aragonia et Cathalonia dominus Philippus de Castro cognatus Regis Enrrici, dominus Ioannes Martini de Luna, dominus Petrus Fernandi de Yxar, dominus Petrus Boyl, dominus Petrus Jordan de Vris. De Nauarra dominus Ioannes Remiri de Arellano. De Portugalia Lupus Fernandi Pacheco et infiniti alii fuerunt capti. Interfecti uero fuerunt nobiles principales Suerus Petri de Quinnone, Sancius Sancii de Rojas, Garssias Lassi de Vega, Ynicus Lupi de Forosco, Gomecius Carrielo et multi alii. Ipse uero Rex Henrricus a suis uiolenter eductus a bello suorum industria est saluatus, licet ipse mori potius eligeret quam saluari. Et Yspaniam deserens diuino consilio in Franciam se recepit. Eius uero uxor domina Regina Ioanna tempore conflictus in ciuitate Burgensi manebat una cum filiis suis domino infante Ioanne et domina infantissa Eleonore et domina Ioanna sorore predicti Regis et infinitis aliis nobilibus, dominabus et filiis et filiabus multorum nobilium, quam cum predictis omnibus nouis habitis ceperunt dominus Lupus de Luna archiepiscopus Cesaraugustanus et dominus Fernandus Gomecii de Albornotio, qui ad eorum custodiam remanserant, et cum multis laboribus et sudoribus et periculis personarum usque in Aragoniam saluos conduxerunt. Princeps uero de uictoria gloriosus, per certam partem Yspanie est prouectus et dictum Regem Petrum ad maiorem partem regni restituit et cum Rege Aragonie aliquas confederationes procurauit et usque ad principium mensis Septembris in Yspania est moratus.

11. *Eodem anno, uidelicet m.ccc.lxvii., xxiii. die mensis Augusti, in die Lune, uigilia sancti Bartholomei apostoli, iiii. hora noctis, dominus meus dominus Sabinensis migrauit ad Dominum in Bastita Bel Repausi prope Viterbium, cum iam assignasset domino nostro domino Vrbano diuina prouidentia pape v. omnes terras quas habebat.*

12. *Predictus uero princeps, quia Rex Petrus fidem sibi mentitus est et de promissis nichil seruauit, sicut alias moris habebat, et quia multi de suis peribant propter infirmitates graues eis obuenientes propter aerem regionis eis incognitum, et etiam quia priuatis mortibus ab yspanis trucidabantur, circa principium mensis Septembris recessit de Yspania et per Nauarram transiens, rediit ad suum ducatum, contra dictum Regem Petrum satis stomacatus. Et intra breue tempus fuit grauissime infirmatus, a qua infirmitate numquam potuit liberari.*

13. *Rex autem Enrricus circa medium Septembris anni predicti m.ccc.lxvii., potius diuino sufultus auxilio quam humano, cepit in Yspania proficisci et per Aragonie regnum transiens, per loca inexcogitata una*

cum consorte sua domina Regina Ioanna et filio domino infante Ioanne, inuito rege Aragonie, peruenit in Castellam, et xxviii. die Septembris in uigilia sancti Michaelis Arcangeli aplicuit ad ciuitatem Calagurritanam, ubi cum honore et gaudio maximo fuit receptus tanquam eorum uerus Rex et dominus naturalis et ibi ad eum confluerunt plures Yspanie nobiles. Demum iuit ad ciuitatem Burgensem, ubi pontifex cum toto clero et populo utriusque sexus procesionaliter obuiam ei uenit per duas leucas. Et viii. die Octobris ingressus est illam, iudaismo et castro fortiter resistentibus. Que omnia in breui cepit et in dicto castro dictum Iacobum Regem Maioricarum captiuauit. Et ibi cepit dominum Philippum de Castro cognatum suum et quosdam alios suos nobiles quos a captiuitatibus liberauit. Deinde cepit Legionem. Et per Yspaniam discurrens ipse, uxor et filii et alii sui nobiles multas alias ciuitates, castra et uillas ceperunt, quarum alique libera uoluntate, alique coactione ad eius dominium deuenerunt. Et quia ciuitas. Toletana resistere fortiter nimis cepit, duram et arctam obsidionem posuit, que per annum durauit et ipsos compulit equos, mulas, asinos, canes et multa alia horrenda et etiam, prout a quibusdam asseritur, humanam carnem manducare.

14. *Anno Domini m.ccc.l.xviii., in die dominica* (revera dies Lunae fuit), *xxv. mensis Septembris, per iii. horas ante auroram, natus fuit Ioannes filius domini Gomecii in ciuitate Esculana. Et anno eodem, in die Iouis, die ii. Nouembris, ix. hora noctis, natus est Bononie Garssias filius eius.*

15. *Anno Domini m.ccc.lxix., in die dominica, xii. Februarii* <...> *hora noctis* <...>.

16. *Anno eodem, uidelicet m.ccc.lxix., circa principium ipsius anni, Rex Petrus cepit se parare ut ueniret Toletum ad leuandum inde Regem Henrricum, qui affligebat grauiter toletanos, et confederatione facta cum saracenis, congregato magno exercitu de ipsis sarracenis et etiam de christianis exiuit de Sibilia. Quod presentiens Rex Henrricus, congregatis suis nobilibus et obsidione toletana etiam dimissa fulcita, obuiam sibi exiit et iuxta castrum de Montiel in prelium conuenerunt die Mercurii, xiiii. mensis Martii, in quo prelio Rex Henrricus obtinuit et Rex Petrus fugit et in rocha dicti castri de Montiel se reclusit, ubi per dictum Regem Henrricum obsessus fuit, et die Iouis xxii. eiusdem mensis Martii captus et incontinenti decapitatus. Deinde dictus Rex Henrricus de uictoria gloriosus iuit in Sibiliam, que liberaliter se sibi dedit et multum honorifice eum recepit. Deinde habuit Toletum et regnum Murcie et quasi totum regnum, excepta Carmona et quibusdam aliis castris qui in sua malitia et pertinatia remanserunt.*

17. *Anno eodem, m.ccc.lxix., in Monte Flascone, dominus noster dominus papa Vrbanus v. promouit me, tunc existentem Bononie et ordinarie legentem Decretum, in episcopatum Vlixbonensem, in die Lune, iiii. Iunii.*

18. *Eodem anno, in die Veneris, vii. Septembris, scilicet in uigilia Natiuitatis Domine nostre, feci finem lecture mee ordinarie Decreti, quam Bononie continuaueram per sex annos, singulis annis electus per utramque uniuersitatem Studii Bononiensis.*

19. *Eodem anno, in die Sabbati, iiii*^{or}*. Temporum, die xxii. dicti mensis Septembris, fui in presbiterum ordinatus Bononie, in capella Collegii*

bone memorie domini mei domini Sabinensis, per dominum Petrum de Toleto episcopum Oxomensem.

20 *Eodem anno, in die dominica ultima eiusdem mensis Septembris, fui in episcopum consecratus Bononie, in ecclesia sancti Dominici, per dominum meum dominum Albanensem, sacrosancte Romane ecclesie cardinalem et domini nostri pape fratrem et omnium terrarum ecclesie in Ytalia consistentium citra regnum Sicilie uicarium generalem.*

21 *Anno m.ccc.lxx., die Iouis, xix. Decembris, mortuus fuit Auinione dominus papa Vrbanus v.*

22. *Anno a natiuitate Domini m.ccc.lxxi., die Lune* (revera dies Martis fuit), *xxx. Decembris, dominus meus dominus Belli Fortis fuit assumptus in summum pontificem et fuit uocatus Gregorius xi.*

23 *Eodem anno, in die dominica, xxiii. Februarii, natus fuit Fernandus nepos meus ex domina Caterina sorore mea.*

24 *Eodem anno, supradictus dominus Gregorius transtulit me de episcopatu Vlixbonensi ad archiepiscopatum Yspalensem, in die Lune, ix. mensis Iunii.*

25 *Anno m.ccc.lxxii., in die Veneris, hora uesperorum, x. mensis Septembris recessi de Bononia.*

6 post *lxxiiii.* aliqua deficere uidentur (fortasse haec est indicatio diei natalis Ferdinandi) 42 post *detinebat* scriptura (eiusdem manus) clarior evadit 50 post *datis* scriptura (ex eadem manu) nigrior evadit 54 et Iacobus *om.* T^{ae} 98-113 marg. scripsit *Ioannes Baptista Perez Aegidii Albornotii Cardinalis mors* 139 in die Iouis *om.* T^{ae} 140 filius] et praem. T^{ae} (notam Garssiam filium illegitimum fuisse) 141 scriptura aliquatenus differens hic incipit (fortasse eiusdem manus) 142 post *noctis* asteriscum in manuscripto invenitur, sed ubinam remittit lectorem minime apparet; nonnulla deficere videntur 173 scriptura recentior hic incipit, utrum ipsius vel diferentis manus nescio 183 scriptura recentioris aetatis hic incipit

[illegible] ... Petrus de ... [illegible] episcopus Giennensis.

[illegible]

6 post [illegible] aliqua deleuere uidentur (fortasse haec est indicatio dici mensis) [illegible] ... 62 post [illegible] scriptum, ... [illegible] clarior [illegible] ... 80 post [illegible] scriptum (ex eadem manu ...) clarior [illegible] ... 94 et Iacobus [illegible] ... 98 [illegible] manu ... scripsit [illegible] ... 139 in die ... [illegible] ... 140 [illegible] ... Cassianus [illegible] ... 141 scriptura aliquantum [illegible] ... 142 post ... asteriscus in manuscripto inuentum, sed ultimum [illegible] lectori [illegible] ... 173 scriptura recentior ... [illegible] ... scriptura recentioris [illegible] hic [illegible]

8. NUEVAS OBRAS DE CLEMENTE SANCHEZ, ARCEDIANO DE VALDERAS *

1. Datos biográficos

Clemente Sánchez es un escritor de la primera mitad del s. xv, cuyo influjo se extiende hasta mediados de la siguiente centuria. Su proyección se refiere no sólo al reino de Castilla, sino también a Cataluña y Portugal. Su vida y su obra no han sido aún objeto de una monografía definitiva, cosa que tampoco voy a ofrecer en estos dos breves capítulos. Mi intento consiste simplemente en dar a conocer al público culto algunas obras suyas, unas ya localizadas y otras que aún no se encontraron.

Por lo que a la vida se refiere, Eloy Díaz-Jiménez y Molleda reveló, en dos interesantes estudios [1], un importante filón documental sobre Clemente Sánchez, extraído del Archivo Capitular leonés. En esta documentación aparece actuando nuestro personaje en dos cabildos de 1420, en veintiséis de 1421, en dos de 1423, en cincuenta y seis de 1424, en quince de 1425, y en uno de 1434 [2]. Unas veces se registra su presencia simplemente como testigo, otras recibe concesiones de la corporación capitular, y otras, en fin, toma parte, a veces decisiva, en la gestión de importantes asuntos ventilados por los canónigos.

En uno de los artículos que acabo de extractar, concluye su autor que Clemente Sánchez 'falleció... antes del año 1436' [3]. También afirma que 'residió en León desde 1406 hasta el 8 de diciembre de 1436, siendo muy promable que falleciera en uno de los días que corrieron desde el 8 al último

* Este capítulo apareció en RET 34 (1974) 69-89. En el cap. siguiente se completan y matizan algunas apreciaciones contenidas en éste.

1 E. Díaz-Jiménez y Molleda, 'Clemente Sánchez de Vercial', *Revista de Filología Española* 7 (1920) 358-68; idem, 'Documentos para la biografía de Clemente Sánchez de Vercial', *Boletín de la Biblioteca de Menéndez Pelayo* 10 (1928) 205-24.

2 Esta enumeración no es exhaustiva, como puede verse en R. Rodríguez, 'Extracto de actas capitulares de la Catedral de León', *Archivos Leoneses* 11 (1957) 147-75, donde enumera algunas de las actas ya indicadas en la bibliografía citada en la nota anterior. Pero añade también algunas nuevas. Cf., por ejemplo, páginas 149, 151 y 152, donde aparece Clemente Sánchez en 31 de Marzo de 1423, 28 de Enero y 10 de marzo del mismo año. Una investigación más a fondo en León y demás lugares frecuentados por nuestro personaje, sin duda podrá dar todavía nuevos resultados. Véase también en este sentido infra nota 31.

3 Cf. primer art. cit. supra nota 1, p. 363-64.

del mencionado mes y año, toda vez que no asiste a los cabildos celebrados en estas fechas ni en los celebrados en el año 1435' [4]. En seguida veremos que no es ésa en realidad la fecha de su muerte ni residió en León todo ese lapso de tiempo. De todas formas, según el estudioso que acabo de citar, Clemente Sánchez habitó en una casa del Cabildo leonés, sita en la calle de los Cardiles, en la que un siglo más tarde vivieron el poeta Juan del Enzina (1468-1529/30) y el orfebre Enrique de Arfe que aparece afincado en León durante el primer tercio del s. XVI [5].

El padre Vicente Beltrán de Heredia amplía notablemente estos datos a base de la documentación relativa a la Universidad de Salamanca [6]. De esta documentación emergen valiosos detalles sobre el paso del futuro arcediano de Valderas por las aulas salmantinas y sobre los beneficios eclesiásticos que disfrutó a lo largo de su vida. He aquí, en resumen, el contenido de estos documentos.

El 12 de Octubre de 1392, Clemente figura en un rótulo de la Universidad de Salamanca, entre otros 36 peticionarios, diciéndose de él: *Item, Clementi Sancii, clerico Segobiensis dioecesis, studenti in iure civili, de canonicatu sub expectatione preabendae ac praestimoniorum etc. in ecclesia Abulensi, non obstante quod unum in sancti Iacobi et aliud in sancti Iusti de Sepulveda ecclesiis Segobiensis dioecesis noscitur obtinere beneficiis...* [7]. O sea, que tenía un beneficio en la Iglesia de Santiago y otro en la de San Justo de Sepúlveda (Segovia), y pide una canonjía a Avila, que no llegará a obtener.

El 13 de octubre de 1394 tenía, además de los dos beneficios de Sepúlveda, una canonjía en Ciudad Rodrigo, y pide otro beneficio en la misma iglesia mirobrigense que ascendiera a la cuantía de 100 libras tornesas, añadiendo que los dos beneficios anteriores totalizaban 50 florines áureos de Aragón. Para esta fecha ya se dice bachiller en leyes [8].

El 29-31 de Octubre de 1394 le es concedida la expectativa de un canonicato en Segovia, con una renta de 30 libras tornesas, mencionándose los dos beneficios de Sepúlveda, pero no la canonjía de Ciudad Rodrigo, por lo que es de suponer que ya no la disfrutaba [9]. En este documento se indica que ya había estudiado tres años de derecho civil, lo cual está aparentemente en contradicción con el documento anterior, en el que se decía ya bachiller [10].

4 Ibid., 364.
5 Ibid.
6 V. Beltrán de Heredia, *Bulario de la Universidad de Salamanca* 1-2 (Salamanca 1966); idem, *Cartulario de la Universidad de Salamanca* 1 (Salamanca 1970). En las notas siguientes se citan los pasajes de estas dos obras en donde aparecen los datos que aquí nos interesan.
7 *Bulario* 1, n. 214, p. 25, 492.
8 *Bulario* 1, n. 221a, p. 505-6.
9 *Bulario* 1, n. 299, p. 540.
10 Acerca de los años que se requerían en Salamanca para el bachillerato en leyes y cánones, cf. mi artículo 'Los estudios jurídicos en la Universidad Medieval', *Lex Ecclesiae: Estudios en Honor del Prof. Dr. Marcelino Cabreros de Anta* (Bibliotheca Salmanticensis 1; Salamanca 1972) 160, reeditado en mis *Estudios*, cit. supra cap. 6, nota 2, p. 17-65.

La explicación de esta incongruencia está en el hecho de que el documento primero presenta la fecha adelantada, como ya notó Beltrán de Heredia [11].

Benedicto XIII le concede en 21 de Mayo de 1412 el arcedianato de Valderas, haciendo constar que era bachiller en decretos y canónigo de León [12]. El mismo día aparece otro *motu proprio* del mismo pontífice adjudicando a otro el arcedianato de Valdemuriel, que poseía Clemente Sánchez, por quedar vacante al ser promovido éste al de Valderas [13].

El 11 de Mayo de 1414 recurre al papa Benedicto XIII, pidiéndole le confirme algunos prestimonios que tenía en diferentes iglesias leonesas, cuyo producto no llegaba a 50 libras de oro aragonesas, sobre cuya legitimidad nuestro personaje abrigaba algunas dudas [14].

El 11 de Noviembre de 1419 Clemente estaba en Zaragoza, al servicio del arzobispo franciscano Alfonso de Argüello, por lo que no podía visitar personalmente su arcedianato de Valderas. En esa fecha, le concede el papa, a petición del mencionado arzobispo, que durante un quinquenio pueda hacer visitar por otro el arcedianato, sin perder por ello el derecho a las procuraciones que le eran debidas con motivo de la visita canónica. Aquí se alude a su delicado estado de salud *(corpore aliquando ipsius infirmari contingit)* [15]. El mismo arzobispo pide al papa, en 12 de Junio de 1420, que Clemente Sánchez pueda tener otra dignidad aparte del arcedianato. Con tal motivo hace un encendido elogio de su recomendado: *Cum praefatus archiepiscopus inter alios et prae aliis unum habeat familiarem et socium a magno tempore citra obsequiis suis insistentem, virum utique notabilem, antiquum et honestum, in iure civili baccalarium, vocatum Clementem Sancii, archidiaconum de Valderis in ecclesia Legionensi, qui a diu citra, si voluisset, gradum et insignia doctoratus in dicto iure civili recipere potuisset, et hic, quamvis ad maiora sufficiens et idoneus, non habeat nisi dictum archidiaconatum de Valderis cum quibusdam modicis praestimoniis et nonnullis aliis simplicibus beneficiis ex quibus secundum status sui decentiam non potest commode sustentari, cum eorum fructus etc. Ultra ducentorum florenorum de Camera in portatis secundum communem aestimationem* [16]. La poligamia beneficial había adquirido tal carta de naturaleza, que hasta una persona honesta como Clemente Sánchez se ve atrapada entre las mallas del sistema [17].

El 15 de Abril de 1427, Clemente, anciano y achacoso, pide licencia para visitar por procurador su arcedianato de Valderas, sin perjuicio de su derecho a las procuraciones o tasas que según el ordenamiento canónico de entonces se pagaban al titular del beneficio con motivo de la visita. En la mis-

11 *Cartulario* 1, p. 438.
12 *Bulario* 1, n. 463, p. 49.
13 Ibid., n. 464, p. 50.
14 Ibid., n. 516, p. 83.
15 Ibid., n. 599, p. 141-42.
16 Ibid., n. 613, p. 152-53.
17 Cf. sobre este tema el art. cit. en la nota 10, 164-67.

ma concesión se le otorga permiso para rezar el oficio divino según la costumbre de la Iglesia romana [18].

El 13 de Junio de 1429, Mateo Sánchez, cantor de la iglesia de Sigüenza, pide la porción que Clemente resignaba en Zaragoza [19]. Este Mateo Sánchez, bachiller en decretos, parece ser uno de los amigos que tenía en Sigüenza. Otra amistad del tiempo de sus visitas a esta ciudad es el canónigo Juan de Barbolla, a quien dedica nuestro autor el *Libro de exemplos por A. B. C.* y para quien había escrito anteriormente los tratados canónicos de que nos ocupamos más abajo con el nombre de *Compendium censure* [20].

El 4 de Octubre de 1438, Pedro Gómez de Porras, canónigo de Toledo, pide el arcedianato de Valderas, vacante por muerte de Clemente Sánchez. Aquí se indica que las rentas del arcediano de Valderas no excedían la cantidad de 200 libras tornesas [21]. Aparentemente, el arcedianato de Valderas se concede a Juan Rodríguez de San Isidro, quien recurre al papa para aclarar algunas dudas el 13 de Diciembre de 1438 [22]. En realidad, a la muerte de Clemente Sánchez, hubo cuatro pretendientes para sucederle, sin que se sepa con certeza a quién se le adjudicó definitivamente. Según las alternativas del proceso que se siguió por la posesión de este pingüe y honorífico beneficio, aparecen diferentes personajes investidos momentáneamente del cargo [23]. No es presumible que el arcedianato de Valderas estuviese vacante por muchos meses, sin que nadie lo pidiera. Por ello, es prácticamente seguro que la muerte de Clemente Sánchez ocurrió ese mismo año de 1438, y no antes de 1436, como se ha dicho. El 28 de Octubre del mismo año se concede a Diego de León el canonicato y prebenda que había quedado vacante en León por muerte de Clemente [24].

En toda esta documentación se llama a nuestro personaje simplemente Clemente Sánchez. El sobrenombre de *Vercial* proviene del prólogo de su obra titulada *Sacramental,* donde se le designa de este modo, con lo que parece indicarse su lugar de origen. 'Teniendo en cuenta que hay dos pueblos que llevan ese nombre, Bercial en Segovia y Bercial de Zapardiel en Avila, parece natural que lo hagamos oriundo de uno de los dos. En cuanto a la ortografía de la palabra, con relación a los pueblos ha prevalecido Bercial, mas respecto a la persona del escritor los historiadores, dejándose guiar por los manuscritos, han adoptado el Vercial' [25]. En dos súplicas se dice clérigo segoviano, por lo que, como observa Beltrán de Heredia, es más verosímil que naciera en el Bercial de Segovia que en el de Avila. Esta cuestión parece aclararla u obscurecerla el mismo Clemente, cuando alude a una estancia suya

18 *Bulario* 2, n. 755, p. 300.
19 Ibid., n. 805, p. 331.
20 Cf. *Cartulario* 1, p. 446.
21 *Bulario* 2, n. 937, p. 433.
22 Ibid., n. 491, p. 437-38. Aquí se habla de que las rentas no excedían las 600 libras tornesas
23 Cf. sobre todo este asunto *Cartulario* 1, p. 447-53.
24 *Bulario* 2, n. 939, p. 434-35.
25 *Cartulario* 1, p. 437.

en Sepúlveda con estos términos: ...*nuper cum in Sepulueda* (MS *Sepuluega*) *mei originis loco morbo podagre laborarem*... [26]. Ahora bien, el Bercial de Segovia no está precisamente en el término de Sepúlveda, sino en el de Santa María de Nieva. Por consiguiente, cabe preguntarse si lo de Vercial fue introducido gratuitamente por los amanuenses o editores, o si con ese sobrenombre se alude realmente al lugar de origen, o si Clemente Sánchez alude a los comienzos de su carrera beneficial al llamar a Sepúlveda 'mi lugar de origen', o si toma la parte por el todo, llamando lugar de origen a Sepúlveda en vez de la diócesis de Segovia.

Todas las respuestas resultan forzadas, como no sea la de que su verdadero lugar de origen es Sepúlveda y no Bercial. La circunstancia de que el manuscrito del *Compendium censure,* que luego comentaremos, ponga *Sepuluega* y no *Sepulueda* no tiene mayor importancia. De hecho, también pone, unas páginas antes, *Barlulla* en vez de *Barbolla* y unas líneas más abajo, *copulaui* en vez de *copillaui.* Fuera de un códice escurialense y otra de Soria, el sobrenombre de Vercial no aparece en los códices de las obras de Clemente Sánchez, hoy día conocidos, ni en las actas capitulares de León, ni en la documentación del *Bulario* de Salamanca. Sólo aparece en las ediciones del *Sacramental,* a partir de la primera. Como es bien sabido, los editores, sobre todo los primeros cometieron con frecuencia esta clase de errores, unas veces adrede y otras inconscientemente. Es bien conocido el caso de varios opúsculos atribuidos indebidamente por los impresores al civilista Bartolo de Saxoferrato. Por lo dicho, me parece que no podemos seguir llamando a nuestro personaje Clemente Sánchez de Vercial, como se ha hecho hasta ahora, sino que su nombre era Clemente Sánchez a secas.

Suele asignarse el 1370 como fecha aproximativa del nacimiento de Clemente. Sostiene Beltrán de Heredia [27] que tal vez haya que adelantar algo esta fecha, si se tiene en cuenta que, como hemos visto, en 1427 Clemente se dice enfermo *(valetudinarius)* a consecuencia de que era viejo *(senex),* lo que no parece avenirse con la edad de 57 años que entonces tendría, de haber nacido en 1370. Este razonamiento no carece de verosimilitud. Sin embargo, hay que tener en cuenta que el ilustre investigador dominico escribía esto a la edad de 83 años, y que en el s. XV el índice medio de longevidad era mucho más bajo que ahora.

Un personaje que influyó decisivamente en la orientación de la vida de Clemente fue el franciscano Alfonso de Argüello, catedrático de teología en Salamanca hasta 1403, obispo de León (7 Agosto 1403), de Palencia (19 Agosto 1415), de Sigüenza (7 Junio 1417) y arzobispo de Zaragoza (7 Junio 1419-Febrero 1429). La amistad entre Clemente y Argüello se remonta sin duda a los tiempos en que coincidieron muchos personajes en Salamanca, continúa en León durante el pontificado de Argüello y sigue, sin mayores

26 Clemente Sánchez, *Compendium censure* (MS 147 fol. 7va de la Biblioteca de Santa Cruz de Valladolid).

27 *Cartulario* 1, p. 438.

dificultades de desplazamiento, durante el episcopado de este último en Palencia. Una vez trasladado a Sigüenza y Zaragoza, vemos a Clemente residiendo temporadas en estas dos ciudades [28].

La presencia de Clemente Sánchez en León fue intermitente, debido a las ausencias apuntadas. Se le menciona por primera vez en la capital leonesa en 1406 [29]. Para esta fecha, ya era canónigo de León, y recibe de Argüello la encomienda de redactar unas ordenanzas para el Hospital de S. Lázaro de la capital leonesa. Es presumible que Argüello tratara de hacerlo canónigo apenas llegó a León como obispo en 1403. Por ello, la estancia de Clemente en León comienza sin duda antes de 1406.

Otro aspecto que hay que subrayar en la biografía de nuestro arcediano es su desinterés, su sentido del cumplimiento de los deberes de su cargo y su celo pastoral. La titulación académica como bachiller en ambos derechos y el elevado cargo de arcediano de Valderas constituían un fácil trampolín para obtener mayores beneficios y dignidades. Sin embargo, no aparece interesado en ello. Se le ve, por el contrario, celoso por realizar la visita pastoral a su demarcación por sí mismo, y cuando esto le resulta imposible, se preocupa de que otros la hagan por él. Esto le permitirá hablar muy alto en su *Sacramental* contra los clérigos que no cumplen con los deberes anejos a sus beneficios residenciales [30]. En cuanto a la pluralidad de beneficios, es cierto que se ve implicado en el viciado sistema que entonces se practicaba, pero se contenta con pequeños beneficios simples, que no implicaban el deber de residencia. A veces aparece gestionándolos personalmente, y en otras ocasiones es su amigo Argüello quien se los procura. A la muerte de éste, ocurrida en febrero de 1429, Clemente se da prisa en renunciar a una porción que Argüello le había dado en Zaragoza, sin duda como premio por sus relevantes servicios.

No es extraño que el Cabildo de León mostrara por Clemente Sánchez una estima nada corriente, como puede apreciarse por las actas capitulares antes aludidas. Una de las muestras de este aprecio por parte del Cabildo es el hecho de haberle encomendado el gobierno del obispado durante la sede vacante que se produjo en 1424, a la muerte del obispo Juan de Villalón.

Clemente debía poseer una rica biblioteca que legó al Cabildo leonés. No he visto su testamento ni otro documento alguno en donde se dé la lista de sus libros. Pero cabe, hasta cierto punto, intuirla por las obras alegadas en sus escritos. Naturalmente, hay citas de segunda mano, pero menos de lo que es corriente en la generalidad de los autores medievales. Muchas

28 Cf. *Cartulario* 1, 439 y 443. Sobre el significado del franciscano Alfonso de Argüello y los dominicos Gonzalo de Alba y Lope de Barrientos, profesores en la recién fundada Facultad de Teología de Salamanca, ver B. Alonso Rodríguez-F. Cantelar Rodríguez-A. García y García, 'El *Liber synodalis* salmantino de 1410', REDC 41 (1986) en prensa.

29 M. Risco, *España Sagrada* 36 (Madrid 1787) 46.

30 Cf. *Cartulario* 1, 441-43, donde se transcriben algunos párrafos del *Sacramental* de Clemente Sánchez, significativos bajo este aspecto.

de las obras presentan claros síntomas de haber sido utilizadas directamente, como es el caso de la mayoría de los canonistas que alega en el *Compendium censure*. Los catálogos de los manuscritos del Cabildo de León no traen indicaciones de los antiguos usuarios, por lo que no he podido localizar en ellos el menor resto del legado de libros de Clemente Sánchez al Cabildo leonés [31].

2. Obras

He aquí la lista de las obras de Clemente Sánchez por orden cronológico de aparición:

1) *Ordenanzas para el Hospital de S. Lázaro de León.* Nuestro autor recibió del obispo Argüello el encargo de redactar estas *Ordenanzas,* en 1406, como queda ya referido [32]. No conozco el texto de las mismas, que tampoco he buscado especialmente.

2) *Sacramental.* Según las indicaciones que se registran en el prólogo, fue compuesto entre el 3 de Agosto de 1421 y fines de marzo de 1423. Lo comenzó en Sigüenza y lo concluyó en León. Esta obra reviste gran interés para la historia de la pastoral, ya que constituyó un manual para sacerdotes con cura de almas durante un siglo. En el famoso Indice de Valdés de 1559 fue recogido y condenado el *Sacramental,* que aparece como prohibido en el índice de 1583, y en los siguientes. La condenación del libro concluye con un siglo de circulación de la obra en múltiples ediciones y es causa de que hoy día se encuentren relativamente pocos ejemplares [33]. Existen las siguientes ediciones del Sacramental:

31 Cf. R. Beer-J. E. Díaz Jiménez, *Noticias bibliográficas y Catálogo de los Códices de la Santa Iglesia Catedral de León* (León 1888); Z. García Villada, *Catálogo de los códices y documentos de la Catedral de León* (Madrid 1919). En este último autor (p. 113, n. 758) se cita un pergamino, en el que Clemente Sánchez ratifica la adhesión de la iglesia de Gallegos a Santa Cristina. Este documento no aparece registrado en los estudios citados más arriba, en la nota 1 de este capítulo.

32 Cf. supra nota 29. El encargo de redactar estas ordenanzas fue dado a Clemente Sánchez juntamente con Fr. Alonso, Comendador del Santo Sepulcro y arcipreste de la ciudad de León.

33 Cf. F. Vindel, 'El arcediano Sánchez de Valderas y su libro *El Sacramental*', *Artículos bibliológicos* (Madrid 1948) 112-130. En el índice de 1559, hay una cláusula que abarca ya de alguna manera libros como el de Clemente Sánchez: 'Todos y qualesquier sermones, cartas, tractados, oraciones o otra qualquier escriptura scripta de mano, que hable o tracte de la sagrada Escriptura o de los sacramentos de la sancta Madre yglesia y religión christiana'. *Die Indices Librorum Prohibitorum des sechsehnten Jahrhunderts* gesammelt und herausgegeben von Fr. Heinrich Reusch (Tübingen 1886 = Niuwkoop 1970) 240. Esto se refiere naturalmente a obras manuscritas, no impresas, como era el caso de Clemente Sánchez. Pero una página antes (p. 239) se cita nominalmente el *Sacramental de Clemente Sánchez Vercial* (sic.) En la p. 362 aparece incluido en el índice portugués de 1581. En la p. 439 se registra su inclusión en el índice de Quiroga de 1583. Entre los índices posteriores, véase por ejemplo *Novissimus Librorum Prohibitorum et Expurgandorum Index por Catholicis Hispaniarum Regnis, Philippi V Reg. Cath., ann. 1707* (Madrid 1707) 235: 'Clemente Sánchez de Vercial, su Sacramental, impreso en Sevilla 1551 y de otra cualquiera impressión se prohibe'.

a) Según Francisco Vindel, a quien resumo aquí especialmente, hay una edición xilográfica, hecha en Sevilla hacia 1470. Esta edición reviste la especial importancia de que no constituye tan sólo la primera edición del *Sacramental,* sino que, al parecer, es el primer libro incunable conocido impreso en España con caracteres móviles, con anterioridad a la venida de los impresores alemanes de Nürnberg. El único ejemplar hasta ahora conocido fue descubierto y estudiado por Vindel en la librería de don José Lázaro Galdiano [34].

b) Otra edición, sin indicaciones de lugar ni fecha ni impresores, fue realizada en Castilla, hacia 1475 [35].

c) Hay otra edición, sin indicaciones de impresores ni de lugar ni de fecha, que también fue impresa en Castilla como la anterior, hacia el año 1475, y de la que quedan ejemplares en la Biblioteca Nacional de Madrid y en El Escorial [36].

d) Edición de Toulouse, impresa por Martín Huss Botwar, hacia 1477-1480 [37].

e) La primera edición fechada fue impresa en Sevilla, por Antonio Martínez, Alonso del Puerto y Bartolomé Segura, 1 de Agosto de 1477 [38].

f) Sevilla, los mismos impresores, 28 de Mayo de 1478, lo que parece indicar que en nueve meses se agotó la anterior edición [39].

34 F. Vindel, en el artículo citado en la nota anterior, pp. 124-126; *El arte tipográfico en España durante el s. XV, 5: Sevilla y Granada* (Madrid 1949) XXIX-XXXII y 3-11, con reproducción de ocho páginas tomadas del ejemplar de D. José Lázaro Galdiano y otra página del ejemplar de D. Manuel de Ontañón (Madrid). En el último tomo de la obra de Vindel que acabo de citar, que lleva por subtítulo *Dudosos de lugar e impresión. Adiciones y correcciones a toda la obra* (Madrid 1951) XXIII se habla también de esta edición. El ejemplar de D. José Lázaro Galdiano no se encuentra ahora en la Fundación de su nombre, sita en la calle de Serrano, 122. Es verosímil que se encuentre en la Biblioteca Nacional de Madrid, cf. A. Rodríguez Moñino, *Diccionario Bibliográfico de pliegos sueltos poéticos (s. XVI)* (Madrid 1970) 78.

35 F. Vindel, *El arte tipográfico en España durante el s. XV. Dudosos de lugar de impresión. Adiciones y correcciones a toda la obra* (Madrid 1951) 18-24, donde reproduce seis páginas tomadas del ejemplar que se conserva en la Biblioteca Nacional de Madrid bajo la signatura I/572.

36 Ibid. 24-32, donde se reproducen ocho páginas, siete del ejemplar de la Biblioteca Nacional de Madrid (signatura: I/1863) y una del que hay en el Escorial bajo la signatura 75-VII-14. Como puede apreciarse fácilmente por las fotos, esta edición es diferente de la que se indica en el anterior apartado.

37 Ibid. XXIII-XXV, donde no da ninguna reproducción por no tratarse de una edición española, que es la temática de esta obra de Vindel.

38 F. Vindel, *El arte tipográfico en España durante el s. XV, 5: Sevilla y Granada* (Madrid 1949) 20-24, con cinco reproducciones tomadas del ejemplar de la Biblioteca Nacional de Madrid y de El Escorial. Véase una descripción del ejemplar de esta edición del Escorial en B. Fernández, 'Incunables españoles en la Biblioteca del Escorial', *La Ciudad de Dios* 87 (1911) 436-37. En las páginas 432-35 describe el ejemplar escurialense de la tercera edición antes aludida.

39 Ibid. 25-29, con cinco reproducciones tomadas del ejemplar de la Biblioteca Nacional (signatura: I/1.055). Hay también ejemplares en El Escorial, Biblioteca Nacional de Lisboa y en la Hispanic Society of America Library (New York).

g) Lérida, Enrique Botel, 5 de Septiembre de 1495. Esta edición está en lengua catalana [40].

h) Sevilla, Meinardo Ungut y Estanislao Polono, 9 de Agosto de 1496 [41].

i) Lisboa, Pedro de Cremona, 1502 [42]. Esta edición está en portugués.

j) Logroño, maestro Arneo Brocar, 1504 [43].

k) Burgos, Fradique Alemán de Basilea, 1516 [44].

l) Toledo, Miguel de Eguya, 1 de Marzo de 1527 [45].

m) Braga, Johan Beltran, 15 de Febrero de 1539 [46]. Es una traducción portuguesa.

n) Sevilla, Juan Cromberger, 15 de Enero de 1544 [47].

No describo aquí más detenidamente estas ediciones. Tampoco se relatan en este artículo las diferentes apreciaciones de que fueron objeto algunas de estas ediciones por parte de diferentes estudiosos. Para todos estos detalles remito al lector a la bibliografía citada a propósito de cada edición.

Se conocen actualmente los siguientes códices del *Sacramental*: MS 56 fol. 1r-226r de la Biblioteca Nacional de Madrid, MS 9.370 fol. 1ra-136va de la misma Biblioteca, MS J. II. 20 fol. 1r-306r de la Biblioteca del Escorial y MS 25-H fol. 1ra-200vb (incompleto al final) de la Biblioteca Provincial de Soria. En el testamento del año 1464, citado en el cap. 1, nota 42 de este libro, se alude a un códice del Sacramental en estos términos: 'Item, un Sacramental del Arçediano de Valderas, escripto en papel, con sus tablas

40 Ibid., t. 1: *Cataluña* (Madrid 1945) 178-79, con dos reproducciones del ejemplar de la Biblioteca Provincial de Tarragona. Hay también ejemplares de esta edición en la Biblioteca Universitaria de Caller, en el British Museum de Londres y en la Biblioteca Fort de Borrasá de Figueras. Cf. también F. Vindel, en el volumen cit. supra, nota 35, pp. 106-7, donde se reproduce una página del ejemplar que se conserva en la Biblioteca Central de Barcelona. Cf. A. Palau y Dulcet, *Manual del Librero Hispanoamericano* 19 (Barcelona 1967) 354, n. 296 p. 433.

41 F. Vindel, obra cit. supra nota 38, t. 5 (Madrid 1949) 251, que toma su descripción de C. Haebler, *Bibliografía ibérica del s. XV* 1 (La Haya-Leipzig) 1903-17, n. 599. El único ejemplar de que se tiene noticia fue puesto a la venta en Lisboa, en 1898, ignorándose su actual paradero. Según el mismo Haebler, la descripción no parece correcta.

42 Cf. F. Vindel, art. cit. supra n. 33, 128. Francisco da Silva, *Diccionario Biográfico Portugués* (Lisboa 1859) 82 cita una edición de Lisboa (1488), que debe ser un error, ya que no se conoce ningún otro vestigio de tal edición. Para las ediciones de Clemente Sánchez, téngase también en cuenta la obra de F. J. Norton, *A descriptive catalogue of printing in Spain and Portugal 1501-1520* (Cambridge 1978), que no había aparecido aún cuando se redactó este capítulo.

43 Cf. A. Palau y Dulcet, obra cit. supra, nota 40, p. 354, n. 296.429, donde cita un ejemplar de la Biblioteca Colombina de Sevilla.

44 Ibid. p. 354, n. 296.430, donde alude a un ejemplar de la Biblioteca Nacional de Madrid.

45 Ibid. p. 354, n. 296.431, que alude a un ejemplar de la Biblioteca Provincial de Toledo.

46 Ibid. p. 354-55 (sin el número correspondiente). Esta edición reproduce la de Lisboa de 1502.

47 Ibid. p. 354, n. 296.432, donde cita otra edición de Sevilla de 1551 (cf. supra, nota 33), cuya existencia no parece segura.

cubiertas con cuero colorado, con dos çerraduras, e con su cobertura de lienço blanco.' En el MS fond espagnol 432 fol. 151r-171v de la Bibliothèque Nationale de Paris, que no he visto, dice Keller que se encuentra también el *Sacramental,* lo que obviamente habrá que entender de un fragmento y no de toda la obra, dado el reducido número de folios que ocupa [78].

Dejando para otra ocasión un análisis doctrinal de esta obra, creo interesante transcribir aquí un párrafo del prólogo, en el que su autor da la lista de las fuentes utilizadas, que coinciden en gran parte con las del *Compendium censure,* como luego veremos. Dice así el pasaje citado que transcribo de la tercera edición antes aludida:

> '...no entiendo aqui escreuir cosa alguna de mi entendimiento nin de mi poco saber, mas lo que Dios me administrare e fallo escripto en estos libros que se siguen: Biblya, Maestro de las Sentencias, Decreto, Decretales, Sexto, Clementinas, Extravagantes, Sant Ysidoro en las Ethimologias, Catholicon, Papias, Huguicio, Estorias escolasticas, Textos de leyes, San Jeronimo, Santo Thomas de Aquino. El Nicolao de Lira, Sant Gregorio, Alexandre de Ales, Arcidiano sobre el Decreto e sobre el Sexto, Inocencio, Bernardo, Tancreto, Gofrido, Hostiense, Henrrique, Guillermo de Monte Landino en el Sacramental, Guillermo en el Racional, Glosa del salpterio, Summa Bartolina, Johan de Calderin, Chino, Bartolo, Scala, Ildibrandina..., Iohannes in Summa confessorum, Leyes de Partidas e de fueros de Castilla e de otras escripturas santas que yo pude hauer'.

En la bibliografía que cito más abajo a propósito de las fuentes del *Compendium censure* podrá el lector identificar fácilmente los autores y obras aquí aludidos. Pese a que la mayoría de estas autoridades provienen del campo jurídico, el tono de la obra no es prevalentemente canónico, sino didáctico-pastoral.

Mientras no se haga un estudio a fondo del *Sacramental* de Clemente Sánchez, quedará en penumbra una vasta zona de un siglo de historia de la cura pastoral en Castilla y parcialmente en Portugal y Cataluña. Esta obra presenta un copioso bagaje de erudición a la par que una grande experiencia de conocimientos prácticos y practicados por el autor.

3) *Mammotrectus in alphabetum.* Esta obra, que aún no se ha localizado, fue escrita por Clemente Sánchez, según él mismo afirma en el colofón de su *Compendium censure,* que transcribimos al hablar de este escrito. El *Mammotrectus* de que aquí se habla es la famosa obra del franciscano Iohannes Marchesinus, de la que se conservan infinidad de manuscritos e

48 Véase una descripción del primer manuscrito citado en R. Paz Remolar-J. López de Toro, *Inventario General de manuscritos de la Biblioteca Nacional* 1 (Madrid 1953) 54. El otro códice de la Biblioteca Nacional no aparece aún descrito en este *Inventario,* que sólo alcanza hasta el n. 3.026. Sobre el del Escorial, cf. J. Zarco Cuevas, *Catálogo de los manuscritos castellanos de la Real Biblioteca de El Escorial* 2 (Madrid 1926) 107-8. Sobre el códice de París, véase A. Morel Fatio, en el estudio citado más abajo en la nota 60; J. E. Keller, cit. infra, nota 65, p. 21.

incontables ediciones[49]. La labor de Clemente sobre esta obra es descrita por él mismo con estas palabras: *...reduxi Mamotretum in alphabetum*[50].

4) *Libellus de Horis dicendis,* mencionado por nuestro autor en el mismo pasaje que el anterior (*ordinaui libellum de Horis dicendis*), y que damos a conocer en el cap. siguiente de este libro. Por sus palabras, parece tratarse más del arreglo de un escrito preexistente que de la redacción de una nueva obra.. Este género de tratados sobre las Horas canónicas fue muy difundido, precisamente en torno a la primera mitad del s. xv. Limitándome sólo a autores españoles, tenemos el *Tractatus de Horis canonicis* de Pedro de Luna (Benedicto XIII)[51], el de Guillermo de Cartagena[52] y el de Juan Alfonso de Benavente[53].

5) *Tabula per abecedarium in Libro Etymologiarum S. Isidori,* mencionada por Clemente después de las dos anteriores (*composui tabulam per abecedarium in libro Ethimologiarum sancti Ysidory*). No se ha encontrado todavía esta obra.

6) *Tabula in Libro Elcot super Libro Sapientiae,* recordada por su autor después de las anteriores, en estos términos: *Etiam feci tabulam in libro Elcot, quod est Postilla super libro Sapientie in Agrada ut uidisti.* Trátase, pues, de una tabla sobre la *Postilla in Sapientiam* de Roberto Holcot. Tampoco se conoce el paradero de esta obra. La expresión *in Agrada ut uidisti*

49 Para los manuscritos, cf. F. Stegmüller, *Repertorium Biblicum Medii Aevi,* 3: *Commentaria* (Madrid 1951) 377-80. Uno de ellos es el MS 148 de la Biblioteca Nacional de Madrid. Cf. R. Paz Remolar-J. López de Toro, *Inventario General de Manuscritos de la Biblioteca Nacional de Madrid* 1 (Madrid 1953) 132. Solamente incunables, señala catorce L. Hain, *Repertorium bibliographicum, in quo libri omnes ab arte typographica inventa usque ad annum MD. typis expressi ordine alphabetico vel simpliciter enumerantur vel accuratius recensentur* (Stuttgart-París 1826-1838) nn. 10-551-10.574. Casi todas las colecciones de incunables de alguna importancia conservan ejemplares de esta obra. Véase, por ejemplo, D. García Rojo-G. Ortiz de Montalván, *Catálogo de Incunables de la Biblioteca Nacional* (Madrid 1945) 316-17, donde describe hasta cinco ejemplares de otras tantas ediciones (cf. nn. 1.236-40), que actualmente se conservan en la Biblioteca Nacional de Madrid.

50 MS cit. en la nota 49, fol. 90vb.

51 Sobre este tratado, del que encontré varios manuscritos, cf. mi artículo, 'La canonística ibérica posterior al Decreto de Graciano', RHCEE 1 (Salamanca 1967) 432 y 2 (Salamanca 1971) 207. Según el MS 2.761 fol. 126va de la Biblioteca Universitaria de Salamanca, este tratado fue escrito por Pedro de Luna antes de ser creado cardenal por Gregorio XI el día 30 de diciembre de 1375. Nicolás Antonio, *Bibliotheca Hispana Vetus* 2 (Madrid 1788 = Torino 1963) 211, cita dos testimonios que parecen querer indicar que lo compuso cuando ya era cardenal.

52 Sobre este opúsculo, localizado por mí en un códice de la Biblioteca Colombina de Sevilla, véase mi artículo citado en la nota anterior, 1 (Salamanca 1967) 425-26. El códice es del s. xv, pero su autor no es conocido. La posibilidad de que se identifique con el escolar de Bolonia de 1322, que sugiero en el lugar citado, es poco verosímil.

53 Juan Alfonso de Benavente no escribió propiamente un tratado sobre las Horas canónicas, pero se contiene diluido en su repetición *De oratione,* que localicé en dos manuscritos. Véase el análisis que de la misma ofrece B. Alonso Rodríguez, *Juan Alfonso de Benavente, canonista salmantino del s. XV* (Roma-Madrid 1964) 117-26. Juan Alfonso escribió esto en 1448, es decir, mucho después de que lo hiciera Clemente Sánchez.

parece aludir a que había enseñado este libro y quizás los anteriores a Juan Alfonso de Barbolla en Agrada, que bien pudiera ser Agreda, en algún encuentro anterior del que no tenemos más noticia que esta indicación que aparece aquí ocasionalmente. Es inverosímil la posibilidad de que *Agrada* sea una deformación de *Haggadah* (interpretación moral) como contrapuesto a *Halakha* (interpretación jurídica).

Que el orden de aparición de las cuatro obras anteriores sea el que les doy aquí no consta con certeza. Esta secuencia tan sólo se basa en la frágil suposición de que el autor cita sus escritos por orden cronológico de composición. Como, por otra parte, se trata de obras perdidas o por lo menos no identificadas, no existe la menor posibilidad de contraprueba.

7) *Compendium censure.* El *Libro de los Exenplos* de Clemente Sánchez al que aludiremos en el número siguiente, cita en sus primeras líneas la obra de que aquí nos ocupamos: 'Por cuanto en el libro que yo compuse para tu enformacion, que puse nonbre *Compendium censure,* en fin del te escrevi que proponia de copilar vn libro de exenplos por *a. b. c.*'... [54]. El *Libro de los Exenplos* es con mucho la obra de Clemente que más atención recibió por parte de la investigación moderna, a partir de finales del siglo pasado, lo cual no obsta para que nadie parara mientes en esta alusión tan clara a su otra obra, escrita anteriormente bajo el título de *Compendium censure.* Este es un fenómeno relativamente frecuente tratándose de autores como el nuestro, que escribieron sobre temáticas tan dispares. Los especialistas estudian muchas veces a tales autores tan sólo desde el punto de vista que les interesa, sin percatarse de que una visión de conjunto resulta necesaria incluso para la interpretación de un aspecto particular.

Clemente Sánchez escribió un *Tractatus de excommunicatione, suspensione, interdicto, irregularitate et dispensatione,* que se conserva en el MS 147 fol. 1ra-91ra (s. XV) de la Biblioteca Universitaria de Valladolid [55]. Como aparece por el comienzo, transcrito más abajo, lo dedicó a Juan Alfonso de la Barlulla o Barbolla, canónigo de Sigüenza. Más que un tratado son cinco en realidad. He aquí el comienzo y final de cada uno:

a) <Tractatus de excomunicatione>: (fol. 1ra) *Tractatus iste de sententia excommunicationis continet in se duodecim partes per duodec̄im § uel*

54 Véanse en el número siguiente las ediciones del *Libro de los Exenplos,* donde aparece el pasaje que aquí se cita.

55 Hay una breve descripción de este manuscrito en S. Rivera Manescau, 'Catálogo de los Manuscritos de la Biblioteca Universitaria y de Santa Cruz de Valladolid', *Anales de la Universidad de Valladolid* 2 (1929) 414. En el fol. 7va del manuscrito vallisoletano aparece el título de *Compendium ecclesiastice historie,* debido a un amanuense diferente aunque contemporáneo del códice, quien parece escribió esto un tanto distraídamente. El título de *Compendium censure* no aparece en el manuscrito, sino que lo tomamos del proemio del *Libro de los Exenplos* del mismo Clemente, como queda indicado.

Pero este título aparece también indicado por su autor al comienzo de esta misma obra que comentamos, como se ve por la transcripción que más abajo hacemos del párrafo correspondiente (*ut compendium censure tibi ederem a quo libellus iste denominetur,* como se dice en el fol. 7vb del manuscrito de Santa Cruz de Valladolid).

capitula distinctas... (sigue el índice completo de los cinco tratados)... (fol. 7va) *Dilectissimo ac carissimo filio Ioanni Alfonsi de la Barlulla, canonico Seguntino, Clemens Sancii, archidiaconus de Valderas, in ecclesia Legionensi*... (fol. 8ra) *Tractatus de sententia excommunicationis. Primo principaliter est uidendum quid sit excommunicatio, secundo unde dicatur*... Termina (fol. 52rb): ...*Summa Bartholomei, in dictione 'Absolutio', quinto, § finali.*

b) <Tractatus de suspensione>: (fol. 52rb) *In principio proposui post tractatum excommunicationis tractare de suspensione, ideo in hac secunda parte intendo aliquid ponere*... Concluye (fol. 56vb): ...*in cap. i. de electionibus, eodem libro, super uerbo 'de misericordia', et de hereticis cap. i. in Clementinis.*

c) <Tractatus de interdicto ecclesiastico>: (fol. 56vb) *De tractatu autem ecclesiastici interdicti notitiam tibi tradere cupiens*... Acaba (fol. 71ra): ...*et Archidiaconus in cap. Cum medicinalis de sententia excommunicationis lib. vi. in fine.*

d) <Tractatus de irregularitate>: (fol. 71ra) *Dicto de censura ecclesiastica, scilicet de sententia excommunicationis, suspensionis et interdicti, et quia in uiolatione istorum frequenter contrahitur irregularitas, ideo nunc dicendum est de irregularitate. Et primo quid sit irregularitas*... Concluye (fol. 81vb): ...*secundum quod in canonibus est distinctum donec cum eo dispensetur.*

e) <Tractatus de dispensatione>: (fol. 81vb) *Tractaturus de dispensatione ut in prohemio huius operis proposui, procedam prout in aliis tractatibus*... Acaba (fol. 91ra): ...*et post mortem releuet me a penis pro meis demeritis condempnari. Amen. Explicit. Deo gratias. Pro tali pretio nummorum, plus scribere uolo.*

En cuanto a los autores en que se basa Clemente Sánchez para escribir este libro, él mismo nos advierte (fol. 7va):

...*proposui colligere et copillare compendiose materiam excommunicationis, suspensionis, interdicti, irregularitatis et dispensationis ad tui solacium et doctrinam*... *licet ex me nichil propono dicere uel determinare, set solum sequi ordinem et preces uenerabilis Ioannis de Ligniano in censura ista, et Hostiensis in Summa tit. de sententia excommunicationis, et Ioannis Calderini in interdicto, et Ioannis in Summa confessorum, et Guillielmi de Montelauduno in Sacramentali, et Raymundus in Summa et Sancti Thome de Aquino et aliorum doctorum*... Entre estos últimos aparecen citados con relativa frecuencia a lo largo de la obra Huguccio (fol. 26ra, 48ra, 71va), Vincentius Hispanus (fol. 14ra, 18rb), Bartholomaeus Brixiensis (fol. 21va, 36vb), la Glosa Ordinaria al Decreto (Juan Teutónico-Bartolomé de Brescia) y a las Decretales de Gregorio IX (Bernardo de Parma de Botone), el canonista

Ioannes de Deo (fol. 83va), Inocencio IV, el canonista Ioannes Garsias Hispanus (fol. 36va), etc. Todos estos canonistas del s. XII-XIII tal vez los toma del *Rosarium* de Guido de Baysio o de otro autor tardío. En cambio se advierte la consulta directa de Guillermo Durante, Guido de Baysio, Juan de Andrés, Juan Mónaco, Pedro de Ancharano, etc. También aparecen citas esporádicas de civilistas como Ioannes Fabri (fol. 45va), Bartolo y Baldo (fol. 23va), Stephanus sobre las Clementinas (fol. 36va, 69ra) [56]. Es digno de notarse que cita por lo menos tres veces la famosa Peregrina (fol. 8vb, 18vb, 56v), que como es sabido, ya estaba compuesta en 1380 [57].

Esta obra es, pues, una síntesis poco original de lo que sobre la temática anunciada habían escrito los mejores autores hasta entonces, desde comienzos del s. XIV particularmente. Sobre cada uno de los cinco grandes temas, estudia el concepto, naturaleza, origen, autor, sujeto pasivo, cesación, etc. O sea, que es un desarrollo muy sistemático.

Al comienzo y al final, el autor da algunas indicaciones históricas que no carecen de interés. Así en el fol. 7va nos describe las circunstancias en que escribe la obra, que parecen sugerir se encontraba hacia el final de su vida: *...nuper cum in Sepuluega mei originis loco morbo podrage laborarem et ad mei consolationem uisitare uenisses, de quodam dubio sciscitatus fuisti, uidelicet que esset minor sententia excommunicationis et que maior, et quoniam pro tunc superficialiter respondi quod nec poteram edissere cum libris ibidem carerem et etiam propter difficultatem materie et prolixitatem...* Un poco más abajo da el título de la obra, se queja de los invidiosos y urge al destinatario que no enseñe a nadie este libro: *...Proposui compendiose recolligere materias omnium istorum, ut compendium censure tibi ederem a quo libellus iste denominetur, coniurans obtestatione diuini iudicii me superstite et quo ad uitam duxero in humanis nec tradas alicui nec reueles, ne contingat quod in libro sacramentorum quem uulgariter copulaui (copilaui) euenit, nam multi obtrectatores et inuidi asserunt me nullo modo copilare* (fol. 7vb). Todavía es más interesante esta nota final, en donde nos da cuenta del resto de sus obras: *...Set cum profeceris in scientia aliquid delectabile et utile in hoc opusculo poteris reperire, et est tibi non ignotum quod ego copillauerim et*

56 Acerca de los juristas aquí citados y de sus obras, cf. J. F. von Schulte, *Die Geschichte der Quellen und Literatur des kanonischen Rechts von Gratian bis auf die Gegenwart* I-2 (Stuttgart 1875-77 = Graz 1956); St. Kuttner, *Repertorium der Kanonistik. Prodromus Corporis Glossarum* 1 (Città del Vaticano 1937); A. van Hove, *Prolegomena ad Codicem Iuris Canonici* 2 ed. (Malinas-Roma 1945); para los civilistas, cf. H. Coing, *Handbuch der Quellen und Literatur der neueren europäischen Privatrechtsgeschichte,* 1: *Mittelalter (1100-1500). Die gelehrten Rechte und die Gesetzgebung* (München 1973), donde colaboran varios especialistas. Una bibliografía más actualizada sobre muchos de estos autores puede verse en el *Bulletin of Medieval Canon Law* editado por el Institute of Medieval Canon Law de Berkeley, publicación que hasta 1970 apareció inserta en la revista neoyorkina *Traditio,* y a partir de esa fecha se imprime como revista independiente.

57 Sobre la Peregrina, cf. mi artículo citado en la nota 51, 2 (Salamanca 1971) 188-89 y 190; V. Guitarte Izquierdo, 'D. Gonzalo González de Bustamante jurista del s. XIV. Portugués o español?', *Arquivos do Centro Cultural Português* 5 (París 1972) 38-58. La cita que hace Clemente Sánchez de la *Peregrina* es la más antigua que conozco.

disposui librum sacramentale in uulgari, et reduxi Mamotretum in alphabetum, et ordinaui libellum de Horis dicendis, et composui tabulam per abecedarium in libro Ethimologiarum sancti Ysidori. Etiam feci tabulam in libro Elcot, quod est postilla super libro Spaientie in Agrada ut uidisti. Et etiam ad tui delectationem et solatium incepi recolligere omnia exempla que in diuersis libris potui reperire, que Deo adiuuante intendo ordinare per alphabetum, que postea reducam in uulgari, ut non solum tibi set etiam aliis linguam latinam nescientibus sit solamen. Et quia cuius donum uel munus frequentius aspicitur huius memoria districtius retinetur ...ut semper tibi mei memoria sit in corde, obsecro te per uiscera caritatis ut omnia hec opuscula ad manus tuas, si possibile est, facias peruenire ut cum legeris in eorum aliquo ores Dominum Iesum Christum pro me indigno et peccatore dum fuero in humanis, ut ipse infundat michi gratiam ut suam gloriam merear adipisci... (fol. 90vb-91ra).

Si todo lo que antecede es sincero, nos hallamos ante un caballero que escribe la friolera de siete obras para un único lector, que ha de leerle y rezar por él después que se muera o eventualmente antes, si todavía le encuentra con vida. Lo interesante es que aquí nos da la lista de los libros que había escrito y de otro que andaba componiendo, el *Libro de los Exenplos*, que según todas las trazas es el último de su vida.

8) El *Libro de los Exenplos*, para el que aparece en la obra anterior que había empezado a reunir materiales, en latín, para luego verterlos a la lengua castellana: *Et etiam ad tui delectationem et solatium incepi recolligere omnia exempla que in diuersis libris potui reperire, que Deo adiuuante intendo ordinare per alphabetum, que postea reducam in uulgari, ut non solum tibi set etiam aliis linguam latinam nescientibus sit solamen*[58]. Efectivamente, esta obra apareció con las características que aquí se indican. De ella se ha ocupado repetidas veces la historiografía de la literatura castellana. El *Libro de Exenplos* es mencionado por Nicolás Antonio: *Habet insuper Regia Bibliotheca Escorialensis eiusdem auctoris alium librum: 'Summa de exemplos del Arcediano de Valderas', in folio antiquis literis scriptum*[59]. Nicolás Antonio y otros estudiosos más recientes no consiguieron localizar en El Escorial esta obra[60], que apareció incompleta en un manuscrito de la Biblioteca Nacional de Madrid[61], dado a conocer como anónimo por los traductores españoles de la *Historia de la Literatura* de Ticknor[62]. Este manuscrito de Ma-

58 MS 147 fol. 90vb de la Biblioteca de Santa Cruz de Valladolid.

59 Nicolás Antonio, *Bibliotheca Hispana Vetus* 2 (Madrid 1788 = Torino 1963) p. 208, n. 94.

60 Cf. A. Morel Fatio, 'El Libro de Exenplos por A. B. C. de Clemente Sánchez, archidiacre de Valderas', *Romania* 7 (1878) 482.

61 Es el actual manuscrito 1.182. Cf. descripción sumaria en el Catálogo citado en la nota 48, t. 4 (Madrid 1958), p. 65-66; J. Simón Díaz, *Bibliografía de la Literatura Hispánica* 3 (Madrid 1953) p. 939, n. 5.696.

62 M. G. Ticknor, *Historia de la Literatura Española,* tr. al castellano con adiciones y notas críticas por D. Pascual de Gayangos y D. Enrique de Kedia 1 (Madrid 1851) 502.

drid, al que faltan las primeras hojas, fue publicado por Gayangos, precedido de una breve introducción en la que no se consigue todavía establecer el autor y época de la obra [63].

La Bibliothèque Nationale de Paris adquirió, en un anticuario madrileño, otro manuscrito del *Libro de Exenplos,* que trae la parte que falta al de Madrid, pero es a su vez incompleto al final. Este códice, que es el actual MS fond espagnol n. 432 de la Biblioteca Nacional de París, fue objeto de un estudio y edición de la parte que falta al de Madrid, por parte de A. Morel Fatio [64]. El manuscrito parisino no sólo permitió completar todo o casi todo lo que falta en el de Madrid, sino también la determinación del autor y la dedicatoria al canónigo seguntino Juan Alfonso de la Barbolla.

Finalmente, el *Libro de Exenplos* fue objeto de una reciente edición crítica, precedida de una introducción, sobre la cual volveremos más abajo [65].

En el meritorio estudio que dedicó Morel Fatio a esta obra, se lee que 'il nous semble qu'on ne se trompera pas de beaucoup en désignant les années 1400 à 1421 comme la période pendant laquelle notre archidiacre a dû former son recueil d'exemples' [66]. Pero a tenor de los datos contenidos al final de la obra descrita en el número anterior, es claro que Clemente Sánchez compuso todavía después de 1423 su *Compendium censure,* en cuyo colofón afirma que andaba por entonces recogiendo los materiales para componer el *Libro de Exenplos,* que aún tenía que ordenar alfabéticamente y verterlo al castellano. Por esta razón, la fecha en que apareció esta obra hay que retrasarla a los últimos años de su vida. Es verosímil, aunque no seguro, que tanto el *Compendium censure* como el *Libro de Exenplos* salieron de la pluma de Clemente Sánchez después de 1429 y antes de 1438. Esta última fecha es la de su muerte, como queda indicado. El año 1429 murió el arzobispo Argüello, y Clemente Sánchez parece que deja Zaragoza para volver a las tierras de Segovia, donde había nacido, con el fin de cuidar su quebrantada salud, como él mismo indica, aunque sin precisar la fecha: *...nuper cum in Sepuluega mei originis loco morbo podagre laborarem...* [67]. En el mismo pasaje se queja de que allí no tenía a mano libros para redactar el *Compendium censure,* que lo mismo que el *Libro de Exenplos* debió redactar en León entre 1430 y 1438. De hecho, en 1434 se encontraba en la capital leonesa, como consta por un acta citada al principio de este artículo.

Otro aspecto que Clemente Sánchez aclara, hasta cierto punto, en el pasaje transcrito al comienzo de este apartado, es el método de trabajo seguido en la composición de la última de sus obras: 'Comencé a recoger todos los ejemplos que pude encontrar en diversos libros y que, Dios mediante, inten-

63 P. Gayangos, 'El Libro de los Exenplos', *Escritores en prosa anteriores al s. XV* (BAE 51; Madrid 1884) 443-42.
64 Cf. supra, nota 6, p. 481-526.
65 J. E. Keller, *Libro de los Exenplos por A. B. C.* (Clásicos Hispánicos, serie 2, Ediciones críticas 5; Madrid 1961) 446 pp.
66 Art. cit. supra, nota 60, p. 582-83.
67 MS 147 fol. 7vb de la Biblioteca de Santa Cruz de Valladolid.

to ordenar alfabéticamente y después traducirlos a la lengua vulgar.' La gestación de esta obra tuvo, pues, tres fases: recolección, ordenación y traducción. También se desprende de sus palabras que no intentó crear nada original, sino simplemente recopilar ejemplos o cuentos preexistentes, ordenarlos alfabéticamente y traducirlos al romance. Como notó Keller [68], bajo cada uno de los lemas alfabéticos hay a veces más de un cuento o ejemplo, cosa que pasó desapercibida a los editores que le precedieron, por lo que la numeración de estos últimos es defectuosa. El sistema alfabético fue muy corriente en todas las especialidades del bajo medievo. El mismo Clemente Sánchez había compuesto ya otras dos obras siguiendo este orden, como queda ya indicado.

El *Libro de Exenplos* pertenece a un género literario moralizante y recreativo. Algunos autores llegaron a decir que fue escrito para que lo usaran los predicadores en sus sermones [69]. ¿Cuál de las dos finalidades fue prevalente en las intenciones de Clemente Sánchez? Algunos autores sostienen la prevalencia del fin recreativo sobre el moralizante [70]. Las razones que alega Keller, que es quien más desarrolla este tema, creo que no convencen. En primer lugar, hace hincapié en las palabras del proemio 'porque non solamente a ti mas ahun a los que non saben latin fuese solaz'. La misma frase se registra en la alusión que Clemente Sánchez dedica a este libro en su *Compendium censure,* en el pasaje ya transcrito. Pero la misma idea aparece igualmente con respecto al *Compendium censure (ad tui solacium et doctrinam),* cuando la lectura de este tratado jurídico proporciona cualquier cosa menos solaz. Por ello, creo que se trata de un tópico o frase hecha de uso muy corriente en todo tipo de obras, ya fueran para solaz, ya para aburrimiento. Por otra parte, Keller podía haber citado igualmente esta otra frase que aparece sólo unas líneas más adelante en el mismo prólogo: *Exempla enim ponimus, etiam exemplis utimur in docendo et predicando ut facilius intelligatur quod dicitur.* También alega Keller en apoyo de su punto de vista los Concilios de Salzburgo (1386), Sens (1528), Milán (1565) y Bordeaux (1624), que se manifiestan en contra del uso de cuentos en los sermones. Ante todo, es obvio que se trata de concilios particulares, cuyas normas no son vinculantes en la Iglesia universal, sino sólo en el margen de la pequeña área geográfica a la que se refieren, en todo caso lejana de Castilla. Los tres últimos datan además de unas fechas que caen un siglo o dos después de la muerte de Clemente Sánchez, con lo que no guardan la menor relación con este asunto. Por consiguiente, no sólo no se pueden excluir en Clemente Sánchez ninguno de los dos móviles antes aludidos, sino que hay que acentuar el intento moralizante, de acuerdo con la honda preocupación pastoral que late en la vida y en

68 Cf. ob. cit. supra, nota 65, p. 14-15.

69 Así Morel Fatio (cf. supra nota 60), Gayangos, Amador de los Ríos, Menéndez y Pelayo y otros muchos después. Véase la cita de todos estos autores en las notas siguientes.

70 Th. Crane, *The Exempla of Jacques de Vitry* (Publications of the Folklore Society 26; London 1890) CV; J. E. Keller, obra cit. supra nota 65, p. 18-20.

la obra del autor del *Libro de Exenplos*. Lo que no consta expresamente es que destinara su libro precisamente a los predicadores [71].

De esta obra se ocupan la mayor parte de los historiadores de la lengua y literatura castellana [72], aunque la mayor parte de ellos nada nuevo añaden a los estudios ya citados, incurriendo incluso en varios errores que se transmiten de unos a otros.

No voy a entrar aquí en la cuestión de las fuentes y del estilo literario del *Libro de Exenplos,* temas que han recibido la atención preferencial de los historiadores de la literatura castellana y que no forman parte del objeto de este breve capítulo que se refiere tan sólo a la historia de las obras de Clemente Sánchez.

El arcediano de Valderas, Clemente Sánchez, constituye en su siglo una figura, que por más de un concepto ofrece un singular interés. Escribe en latín y en romance. Se ocupa de temas aparentemente dispares, como eran los jurídico-canónicos, escriturísticos, pastorales, literarios, etc. Pero todos ellos aparecen unificados en la preocupación de su autor por obtener una mejor preparación del clero de su tiempo.

Antes de concluir este breve análisis de la tradición manuscrita y tipográfica de las obras del arcediano de Valderas, Clemente Sánchez, tal vez sea oportuno resumir aquí los principales aspectos que parecen emerger claramente de la documentación conocida.

Clemente nació en Sepúlveda (Segovia), quizás algo antes de 1370, y no en la localidad también segoviana de Bercial. El sobrenombre de *Vercial,* con el que le designa siempre la historiografía posterior, no se apoya en ninguna evidencia documental de las numerosas piezas de archivo que aluden a nuestro personaje, ni en la tradición manuscrita de sus obras. Este nuevo elemento aparece introducido en su nombre, tal vez sin bastante fundamento, por dos manuscritos y por el impresor del *Sacramental* en 1470 o sea cincuenta y dos años después de su muerte, ocurrida en 1438 [73].

Estudió leyes y cánones en la última década del s. XIV, titulándose como bachiller en derecho civil en Salamanca, y en canónico verosímilmente en las

71 Aparte de los trabajos ya indicados en las notas anteriores, cf. A. H. Krappe, 'Les sources du Libro de los Exenplos', *Bulletin Hispanique* 39 (1937) 5-54; 'Shepherd and King in El Libro de Eexenplos', *Hispanic Review* 14 (1946) 59-64.

72 Aparte de algunos ya citados, cf. J. Amador de los Ríos, *Historia Crítica de la Literatura Española* 4 (Madrid 1863) 305-19; M. Menéndez y Pelayo, *Orígenes de la Novela* 1 (Edición Nacional de las Obras Completas de Menéndez Pelayo 13; Santander 1943) 162-64; J. Fitzmaurice-Kelly, *Historia de la Literatura Española* (Madrid 1914) 81-82, 111; J. Julio Cejador y Frauca, *Historia de la Lengua y Literatura Castellana* I-2 (Madrid 1933) 24-25, n. 179; J. Hurtado y J. de la Serna-A. González Palencia, *Historia de la Literatura Española* 5 ed. (Madrid 1943) 214-15, n. 189; G. Díaz-Plaja, *Historia General de las Literaturas Hispánicas* 2 (Barcelona 1951) 174 y 184; A. Valbuena Prat, *Historia de la Literatura Española* 1 (Barcelona 1960) 185-86; etc.

73 Menos fundamento tiene todavía que fuera originario de Pontevedra, como dice F. Vindel, 'El arcediano Sánchez de Valderas y su libro *El Sacramental*', *Artículos bibliológicos* (Madrid 1948) 118. Con más fantasía, pero sin base seria, pretendieron otros hacerle catalán o valenciano. Véanse referidos estos autores en A. Palau Dulcet, *Manual del Librero Hispanoamericano* 19 (Barcelona 1967) 353.

mismas aulas salmantinas. Disfrutó de beneficios eclesiásticos en su pueblo natal de Sepúlveda, en Ciudad Rodrigo, en León y en Zaragoza. Pero el principal de todos, que consigna en sus obras conocidas, es el de arcediano de Valderas (León) [74].

De la documentación disponible y de sus obras emerge la impresión de que se trata de un clérigo ejemplar, que encontró la suprema razón de ser de su vida en la preocupación pastoral y en elevar el bajo nivel de preparación de los clérigos de su tiempo para la cura de almas. Trató de realizar estas metas con su actuación personal desinteresada y con sus escritos, pese a que no parece disfrutara habitualmente de buen estado de salud, como consta documentalmente para los últimos diecinueve años de su vida.

Entre las personas de su círculo de amistades destaca don Alfonso de Argüello, obispo de León, Palencia, Sigüenza y arzobispo de Zaragoza, con quien pasa temporadas en las dos últimas localidades aludidas. También es visitado, durante su enfermedad de gota, en su Sepúlveda natal, por el canónigo seguntino Juan Alfonso de la Barbolla, a quien dedica varias de sus obras. Fueron excelentes sus relaciones con el Cabildo leonés, a quien legó su biblioteca personal, cuyo contenido debió coincidir en gran parte con la lista de libros que alega como fuentes de sus dos obras, *Sacramental* y *Compedium censure*.

Consta que escribió las siguientes obras: *Ordenanzas para el Hospital de S. Lázaro* en 1406 [75], el *Sacramental* en 1421-23, *Mammotrectus in alphabetum, Libellus de Horis dicendis, Tabula per abecedarium in Libro Etymologiarum S. Isidori, Tabula* o *Postilla super Libro Sapientie* [76], *Compendium censure* y el *Libro de Exenplos por A. B. C.* que debió publicar durante los últimos años de su vida (1429?-1438). Las tres obras que hoy se conocen destacan más por su finalidad práctica que por su originalidad de inspiración, característica ésta muy común en los canonistas del s. XV, la mayoría de los cuales prefiere vivir de las rentas del legado de sus antepasados que arriesgarse en nuevas creaciones. El *Sacramental* constituye un manual de cura de almas muy difundido durante toda una centuria, mereciendo 16 ediciones castellanas, una en catalán y dos en portugués, hasta que pierde su influjo y proyección al ser incluido en los índices de libros prohibidos a mediados del s. XVI. Se echa de menos un buen estudio del contenido de esta obra, que contribuiría como pocos a un mejor conocimiento de la historia de la cura pastoral en España durante el siglo largo durante el cual anduvo este libro en manos de

74 La verosimilitud de que se titulara en cánones también en Salamanca se basa, aparte de su presencia allí para cursar leyes, en el hecho de que su nombre no he podido registrarlo entre los escolares de otras universidades extranjeras de la época, ni en la lista de escolares del Colegio de España de Bolonia, como puede comprobarse por la obra de A. Pérez Martín, *Proles Aegidiana* 1-4 (Bolonia 1979).

75 El obispo Argüello encomendó la redacción de estas ordenanzas a Clemente Sánchez y a otro colaborador en 1406. No me consta en realidad que llegara a escribirlas, aunque es de suponer que lo hiciera.

76 Estas últimas cuatro obras, hoy día sin localizar, parecen escritas entre 1423 y 1429. Las cita, en efecto, después del *Sacramental* redactado entre 1421 y 1423, y antes del *Compendium censure* que compuso en León después de una estancia es Sepúlveda para reponerse de la enfermedad de gota que le aquejaba.

los clérigos con cura de almas. El *Libro de Exenplos por A. B. C.* 'ocupa un lugar notable en la literatura española de la Edad Media. Además de ser el más extenso libro de *exenplos* o cuentos moralizados de letras españolas, ofrece un vocabulario muy rico y variado; una selección muy extensa de apólogos típicos y raros (las fuentes de algunos no se han descubierto); su prosa fácil y bien formada, casi moderna, rara vez se hace difícil o pesada. Leído con cuidado, debe considerarse una obra de verdadero valor' [77].

77 J. E. Keller, obra cit. supra nota 65, 23.

9. EN TORNO A LAS OBRAS DE CLEMENTE SANCHEZ, ARCEDIANO DE VALDERAS *

Hace ya tiempo publiqué un estudio sobre la tradición manuscrita e impresa de los escritos de Clemente Sánchez, arcediano de Valderas (1370?-1438) [1]. En dicho estudio se recogen principalmente las aportaciones que emergen del MS 147 fol. 1ra-91ra de la Biblioteca Universitaria de Valladolid, en el que se contiene el *Compendium censurae* de Clemente. Fruto del análisis de este códice, fue la reconstrucción de una lista de ocho obras suyas, frente a las dos o tres que hasta ahora se conocían. También se proponen algunas rectificaciones sobre la fecha de composición de su famoso *Libro de los Exemplos* y sobre la data de su defunción.

El examen de otro códice con obras del mismo personaje, me permite ahora complementar y matizar mejor algunos aspectos de la anterior publicación. Me refiero al MS 59 de la Catedral de Burgo de Osma (Soria), al que en adelante aludiré con la sigla O [2]. El códice en cuestión contiene el *Compendium censure* (fol. 2ra-128vb) [3] y el *Libellus de Horis dicendis* (fol. 132ra-175vb) [4]. El MS O fue escrito por una única mano del s. XVI, salvo dos hojas finales de un escriba diferente y más tardío, en las que se contienen algunas disposiciones relativas a la archidiócesis de Toledo, que nada tienen que ver con el tema que ahora nos ocupa.

Clemente Sánchez nos ofrece en su *Compendium censure* una lista de sus obras, algunas de las cuales no se han encontrado todavía. Uno de estos escritos es el *Libellus de Horis dicendis,* que ahora hace su aparición en este MS O. Las características más relevantes de este opúsculo son explicadas así por el autor:

'Karissimo fillio ac familiari meo Iohanni Alfonso de Barbolla, socio ecclesie Saguntine, quem tanquam animam meam diligo et in mente iam perpetuo fillium adoptaui, Clemens Sancius de Verceal, archidiaconus de Valderas in ecclesia Legionensi, necnon canonicus dicte ecclesie Segunti-

* Este capítulo apareció en RET 35 (1975) 95-98.

1 Cf. A. García y García, 'Nuevas obras de Clemente Sánchez, arcediano de Valderas', RET 34 (1974) 69-99 y reproducido en el cap. anterior de este libro.

2 Descripción sumaria en T. Rojo Orcajo, 'Catálogo descriptivo de los códices que se conservan en la santa Iglesia Catedral de Burgo de Osma', *Boletín de la Real Academia de la Historia* 94 (1929) 782-83.

3 Sobre esta obra, cf. el cap. anterior, nota 1, p. 81-84.

4 Cf. ibid.

ne, salutem et in uirtute et in bonis moribus proficisci. Considerans et actendens tua fidelissima et grata seruitia, michi a te diu iam inpenssa, necnon zeli feruorem, quem, ut sentio, ad scientiam habes, et uidens te bone indolis ad altiora, inter cetera quibus ante cursum mee uite te dotare cupio, proposui quendam breuem summulam copilare de Horis dicendis que assidue in ecclesia recitantur, ad tui doctrinam et informationem, quam ex multis meditando codicibus recolegi, scilicet de decretis, de decretalibus, de doctoribus, scilicet Rosario et Rationali et aliis doctoribus, presertim de quodam tractatu quem Benedictus papa tertiusdecimus de Horis dicendis copilauit, prout inferius apparebit, ut dilectio mea a tua memoria non excidat te uiuente, quia cuius donum frequentius inspicitur eius memoria strictius retinetur. Et ut que in hac summula scripta sunt possint facilius reperiri, tendo procedere qui sequitur in hunc modum' [5].

Y sigue el índice de la obra, donde aparece indicado suficientemente el contenido de la misma:

'*Primo, quid sint Hore canonice et earum diffinitio* (fol. 132vab).
ii. *Vnde dicuntur et unde fuit sumptum hoc nomen* (fol. 132vb-33ra).
iii. *Quot sunt Hore canonice* (fol. 133rava).
iv. *Quis eas instituit et apposuit* (fol. 133va-36ra).
v. *Que sunt Hore canonice et qualiter et quando et in quo loco debent dici* (fol. 136ra-66va).
vi. *Qui teneantur ad eas dicendas et an liceat cuique eas dicere* (fol. 166va-68rb).
vii. *Vtrum per statuta uel consuetudines possit aliquid immutari circa Horas canonicas* (fol. 168rb-69ra).
viii. *An quis obligetur ad eas dicendas cum animi deuotione et intentione intrinseca* (fol. 169ravb).
ix. *An teneantur quis labiis recitare uel sufficit cogitando eas discutere* (fol. 169vb-170rb).
x. *Vtrum sit licitum aliquid recipere pro Horis dicendis* (fol. 170rbvb).
xi. *An propter aliquam excusationem uel impedimentum possint obmicti et an obmitens peccet mortaliter* (fol. 170vb-72ra).
xii. *Qua pena puniatur eas obmitens* (fol. 172ra-75vb)' [6].

Como indica en el prólogo, a lo largo del cuerpo de este tratado se cita muchas veces nominalmente el *Rationale divinorum officiorum* de Guillermo Durante, que, como es sabido, conservó un gran influjo en el derecho litúrgico hasta la Edad Moderna. También se menciona expresamente el tratado de Benedicto XIII, en conformidad con lo que igualmente se indica en el prólogo antes transcrito. El opúsculo del papa Luna disfrutó de una dilatada tradición manuscrita [7]. Otros autores muy frecuentemente alegados son Gui-

5 MS O fol. 132vab.
6 Ibid. fol. 132vb.
7 Sobre la tradición manuscrita de esta obra, cf. mi artículo 'La canonística ibérica medieval posterior al Decreto de Graciano', RHCEE 2 (Salamanca 1971) 207, donde

llermo de Montelauduno, el *Rosarium* de Guido de Baysio y los *Novella commentaria* de Juan de Andrés al *Liber Extra*. También recurre en numerosos casos a las *Summae confessorum* de Juan de Friburgo y a la de Bartolomé de Pisa [8]. Con menor frecuencia, se encuentran citas de autores como Pedro de Ancarano, Paulo de Liazariis, Genzelino de Cassanis, Inocencio IV, el Hostiense, la *Chronica* de Martinus Polonus, la *Historia Tripartita,* Santo Tomás de Aquino, sin olvidar a autores antiguos como S. Isidoro de Sevilla, S. Agustín, S. Jerónimo, etc. Es obvio que muchas de estas citas son de segunda mano, es decir, que las toma de las tres o cuatro obras que sigue, de modo especial: Guido de Baysio, Guillermo Durante, Guillermo de Montelauduno y Benedicto XIII.

La presente obra de Clemente Sánchez comienza con el prólogo antes transcrito, y concluye con las palabras: *audire, uoluerit, legat Rationale diuinorum officiorum.* Los fol. 168-72 están algo deteriorados, por haber sido cortado el texto y vuelto a pegar en su sitio.

Otra información interesante que nos suministra el MS O es la fecha de composición del *Compendium censure.* En el MS de Valladolid no está fechado expresamente. En el MS O nos da las siguientes fechas de composición de la obra: *Incepi in ciuitate Legionensi. xxii. Aprilis anno Domini m.cccc.xxxv. Perfectum v. Febroarii, anno m.cccc.xxxvi* [9]. Tenemos, por consiguiente, que comenzó el *Compendium censure* el 22 de Abril de 1435 y lo concluyó el 5 de Febrero del año siguiente. Una razón más que evidencia que Clemente no murió 'antes del año 1436', como se ha afirmado [10], sino más tarde.

En relación con la biografía de Clemente Sánchez, tenemos también en este prólogo del *Libellus de Horis dicendis* el dato de que disfrutó de un canonicato en Sigüenza, detalle hasta ahora desconocido. Allí estrechó una gran amistad con el canónigo seguntino Juan Alfonso de Barbolla, a quien dedica varias de sus obras, y a quien afirma, en el prólogo que venimos comentando, querer *tanquam animam meam,* añadiendo que en su mente ya lo había adoptado como hijo.

El MS O modifica algún tanto la perspectiva en la cuestión del sobrenombre de *Vercial,* con el que la posteridad ha venido designando a Clemente Sánchez. En la tradición manuscrita del *Libro de los Exenplos* y del *Compendium censurae* [11] no aparece para nada este nombre de *Vercial.* Tampoco

se citan otros artículos anteriores. Pero pueden añadirse otros códices, tales como el MS 12 fol. 49ra-53va de Burgo de Osma, MS 97 fol. 109r-109v (fragmentario), etc.

8 Clemente Sánchez alega la primera con la fórmula *Ioannes in summa confessorum,* seguida de la cita interna, atribuyéndola por lo menos una vez (fol. 170ra) a Juan de Andrés, lo que debe ser una errata del copista. Generalmente denomina la segunda como *Bartulina.*

9 MS O fol. 128vb.

10 Cf. el art. cit. supra, nota 1, p. 70.

11 El *Libro de los Exenplos* apareció entre el 5 de Febrero de 1436 y la fecha de su muerte, que debió ocurrir en 1438. El *Compendium censurae* apareció en 1436. Es curioso que en ninguna de las dos últimas obras de su vida, que se conocen, menciona para nada el sobrenombre de Vercal.

se registra en la documentación archivística hasta ahora conocida. En el *Sacramental,* compuesto en 1421-23, tampoco se registra este apelativo en la tradición manuscrita, si se exceptúa el códice escurialense [12]. Sin embargo, nuestro personaje se dice Clemente Sánchez de Vercial a partir de la primera edición incunable del *Sacramental,* lo que se repite en todas las que le siguieron, y con este nombre aparece en los autores modernos que se ocupan de él. Como hemos visto más arriba, el mencionado sobrenombre vuelve a aparecer en el único manuscrito que se conoce del *Libellus de Horis dicendis,* cuya fecha de composición ignoramos, pero que es ciertamente anterior al *Compendium censure* [13]. Esto nos obliga a replantearnos el significado de este sobrenombre. Ante todo, no parece que pueda referirse a su lugar de origen, puesto que el mismo Clemente afirma en el *Compendium censure* que éste era Sepúlveda [14], localidad situada en el extremo opuesto a Bercial en la diócesis de Segovia y en la actual provincia del mismo nombre. Por consiguiente, este sobrenombre geográfico debe referirse a alguna localidad en donde Clemente tuvo algún beneficio eclesiástico, o residió largo tiempo, o se vio existencialmente ligado a ella. Del Bercial de Segovia no tenemos noticia alguna en tal sentido. En cambio, cerca de Valderas, a sólo unos 20 kilómetros, hay una localidad denominada Barcial de la Loma, que en tiempos de Clemente Sánchez pertenecía a la diócesis de León y al arcedianato de Valderas. Es muy posible que Clemente residiera allí algún tiempo, o tuviera allí algún beneficio eclesiástico [15]. Casi a la misma distancia de Valderas está Barcial del Barco, localidad que actualmente pertenece a la diócesis y provincia de Zamora y que en tiempos de Clemente Sánchez pertenecía a la diócesis de Astorga. Esta última circunstancia hace menos verosímil su posible relación con el sobrenombre de Vercial aplicado a Clemente Sánchez, arcediano de Valderas.

Finalmente, la datación del *Libro de los Exenplos* queda ahora mucho más matizada. El 5 de Febrero de 1436 afirma Clemente que todavía andaba trabajando en esta obra. Por consiguiente, sólo pudo aparecer durante los dos últimos años de su vida. Como indiqué en otra parte [16], el *Libro de los Exemplos* viene fechándose por parte delos historiadores de la literatura entre 1400 y 1421. En el capítulo anterior se concluía, a base de los datos entonces disponibles, que su aparición había que colocarla entre 1429 y 1438. El MS O nos permite ahora precisar con mayor exactitud esta fecha.

Antes de cerrar estas páginas, quisiera dar cuenta de un nuevo códice

12 Sobre este tema, cf. cap. anterior.

13 La forma normal como aparece el tantas veces aludido sobrenombre en la tradición manuscrita es *Verceal.* Lo mismo ocurre con las ediciones del *Sacramental.* Los autores modernos han preferido *Vercial.*

14 En realidad, los dos manuscritos en que se conserva esta obra, ponen *Sepuluega,* lo que no parece pueda referirse a otra localidad que a Sepúlveda.

15 Esta localidad pertenece actualmente a la provincia de Valladolid.

16 Cf. cap. anterior. Debo añadir a lo dicho en otra parte, que en el MS fond. espagnol 432 fol. 151r-71v de la Bibliothèque Nationale de París sólo se contiene un fragmento, no el *Sacramental* completo de Clemente Sánchez.

del *Sacramental*, que se conserva en la Biblioteca Pública Provincial de Soria, MS 25-H fol. 1ra-200vb; incompleto al final, puesto que sólo llega al capítulo 186, faltando los restantes hasta el 193. El códice es del s. xv, y no del xvi, como indica Rojo [17]

Nota adicional

Con posterioridad a la primera edición de este capítulo (1975) aparecieron los siguientes trabajos sobre Clemente Sánchez: A. Linage Conde, 'El Sacramental del sepulvedano Clemente Sánchez y el catecismo del obispo segoviano Pedro de Cuéllar', *Helmántica* 28 (1977) 295-313; idem, 'El arcediano sepulvedano de Valderas Clemente Sánchez en los orígenes de la novela', *Studium Legionense* 18 (1977) 163-219; A. García y García, 'La canonística ibérica medieval posterior al Decreto de Graciano' (III), RHCEE 5 (Salamanca 1976) 360-62.

17 Cf. T. Rojo, 'La Biblioteca del arzobispo don Rodrigo Jiménez de Rada y los manuscritos de Santa María de Huerta', *Revista Eclesiástica* 1 (1929) 214-15, quien da una identificación insuficiente de la obra. En el testamento del año 1464, citado en el cap. 1 de este libro, nota 42, se alude a un códice del Sacramental, cuyo paradero actual desconocemos: 'Item, un sacramental del arçediano de Valderas escripto en papel con sus tablas cubiertas con cuero colorado con dos çerraduras, e con su cobertura de lienço blanco'.

La escuela de Salamanca

10. UNA COLECCION DE DECRETALES EN SALAMANCA *

El presente capítulo trata de una colección canónica de decretales del segundo decenio del s. XIII. Por el lugar de su hallazgo, la denominaremos en adelante *Collectio Salmanticensis.* Describiremos primeramente el códice en que se encuentra, pasando luego al análisis y estudio de la colección misma.

El códice en que se contiene la colección de que nos ocupamos es el MS 2678 de la Biblioteca de la Universidad Civil de Salamanca. En él se contienen las siguientes piezas:

1. Fol. 1ra-36ra: <De officiis ecclesiasticis>. Incipit tractatus de officiis eclesiasticis tam nocturnis quam diurnis, et primo de matutinis. *De officio noctis tractare uolentes, ab ipso noctis officio dignum duximus sumere exordium... ita nec oratio nostra ascendit ad Patrem nisi per Filium.* Esta obra está contenida, aunque con muchas variantes de estructura, en la *Patrologia Latina,* donde se le da el título, sin duda equivocado, de *Rationale divinorum officiorum* y se atribuye a Juan Beleth [1].

2. Fol. 36ra-42vb: De sacramento corporis et sanguinis Christi. Después de ofrecer una tabla de los capítulos de que consta este opúsculo, empieza: *Sacramentum corporis et sanguinis Christi unum est ex hiis in quibus principaliter... et unde non discessit quando ad te uenit.* Falta el último capítulo enunciado en la tabla o índice del principio. Esta pieza constituye un fragmento de la obra *De sacramentis* de Hugo de S. Víctor [2].

3. Fol. 43ra-58vb: <Officii Missae Explanatio>. *Ecclesia conuentus uel*

* Me es grato dejar constancia de mi gratitud al Ministerio de Educación Nacional de Madrid (Comisaría de Protección Escolar) y al Department of State de Washington (International Educational and Cultural Exchange Program) por haber hecho posible mi desplazamiento y estancia en los Estados Unidos con motivo del Congreso de Boston, donde leí este trabajo, que fue publicado en las actas del mismo: *Proceedings of the Second International Congress of Medieval Canon Law,* Boston College, 12-16 August 1963. Edited by Stephan Kuttner and J. Joseph Ryan (Mic. Series C: Subsidia 1; E Civitate Vaticana 1965) 71-92. Una redacción más breve apareció bajo el título 'Un antecedente ibérico de la actividad compilatoria de San Ramón de Peñafort', *Escritos del Vedat* 7 (1977) 199-207, donde se contienen, por otra parte, algunos detalles nuevos con respecto a la anterior publicación. Aquí se reproduce el texto de Boston.

1 Cf. PL 202.13-166. El contenido de esta pieza del códice corresponde más o menos a las col. 31-60. Cf. LThK 5 (1960) 1009.

2 Cf. PL 176.461-72. En el fol. 22v-23r (en la pieza anterior) queda un capítulo de esta obra.

congregation fidelium appellatur ad quam mane... qui historicus scribens historiam non egrotabat.

4. Fol. 58vb-81rb: <Exceptiones ecclesiastici officii>. Incipiunt exceptiones ecclesiastici officii in maiori parte anni. *In prima dominica aduentus ℟ secuntur tres uersus... quod habemus tempore misse.* Las dos o tres últimas columnas de esta pieza parecen pertenecer a otro tratado.

5. Fol. 81rb-90vb: <Tractatus super canonem misse>. Incipit tractatus Magistri Hugonis sancti Victoris super canonem misse. *In uirtute sancte Crucis et in sacramento altaris... hostia ipsi Deo fuerimus.* Este tratado es el mismo que aparece en la *Patrologia Latina*[3] atribuido a Juan Cornubiense y que Hauréau[4] atribuye a Ricardo de Wedinghausen. El manuscrito de Salamanca lo atribuye, como queda indicado, a Hugo de S. Víctor. Toca a los especialistas en la materia zanjar esta cuestión.

6. Fol. 93ra-154va: <Collectio Salmanticensis>. I. *Ex concilio Pictauiensi pars capituli Decreuit.* De etate et qualitate et ordine preficiendorum. *Ut abbates et decani et prepositi... de quo parochialis ecclesia magnos percipit decimarum ratione prouentus.* Siguen en el fol. 154 los títulos o rúbricas de toda la colección. Los cinco libros de que consta ocupan los siguientes folios: lib. I fol. 93ra-95va, lib. II fol. 95va-101rb, lib. III fol. 101va-122vb, lib. IV fol. 123ra-135vb y lib. V fol. 136va-153va.

Perteneció este manuscrito al antiguo Colegio Mayor de S. Bartolomé de Salamanca, con la signatura 222. Figuró en la Biblioteca de Palacio de Madrid con las signaturas 2-4-I, VII-H-1 y 1627. Consta de 154 folios de pergamino, de buena calidad, rayado. Están en blanco los folios 91v-92v y 136r. Los folios fueron numerados modernamente con cifras arábigas. De los once cuadernillos de que constan las cinco primeras piezas de este códice, el 1, 2, 9 y 10 son de diez folios; el 3, 4, 6-8 son de ocho folios. De los siete cuadernillos de que consta la última pieza (Col. Salmanticense), correspondientes al 12-18 de todo el códice, tiene doce folios el 13, diez el 12 y 15-16, ocho el 14 y el 17, cinco (incompleo) el 18. Todos los cuadernillos a excepción del 14, llevan al final un reclamo al siguiente. Está escrito este códice a doble columna, de 32 líneas, por un solo amanuense, que señala en letra más pequeña varias cosas que pertenecen al rubricador. Los títulos o rúbricas están generalmente dentro de columna y son contemporáneos del texto. Las iniciales alternan en rojo y azul en la Col. Salmanticense. En las piezas anteriores no alternan por orden muy riguroso. Tanto el copista como el rubricador numeran los capítulos de la Col. Salmanticense con cifras romanas. En el fol. 1ra hay una inicial grande en varios colores. Aparecen alguna vez ras-

3 PL 177.455-70.

4 Hauréau, *Notices et extraits des manuscrits* 24.ii.145 (cit. por M. Riguetti, *Historia de la Liturgia* 1 [Madrid 1955] 79 n. 97).

gueos zoomórficos en alguna inicial, y rasgueos más simples en casi todas. La escritura es gótica minúscula libraria primitiva de principios del s. XIII. El amanuense suple alguna que otra vez, en el margen, las palabras involuntariamente omitidas en el texto. Tan sólo hay, de una mano más tardía, dos importantes indicaciones. La primera está colocada frente a la decretal *Cum omnibus* (Salm. 2.9.4, véase la transcripción de esta decretal más abajo), y dice así: 'Extra omnes titulos. Hoc debet esse infra de religiosis', con lo que se intenta designar Salm. 3.23 *De religiosis domibus et ut episcopo sint subiecte* (véase esto más abajo). La segunda indicación se encuentra frente a la decretal *Clericos qui in diuinis* (Salm. 3.30.5), a cuyo margen se lee: 'Extra omnes titulos. Hoc debet esse supra eodem de uita et honestate clecorum', con lo que se alude a Salm. 3.1. Una mano, también tardía pero diferente de la anterior, indica en el margen de abajo los títulos de la Col. Salmanticense. Estas indicaciones fueron cortadas, en la mayor parte de los casos, por el encuadernador. En el margen superior indica el rubricador el libro (página de la izquierda) y el número que le corresponde (página de la derecha), como es costumbre en los manuscritos de decretales divididos en libros. Buen estado de conservación, salvo algunas manchas negras (ocasionadas por la humedad) en los fol. 22-7. Encuadernación relativamente moderna, aunque no reciente, en piel. Lleva al dorso el título *De officiis ecclesiasticis*. Dimensiones: de la encuadernación 340 × 215 mm., de los folios 320 × 220 mm., y del texto 240 × 130 mm. Debemos la única noticia bibliográfica sobre este códice a D. Florencio Marcos [5].

Veamos ahora la técnica compilatoria de la Col. Salmanticense, su contenido, su posición frente a otros tipos de actividad compilatoria de la misma época, el lugar y tiempo de su composición.

La técnica compilatoria de la Col. Salmanticense se presenta del siguiente modo. Ante todo, no lleva proemio alguno, sino que comienza con el libro primero, título primero y capítulo primero sin más preámbulo. Tampoco precede ningún título general.

Está dividida en cinco libros, éstos en títulos y los títulos en capítulos, al estilo de las *Compilationes Antiquae,* de cuyas tres primeras constituye una síntesis. Transcribe literalmente los títulos de las *Compilationes Antiquae.* Toma siempre el título o rúbrica de la Compilación Antigua a la que pertenece el primer capítulo que transcribe. Como el primer o primeros capítulos que transcribe suelen estar tomados de la Comp. I, de ahí que las rúbricas de la Col. Salmanticense coinciden preferentemente con las de dicha Compilación. Se dan, a veces, algunas variantes de transcripción entre las rúbricas de la Col. Salmanticense y la respectiva Compilación Antigua de donde las

5 Cf. F. Marcos Rodríguez, 'Tres manuscritos del s. XII con colecciones canónicas', AST 32 (1960) 53-4. En este artículo se trata del *Polycarpus,* de la *Caesaraugustana* y de otra colección anónima también del s. XII. Al final y como apéndice se da noticia de la existencia de este códice en que se contiene la Col. Salmanticense. Me es grato dejar constancia de mi gratitud a mi ilustre colega D. Florencio Marcos, por las facilidades que me dispensó para el estudio del presente códice.

toma. Pero tales variantes no se deben a nuestro compilador, sino que se encuentran todas en los diferentes códices de las Compilaciones Antiguas. La prueba de esto puede verse confrontando las variantes que anotan en sus ediciones Friedberg y sobre todo Antonio Agustín, que suele ser más explícito que Friedberg en este y en otros puntos. Los capítulos no llevan más rúbrica que la que se antepone al principio de cada título, como ocurre también en las Compilaciones Antiguas.

No se registran variantes en las inscripciones de cada uno de los capítulos con respecto a las Compilaciones Antiguas. Esto por lo que se refiere a las atribuciones de la decretal. Sí hay variantes verbales consistentes en que la Col. Salmanticense tiende a abreviar la redacción de las inscripciones. Así, a veces se indica sólo el nombre del pontífice cuya es la decretal, omitiéndose incluso los destinatarios. Frente a los capítulos se coloca una de las tres primeras cifras romanas (I, II, III), indicativa de la Compilación Antigua de donde están tomados. Estas indicaciones corresponden siempre a la realidad.

Por lo dicho hasta ahora, tenemos un compilador que sigue fielmente el modelo de las tres primeras Compilaciones Antiguas en todo, menos en la idea, ciertamente nueva, de reunirlas en un único cuerpo legal. En esto podemos ver un antecedente (el único conocido hasta ahora) del criterio que presidió la confección del *Liber Extra.* Pero también constituye la Col. Salmanticense un precedente de S. Raimundo de Peñafort en otro detalle importante. Me refiero a las así llamadas *partes decisae.* Dichas *partes decisae* ya se encuentran en las Compilaciones Antiguas. Pero S. Raimundo utilizó este recurso con mucha más frecuencia y libertad. En la Col. Salmanticense las *partes decisae* no son tan frecuentes como en S. Raimundo ni tan pocas como en las Compilaciones Antiguas. Es curioso observar que las *partes decisae* de la Col. Salmanticense coinciden frecuentemente con los mismos trozos eliminados por S. Raimundo. Transcribo a continuación los ejemplos que encontré. Un examen más prolijo sin duda permitirá aumentar esta lista:

1. En Salm. 1.1.3 (1 Comp. 1.8.5; X 1.14.4 y X 3.38.22) se omite el fragmento in 'ordinandis — institutis', que coincide y en parte rebasa la *pars decisa* de X 1.14.4.
2. En Salm. 1.4.5 (2 Comp. 1.14.1; X 1.29.18) se omite el fragmento 'Si causa — non teneris'. Este pasaje no aparece como *pars decisa* en las Decretales de Gregorio IX.
3. En Salm. 2.8.10 (1 Comp. 2.20.27; X 2.28.18) se omite el fragmento 'Super eo uero — pareant', que es una *pars decisa* también en el *Liber Extra.*
4. En Salm. 3.2.2 (1 Comp. 3.2.5; X 3.2.4) se omite el fragmento 'uitia que periculum — mandamus quatenus', omitido casi en la misma proporción en el *Liber Extra.*
5. En Salm. 3.22.2 (1 Comp. 3.30.2; X 3.35.2) se omite el párrafo final 'Prioratus quoque — transferendi'. Este fragmento no es *pars decisa* en las Decretales Gregorianas.

6. En Salm. 3.27.1 (2 Comp. 3.27.1; este capítulo fue omitido por S. Raimundo) se suprime el fragmento 'nouis morbis — periculum incurrant', o sea, casi todo, menos las catorce líneas finales.
7. En Salm. 3.30.1 (1 Comp. 3.37.2; X 3.50.3) se suprime el trozo 'antiqui hostis — de claustris suis educit', lo que engloba y rebasa una *pars decisa* en las Gregorianas.
8. En Salm. 4.1.7 (1 Comp. 4.1.6; X 4.1.7) se suprime el fragmento 'super causa — intelligentibus generare', que comprende y rebasa una *pars decisa* de las Decretales de Gregorio IX.
9. En Salm. 5.22.5 (2 Comp. 5.18.3; X 5.39.14) tenemos la omisión del fragmento 'A nobis — debacchantes' y de otro pasaje 'Ad ultimum — innouasse', que coinciden casi del todo con los trozos omitidos por S. Raimundo.
10. En Salm. 5.22.6 (3 Comp. 5.21.1; X 5.39.27) hay otro fragmento omitido 'que inter dil. fil. — litteras impetrauit et infra', que no coincide con ninguna *pars decisa* del *Liber Extra.*

Para no recargar con notas aclaratorias los índices que ofrecemos al final, cumple advertir aquí que el c. *Cum sit sancta* (Salm. 2.8.2; vulg. *Cum sit Romana*) es desglosado en dos en la Col. Salmanticense, empezando el segundo con las palabras *Preterea si raptor.* Otra observación se refiere al lib. 3 tít. 15 *De donationibus.* Dicho título figura sólo en el cuerpo de la colección y no en las tablas finales. Es obvio, sin embargo, que ha de preferirse aquí el texto a las tablas, como aparece por la 3 Comp. 3.20.2, de donde está tomado el único capítulo de que consta este título en la Col. Salmanticense.

En la transcripción de los capítulos se advierten algunas variantes verbales entre la Col. Salmanticense y las ediciones de las Compilaciones Antiguas que nosotros poseemos. En muchos casos, tales variantes no parece que se deban a nuestro compilador, sino que se explican por los diferentes códices utilizados [6]. Hay otras variantes de las que nada advierte Antonio Agustín y menos todavía Friedberg. Como no tenemos todavía una verdadera edición crítica de las Compilaciones Antiguas, resulta precipitado decidir si se deben a la divergencia existente entre los códices utilizados o al autor de la Col. Salmanticense [7].

Basta observar el primero de los índices que ofrecemos para percatarse de que el compilador de la Col. Salmanticense sigue generalmente muy de cerca el orden de las tres prmeras Compilaciones Antiguas. A veces, sin embargo, altera ligeramente este orden. Esto está suficientemente claro en el

6 Tal ocurre, por ejemplo, en los siguientes casos, en los que se registran variantes que según las notas de Antonio Agustín se deben a los manuscritos de las Compilaciones Antiguas: Salm. 1.4.4 (Antonio Agustín, *Opera omnia* IV: *Antiquae collectiones decretatium* [Lucae 1769] 59 n.*n*), Salm. 3.17.un. (Agustín, op. cit. 177 n. *oo*), Salm. 4.2.1. (Agustín 231 n. 4), Salm. 4.4.1 (Agustín 240 n.*m*), Salm. 4.18.2 (Agustín 269 n.*gg*), Salm. 5.4.2 (Agustín 412 n. 12), Salm. 5.9.4 (Agustín 316 n.*nn*), Salm. 5.15.1 (Agustín 324 n.*i* y *ii*), Salm. 5.18.2 (Agustín 335).

7 Véanse, por ejemplo, los siguientes casos: Salm. 2.8.5, Salm. 5.9.5-6, Salm. 5.11.2.

primero de los índices que ofrecemos, sin que sea necesario insistir aquí más en ello.

La Col. Salmanticense consta de 301 capítulos, tomados, con muchas omisiones, de las tres primeras Compilaciones Antiguas [8], a excepción de dos. Estos se encuentran en Salm. 2.9.4 y Salm. 3.30.5. Estos textos son dos decretales, la primera de Alejandro III, dirigida al arzobispo de Toledo y sufragáneos y al obispo de Avila, la segunda de Inocencio III, dirigida al obispo de Segovia. Ambas aparecen también en el MS 10 de la Biblioteca Capitular de Sigüenza, fol. 1 y 135v, antes y después de la Compilatio I respectivamente [9]. Ambos manuscritos, el de Salamanca y el de Sigüenza, contienen una transcripción de estas dos decretales que coincide en todo, menos algunos detalles (que se especificarán en el análisis). En el códice salmantino ninguna de las dos lleva fecha, mientras que en el de Sigüenza, la primera lleva la fecha del 12 de Febrero de 1175, y la segunda va con la fecha del 30 de Julio de 1199. En el original de esta carta, conservado en el Archivo Capitular de Sigüenza, lleva la de 11 de Junio de 1204.

Hay, además, en Salm. 3.1.3 un texto de S. Jerónimo que sólo aparece en uno de los manuscritos de la Comp. I hasta ahora analizados por el profesor G. Fransen [9a] por lo que el compilador de la Col. Salmanticense constituye el segundo testimonio de este texto.

Se hace difícil precisar qué criterio pudo tener en cuenta el autor de la Col. Salmanticense para la selección de los capítulos de las tres primeras Compilaciones Antiguas. No parece haber sido otro que su mayor o menor importancia, a juicio siempre del compilador. De los 301 capítulos que la integran, 149 provienen de la Comp. I, 66 de la Comp. II y 83 de la Comp. III.

Por la descripción que precede queda en claro que se trata no sólo de una nueva colección, sino también de un nuevo tipo de actividad compilatoria. Las colecciones canónicas aparecidas entre la Comp. I y la Comp. II Antiguas se reducen, como es sabido, a tres tipos fundamentales: pequeños apéndices de decretales al *Breviarium Extravagantium* de Bernardo de Pavia, colecciones asistemáticas autónomas y colecciones autónomas y sistemáticas [10]. Con

8 Sus dimensiones resultan más apreciables si se recuerda que la Comp. I consta de 912 capítulos, la Comp. II de 330, la Comp. III de 489, o sea, un total de 1.731 capítulos, de los cuales 17.2 por 100 se encuentran en la Col. Salm.

9 Cf. D. Mansilla, *La documentación pontificia hasta Inocencio III (965-1216)* (Monumenta Hispaniae Vaticana, Registros 1; Roma 1955) donde aparecen otros documentos nuevos, pero no éstos. Estas decretales eran desconocidas, debiéndose las primeras noticias sobre su existencia a G. Fransen, 'Manuscrits canoniques conservés en Espagne (II)', RHE 49 (1954) 156. Al año siguiente las publicó en la misma revista W. Holtzmann, 'La *Collectio Seguntina* et les décrétales de Clément III et de Célestin III', ibid. 50 (1955) 451-2 (cf. también pp. 409-11). A este último trabajo hacen referencia las indicaciones que siguen sobre el códice de Sigüenza. Sobre la decretal de Alejandro III ver mi artículo 'Alejandro III y los reinos ibéricos', actualmente en prensa en un volumen conmemorativo de dicho papa preparado por la Accademia Senese degli Intronati (Siena).

9a Cf. G. Fransen, 'Les diverses formes de la *Compilatio prima*', *Scrinium Lovaniense: Mélanges Etienne van Cauwenbergh* (Louvain 1961) 247. El manuscrito de la Comp. I aludido en el texto es el MS Paris BN 15996, fol. 23rb.

10 Cf. Kuttner, *Repertorium* 300-21.

anterioridad a la Comp. IV y después de la Comp. III tenemos también algunas pocas colecciones que se reducen prácticamente a los tres tipos indicados [11]. Todas estas colecciones intermedias se proponen fundamentalmente completar la última Compilación Antigua con nuevas decretales no comprendidas en ella y que, en muchos casos, tampoco se encontraban en otras colecciones en uso. En la Col. Salmanticense esta finalidad es muy secundaria (de hecho se reduce a dos textos el material nuevo). Su fin primordial consiste en reducir a una sola las colecciones entonces más usadas. Esta finalidad es nueva y no se conocía ningún caso hasta el *Liber Extra* de S. Raimundo.

Es sabido como para algunos autores modernos [12] la codificación gregoriana era innecesaria, como no sea para afianzar las aspiraciones del pontífice a un centralismo más pronunciado. La sola presentación de esta Col. Salmanticense constituye un alegato en contra de esta apreciación. Aparece, en efecto, que el autor de la Col. Salmanticense se planteó el problema de la multiplicidad de códigos o textos legales cuando todavía no existían más que las tres primeras Compilaciones Antiguas.

Acerca del tiempo de composición de la Col. Salmanticense hay que decir que se encuentra entre la Comp. II y la Comp. IV Antiguas. Comúnmente se admite que la Comp. II fue publicada poco después de la Comp. III, entre 1210 y 1215, con mayor probabilidad en los años 1210-12. La Comp. IV, por su parte, se publicó en 1216-17, pero no fue reconocida oficialmente en Bolonia hasta 1220 [13]. En el tiempo intermedio entre 1216-17 y 1220 se advierte una fluctuación muy marcada en citar los textos en ella comprendidos, no siendo siempre fácil distinguir si los canonistas remiten a la Compilación IV o a su principal fuente, el Concilio IV Lateranense de 1215, ya que sus citas son, con frecuencia, ambivalentes [14]. Cabe, por lo mismo, la posibilidad de que el término *ad quem* de la Col. Salmanticense se pueda extender hasta 1220. En todo caso, es poco probable que apareciera después del Conc. IV Lateranense de 1215 que el autor no da muestra alguna de conocer. No obstante, éste no es ningún argumento concluyente, ya que los concilios medievales eran considerados por los canonistas muy diversamente que las colecciones canónicas.

Por lo que respecta al lugar que vio surgir esta nueva colección, el único elemento de juicio que tenemos son las dos decretales que añade a los materiales tomados en las tres primeras Compilaciones Antiguas. Ambas se

11 Ibid. 302 y 308; cf. también las publicaciones más recientes de C. R. Cheney, 'Three Decretal Collections before Compilatio IV: Pragensis and Abricensis II', *Traditio* 15 (1959) 464-83; St. Kuttner, 'Notes on Manuscripts: A Collection of Innocent III', *Traditio* 17 (1961) 536 da cuenta de otra colección de este tiempo.

12 Cf. sobre esto V. Jelicić, 'De mente Gregorii IX in adornandas collectiones Decretalium', *Acta Congressus Iuridici Internationalis* 3 (Romae 1936) 3 ss. donde cita la interpretación de autores como Schulte, Friedberg, Mirbt, Kantorowicz.

13 Stickler, *Historia fontium* I, 233-5, donde se cita una bibliografía más especializada sobre este particular.

14 Pueden verse ejemplos de esto en mi artículo 'El Concilio IV de Letrán (1215) y sus comentarios', *Traditio* 14 (1958) 492-3.

refieren a diócesis del centro de España (Toledo y sufragáneas, Avila y Segovia). Claro está que el hecho de aparecer estas dos decretales al final de dos de los libros de la Col. Salmanticense (bien que de mano del mismo copista) explica igualmente que la colección fue transcrita en España o para España, aunque confeccionada originariamente en otra parte. Nada impide que al ser copiada con destino al centro de la Península Ibérica, se añadieran las dos decretales aludidas. No obstante, el hecho de que haya sido copiada en la región central de España o con destino a ella, da la preferencia a dicha zona como lugar de aparición, mientras no se demuestre otra cosa.

No parece que el uso de la Col. Salmanticense haya sido muy extenso en el tiempo ni en el espacio. Hablan en este sentido su escasa difusión manuscrita y el reducido lapso de tiempo de su posible utilidad práctica. La escasa difusión manuscrita es un factor común a colecciones intermedias de la época, si se exceptúan las de Gilberto, Alano y Bernardo Compostelano. No tengo noticia de que ningún canonista contemporáneo citara la Col. Salmanticense. Esto resulta perfectamente explicable si se tiene en cuenta que los canonistas de procedencia ibérica descollaban en este tiempo en Bolonia y no en España [15]. Además, el hecho de que los capítulos de la Col. Salmanticense lleven al margen la indicación de la Compilación Antigua de donde proceden, hace que su posible uso por parte de algún canonista resulte imperceptible, por el sistema de citar entonces en boga. Las fórmulas *extra i., ii., iii,* o equivalentes junto con el incipit del capítulo que se desea citar, son posibles en cualquiera de las dos hipótesis en que nos coloquemos, del uso de la Col. Salmanticense o de las Compilaciones Antiguas.

Para hacer más utilizable mi trabajo, doy a continuación dos tablas o índices de la Col. Salmanticense: el primero consiste en un cuadro de equivalencias de la Col. Salmanticense con las tres primeras Compilaciones Antiguas, y el segundo es la serie alfabética de los capítulos de la Col. Salmanticense. Aunque estos índices puedan parecer a más de un lector demasiado prolijos, contentarse con menos equivaldría a dejarlo todo en un plano genérico y prácticamente inutilizable para ulteriores estudios.

ANALISIS

[LIBER I]

Tit. 1.—*De etate et qualitate et ordine preficiendorum*

Salm. 1.1.1	I Ut abbates	1 Comp. 1.8.1
Salm. 1.1.2	Indecorum	1 Comp. 1.8.4
Salm. 1.1.3	Eam te	1 Comp. 1.8.5

15 Los autores más antiguos que estudian, enseñan y escriben en España derecho canónico son algo más tardíos. Cf. mi artículo 'Los canonistas de la Universidad de Salamanca en el s. XIV-XV', REDC 17 (1962) 175-90, reeditado en el cap. 13 de este libro.

Salm. 1.1.4	Preterea licet	1 Comp. 1.8.6
Salm. 1.1.5	II Queris a nobis	2 Comp. 1.8.1
Salm. 1.1.6	Ex tue fraternitatis	2 Comp. 1.8.3
Salm. 1.1.7	III Litteras uestras	3 Comp. 1.9.5

Tit. 2.—*De filiis presbiterorum ordinandis vel non ordinandis*

Salm. 1.2 un.	I Ut filii	1 Comp. 1.9.1

Tit. 3.—*De clericis peregrinis sine litteris non recipiendis*

Salm. 1.3 un.	Tua nos duxit	1 Comp. 1.14 un.

Tit. 4.—*De officio iudicis ordinarii*

Salm. 1.4.1	Nos inter alios	1 Comp. 1.23.4
Salm. 1.4.2	Si sacerdos	1 Comp. 1.23.6
Salm. 1.4.3	Ex parte tua	1 Comp. 1.23.7
Salm. 1.4.4	Ad hec cum aliquis	1 Comp. 1.23.8
Salm. 1.4.5	II Cum te consulente	2 Comp. 1.14.1
Salm. 1.4.6	III Ad reprimendam	3 Comp. 1.20.2

Tit. 5.—*De postulando*

Salm. 1.5 un.	I Clerici in subdiaconatu	1 Comp. 1.28 un.

INCIPIT LIBER II

Tit. 1.—*De iudiciis*

Salm. 2.1.1	II Auctoritate apostolice	2 Comp. 2.1.1
Salm. 2.1.2	Cum non ab homine	2 Comp. 2.1.3

Tit. 2.—*De feriis*

Salm. 2.2 un.	I Omnes dies	1 Comp. 2.7 un.

Tit. 3.—*De probationibus*

Salm. 2.3 un.	III Post cessionem	3 Comp. 2.11.1

Tit. 4.—*De testibus et attestationibus*

Salm. 2.4.1	I De cetero laicos	1 Comp. 2.13.14
Salm. 2.4.2	Quotiens aliqui	1 Comp. 2.13.20
Salm. 2.4.3	Ceterum quod	2 Comp. 2.13.2
Salm. 2.4.4	II Placuit sancto	2 Comp. 2.12.1
Salm. 2.4.5	III Cum a nobis	3 Comp. 2.12.1
Salm. 2.4.6	Presentium auctoritate	3 Comp. 2.12.4
Salm. 2.4.7	Tuis questionibus	3 Comp. 2.12.12

Tit. 5.—*De iureiurando*

Salm. 2.5.1	I Debitores	1 Comp. 2.17.2
Salm. 2.5.2	II Verum in ea	2 Comp. 2.16.6
Salm. 2.5.3	III Ad nostram noueris	3 Comp. 2.15.6

Tit. 6.—*De exceptionibus*

Salm. 2.6 un.	A nobis fuit	3 Comp. 2.16.1

Tit. 7.—*De prescriptionibus*

Salm. 2.7 un.	II Illud autem te	2 Comp. 2.17.1

Tit. 8.—*De appellationibus*

Salm. 2.8.1	I Ad nostram noueris	1 Comp. 2.20.3
Salm. 2.8.2	Cum sit sancta Romana	1 Comp. 2.20.5
Salm. 2.8.3	Preterea si raptor	1 Comp. 2.20.5 § 1
Salm. 2.8.4	Ex ratione	1 Comp. 2.20.8
Salm. 2.8.5	Ceterum cum aliquam	1 Comp. 2.20.9
Salm. 2.8.6	De appellationibus	1 Comp. 2.20.11
Salm. 2.8.7	Ex quorundam relatione	1 Comp. 2.20.14
Salm. 2.8.8	Appellationi autem	1 Comp. 2.20.19
Salm. 2.8.9	Relatum est	1 Comp. 2.20.21
Salm. 2.8.10	Consuluit nos	1 Comp. 2.20.27
Salm. 2.8.11	Questioni quam facis	1 Comp. 2.20.31
Salm. 2.8.12	II Ad hec	2 Comp. 2.19.2
Salm. 2.8.13	Preterea requisiti	2 Comp. 2.19.14
Salm. 2.8.14	III Sepe contingit	3 Comp. 2.19.2
Salm. 2.8.15	Sollicitudinem	3 Comp. 2.19.12
Salm. 2.8.16	Dilecti filii	3 Comp. 2.19.10
Salm. 2.8.17	Pastoralis officii	3 Comp. 2.19.11

Tit. 9.—*De confirmatione utili vel inutili*

Salm. 2.9.1	I Si quis litigiose	1 Comp. 2.21.1
Salm. 2.9.2	De confirmationibus	1 Comp. 2.21.2
Salm. 2.9.3	III Ad audientiam nostram	3 Comp. 2.20.2

Salm. 2.9.4 *Alexander iii. Toletano archiepiscopo et episcopis per euis diocesim constitutis necnon et Abulensi episcopo, salutem et apostolicam benedictionem.* Cum omnibus christifidelibus... appareant et existant (fol. 101ra-rb).

ed. W. Holtzmann *op. cit.* n. 9 supra p. 451 ex cod. Seguntino 10 fol. 1r. — Lectiones variae: *ed. lin.* 1 Alexander episcopus — fratribus] Alexander iii. *Salm.* 7 *ab imo* nisi a vobis] nisi cum a uobis *Salm. lin. ult.* Dat. — februarii *om. Salm.*

Incipit liber iii

Tit. 1.—*De uita et honestate clericorum*

Salm. 3.1.1	I Monasteria preterea	1 Comp. 3.1.8
Salm. 3.1.2	Statuimus ut clerici	1 Comp. 3.1.9
Salm. 3.1.3	*Iheronimus* [16]	

Sunt quidam mei ordinis quibus omnis cura est de uestibus si bene oleant, si pes laxa pelle non fluctuet, crines calamistri uestigio rotantur, digiti anulis radiant, ne plantas

16 S. Jerónimo, ep. 22, n. 28 (CSEL 54.185.11, 13-17).

humidior uia spargat uix imprimunt summa uestigia. Tales inquam cum uideris sponsos magis estimato quam clericos (fol. 101vb).

Salm. 3.1.4	III Tue discretionis	3 Comp. 3.1.3

Tit. 2.—*De cohabitatione clericorum et mulierum et clericis concubinariis*

Salm. 3.2.1	I Clericos autem in sacris	1 Comp. 3.2.4
Salm. 3.2.2	Sicut et infra Clericos	1 Comp. 3.2.5
Salm. 3.2.3	De sacerdotibus	1 Comp. 3.2.6
Salm. 3.2.4	Tua nos	3 Comp. 3.2.1
Salm. 3.2.5	III A nobis	3 Comp. 3.2.2

Tit. 3.—*De clericis non residentibus in ecclesia prebendaria*

Salm. 3.3.1	I Quia nonnulli	1 Comp. 3.4.3
Salm. 3.3.2	Relatum est nobis	1 Comp. 3.4.4
Salm. 3.3.3	II Fraternitati tue	2 Comp. 3.3.1
Salm. 3.3.4	III Inter quatuor	3 Comp. 3.4.2
Salm. 3.3.5	Ex tue deuotionis	3 Comp. 3.4.3

Tit. 4.—*De prebendis*

Salm. 3.4.1	I De cetero	1 Comp. 3.5.4
Salm. 3.4.2	Episcopis si aliquem	1 Comp. 3.5.5
Salm. 3.4.3	Cum teneamur	1 Comp. 3.5.8
Salm. 3.4.4	III Cum secundum Apostolum	3 Comp. 3.5.1
Salm. 3.4.5	Tuis questionibus	3 Comp. 3.5.11
Salm. 3.4.6	I Maioribus ecclesie	1 Comp. 3.5.10

Tit. 5.—*De institutionibus*

Salm. 3.5.1	Cum sit satis	1 Comp. 3.7.3
Salm. 3.5.2	II In congregandis	2 Comp. 3.6.2
Salm. 3.5.3	III Cum ad nostram	3 Comp. 3.7.4

Tit. 6.—*De concessione prebende uel ecclesie non uacantis*

Salm. 3.6.1	I Qui in uiuorum	1 Comp. 3.8.1
Salm. 3.6.2	Nulla ecclesiastica	1 Comp. 3.8.2
Salm. 3.6.3	Ea qui honestatis	1 Comp. 3.8.3
Salm. 3.6.4	II Ea noscitur	2 Comp. 3.8.un.

Tit. 7.—*De hiis que conceduntur uel fiunt ab episcopio sine consensu fratrum uel clericorum*

Salm. 3.7 un.	I Irrita erit	1 Comp. 3.9.1

Tit. 8.—*De hiis que fiunt a maiori parte capituli*

Salm. 3.8 un.	Cum in cunctis	1 Comp. 3.10 un.

Tit. 9.—*De rebus ecclesie alienandis uel non alienandis*

Salm. 3.9.1	II Ad audientiam	2 Comp. 3.10.2
Salm. 3.9.2	III Possessiones	3 Comp. 3.13.1

Tit. 10.—*De emptione*

Salm. 3.10.1	Ad nostram noueris	3 Comp. 3.14.1
Salm. 3.10.2	Cum causa que	3 Comp. 3.14.2

Tit. 11.—*De rerum permutatione*

Salm. 3.11.1	II Quesitum est	2 Comp. 3.13.1
Salm. 3.11.2	Ad questiones soluendas	2 Comp. 3.13.2

Tit. 12.—*De pignoribus*

Salm. 3.12.1	I Nullus presbiter	1 Comp. 3.17.1
Salm. 3.12.2	III Illo nos credimus	3 Comp. 3.17.1

Tit. 13.—*De fideiussoribus*

Salm. 3.13 un.	I Clericus	1 Comp. 3.18.3

Tit. 14.—*De solutionibus*

Salm. 3.14 un.	Ad hoc	1 Comp. 3.19 un.

Tit. 15.—*De donationibus*

Salm. 3.15 un.	Fraternitatem	1 Comp. 3.20.2

Tit. 16.—*De testamentis et ultimis uoluntatibvs*

Salm. 3.16.1	Cum in officiis	1 Comp. 3.22.4
Salm. 3.16.2	Quia nos	1 Comp. 3.22.6
Salm. 3.16.3	Ad hec	1 Comp. 3.22.7
Salm. 3.16.4	Requisiti de hiis	3 Comp. 3.19.3
Salm. 3.16.5	II Relatum est	2 Comp. 3.14.2
Salm. 3.16.6	III Officium	3 Comp. 3.19.2

Tit. 17.—*De successionibus ab intestato*

Salm. 3.17 un.	I Sancto concilio	1 Comp. 3.23.2

Tit. 18.—*De sepulturis*

Salm. 3.18.1	Volumus et iuxta	1 Comp. 3.24.2
Salm. 3.18.2	Nos instituta	1 Comp. 3.24.3
Salm. 3.18.3	Relatum est auribus	1 Comp. 3.24.4
Salm. 3.18.4	De hiis	1 Comp. 3.24.6
Salm. 3.18.5	Cum super	1 Comp. 3.24.8
Salm. 3.18.6	II Certificari uoluisti	2 Comp. 3.15.3
Salm. 3.18.7	III In nostra presentia	3 Comp. 3.21.1
Salm. 3.18.8	Sacris est canonibus	3 Comp. 3.21.3

Tit. 19.—*De decimis et primitiis*

Salm. 3.19.1	I Peruenit ad nos	1 Comp. 3.26.2
Salm. 3.19.2	Nuntios	1 Comp. 3.26.3
Salm. 3.19.3	Cum homines	1 Comp. 3.26.4
Salm. 3.19.4	Dilecti filii	1 Comp. 3.26.6

Salm. 3.19.5	Nouum genus	1 Comp. 3.26.7
Salm. 3.19.6	Referente magistro	1 Comp. 3.26.22
Salm. 3.19.7	Vota que ad	1 Comp. 3.26.24
Salm. 3.19.8	Parrochianos tuos	1 Comp. 3.26.26
Salm. 3.19.9	De terris	1 Comp. 3.26.28
Salm. 3.19.10	II Quamuis sit graue	2 Comp. 3.17.2
Salm. 3.19.11	Cum sint homines	2 Comp. 3.17.3
Salm. 3.19.12	Non est in potestate	2 Comp. 3.17.4
Salm. 3.19.13	Ex parte delictorum	2 Comp. 3.17.5
Salm. 3.19.14	Ad audientiam nostram	2 Comp. 3.17.8
Salm. 3.19.15	III A nobis tua	3 Comp. 3.23.1
Salm. 3.19.16	Pastoralis officii	3 Comp. 3.23.5

Tit. 20.—*De regularibus et transeuntibus ad religionem*

Salm. 3.20.1	I Vidua si	1 Comp. 3.27.6
Salm. 3.20.2	II Ad audientiam apostolatus	2 Comp. 3.18.2
Salm. 3.20.3	III Ad apostolicam	3 Vomp. 3.24.2
Salm. 3.20.4	Veniens ad apostolicam	3 Comp. 3.24.6
Salm. 3.20.5	Consulti sumus	3 Comp. 3.24.7

Tit. 21.—*De conuersione coniugatorum*

Salm. 3.21.1	I Preterea utrum	1 Comp. 3.28.1
Salm. 3.21.2	Verum post	1 Comp. 3.28.2
Salm. 3.21.3	Cum sis preditus	1 Comp. 3.28.4
Salm. 3.21.4	Ex publico	1 Comp. 3.28.7
Salm. 3.21.5	II Ex parte delicti	2 Comp. 3.19.1

Tit. 22.—*De uoto et uoti redemptione*

Salm. 3.22.1	I De peregrinationis	1 Comp. 3.29.1
Salm. 3.22.2	Monachi non pretio	1 Comp. 3.30.2
Salm. 3.22.3	II Scripture sacre	2 Comp. 3.21.2

Tit. 23.—*De religiosis domibus et ut episcopo sint subiecte*

Salm. 3.23.1	I De xenodochiis	1 Comp. 3.31.2
Salm. 3.23.2	Ad hec super eo	1 Comp. 3.31.4

Tit. 24.—*De statv regvlarivm*

Salm. 3.24.1	II Si qua libera	2 Comp. 3.22.5
Salm. 3.24.2	Super quodam	2 Comp. 3.22.6

Tit. 25.—*De censibus et exactionibus*

Salm. 3.25 un.	I Cum Apostolus	1 Comp. 3.34.6

Tit. 26.—*De ecclesiis hedificandis et reparandis*

Salm. 3.26.1	Cum dicat	1 Comp. 3.35.1
Salm. 3.26.2	II Si hospitale	2 Comp. 3.26.1
Salm. 3.26.3	Litteris tue fraternitatis	2 Comp. 3.26.2

Tit. 27.—*De immunitate ecclesie uel cimiterii*

Salm. 3.27.1	II Quoniam superuenientibus	2 Comp. 3.27.1
Salm. 3.27.2	III Inter alia que	3 Comp. 3.32 un.

Tit. 28.—*De celebratione missarum*

Salm. 3.28.1	Consuluisti nos	3 Comp. 3.33.1
Salm. 3.28.2	Ex parte uestra	3 Comp. 3.33.2

Tit. 29.—*De obseruantia ieiuniorum*

Salm 3.29 un.	Consilium nostrum	3 Comp. 3.35.2

Tit. 30.—*Ne clerici vel monachi secularibus negotiis se immisceant*

Salm. 3.30.1	I Non magno opere	1 Comp. 3.37.2
Salm. 3.30.2	Sed nec procurationes	1 Comp. 3.37.3
Salm. 3.30.3	Sacerdotibus autem	1 Comp. 3.37.8
Salm. 3.30.4	III Ex parte tua	3 Comp. 3.38.3

Salm. 3.30.5 *Innocentius iii. episcopo Secobiensi, salutem.* III Clericos qui in diuinis... cogere non postponas (fol. 122va-vb).

ed. W. Holtzmann *op. cit.* n. 9 supra p. 452 ex cod. Seguntino 10 fol. 135v. — Lectiones variae: *ed. lin.* 1 Innocentius episcopus — fratri] Innocentius iii. *Salm.* 2 et apostolicam benedictionem *om. Salm.* *lin. ult.* Dat. — secundo *om. Salm.*

Incipit liber IV

Tit. 1.—*De sponsalibus et matrimoniis*

Salm. 4.1.1	Ad audientiam nostri	1 Comp. 4.1.1
Salm. 4.1.2	Non sunt una	1 Comp. 4.1.2
Salm. 4.1.3	De illis autem	1 Comp. 4.1.4
Salm. 4.1.4	Ex litteris	1 Comp. 4.1.6
Salm. 4.1.5	Preterea hii qui	1 Comp. 4.1.11
Salm. 4.1.6	Requisiuit a nobis	1 Comp. 4.1.12
Salm. 4.1.7	Iuuenis ille qui	1 Comp. 4.1.18
Salm. 4.1.8	II In presentia	2 Comp. 4.1.3
Salm. 4.1.9	Commissum	2 Comp. 4.1.4
Salm. 4.1.10	Nobis ex tuarum	2 Comp. 4.1.6
Salm. 4.1.11	Tertio loco	2 Comp. 4.1.8
Salm. 4.1.12	III Sicut ex litteris	3 Comp. 4.1.1
Salm. 4.1.13	Significasti nobis	3 Comp. 4.1.2
Salm. 4.1.14	Cum apud	3 Comp. 4.1.3
Salm. 4.1.15	Dilectus filius R.	3 Comp. 4.1.4
Salm. 4.1.16	Tue fraternitatis	3 Comp. 4.1.5

Tit. 2.—*De desponsatione impuberum*

Salm. 4.2.1	I Lex diuine	1 Comp. 4.2.1

Salm. 4.2.2. Manifestum est 1 Comp. 4.2.3
Salm. 4.2.3 Litteras tue fraternitatis 1 Comp. 4.2.5
Salm. 4.2.4 De illis qui 1 Comp. 4.2.9

Tit. 3.—*De clandestina desponsatione*

Salm. 4.3.1 II Consuluit nos 2 Comp. 4.3.1
Salm. 4.3.2 Nullus fidelis 2 Comp. 4.3.2

Tit. 4.—*De sponsa duorum*

Salm. 4.4.1 I Porro si quis 1 Comp. 4.4.7
Salm. 4.4.2 Super eo quid 1 Comp. 4.4.6

Tit. 5.—*Quod uouentes matrimonium contrahere non possunt*

Salm. 4.5 un. II Rursus quidam 2 Comp. 4.4.2

Tit. 6.—*De eo qvi duxit in matrimonium quam polluerat per adulterium*

Salm. 4.6.1 I Propositum est 1 Comp. 4.7.1
Salm. 4.6.2 II Ex litterarum 2 Comp. 4.5.1
Salm. 4.6.3 Cum haberet 2 Comp. 4.5.2
Salm. 4.6.4 III Significastis nobis 3 Comp. 4.6.1
Salm. 4.6.5 Veniens ad presentiam 3 Comp. 4.6.2

Tit. 7.—*De coniugio leprosi*

Salm. 4.7.1 I Peruenit ad nos 1 Comp. 4.8.1
Salm. 4.7.2 Quoniam ex multis 1 Comp. 4.8.2
Salm. 4.7.3 Litteras 1 Comp. 4.8.3

Tit. 8.—*De coniugio seruorum et dispari conditione*

Salm. 4.8. un. III Ad nostram 3 Comp. 4.7 un.

Tit. 9.—*De cognatione spirituali et filiis post compaternitatem genitis*

Salm. 4.9.1 I Utrum autem 1 Comp. 4.11.1
Salm. 4.9.2 Si uir 1 Comp. 4.11.2
Salm. 4.9.3 II Martinus 2 Comp. 4.6.1
Salm. 4.9.4 III Tua nos duxit 3 Comp. 4.8.2

Tit. 10.—*De cognatione legali*

Salm. 4.10 un. I Si qua 1 Comp. 4.12 un.

Tit. 11.—*De eo qui cognouit consanguineam uxoris sue vel sponsam sui consanguinei*

Salm. 4.11.1 Si quis cum filiastra 1 Comp. 4.13.1
Salm. 4.11.2 Veniens ad nos 1 Comp. 4.13.3
Salm. 4.11.3 II Super eo quod 2 Comp. 4.7.1
Salm. 4.11.4 Super eo 2 Comp. 4.7.4
Salm. 4.11.5 III Fraternitati tue 3 Comp. 4.9.2

Tit. 12.—*De consanguinitate et affinitate*

Salm. 4.12.1	I Ex litteris	1 Comp. 4.14.2
Salm. 4.12.2	II Super eo	2 Comp. 4.8.1
Salm. 4.12.3	Quod dilectio	2 Comp. 4.8.2
Salm. 4.12.4	III Tue discretionis	3 Comp. 4.10.4

Tit. 13.—*De sobole sucepta ex secundis nuptiis*

Salm. 4.13 un.	I Dilectus filius	1 Comp. 4.15.1

Tit. 14.—*De frigidis et maleficiis*

Salm. 4.14 un.	II Laudabilem etc.	2 Comp. 2.9.3

Tit. 15.—*De matrimonio contra interdictum ecclesie contracto*

Salm. 4.15 un.	I Videtus nobis	1 Comp. 4.17.1

Tit. 16.—*Qvi filii sint legitimi*

Salm. 4.16.1	Cum inter I	1 Comp. 4.18.2
Salm. 4.16.2	Tanta est uis	1 Comp. 4.18.6
Salm. 4.16.3	II Referente nobis	2 Comp. 2.11.1

Tit. 17.—*Qui matrimonium accusare uel testificari possunt*

Salm. 4.17.1	A nobis	2 Comp. 4.12.4
Salm. 4.17.2	II Per tuas nobis	3 Comp. 4.13.2

Tit. 18.—*De diuortiis*

Salm. 4.18.1	I Quesiuit a nobis	1 Comp. 4.20.2
Salm. 4.18.2	Si quis	1 Comp. 4.20.6
Salm. 4.18.3	II Ad aures	2 Comp. 4.13.1
Salm. 4.18.4	III Quanto te magis	3 Comp. 4.14.1
Salm. 4.18.5	Gaudemus	3 Comp. 4.14.2

Tit. 19.—*De dote post diuortium restituenda*

Salm. 4.19.1	I Mulieres uero	1 Comp. 4.21.1
Salm. 4.19.2	Vir autem uel	1 Comp. 4.22.1

Tit. 20.—*De secundis nuptiis*

Salm. 4.20.1	Super illa uero	1 Comp. 4.22.2
Salm. 4.20.2	II De prudentia	2 Comp. 4.14.1
Salm. 4.20.3	Capellanum	2 Comp. 4.15 un.

INCIPIT LIBER V

Tit. 1.—*De accusationibus*

Salm. 5.1.1	I Si legitime	1 Comp. 5.1.1
Salm. 5.1.2	Euidentia	1 Comp. 5.1.11
Salm. 5.1.3	Cum P. Manconella	1 Comp. 5.1.12
Salm. 5.1.4	Ex parte tua	1 Comp. 5.1.13

Tit. 2.—*De simonia*

Salm. 5.2.1	Non satis	1 Comp. 5.2.7
Salm. 5.2.2	Tanta est labes	1 Comp. 5.2.16
Salm. 5.2.3	III Tua nos duxit	3 Comp. 5.2.6

Tit. 3.—*Ne prelati uices suas uel ecclesias sub annuo pretio committant*

Salm. 5.3 un.	I Quoniam enormis	1 Comp. 5.3.3

Tit. 4.—*De iudeis*

Salm. 5.4.1	II Consuluit	2 Comp. 5.4.1
Salm. 5.4.2	Ad hec	2 Comp. 5.4.2
Salm. 5.4.3	Sicut iudei	2 Comp. 5.4.3

Tit. 5.—*De apostatis*

Salm. 5.5 un.	I Preterea	1 Comp. 5.8.2

Tit. 6.—*De homicidio uoluntario uel casuali*

Salm. 5.6.1	Qui sine	1 Comp. 5.10.3
Salm. 5.6.2	II De infantibus	2 Comp. 5.5 un.
Salm. 5.6.3	III Dilectus filius	3 Comp. 5.7.1
Salm. 5.6.4	Ex litteris tue	3 Comp. 5.7.2
Salm. 5.6.5	Ex litteris tue	3 Comp. 5.7.3
Salm. 5.6.6	Significasti nobis	3 Comp. 5.7.4

Tit. 7.—*De adulteriis*

Salm. 5.7 un.	Tut fraternitas	3 Comp. 5.8.2

Tit. 8.—*De clericis pugnantibus in duello*

Salm. 5.8 un.	I Porro si	1 Comp. 5.12.1

Tit. 9.—*De usuris*

Salm. 5.9.1	Plures clericorum	1 Comp. 5.15.1
Salm. 5.9.2	Quia in omnibus	1 Comp. 5.15.2
Salm. 5.9.3	Super eo uero	1 Comp. 5.15.3
Salm. 5.9.4	Quia nos tua	1 Comp. 5.15.11
Salm. 5.9.5	III Post miserabile	3 Comp. 5.10.2
Salm. 5.9.6	Dudum ex parte	3 Comp. 5.10.3
Salm. 5.9.7	Quia frustra legis	3 Comp. 5.10.4

Tit. 10.—*De crimine falsi*

Salm. 5.10.1	I Falsidicus testis	1 Comp. 5.16.2
Salm. 5.10.2	II Ad audientiam	2 Comp. 2.9.2
Salm. 5.10.3	III Licet ad regimen	3 Comp. 5.11.2
Salm. 5.10.4	Ad falsariorum	3 Comp. 3.11.4

Tit. 11.—*De sortilegiis*

Salm. 5.11.1	Requisisti sortes	1 Comp. 5.17.2
Salm. 5.11.2	Ex tenore	1 Comp. 5.17.3

Tit. 12.—*De clerico percussore*

Salm. 5.12 un.	Presentium lator	1 Comp. 5.21.3

Tit. 13.—*De clerico uenatore*

Salm. 5.13 un.	Episcopum	1 Comp. 5.22.1

Tit. 14.—*De clerico excommunicato ministrante*

Salm. 5.14.1	Latores presentium	1 Comp. 5.23.4
Salm. 5.14.2	III Fraternitati tue	3 Comp. 5.12.2
Salm. 5.14.3	Postulasti per sedem	3 Comp. 5.12.3

Tit. 15.—*De eo qui furtim ordinem suscepit*

Salm. 5.15.1	I Veniens ad nos	1 Comp. 5.25 un.
Salm. 5.15.2	II Cum h. lator	2 Comp. 5.12.1
Salm. 5.15.3	Innotuit nobis	2 Comp. 5.12.2
Salm. 5.15.4	III Tue nobis presentium	3 Comp. 5.13 un.

Tit. 16.—*De excessibus prelatorum et subditorum*

Salm. 5.16.1	II Cum ad quorundam	2 Comp. 5.13.3
Salm. 5.16.2	III Quam sit graue	3 Comp. 5.14.2

Tit. 17.—*De priuilegiis et excessibus priuilegiatorum*

Salm. 5.17.1	I Cum et plantare	1 Comp. 5.28.3
Salm. 5.17.2	Dilecti filii	1 Comp. 5.28.4
Salm. 5.17.3	Simili modo	1 Comp. 5.28.5
Salm. 5.17.4	Ad hoc in beatorum	1 Comp. 5.28.6
Salm. 5.17.5	Peruenit ad nos	1 Comp. 5.28.7
Salm. 5.17.6	Sane quoniam	1 Comp. 5.28.8
Salm. 5.17.7	II Patentibus litteris	2 Comp. 5.14.2
Salm. 5.17.8	III Ex parte tua	3 Comp. 5.16.8
Salm. 5.17.9	Pastoralis officii	3 Comp. 5.16.9

Tit. 18.—*De purgatione canonica*

Salm. 5.18.1	I Constitutus	1 Comp. 5.29.6
Salm. 5.18.2	Ideo inter alios	1 Comp. 5.29.7
Salm. 5.18.3	III Cum dilectus	3 Comp. 5.17.2
Salm. 5.18.4	De testibus	3 Comp. 5.17.4

Tit. 19.—*De dampno dato*

Salm. 5.19 un.	I Si quis domum	1 Comp. 5.31.7

Tit. 20.—*De penis*

Salm. 5.20 un.	Calumpniam	1 Comp. 5.32.5

Tit. 21.—*De penitentia et remissionibus*

Salm. 5.21.1	Manifesta peccata	1 Comp. 5.33.1
Salm. 5.21.2	Quod autem	1 Comp. 5.33.3
Salm. 5.21.3	II Quod quidam	2 Comp. 5.17.1

Tit. 22.—*De sententia excommunicationis*

Salm. 5.22.1	I Si uero aliquis	1 Comp. 5.34.4
Salm. 5.22.2	Si uero aliquis	1 Comp. 5.34.5
Salm. 5.22.3	Mulieres	1 Comp. 5.34.7
Salm. 5.22.4	II Ea noscitur	2 Comp. 5.18.1
Salm. 5.22.5	Cum non ab homine	2 Comp. 5.18.3
Salm. 5.22.6	III Cum pro causa	3 Comj. 5.21.1
Salm. 5.22.7	A nobis est	3 Comp. 5.21.2
Salm. 5.22.8	Nuper a nobis	3 Comp. 5.21.3
Salm. 5.22.9	Cum illorum	3 Comp. 5.21.5
Salm. 5.22.10	De monialibus	3 Comp. 5.22.6
Salm. 5.22.11	Ut fame tue	3 Comp. 5.22.7
Salm. 5.22.12	Per tuas nobis	3 Comp. 5.22.14
Salm. 5.22.13	Officii et infra	3 Comp. 5.22.15
Salm. 5.22.14	Responso nostro	3 Comp. 5.22.16
Salm. 5.22.15	Inquistioni tue	3 Comp. 5.22.17

Tit. 23.—*De uerborum significatione*

Salm. 5.23.1	Cum tibi de	3 Comp. 5.23.2
Salm. 5.23.2	Querenti quid	3 Comp. 5.23.4
Salm. 5.23.3	Quid per noualis	3 Comp. 5.23.5

INITIA

11. CANDELABRUM IURIS *

No creo que este título diga gran cosa a la mayoría de los lectores. Tampoco a mí me resultaba familiar hasta que encontré cuatro manuscritos de una voluminosa obra que se autointitula de este modo. Su autor es un cierto Martinus Martini o Martín Martínez. Para mayor complicación, afirma que él no es el autor propiamente dicho, sino el reformador de otra obra preexistente, cuya paternidad y características no nos revela. Dicha obra precedente se conserva todavía en un manuscrito latino de la Bibliothèque Nationale de París. Con esto, tenemos ya presentados los elementos esenciales que protagonizan esta temática del *Candelabrum Iuris,* del que vamos a ocuparnos más en detalle en las páginas que siguen.

En el MS lat. 18227 fol. 1r-263r de la Bibliothèque Nationale de París se contiene una obra de autor anónimo, titulada *Candelabrum Iuris,* o también *Candelabrum Iuris Canonici,* que aparece descrita, con referencia expresa a este códice, de la forma siguiente, en una reciente publicación: '... un anonyme rédigeait à la même époque un *Juris candelabrum* qui donne, décrétale par décrétale, un bref résumé de l'œuvre de Grégoire IX' [1]. La época a que aquí se refiere es hacia 1446, lo cual no resulta correcto, ya que el mencionado *Candelabrum Iuris* fue compuesto antes del *Liber VI* (1298) y después de las Inocencianas (1253). Después volveremos sobre el tema de la datación de esta obra. Lo que sí es exacto en la descripción que precede es el contenido que se le asigna. Trátase, en efecto, de unos *Casus breves* o *Notabilia* sobre las Decretales de Gregorio IX, que consisten en un resumen del texto legal, capítulo por capítulo, respetando el orden habitual en esta colección canónica.

Este códice parisino, que en adelante designaremos con la sigla P, perteneció anteriormente al Cabildo de la iglesia de Notre Dame de París, donde llevaba la signatura F.3. Encuadernado en cuero del s. xv, con aplicaciones metálicas. En el tejuelo se lee: *Droit Canon.* Dimensiones del texto: 90 × 54 milímetros. Consta de 263 folios de pergamino, numerados en cifras arábigas en 1870. Tiene además 11 folios sin numerar. Cuadernillos de número varia-

* Este capítulo fue editado en *Études offertes à Jean Gaudemet = Revue de droit canonique* 28 (1978) 167-79.

1 P. Ourliac-Henri Gilles, *La période post-classique,* t. 1: *La problématique de l'époque. Les sources* (Histoire du Droit et des Institutions de l'Eglise en Occident 13.1; París 1971) 122.

ble de folios. El texto está escrito por única mano y a única columna por página, de unas 22 líneas. Rúbricas en rojo, en columna, de la misma época del texto. Iniciales doradas al comienzo de cada título, y en rojo y azul alternativamente al principio de cada título, y en rojo y azul alternativamente al principio de cada capítulo. Una sola miniatura al comenzar la obra, en el fol. 2r, compuesta por motivos vegetales. Escritura cursiva, que Delisle atribuye al s. XV, pero que en realidad es del s. XIV. Inc. (fol. 2r): *Candelabrum Iuris. Cum secundum moderna tempora breuitate moderni gaudeant;* des. (fol. 262r): *Et sic est finis Candelabri Iuris Canonici. Laudetur uenturus iudicare uiuos et mortuos et seculum per ignem. Amen.* En una inscripción se lee la fecha *Mense Maio 1656* [2].

Recientemente, descubrí esta misma obra *Candelabrum Iuris,* en cuatro manuscritos, que contienen no la redacción de París conservada en P, sino otra muy reelaborada, añadiéndosele además un comentario a cada una de las decretales previamente resumidas en la forma que dejamos indicada. Los manuscritos en cuestión son estos: Madrid, Biblioteca Nacional, MS 11970 fol. 1ra-234v (sigla M); Toledo, Biblioteca del Cabildo, MS 28-1 fol. 1r-314r (sigla Ta), MS 28-2 fol. 1r-200v (sigla T), MS Frag. BB (sigla Tb). Los dos códices TTa fueron ya descritos anteriormente [3]. Sobre los otros dos, quisiera añadir algunos detalles descriptivos. Pero antes, permítaseme volver sobre el MS T, en cuya descripción hay datos que interesa subrayar aquí.

En el fol. 201v del MS T se lee la firma autógrafa de *Marchos Ferrandes,* como ocurre también en otros códices que parecen haber pertenecido a algún arzobispo toledano del s. XIV, tal vez a don Juan, infante de Aragón (1319-28). Todo esto no es más que una simple hipótesis de trabajo. Lo único cierto es que la firma de *Marchos Ferrandes* es del s. XIV. Otra cosa igualmente cierta es que el *Candelabrum Iuris* fue copiado en este códice en vida del autor, como lo atestigua el hecho de que las palabras *postea scolasticus eiusdem* del prólogo, añadidas al margen y luego incorporadas al cuerpo del texto en los códices siguientes [4]. Este códice debió pasar pronto a poder del

2 Agradezco al Dr. Gérard Fransen (Louvain-La-Neuve) y al Dr. Joseph Avril (París) la información que amablemente me facilitaron para la descripción de este códice, que yo no llegué a consultar directamente, sino a través de un microfilm que me facilitó el Dr. Joseph Avril. Una rápida mención de este códice puede verse en L. Delisle, 'Inventaire des manuscrits latins de Notre Dame et de divers petits fonds conservés à la Bibliothèque Nationale sous les numéros 16719-18613 du fond latin', *Bibliothèque de l'Ecole de Chartes* 31 (1870) 463-565. Los cinco libros en que está dividida esta obra en el códice de París ocupan los folios siguientes: lib. 1 fol. 2r-72v, lib. 2 fol. 72v-136r, lib. 3 fol. 136r-191r, lib. 4 fol. 191v-212r, lib. 5 fol. 212v-262r. Siguen las rúbricas en los fol. 262v-263-v.

3 Di a conocer estos códices en los siguientes trabajos publicados recientemente: 'La canonística ibérica posterior al Decreto de Graciano' (I), RHCEE 1 (Salamanca 1967) 430; ibid. 5 (Salamanca 1976) 379-82; *Estudios sobre la canonística portuguesa medieval* (Publicaciones de la Fundación Universitaria Española. Monografías 29; Madrid 1976) 123-26; véase también el libro en colaboración de A. García y García-R. Gonzálvez Ruiz, *Catálogo de los manuscritos jurídicos medievales de la Catedral de Toledo* (Roma-Madrid 1970) 160-7.

4 Véase el prólogo transcrito más abajo en este mismo capítulo.

personaje que lo poseyó junto con todos los demás en donde aparece la firma de *Marchos Ferrandes*.

En el fol. 201v del mismo MS T hay otra firma del s. XV con la siguiente inscripción: *Iste liber est Didaci Remigii portionarii Tollectani,* que no es otro que uno de los dos hermanos D. Diego y D. Vasco Ramírez de Guzmán, arcedianos de Toledo, a quienes pertenecieron otros varios libros de la actual Biblioteca Capitular [5]. Con esto, tenemos que a principios del s. XV el códice T no había ingresado en la Biblioteca del Cabildo. Don Diego, racionero y canónigo de Toledo (nótese que recibe este libro siendo aún racionero), muere en 1415, y deja sus libros a su hermano D. Vasco, quien fallece a su vez hacia 1439. Los libros pasan aún por varias manos, y a final de siglo se encuentran en manos de un personaje llamado D. Vasco Ramírez de Rivera, arcediano de Talavera. El albacea de este último, el nuncio Francisco Ortiz, entrega estos libros al secretario del Cabildo toledano, llamado Juan Ruiz, el día 14 de Julio de 1491, todo lo cual aparece indicado en el fol. 200v, con esta inscripción: 'Este libro es de los que dexaron los arcedianos don Diego et don Vasco Ramires de Guzmán, Io<annes> Secretarius' [6]. En el acta que acabamos de aludir, se describe este libro en los siguientes términos: 'Candelabrum Iuris, en papel, sobre las Decretales' [7]. Este códice T, escrito en los comienzos del s. XIV, va pasando de mano en mano durante casi dos siglos, para concluir en la Biblioteca Capitular, en 1491, de donde ya no sale, que sepamos, hasta el día de hoy.

El MS Ta, ya descrito en otra parte [8], fue donado a la Biblioteca de la Catedral por el arcediano de Talavera, D. Diego González, en 1360, como se deduce de la siguiente inscripción, que se registra en el fol. 314r: 'Este Candelabro dexo a la eglesia de Toledo don Diego Gonzalez, arcidiano que fue de Talauera. Et mando que estuviesse atado en el coro en una cadena. Et fino siete dias de Enero, era de mil et ccc.xc.viii. (= año 1360) annos. Anima eius requiescat in pace. Amen. Pater Noster.' El códice presenta aún señales de la cadena que aquí se menciona. Así, pues, este códice Ta, más reciente que T, ingresa en la Biblioteca del Cabildo 131 años antes que T [9].

Manejando el MS T, encontré un folio suelto, aparentemente perteneciente a este códice. Pero representa, en realidad, un resto de otro manuscrito. Este fragmento es el que más arriba designamos como MS Tb. Es un folio del s. XIV-XV. Al margen, de mano del s. XV hay una *probatio pennae* que dice

5 Cf. *Catálogo* cit. al final de la nota 3 de este estudio, p. 209.

6 Nótese que es *Secretarius* y no *Sancii,* como equivocadamente habíamos leído en el *Catálogo* cit. en la nota 3.

7 Debo esta información sobre el MS T al Dr. Ramón Gonzálvez, quien publicara en breve una edición y estudio de este y de otros inventarios medievales de la Catedral de Toledo. La distribución de los cinco libros en este códice es la siguiente: lib. 1 fol. 1r-58v, lib. 2 fol. 58v-103v, lib. 3 fol. 104r-139v, lib. 4 fol. 140r-151r, lib. 5 fol. 151r-200v.

8 *Catálogo* cit. supra nota 3, p. 106.

9 Los cinco libros en que está dividida la obra ocupan los siguientes folios en este manuscrito: lib. 1, fol. 1r-88v, lib. 2 fol. 88v-174v, lib. 3 fol. 175r-236v, lib. 4 fol. 236v-255v, lib. 5 fol. 255v-314r.

Domino suo Augustino karissimo amico... Este fragmento no lleva los *notabilia* o resúmenes del contenido que se registran al margen en los otros códices, salvo en M, que en algunos lugares también carece de los mismos. Tanto Tb como Ta están escritos en un papel grueso, sin filigrana alguna, que en los inventarios medievales de la Biblioteca Capitular se denomina *papyrus toletanus*. En uno de los resúmenes que hace Tb, coincide con Ta frente a T.

El MS M perteneció anteriormente a la Biblioteca del Cabildo de Avila, y después al Archivo Histórico Nacional de Madrid. De su paso por la última de estas entidades, conserva todavía las signaturas 30 y 5-1-B. Como es sabido, durante el s. XIX entraron en la Biblioteca Nacional de Madrid numerosos códices, cuya existencia no se acusa en ninguno de los inventarios de este centro. Tales manuscritos proceden de las numerosas 'desamortizaciones' que se produjeron en España en dicha centuria, en virtud de las cuales el Estado se incautó de numerosos fondos archivísticos y librarios hasta entonces pertenecientes a entes eclesiásticos. Aunque, a escala general europea, hay que decir que el paso de estos fondos de entes privados al Estado significó una mayor garantía de facilidad de consulta, de investigación y de estudio, en el caso de la Biblioteca Nacional de Madrid sucedió todo lo contrario: dichos fondos siguieron tan 'amortizados' como estaban en manos de sus anteriores poseedores. Así, pues, el MS M se ve implicado en este proceso que acabo de describir, en virtud del cual pasa de la Catedral de Avila al Archivo Histórico Nacional en el siglo pasado. A finales del s. XIX, dicho Archivo hizo una permuta con la Biblioteca Nacional de un lote de códices de obras teóricas por material archivístico. Entre estos códices iban los de la Catedral de Avila y los de Uclés. Con pésimo criterio, los códices fueron introducidos en cualquier hueco vacío de las estanterías, entreverándolos con los ya existentes, y sin respetar la unidad de los nuevos fondos. Menos mal que con motivo de la mencionada permuta se hizo una lista, que aún se conserva manuscrita en la Biblioteca Nacional de Madrid [10], en la que el MS M se describe de esta forma: 'Martini (Martinus). Super Decretales. S. XIV o principios del XV. Fol. m. tabla. Procede de la Catedral de Avila.' Este códice fue encuadernado durante el s. XV, en tabla, cubierta de cuero, con dibujos geométricos. Las dimensiones del texto son aproximadamente 290 × 110 mm. cuando es a única columna, y 280 × 200 cuando es a doble columna. Contiene 234 folios de pergamino, precedidos de dos de guarda al principio y seguidos de dos al final. La numeración de los folios es arábiga, a lápiz, reciente. Según una antigua foliación romana, parece que el códice tenía 240 folios. En el fol. 1r (supra) se lee el siguiente título de mano ligeramente posterior: *Reportationes sobre todas las decretales Martini Martini archidiaconi*. Los cuadernillos constan generalmente de 10 folios, con reclamos al si-

10 MS Res. 12-1: A. Paz y Melia, *Elenco de los códices de Avila y Uclés que pasaron a la Biblioteca Nacional por orden del 30 de Noviembre de 1896 de la Dirección General de Instrucción Pública*. Este elenco manuscrito está fecha el 20 de Enero de 1897. Cf. mi nota 'Canonística Hispánica (IV)', *Bulletin of Medieval Canon Law* New Series 1 (1971) 70-73.

guiente, aunque excepcionalmente hay cuadernillos de diferente número de folios. Los fol. 1-51 presentan el texto a doble columna, mientras que el resto aparece a columna única. Títulos en rojo, en columna, de la misma época del texto. Las iniciales están en rojo y azul, alternando, ornamentadas con rasgueos en rojo y morado. Está escrito en letra gótica libraria de finales del s. XIV, menos los fol. 1-11 que son de otra mano algo más reciente. En el tercer folio de guarda (primero del final) aparece esta indicación del amanuense: *Alfonssus Sansii me escripssit,* que se debe a una mano del s. XV, lo mismo que la siguiente indicación *Johannes Sancii,* que aparentemente alude a un poseedor. En el fol. 18ra, una mano del s. XV, escribió lo que pudiera ser otra indicación de usuario o poseedor: *Gomez Gonçalez arçediano*[11].

Tal es, a grandes rasgos, la descripción de los códices en que se contiene el *Candelabrum Iuris* de Martinus Martini. Trataré ahora, a base de esta información y de algunos otros datos complementarios, de esclarecer la identidad del autor de esta obra, coordenadas de tiempo y espacio de su aparición y difusión, fuentes, etc. La principal fuente para este efecto es el prólogo de esta obra, que transcribo a continuación a base del más antiguo de los códices en que se contiene, que es el T, como queda indicado, con inclusión entre paréntesis de las principales variantes de los otros manuscritos:

> 'Incipit Candelabrum Iuris cum quibusdam additionibus et correctionibus (tit.om.M.). *Cum secundum moderna iura siue tempora breuiter moderni gaudeant* (*gaudent* MTa), *idcirco tedio dispendii primitus relegato, ad meum commodum et specialiter cuiusdam nobilissimi precipue pueri, ius decretalium, sicut ordo ipsarum exigit et intitulatio desiderat rubricarum, in presenti uolumine, dispendii primitus relegato, ad meum commodum et specialiter cuiusdam nobilissimi precipue pueri, ius decretalium, sicut ordo ipsarum elucere qui in domo scientie iuris canonici uoluerint conuersari, ministrando eis lumen uiuificum, quod ignorantie repellet nebulas et sapientie tribuet margaritam, quo reserabitur ueritatis palatium cum uiridario, non solum ad iudicium, set ad allegationes peruersas repellendas.*
>
> *Ego quoque Martinus Martini, Ispanus, archidiaconus Naiarensis in ecclesia Calagurritana, et canonicus Toletanus, postea scolasticus eiusdem* (*postea — eiusdem* om.T, suppl.marg. T ex manu recentiori), *capellanus comensalis domini reuerendi patris domini Matthei de filiis Vrsi, sancte Marie in Porticu diaconus cardinalis, hoc opus, ab alio aliter copilatum, agressus sum, in quo aliqua que per scriptores forte corrupta fuerant immutaui, et multa secundum modicitatem meam ex dictis doctorum collegi* (*collexi* MTa) *et ibidem inserui, que omnia correctioni maiorum et me cum eis subicio. Inter alia uero hoc opusculum legentes attendant quod causa breuitatis quandoque duarum uel plurium decretalium que uidentur* (*que uidentur* repet. T) *prima facie idem dicere simul intentionem summaui.*

11 Los cinco libros de que consta esta obra, correspondientes a los de las Decretales, ocupan los siguientes folios: lib. 1 fol. 1ra-58v, lib. 2 fol. 58v-115r, lib. 3 fol. 115r-163r, lib. 4 fol. 163r-178v, lib. 5 fol. 178-234v.

Prologus de summa Trinitate et fide catholica (Prologus — catholica prologus Ta, om.M). *Gregorius etc. In hoc prologo assignat* (*assignauit* M) *dominus papa quatuor causas, ratione quarum ductus fuit ad remouendum ueteres decretales. Prima est nimia similitudo, secunda contrarietas, tertia prolixitas, quarta quia ueteres nimis erant uagantes extra quinque uolumina et erant quasi incerte.*

Firmiter credimus et simpliciter confitemur (*confitemur*] *profitemur* MTa) *quod unus solus est uerus Deus, eternus et immensus incommutabilis, omnipotens et ineffabilis, Pater et Filius et Spiritus Sanctus, tres quidem persone etc. Firmiter: Hec decretalis primo ponit in textu articulos fidei, spectantes tam ad diuinitatem quam* (*ad* add.MTa) *humanitatem; secundum ponit de sacramentis ecclesie, scilicet eucharistie...*' [12].

La transcripción que precede del proemio de la obra y de las primeras líneas que siguen, nos permite ahora comprender mejor la diferencia entre el *Candelabrum Iuris* de Martinus Martini y la obra conservada en P. De los cuatro párrafos aquí transcritos, faltan en P el segundo, tercero y cuarto, conservándose sólo el primero con algunas variantes, que no revisten especial importancia. Dicho en otros términos, P omite todo comentario al texto legal, limitándose simplemente a resumirlo en forma de *Casus breves*. Este resumen, reviste, a lo largo de toda la obra, muchas variantes entre P y los restantes códices, tantas como para que podamos hablar de dos recensiones diferentes de la misma obra, pero insuficientes para que las consideremos como dos obras originariamente distintas. Por lo dicho se comprende que la obra contenida en P es mucho más breve que la que se conserva en el resto de los manuscritos citados.

El análisis de la obra *Candelabrum Iuris* de Martinus Martini da, como primer resultado, la comprobación de que el autor realiza la labor que promete en el prólogo transcrito. Esta tarea consiste en la reelaboración de los *Casus breves* de P, añadiendo, omitiendo, resumiendo o ampliando, como mejor le pareció, el texto preexistente de P, y sobre todo haciendo su propio comentario sobre el texto legal, cosa que faltaba en el manuscrito parisino. En los códices de Martinus Martini aparece el resumen del texto legal en letra más gruesa, y el comentario de Martín Martínez en escritura más menuda, imprimiendo así a ambos bloques una diferenciación parecida a la que existe entre el texto y la glosa en los códices en que aparecen estos dos elementos. Con esto, prescindiremos en adelante de P, que sólo volveremos a recordar al hablar de su posible fecha de composición.

Según el prólogo antes transcrito, Martín Martínez, autor del *Candelabrum Iuris,* era arcediano de Nájera (diócesis de Calahorra), beneficio que simultaneaba con un canonicato en Toledo, donde más tarde se convierte en maestrescuela [13]. Fue además capellán y comensal de Mateo Rubeo Orsini,

12 MS T fol. 1r.

13 En el MS T, las palabras *postea scolasticus eiudem* son de mano posterior y están al margen. En MTa fueron incorporadas al texto, de suerte que si no existiera T, sería imposible distinguir aquí dos momentos históricos.

cardenal diácono del título de Santa María in Porticu, fallecido el 4 de Septiembre de 1305[14].

Los datos que preceden deberían bastar para identificar sin lugar a dudas al autor del *Candelabrum Iuris*. Sin embargo, no es así, debido sobre todo a la gran cantidad de homónimos que aparecen por la misma época. Así, tenemos que en el MS T fol. 201v hay una firma autógrafa de *Martinus Martini, portionarius Toletanus*. Sin embargo, nada tiene que ver con el autor del *Candelabrum Iuris*, ya que se trata de un personaje del s. XV, que aparece también en otros códices de dicha centuria[15].

También emerge de otro documento el nombre de un Martinus Martini, el 15 de Mayo de 1324, en el que se menciona a *Martinus Martini de Lerena, canonicus Colubriensis*, escolar en derecho canónico en Bolonia[16]. Lo tardío de la fecha y la coincidencia no plena del apellido, creo evidencian que son dos personas diferentes el canónigo de Coimbra, estudiante en Bolonia en 1324, y el autor del *Candelabrum Iuris*.

En el testamento otorgado en Salamanca por Juan Fernandes, canónigo de Braga, el 23 de Agosto de 1270, deja a un sobrino suyo unas Decretales de Gregorio IX además de una cantidad de dinero: *Item, mando Martino Martini soprino meo meas Decretales et remitto sibi xxv. morabitinos et iii solidos quos mihi debet... Acta sunt hec apud Salamancam, era m.ccc.viii., mense Augusti, die Sabbati, uigilia beati Bartholomei...*[17]. Esta pista nos orienta hacia un estudiante portugués que en 1270 parece cursaba derecho en Salamanca y que más tarde pudo ser el autor del *Candelabrum Iuris*, aunque no poseamos ninguna prueba de tal identificación.

Otra pista de identificación, más desconcertante, nos la suministra un testamento leonés del 20 de Abril de 1295, en el que el arcipreste de Valderas, D. Fernán Patino, deja a un hermano de una criada suya, llamado Ordoño, 'el degredo e el apparado de Inoçencio e ela summa que dizen Martiniana, e que de buen fiador que los non malpare nin los malmeta, e aso finamento que finquen a Alfonso'[18]. Aunque bajo este nombre suele venir en los catálogos medievales la *Tabula Decreti* de Martinus Polonus, no está excluido que aquí se esté aludiendo al *Candelabrum Iuris* de Martinus Martini. Si esta obra podía ser legada en un testamento de 1295, esto significa que circulaba desde hacía ya algún tiempo. Pero esta interpretación tropieza con el hecho de que el *Candelabrum Iuris* de Martinus Martini, tal como hoy lo conocemos, data de los años 1310-5. Sin embargo, no faltan síntomas de que circulara una

14 C. Eubel, *Hierarchia Catholica Medii Aevi* 1, 2 ed. (Monasterii 1913 = Patavii 1960) 8.

15 Así, por ejemplo, en el MS 20-2, una de cuyas piezas está fechada en 1348, como puede verse en el fol. 273vb. Cf. *Catálogo* cit. supra nota 3, 62-3.

16 A. García y García, *Estudios* cit. supra nota 3, 72-73, donde se publica el documento correspondiente.

17 I. da Rosa Pereira, 'Libros de Direito na Idale Média', *Lusitania Sacra* 7 (1964-1966) 27 y 52.

18 P. Linehan, 'La Iglesia de León a mediados del s. XIII', *León y su Historia* 3 (Fuentes y Estudios de Historia Leonesa 15; León 1975) 75-76.

primera recensión, hoy desconocida, anterior al *Liber VI* (1298) que pudiera ser citada en 1295 como *Suma Martiniana*. Las numerosas citas del *Liber VI* que se registran en esta obra, presentan indicios de haber sido introducidas posteriormente, tal vez primero en el margen y después incorporadas en el cuerpo del texto al copiarse nuevos códices. Muy frecuentemente se redactan estas citas de este y parecidos modos: *Notat Compostellanus infra de elect. Statuimus que est hodie libro vi.* [19], *hodie in vi. libro* [20], *Garsias de elect. Quamuis que est hodie in vi. libro* [21], *Hodie tamen super hoc uide de rescript. Statutum lib. vi.* [22], etc. Absolutamente hablando estos pasajes y modos de expresarse pueden pertenecer a la primera redacción de una obra escrita entre 1301 y 1305, pero parece un estilo más normal complementando una obra escrita por primera vez anteriormente a 1298. Otro síntoma consiste en que hay cosas que en T aparecen al margen y por una mano posterior, que en los códices siguientes pasan al cuerpo del texto. ¿No podría darse el mismo fenómeno en T, con respecto a alguna recensión anterior hoy desconocida? La respuesta definitiva a esta cuestión sólo podrá dárnosla el descubrimiento de nueva información sobre este problema.

Caso de haberse dado esa primera recensión hoy desconocida, habría que pensar que la obra del códice parisino P, antes aludida, fue compuesta poco después de 1253, fecha de aparición de la última de las colecciones inocencianas de Decretales. De todas formas, la expresión *Suma Martiniana* no puede en modo alguno referirse a P, que no es una suma en el lenguaje técnico jurídicoliterario de la época, sin que conste por otra parte que su autor se llamara Martín. El comentario que añade Martinus Martini a los *Casus breves* sobre Gregorio IX sí puede calificarse de suma en el pleno sentido de la expresión.

Según una interesante comunicación del Dr. Ramón Gonzálvez, existe en el Archivo Capitular Toledano [23] un porcionario de Toledo, llamado Martinus Martini, que en 2 de Mayo de 1287 estaba en Roma, en compañía de Miguel, canónigo de Burgos. Ambos fueron constituidos procuradores del arzobispo de Toledo, D. Gonzalo García Gudiel (1280-99), para realizar por él la visita ad limina. Los dos procuradores se presentaron ante el camarlengo de la Santa Sede, quien les significó que no podía realizarse la visita por hallarse el pontificado en sede vacante, asegurándoles que no corría tampoco en tal situación el tiempo útil para realizarla. El documento que acabamos de citar constituye una certificación notarial de que las cosas estaban en esta situación, y la envían a Toledo para justificar el no haber hecho la visita. De todas formas, este porcionario de Toledo, llamado Martinus Martini, perito en derecho, que ejercía en 1287 el oficio de procurador del arzobispo de Toledo, es muy fácil que se identifica con el autor del *Candelabrum Iuris,* que

19 MS M fol. 4va.
20 Ibid. fol. 8r.
21 Ibid. fol 201v.
22 Ibid. fol. 210v.
23 Signatura: A. 7. G. 2. 14.

se nos presenta tres lustros más tarde como canónigo de Toledo, arcediano de Nájera, comensal y capellán de un cardenal de Curia y algo más tarde como maestrescuela de la misma sede toledana. Es muy posible incluso que permaneciera en Roma durante algún tiempo, quizá con motivo de su actuación en 1287. Nótese que a finales de siglo, el arzobispo toledano antes aludido fue a Roma a exculparse ante Bonifacio VIII, quien lo hace cardenal del título de S. Albano el 4 de Diciembre de 1298 y que muere en la Urbe un año más tarde. Es posible que su antiguo procurador no anduviese lejos de su amo para estas fechas. El hecho de que Martinus Martini se autodenomina *hispanus* en el prólogo antes transcrito, parece indicar que por lo menos esa parte la redactaba fuera de España, lo que se compagina con su estancia en Roma [24].

Por todo lo dicho, es claro que de todos los Martinus Martini mencionados, los únicos que es posible, aunque no seguro, que sean idénticos son el estudiante portugués que en 1270 andaba por Salamanca, el procurador que aparece en Roma en 1287 y el autor del *Candelabrum Iuris* que se autopresenta en el tantas veces citado prólogo de dicha obra.

Por lo que concierne a la fecha de composición de esta obra, ya indicamos más arriba que hay que situarla entre 1301 y el 4 de Septiembre de 1305. En el prólogo antes transcrito se alude al hecho de que el autor era capellán y comensal del cardenal Mateo Orsini, que muere justamente en la segunda fecha aludida. Esto representa un indicio seguro de que Martinus Martini permaneció en Roma de modo estable por algún tiempo, y que durante ese tiempo escribe por lo menos el prólogo donde aparece esta referencia y con toda verosimilitud también el resto de la obra. Todo esto ocurre antes de la referencia cronológica del 4 de Septiembre de 1305. Por otro lado, alega, como autores más recientes y anteriores a esa fecha de 1305, a Ioannes Monachus, cuyo apparatus al Libro VI fue terminado antes del 16 de Febrero de 1301, y a Juan de Andrés, cuya glosación al mismo *Liber VI* sigue muy de cerca al anterior, aunque se desconozca la fecha exacta [25].

En el comentario de Martinus Martini se citan con frecuencia los dos *Corpus Iuris,* no alcanzando en el Canónico más que hasta el Libro VI, como queda indicado. Se alegan también antiguos decretistas como Huguccio, Juan Faventino, Lorenzo Hispano y Juan Teutónico. Se remite asimismo con frecuencia a los grandes autores del s. XIII, tales como Vicente Hispano, Bernardo de Parma, Goffredo, Rofredo de Benevento, Inocencio IV, el Hostiense, Bernardo Compostelano el Joven, Garsias Hispanus, Petrus de Sampsona, Johannes de Phintona, Guido de Baysio, Hugolino de Fontana Parmense.

24 El calificativo de *hispanus* suele aparecer en los autores ibéricos medievales cuando escriben fuera de España o se difunden sus obras allende los Pirineos. Un caso parecido al que aquí comentamos es el de Juan Alfonso de Madrid, que se dice *natiuus de Hispania.* Cf. Antonio García y García, 'La canonística ibérica', cit. supra nota 3, p. 5 (Salamanca 1976) 375.

25 Cf. Kuttner, en la introducción a la reedición anastática de Ioannes Andreae, *In quinque Decretalium Libros Commentaria* 1 (Torino 1963) v.

Algunos de los autores más antiguos parecen citarse a través de alguna obra intermedia, como puede ser el *Rosarium* de Guido de Baysio[26]. Entre los primeros comentarios al *Liber VI,* se registran alusiones al que dedicó Dino de Mugello a las *regulae iuris* (1298), el apparatus de Ioannes Monachus y Juan de Andrés. Algún pasaje, como el siguiente, resulta muy comprensible en un autor castellano o relacionado con Castilla: *Hoc enim ius* (asentimiento regio antes de proceder a la elección de obispos) *habet Rex Castelle et Legionis et Rex Scotie, et de hac consuetudine tangitur lxiii. di. Cum longe*[27]. Una alusión más fugaz a la Península Ibérica puede verse en el pasaje que sigue: ... *illatum per portarium regis uel portonarium, idest cursorem regum et publicum. Talem enim uocant portarium in partibus illis, scil. Yspanie iuxta uulgare suum*[28].

Concluyendo, el *Candelabrum Iuris* pertenece a un momento tan interesante en la historia del derecho canónico como es la confluencia de las dos épocas que corresponden al final del reinado exclusivo del *Liber Extra* de Gregorio IX y los primeros años de vigencia del *Liber VI.* De un modo sumario, ofrece una visión del *ius vetus* (Graciano, Gregorio IX, Inocencio IV y Gregorio X) y del nuevo que emerge de la codificación de Bonifacio VIII.

Su mérito radica más en la visión sintética que acabamos de indicar que en su originalidad personal. No es que a veces no trate de enfatizar sus puntos de vista, pero en general se limita a resumir lo que otros dijeron anteriormente.

El área de influencia, tal como hoy conocemos esta obra, fue Toledo y la vecina diócesis de Avila. Aunque es posible que Martinus Martini escribiera su obra en Roma, el único sitio en donde aparece difundida es en la mencionada zona de Avila y Toledo. El orden cronológico de los códices en que se conserva es el siguiente: T (principios del s. XIV), Ta (mediados del mismo siglo), Tb (contemporáneo del siguiente) y M (finales del s. XIV, con suplencias algo posteriores).

Aunque no hay pruebas directas de ello, es muy posible que la elaboración de esta obra *Candelabrum Iuris* se haya visto estimulada por el hecho del envío del *Liber VI* a la Universidad de Salamanca, envío que no cayó en el vacío, ya que se indica en códices de dicha colección como el MS 104 fol. 1ra de la Biblioteca Capitular de Córdoba[29].

26 Así parece sugerirlo el hecho de que a veces se desfiguran los nombres, escribiendo, por ejemplo, *Jo. de Phitoria,* en vez de *Jo<hannes> de Phintona.* Claro está que este tipo de deformaciones ya las cometió también el mismo Guido de Baysio. Cfr. mi artículo sobre João de Deus titulado 'El Breviarium Decretorum de Ioannes de Deo', *Studia Gratiana* 12: *Miscellanea Stephan Kuttner* 2 (Bologna 1967) 223-25. Este trabajo fue reeditado, previa una puesta al día, en mi libro *Estudios sobre la canonística portuguesa medieval* (Madrid 1976) 173-99.

27 MS M fol. 17va. El canon de Graciano que aquí se cita, tomado del Conc. XII de Toledo, c. 6, no habla de Castilla-León y Escocia, sino de España y Galia.

28 MS M fol. 210v.

29 MS M fol. 210v. Ver el *Catálogo* de Córdoba cit. supra cap. 1, nota 12, p. 177-78.

NOTA ADICIONAL

Debo a la amabilidad del Prof. Stephan Kuttner (Universidad de California, Berkeley) la noticia de un nuevo códice con un texto sustancialmente igual al del MS de Paris 18227 comentado en este capítulo. Dicho nuevo códice es el MS 1047 de la Stiftsbibliothek de Klosterneuburg. Cf. P. J. Kessler, 'Untersuchungen über die Novellengesetzgebung Papst Innozenz IV', ZRG Kant. Abt. 33 (1944) 107. El MS Royal 11.A.ii fol. 118r (antiguo 117) fol. 1r-193vb también comienza 'In hoc prologo assignat dominus papa iiii. causas', pero es diferente de la obra del códice parisino 18227.

12. ORIGEN Y CIRCULACION DE LOS CODICES JURIDICOS EN SALAMANCA HASTA 1500 *

El tema de los amanuenses, escritorios y la circulación de los códices jurídicos medievales, no ha sido nunca objeto de un estudio de conjunto a escala peninsular ni menos todavía con respecto a Salamanca. Por ello, las notas que siguen no constituyen en modo alguno la última palabra sobre esta cuestión, sino más bien un primer ensayo que sin duda será completado ulteriormente por nuevos descubrimientos en esta misma área y por estudios que se ocupen no sólo de los códices jurídicos, sino también de los de otros saberes [1].

Recientemente desarrollé el tema de la circulación de códices jurídicos entre la Península Ibérica y el resto de Europa durante el espacio de la centuria que corre entre mediados del s. XII y del XIII [2]. La principal conclusión a que llegué en dicho estudio consiste en que los códices eran casi siempre de importación, es decir, copiados fuera de la Península. Los que lo fueron en los reinos ibéricos constituyen la excepción.

En el presente ensayo quisiera reunir algunas notas para esclarecer, en la medida de lo posible, esta temática hasta finales de la Edad Media, aunque limitándome a Salamanca. Ceñimos nuestro campo de observación a sólo códices de derecho común romano-canónico medieval de autores extranjeros, ya que los de autores ibéricos se copian, como es normal, en la Península, aunque no siempre. Los autores hispanos que escribían en Bolonia fueron las más de las veces copiados fuera de la Península. Los que escribían en Salamanca fueron copiados generalmente en dicha ciudad o en otras de Castilla.

El examen definitivo de esta cuestión, así delimitada, presupone el estudio de muchos más códices de los que yo he tenido a la vista. Esta tarea re-

* Este capítulo aparece contemporáneamente, con pequeñas modificaciones, en *Satura Feenstra* ,que se publica en Friburgo de Suiza en honor del Prof. Robert Feentre (Univ. de Leyden).

1 He aquí el significado de las siglas que utilizamos en este artículo:
AUS = Archivo de la Universidad de Salamanca
BC = Biblioteca Capitular o del Cabildo
BN = Biblioteca Nacional
BRM = Biblioteca del Real Monasterio
BU = Biblioteca Universitaria.

2 'Notas para un censo de los códices canónicos extrapeninsulares del s. XII conservados en España', Coloquio sobre la *Circulación de códices y escritos entre Europa y la Península en los s. VIII-XIII* (Santiago de Compostela: en prensa). El Simposio tuvo lugar los días 16-19 de Septiembre de 1982.

sulta, por lo demás, bastante ardua, como fácilmente se comprenderá si se tiene en cuenta que carecemos todavía de un catálogo o inventario que de alguna manera haga localizables los códices que interesan entre los casi tres mil que actualmente se conservan en la BU de Salamanca [3]. Por esta razón, mis notas están tomadas preferentemente de otras bibliotecas, cuyos fondos resultan más accesibles e identificables desde los catálogos o inventarios que los describen.

1. Bibliotecas salmantinas con fondos medievales y origen de sus códices jurídicos

Como tónica general, la mayor parte de los códices jurídicos de derecho común medieval llegan a la Península Ibérica desde fuera, particularmente de Italia y Francia. Esta apreciación, que no podremos cuantificar hasta analizar un mayor número de códices, es extensiva también a Salamanca, tanto por lo que respecta a la Universidad como a sus colegios mayores, como a personas particulares.

La Universidad salmantina poseía en su biblioteca, al filo del año 1471, la modesta cifra de 201 manuscritos, comprendidas todas las materias [4]. Aunque la mayor parte de estos libros fueran jurídicos, lo cual es verosímil, la cifra resultante era igualada e incluso superada por la de varias bibliotecas catedralicias de la época [5] e incluso por la de algunos particulares [6]. Como luego veremos, el Colegio de S. Bartolomé de Salamanca poseía, ya en 1433, 180 volúmenes, de los cuales 60 eran de tema jurídico.

No conocemos los títulos de los 201 libros antes aludidos. Pero por cuanto al derecho concierne, no es aventurado suponer que no podían faltar los que se necesitaban para extraer los *puncta* o temas del examen de licenciatura, que eran concretamente tomados del Decreto de Graciano y de las Decre-

3 Hasta el presente han sido catalogados los manuscritos de ciencias por G. Beaujouan, *Manuscrits scientifiques médiévaux de l'Université de Salamanque et de ses «Colegios Mayores»* (Bordeaux 1962); los patrísticos y litúrgicos (no todos) por A. M. Olivar, 'Los manuscritos patrísticos y litúrgicos latinos de la Universidad de Salamanca', AST 22 (1949) 75-92; los de autores españoles que escribieron sobre temas eclesiásticos por F. Marcos Rodríguez, 'Los manuscritos pretridentinos hispanos de ciencias sagradas en la Biblioteca Universitaria de Salamanca', RHCEE 2 (Salamanca 1971) 261-507. El catálogo de A. M. Olivar no comprende los códices de los antiguos colegios mayores, que en 1949 se encontraban todavía en Madrid.

4 F. Marcos Rodríguez, *Extractos de los Libros de Claustros de la Universidad de Salamanca. S. XV [1464-81]* (Salamanca 1964) 150, n. 537.

5 Véanse, a título de ejemplo, las de Toledo y Córdoba: A. García y García-R. Gonzálvez Ruiz, *Catálogo de los manuscritos jurídicos medievales de la Catedral de Toledo* (Roma-Madrid 1970); A. García y García-F. Cantelar Rodríguez-M. Nieto Cumplido, *Catálogo de los manuscritos e incunables de la Catedral de Córdoba* (Salamanca 1976). Es interesante en este sentido, la constatación que hace F. Marcos Rodríguez, 'Los manuscritos...' 277 de que 'la biblioteca del cabildo de la catedral de Salamanca en el año 1533 fuera tan rica en manuscritos como la de la Universidad en 1610'.

6 Ver mi artículo 'El legado de libros del Cardenal Gil de Albornoz al Colegio de España de Bolonia,' *Studi Senesi* 84, III serie 21 (1972) 7-43.

tales de Gregorio IX para los canonistas, y del Digesto y Código de Justiniano para los civilistas. Tampoco se comprende cómo podrían funcionar los estudios de leyes y cánones sin poseer el resto de los dos *Corpus iuris* civil y canónico y sus principales comentaristas [7]. Benedicto XIII, en sus constituciones, dice que no deben faltar los libros 'Novellarum et Petri Ioannis doctoris Salamantini [8], Rosarii operis, Ioannis Io. doctoris Montispessulani super Decretum [9], et Bartoli, Cini...' [10]. De éstos y de otros muchos se conservan aún hoy día códices en la BU. Pero es imposible saber cuándo entraron en ella, porque a finales del s. XIX los códices fueron nuevamente encuadernados en la llamada pasta española, con eliminación de antiguas encuadernaciones y hojas de guarda donde suelen encontrarse indicaciones acerca de la proveniencia de cada libro.

Entre 1467 y 1471 se realizaron diversas adquisiciones de libros, entre los cuales se mencionan, expresamente el 16 de Enero de 1467, obras de Nicolás de Tudeschi, Federico de Senis, Juan de Imola, *notabilia* y repeticiones: '... Jo. de Ymola sobre ij.º, un quarto Abad et los notables de <...> et repeticiones, la tercera del Abad sobre segundo de las Decretales, otro libro de los consejos de Frederico..., una practica Jo. Petri de Ferrariis de Papia, la segunda parte de Jo. de Ymola sobre tercero, todos escritos en papel mayor et encuadernados en tablas de madera con medios cueros... en la dicha libreria del estudio' [11].

El 19 de Diciembre de 1469 se ponen en la librería del estudio los libros siguientes que habían costado 16.000 mr.: '...un volumen, ...un Digesto viejo, ...un Cino, ...una Summa de Odofredo (?), ...un Angelo, ...un Pedro de Ancharano sobre el tercero de las Decretales' [12].

El 5 de Enero de 1470 ingresan en la librería del Estudio 'un Ynocencio sobre las Decretales, un Sesto et unas Clementinas', que cuestan 7.500 mr. [13]. El 13 de Abril de 1470 se pone en la librería 'un nono Saliceto en papel mayor..., un primero et segundo del Sesto sobre maestro (?)' [14]. Anteriormente, el 9 de Junio de 1468 se manda examinar unos libros en orden a su adquisición, entre los cuales se cuenta un *Inforciatum* [15].

En la lista de libros que Juan de Segovia donó a la Universidad en 1457 también figuraban algunos de derecho, con obras de autores como Pedro de

7 Así lo intuye certeramente F. Marcos Rodríguez, 'Los manuscritos...' 263.

8 Petrus Ioannis es un canonista salmantino del s. XIV. Cf. el cap. siguiente de este libro.

9 Es de suponer que alude a Ioannes Ioannis abbas Nivicellensis, autor de la obra, varias veces editada, que suele llevar por título *Memoriale Decreti, concordantia decretorum et Bibliae.* Cf. J. F. von Schulte, *Die Geschichte der Quellen und Literatur des canonischen Rechts* 2 (Stuttgart 1875 = Graz 1956) 379.

10 V. Beltrán de Heredia, *Bulario de la Universidad de Salamanca* 2 (Salamanca 1966) 26, n. 444.3.

11 AUS, Libro de Claustro 1, fol. 94r.

12 Ibid. fol. 173r.

13 Ibid. fol. 173v.

14 Ibid. fol. 181v.

15 Ibid. fol. 126r.

Ancharano, Antonio de Butrio, las Clementinas, diversos concilios, Durando, Nicolás de Eymeric, *Constitutiones* de Juan XXII, Juan de Legnano, la *Summa* de Bartolomé de Pisa, Juan de Palomar, Antonio de Rosellis, el *Liber Sextus,* Nicolás de Tudeschi, Juan de Torquemada, Zabarella, obras del mismo Juan de Segovia y de otros sobre el tema conciliarista. Pero, como es sabido, casi todos estos libros de derecho que aquí se mencionan quedaron en Roma, y no llegaron nunca a Salamanca [16].

Si nos preguntamos ahora cuál era la proveniencia de estos libros, la respuesta es que la mayor parte venían de fuera, adquiridos por compra directa de la Universidad o de personas particulares de quienes después pasaron a la biblioteca del Estudio salmantino. Hemos visto ya varios ejemplos en este sentido, sin que se conozcan referencias a que hayan sido copiados en Salamanca. Pero hay otro caso, todavía más notable a este respecto, como es el de Juan Ruiz de Camargo, cuyos manuscritos ingresaron en la biblioteca del Estudio a raíz de su muerte, ocurrida en 1477. Este personaje había recibido de la Universidad dos importantes cantidades de dinero (2.000 florines por un lado, y 180 doblas más 100 florines por otro) para comprar libros en Italia con destino al Estudio de Salamanca. Después de varias incidencias, los libros ingresaron en la Universidad, y de los mismos se conserva todavía la siguiente relación:

1. 'Unas Decretales... con coberturas blancas
2. Otras Decretales en tablas coloradas
3. Un Digesto viejo
4. Un Esforçado
5. Un Digesto nuevo
6. Un Especulo
7. Un Codigo
8. Un Digesto viejo
9. Un Codigo
10. Otro Codigo
11. Un Volumen
12. Otro Volumen con Ynstituta
13. Un Digesto nuevo
14. Otro Especulo
15. Una Novela de Juan Andres
16. Una Suma de Ostiense
17. Otra Novela de Juan Andres sobre tercero e quarto e quinto
18. Inocençio
19. Glosas de fuero de los <...>)
20. Un tercer. Baldo
21. Un Dominico sobre Sesto
22. Un Bartolo: la segunda <parte>
23. La tercera parte del Abad sobre Degredo

16 J. González, *El maestro Juan de Segovia y su biblioteca* (Madrid 1944); B. Hernández Montes, *Biblioteca de Juan de Segovia. Edición y comentario de su escritura de donación* (Madrid 1984).

24. Un primero Baldo
25. Unas Adiciones de Juan Andres
27. La parte del Abbad de officio delegati
28. La parte del Abbad de probationibus
29. Un Sesto Baldo
30. La segunda de Bartolo del Digesto viejo
31. La primera del primero del Abad
32. La segunda del nuevo de Bartholome
33. La segunda primera de Antonio sobre segundo'.

Sigue tachada en el fol. 121vb una relación, en la que figuran los siguientes libros jurídicos:

34. 'Unas Decretales
35. Unas Clementinas
36. Un Gil Romano de regimine' [17].

El 29 de Julio de 1472 se produce la donación de libros hecha al Estudio por el doctor Gonzalo Méndez, en la que había varios libros de derecho, cuya proveniencia ignoramos: 'un Decreto grande de pergamino, e un Rosario grande de marca mayor de pergamino, e unos casos del derecho escritos en pergamino de marca mayor, que tienen un tratado al fin que se llama Speculum ecclesiae, e la primera parte del Dominico sobre las distinciones de Decreto, e la segunda parte de Dominico sobre las causas...' [18].

Pero la donación más importante de esta época es la del canónigo de Toledo D. Alonso Ortiz, cuyas primeras gestiones parece deben datarse en torno al 1504 [19]. Dicha donación incluía 600 cuerpos de libros, de los cuales 102 eran jurídicos. Ignoramos, por lo demás, en qué proporción entraban en este fondo los impresos y los manuscritos [20].

El período 1472-1526 fue pobre en la compra de libros para la Universidad, principalmente debido a la falta de recursos, en parte condicionada por las obras que se realizaban en el edificio de la librería del Estudio [21].

Todo cuanto pudiera decirse sobre la identificación de códices actuales con los que aquí mencionamos no sobrepasa el nivel de la pura hipótesis de trabajo. La encuadernación de finales del s. XIX, antes aludida, conllevó la pérdida de las antiguas encuadernaciones y de la mayor parte de las hojas de guarda, donde sin duda se contenían elementos de juicio para tales identificaciones. Por otra parte, la venta de manuscritos y otras pérdidas ocurridas a lo largo del tiempo [22] son causa de la enorme dificultad con que hoy día se

17 AUS ibid. fol. 121va-121vb.
18 AUS, Libro de Claustro 1, fol. 226r. El 'Dominico' a que aquí se alude es Domenico di Santo Geminiano. Cf. Schulte, l. cit. supra nota 9, p. 294-96.
19 AUS, Libro de Claustro 4, fol. 18v.
20 F. Marcos Rodríguez, 'Los manuscritos...' 271-73.
21 Ibid. 268-69.
22 F. Marcos Rodríguez, 'Los manuscritos...' 273; idem, *Extractos* p. 147-48, n. 526 y p. 152-53, n. 555.

tropieza para saber en qué momento entró en la Biblioteca cada uno de los códices que en ella actualmente se conservan.

Los colegios mayores universitarios de Salamanca, por su parte, eran relativamente más ricos en manuscritos que la propia Biblioteca universitaria. Así, el de San Bartolomé, fundado por Diego de Anaya y Maldonado, tenía en 1433 unos 180 volúmenes (de los cuales eran jurídicos unos 60), que se acrecentaron con nuevas adquisiciones en lo sucesivo. La mitad más o menos de los códices fueron adquiridos por el fundador, y la otra mitad fueron comprados después [23]. Los códices de este Colegio fueron enviados al Palacio Real de Madrid, a principios del s. XIX, regresando a Salamanca en 1954. El número de los devueltos fue de 594, de los cuales muchos son más recientes que la época medieval que aquí nos interesa. Como todos los códices de los antiguos colegios, se conservan actualmente en la BU de Salamanca.

Del Colegio de Cuenca, fundado por Diego Ramírez de Villaescusa de Haro en 1500, se conservan actualmente en la BU 358 códices, de los cuales hay un número impreciso que son jurídicos medievales [24].

El Colegio de S. Salvador de Oviedo fue fundado en 1517 por Diego de Muros, conservándose del mismo actualmente en la BU la cifra de 54 códices, entre los cuales también hay algunos jurídicos medievales [25].

En 1528 se abrió el colegio llamado del *Arzobispo,* por alusión a su fundador el arzobispo compostelano D. Alonso de Fonseca, que lo fue después de Toledo. De este Colegio quedan 70 códices en la actualidad, entre los cuales también hay alguno jurídico medieval [26].

Todos estos códices de los colegios fueron transferidos a la Biblioteca del Palacio Real de Madrid, al desaparecer los mencionados colegios a finales del s. XVIII. Entre 1799 y 1801 fueron inventariados por Antonio Tavira, obispo de Salamanca [27]. Por decreto del 5 de Mayo de 1954 [28], fueron devueltos a la Biblioteca Universitaria de Salamanca. Pero quedaron todavía en Madrid unos 100 manuscritos pertenecientes a los antiguos colegios, mientras que vinieron a Salamanca algunos códices que realmente no habían pertenecido nunca a los colegios salmantinos.

No hay noticia de que ninguno de estos colegios tuviera un escritorio para copiar sus códices. Lo que consta en algunos casos es que los códices se compraban ya copiados, y que muchos de estos códices provienen de fuera de la Península.

Con motivo de la desamortización del s. XIX, también pasaron a la Uni-

23 G. Beaujouan, ibid. 17-31. Hay un índice de los libros de este Colegio en el MS 7284 de la BN de Madrid.
24 Ibid. 33-37. Indice de los manuscritos de este Colegio en el MS 2952 de la BN de Madrid, que es copia del MS 23-5, A 120 de la Biblioteca de la Real Academia de la Historia de Madrid.
25 Ibid. 39-40.
26 Ibid.
27 Inventario que se encuentra en la BN de Madrid, MSS 4404, 18037 y 20619.
28 *Boletín Oficial del Estado* del 8 de Mayo de 1954.

versidad algunos códices de las antiguas casas de religiosos, pero no se trata generalmente de códices jurídicos, sino de teológicos.

2. Códices salmanticenses con indicación de amanuenses

Después de todo lo dicho, pudiera alguien sacar la impresión de que en Salamanca no se copiaban códices, lo cual tampoco es cierto. Quedan en Salamanca manuscritos medievales copiados en dicha ciudad. Y son todavía más numerosos los que se copiaron en la ciudad del Tormes, y que hoy día se conservan en otros lugares, llevados sin duda por estudiantes y otros personajes que los adquirieron para su uso en Salamanca, llevándoselos consigo al abandonar dicha ciudad. Veamos algunos ejemplos de lo uno y de lo otro, es decir de códices copiados en Salamanca y todavía conservados en dicha ciudad, y de códices copiados en ella pero que emigraron a otras localidades. Como ya indicamos más arriba, no tratamos de los que sólo contienen escritos de autores salmantinos, pues éstos se presume que fueron copiados en Salamanca, mientras no se demuestre lo contrario.

De once códices con obras del civilista Bartolo de Saxoferrato, que se conservan en Salamanca, tres fueron en todo o en parte copiados en Salamanca, y se conservan en la BU bajo las signaturas 2189, 2522 y 2525 [29].

Los fol. 32-132 del MS 2189 fueron copiados por Lupus de Sancto Iacobo, aunque no sabemos con certeza si en Salamanca o en otra parte de la Península. En este códice hay obras de Federico de Senis, Pedro de Ancarano, Bartolo de Saxoferrato, Baldo de Ubaldis, Benedicto XIII y una obra, titulada *Conclusiones contra clèricos concubinarios,* editada entre las del Tostado, y que probablemente fue escrita en Salamanca por Martín de Galos y glosada por Antonio Rodríguez de Segovia [30]. Este último escrito aparece siempre en compañía de obras procedentes de Salamanca.

El MS 2522 fol. 1ra-224vb contiene la *Lectura super prima parte Digesti Novi* de Bartolo de Saxoferrato, 'scripta per me Didacum Fernandi Ispalensem, et finita fuit xii. die mensis Ianuarii... ad mandatum domini Petri Gundisalvi del Castillo licenciati in legibus... anno Domini 1415...' [31]. En 1427 aparece en Salamanca un doctor en leyes, llamado Pedro González, que litigaba por la posesión de una cátedra del Estudio salmantino, que bien pudiera ser el personaje al que alude nuestro amanuense de 1415 [32].

El MS 2525, que contiene en los fol. 2ra-245vb la *Lectura super prima parte Digesti Novi* de Bartolo, parece escrito por el mismo amanuense del anterior o por lo menos en el mismo escritorio [33]. Nótese que varios de los

29 Ver mi libro *Iter hispanicum* (Codices operum Bartoli a Saxoferrato recensiti 2; Firenze 1973) 80-88, de donde tomamos los datos que aquí se ofrecen.

30 Ver mi *Iter hispanicum* 80-81; idem, 'La canonística ibérica medieval posterior al Decreto de Graciano', RHCEE 5 (Salamanca 1976) 354-56.

31 MS 2522 fol. 224vb. Descripción en mi *Iter hispanicum* 83-84.

32 V. Beltrán de Heredia, *Bulario* 2, p. 305-6, n. 764.

33 Ver mi *Iter hispanicum* 85.

ocho restantes códices de Bartolo no llevan mención del manuense, mientras que algunos indican su nombre, tratándose en este último caso de extranjeros y nos hallamos por consiguiente ante códices venidos de fuera.

Más abundante es la mies que he podido recoger de códices copiados en Salamanca y que hoy se conservan en otras ciudades. En cierto sentido, éstos revisten mayor interés que los anteriores, ya que significan una cierta irradiación de Salamanca sobre el resto de la Península no sólo desde el punto de vista del pensamiento expuesto en las aulas, sino también al nivel del soporte del pensamiento, que es el libro que lo contiene y transmite.

Podemos abrir la serie con el MS 7536 (s. xv) de la BN de Madrid[34]. Este códice, que hasta ahora había pasado desapercibido a la atención de los estudiosos, contiene las siguientes piezas:

1) Fol. 1rb: Baldo de Ubaldis de Perusa, *Lectura super Decretalibus Innocentii IV*. Sólo contiene las dos columnas finales, con la siguiente suscripción: 'Explicit opus excellentissimi domini domini Baldi de Perusio, utriusque iuris doctoris, compositum super Innocentio. Deo gratias. Amen. Alfonsus Garsie, alumpnus ac familiaris egregii doctoris Egidii Garsie de Fontiueros, decretorum doctoris, regentis tunc cathedram prime in ciuitate Salamantina, scripssit'. Sigue la firma 'Alfonssus Garsie de Segouia scriptor'.

2) Fol. 1va-62rb: *Quaestiones,* de Juan Calderini.

3) Fol. 62va-143ra: Angelo de Ubaldis de Perusa, *Consilia,* que presentan la siguiente suscripción del antes mencionado amanuense: 'Expliciunt consilia domini Angeli de Perusio, excellentissimi legum doctoris, que fuerunt scripta per dominum Alfonsum Garsie <familiarem domini Egidii Garsie> de Fontiueros decretorum doctoris regentem cathedram prime canonum in scolis maioribus in alma uniuersitate ciuitatis Salmantine'. Sigue la firma 'Alfonsus Garsie'. Después del cons. 35 (fol. 102ra) se registra una referencia semejante a modo de terminación provisional de esta serie de *consilia,* que en su forma actual alcanza 78 unidades: 'Et fuerunt scripta et perfecta per dominum Alfonsum Garsie, familiarem domini Egidii Garsie, decretorum doctoris, regentis cathedram prime canonum in scolis maioribus in ciuitate Salamantina, anno Domini millesimo quadringentessimo tricessimo octauo, vicessima nona die mensis Augusti. Alfonsus Garsie scriptor'. Sigue la firma 'Alfonsus Garsie'. En la primera de estas dos suscripciones parece haber un error de omisión, por homoioteleuton, de una línea que debería decir después de la palabra 'Garsie': 'familiarem domini Egidii Garsie', lo cual cambia notablemente el sentido resultante de esta frase, como es obvio. Tal como está, atribuye a Gil García lo que pertenece a Alfonso García[35].

34 Agradezco al ilustre amigo Dr. Gregorio de Andrés el haber llamado mi atención sobre este manuscrito.

35 V. Beltrán de Heredia, *Bulario* 2.238; p. 11, n. 420; p. 321, n. 787; p. 424, n. 923; t. 3, p. 11, n. 1078; p. 31, n. 1102. En estos lugares aparece Gil o Egidio García, doctor en decretos en 1437, catedrático de prima de cánones desde 1438, canónigo

4) Fol. 143ra-152vb: Anónimo, *Repetitio super C. 2 q. 6 c. 32.* Por la composición de este códice y por el estilo de esta pieza, parece tratarse de una repetición hecha en Salamanca por un bachiller para presentarse al examen de licenciatura. No era conocida hasta ahora. Comienza: 'Grandem (proceres, sollertes uiri et ingeniosissimi patres: Quia ut inquit Macrobius super sompno Scipionis) naturam optimis in rebus'; *des.* 'quapropter arguentes qui uoluerint iuxta morem insurgant'. La forma como aparece en este códice la presente repetición, suscita la sospecha de que su autor sea el propio Gil García de Fontiveros, quien hizo a su familiar Alfonso García copiar todo el códice. Trátase, pues, de un códice muy personal de Gil García de Fontiveros, en el que no es nada extraño hiciera copiar un texto tan unido a su persona como pudo ser la repetición que, como bachiller, le permitió ser admitido al examen de licencia.

El MS 8994 de la BN contiene obras de Bartolo de Saxoferrato, Baldo de Ubaldis, Nicolás de Tudeschi, Francisco de Zabarella, Juan Calderini, Antonio de Rosellis, Juan Alfonso de Benavente, Gonzalo García de Villadiego, Alfonso de Madrigal y algunas piezas anónimas. Al final de una pieza de Gonzalo García de Villadiego (fol. 184rb) aparece como amanuense un cierto *Aegidius*. Por la composición de este códice resulta bastante verosímil que haya sido escrito en Salamanca. Hay, además, otras manos anónimas [36].

En el MS 2212 fol. 42ra de la BN de Madrid aparece Pedro Rodríguez de Castrillo como amanuense del tratado *De regulis iuris* de Dino de Mugello (fol. 2ra-42r), dando como fecha de su ejecución, al final de dicha pieza, el año 1433. El códice contiene además obras de Enrique Bohic y las *Conclusiones contra clericos concubinarios,* obra atribuible, como queda dicho, a dos profesores salmantinos (Martín de Galos y Antonio Rodríguez de Segovia) y difundida desde Salamanca [37].

El MS e.I.5 de la BRM del Escorial aparece escrito por el amanuense Alfonso de Santa María de Nieva, que da la fecha de 1458 en una de las piezas (fol. 133va). Verosímilmente procede de Salamanca y ya estaba en El Escorial el 2 de Mayo de 1576, después de haber formado parte de la Biblioteca de Felipe II. Contiene escritos de Bartolo de Saxoferrato, del Panormitano, de Juan de Andrés, de Pedro de Ancarano y de Juan Alfonso de Benavente [38].

El MS 36-6 de la BC de Toledo contiene la *Lectura super secunda parte Digesti Infortiati* de Bartolo de Saxoferrato, dando como amanuense, en el fol. 247ra a Miguel de Molina. Está fechado el año 1403. Precisamente en

de Avila y estudiante de cánones en 1410, licenciado en decretos por Salamanca y dispensado de una irregularidad eclesiástica en 1428, arcediano de Medina y canónigo de Salamanca, diversas dispensas beneficiales que se le hacen, etc. Ver también sobre este personaje B. Alonso Rodríguez, 'En torno a los canonistas medievales salmantinos', *Proceedings of the Fifth International Congress of Medieval Canon Law.* Salamanca, 21-25 de Septiembre de 1976 (MIC. Series C, Subsidia 6; Città del Vaticano 1980) 277.

36 Ver mi *Iter hispanicum* 67-68.

37 Ibid. 66 .

38 Ibid. 39-40.

ese año aparece en Salamanca un clérigo de la diócesis de Sigüenza llamado *Michael Molinensis de Poveda* [39], que bien pudiera ser nuestro amanuense.

El MS 34 de la BC de Córdoba, que contiene dos obras de Nicolás de Tudeschi, también parece originario de Salamanca, ya que fue copiado por un cierto Gonzalo Gómez de Zamora, fechándose el día 5 de Abril de 1474 [40]. El 3 de Julio de 1471 aparece un Gonzalo Gómez de Zamora como escribano y como testigo de un claustro de la Universidad de Salamanca [41], que no sabemos si tenía parentesco con el conocido e influyente catedrático de Salamanca Diego Gómez de Zamora [42].

En el capítulo siguiente de este libro damos cuenta del MS W. 421 de la Walters Art Gallery de Baltimore, en el que se contiene una copia de la *Repetitio de canonibus penitentialibus* de Juan Alfonso de Benavente, realizada por Alfonso Colombino, en 1458, cuando se encontraba en la facultad de derecho canónico de Salamanca.

Resumiendo, tenemos que circulan por los colofones de los manuscritos que acabamos de citar los siguientes amanuenses salmantinos o radicados en Salamanca: Didacus Fernandi Ispalensis (Salamanca BU 2522 y 2525), Lupus de Sancto Iacobo (ibid. MS 2189), Alfonsus Garsie de Fontiveros (MS BN 7536), Aegidius (MS BN 8994), Petrus Roderici Castrillensis (ibid. 2212), Alfonso de Santa María de Nieva (Escorial e.I.5), Gonzalo Gómez de Zamora, Michael Molinensis (Toledo 36-6) y Alfonso Colombino.

3. Códices salmantinos sin indicación de amanuense

El MS 2606 de la BU de Salamanca contiene obras de Bartolo de Saxoferrato, Petrus de Ancarano, Nicolás de Tudeschi, Juan Alfonso de Benavente, Guido de Suzzara (?) y Raimundo de Sabanaco. Perteneció al antiguo Colegio Mayor de S. Bartolomé de Salamanca [43]. Aunque se debe a varias manos, no parece tratarse de diferentes manuscritos encuadernados juntos. Parece presumible que fue copiado en Salamanca.

Un códice de origen castellano, y verosímilmente salmantino, es el MS 12087 de la BN, que contiene obras de Bartolo de Saxoferrato, Juan Alfonso de Benavente, Juan López de Calahorra, Gonzalo García de Villadiego y Alfonso de Cartagena [44].

Otro códice sin indicaciones de amanuenses, pero ciertamente de origen salmantino, como emerge fácilmente de su composición, es el MS 26-I-24 de la Biblioteca del Conde Valencia de Don Juan. En él hay numerosas piezas de autores salmantinos, con inclusión de algunas hasta ahora desco-

39 Ibid. 127-28. Sobre la presencia de este personaje en Salamanca, ver V. Beltrán de Heredia, *Bulario* 1.571, n. 341.85.

40 Ibid. 38-39.

41 F. Marcos Rodríguez, *Extractos* p. 151, n. 545.

42 Ver art. cit. supra nota 30, p. 363-65.

nocidas. Al lado de dichas piezas hay obras de autores como Pedro de Ancarano, Francisco de Zabarella, Alvaro Pelagio (?), Juan Calderini, Bartolo de Saxoferrato, Baldo de Ubaldis, las *Regulae Cancellariae* de Paulo II y algunas cartas del mismo pontífice, etc.[45].

Otro códice copiado en Castilla, posiblemente en Salamanca, es el MS 12-17 de la BC de Toledo, que contiene la *Lectura* de Pedro de Ancarano a los libros 3-5 del *Liber Sextus* de las Decretales y el *Tractatus de filiis succedendis in maioricatu* de Diego Gómez de Zamora[46]

Un códice de proveniencia castellana, posiblemente salmantina, es el MS 12 de la Catedral de Córdoba, en el que se contienen obras de Federico de Senis, Bonaguida Aretino, Alvaro Pelagio (?), Egas de Viseu, Bartolo de Saxoferrato, Juan Calderini, Juan de Andrés (?), Juan Alfonso de Benavente, Martín Galos (?), Dino de Mugello, Raimundo Sabanaco, Guido de Suzzara, Bernardo Laureti, Bonicontro y el Conc. legatino de Valladolid del año 1322[47].

Algo parecido ocurre con el MS 22 de la BC de Oviedo[48], en el que se contienen obras de Juan Alfonso de Benavente, Pedro de Luna, Alfonso de Madrigal, Juan Calderini, etc.

En la misma o parecida situación se encuentran los siguientes manuscritos, en cuya descripción no me voy a detener más, limitándome a remitir al lector a la bibliografía ya existente sobre los mismos: Córdoba BC 35[49], 60[50], 128[51]; Madrid, Biblioteca de la Facultad de Derecho de la Universidad Complutense, MS 95[52]; Madrid, Fundación Lázaro Galdiano, MS 762[53]; Segovia, BC MS B 430[54]; Sevilla, Biblioteca Colombina y del Cabildo, MS 5-5-23[55] y 5-5-27[56]; Toledo, BC MS 20-20[57].

Los estudios jurídicos en Salamanca no adquieren una altura apreciable hasta mediados del s. xv[58]. Salamanca contó desde mediados del s. XIII con

43 Ver mi *Iter hispanicum* 87-88.

44 Ibid. 70-71.

45 Ver el cap. 14 de este libro. La Biblioteca aquí aludida está en la calle Fortuny, 43, de Madrid.

46 A. García y García-R. Gonzálvez Ruiz, *Catálogo de los manuscritos jurídicos de la Catedral de Toledo* (Roma-Madrid 1970) 42-43.

47 Ver el *Catálogo* de Córdoba cit. supra nota 5, 19-24.

48 B. Alonso Rodríguez, *Juan Alfonso de Benavente canonista salmantino del s. XV* (Roma-Madrid 1964) 84-86.

49 Ver *Catálogo* de Córdoba cit. supra nota 5, p. 39-42.

50 Ibid. 142-43.

51 Ibid. 261-66.

52 B. Alonso Rodríguez, *Juan Alfonso de Benavente* 68-69.

53 Ibid. 69-71.

54 *Iter hispanicum* 89, donde figura con una antigua signatura como MS 73. La signatura actual es B 430.

55 B. Alonso Rodríguez, *Juan Alfonso de Benavente* 90-94.

56 Ibid. 94-97.

57 Ver el *Catálogo* cit. supra nota 46, p. 73-74.

58 Ver B. Alonso Rodríguez, art. cit. supra nota 35, p. 267-306 y los dos capítulos siguientes de este libro.

algo tan singular como es un estacionario pagado por la Universidad [59], lo cual equivale de alguna forma a la institución embrionaria de una biblioteca de la Universidad. Sin embargo, la adquisición de libros para ésta no tuvo especial importancia hasta la segunda mitad del s. XV, y aun entonces fue modesta, si se compara con lo que ocurría en otras latitudes. Habrá que esperar hasta las entradas en la Biblioteca que tuvieron lugar en el s. XVIII para llegar a la imagen que hoy día tenemos del fondo de manuscritos de la BU de Salamanca.

Dentro del marco ambiental que acabamos de indicar, no parece ni era de esperar que se diera en Salamanca la copia masiva de libros de derecho, como ocurría, por ejemplo, en Bolonia. Pocos son los códices escritos en *littera bononiensis* que quedan hoy en Bolonia, pero está el mundo inundado de ellos. En Salamanca, la mayoría de los códices jurídicos son de importación, y lo son particularmente los mejores y más lujosos, copiados en buen pergamino. La elaboración de códices en Salamanca no parece superar el nivel artesanal y doméstico. Trátase siempre de códices cartáceos, copiados por copistas aparentemente ocasionales, de ejecutoria más bien modesta. Por otra parte, no se nota la presencia de algún escritorio de donde provengan varios de estos códices (salvo tal vez el caso ya mencionado de algunos manuscritos de la BU de Salamanca), sino que cada uno de los mencionados proviene de un escriba diferente. Un estudio más extenso y profundo tal vez contribuya a mejorar esta impresión.

No obstante, y habida cuenta de que nos hallamos ante el primer centro universitario de la Península, se encuentra un número relativamente abundante de códices jurídicos por todo el reino de Castilla que dan el nombre de algún amanuense radicado en Salamanca o presentan indicios racionales de haber sido copiados en dicha ciudad.

La utilidad de la presente nota o ensayo, si es que alguna tiene, intenta ser doble. Por un lado, creo permite entrever cuál fue el sentido de la circulación de los códices jurídicos de y hacia Salamanca. Por otra parte, un estudio comparativo de las escrituras podría ensanchar las listas de códices con una procedencia salmantina mejor atestiguada.

MANUSCRITOS UTILIZADOS EN ESTE ESTUDIO

Baltimore, Walters Art Gallery, MS W. 421
Córdoba, BC, MC 12; 34; 35; 60; 128
Escorial, BRM, MS e.I.5
Madrid, Biblioteca del Conde Valencia de Don Juan, MS 26-I-24

59 Al revés de lo que ocurría en otras universidades por toda Europa, en las que el estacionario era una persona privada, en Salamanca fue instituido por Alfonso X el Sabio el estacionario con 200 maravedís de sueldo de la Universidad. Esto ocurrió el 8 de Mayo de 1254. Ver el documento, publicado muchas veces, en V. Beltrán de Heredia, *Cartulario de la Universidad de Salamanca (1218-1600)* 1 (Salamanca 1970) 605.

— Biblioteca de la Facultad de Derecho de la Universidad Complutense, MS 95
— Biblioteca de la Fundación Lázaro Galdiano, MS 762
— BN, MS 2212; 2952; 4404; 7284; 7536; 8994; 12087; 18037; 20619
— Biblioteca de la Real Academia de la Historia, MS 23-5, A 120

Oviedo, Biblioteca del Cabildo (Librería Gótica), MS 22

Salamanca, AUS, Libros de Claustro 1; 4
— BU, MS 2189; 2522; 2525; 2606
Segovia, BC, MS B 430
Sevilla, Biblioteca Colombina y del Cabildo, MS 5-5-23; 5-5-27

Toledo, BC, MS 12-17, 36-6 y 20-20

OBRAS JURIDICAS MEDIEVALES CONTENIDAS EN LOS MANUSCRITOS [60]

Angelo de Ubaldis de Perusio, Consilia (MS Madrid, BN, MS 7536)
— Obras indeterminadas
Anónimo, Casus
— Commnet. super I-II Libros Sexti Libri Decretalium
— Glosas al Fuero de <...>
— Notabilia
— Repetitiones
Antonius de Butrio, Secunda pars primae partis secundi libri Decretalium
Antonius Rodríguez de Segovia?, Apparatus in XIV Conclusiones contra clèricos concubinarios (vid. Martinus de Galos?)

Baldus de Ubaldis de Perusio, Lectura super I, III et VI Libros Digesti Veteris vel Codicis
— Lectura super Decretales Innocentii IV
Bartholomaeus de Saliceto, Lectura super VIII Librum Codicis
— Secunda pars Lecturae super Digestum Novum
Bartolus de Saxoferrato, Lectura super prima parte Digesti Novi (Salamanca, BU, MS 2522 y 2525)
— Lectura super secunda parte Inforciati (Toledo, BC, MS 36-6)
— Obras indeterminadas

Cinus de Pistoya, obras indeterminadas (dos menciones)
Clementinae, vid. Corpus iuris canonici
Codex, vid. Corpus iuris civilis
Corpus iuris canonici: Gratiani Decretum (dos menciones)
— Decretales Gregorii IX sive Liber Extra (tres menciones)
— Liber VI Decretalium Bonifacii VIII
— Clementinae sive Decretales Clementis V (dos menciones)

60 No incluimos en esta lista la totalidad de las obras contenidas en los códices aquí utilizados, sino tan sólo las que se aluden especialmente en este estudio. Sobre las restantes remitimos a la bibliografía que para cada códice citamos a pie página. La presente lista no es otra cosa que una posible ayuda para la identificación de obras que en la documentación utilizada se citan de un modo poco comprensible para el lector actual.

Corpus iuris civilis: Codex Iustiniani (tres menciones)
— Digestum Novum (dos menciones)
— Digestum Vetus (tres menciones)
— Insforciatum (dos menciones)
— Instituta
— Novellae
— Volumen (tres menciones).

Diego Gómez de Zamora, *Tactatus de filiis succedendis in maioricatu.*
Digestum, vid. Corpus iuris civilis.
Dino de Mugello, De regulis iuris (Madrid, BN, MS 2212).
Dominicus de Sancto Geminiano, Comment. in Primam Partem Decreti.
— Comment. in Librum Sextum Decretalium.

Egidio Romano, De regimine principum.

Gil García de Fontiveros (?), Repetitio super C. 2 q. 6 c. 32 Decreti Gratiani
Gil Romano, vid. Egidio Romano.
Gratianus, vid. Corpus iuris canonici.
Gregorius IX, vid. Corpus iuris canonici.
Guido de Baysio, Rosarium (dos menciones).
Guilielmus Durantis, Speculum iudiciale (dos menciones).

Henricus de Segusio (Card. Hostiensis), Summa super Decretales Gregorii IX.
Hugo de Sancto Caro, Speculum ecclesiae.

Innocentius IV, Apparatus super Decretales Gregorii IX (dos menciones).
Ioannes Alphonsi de Benavente, Repetitio de canonibus penitentialibus
Ioannes Andreae, Additiones ad Apparatum Sexti.
— Novella in Decretales Gregorii IX (dos menciones).
Ioannes Calderini, Quaestiones (Madrid, BN, MS 7536).
Ioannes de Imola, Comment. super II-III Libros Decretalium Gregorii IX.
Ioannes Ioannis Abbas Nivicellensis, Concordantia bibliorum et canonum.
Ioannes Petri de Ferrariis, Pratica nova iudicialis o Practica aurea.

Justinianus, vid. Corpus iuris civilis.
Liber VI, vid. Corpus iuris canonici.

Martinus de Gallis (Martín de Galos) (?), XIV Conclusiones contra clericos concubinarios.

Nicolaus de Tudeschis, De officio delegati.
— De probatonibus.
— Prima pars Lecturae I Libri Decretalium Gregorii IX.
— Lectura in II et IV Librum Decretalium Gregorii IX.
— 'Tercera parte sobre Degredo'.

Odofredus (?), Summa [Libri Feudorum?].

Paulus II, Regulae Cancellariae (Madrid, Bibl. Conde Valencia de Don Juan, MS 26-I-24).
Petrus de Ancharano, Comment. super III Librum Decretalium Gregorii IX.

13. LOS CANONISTAS DE LA UNIVERSIDAD DE SALAMANCA EN LOS SIGLOS XIV-XV *

En 1298 la Universidad de Salamanca fue considerada suficientemente importante, desde el punto de vista de la enseñanza del Derecho Canónico, como para dirigirle oficialmente una copia del *Liber VI* de las Decretales. Pero también tenemos, por otra parte, que hasta el s. XV apenas encontramos en ella un solo canonista de renombre. Tan sólo podemos, al presente, mencionar a Petrus Ioannis, en el s. XIV, y aun éste era hasta ahora desconocido. Vimos también en el capítulo 11 de este libro la posibilidad de que el *Candelabrum Iuris* sea una obra producida en el contexto del envío del *Liber Sextus* a Salamanca en 1298.

En el s. XV florece toda una pléyade de canonistas con una producción literaria digna de ser más conocida. Sus escritos, inéditos en su mayoría, yacen sepultados en nuestras bibliotecas y archivos, esperando que la atención de los estudiosos recaiga sobre ellos. La aureola de fama de que gozan nuestros grandes maestros de los s. XVI-XVII pudo contribuir a proyectar un cierto olvido sobre sus inmediatos predecesores.

Al fin del apartado dedicado a los profesores de cánones de la Universidad de Salamanca, en el s. XV, advierte Esperabé [1] que 'es más lo que falta que lo que hemos hecho'. Las noticias de este autor se refieren de modo casi exclusivo a la biografía de los personajes de que se ocupa. Por lo que se refiere a sus escritos aún está todo por hacer. Esta es la laguna que, en parte solamente, intentamos llenar con el presente capítulo. En él se contiene toda una serie de indicaciones sobre la tradición manuscrita de los canonistas, recogida al examinar los fondos de nuestras bibliotecas para otros trabajos. Como los autores mencionados son casi todos contemporáneos, aquí los vamos a ordenar alfabéticamente. En ulteriores estudios se podrá delimitar con exactitud el tiempo de la vida y de la docencia en Salamanca de cada uno de ellos. Será, en todo caso, el objeto primordial y casi exclusivo de esta nota la reconstrucción manuscrita de sus obras. Todos los demás problemas podrán ser esclarecidos en ulteriores estudios, a los que forzosamente debe preceder un inventario del material con que contamos.

* Editado en REDC 17 (1962) 175-90. Fue puesto al día para su inclusión en este libro.

1 E. Esperabé, *Historia pragmática e interna de la Universidad de Salamanca* (Salamanca 1917) 284.

Los autores cuyas obras se reseñan aquí son: Juan Alfonso de Benavente, Juan de Castilla, Diego Gómez de Zamora, Juan González, Petrus Ioannis y Gonzalo García de Villadiego, todos ellos del s. XV, menos Petrus Ioannis, que es de mediados del s. XIV. Una valoración más ponderada de su aportación doctrinal es cuestión que requiere un más detenido estudio. Por el mismo aparecerá igualmente hasta qué punto cabe hablar, en el presente caso, de una escuela propiamente dicha de canonistas, o más bien de autores aislados que sólo tuvieron de común el enseñar y escribir dentro de una misma área geográfica y cronológica. Es muy posible que la cuestión se resuelva a favor de la primera alternativa, teniendo en cuenta que se trata de autores que fueron discípulos o maestros los unos de los otros. Así tenemos que Juan Alfonso de Benavente fue maestro de su hijo Diego Alfonso. Este lo fue de Juan de Castilla. Gonzalo García de Villadiego sucedió en la cátedra a Diego Gómez de Zamora. Nada extraño por lo mismo que entre estos autores se den ciertas constantes metodológicas y doctrinales.

1. Juan Alfonso de Benavente

Recientemente me ocupé de este canonista [2], dando cuenta de veinticinco escritos suyos, inéditos y desconocidos en su mayoría. Ya entonces advertía que no aspiraba a ofrecer una 'lista definitiva y cerrada' de los manuscritos y de las obras de Juan Alfonso. En conformidad con esta observación, me es grato ahora dar cuenta de nuevos códices con obras de este autor. Siguiendo la misma numeración adoptada en el artículo antes citado, indico a continuación los nuevos manuscritos con las obras de Juan Alfonso de Benavente que reproducen.

1) Sevilla, Biblioteca Colombina y del Cabildo, MS 5-5-27 fol. 76ra-80va *(Quatuor casus in quibus denegatur audientia parti).* El manuscrito de Sevilla contiene tantas variantes de estructura con respecto a los otros dos (ya muy discrepantes entre sí), que hace pensar en otra recensión diferente de este opúsculo. He aquí el *incipit* y *explicit* del códice sevillano: Isti sunt casus in quibus non requitur uocatio partis, qui fuerunt per dominum (doctorem *add.al.m.*) Ioannem Alfonsi de Benauento... Inc. *Quatuor casus in quibus denegatur audientia parti et non debet uocari...* des. ... *alius est quando recipiuntur testes contra debitorem suspectum de fuga... secundum Baldum in l. Consentaneum C. quomodo et quando iudex* (Cod. 7.43.8). *Hos septem casus supradictos ponit Ludouicus in singularibus suis in parte testis.*

2) Sevilla, Biblioteca Colombina y del Cabildo, MS 5-5-23 fol. 57ra-68ra y MS 5-5-27 fol. 110va-121ra. *(Tractatus penitentie).* En el primero de

2 A. García y García, 'Un canonista olvidado: Juan Alfonso de Benavente, profesor de la Universidad de Salamanca en el s. XV', REDC 15 (1960) 655-69. Ver también nota 1 del cap. siguiente.

los dos manuscritos indicados, lleva en el margen superior el siguiente título Repetitio reuerendi doctoris de Benauento super c. Sufficit de pen. D. 1. Añade luego al final el mismo manuscrito: *Quod opus fuit perfectum uespere Marie Magdalene, uidelicet, xxi. die mensis Iulii, anno Domini m°. cccc°. lix°., ad laudem et honorem Dei omnipotentis et gloriose genitricis eius uirginis Marie. Amen. Finis. Deo gratias.* Ambos manuscritos omiten *Benedictio et claritas... seculorum. Amen.* Ambos presentan la variante *recitauit* y la transposición *Decreti uesperorum.*

3) Toledo, Biblioteca del Cabildo, MS 20-20 fol. 143ra-157va *(Repetitio de nullitatibus sententiarum).* Este códice de Toledo omite el título y la conclusión desde *Explicit repetitio* hasta el fin. En el explicit pone *lege* en vez de *questione*[3].

3 bis) Sevilla, Biblioteca Colombina y del Cabildo, MS 5-5-23 fol. 73v. Aquí se contiene un escrito de Juan Alfonso, hasta ahora desconocido, cuyo título aparece así en el presente códice: Incipit breuis tractatus de eleemosyna redemptionis captiuorum. Inc. *Hec sunt que debent inclinare quemlibet fidelem ad faciendam eleemosynam pro redemptione captiuorum per saracenos perfidos detentorum...* des. *... et michi hec compilata summus Deus uadat. Amen.* Aunque aquí no aparece ninguna atribución de este escrito a Juan Alfonso, en un índice del contenido que hay en el primer folio de este códice, se indica en esta forma: *Ioannis Alfonsi de Benauento Repetitiones canonice, inter quas tractatus de Clementina pro captiuorum redemptione.* Fuera del opúsculo aquí indicado, no hay en todo el manuscrito nada a que pueda referirse esta inscripción del índice inicial.

4) Sevilla, Biblioteca Colombina y del Cabildo, MS 5-5-23 fol. 86ra-109ra *(Repetitio de ieiunio).* Este manuscrito le antepone el siguiente epígrafe: Repetitio c. Ieiunia de Cons. d. v. (De cons. D.5 c.17). Al final añade la indicación *Quod opus fuit perfectum... xxx. die mensis Iulii anno Domini m°. cccc°. lix°.*

13) Sevilla, Biblioteca Colombina y del Cabildo, MS 5-5-23 fol 24va-25va *(Repetitio in bullam 'Excellentissimum' Eugenii Pape IV).* No presenta variantes de consideración con respecto al códice cordobés, salvo que en la última línea, después de la palabra *professorem* añade *et regentem unam de cathedris.*

14 bis) Sevilla, Biblioteca Colombina y del Cabildo, MS 5-5-23 fol. 25v. Aquí aparece un breve escrito de Juan Alfonso. En primer lugar, se transcribe la decretal Extravag. com. 5.10.1, que lleva al margen la rúbrica e inscripción: De sententia excommunicationis Bonifacii VIII. A esta decretal sigue un breve comentario de Juan Alfonso, que empieza *Sententia excommunica-*

3 En la cuarta línea de la reseña que lleva el n. 3, en el art. cit. en la primera nota, hay una errata, consistente en la lectura de *cui* en vez *de eui.*

tionis excommunicati sunt omnes... y termina ... *similiter reseruatur. Benauentanus.*

15) Baltimore, Walters Art Gallery, MS W. 421 fol. 2-76r y Sevilla, Biblioteca Colombina y del Cabildo, MS 5-5-23 fol. 26ra-56vb. *Repetitio de canonibus penitentialibus.* El códice de Baltimore estaba prácticamente perdido, ya que la indicación del *Census* de Ricci [4] era insuficiente para saber de qué se trataba. Bajo el n. 400 da como autor de la obra contenida en este códice a Alphonsus de Benvenuto. La identificación exacta se debe al profesor St. Kuttner [5], a quien debo, además, unas notas manuscritas que sirvieron para confrontarlo con los otros manuscritos. Este códice fue escrito en España, de donde emigró, vía París, a los Estados Unidos [6]. Copio a continuación el *incipit* y *explicit* del manuscrito de Sevilla, anotando entre paréntesis las variantes del códice de Baltimore, designándolo con la sigla B. Inc. *Sollertissimi* (*Colentissimi* B) *patres et sagacissimi domini: Quia de re magna* (*magna*] *permagna et ardua* B) *non per particulas set integre et perfecte tractandum est*... des. ... *et § Ad quid tenetur. Hanc repetitionem de potestate et arbitrio confessorum et de canonibus penitentialibus et de actibus confessoris fecit Ioannes Alfonsi de Benauento, decretorum doctor, unam de cathedris prime* (*prime*] *canonum* praem. B) *in salamantino* (*salmanticensi* B) *studio actu regens, die Iouis, xxiii. die Octobris, anno Domini mº. cccº. quinquagesimo* (*quinquagesimo* om. B) *quinto. Et compillauit et compleuit canones penitentiales et actus confessoris anno sequenti lviº. in loco Tejares* (*Tejares*] *de* praem. B) *prope Salamanticam, cum Salamantice uigeret mortalitas a festo Sancte Marie de Augusto usque ad medietatem Octobris statim sequentis. Et omnes scribentes et legentes exoro ut pro me Pater noster* (*noster* om. B) *et Aue Maria deuote dicant. Laudetur Deus et* (*benedicta* add. B) *uirgo Maria. Amen. Laus Deo, pax uiuis, requies defunctis. Scripsit hanc repetitionem Alfonsus Columbinus, presbiter loci Autilensis, dum laboraret in studio Salamantino in iure canonico, quod opus perfectum fuit ad laudem et honorem Dei omnipotentis... die Iouis in uespera apostolorum Petri et Pauli, uidelicet xxix. die mensis Iunii, anno Domini mº. cccº. lviiiiº.* (*Laus Deo — mº. cccº. lviiiiº.* om. B). Dejo al lector la confrontación del anterior *specimen* con el que di en el artículo anterior. Es fácil percatarse de que los dos manuscritos aquí confrontados guardan más parecido entre sí que con los tres que ya conocíamos, por lo menos a juzgar por los datos que tenemos a la vista.

4 S. De Ricci y W. J. Wilson: *Census of Medieval and Renaissance Manuscripts in the United States and Canada* 1 (Alabama to Massachusetts) (New York 1935) n. 400.

5 En la bibliografía del *Bulletin for 1961* del 'Institute of Research and Study in Medieval Canon Law', inserto en *Traditio* 17 (1961) 547. La signatura, W. 451, que figura en el lugar citado, es errata, en vez de W. 421, que es lo correcto, como el mismo autor me notificó por carta.

6 He aquí la descripción que da el *Census* de De Ricci en el ugar citado: 'Alphonsus de Benvenuto. Tractatus «de illis etiam», on confession. Vellum (after 1456), 75 ff., 21 × 24 cm. Written in Spain. Illuminated initial and border. Original Spansih wooden boards and stemped brown morocco. N.º 579 in an old library, later N.º 6275. Marquis de Morante collection; his sale, Paris, 21 Feb. 1872 to Bachelin'.

18) Sevilla, Biblioteca Colombina y del Cabildo, MS 5-5-23 fol. 110ra-137ra *(Repetitio de feriis).* No presenta variantes de importancia con respecto a los otros dos manuscritos que ya conocemos.

18 bis) Córdoba, Biblioteca del Cabildo, MS 12 fol. 56ra-63rb (sigla C); Sevilla, Biblioteca Colombina y del Cabildo, MS 5-5-23 fol. 137rb-148vb (sigla S).

En ambos manuscritos se contiene una repetición de Juan Alfonso, hasta ahora desconocida. En S lleva el título de mano casi contemporánea del texto: Repetitio de baptismo doctoris de Benauento. En C se intitula: Repetitio c. i. de baptismo Ioannis de Benauento. En ambos manuscritos comienza con el mismo incipit: *In nomine Domini* (*nostri* add. C.) *Iesu Christi. Amen. Repetitio sequens de baptismo continet has questiones per ordinem que sequuntur*... El MS S no contiene más que las tablas y aun estas incompletas. Termina así: ... *utrum abbates et religiosi possint baptizare.* El C termina: ... *et sequitur sicut ante bona ponere.*

En el MS S se interrumpe la *Repetitio de baptismo* para dar paso a un pequeño tratado de los clérigos concubinarios. De este opúsculo conozco otros manuscritos. En dos aparece con una glosa marginal que no coincide exactamente en ambos. En S se dice de este tratado: *Ista repetitio fuit edita per episcopum de Talis (Calis?) et glossata per magistrum Antonium scholasticum Salamantinum.* Es dudoso si esta condición se refiere a sola la glosa o también al texto. Parece más probable lo primero, ya que es al final de la glosa en donde aparece. En todos los manuscritos se encuentra este tratado de los clérigos concubinarios entre obras de Juan Alfonso o de otros maestros de Salamanca. Esta simple circunstancia, sin embargo, no permite levantarle el anonimato a favor de Juan Alfonso por ejemplo. Volveremos sobre este tema en el capítulo siguiente de este libro.

2. Juan de Castilla[7]

De su producción jurídica tan sólo conocemos un manuscrito de El Escorial, el MS lat.g.II.16, donde se contiene una repetición suya que versa sobre las tres conclusiones siguientes con las que empieza la obra:

1.ª *Aduersus omnes christicolas Ecclesie, censure mucrone percussos pro alio delicto quam pro heresi et in ea minore etiam tempore quam per annum existentes, sine monitione heretice prauitatis inuestigatores ualere iure procedere atque illam pertinaciter contempnentes debere condempnare ut here-*

7 Acerca de la biografía de este personaje, véase el P. Flórez, *España Sagrada* 16.281. Después de la primera edición de este capítulo apareció el libro de T. de Azcona, *Juan de Castilla, Rector de Salamanca. Su doctrina sobre el derecho de los Reyes de España a la presentación de obispos* (Bibliotheca Salmanticensis. Textos 2; Salamanca 1972) que rebasa notablemente cuanto aquí se dice.

ticos, uelut omni rationi iurique consonum atque ut ualde catholicum manifestabor.

2.ª *Prouisiones ecclesiarum regnorum Castelle et Legionis facte uel faciende per Christi uicarium sine christianianissimorum regum nostrorum primo assensu, nullas esse certum est atque ex priuilegio iure ualide in ipsis plenum ius conferre apertissimum putaui.*

3.ª *Committentes crimina lese magestatis eterne et temporalis fore iure omnibus bonis priuatos sine aliqua iuris uel hominis declaratione...*

El texto empieza: *Reuera metuendi cetus, proceres ueterani et preceptores mei obseruandissimi: Licet in hoc uere lucidissimo consessu id de me dictum uelim quod maxime ille gentium preceptor Paulus uas electionis recte quidem de se ipso testabatur, prima Corinthiorum in c.xiii. ...* des. *... sunt bonis omnibus propriis priuati sine iudicis noua declaratione. ...Fuit etiam deducta repetitio in medium et fideliter recitata per me, Ioannem de Castella, minimum licenciatum in decretis, septima die mensis Septembris, ante illius Beatissime Genitricis Christi dignissimum ortum, in florentissimo Salamantino gymnasio, anno a natiuitate Domini millessimo quadragentesimo octogesimo septimo, pontificatus domini mei Innocentii octaui, patris beatissimi, anno tertio, spirante eo iustitie sole, qui super bonos et super me oritur, uiuitque trinus et unus in secula seculorum. Amen. Ioannes de Castella, licenciatus decanusque Hispalensis.* Esta obra ocupa desde del fol. 2r al fol. 88v [8].

A la obra anterior sigue en los fol. 89r-91r el discurso de petición de grado del mismo autor: *Et extiterunt michi, Ioanni indignissimo, pro examinis subeundi expeditione iuxta huius florentissimi gymnasii morem approbatissimum, assignata duo capitula, quorum primum in Gratiani uolumine constitutum erat, c.i. xxxvii.di. cuius contextura incipit Episcopus; secundum uero in gregoriane compilationis codice erat situatum, lib.ii. tit. de iudiciis, cuius littera Decernimus incipit (X 2.1.2). Illorum tamen lectiones, cum nunc congressus orationibus ne uidear adeo iniuste in tanto conspectu occupare membranas, obmittere putaui. Nunc opere pretium est et hic inserere dignum duxi licentie petitionem, eam profecto que a me in hoc achademico consessu recitata est in uerba sequentia. Cum animaduertam quamplurimos, clarissime chancellarie gymnasii huius caput meritissimum, uite ac laborum suorum cursus quam longissimam in hoc loco historiam texere...* des. *...ut denique post longa temporum curricula dignationi tue meritissime in illum diem iustissimus iudex perpetuam iustitie coronam imponat, qui imperfectionis opus ignorauit, Marie intemerate Unigenitus, per omnia in secula seculorum benedictus. Amen.*

Gil González Dávila [9] afirma que Juan de Castilla fue profesor de la Uni-

8 Véase la descripción de este códice escurialense en G. Antolín, *Catálogo de los códices latinos de la Real Biblioteca de El Escorial* 2 (Madrid 1911) 254-56.

9 Citado en la *España Sagrada* 16.281.

versidad de Salamanca. En la lista de catedráticos de Esperabé [10] no figura su nombre. Esto sin embargo no es decisivo, ya que las listas de Esperabé no son completas [11]. En todo caso, fuera de la obra que queda consignada, no conocemos más escritos canónicos de este autor, ni es fácil que se consagrara por mucho tiempo a esta especialidad, ya que dedicó muchos años a otras tareas, como el episcopado de Astorga (1494?-1498) y el de Salamanca (1492-1510).

Nicolás Antonio, en la *Bibliotheca Hispana Nova* [12], se expresa así acerca de la obra que dejamos descrita: *Palentinus natu, jurisconsultus, Salamantinae ecclesiae praesul, scripssisse dicitur: In cap. Grave, de poenis, Commentarium: quem vidisse se in eiusdem ecclesie Salmantine bibliotheca refert Aegidius Gonzalez Davila in istius urbis Historia, lib.iii. cap.xx. Abiit ad plures Palentie anno MDX.* No sabemos si este códice es el mismo del Escorial que queda indicado. De todos modos, en la edición de la *Bibliotheca Hispana Vetus,* aparecida unos años más tarde [13], da ya la cita del códice de El Escorial, sin aludir para nada al códice verdadero o supuesto existente en Salamanca.

3. Diego Gómez de Zamora [14]

La única obra suya, que hasta el presente me es conocida, se encuentra en el MS 12-17 de la Biblioteca del Cabildo de Toledo. Es un manuscrito misceláneo que contiene tres piezas: las dos primeras son dos repeticiones de Pedro de Ancharano y la tercera es la obra de Diego Gómez de Zamora. Tit. Incipit tractatus de filiis succedendis in maioricatu. Inc. *Circa hunc punctum quatuor sunt principaliter uidenda. Primo an de iure communi...* des. *...in dicto c. Cum accesissent. Explicit tractatus editus per Didacum Gomecii de Çamora, egregium decretorum doctorem.* Este tratado lleva unas anotaciones marginales, aunque sin referencia a palabras concretas del texto, como es usual en las glosas. La primera de dichas notas o glosas comienza: *Consuetudo disponere potest de successione...* Y termina la última: *...in l. Si filius ff. ad senatusconsultum* (Dig.14.6.16). Este manuscrito está sin foliar.

4. Juan González [15]

Desde que se publicó este capítulo por vez primera, se ha avanzado mucho en el conocimiento de la tradición manuscrita de las obras de Juan Gon-

10 E. Esperabé, l. cit. p. 243 ss.

11 En el *Libro de Caustro* de 1464, fol. 2v-3r, aparece un elenco de profesores donde figuran nombres no registrados en las listas de Esperabé.

12 Nicolás Antonio, *Bibliotheca Hispana Nova* 1 (Madrid 1783) 674.

13 Idem, *Bibliotheca Hispana Vetus* (Madrid 1788) 323 (nota 2 de la página anterior).

14 Sobre la biografía de este canonista, véase E. Esperabé, l. cit., p. 263.

15 Véanse las indicaciones que sobre este personaje da E. Esperabé, l. cit., p. 264; J. Goñi Gaztambide, 'Documentos pontificios sobre la Universidad de Salamanca', *Anthologica Annua* 8 (1960) 485-86 y 492-93.

zález, sobre todo por obra de A. Domingues de Sousa Costa [16] y de Erich Meuthen [17]. En el estado actual de nuestros conocimientos, éste es el cuadro de las obras y de los manuscritos en que se conservan:

1) *Contra duos pontifices de papatu inter se contendentes* o *Responsiones super quatuor quaestionibus propositis ab archiepiscopo Hispalensi* (Diego de Anaya) *circa concilium et papam:*

Génova, Biblioteca Franzoniana, MSS Urbani, Cod. 48 fol. 114ra-127rb (Agradezco la gentileza del Prof. Vito Piergiovanni [Univ. de Génova], que me facilitó una xerocopia de este manuscrito.)

Salamanca, Biblioteca Universitaria, MS 1951 fol. 159r-190v.

Vaticano lat. 4039 fol. 120v-132v (del que está copiado el siguiente).

— Ottob. lat. 1759 fol. 162v-180r

2) *Allegationes de potestate concilii factae tempore dissolutionis concilii Basiliensis,* compuesto entre el Concilio y 1433 (primeros meses):

Génova, Biblioteca Franzoniana, MSS Urbani, Cod. 48 fol. 309ra-320rb

Roma, Biblioteca Angelica, MS 90 (A.8.2) fol. 15r-26v

— Biblioteca Casanatense, MS 1406 fol. 242v-250 (incompleto)

Salamanca, Biblioteca Universitaria, MS 1951 fol. 1r-23r

Vaticano, Chigi E.VII.208 fol. 376v-387v

— Lat. 4039 fol. 299r-306v

3) *Allegationes super decretum irritans* (i):

Basel, Universitätsbibliothek, MS E I 12 fol. 180r-185v

Bologna, Biblioteca Universitaria, MS 505 fol. 33r-43v

München, Staatsbibliothek, MS Clm 6503 fol. 188r-192r y 185r-188r

Trier, Stadtbibliothek, MS 1205/503 fol. 124r-127v

Wolfenbüttel, Herzog-August-Bibliothek, MS Helmst. 376 fol. 368r-371r y 366r-368r

4) *Allegationes super decretum irritans* (ii), respondiendo a las contraalegaciones del *Patriarca Antiochenus contra tractatum episcopi Gadicensis:*

Basel, Universitätsbibliothek, MS E I 12 fol. 196r-211r

Bologna, Biblioteca Universitaria, MS 505 fol. 43v-62v

Trier, Stadtbibliothek, MS 1205/503 fol. 136r-142r

Wolfenbüttel, Herzog-August-Bibliothek, MS Helmst. 376 fol. 379r-389r

16 A. Domingues de Sousa Costa, 'Leis atentatórias das libertades eclesiásticas e o papa Martinho V contrário aos concilios gerais', *Studia historica-ecclesiastica. Festgabe für Prof. Luchesius G. Spätling* hrg. von Isaac Vázquez (Bibliotheca Pontificii Athenaei Antoniani 19; Rom 1977) 505-91, en relación con los códices de la obra n. 6.

17 E. Meuthen, 'Juan González, Bishof von Cádiz, auf dem Basler Konzil', *Annuarium Historiae Conciliorum* 8 (1976) 250-93, quien no solamente da noticia de varios de los códices de las cinco primeras obras, sino que ofrece el primer estudio dedicado expresamente a Juan González.

5) *Positio domini episcopi Gadicensis in materia presidentiae,* contenido en el MS 1205/503 fol. 170v-172v de la Stadtbibliothek de Trier

6) *Gravamina illata clero per dominum regem Iohannem Portugaliae:* Roma, Biblioteca Casanatense, MS 1406 fol. 213v-229v (incompleto)
Vaticano Chigi E.VII.208 fol. 408r-419r (incompleto)
— lat. 2687 fol. 19r-51v (completo)

5. Petrus Ioannis

No tenemos sobre este autor más referencias biográficas que las que suministran las constituciones de Benedicto XIII [17a] y los manuscritos que reseñamos a continuación. Estas se reducen a que era profesor ordinario de Derecho Canónico en la Universidad de Salamanca y que escribió las obras de que nos ocuparemos en seguida. Por lo que se refiere a las fechas de su posible docencia en esta Universidad, tenemos dos datos que permiten colocarle al comenzar la segunda mitad del s. XIV. El autor más tardío que cita es Juan de Andrés (muerto en 1348). El único manuscrito que ofrece alguna fecha es el de Pamplona, que en una de sus hojas contiene la indicación de una compraventa fechada en el año 1421 de la era hispánica (= 1383 del cómputo vulgar). En los códices hasta el presente conocidos se nos conserva un comentario a las Decretales de Gregorio IX (falta el comentario a los libros tercero y quinto) y un comentario completo a las Clementinas. He aquí los datos relativos a los códices en que se contienen estas obras:

1) Toledo, Biblioteca del Cabildo, MS 8-8 (sin foliar). Inc. Gregorius... (está roto el folio en estas primeras palabras) *quando salutando... secundum p. et abbatem...* des. *et quarto id simile sequentibus.* Se trata de un códice cartáceo, de canto morado, con las mismas características que el MS 28-13, que mencionaremos en seguida. En un papelito, pegado en el último folio, aparece esta indicación, en letra algo posterior al texto del manuscrito: *Reportationes Jo. an. alias Petri Ioannis super primo libro decretalium.* En esta inscripción parece confundirse a Petrus Ioannis con Juan de Andrés. Al dar colocación a los códices de la Biblioteca del Cabildo de Toledo, en tiempos muy antiguos, este códice se catalogó entre los que contienen obras de Juan

17a En las constituciones del Papa Luna para la Universidad de Salamanca se manda adquirir, entre otras obras, las del canonista *Petri Ioannis, doctoris Salamantini.* Véase el texto de estas constituciones en H. Denifle, 'Urkunden zur Geschichte der mittelalterlichen Universitäten, Die päpstlichen Documente für die Universität Salamanca', *Archiv für Literatur und Kirchengeschichte der Mittelalters* 5 (Graz 1960) 181. Esto nos da una idea del aprecio en que se tenía a este canonista, tal vez el más desconocido de la posteridad y también el más interesante. En la obra de P. Urbano González de la Calle y A. Huarte Echenique, *Constituciones y Bulas complementarias dadas a la Universidad de Salamanca por el Pontifice Benedicto XIII* (Zaragoza 1932) 40 se trata de demostrar que este personaje, Petrcs Ioannis, no es un escriturista de este nombre, sino que debe tratarse de algún canonista o civilista.

de Andrés, como son todos los que le rodean [18]. Sin embargo, ni el contenido es ninguna obra conocida de Juan de Andrés, ni paleográficamente considerado se parece a los otros códices de Juan de Andrés citados en la nota precedente, guardando mucho parecido con el MS 28-13 donde se contiene el comentario a las Clementinas de Petrus Ioannis.

2) Pamplona, Biblioteca del Cabildo, MS 43 fol. 1-73r. Comentario al segundo libro de las Decretales de Gregorio IX. Tit. Incipiunt reportationes secundi libri decretalium tradite per dominum Petrum Ioannis decretorum doctorem. Incipit liber secundus de iudiciis. Sigue una segunda mano: *Quot modis sententiatur iudicium uide...* Vuelve la primera mano: De quouultdeo: *Casus. Coram iudice comparens illicentiatusque recedens debet contumax reputari...* Termina antes del fin del texto legal del lib. II del *Liber Extra,* en X 2.23.12: cum predicto uiro contraxerat matrimonium: ... *multo fortius si auctoritate.*

3) Pamplona, Biblioteca del Cabildo, MS 43 fol. 76r-131r. Contiene el comentario al libro IV del *Liber Extra.* Inc. De Francia: *Casus breuis: consuetudo matrimonium non impedit nec disoluit...* Termina glosando X 4-21-5: *...ratio diuersitatis quia prima est pena, secunda prouisio filiorum secundum Innocentium et Hostiensem.*

4) Toledo, Biblioteca del Cabildo, MS 28-13 (sin foliar). Contiene el comentario a las Clementinas. Inc. Ioannes episcopus: *Alias* (?) *uocabat pontifex de constit. c. i. lib. vi.* (In VI 1. 2. 1.), *iii. q. vi. Accusatus* (C. 3. q. 6 c. 5)... Termina en el fol. 59r en esta forma: *...sicut non post, ut notat Hostiensis in acco. c. De causis* (X 1. 29. 4) *et Ioannes Andree in preallato c. Si et Licet. Hic finiuntur reportationes Clementinarum edite per dominum Petrum Ioannis, doctorem legentem ordinarie in studio salamantino.* Esta copia se encuentra en estado muy deficiente de conservación.

En la nota adicional a este capítulo, indicamos otro manuscrito con un fragmento de Petrus Ioannis.

La letra de los dos manuscritos de Toledo es de fines del s. XIV o principios del XV. La fecha del de Pamplona queda ya indicada. Debo la noticia de la existencia de este último códice al inventario de A. S. Hunt, 'The Library of the Cathedral of Pamplona', *Centralblatt für Bibliothekswesen* 14 (1897) 283-90. Las indicaciones aquí transcritas las debo a la gentil atención del M. I. Sr. D. José Goñi Gaztambide, bibliotecario de la Biblioteca del Cabildo de Pamplona.

18 Los MSS 8-4, 8-5, 8-6 y 8-7, que preceden al 8-8, contienen obras de Juan de Andrés, lo mismo que los códices 8-9, 8-10, 8-11, 8-12, 8-13, 8-14 y 8-15 que le siguen en el mismo anaquel.

6. Gonzalo de Villadiego [19]

A continuación se hace la reseña delas obras, tanto impresas como inéditas, de Gonzalo de Villadiego:

a) *Obras impresas:*

1) *Opusculum de origine ac dignitate et potestate S. R. E. Cardinalium, eiusque Vicecancellarii in Epithoma nuper redactum,* publicado en Roma, sin indicación de lugar ni año. La presente edición no reproduce el texto tal como salió de manos del doctor Villadiego, sino que representa más bien un resumen en el que se nos dan brevemente las conclusiones, anotando al margen las citas jurídicas en que se apoya la doctrina expuesta. En una nota preliminar, titulada *Impressor ad lectorem,* se indica el autor y los criterios de elaboración de este resumen: *Habes, lector candidissime, Gondisalui Villadiego, causarum olim palatii Apostolici Auditoris, opusculum de S. R. E. Cardinalium, eiusque Vicecancellarii origine, dignitate, ac potestate nuper per Vincentium Bucellam, Lucensem Iureconsultum, mira diligentia in Epithoma redactum: in quo ab auctore non modo consultum est atque prospectum properantibus, verum tiam otiosis: etenim hi, ubi hec legerint, longioris capti dulcedine lectionis, securi poterunt ad Gondisalvum accedere, plenioreque verborum copia animum suum explere: nec tamen interim plus historie haustiri: illi vero grauioribus curis occupati, successiuis horis etiam festinantes plura poterut breui temporis curriculo nouisse: praecipue quod veluti Enchiridion sine impedimento prae manibus haberi libellus, et circumferri facile potest: opus nempe nouum neque antea excusum. Quod quidem non minori cura imprimendum carauimus quam redegit Auctor in compendium...* [20]. Esta misma edición se reproduce en los *Tractatus illustrium... iurisconsultorum* [21]. La obra original del doctor Villadiego se conserva actualmente en la Biblioteca Vaticana, MS Vat. lat. 3183 fol. 2r-33v, donde empieza y acaba de diferente modo que en la edición. Inc. de la edición: *Institutio Cardinalum figuraliter habuit ortum ex institutione diuina...* des. *...facere videbatur: cui iste doctor cummulata respondet.* El códice vaticano, en cambio, comienza así: Ad reuerendissimum in Christo principem et dominum D. Rodericum Boria, Episcopum Portuensem, Sacre Romane Ecclesie Cardinalem ac Vicecancellarium dignissium, tractatus de Cardinalium excellentia et dignitate ac de officio Vicecancellarii, per Gundisaluum de Villadiego, utriusque iuris doctorem et Sacri Palatii Causarum Apostolici auditorem, editus, incipit feliciter. Inc. *Querenti michi quid ad te, Reuerendissime Pater et Domine, qui cardinalatus infula non immerito decoraris...* La primera cuestión comien-

19 Sobre la biografía y otros datos referentes a este canonista véase M. Risco, *España Sagrada* 39, 73-5; E. Esperabé, l. cit. 261-2. Este es el único de nuestros canonistas mencionado en la *Qellengeschichte* de J. F. von Schulte (2.406 y 3.712).

20 Fol. 2.

21 XIII, 2.ª parte (Venecia 1634) fol. 57va-59va.

za así: *Unde habuit originem Cardinalatus dignitas. Ad quod dicendum uidetur...* des. ...*Unde omittendo, uidetur quo ad hoc inter primam et secudam constitutiones predictas differentiam facere uoluisse, arg. c. Qualis XXV. di. et l. Cum pretor ff. de iudic. et c. Nonne de presumptionibus. Hec placuit breuissime annotare quoniam que minus sufficiunt auidius summuntur, ad laudem et Spiritu Sancto est benedictus in secula seculorum. Amen*[22].

2) *Tractatus contra haereticam pravitatem et de irregularitate,* editados en Salamanca en 1496 *(per Leonardum Alemanum et per fratrem Lupum Sanz de Navarra socios),* en 1519 *(apud Laurentium de Hondedeis)* y en 1589 *(apud Ioannem et Andream Renaut).* En la edición incunable de 1496 el *Tractatus contra haereticam pravitatem* aparece dividido en veinticinco cuestiones, división que las siguientes ediciones retienen. El *Tractatus de irregularitate* presenta la misma fisonomía que en los manuscritos, fuera de una rúbrica *De suspensione* que no figura en ellos, en los que se registra el texto correspondiente, pero no la rúbrica.

La presente obra se conserva en la Biblioteca Nacional de Madrid, MS 8944 fol. 184va-199ra y MS 12087 fol. 136ra-147ra. Nótese que estos manuscritos contienen el *Tractatus de irregularitate,* pero no el *Contra haeriticam pravitatem.* En el MS Madrid 12807 fol. 136ra se le antepone esta indicación: *Post predictam breuen summulam* (alude al opósculo reseñado más abajo, en el n. 3 de las obras manuscritas) *datam in materia irregularitatum, predictus licenciatus Villedidacus, rogatus a pluribus in eadem materia, quia cotidiana erat, calamum, precibus motus, licet modicam haberet opportunitatem propter diuersa emergencia, istud sequens breue opusculum singulare tamen... nobis tradidit... in presenti anno Domini m.º ccc.º lxxi.º, in florido studio Salamantino.*

Las ediciones de 1519 y 1589 presentan de diferente manera el *Tractatus de irregularitate.* El texto de la portada de una y otra edición indican suficientemente las características que las distinguen mutuamente. La edición de 1519 lleva el siguiente frontispicio: *Tractatus contra hereticam prauitatem/ Et etiam tractatus de irregularitate editi/ per Gundissalum de Villadiego sacri pa/latii apostolici auditorem. Noviter impressi/ ac alme correcti Cum repertorio.* Esta edición contiene en el fol. 2r-24r el *Tractatus contra haereticam pravitatem,* en el fol. 24v-37r el *Tractatus de irregularitate,* y en el fol. 37rb-39vb el repertorio a que se alude en la portada, consistente en un índice de materias por orden alfabético. Dicho repertorio empieza: *Incipit repertorium omnium questionum que in tractatibus De heretica prauitate Irregularitate et Suspensione continentur. In quo singule questiones per alphabetum faciliter reperiri possunt videlicet quo folio et quotta coluna...* des. ...*Presens repertorium factum fuit per Sebastianum Lopez bachalaurium in utroque iure in ultimis diebus suis: cuius anima requiescat in gloria Dei Patris. Amen.* En esta edición, aparte de la rúbrica *De suspensione,* se intro-

22 Agradezco al Prof. Javier Ochoa las referencias del MS Vat. lat. 3183.

duce otra *De interdicto* que no figuraba ni en los manuscritos ni en la edición de 1496. La introducción de estas nuevas rúbricas es la circunstancia que condiciona el cambio de título que se le da a esta obra en la siguiente edición.

La edición de 1589 lleva la siguiente portada: *Gundisalvi / de Villadiego sa/cri Palacii Apostolici Auditoris, tracta/tus de Irregularitate, Suspensione / et Interdicto Ecclesia/stico / Cum additionibus Didaci Perezij I. C. Hispani, et in Salmanti/censi Academia Vesperorum Sexti professoris accessit, eiusdem / auctoris tractatus contra haereticam pravitatem Salmanticae / apud Ioannem et Andraeam Renaut / fratres 1589.* Esta edición contiene en el fol. 1r-53r el *Tractatus de irregularitate,* en el fol. 53v-67v el *De suspensione,* en el fol. 67v-196 el *De interdicto* (nótese que los dos últimos no son más que subtítulos del *De irregularitate*), siguiendo seis hojas de índice alfabético de materias diferente del *repertorio* que figuraba en la edición de 1519. A continuación, con paginación nueva (p. 1-108), se inserta el *Tractatus contra haereticam pravitatem.* En la primera parte, o sea, en el *Tractatus de irregularitate,* se incluye un largo comentario del doctor Diego Pérez, como se indica en la portada. El comentario es mucho más extenso que el texto del doctor Villadiego, apareciendo ambos (texto y comentario) entreverados, es decir, que a cada texto de Villadiego sigue el correspondiente comentario del doctor Diego Pérez. El *Tractatus contra haereticam pravitatem* no lleva comentario alguno, sino que se edita como las veces anteriores. En esta edición de 1589 se introducen todavía otras novedades. En la aprobación real, que figura en el fol. 2, se especifican algunos datos interesantes: 'Por cuanto por parte de vos Thomas Perez, hermano y heredero del doctor Diego Perez, Cathedratico de Sexto en la Uniuersidad de Salamanca, ya diffunto, nos fue echa relacion que el dicho vuestro hermano con largo estudio y trabajo auia addicionado el libro nombrado *Tractatus contra haereticam prauitatem De Irregularitate,* de Gonçalo de Villadiego, e porque el dicho libro era muy vtil y necesario, demas de que el texto no se hallaua, por auer mas de sesenta y cinco años que se auia impresso, nos pedistes y supplicastes attento lo susodicho, y al trabajo del dicho vuestro hermano, vos diessemos licencia para imprimir el dicho tratado con su addicion, e priuilegio por veynte años...' También hay en esta edición de 1589 una dedicatoria del aludido Tomás Pérez que no figuraba en las ediciones hechas anteriormente: *Domino Sanctio Avule, Toleto Salmanticensis Academie quater Rectori Thomas Petreius S. P. D.* Otra novedad de esta edición consiste en la subdivisión de la obra comentada por el doctor Diego Pérez en quince capítulos, lo cual es ajeno a las ediciones anteriores y a los manuscritos.

Finalmente, este mismo opúsculo aparece publicado en *Tractatus illustrium... iurisconsultorum* [23]. En esta edición fue puesto al día por Nicolaus Arelatanus, como se indica en una nota introductoria.

3) *De legato.* Este opúsculo aparece editado en *Tractatus illustrium...*

23 XI (Venecia 1634) fol. 32rb-42va.

iurisconsultorum [24]. Es como una continuación de la obra descrita bajo el n. 1 de las obras impresas.

b) *Obras manuscritas:*

1) *Repetitio in c. final. de prescript.* (X 2.26.20). Este escrito está fechado en 1471. Inc. *Inter omnia externa mortalium bona nichil esse honore pretiosius ille princeps philosophorum testatur... Et decretalis quam repetendam assumpsi est finalis in tit. de prescriptionibus...* des. *...a sanctorum patrum demat instituta. Et per hoc sit finis huius repetitionis. Deo gratias. Explicit repetitio c. finalis de prescriptionibus facta per utriusque iuris singularissimum et acutissimum bachalaureum* (*doctorem* corr. al. m. interlin.) *Villedidacum in egregio studio Salamantino, anno Domini m.º 471 qui eodem anno accepit gradum licenciature. (Explicit—licenciature*] *Qui scripsit scribat, semper cum Domino bibat. Egidius uocatur, a Domino benedicatur* M¹.) Como se ve por las indicaciones que preceden, escribió Gonzalo de Villadiego esta repetición cuando era licenciado, realizándose la presente copia, o por lo menos su corrección, cuando ya era doctor.

Madrid, Biblioteca Nacional, MS 8994 fol. 166ra-184rb (sigla M¹)

— MS 12087 fol. 127ra-134rb (sibla M³).

2) *Tractatus monete in c. Quanto de iureiur.* (X 2.24.18). Esta obra fue escrita el mismo año que la anterior. Tit. Circa materiam monete aliqua notantur collecta per dignissimum licenciatum Villedidacum que nobis dedit in scholis cum in cathedra legeret c. Quanto de iureiur (X 2.24.18) in florido studio Salamantino, anno Domini 1471 die Veneris quedicebatur sexta decima die mensis Augusti... (Circa—Augusti] Tractatus monete per Gundisaluum Villadiego *ex m. post.* M¹). Inc. *iuxta materiam monete primo queritur quot modis princeps...* des. *...et per hec sit finis materie* (*per—materie*] *ista sufficiant* M²). *Iste tractatus monete factus fuit per Dominum Gundisaluum de Villadiego doctorem, unam de cathedris canonum uesperorum regentem in studio Salamantino* (*Iste—Salamantino*] *Deo gratias* M²). La copia del manuscrito M¹ parece obra de los mismos estudiantes, a tenor de las indicaciones del mismo códice: *...que nobis dedit in scholis...*

Madrid, Biblioteca Nacional, MS 8994 fol. 44vb-45vb (sigla M¹).

— MS 12087 fol. 134va-135va (sigla M²).

3) *Summula de irregularitatibus,* fechada en el mismo año de los dos opúsculos anteriores. Tít. Circa materiam irregularitatum dedit sequentem breuem summulam egregius licenciatus Villedidacus in cathedra cum legeret c. Si, quod incipit Si celebrat de cleric. excom. ministrant. (X 5.27.10). Inc. *An suspensus celebrans incurrat irregularitatem. Dicendum quod aut est suspensus...* des. *...ita tamen Franciscus hic.*

Madrid, Biblioteca Nacional, MS 12087 fol. 135ra-136ra.

24 XIII.2 (Venecia 1634) fol. 258rb-282vb.

4) *Repetitio in c. Constitutus de in integr. restit.* (X 1.41.8). Esta obra está fechada en 1473. Menéndez Pelayo coloca a Gonzalo de Villadiego entre los romanistas precisamente por esta obra. No se refiere, sin embargo, a ningún texto legal de derecho romano, sino al citado capítulo de las Gregorianas [25]. Tít. de mano posterior: Constitutus de in integrum restitutione repetitio. Inc. *Constitututs. Casus: Restituitur minor in eo quod contraxit uel omisit...* des. *...ff. de condict. et demonstr* (Dig. 35.1). *Repetita fuit hec decretalis per Gundisaluum de Villadiego decretorum doctorem, unam de cathedris uesperorum in studio Salamantino actu regentem, anno Domini m.º ccc.º lxxiii.º, die uero vii. mensis Augusti anni millessimi ccc.º lxxvi. Deo gratias.*

Madrid, Biblioteca Nacional, MS 8994 fol. 74ra-80vb.

5) *Repetitio in c. Peruenit de emption. et uendit.* (X 3.17.4). Esta repetición fue pronunciada el año 1474. Tít. de mano posterior. Peruenit de emption. et uendit. Inc. *Peruenit de emption. et uendit.: Decretalis ista propter diuersitatem lecturarum non potest commode summari...* des. *...et beate Marie uirginis genitricis eius ac beati Bartholomei. Repetita fuit hec decretalis per me Gundisaluum de Villadiego decretorum doctorem in studio Salamantino in iure canonico actu regentem, xv. mensis Madii, anni 1474 et scripta a me anno m.º cccc.º lxxvi.º, die sabbati, x. mensis augusti. Deo gratias.*

De las obras de Gonzalo de Villadiego aquí mencionadas eran conocidas las impresas, naturalmente. De las manuscritas tan sólo teníamos una vaga indicación en Gallardo [26].

Al corregir las últimas pruebas de este capítulo, nos permitimos añadir algunas observaciones que rectifican, en parte, lo expuesto más arriba. Con respecto al canonista Petrus Ioannis cabe precisar que, según dijimos ya en el capítulo 12 de este libro, en las constituciones de Pedro de Luna para la Universidad de Salamanca, se manda adquirir, entre otras obras, las de este canonista [27]. El tratado *De clericis concubinariis* a que se alude como anónimo, al tratar de Juan Alfonco de Benavente, ha sido erróneamente atribuido al Tostado [28].

25 M. Menéndez Pelayo, *La ciencia española* 2 (Madrid 1933) 238.

26 B. J. Gallardo, *Ensayo de una biblioteca española* 2 (Madrid 1866). En esta obra, ordenada alfabéticamente por los apellidos de los autores, al tratar de Villadiego, habla de dos *repetitiones* existentes en los dos manuscritos citados de la Biblioteca Nacional.

27 Véase el texto de estas constituciones en H. Denifle, 'Urkunden zur Geschichte der mitterlalterlichen Universitäten, Die päpstlichen Documente für die Universität Salamanca', *Archiv für Literatur und Kirchengeschichte des Mittelalters* 5 (Graz 1960) 181. En la obra de P. Urbano González de la Calle y A. Huarte Echenique, *Constituciones y Bulas complementarias dadas a la Universidad de Salamanca por el Pontífice Benedicto XIII* (Zaragoza 1932) 40 se plantea la cuestión de la identidad de Petrus Ioannis, concluyendo que debe tratarse de algún canonista o civilista desconocido.

28 Alfonso de Madrigal, *Tractatus contra sacerdotes concubinarios per conclusiones quatuordecim divisus...* (Venecia 1529). Consta de nueve folios y ocupa el último lugar en un volumen, sin título general, con varios opúsculos del Tostado. Pero esta atribución no responde a la realidad, como indicamos en RHCEE 5.354-56.

NOTA ADICIONAL

Véase el capítulo siguiente de este libro, donde se da cuenta de nuevas obras de Juan Alfonso de Benavente *(Recollecta in c. Pastoralis, de appellationibus* y *Questiones)* aparte de nuevos códices de obras suyas ya conocidas, de un nuevo códice de Diego Gómez de Zamora, de Antonio Rodríguez de Cornejo con una obra canónica *(Questiones super c. Quambis pactum, de pactis lib. VI* y *Questiones),* así como de otras obras de autores anónimos salmantinos. Ver también el cap. 12, donde se da cuenta de varios aspectos que complementan cuanto aquí se dice. Pueden encontrarse también informaciones complementarias a este capítulo en mis trabajos sobre 'La canonística ibérica medieval posterior al Decreto de Graciano', RHCEE 1 (Salamanca 1967) 397-434, 2 (Salamanca 1971) 183-214, y 5 (Salamanca 1976) 315-402. Ver la indicación de un nuevo manuscrito de Petrus Ioannis en A. Olivar, *Catàleg dels manuscrits de la Biblioteca del Monestir de Montserrat* (Scripta et documenta 25; Montserrat 1977) p. 231, MS 868 y posiblemente el 869. Finalmente, para las ediciones de algunos de los autores aludidos en este capítulo ver F. J. Norton, *A descriptive catalogue of printing in Spain and Portugal 1501-1520* (Cambridge 1978).

14. NUEVOS DESCUBRIMIENTOS SOBRE LA CANONISTICA SALMANTINA DEL S. XV *

La Universidad de Salamanca es la más importane del medievo en el ámbito de los territorios de lo que hoy es España. Sin embargo, su nivel científico fue realmente modesto, si se la compara con las principales universidades de la cristiandad de entonces, que le sirvieron de modelo. Bolonia, fundada hacia 1088, fue el paradigma de las demás universidades medievales por cuanto al derecho se refiere. La Sorbona de París, que surge el 1150, será el cerebro teológico de Europa y el modelo para las restantes facultades de teología durante mucho tiempo. Salamanca sólo consigue poder compararse dignamente con estos modelos en la decimosexta centuria.

Pero no es de esa época de esplendor salmantino de lo que vamos a ocuparnos aquí, sino de algunos escritos de canonistas del s. XV, que enseñaban y escribían en Salamanca, y de los cuales hasta ahora no se tenía noticia. Su valor no es grande, tanto si se consideran en términos absolutos como si se los compara con los de otros contemporáneos, sobre todo de escuelas italianas y francesas. Pero revisten el interés indudable de proyectar alguna luz sobre el subsuelo intelectual de la Universidad de Salamanca del s. XVI, que se encuentra indudablemente en la centuria anterior. Aunque es una cosa obvia, quizá no esté de más subrayar que sería un vano intento pretender valorar el cultivo del derecho en Salamanca, sin enmarcarlo dentro del contexto europeo de la época. La historiografía española adolece con frecuencia de limitar su campo de observación a lo que ocurre dentro de nuestras fronteras, obteniendo con ello una visión por lo menos incompleta de la realidad. En el mundo del derecho esto es todavía más grave. Los textos que comentaban los profesores en las aulas eran los de entrambos *Corpus Iuris,* que no son precisamente de origen español. Tampoco lo eran los métodos, los géneros literario-jurídicos, las obras maestras más citadas, etc. Nuestros mejores juristas habían estudiado derecho en las universidades italianas, sobre todo en Bolonia, o en alguna del sur de Francia. Las fronteras del mundo del derecho común medieval coincidían con las de la cristiandad de entonces, y su centro no estaba precisamente en la Península Ibérica. Pese a todas estas limitaciones, el estudio del derecho común en la España medieval reviste un interés evidente, dada su incidencia en la vida y en las instituciones de la sociedad y de la Iglesia en los reinos ibéricos.

* Editado en AHDE 50 (1980) 361-74.

Este tema, así concebido, no había sido investigado expresamente, por lo que a Salamanca se refiere, hasta hace muy pocos años. Recientes estudios [1] proyectan alguna luz sobre este aspecto de la primera de nuestras universidades, permitiendo ya una primera evaluación de los resultados obtenidos [2], que sin duda será objeto todavía de no pocos complementos y matizaciones. En esta línea se inscribe el presente capítulo, que pretende agrandar, aunque sea en proporciones muy reducidas, el campo de nuestros conocimientos en esta materia.

Hasta el s. XV se conservan muy pocas obras de juristas salmantinos. Juan Alfonso de Benavente, el canonista salmantino más fecundo del s. XV, glosaba así, en 1453, esta situación: 'Postquam docens casum posuerit, et litteram explanaverit et construxerit, et ita doctorum et notas et rationes et causas et oppositiones et quaestiones et solutiones textus et glossarum et doctorum, quas ipse invenerit studendo, recollegerit, debet omnia ista vel in scriptis, ut fit apud ytalicos, qui hoc modo maiorem fructum circa discipulos et circa librorum compositionem faciunt, vel in mente sua, ut yspanorum superbia et vana consuetudo servat, compilare' [3].

Las obras canonísticas de Salamanca que hasta ahora conocemos se conservan en unos cuantos manuscritos, copiados en su mayoría en la ciudad del Tormes, y que se conservan en diferentes bibliotecas en su mayoría del antiguo reino de Castilla. En casi todos aparecen entreveradas las obras de los maestros salmantinos con las de otros canonistas famosos franceses e italianos. Vamos a presentar aquí un nuevo códice con las mismas características de los ya descritos [4]. Damos en apéndice una especie de radiografía del mismo, describiendo sus piezas en el mismo orden en que fueron copiadas, para concluir con la descripción material de este manuscrito que se conserva en la Biblioteca del Instituto del Conde Valencia de D. Juan, de la madrileña calle de Fortuny, 43, donde lleva la signatura 26-I-24 [5].

1 A. García y García, 'Un canonista olvidado: Juan Alfonso de Benavente, profesor de la Universidad de Salamanca en el s. XV', REDC 15 (1960) 175-90 y en el cap. 13 de este libro; B. Alonso Rodríguez, *Juan Alfonso de Benavente, canonista salmantino del s. XV* (Cuadernos del Instituto Jurídico Español — Delegación de Roma 17; Roma-Madrid 1964) XX-258 pp.; S. García Cruzado, *Gonzalo García de Villadiego, canonista salmantino del s. XV* (Cuadernos del Instituto Jurídico Español — Delegación de Roma 20; Roma-Madrid 1968) XVI-288 pp.

2 Ver una buena exposición de conjunto, con interesantes aportaciones personales, presentada por B. Alonso Rodríguez, 'En torno a los canonistas medievales salmantinos', *Proccedings of the Fifth International Congress of Medieval Canon Law,* Salamanca, 21-25 September 1976, edited by St. Kuttner and K. Pennington (MIC. Series C: Subsidia vol. 6; Città del Vaticano 1979) 267-96, donde se realiza un balance crítico de los trabajos aparecidos con posterioridad a los que se citan en la nota anterior.

3 Juan Alfonso de Benavente, *Ars et doctrina studendi et docendi.* Edición crítica y estudio por B. Alonso Rodríguez (Bibliotheca Salmanticensis II — Textus 1; Salamanca 1972) 95.

4 Ver la bibliografía citada en las dos primeras notas de este capítulo.

5 Fue el Dr. D. Gregorio de Andrés, actual director de esta Biblioteca, quien llamó mi atención sobre este códice, brindándome las mayores facilidades para estudiarlo. Quiero dejar aquí constancia de mis mejores sentimientos de gratitud hacia este ilustre estudioso.

Por las razones indicadas en la descripción de las piezas 3, 8, 20-22, hay indicios de que el propietario de este códice fue D. Francisco de Rojas. Varias piezas son de interés directamente personal, como ocurre con las cuatro que acabamos de aludir. Otras, como las que llevan el n. 1-2, suscitaron su interés, aun sin referirse a su persona. El resto del volumen está integrado por un conjunto muy variado de opúsculos jurídicos, entre los que predominan los de tipo práctico. Entre las obras de derecho hay siete que recogen escritos de maestros de Salamanca (ver n. 6-7, 15, 25, 27, 29, 32), entre los cuales algunos muy bien pudieron ser profesores del propietario de este códice. Su nombre no aparece entre los que figuran en la documentación salmantina. Pero esto no quiere decir mucho, ya que en esta documentación hay lagunas considerables. Tampoco podemos asegurar que este Francisco de Rojas sea el embajador de los Reyes Católicos en Roma, que aparece relacionado con asuntos de la Universidad de Salamanca[6]. Entre los numerosos opúsculos anónimos (ver nn. 5, 9, 10, 14-15, 18-19, 24, 26, 28, 30-31, 33-34) es presumible que algunos tengan por autor a profesores salmantinos. En uno de ellos, concretamente el n. 28, el mismo amanuense añade noticias históricas sobre fray Lope de Barrientos y sobre el Tostado, personajes ambos famosos en la Salamanca del s. XV. Pero estos anónimos requieren un estudio mucho mayor del que yo les dediqué hasta ahora. El resto son obras jurídicas de autores muy conocidos, todos ellos extranjeros, excepto un breve opúsculo de Alvaro Pelagio, que aparece bajo el n. 11[7]. Los juristas extranjeros aquí representados son los civilitas Bartolo de Saxoferrato (n. 12), Baldo degli Ubaldi (n. 13), y los canonistas Pedro de Ancharano (n. 4), Francisco de Zabarella (n. 8), Juan Calderini (n. 23) y las *Regulae Cancellariae* de Paulo II (n. 16).

Volviendo ahora a los autores salmantinos, de las siete piezas antes señaladas, tres contienen obras hasta ahora desconocidas. Una de ellas en la n. 25, atribuida a Antonio de Cornejo, y que lleva por título *Quaestiones super c. Quamvis pactum, de pactis Lib. VI* (In VI 1.18.2). El género literario-jurídico de las *Quaestiones*[8] canónicas se presenta aquí muy simplificado, indican-

6 Cf. V. Beltrán de Heredia, *Cartulario de la Universidad de Salamanca. La Universidad en el Siglo de Oro* 2 (Acta Salmanticensia — Historia de la Universidad 19; Salamanca 1970) 133-4 (doc. 201), 351-2 (doc. 311) y 357-8 (doc. 320). Cf. también el mismo, ibid. 3 (Acta Salmanticensia — Historia de la Universidad 20; Salamanca 1971) 444.

7 De esta obra de Alvaro Pelagio conozco otros tres manuscritos. Cf. mi libro *Estudios sobre la canonística portuguesa medieval* (Fundación Universitaria Española — Monografías 29; Madrid 1976) 133-38.

8 Ver sobre este tema los trabajos de G. Fransen, 'La structure des «Quaestiones disputatae» et leur classement', *Bulletin for 1967 of the Institute of Medieval Canon Law*, inserto en *Traditio* 23 (1967) 516-34, donde cita otros trabajos anteriores sobre este tema. Ver también del mismo autor, 'Tribunaux ecclésiastiques et langue vulgaire d'après les questiones des canonistes', *Ephemerides Theologicae Lovanienses* 3 (1964) 391-412; 'Utrumque ius dans les Questiones Andegavenses', *Études d'histoire du droit canonique* dédiées à Gabriel Le Bras 1 (Paris 1965) 897-911; 'Quaestiones Vaticanae, Urgellenses, Lemovicenses', *Zeitschrift der Savigny-Stiftung für Rechtsgeschichte* Kan. Abt. 55 (1969) 437-48; 'Les Quaestiones Cusanae questions sur le mariage', *Convivium utriusque iuris: Alexander Dordett zum 60. Geburstag herausgegeben* von A. Scheuermann-R. Weiler-G. Winkler (Wien 1976) 209-21; 'Les Quaestiones Neapolitanae', *Bulle-*

do el tema y los textos legales que contienen posibles soluciones. Antonio Cornejo o Antón Rodríguez Cornejo aparece en la documentación salmantina centenares de veces, desde el año 1464 hasta el de 1480, figurando como doctor en Decretos y catedrático de Sexto y de Clementinas [9]. Espero poder editar pronto estas cuarenta cuestiones de que consta la presente colección de Cornejo.

Otra obra nueva es la del n. 27 de nuestro análisis y que consiste en una serie de 43 cuestiones del canonista Juan Alfonso de Benavente [10], escritas en Marzo de 1463, a petición de un religioso franciscano llamado fray Juan de Salamanca. Serán objeto de ulterior análisis y edición, como las anteriores.

En la pieza n. 32 se recoge un comentario del mismo Juan Alfonso de Benavente, en forma de *Recollectiones* sobre el c. *Pastoralis de appellationibus* (X 2.28.53). Parece recogido por los alumnos en clase, figurando el autor siempre en tercera persona, al revés de lo que ocurre habitualmente en el resto de las obras de Juan Alfonso.

En el n. 15 se plantean y resuelven las complicaciones a que da lugar desde el punto de vista de la determinación del fuero competente, un caso que en parte había ocurrido en Zamora y en parte en Salamanca. Se ignora quién sea el autor de este breve texto.

Finalmente, no faltan nuevos detalles o nuevos puntos de interés en el resto de las obras de este códice, provenientes de Salamanca. Así, el *Tractatus super formulis appellationum,* de Juan Alfonso de Benavente, del n. 5, viene a constituir el tercer testigo de un texto, conocido ya por otros dos discordantes entre sí, en el sentido de que presentan dos diferentes recensiones. Del *Tractatus de filiis succedendis in maioricatu,* de Diego Gómez de Zamora [11], sólo conozco otro códice. Por lo que se refiere a la obra del n. 29, *Casus in quibus denegatur audientia parti,* de Juan Alfonso de Benavente, hay que notar que los tres códices conocidos contienen notables discrepancias entre sí. Por ello, resulta interesante contar con un nuevo testigo de la tradición manuscrita a la hora de estudiar definitivamente las cuestiones que este texto plantea.

Tal es, a grandes rasgos y en una primera información, el contenido del interesante códice que acabamos de presentar.

tin of Medieval Canon Law New Series 6 (1976) 29-46; 'Quaestiones', *Dictionnaire de Droit Canonique* 6 (París 1958) 407-18 con la bibliografía allí citada.

9 F. Marcos Rodríguez, *Extractos de los Libros de Claustros de la Universidad de Salamanca. S. XV: 1464-1481* (Acta Salmanticensia — Historia de la Universidad 6 n. 3; Salamanca 1964) 339-40, v. Rodríguez Cornejo (Antón), donde se indican los numerosos lugares en que aparece el Dr. Cornejo; E. Esperabé Arteaga, *Historia pragmática e interna de la Universidad de Salamanca* 2 (Salamanca 1917) 275, donde se afirma que el Dr. Cornejo era colegial de S. Bartolomé, nombrado catedrático hacia 1450, figurando como jubilado desde hacía poco tiempo en 1471. En 1479 asistió a la Junta de Alcalá que juzgó de las obras del maestro Pedro de Osma. Murió en 1503.

10 Ver sobre este autor la bibliografía citada en las notas 1-3 de este capítulo.

11 Sobre este jurista ver E. Esperabé Arteaga, obra cit. 263; A. García y García, 'La canonística ibérica medieval posterior al Decreto de Graciano', RHCEE 7 (Salamanca 1976) 363-65.

APENDICE

Madrid Biblioteca del Instituto del Conde Valencia de Don Juan, MS 26-I-24

1 (fol. 1r) <Fórmula de polvos contra la peste>. Tít. *Puluis contra pestem.* Inc. *Ditaini albi saldallorum rubeorum*...; des. ... *experimentata fuit* ... *hec recepta anno Domini m.cccc. lxvi. et vii. et viii. cuius experientia uel non sit necessaria Deo mediante.* Sigue un diseño de ocho círculos concéntricos, que parecen referirse a las esferas celestes de la cosmología aristotélica-medieval.

2 (fol. 1v) <Profesión de fe para la hora de la muerte>. Tít. *Protestatio multum sollempnissima.* Inc. *O dulcissime et benigne (begnine MS) Redemptor anime mee, qui tuo ore sanctissimo dixisti;* des. *per te absoluta uiuat tecum et regnet. Amen.*

3 (fol. 2r-4v) <Testamento de doña Teresa de Rojas, hija de Martín Vázquez y de Inés de Cervatos, y esposa de Pedro Girón, regidor de Talavera>. Inc. *Este es un treslado de un testamento;* des. *para esto llamados y rogados especialmente.* Este testamento fue otorgado ante el escribano Alonso Rodríguez, en Talavera, el 15 de marzo de 1465. La testante verosímilmente es familiar del poseedor de este códice, que sin duda es Francisco de Rojas, quien aparece en las piezas 8 y 20-22 de esta descripción. Sobre esta familia, cf. A. López de Haro, *Segunda parte del Nobiliario Genealógico de los Reyes y Títulos de España dirigido a la Magestad del Rey Felipe IV* (Madrid 1622) 374-78.

4 (fol. 6r-8v) <Pedro de Ancharano, Repetitio in c. Licet de uoto et uoti redemptione (X 3.34.6)>. Tít. *Incipit c. Licet de uoto et uoti redemptione repetitum per dominum Petrum de Ancharano.* Inc. *Ecclesia compellit laicum ad executionem uoti ultramarini;* des. *dic ut ibi per eum pulchre in Mercurialibus. Petrus de Ancharano doctor famosissimus. Deo gratias.* El final de esta obra no coincide con la misma en el MS 35 n. 15 de la Biblioteca de la Catedral de Córdoba. Cf. A. García y García-F. Cantelar Rodríguez-M. Nieto Cumplido, *Catálogo de los manuscritos e incunables de la Catedral de Córdoba* (Bibliotheca Salmanticensis VI-5; Salamanca 1976) 44.

5 (fol. 8v-11r) <Anónimo del s. xv, Quaestiones super materia maioricatuum>. Tít. *Notabiles questiones super materia maioricatuum.* Inc. *Primo queritur numquid maioricatus debeat duci ad collationem;* des. *ubi dicit quod rogatus restituere alienam potest ad uitam.* Cita como autor más reciente a Baldo degli Ubaldi (Baldus de Ubaldis).

6 (fol. 13ra-15ra) <Juan Alfonso de Benavente, Tractatus super formulis appellationum (cf. B. Alonso Rodríguez, *Juan Alfonso de Benavente canonista salmantino del s. XV* [Roma-Madrid 1964], 190-91>. Inc. *Super materia appellationum, que cothidie secundum canones interponuntur, ut eius materia aprehendatur;* des. *et sigilli nostri impressione muniri etc. Explicit quidam tractatus super formulis appellationum in iudicium et extra interponendarum, copillatus per recolende memorie Johannem Alfonsi de Benauento, iuris canonici dignissimum professorem, ad honorem Dei eiusque Genitricis. Deo gratias. Amen.*

7 (fol. 15rb-19ra) <Diego Gómez de Zamora, Tractatus de filiis succendendis

in maioricatu (cf. A. García y García, 'La canonística ibérica medieval posterior al Decreto de Graciano', RHCEE 1. 422)>. Inc. *Circa hunc punctum quatuor sunt principaliter uidenda: Primo an de iure communi maioria uel quelibet alia res que ex dispositone legis primogenito solum pertineat, ad nepotem;* des. *set liberam et exemptam ergo etc. et hic sit finis. Deo gratias. Amen. Doctor de Çamora.*

8 (fol. 20ra-36vb) <Francisco de Zabarella, Repetitio c. Perpendimus (X 5.39.23)>. Inc. *Perpendimus: Difficilis in textu quoad casus positionem difficilissima et intrincatissima materia;* des. *set per premissa aperitur uis ad omnia. Laus et gloria indiuidue Trinitati. Amen. Repetitum per me Franciscum de Zabarella, iuris utriusque doctorem mense Nouembris in felici Studio Paduano. Deo gratias. Amen.* Sigue el índice en el fol. 36ravb, al fin del cual se lee: *Rojas,* que es el nombre del poseedor con toda verosimilitud (cf. infra n. 20-22 de esta descripción).

9 (fol. 38r-72v) <Comentario a varios títulos de las Decretales de Gregorio IX, desde X 3.15.un. hasta X 3.19.9>. Inc. *In c.i. de commodato. Primo nota quod inter commodatum et precarium sunt quinque differentie;* des. *quia si de illo apparet set seruari in c. Quam graui de crimine falsi. Et ista sufficiant de isto titulo. Deo gratias. Amen.* Baldo degli Ubaldi es el autor más reciente que aquí se cita, con lo que este tratado no es anterior al s. xv. En los fol. 65v-72v hay un comentario al título *De praescriptionibus* (X 2.26), que tal vez forme parte del que se describe en este número. Inc. *In c. Illud de prescriptionibus. In glossa finali in quantum;* des. *et ibi notat Bartolus et notatur in dictis iuribus.* Entre los actuales fol. 63 y 64 se perdieron cuatro folios, que presumiblemente estaban en blanco.

10 (fol. 77r) <Anónimo, De confectione inventarii>. Inc. *Circa confectionem inuentarii talem ordinem seruabo: Imprimis quod institutus coram iudice competenti;* des. *et ideo si sua credit in aliqua interesse compareat per procuratorem.*

11 (fol. 78r-79r) <Alvaro Pelagio (?), Tractatus sacrilegii (cf. A. García y García, *Estudios sobre la canonística portuguesa medieval* [Madrid 1976] 136-37)>. Tít. *Incipit tractatus sacrilegii.* Inc. *Queritur quid sit sacrilegium;* des. *in glossa que incipit secundum cursum causarum. Explicit tractaus sacrilegii per dominum fratrem Aluarum editus. Deo gratias.*

12 (fol. 80r-81r) <Bartolus de Saxoferrato, Tractatus arbitrorum, ed. Venecia 1590, Opera t. 9 fol. 146rv)>. Inc. *De materia arbitrorum sic dices: Arbitrorum alii sunt iuris alii sunt hominis;* des. *Item compromissum dicitur potestas arbitrio data arbitrio uerbo est eius sententia secundum allata, multum desit, etc.* Este códice comienza igual que el MS 696 fol. 63ra-64rb de la Biblioteca Nacional de Madrid. Ambos códices deben ser añadidos al censo de códices de Bartolo en España, que edité hace algunos años: cf. A. García y García, *Iter hispanicum* (Codices operum Bartoli a Saxoferrato recensiti 2; Firenze 1973). El códice de la Biblioteca Nacional fue señalado entretanto por G. Dolezalek, *Verzeichnis der Handschriften zum römischen Recht bis 1600* 4 (Frankfurt am Main 1972) sin paginar (bajo la entrada alfabética *Tractatus de arbitris*).

13 (fol. 82r-85r) <Baldo degli Ubaldi, Tractatus de tabellionibus (ed. *Tractatus Universi Iuris* 3.1 [Venetiis 1584] fol. 364va-366vb)>. Inc. *Incipit tractatus de*

tabellione compositus per dominum Baldum. De materia legis Generali C. de tabellionibus lib.x. Hinc est quod sicut potest; des. *instrumentum sint uiua.* A continuación fueron cortadas cinco hojas del códice.

14 (fol. 86r-87v) <Anónimo, Quaestio de stupro>. Inc. *Quia mandastis mihi, pater egregie ac domine metuende, ut questionem sequentem quererem et quod in ea michi uideretur prudentie uestre indicarem, ideo, aliquali breui studio super ea adhibito, quod in ea secundum doctorum traditiones et mei intellectus fragilitatem sentio in his scriptis uestre egregie dominationi presento, cuius effectum sal mercedis uestre suppleat eo quod amplius sensus meus attingere non ualuit. Questio talis est: Quidam quandam uirginem, ea tamen ut asseritur uolente, stuprauit, qui post delictum commissum, cum alia in facie ecclesie contraxit. Queritur qua pena iste stuprum committens sit puniendus;* des. *nec unquam habuit intentionem contrahendi cum ea, et ideo punitur.* Cita como autores más recientes a Juan de Andrés y a Bartolo de Saxoferrato.

15 (fol. 87v-88r) <Anónimo, Quaestio de competentia iudiciali>. Tít. *Sequitur alia questio.* Inc. *Quedam puella fuit <...> in territorio Salamantino, et cognita in territorio Zamorensi. Queritur quis erit iudex;* des. *et ita pro tunc fuit determinatum et pronunciatum pro iudice Salamantino, quod bene nota.* Cita a Bartolo como autor más reciente: es pues de un autor salmantino posterior a mediados del s. XIV, verosímilmente del s. XV.

16 (fol. 89r-95r) <Paulo II, Regulae Cancellariae (Paulus II, *Regulae, ordinationes et constitutiones Cancellariae sanctissimi domini nostri domini Pauli divina providentia pape secundi scripte et correcte in Cancellaria Apostolica* [Augsburg, Johann Wiener, 1476] fol. 1r-47r), con variantes entre el manuscrito y la edición>. Inc. *Sanctissimus in Christo pater et dominus noster dominus Paulus diuina prouidentia papa secundus, pro utilitate rei publice ac modo et norma dandi in rebus agendis, suorum predecessorum inherendo uestigiis;* des. *per hanc constitutionem uoluit in aliis derogari. Lecte et pubblicate fuerunt supradicte regule in Audientia Constradictarum, uicessima die mensis Martii anno a natiuitate Domini millessimo quadringentessimo sexagessimo quinto.* Hay una serie de 69, otra de 31 y una tercera de 21.

17 (fol. 96ravb) <Pseudo-Sanctus Bernardus Clarevallensis, Epistula de gubernatione rei familiaris (ed. Romae, Eucharius Silber, ca. 1485; PL 182. 647-51; acerca del autor de este apócrifo, cf. R. Avesani, 'Quattro miscellanee medioevali e umanistiche', *Note e discusioni erudite* 11 [Roma 1967] 42 ss.)>. Tít. *Tractatus de regimine domus.* Inc. *Gratioso, illari uulto Raymundo domino Castri Ambrosii Bernardus in senium;* des. *perducat sua dampnabilis senectus. Amen.* Siguen unas breves notas de mano posterior.

18 (fol. 97r-99r) <Anónimo, Notabilia de tipo jurídico>. Inc. *Nota quod in causa criminali non admittitur;* des. *notatur per doctores in c. Qualiter de electionibus.* Como la misma palabra indica, este género literario-jurídico recoge lo más notable de cada cuestión.

19 (fol. 100r) <Anónimo, Comentario mutilado al Decreto de Graciano>. Inc. *Prima et secunda distinctio innuit quid sit ius et quid lex et de speciebus eorum;* des. mutilado, conservándose sólo la primera página.

20 (fol. 102v) <Alvaro Gayoso, Cantor de la Iglesia Compostelana y juez y ejecutor de las dos cartas que siguen (la primera 'gratiosa cum filo serico', y la otra ejecutoria 'cum filo canapis'), presenta estas dos cartas a las autoridades de Toledo y Sevilla, anunciando su ejecución a tenor de lo que en ellas se dice, en favor de Francisco de Rojas, que sin duda parece ser el poseedor de este códice>. Inc. *Reuerendis uiris in Christo patribus et dominis Dei et apostolice Sedis gratia Toletano et Hispalensi archiepiscopis;* des. *recepisse huiusmodi sub tenore.*

21 (fol. 103r-104r) <Paulo II, Carta a Francisco de Rojas>. Inc. *Paulus... canonico Toletano... Vite ac morum honestas aliaque laudabilia;* des. *roboris uel momenti. Nulli ergo... Si quis autem... Datum Rome apud S. Petrum, anno incarnationis dominice millesimo quadringentesimo sexagesimo quinto, kalendis Aprilis, pontificatus nostri anno primo.* Siguen las indicaciones de Cancillería, copiadas diligentemente con los mismas separaciones y espacios que en el documento original, figurando en el centro 'Expedita Sexto Nonas Maii, anno secundo, L. di Valle'. En el margen izquierdo: 'v. x. Apre.G.Pele. Pe. de bonitate, la. de Fizondi. f. de gualbs. p'. En el margen derecho: 'Jo. de Calandueras. Jo. de Tartarinis'. Se dice en este documento que Francisco de Rojas tenía a la sazón diecisiete años. Hay una glosa al margen, hecha tal vez por el mismo Francisco de Rojas.

22 (fol. 104v-105r) <Paulo II, Carta al Cantor de Compostela (cf. supra n. 20 de esta descripción), ordenándole la ejecución de la carta anterior>. Inc. *Paulus episcopus... Dilectis filiis Cantori ecclesie Compostellane, et Tolletane ac Hispalensi officialibus, salutem et apostolicam benedictionem. Hodie dilecto filio Francisco de Rojas...;* des. *appellatione postposita compescendo. Datum Rome apud sanctum Petrum, anno incarnationis dominice millesimo quadringentesimo sexagesimo quinto, kalendis Aprilis, pontificatus nostri anno primo.* También aquí hay una glosa jurídica de cuatro líneas al margen.

23 (fol. 107ra-108v) <Juan Calderini, Tractatus de ecclesiastico interdicto (ed. Venetiis, Iohannes et Gregorius de Gregoriis fratres, 2 Dec. 1496; último de una serie de siete tratados juntos; ver *Gesamtkatalog* 3149)>. Inc. *Quamuis dubia plura circa materiam ecclesiastici interdicti;* des. *de maioritate et obedientia Solite, ff. de officio presidis l.i. §* ... (acaba mutilado).

24 (fol. 109ra-114rb) <Anónimo, De contractibus>. Inc. *Pro euidentia huius regule et sequentium usque ad rubricam de testamentis exclusiue quero circa materiam contractuum de aliquibus, primo quero quid sit contractus;* des. *ut in l. Quamuis de testamentis et l. Hiis uerbis ff. de* ... (acaba mutilado).

25 (fol. 115va-116va) <Antonio Rodríguez de Cornejo, Quaestiones super c. Quamvis pactum de pactis lib. vi. (In VI 1.18.2)>. Tít. *Notabiles questiones et singulares in materia c. Quamuis pactum de pactis lib. vi. recopilate per dominum doctorem Antonium de Cornejo.* Inc. *Quod prohibita propter sui turpitudinem;* des. *ff. de regus dubiis Is qui ducenta § Vtrum.* Estas cuestiones inéditas, y hasta ahora desconocidas, serán editadas próximamente.

26 (fol. 117v) <Notas sobre la consanguinidad y afinidad>. Inc. *Hec materia in c. finali de consanguinitate et affinitate ubi approbatur hec regula. Ista regula quarto gradu;* des. *media isti in sexta Philippus.*

27 (fol. 119ra-122rb) <Juan Alfonso de Benavente, Quaestiones>. Tít. *Iste questiones sequentes fuerunt determinate per egregium decretorum doctorem Iohannem Alfonsi de Benauento ad petitionem deuoti religiosi fratris Iohannis Alfonsi Salamantini, ordinis sancti Francisci minorum, in mense Martii, anno Domini m.cccc.lxiiii.* Inc. *Quidam promisit cuidam iuueni dare filiam suam in uxorem;* des. *non obligatur.* Serán editadas próximamente estas cuestiones hasta ahora inéditas y también desconocidas.

28 (fol. 122va-123ra) <Anónimo, Super contractu de mutuo>. Inc. *Nota quod in contractu mutui accipere aliquid ultra sortem contingit;* des. *ut ostentationem quis accipit.* Sigue de la misma mano el epitafio de Fr. Lope de Barrientos, obispo de Cuenca de 1445 a 1469 y antiguo catedrático de Teología de la Universidad de Salamanca. Inc. *Epitaphium ad sepulchrum episcopi Conquensis. Hic inutilis iaceo episcopus nomine solo / Lupus michi nomine, Hospitalis conditor huius/;* des. *Tamen hac breui claudor in archa / ... friut michi presta, summe monarcha.* El hospital aquí aludido debe ser el de la Piedad de Medina del Campo, donde yacen los restos mortales de este importante obispo. Sigue de otra mano: *Hec uerba dixit magister qui Tostatus dicebatur, cum erat in articulo mortis et sibi ducebatur Corpus Christi: 'Suscipe, anima mea, quia magnum iter arripiam'.* Otra mano añade: 'Bullatura es'.

29 (fol. 123va-126ra) <Juan Alfonso de Benavente, Casus in quibus denegatur audientia parti (cf. B. Alonso Rodríguez, o c. 193-95)>. Tít. *Isti sunt casus in quibus non requiritur aduocatio partis, quin fuerunt recollecti per egregium doctorem Johannem Alfonsi de Benauento in c. Olim de re iudicata* (X 2.27.12) *in glossa Super partem absenti* (Glos. Ord. *v.* absenti *ad. loc.*). Inc. *Quatuor casus sunt in quibus denegatur audientia parti;* des. *Hos septem casus ponit Ludouicus in suis singularibus sub littera t. Deo gratias.* Entre el fol. 124 y 125 hay una hoja sin numerar, en la que se contiene lo siguiente: *Nota casus in quibus potest quis sibi ipsi ius dicere extra iudicium. Episcopus est in heretico ut in l.ii. § finali, C. de summa Trinitate et fide catholica;* des. *ff. de hiis qui in fraudem creditorum.* Siguen unas adiciones de pocas líneas. Los casus de que aquí se trata son 35.

30 (fol. 127ra-131vb) <Quince series de casus sobre temas diversos, todos ellos anónimos>:

1) *Nota casus in quibus non papa potest dispensare. Primus contra articulos fidei;* des. *ut in glossa c. Litteras de restitutione spoliatorum.* Son diez casus.

2) *Nota casus reseruatos soli Sedi apostolice. Primus quod solus papa non potest accusari ab aliquo;* des. *in c. Venerabilem de electione.* Son noventa casus, más dos añadidos posteriormente.

3) *Isti sunt casus in quibus episcopi possunt dispensare. Primus quod episcopus dispensat in adulterio;* des. *uel ibi permanere permittantur in c. Nobis de clericis peregrinis.* Son doce casus, más dos añadidos posteriormente.

4) *Isti sunt casus in quibus clericus potest trahi coram iudice seculari. Primus casus est in causa feudi;* des. *in c. Decernimus de iudiciis.* Son doce casus.

5) *Ista sunt crimina uel cause de quibus iudex ecclesiasticus potest cognoscere causan contra laicum;* des. *ut xxxv. q. vi. Episcopus in synodo.*

6) *Sacrillegium committitur in istis casibus. Primus quando quis res ecclesie;* des. *in c. Constituit xvii. q. iiii.*

7) *Isti sunt casus in quibus certum est capitulum succedere sede uacante. Primus casus est in potestate absoluendi;* des. *de clerico egrotante lib. vi.*

8) *Isti sunt casus in quibus capitulum sede uacante non succedit. Primus casus est in collatione;* des. *ponit Dominicus in c. unico ne sede uacante lib. vi.*

9) *Isti sunt casus in quibus oblationes non debent recipi in ecclesia pro fidelibus. Primus casus est in heretico;* des. *Huguicius in dicto c. Oblationes xc. di.*

10) *Nota casus in quibus reus potest edere contra se propia instrumenta. Primus est quando ipse reus;* des. *in c.i. de probationibus.*

11) *Isti sunt casus in quibus denegatur restitutio spoliato. Primus casus est in spoliato a iudice;* des. *ut in c.i. infra eodem.*

12) *Isti sunt casus in quibus quis allegando turpitudinem suam auditur. Primus casus est in causa matrimoniali;* des. *Inter dilectos de donationibus.*

13) *Isti sunt casus in quibus dominus potest talliari et recollectare uassallos. Primus casus est si uult fieri miles ipse uel filius eius;* des. *que sit loci consuetudo.*

14) *Nota casus in quibus executor ad beneficia non potest assumere partes iudicis. Ista ponuntur per Abbatem in c. finali de presumptionibus. Primus casus est quando;* des. *In c. Pastoralis de officio delegati. Abbas.*

15) *Casus in quibus executor debet assumere partes iudicis sunt isti. Primus si in litteris mandatur ut citet;* des. *de quo uide ibi late per ipsum.*

31 (fol. 132r-244r) <Diccionario jurídico anónimo e inacabado>. Inc. ***Alienatio:*** *Alienata per prelatum sine sollempnitate;* des. en la palabra *Usura* (fol. 241v): *Nota quod exceptio usurarum... ut supra dictum est in secundo casu primi membri. Abbas.* Los tres folios siguientes serefieren a palabras que caen alfabéticamente antes. El orden alfabético falla frecuentemente. Otras veces hay palabras con el lema solamente, dejando el resto del espacio en blanco para escribir el texto correspondiente a la palabra en cuestión. Hay también notas introducidas en papeles de diferentes tamaños, todo lo cual da la impresión de una obra en estado de elaboración. En los fol. 244v-248v y 252r hay notas sueltas sobre el tema de *prebendis, de beneficiis, etc.* que parecen destinadas a entrar a formar parte del presente diccionario. Igual ocurre con otros temas contenidos en el fol. 255rv. En el fol. 144-45 hay todo un tratado, que parece arrancado de otro códice, sobre los árbitros: *Arbiter differt et cognoscitur ab arbitratore;* des. *ita quod omne lucrum exinde quesitum tenetur restituere.* Cita a Baldo de Ubaldis y a Juan de Andrés.

32 (fol. 253v-254) <Juan Alfonso de Benavente, Recollecta in c. Pastoralis de appellationibus (X 2.28.53)>. Tít. *Ista que sequuntur fuerunt recollecta et tradita per doctorem egregium de Benauento in lectura c. Pastoralis de appellationibus.* Inc. *Primo uidetur decidendo;* des. *et Antonius in c. Ab excomunicato de rescriptis.* Este escrito será editado próximamente.

33 (fol. 257rv) <Anónimo, De poenitentia>. Tít. *De penitentia.* Inc. *Quoniam ut ait Apostolus ad Corinthios v.c. Omnes stabimus ante tribunal Christi;* des. *in c. Si quis positus de penitentia di.vii.*

34 (fol. 260v-261v) <Notas jurídicas para introducir tal vez en alguna de las piezas precedentes>. Inc. *rubrica seu titulus iste continuatur;* des. *glossa i. summat... dando mandatum procuratoris etc. Dominicus.* En el fol. 263 hay un índice

muy sumario del contenido del códice, debido a una mano del s. xv, pero más tardía que la mayor parte de las piezas.

Por todo lo dicho a lo largo de esta descripción, éste es un códice que se elabora en Salamanca a lo largo de la segunda parte de la década de los años sesenta del s. xv. Intervienen muchas manos. Escrito en papel. Encuadernado en pergamino sencillo. Antiguas signaturas: II.B.22; II.2.9; 40; 60; 5ª-E-2ª-19; 53. Tiene 263 folios útiles más uno al prinicipio que sirve de guarda. En este folio de guarda se lee: 60 (¿una antigua signatura?). Sigue una descripción, que se copia casi al pie de la letra en un inventario de los libros de la colección del Marqués de Montealegre, bajo el número 194. Cf. A. Rodríguez-Moñino, 'La Colección de Manuscritos del Marqués de Montealegre', *Boletín de la Real Academia de la Historia* 126 (1950) 477; G. de Andrés, 'La Biblioteca Manuscrita del Instituto de Valencia de Don Juan', *Cuadernos Bibliográficos* 37 (1978) 4. La mayor parte de los cuadernillos son de 12 folios. La encuadernación mide 310 × 225 mm. Folios 300 × 220. Texto de dimensiones variables.

Derechos españoles

15. TRADICION MANUSCRITA DE LAS SIETE PARTIDAS *

Nada tan grato como honrar la memoria del Rey Sabio en y desde la Universidad de Salamanca. El Estudio salmantino fue paricularmente favorecido por Alfonso X. Entre sus disposiciones de más largo alcance destaca la llamada carta magna del 8 de Mayo de 1254, por la que establece el salario para los maestros de cada una de las cátedras salmantinas [1]. En el mismo documento se asignan 100 mr. de estipendio anual par el estacionario del Estudio, con lo cual se oficializan los inicios de una elemental biblioteca universitaria, la primera de que se tiene noticia, ya que en el resto de Europa los estacionarios que suministraban los 'ejemplares' de los libros para copiar, trabajaban por iniciativa privada y sin sueldo oficial de las universidades [2]. En las Partidas [3] se dedican nada menos que once leyes al tema 'De los estudios en que se aprenden los saberes, de los maestros e de los escolares'. En la primera de estas leyes se contiene aquella bella descripción según la cual 'Estudio es ayuntamiento de maestros e de escolares que es fecho en algun logar con voluntad e entendimiento de aprender los saberes...'. Como quiera que en aquel entonces el Estudio de Salamanca era el único del reino [4], parece lógico pensar que los redactores de este título de las Partidas tuvieran in mente el Estudio salmantino. Sin embargo, los redactores de las Partidas tienen más en la mente la Europa de entonces que las realidades castellanas, como se ve por el hecho de que al hablar de las universidades se mencionan elementos existentes en Bolonia y no en Castilla.

* El presente capítulo fue objeto de una exposición oral en el Congreso organizado por la Universidad de Salamanca bajo el título de *VII Centenario de Alfonso el Sabio* (Mayo de 1985) y en el Simposio Internacional sobre *España y Europa: un pasado común* (Murcia, 26-28 Marzo 1985).

1 V. Beltrán de Heredia, *Cartulario de la Universidad de Salamanca* 1 (Salamanca 1970) n 23, p. 604-6.

2 Sobre el alcance real de esta medida, ver mi artículo 'Manuscritos jurídicos medievales salmanticenses', *Miscelánea en Honor de Robert Feenstra* (en prensa). Se ha dicho que Alfonso X el Sabio, en su carta del 8 Mayo 1254 (Beltrán de Heredia, *Cartulario* 1.604-6) formula por vez primera el concepto moderno de Universidad, cuando alude a los 'escolares de la universidad del Estudio de Salamanca'... Creo, sin embargo, que ésta es una expresión sinónima de la que se usaba desde el s. XII en Bolonia: 'universitas scolarium', que era correlativa a la de 'universitas doctorum'...

3 Partidas 2.31.1.

4 Sobre la efímera existencia de la Universidad de Palencia, ver C. Ajo, *Historia de las Universidades hispánicas*, 1: *Medievo y renacimiento universitario* (Madrid 1957) 195-99. No se conocen ulteriores menciones de la Universidad de Palencia con posterioridad a 1263.

Aparte de conceder fuero propio al Estudio, cosa entonces habitual en toda la cristiandad, y especialmente en Bolonia, a cuyo paradigma se atiene el de Salamanca como tantos otros, la preocupación regia se manifiesta y es original en detalles como la ubicación de lo que hoy día llamaríamos el campus universitario: 'De buen ayre e de fermosas salidas deve ser la villa do quisieren establecer el estudio, porque los maestros que muestran los saberes, e los escolares que los aprenden, bivan sanos en el e puedan folgar e recibir placer en la tarde, cuando se levantaren cansados del estudio. Otrosi, deve ser abondada de pan e de vino e de buenas posadas, e que puedan morar e pasar su tiempo sin grand costa. Otrosi, dezimos que los çibdadanos de aquel logar do fuere fecho el estudio, deven mucho guardar en honrar a los maestros e a los escolares e a todas sus cosas' [5]. Tampoco deja a la improvisación la elección de los locales o edificios en que se impartía la enseñanza, locales que entonces no eran propios, sino tomados en arriendo o de otra forma facilitados por alguna entidad o persona particular: 'Las escuelas del estudio general deben ser en logar apartado de la villa, las unas cerca de las otras, porque los escolares que ovieren sabor de aprender ayna, puedan tomar dos liciones o mas, si quisieren, e en las cosas que dubdaren puedan preguntar los unos a los otros. Pero deven ser las unas escuelas tan apartadas de las otras, que los maestros non se embarguen, oyendo los unos lo que leen los otros' [6].

En la ley 8 se ocupa de la ciencia jurídica, que coloca en el primer puesto en el rango de las ciencias: 'La sciencia de las leyes es como fuente de justicia, e aprovechase della el mundo mas que de otra sciencia'.

De hecho, Alfonso X no se dedicó sólo a la labor legislativa propiamente dicha, sino que promovió también la tarea doctrinal de la ciencia jurídica. Este doble aspecto, doctrinal y legislativo, se conjuga en su principal obra legal de las Siete Partidas tal como históricamente fueron asumidas por la posteridad.

Es obvio que no voy a ocuparme en este capítulo de la labor legislativa y doctrinal del Rey Sabio, globalmente considerada. Tal temática daría argumento sobrado para varios volúmenes, y no quedaría agotada. Permítaseme, por ello, limitar aquí mi consideración a un breve ensayo sobre la tradición manuscrita de las Partidas. Para mejor situar el tema, me permitiré reproducir aquí las líneas proemiales de un estudio que en el pasado dediqué de modo exclusivo al presente tema: 'La necesidad de una nueva edición de las Partidas, científicamente al día, es algo tan obvio que no me voy a detener en ponderarlo. Lo que realmente urge es poner manos a la obra, aunque sea en la modesta y limitada medida en que aquí vamos a hacerlo. Antes de que la realización de la edición crítica pueda ser una realidad viable, se impone el estudio de la tradición manuscrita, analizando y clasificando los manuscritos que se conservan. Más aún: es preciso realizar una búsqueda sistemática de los códices que todavía existen ignorados en nuestros archivos y biblio-

5 Partidas 2.31.2.
6 Ibid. ley 5.

tecas, o que emigraron más allá de nuestras fronteras'[7]. Estas líneas que acabo de transcribir servían de prólogo a la presentación del manuscrito neoyorkino de la Primera Partida. Mi propósito en las páginas que siguen es todavía más modesto, ya que no pretendo en este momento realizar un análisis de algún nuevo códice, sino presentar una lista provisional de los códices de las Siete Partidas de que tengo noticia, acompañándola de algunas consideraciones sobre la tradición manuscrita de la obra en ellos contenida.

La tradición manuscrita y editoral de las Partidas es más amplia y dilatada que la de ninguna otra obra jurídica hispana de la Baja Edad Media. Ciñendo nuestro discurso a la tradición manuscrita y prescindiendo de la editorial, la Península Ibérica se reduce en este caso a sólo el reino de Castilla y en cierto modo el de Portugal y el Principado de Cataluña. Esta fue la dimensión espacial de las Partidas en el medievo. En la medida en que hoy conocemos la difusión manuscrita de otras obras jurídicas de derecho común romano-canónico medieval, podemos afirmar que tal vez ninguna presenta una difusión manuscrita en la Península Ibérica comparable a las Partidas. Del Decreto de Graciano quedan actualmente en España alrededor de medio centenar de códices, de los cuales 32 se encuentran en Castilla y los restantes pertenecen a bibliotecas de la antigua Corona de Aragón[8]. Algo semejante ocurre con el civilista Bartolo de Saxoferrato, del que conocemos actualmente 124 manuscritos de los cuales 98 en Castilla y el resto en Navarra y Corona de Aragón. Pero los códices bartolianos no contienen, como es sabido, una única obra, como en el caso de Graciano y las Partidas, sino una infinidad de escritos de Bartolo e incluso muchos falsamente atribuidos a él[9]. Por otra parte, varios de los códices bartolianos y de Graciano entraron en España modernamente, con lo cual no se da en estos casos una difusión medieval en la Península Ibérica. Con las Partidas sucede a la inversa: producidos los códices en los territorios de la antigua Castilla, sólo modernamente cambian de domicilio y viajan al extranjero para fijar su residencia en Manhattan, Londres, París, y quién sabe si en algún otro sitio. Durante el medievo sólo se da la conexión portuguesa, galaica y catalana. Otra obra de parecida difusión ibérica es el *Liber Extra* o Decretales de Gregorio IX, para el que no se ha hecho todavía una lista, ni siquiera provisional, de los códices existentes en las bibliotecas españolas[10].

7 'Un nuevo códice de la Primera Partida de Alfonso X el Sabio. El MS HC: 397/573 de la Hispanic Society of America', AHDE 35 (1965) 267.

8 Ver mis artículos 'Los manuscritos del Decreto de Graciano en las bibliotecas y archivos de España', *Studia Gratiana* 8 (1962) 161-93; 'Nuevos manuscritos del Decreto de Graciano en España', *Études d'histoire du droit canonique dediés à Gabriel le Bras* 1 (Paris 1965) 117-28.

9 Ver mi libro *Iter hispanicum* (Codices operum Bartoli a Saxoferrato recensiti 2; Firenze 1973) xxxvi + 228 pp.; idem, 'Bartolo de Saxoferrato y España', AEM 9 (1974-79) 439-67.

10 Ver entretanto L. Robles, 'Escritores dominicos de la Corona de Aragón (siglos XIII-XV)', RHCEE 3 (Salamanca 1971) 12-53.

Los problemas y soluciones formulados a lo largo de estos últimos decenios contribuyeron a mantener la actualidad e interés del tema de las Partidas entre los estudiosos, sirviendo de incentivo para intentar una y otra vez descifrar 'los enigmas de las Partidas', que siguen apareciendo ante nosotros, bajo más de un aspecto, enigmáticas como una esfinge, sin acabar de descubrirnos sus secretos. En el momento actual, creo que lo más urgente es reconstruir la tradición manuscrita de las Partidas, con el fin de suministrar a los estudiosos una base de crítica textual más sólida que la hasta ahora existente. Sólo puede opinar y enjuiciar con seguridad quien está bien informado. Y no están bien informados sobre un texto que se intenta estudiar críticamente quienes no conocen globalmente y en detalle su tradición manuscrita. De hecho los mejores y más recientes trabajos realizados en torno al multiforme problema crítico de las Partidas, parten de la información suministrada por los académicos en el proemio a su edición [11], aparte de otros dos manuscritos localizados posteriormente [12].

Ninguna de las tres ediciones básicas existentes [13] abordó seriamente el problema de llegar a un texto críticamente depurado. Montalvo se encontró con un problema muy corriente en los textos básicos del derecho canónico medieval contenidos en el *Corpus iuris canonici,* a saber la uniformidad textual con el fin de que no se produjera confusión al aplicar dichos textos en el foro. Este problema lo dejarán resuelto para el derecho canónico los *editores romani* en 1582 con la edición de dicho cuerpo legal patrocinada por Gregorio XIII [14]. Esto mismo intentó el jurista Montalvo con las Partidas casi un siglo antes. Pero su texto no recibió el aval de oficialidad que se produjo en el caso de Gregorio XIII. Esto ocurre, en cambio, con la edición de Gregorio López, que consiguió un éxito en el foro y en la escuela comparable con el de la edición del *Corpus iuris* de 1582, que estuvo en vigor hasta 1918. La edición de Gregorio López satisfizo en exclusiva la demanda de los juristas hasta que en 1807 se publicó la de la Real Academia. A partir de esa fecha hasta 1860 compartió con la de la Real Academia el uso de los juristas.

La de la Real Academia de la Historia, a su vez, se planteó el problema de la crítica textual, pero escamoteó su solución correcta, porque, en definitiva, no se atrevió a romper con el texto tradicional de las anteriores ediciones, particularmente de la de Gregorio López, la cual se reeditará todavía

11 RAH xxxiii-lxi.

12 J. H. Herriot, 'A thirteenth-century manuscript of the Primera Partida', *Speculum* 13 (1938) 278-94 y el art. cit. supra nota 7.

13 *Las Siete Partidas de Alfonso X el Sabio, con las adiciones de Alfonso Díaz de Montalvo* (Sevilla, con dos tiradas en 1491) reproducida en 1501, 1528, 1542, 1550; la edición de Gregorio López, *Las Siete Partidas del Sabio Rey don Alonso el nono, nuevamente glosadas por el Licenciado...* (Salamanca 1555) reproducida 15 veces: 1565, 1576, 1587, 1610, 1758, 1759, 1765, 1789, 1828, 1843 (dos veces), 1848, 1865, 1872 y 1885; la RAH que aparece en 1807, y de la que hay una reimpresión de la Editorial Atlas del año 1972. La de Gregorio López fue reproducida facsimilarmente por la casa editora del *Boletín Oficial del Estado* en 1974.

14 Esta edición de 1582 fue reproducida muchas veces, porque contenía el texto oficial que debía usarse en las escuelas y en el foro.

seis veces en el arco de tiempo compartido con la edición de la Real Academia. Pero esta edición tuvo el mérito indudable de espolear la curiosidad de los estudiosos, al anotar algunas de las variantes de los códices que los académicos tuvieron a la vista. Pero sus criterios editoriales pecan contra los más elementales principios de cualquier manual para preparar ediciones críticas. No sería equitativo juzgarles desde la metodología que hoy día se utiliza para tales ediciones. Pero una declaración de principios como la que ellos hacen tampoco entonces era sostenible: 'Para el texto de las Partidas (escriben los académicos) ... se escogieron los códices de la Biblioteca Real señalados Bb. 41, Bb. 42 y Bb. 43, de cada uno de los quales se dará en seguida razón circunstanciada. Se eligieron con preferencia estos códices por formar, entre todos los que se han tenido presentes, la colección más completa de las Partidas; por estar escritos de una misma mano, ser más correctos en la escritura, y observar uniformidad en la ortografía...' [15]. En realidad, ninguna de estas razones es convincente. En primer lugar, toman la Partida 7 de otro códice ajeno a esta serie [16]. No se percataron de que la tenían en la propia serie de los tres códices elegidos, aunque fuera de sitio. La Partida cuarta fue sacada de su sitio y colocada en el primero de los códices citados con el fin de juntar las dos que tratan más de cerca el derecho canónico. Los tres códices formaban un único códice inicialmente, como se echa de ver por la foliación continuada que todavía se conserva, por la única mano que copia todo o casi todo el texto de los tres actuales códices y por otras características paleográficas y codicológicas. Por otra parte, también tenemos en la misma Biblioteca Nacional otro códice en el que se contienen todavía hoy las Siete Partidas, que es el Vitr. 4-6, que los académicos parece no llegaron a conocer. *Dato non concesso* que su razonamiento valiera, habría que aplicarlo igualmente al códice que acabamos de citar.

El que un texto esté escrito por una única mano o por varias no es por sí sólo un criterio decisivo sobre su valía crítica. Todavía cuenta menos el que la escritura sea más perfecta o imperfecta. La verdadera razón o criterio operante de los académicos fue la conservación del texto oficial que se venía usando. Y el carácter de oficialidad no solamente no es criterio para garantizar su pureza crítica, sino todo lo contrario: lo vuelve sospechoso. Basta echar una ojeada a otros casos paralelos, como por ejemplo las colecciones auténticas u oficiales del *Corpus iuris canonici (Liber Extra, Liber VI* y *Decretales Clementinae),* donde los textos originales fueron retocados y alterados a tenor del fin que se pretendía con la respectiva codificación en cada uno de estos casos.

El texto tampoco es mejor o peor por encontrarse en códices más antiguos o más modernos, según el conocido axioma de que los manuscritos *non ideo deteriores quia posteriores.* Sin embargo, en un texto como el de las Partidas y otros textos legales del medievo, la presunción está a favor de

15 RAH xxxiii.
16 Ibid. lvii.

los más antiguos, por la especial naturaleza de los textos normativos que tienden a ser puestos al día constantemente, y por lo mismo alterados en relación con su redacción original. Pero este criterio no forma parte de la metodología de los académicos. Permítaseme citar un ejemplo en este sentido, del que he tenido una experiencia muy personal. Me refiero a la edición de trabajo del Concilio IV Lateranense de 1215 [17]. Después de reconstruir la lista de códices conocidos y no conocidos, resultó que este texto se conserva total o parcialmente en 64 manuscritos. A la hora de determinar cuáles eran los mejores, pronto me percaté de que a medida que avanzaba el tiempo, el texto se iba cargando de adherencias y variantes, debidas unas veces a las negligencias y otras a los intereses de los copistas o destinatarios del códice, pese a que en este caso no se trataba de un texto simplemente doctrinal, sino de un texto que tuvo siempre fuerza de ley y con ello parecía estar más a salvo de cualquier alteración.

El texto mejor o peor, en estos casos, tan sólo puede deducirse de una colación rigurosa de las variantes entre los diversos códices, sin excluir ninguno en esta primera fase. Si esta colación está bien hecha, el estudioso se dará cuenta de la trayectoria, estadios y modalidades de la transmisión del texto en cuestión, desde su más antigua redacción conocida hasta las formas más recientes.

Pero, entre los fastos y nefastos de la edición académica, hay todavía otro factor desconcertante. Me refiero al modo tan confuso cómo se dan las descripciones de los códices [18]. Hay varios casos en los que no es fácil saber a cuál códice se refieren con la denominación que utilizan, debido a la polivalencia de algunas de estas denominaciones, según la Partida de que se trata. Ignoro cuántos habrán sido los lectores que habrán intentado adentrarse en este laberinto. Por mi parte, confieso que intenté hacerlo varias veces, perdiéndome muy pronto ante el carácter no definitorio de varias de estas denominaciones, en las que además hay, a veces, algún error de bulto. Quizás sea bueno que uno se tome la fatiga por todos. Con este propósito, me permito insertar aquí una tabla de identificaciones y equivalencias que en su día preparé para mi uso particular. Por ella, verá el lector que las denominaciones de los académicos carecen del mínimo necesario de claridad y precisión requeridas para estos casos:

17 *Constitutiones Concilii quarti Lateranensis una cum Commentariis glossatorum* edit. A. García y García (MIC. Series A: Corpus glossatorum vol. 2; Città del Vaticano 1981).

18 RAH xxxiii-lxi.

TABLA DE EQUIVALENCIAS DE LOS CODICES UTILIZADOS POR LA REAL ACADEMIA PARA LA EDICION DE LAS PARTIDAS

Para el texto

Partida 1 y 4: MS Bb. 41 = Madrid, BN, MS 12793 fol. 1r-135r.
Partida 2-3: MS Bb. 42 = Madrid, BN, MS 12794 fol. i-iv+1r-251f.
Partida 5-6: MS Bb. 43 = Madrid, BN, MS 12795 fol. iv+1r-73v.
Partida 7: MS D. 9 = Madrid, BN, MS 580 fol. 73ra-176va.

Para las variantes del aparato crítico

Partida 1:

MS Biblioteca Real 2.º = Madrid, BN MS 22 (olim D. 34) fol. 1ra-78rb.
MS Biblioteca Real 3.º = Madrid, BN, MS X.131 (perdido).
MS Escurialense 1.º = Escorial, BRM, MS Y.III.21 fol. 1r-170r.
MS Escurialense 2.º = Escorial, BRM, MS Z.I.14 fol. 1r-102r.
MS Escurialense 3.º = Escorial, BRM, MS Y.III.19 fol. 1r-254r.
MS Escurialense 4.º = Escorial, BRM, MS M.I.2 fol. 1-136v.
MS Toledano 1.º = Toledo, BC, MS 43-20 (olim 26-14) fol. 78ra-158rb.
MS Toledano 2.º = Toledo, BC, MS 43-14 (olim 26-9) fol. 2ra-150vb.
MS Toledano 3.º = Toledo, BC, MS 43-11 (olim 26-7) fol. 1v-196r.
MS Silense = Paris, Bibliothèque Nationale, fond espagnol, MS 440 fol. 1-289.

Partida 2:

MS Biblioteca Real 2.º = Madrid, BN, MS 22 (olim D. 34) fol. 79ra-170v
MS Biblioteca Real 3.º = Madrid, BN, MS X.131 (perdido).
MS Biblioteca Real 4.º = Madrid, BN, MS 6725 (olim S. 62) fol. 1ra-170vb.
MS Escurialense 1.º = Escorial, BRM, MS Z.I.13 fol. 1r-158r.
MS Escurialense 2.º = Escorial, BRM, MS Y.III.21 fol. 1r-170r.
MS Escurialense 3.º = Escorial, BRM, MS Y.III.16 fol. 1r-221v.
MS Escurialense 4.º = Escorial, BRM, MS Y.III.15 fol. 1r-129r.
MS Escurialense 5.º = Escorial, BRM, MS N.I.7 fol. 1r-138r.
MS Escurialense 6.º = Escorial, BRM, MS M.I.4 fol. 2r-183v.
MS Escurialense 7.º = Escorial, BRM, MS Y.II.3 fol. 1r-190v.
MS Escurialense 8.º = Escorial, BRM, MS Y.II.14 fol. 1r-138v.
MS Toledano = Toledo, BC, MS 43-11 (olim 26-7) fol. 197a-358v.

Partida 3:

MS Toledano 1.º = Toledo, BC, MS 43-14 (olim 26-10, y no 26-7 como sugieren los académicos) fol. 2ra-200ra.
MS Toledano 2.º = Toledo, BC, MS 43-12 (olim 26-8) fol. 1r-191v.

MS Escurialense 1.º = Escorial, BRM, MS Y.II.4 fol. 1r-184r.
MS Escurialense 2.º = Escorial, BRM, MS N.I.5 fol. 3r-212r.
MS Escurialense 3.º = Escorial, BRM, MS Z.I.15 fol. 1r-173r.
MS Escurialense 4.º = Escorial, BRM, MS Y.III.14 fol. 1r-158r.
MS Biblioteca Real 2.º = Madrid, BN, MS 22 (olim D. 34) fol. 171ra-273rb.

Partida 4:

MS Toledano 1.º = Toledo, BC, MS 43-16 (olim 26-12, y no 20-12, como indican los académicos) fol. 1ra-65vb.
MS Toledano 2.º = Toledo, BC, MS 43-15 (olim 26-11, y no 20-11, como indican los académicos) fol. 2ra-74vb.
MS Toledano 3.º = Toledo, BC, MS 43-13 (olim 26-8) fol. 192ra-253r.
MS Escurialense 1.º = Escorial, BRM, MS Y.II.5 fol. 1r-92v.
MS Escurialense 2.º = Escorial, BRM, MS Z.I.15 fol. 176r-233r.

Partida 5:

MS Toledano 1.º = Toledo, BC, MS 43-17 (olim 26-13) fol. 2ra-80vb.
MS Toledano 2.º = Toledo, BC, MS 43-18 (olim 26-13) fol. 3r-124v.
MS Escurialense 1.º = Escorial, BRM, MS Y.II.1 fol. 1r-74r.
MS Escurialense 2.º = Escorial, BRM, MS Y.II.6 fol. 1r-222v.
MS Escurialense 3.º = Escorial, BRM, MS Z.I.12 fol. 1r-53v.

Partida 6:

MS Escurialense 1.º = Escorial, BRM, MS Y.III.20 fol. 1r-92r.
MS Escurialense 2.º = Escorial, BRM, MS Y.III.17 fol. 1v-74v.
MS Escurialense 3.º = Escorial, BRM, MS Z.I.12 fol. 53v-93r.
MS Escurialense 4.º = Escorial, BRM, MS Y.II.2 fol. 1r-66v.
MS Escurialense 5.º = Escorial, BRM, MS Y.III.18 fol. 92v-171r.
MS Toledano = Toledo, BC, MS 43-19 (olim 26-13) fol. 1ra-60vb.
MS Biblioteca Real = Madrid, BN, MS 580 (olim D. 9) fol. 1ra-72vb.

Partida 7:

MS Biblioteca Real 1.º = Madrid, BN, MS 580 (olim D. 9) fol. 73ra-176va.
MS Biblioteca Real 2.º = Madrid, BN, MS 708 (olim D. 59) fol. 2ra-155vb.
MS Escurialense 1.º = Escorial, BRM, MS Z.I.16 fol. 1r-48v.
MS Escurialense 2.º = Escorial, BRM, MS M.I.1 fol. 3r-94v.
MS Escurialense 3.º = Escorial, BRM, MS Z.I.12 fol. 92r-141v.
MS Escurialense 4.º = Escorial, BRM, MS Y.II.2 fol. 67r-166v.
MS Escurialense 5.º = Escorial, BRM, MS Y.III.18 fol. 1r-91r.

MS Salmantino (S. Bart.) = Madrid, BRAH, MS 5486 (olim 9-28-3).
MS Códice de la Academia = Madrid, BRAH, MS 9/5633 (olim 9-26-1-D-23) fol. 1v-67vb.

Es obvio que los académicos se limitaron a la consulta de los códices (y no de todos) que se encontraban geográficamente próximos a su madrileña sede de trabajo, con lo cual se autoprivaron de la posibilidad de una colación y selección sobre una lista que fuera lo más completa posible. Esta carencia sigue pesando sobre la historiografía actual, ya que nadie, hasta el presente, se ha preocupado de presentar una lista, aunque sea provisional, que entre todos los estudiosos pudieran completar sucesivamente.

El principal criterio operativo de los académicos fue el intento, logrado desde luego, de producir un texto que se alejara lo menos posible del oficial que se venía utilizando. Tal texto no coincide exactamente con el de ninguno de los manuscritos conocidos. Con ello, dieron nacimiento a un texto que nunca existió precedentemente en la tradición manuscrita. Esto es lo que técnicamente se llama una recensión mixta, elaborada a base de diferentes testigos del texto. Como ya se ha puesto de relieve anteriormente [19], la anotación de variantes que realizan los académicos a pie de página es sólo saltuaria. Parece un recurso para dar apariencia científica a su edición. De hecho, hay páginas y páginas en las que no se registra variante alguna, lo cual contrasta ya *a priori* con el relativamente elevado número de códices que afirman haber colacionado.

Hoy día nos acechan, entre otros posibles, algunos peligros o problemas a la hora en que se intente realizar una edición de las Partidas, científicamente al día. No voy a ocuparme aquí de problemas elementales como los comentados a propósito de la edición académica, ya que éstos se pueden resolver consultando cualquier manual de ediciones críticas de esta clase de obras [20]. Pero sí quisiera dedicar una breve glosa a dos aspectos que tendrán que afrontar los nuevos editores.

Trátase, en primer lugar, del riesgo de exclusivismo o unilateralidad de especialización de los posibles nuevos editores que afronten esta tarea. Una obra de las características de las Partidas no interesa o afecta solamente a los juristas, o a los filólogos, o a los historiadores, sino que se proyecta sobre este triple sector de los saberes humanos. Por ello, la edición resultará deficiente para el sector que no esté debidamente representado en el equipo editor. Las Partidas no están redactadas en el latín standard de las obras romano-canónicas medievales, que se escribieron en un idioma homogeneizado y muerto, con un léxico y giros también estereotipados. Resulta, por lo mismo,

19 A. García Gallo, 'El *Libro de las Leyes* de Alfonso el Sabio. Del Espéculo a las Partidas', AHDE 21 (1951) 353-59; J. R. Craddock, 'La nota cronológica inserta en el prólogo de las Siete Partidas', *Al-Andalus* 39 (1974) 366-67 nota 20; etc.
20 Ver por ejemplo St. Kuttner, 'Notes on de presentation of texts and apparatus in editing works of the decretists and decretalists', *Bulletin for 1959,* inserto en *Traditio* 15 (1959) 452-64.

comprensible que no se requieren las mismas competencias especializadas para una edición de cualquier suma en latín de algún legista o canonista medieval que para una obra del estilo de las Partidas, que emerge a la existencia en un momento en que la lengua castellana se afirma como idioma de cultura, y en un contexto ambiental que tiene poco que ver con el de las obras latinas contemporáneas que acabamos de aludir.

Una de las múltiples fuentes de las Partidas son las Eticas y la Política de Aristóteles. Hay en las Partidas citas explícitas de estas obras, y abundan todavía más las implícitas. Ahora bien, ¿cuál es el texto aristotélico que los redactores de las Partidas tienen a la vista? ¿Utilizan un texto latino o alguna versión castellana? Y en todo caso, ¿cuál en concreto? Como quiera que todavía no se ha fijado definitivamente ni la fecha de composición de las Partidas ni la del posible texto latino o versiones castellanas de las obras del Estagirita, el problema se vuelve más difícil, pero también más interesante. Los futuros editores de las Partidas no pueden pasar por alto esta clase de problemas [21].

Otro aspecto, que no se puede olvidar a la hora de aproximarse a la investigación y estudio del texto de las Partidas, es el de su enmarque dentro de un ámbito mucho más amplio que el reino y realidades castellanas. Contienen algo más que derecho castellano. Es, ante todo, una obra abierta a la gran corriente del derecho común romano-canónico medieval. Sus autores, quienesquiera que sean, evidencian estar formados en ese derecho, como ya se ha puesto de relieve en varios estudios [22], como ya advertimos a propósito del tratamiento que en las Partidas se da al tema de las universidades. A la altura de la época de Alfonso X, los cauces de penetración y aclimatación del derecho común en la Península y en Castilla llevaban ya mucho tiempo abiertos y operantes. La formación académica de los juristas de toda Europa se conecta con Bolonia, y es, en muchos casos, el mismo estudio boloñés. En nuestros manuales de historia del derecho se viene insistiendo casi en exclusiva en la recepción *de iure,* es decir en la que está sancionada por el mismo ordenamiento de un reino. Pero en muchos casos era más incisiva la recepción *de facto* de categorías y de contenidos normativos y jurisprudenciales del derecho común en los ordenamientos nacionales propios de cada reino. Esto se debe a que los juristas que aplicaban el derecho no habían estudiado otro derecho en las universidades que el derecho común contenido en ambos *Corpus iuris.* Este derecho común representaba, por otra parte, un derecho culto que le situaba en ventaja sobre los ordenamientos más rudimentarios de los reinos.

21 Acabo de leer un buen estudio sobre las traducciones castellanas de Aristóteles, donde se toma la fecha de composición de las Partidas como punto de referencia para establecer la de aquéllas. En el estado actual de la investigación sobre las Partidas, tan incierta es su fecha de composición como pueda serlo la de las traducciones castellanas de Aristóteles. Me refiero al estudio, por lo demás importante, de J. Ferreiro Alemparte, 'Hermann el Alemán, traductor del s. XIII en Toledo', *Hispania Sacra* 35 (1983) 9-56, especialmente p. 11-18.

22 Ver art. cit. supra nota 7 y 19.

Esta situación se refleja en cualquiera de nuestras bibliotecas con fondos medievales, donde los códices de derecho común constituyen una mayoría abrumadora sobre los del derecho del propio reino.

Pero el entorno ambiental del derecho común se vuelve más denso por cuanto respecta a la persona y la obra de Alfonso el Sabio. No solamente eran muchos los juristas castellanos que habían estudiado en Bolonia, sino que se registra la presencia de maestros italianos del derecho común en Castilla. Recientemente se ha descubierto que enseñaba derecho en Palencia, en torno al 1185, un cierto Ugolino de Sesso [23]. En relación mucho más directa y personal con los trabajos jurídicos alentados por el Rey Sabio está el italiano Giacopo Giunta (llamado aquí Jacobo el de las Leyes), que fue preceptor de un hijo natural de Alfonso el Sabio, y colaboró después con este último en su obra legislativa hasta tal punto que bien puede considerársele como el Triboniano inspirador del ciclo legislativo alfonsí [24]. La vieja historiografía [25] se hizo eco de una tradición consistente en que las Partidas habían sido realizadas por los discípulos de Azón. Esto puede ser una leyenda o no serlo. Pero no hay duda de que tiene algún fundamento histórico, desde el momento en que los italianos mencionados y algún otro eventualmente desconocido eran ciertamente de la escuela de Bolonia, en la que de modo mediato o inmediato se pueden considerar como discípulos de Azón. Allí enseñó también Accursio (ca. 1182-1260), cuyos hijos, mucho menos famosos que él, parece que enseñaron en Salamanca [26]. Llamábanse éstos Cervotto (1240-87) y Guglielmo (1246-1312). Todo este entorno ambiental de las Partidas, enmarcadas dentro de la Europa del derecho común, es mucho más importante a la hora de analizar este texto que la cuestión de si este código alfonsí guarda relación o no con el 'fecho del Imperio'.

Esta presencia en Salamanca de posibles redactores de las Partidas suscita un tema tan importante como intacto, cual es el del papel de Salamanca en la realización de la magna obra de las Partidas y en otras obras del ciclo alfonsí.

Debido a esta ambientación que acabamos de describir sumariamente, se comprende por qué en la tradición manuscrita de las Partidas se dan más o menos los mismos problemas que en cualquier otro texto del derecho común de la época. Si se tuviese esto más a la vista, nadie se maravillaría, por ejemplo, de que no se conserven códices claramente datables en la época del Rey Sabio, sino que todos parecen posteriores. Aparte de que esto puede ocurrir con cualquier obra de cualquier época, sin que de ello se pueda concluir nada acerca de la fecha tardía o temprana de su composición, en el caso de obras jurídicas medievales resulta todavía más comprensible. Tratábase, en efecto,

23 Ver mi artículo 'La canonística ibérica (1150-1250) en la investigación reciente', *Bulletin of Medieval Canon Law*. New Series 11 (1981) 74-75.

24 R. de Ureña y Smenjaud-A. Bonilla y San Martín, *Obras del Maestro Jacobo de las Leyes Jurisconsulto del s. XIII* (Madrid 1924) V-XXV.

25 A. Iglesia Ferreirós, 'Alfonso X, su labor legislativa y los historiadores', *Historia. Instituciones. Documentos* 9 (Sevilla 1982) 9-112.

26 Ver bibliografía citada supra, cap. 2, nota 28.

de textos vivos y no muertos. Quiero decir que aquellos textos no se componían de una vez para siempre, sino que se ponían constantemente al día, tachando y añadiendo o modificando o suprimiendo todo lo necesario para actualizar la normativa contenida en el texto en cuestión. Existía, pues, un dinamismo textual, que hace que las normas o las teorías no se queden estereotipadas en su forma original, sino que evolucionen y se remocen cada día. Son infinidad las obras jurídicas medievales con más de una recensión, dándose incluso una cierta evolución en las que se presentan convencionalmente bajo una única recensión propiamente dicha.

Sobre muchos aspectos de la estructura y tradición manuscrita de las Partidas hay precedentes notorios en el derecho común medieval. Pero las Partidas representan a su vez un precedente con respecto a ciertos aspectos de la técnica codificatoria que sólo comienzan a usarse tímidamente en el *Liber VI* de Bonifacio VIII del año 1298. Las colecciones canónicas se forman a base de textos precedentes cuya redacción en principio no se altera. También las Partidas fueron hechas a base de textos precedentes, pero con una redacción deliberadamente nueva. Para evaluar este aspecto, se ha de tener en cuenta que las Partidas son o parecen ser inicialmente una obra doctrinal y no un código legal. Pero aun así, Graciano en su Decreto también realiza a la vez una obra doctrinal a base de textos legales y no legales preexistentes *(auctoritates)* y su propia elaboración doctrinal de los mismos. El *Liber VI* de Bonifacio VIII, por su parte, es una colección con fuerza legal (a diferencia de Graciano, que sólo tenía valor privado). Pero trata los textos legales preexistentes con mayor libertad de la que hasta entonces se había usado. Curiosamente, la tradición manuscrita de Graciano y de las Partidas se parecen en el sentido de que en los dos casos se dan no sólo variantes verbales, sino cambios estructurales importantes que implican adiciones, supresiones, nueva redacción, etc., de muchos textos. Otro intento codificatorio del s. XIII, que forma una trilogía con el *Liber VI* y las Partidas, es el *Liber augustalis* de Federico II.

Creo que si se procede a completar y depurar la lista de códices de las Partidas y demás escritos legales alfonsíes, tales como el Fuero Real, el Setenario y el Espéculo, habremos puesto una primera premisa necesaria para abordar el estudio de estos textos desde una base crítica mucho más sólida que la hasta ahora utilizada. El siguiente paso consistirá en colacionarlos debidamente entre sí, para poder situar cada uno en el puesto que le corresponde. Sólo entonces se podrán abordar con más conocimiento de causa problemas como la autoría de las Partidas, su fecha y lugar de composición, su finalidad, sus recensiones sucesivas (o simultáneas?) y, en suma, los avatares por los que pasó este interesante e influyente texto.

Confío en que la lista provisional que doy a continuación será pronto depurada y completada por los demás estudiosos. Para mayor utilidad de la misma indico los datos más salientes de cada códice en la medida en que los conozco, e indico la bibliografía más importante. Las principales obras citadas, con sus siglas o abreviaturas, son las siguientes:

Arias Bonet, 'El depósito' = J. A. Arias Bonet, 'El depósito en las Partidas', AHDE 32 (1962) 543-66.

Arias Bonet = J. A. Arias Bonet y otros, *Alfonso X el Sabio: Primera Partida según el MS Add. 20787 del British Museum* (Valladolid 1975).

Arias Bonet = J. A. Arias Bonet, *Alfonso X el Sabio: Primera Partida según el MS Add. 20787 del British Museum* (Valladolid 1975).

Azevedo Ferreira = J. de Azevedo Ferreira, *Alphonse X: Primeyra Partida. Édition et Étude* (Textos de lingüística 3; Braga 1980).

Beer = R. Beer, *Hadscriftenschätze Spaniens. Bericht über eine im Auftrage der Kaiserlichen Akademie der Wissenschaften in den Jahren 1886-88 durchgeführte Forschungsreise* (Wien 1894 = Amsterdam 1971).

BOOST = *Bibliography of Old Spanish Texts* (Literary Texts, Edition 2). Comp. by A. Cardenas, J. Gilki son, J. Nitti, E. Anderson (Bibliographical Series n. 1; Madison, Wis. 1977).

Carpenter = D. E. Carpenter, *An Edition and Commentary of Alphonse the Wise's* Siete Partidas, *Book 7, Title 14, 'De los judíos'* (Berkeley 1982, Disertación inédita, presentada en la Graduate Theological Union).

Caskey = A. F. Caskey, *An Edition, Study and Glossary of the Old Portuguese Translations of Partidas I and III of the Alfonsine* Siete Partidas (Wisconsin Univ. 1979: disertación inédita).

Costa = A. de Jesus da Costa, 'Fragmentos preciosos de códices medievais', *Bracara Augusta* 2 (Braga 1950) 50-52.

Craddock, 'Nota cronológica' = J. R. Craddock, 'La nota cronológica inserta en el prólogo de las *Siete Partidas*', *Al-Andalus* 39 (1974) 363-90.

Craddock, 'La cronología' = J. R. Craddock, 'La cronología de las obras legislativas de Alfonso X el Sabio', AHDE 41 (1981) 365-418.

Craddock, 'Must the king obey' = J. R. Craddock, 'Must the king obey his law?', *Florilegium Hispanicum. Medieval and Golden Age Studies presented to Dorothy Clotelle Clarke* ed. by J. S. Geary (Madison, Wis. 1983) 71-79.

Crestomatía = R. Menéndez Pidal (ed.), *Crestomatía del español medieval* 1-2 (Madrid 1965-66).

Domínguez Bordona = J. Domínguez Bordona, *Manuscritos con pinturas* 1-2 (Madrid 1933).

Faulhaber = Ch. Faulhaber, *Medieval manuscripts in the Library of the Hispanic Society of America. Religious, legal, scientific, historical and literary manuscripts* 1 (New York 1983).

García Gallo = A. García Gallo, 'El *Libro de las Leyes* de Alfonso el Sabio. Del Espéculo a las Partidas', AHDE 21 (1951-1952) 345-528. Edición aparte, Madrid 1951, 188 p.

García y García = A. García y García, 'Un nuevo códice de la Primera Partida de Alfonso X el Sabio. El MS HC: 397/573 de la Hispanic Society of America', AHDE 35 (1965) 267-343.

García-Cantelar-Nieto = A. García y García-F. Cantelar Rodríguez-M. Nieto Cumplido, *Catálogo de los manuscritos e incunables de la Catedral de Córdoba* (Bibliotheca Salmanticensis 6, Estudios 5; Salamanca 1976).

García-Gonzálvez = A. García y García-R. Gonzálvez Ruiz, *Catálogo de los manuscritos jurídicos de la Catedral de Toledo* (Roma-Madrid 1970).

Guía = *Guía de la Biblioteca Central de la Diputación Provincial de Barcelona* (Barcelona 1959). Conocida actualmente como Biblioteca de Catalunya.

Gutiérrez del Caño = M. Gutiérrez del Caño, *Catálogo de los manuscritos existentes en la Biblioteca Universitaria de Valencia* 1-3 (Valencia [1913]).

Inventario = *Inventario general de manuscritos de la Biblioteca Nacional* 1-2 (Madrid 1953, 1956).

Llacayo = A. Llacayo y Santamaría, *Antiguos manuscritos de historia, ciencia y arte militar, medicina y literarios en la Biblioteca del Monasterio de S. Lorenzo del Escorial* (Sevilla 1878).

Masó Torrents = J. Masó Torrents-J. Rubió i Balaguer, 'Cataleg dels manuscrits de la Biblioteca de Catalunya', *Butlletí de la Biblioteca de Catalunya* 1 (1914) 22-29, 49-121, 156-62; 2 (1915) 107-13, 158-78; 3 (1916) 93-122; 4 (1917) 78-119; 5 (1918) 149-85; 6 (1923) 238-312; 7 (1923-27) 339-46.

Morel-Fatio = *Catalogue des manuscrits espagnols et des manuscrits portugais* (Paris 1892).

Palau = A. Palau y Dulcet, *Manual del librero hispanoamericano* 2 ed. 1-28 (Barcelona 1948-77).

Pérez Llamazares = J. Pérez Llamazares, *Catálogo de los códices y documentos de la Real Colegiata de San Isidoro de León* (León 1923).

RAH = Real Academia de la Historia, *Las Siete Partidas del Rey don Alfonso el Sabio, cotejadas con varios códices antiguos* por la... 1-3 (Madrid 1807).

Simón Díaz = J. Simón Díaz, *Bibliografía de la literatura hispánica* 2 ed. 3.1-2 (Madrid 1963).

Valle Cintra = Maria Adelaide Valle Cintra, *Bibliografia de textos medievais portugueses* (Lisboa 1960).

Vanderford = K. H. Vanderford, *Alfonso el Sabio: Setenario.* Ed. e introd. de... (Buenos Aires 1945 = Barcelona 1984).

Zarco Cuevas = J. Zarco Cuevas, *Catálogo de los manuscritos castellanos de la Real Biblioteca de El Escorial* 1-3 (Madrid 1924, 1926 y 1929).

Para compilar la bibliografía sobre cada uno de los códices, me ha sido de gran utilidad la obra de Jerry R. Craddock, *A Bibliography of the Legislative Works of Alfonso X el Sabio, King of Castile and Leon, 1252-1284* (Berkeley, Calif. s.d.). Agradezco al Autor un ejemplar con que me obsequió de esta importante y útil obra, que permanece todavía inédita. A ella remito, una vez por todas, para cada uno de los códices que describe.

1. ALJUBARROTA (Portugal). El lugar de la famosa batalla, en la que los portugueses derrotaron a los castellanos, va de alguna forma ligado a una curiosa tradición según la cual el rey castellano D. Juan I llevaba consigo un importante códice de las Partidas, que se suponía había pasado a manos de los portugueses. Como en tantas otras leyendas que a través de la historia movilizaron cruzadas y grandes descubrimientos, la Real Academia Española de la Historia envió a Portugal una misión científica, presidida por el señor José Cornide, con el fin de localizar este supuesto códice de las Partidas en el Arquivo Nacional da Torre do Tombo. Aunque la misión recibió todas las facilidades por parte del gobierno portugués, no sólo no apareció el códice, sino que tampoco se encontró la menor noticia documental de que tal códice hubiese existido. A cambio, Cornide y su equipo copiaron los dos únicos códices allí existentes (cf. infra n. 54-55), que nada tienen que ver con D. Juan I ni con la batalla de Aljubarrota. El supuesto códice de D. Juan I es calificado por la Academia como 'uno de los más preciosos'. Ver sobre este tema Azevedo Ferreira lxiii-lxviii.
2. BARCELONA, Biblioteca de Catalunya, MS 15 (s. XV) 25 folios: PARTIDA SEGUNDA tít. 18 en catalán. Pergamino. Encuadernación de la misma materia. Perteneció anteriormente a Mariano Guiló. Contiene, además, una carta enviada por el príncipe de Taranto al señor de Scandarbeco, y la contestación de este último al príncipe de Taranto. Está escrito a única columna de 19 a 25 líneas por página. Cf. R. Abadal Vinyals, 'Les Partidas a Catalunya', *Estudis Universitaris Catalans* 6 (912) 13-37, 159-80; 7 (1913) 118-62 (edición aparte en Barcelona, 1914, bajo el título*Les Partidas a Catalunya durant l'edat mitjá* p. 16 ss.; *Guía* 53; Massó Torrents 1 (1914) 159 ss.; Simón Díaz 3.1, p. 132, § 1208.
3. BARCELONA, Biblioteca de Catalunya, MS 942 (s. XV) i + 140 folios: La SEGONA PARTIDA (en catalán). Cartáceo. Algún deterioro en los márgenes, sin que afecte al texto. Perteneció a D. Jerónimo Zurita. Cf. *Guía* 91; Simón Díaz 3.1, p. 132, § 1207.
4. BARCELONA, Biblioteca de Catalunya, MS 1041 (s. XIV) i + 165 folios: La SEGUNDA PARTIDA. Encuadernación del s. XX, con decoración simple. Es un códice cartáceo. No contiene otras obras. El primer folio, ajeno al texto, es de pergamino. Está a dos columnas de unas 27-31 líneas por cada una. En la primera página, arriba: 'Compré este libro de Antonio Téllez, librero, en Valladolid a 5 de Noviembre de 1545.'

Bastante restaurado en los folios iniciales y en el último. Antes de pasar a la Biblioteca de Catalunya, perteneció a C. Román. Cf. *Guía* 95.

Debo al señor Vicedirector de la Biblioteca de Catalunya la información relativa a estos códices conservados en dicha Biblioteca, en la medida en que no se contiene en la citada *Guía* de la misma, atención que quiero agradecer desde estas páginas.

5. BENAVENTE, Biblioteca particular del Conde D. Rodrigo Alfonso Pimentel, donde había, entre otros libros, 'La SEGUNDA PARTIDA, en pergamino con tablas de madera cubierta de cuero blanco'. Este número corresponde a un catálogo de la biblioteca que el Conde Pimentel tenía en 1440 en el castillo de Benavente, y que aparece publicado por Liciniano Sáez, *Demostración histórica del verdadero valor de todas las monedas que corrían en Castilla durante el reinado del Señor Enrique III ... con un apéndice de documentos que acreditan el valor de muchas extranjeras de aquel tiempo, y varias notas ... probado todo con instrumentos coetáneos* (Madrid 1796) 375-79; Beer 103-109. En un inventario, editado recientemente, se citan dos ejemplares manuscritos de la segunda Partida: I. Beceiro Pita, 'Los libros que pertenecieron a los Condes de Benavente entre 1434 y 1530', *Hispania* 43 (1983) 237-80, especialmente pp. 264-65.

6. BRAGA, Biblioteca Geral da Universidade do Minho, hay un fragmento de la TERECERA PARTIDA, correspondiente a una traducción portuguesa diferente de la que se contiene en el códice indicado más abajo (ver n. 55 de esta lista). Consta de dos folios y comprende el tít. 16 ley 36-40, tít. 17 ley 2-6. Es la versión portuguesa más próxima al texto castellano, y también la más antigua. Parece que debe remontarse la fecha de esta traducción a una data anterior a 1341. M. P. Merêa, 'Um novo fragmento das Sete Partidas em lingua portuguesa', AHDE 3 (1926) 597; Costa, p. 51, n. 1; este autor se refiere a otro fragmento en el que se contienen el tít. 8 ley 7-8, tí. 9 ley 1-2, tít. 10 ley 1 y 8, y tít. 11 ley 1-2. Pero no han podido ser localizados al buscarlos recientemente; A. F. Caskey, *An Edition, Study and Glossary of the Old Portuguese Translations of Partidas I and III of the Alfonsine Siete Partidas.* Tesis doctoral inédita de la Universidad de Wisconsin (1979), con transcripción de los textos correspondientes; J. de Azevedo Ferreira, 'Dois fragmentos da «Terceira Partida» de Alfonso X', *Cahiers de linguistique hispanique médiévale* n. 5 (Mars 1980) 101-40 con un facsímil de este fragmento y un estudio lingüístico y paleográfico del mismo; idem, 'A obra legislativa de Alfonso X em Portugal'. Comunicación presentada al *Congreso Internacional sobre Alfonso X el Sabio: Vida, obra, época* (inédita).

7. BRAGA, Arquivo da Sé de Braga, donde hay varios fragmentos de las Partidas en portugués y en castellano. En portugués, se conservan los

siguientes fragmentos: PARTIDA PRIMERA tít. 19 ley 21 - tít. 20 ley 2, tít. 22 ley 5-8; PARTIDA SEGUNDA tít. 13 ley 22-24, tít. 26 ley 2-4, etc.; PARTIDA TERCERA tít. 8 ley 7-8, tít. 9 ley 1-2, tít. 10 ley 1-8, tít. 11 ley 1-2; PARTIDA SÉPTIMA tít. 30 ley 7-10, tít. 31 ley 1-2, 8-11 y tít. 32 ley 1-2. Nótese que la numeración de títulos y leyes no corresponde exactamente a las ediciones castellanas. Los fragmentos castellanos se refieren a la SEGUNDA PARTIDA tít. 23, TERCERA PARTIDA tít. 4-5. Ver Costa.

8. BURGOS, Biblioteca particular de D. Alvar García de Santa María, donde se conservaba un códice cartáceo de la SEGUNDA PARTIDA. El propietario de esta biblioteca murió en 1460. Ver Beer 116, que cita a M. Martínez Añíbarro y Rives, *Intento de un diccionario biográfico y bibliográfico de autores de la Provincia de Burgos* (Madrid 1889) 244 ss. Añade Bee: 'Villeicht kam die Bibliothek an den Convent San Juan von Burgos'.

9. COIMBRA. En el *Liber anniversariorum Ecclesiae Cathedralis Colimbriensis,* conocido vulgarmente como *Livro das Kalendas,* bajo la era 1323 (= año 1285), el canónigo de Coimbra 'Iohannes Gunsalvi, dictus Chancinhus..., legavit omnes libros suos capitulo Colimbrensi...', mencionando, entre otros: 'Item, quendam librum de septem partibus glossatum per linguagium... Item, alium de septem partibus glossatum per latinum.' Cf. I. da Rosa Pereira, 'Livros de direito na Idade Média', *Lusitania Sacra* 7 (1964-66) 24. En la p. 13 identifica los dos códices mencionados de la siguiente manera: 'Temos também dois códices com as Sete Partidas, um com a conhecida glosa em latim e outro com a glosa «em linguagem», facto que não deixará de ter o seu interesse para os especialistas...' Ciertamente que tiene gran interés para los estudiosos la existencia de dos códices glosados de las Partidas en una fecha tan temprana como el año 1285, y por añadidura una de estas glosas en latín y la otra en romance (no sabemos si esta lengua romance alude al castellano o al portugués). Por mi parte confieso que ignoro cuál sea esa 'conhecida glosa' latina o en lengua vulgar al filo de 1285. Parece muy verosímil que aquí se trata de las Partidas realmente. Ver también mi artículo 'En torno a la canonística portuguesa medieval', *Anais* de la Academia Portuguesa da História II Série, vol. 26 (1979) 144-45, que se reedita como capítulo primero en este libro.

10. CÓRDOBA, BC, MS 53 fol. 1ra-128vb (s. XIV): QUINTA PARTIDA desde el tít. 1 ley 5 hasta el tít. 14 ley 12. Cartáceo. A partir del fol. 45 está muy deteriorado este códice, faltando parte del texto correspondiente a la columna exterior de cada página. También está deteriorado desde el fol. 1 al 15, en la parte superior de cada folio, pero no afecta al texto. En un folio de guarda (fol IIv) hay un documento fechado en 1460-61, que contiene una venta de paño, en el que aparecen los

nombres de Diego de Chillón, Alonso Bachiller y Gonzalo Alonso Abril. García-Cantelar-Nieto 127 (cf. p. lxv).

11. Córdoba, BC, Inc. 204: Cuarta Partida tít. 1 ley 4-8. Pergamino. Este fragmento aparece pegado al interior de las dos cubiertas del incunable 204. Letra de principios del s. xiv. Perteneció al mismo códice que el fragmento que mencionaremos a continuación. Ibid. 326 y 339. Posible mención en p. 587 de este catálogo que acabamos de citar.

12. Córdoba, Cuarta Partida tít. 7 ley 4-6 y tít. 11 ley 18-21 (la numeración no coincide con la de las ediciones). Pergamino. Pertenece al mismo códice que el fragmento anterior, y se encuentra en el interior de la segunda cubierta del códice aquí citado. Ibid. 326 y 465. Posible mención en la p. 587 de este mismo catálogo que acabamos de citar.

13. Córdoba, BC, MS perdido de la Tercera Partida. Este códice fue vendido el 19 de Noviembre de 1451 al bachiller Alfonso Rodríguez por 280 mrs. Ver García-Cantelar-Nieto 587 (cf. también p. xxix).

14. Coruña, Archivo Histórico del Reino de Galicia, Colección Diplomática, n. 780 (s. xiii): Partida Primera tít. 5 ley 48-53 en gallego. Consta de un solo folio de pergamino. E. Oviedo y Arce, 'Fragmento de un códice galaico-castellano de las Partidas (Apógrafo del s. xiii)', *Boletín de la Real Academia Gallega* 10 (1915) 73-82, que contiene un un estudio, edición y un facsímil de este fragmento, que en 1915 pertenecía aún a D. Rodrigo Pardo González de Puentedeume, que lo guardaba en su casa de Doroña. La transcripción de Oviedo y Arce es reproducida parcialmente por R. Carballo, *Alfonso X, o Sábio. Pequena antologia* (Universidad de Santiago de Compostela. Departamento de Filología Galega 1980) 119-21, donde reproduce las leyes 48-50 de este fragmento. Dicho sea de paso, este texto no está escrito en gallego, sino en leonés. Ver sobre el trabajo de Oviedo y Arce la crítica que le dedica José Joaquim Nunes, en *Revista Lusitana* 14 (1911) 62-78 y 312-16. Cf. también J. L. Pensado, 'Nuevo fragmento de una traducción gallega de las *Siete Partidas*' (trabajo en prensa, al que he tenido acceso por amable concesión del Autor).

15. Coruña, Colección del poeta señor Martelo Paumán, un folio de pergamino, de características semejantes al anterior (s. xiii): Partida Primera tít. 19 ley 10 y tít. 20 ley 1-5. A. Martínez Salazar, 'Fragmento de un nuevo códice gallego de las Partidas', *Boletín de la Real Academia Gallega* 4 (1909) 149-58 y 5 (1910) 171-79, donde se contiene un estudio, edición y un glosario, junto con un facsímil de este fragmento, cuyo paradero actual desconozco.

16. Escorial, BRM, MS L.II.22 fol. 1r-176v (s. xiv): Tercera Partida. Cartáceo y pergamino (16 primeras hojas). Ligeramente mutilado al principio y al fin. Copiosas notas marginales, consistentes en anota-

ciones de lugares paralelos de Jacobo Giunta (Jacobo de las Leyes), *Fuero Real, Leyes del Estilo* etc. RAH 1.lixi; BOOST p. 8, § 145; Simón Díaz 3.1, p. 132, § 1211; Zarco Cuevas 2.261-62.

17. Escorial, BRM, MS M.I.1 fol. 3r-94v (s. xiv): Séptima Partida. Cartáceo. Abundantes notas marginales de varias manos. Procede de la Biblioteca del Conde-Duque: signatura 19.2. BOOST p. 9, § 169; Llacayo p. 305; Simón Díaz 3.1, p. 132-33, § 1219; Zarco Cuevas 2.267; D. E. Carpenter, *An Edition and Commentary to Alphonse the Wise's Siete Partidas, Book VII, Title XXIV, 'De los judíos'*. Tesis doctoral de la Theological Union, Berkeley, California 1982.

18. Escorial, BRM, MS M.I.2 fol. 1r-136v (s. xiv med.): Primera Partida en traducción catalana. RAH l.xxxix, que formula la sospecha de que este códice y traducción hayan sido realizados para el rey Pedro IV. Craddock, 'Nota cronológica' 365, 390; García y García 272; Llacayo 305; Zarco Cuevas 2.47.

19. Escorial, BRM, MS M.I.4 fol. 2r-183v (s. xiv): Segunda Partida. Cartáceo. RAH 1.xlv; BOOST p. 7, § 133; *Crestomatía* 1.214, § 61; Simón Díaz 3.1, p. 131, § 1202; Zarco Cuevas 2.268.

20. Escorial, BRM, MS N.I.5 fol. 3r-212r (s. xiv): Tercera Partida. Cartáceo. Parece que procede de la Biblioteca del Conde-Duque. Entre el fol. 46-47 y 52-53 hay una carta del arcipreste de Medina al 'onrado Juan Rodriguez doctor de Santisidro' sobre un agravio que éste había hecho al dicho arcipreste. RAH 1.xlvii-xlviii; BOOST p. 8, § 146; Llacayo 305; Simón Díaz 3.1, p. 132, § 1210; Zarco Cuevas 2.289.

21. Escorial, BRM, MS N.I.7 fol. 1r-138r (s. xiv): Segunda Partida. Cartáceo. Procede de la Biblioteca del Conde-Duque. Signatura C.F. n. 29. RAH 1.xlv-xlvi; BOOST p. 7, § 134; Llacayo 305; Simón Díaz 3.1, p. 131, § 1206; Zarco Cuevas 2.290-91.

22. Escorial, BRM, MS P.III.2 fol. 45r-46r (s. xiii?): Tercera Partida 11.20-21 y 23. Pergamino. Perteneció a la Biblioteca del Conde-Duque con la signatura C.35. Después de una pieza relativa a Salamanca, contiene este códice dos de las obras de Jacobo Giunta (Jacobo de las Leyes). Posible procedencia remota de Salamanca y tradición manuscrita relacionada con Jacobo Giunta. Zarco Cuevas 2.337-38.

23. Escorial, BRM, MS Y.II.1 fol. 1r-74r (s. xiv: 1302): Quinta Partida. Cartáceo. Antiguas signaturas: III.Ξ.1; I.F.8. Se acabó de escribir el miércoles, 7 de Noviembre de 1302. RAH 1.li-lii; J. A. Arias Bonet, 'El depósito en las Partidas', AHDE 32 (1962) 543-66; BOOST p. 9, § 157; Zarco Cuevas 3.22.

24. Escorial, BRM, MS Y.II.2 fol. 1r-66v y 67r-166v (s. xiv): Sexta y Séptima Partidas. Cartáceo. Antiguas signaturas: III.Ξ.2; III.F.6. En la parte inferior del fol. 1r se lee: 'Con este libro sirbio a su Magestad el doctor Burgos de Paz, vecino de Valladolid, por principio de

Otubre de 1574 años.' RAH 1.lvi; BOOST p. 9, § 160; Carpenter 13; Zarco Cuevas 3.22-23.

25. ESCORIAL, BRM, MS Y.II.3 fol. 1r-90v (s. XIV): SEGUNDA PARTIDA. Cartáceo. Antiguas signaturas: III.Ξ.3; F.2.90. En el fol. 1r (margen inferior) se lee la misma inscripción que en el precedente. RAH 1.xlv; BOOST p. 8, § 136; Zarco Cuevas 3.23.

26. ESCORIAL, BRM, MS Y.II.4 fol. 1r-184r (s. XIV): TERCERA PARTIDA. Cartáceo. Antiguas signaturas: III.Ξ.4; F.3.184. En el fol. 1r (margen inferior) la misma inscripción que en los dos precedentes. RAH 1.xlvii; BOOST p. 8, § 147; Zarco Cuevas 3.23-24.

27. ESCORIAL, BRM, MS Y.II.5 fol. 1r-92v (s. XIV): CUARTA PARTIDA. Cartáceo. Antiguas signaturas: III.Ξ.6; III.F.4. En el fol. 1r (margen inferior) se lee la misma inscripción que en los tres precedentes. Al final de la cuarta Partida se lee un fragmento con una versión de las *Leyes Nuevas,* que incluye leyes sobre los juramentos, correspondiente al *Especulo* 5.11.18, 15-17: 'Este libro que fue puesto en medio de todos los siete libros bien asi commo fue puesto el coraçon en medio del cuerpo del omne. Luego que el pleito; *des.* en toda la demanda sea asentado.' Esto ocupa los fol. 92v-98r. RAH 1.l; BOOST p. 8, § 150; Zarco Cuevas 3.24.

28. ESCORIAL, BRM, MS Y.II.6 fol. 1r-222v (s. XIV): QUINTA PARTIDA. Cartáceo. Antiguas signaturas: III.Ξ.5; III.F.5. En el fol. 1r (margen inferior) se lee la misma inscripción que en los cuatro precedentes. RAH 1.lii; Arias Bonet, 'El depósito' 560; BOOST p. 8, § 154; Zarco Cuevas 3.24-25.

29. ESCORIAL, BRM, MS Y.II.14 fol. 1r-138v (s. XIV): SEGUNDA PARTIDA. Cartáceo. Antiguas signaturas: III.Ξ.9; II.F.15. RAH 1.xlv-xlvi; BOOST p. 8, § 135; Craddock, 'La cronología' 408-11; Zarco Cuevas 3.34-35.

29a. ESCORIAL, BRM, MS Y.III.4 fol. 58r-114r (s. XV): SEGUNDA PARTIDA tít. 2.18 y 21-23, SÉPTIMA PARTIDA tít. 3-4 y 11-12 en catalán. J. Zarco Cuevas, *Catálogo de los manuscritos catalanes, valencianos, gallegos y portugueses de la Biblioteca de El Escorial* (Madrid 1932) 82-83; Zarco Cuevas 3.42-43.

30. ESCORIAL, BRM, MS Y.III.14 fol. 1r-158r (s. XV in.): TERCERA PARTIDA. Cartáceo. Antiguas signaturas: III.Ξ.11; II.F.14. En el fol. 1r (margen inferior) se lee la misma inscripción que en los números 24-28 precedentes. RAH 1.xlviii-xlix; BOOST p. 8, § 149; Simón Díaz 3.1, p. 132, § 1213; Zarco Cuevas 3.53.

31. ESCORIAL, BRM, MS Y.III.15 fol. 1r-129r (s. XIV): SEGUNDA PARTIDA. Cartáceo. Antiguas signturas: III.Ξ.10; II.F.13. En el fol. 1r (margen inferior) se lee la misma inscripción que en el n. 18-22 y 30

precedentes. RAH 1.xliv; BOOST p. 8; § 137; Simón Díaz 3.1 p. 131, § 1205; Zarco Cuevas 3.53-54.

32. Escorial, BRM, MS Y.III.16 fol. 1r-221v (s. xiv): Segunda Partida. Cartáceo. Antiguas signaturas: III.Ξ.15; II.F.13. En el fol. 1r (margen inferior) se lee la misma inscripción que en el n. 24-28, 30 y otros precedentes. RAH 1.xliv; BOOST p. 8, § 139; *Crestomatía* 1.214, § 61; Simón Díaz 3.1 p. 131, § 1204; Zarco Cuevas 3.54.

33. Escorial, BRM, MS Y.III.17 fol. 1v-74v (s. xiv): Sexta Partida. Cartáceo. Antiguas signaturas: III.Ξ.14; II.F.16. RAH 1.xliv; BOOST p. 9, § 164; Simón Díaz 3.1 p. 132, § 1216; Zarco Cuevas 3.54.

34. Escorial, BRM, MS Y.III.18 fol. 1r-91r y 92v-171r (s. xv): Séptima y sexta Partidas (en este mismo orden, aunque de dos manos diferentes). Cartáceo. Antiguas signaturas: III.Ξ.13; II.F.18. En el fol. 1r (margen inferior) se lee la misma inscripción que en el n. 24-28, 30 y otros precedentes. RAH 1.liv-lv; BOOST p. 9, § 163; Carpenter 12; Zarco Cuevas 3.55.

35. Escorial, BRM, MS Y.III.19 fol. 1r-254r (s. xv in.): Primera Partida. Cartáceo. Antiguas signaturas: III.Ξ.17; III.F.1. RAH 1.xxxviii-xxxix; BOOST p. 7, § 127; Craddock, 'Nota cronológica' 366, 390; *Crestomatía* 1.214, § 61; García y García, 272; Simón Díaz 3.1 p. 131, § 1198; Zarco Cuevas 3.55-56. Este códice pudo pertenecer al franciscano fray Guillermo de Casal, procurador de su Orden, quien predicó ante Martín V el 26 de Mayo de 1429, sobre lo cual hay aquí un relato incompleto en el fol. 260r. Preceden unas oraciones (mandamientos, letanías, oración para evitar el dolor de muelas, etc.) en los fol. 255r-260r).

36. Escorial, BRM, MS Y.III.20 fol. 1r-92r (s. xiv): Sexta Partida. Cartáceo. Antiguas signaturas: III.Ξ.20; II.F.17. RAH 1.liii-liv; BOOST p. 9, § 165; Simón Díaz 3.1 p. 132 § 1217; Zarco Cuevas 3.56.

37. Escorial, BRM, MS Y.III.21 fol. 1r-170r (s. xiv: 1330): Primera Partida. Cartáceo. Signaturas antiguas: III.Ξ.19; II.F.11. Hay un salto en la numeración de los folios, pasando del lxxix al lxxxx. En el fol. 1r (margen inferior) la misma inscripción que en el n. 24-28, 30 y otros anteriores. Este códice lleva la siguiente subscripción: 'Este libro se acabo de fazer en veynte e cinco dias de Mayo, era de mill e trezientos e sesenta e ocho annos. Et es de Ferrant Martines escriuanus.' RAH 1.xxxvii-xxxviii; BOOST p. 7, § 128; Craddock, 'Nota cronológica' 365, 390; García y García 272; Simón Díaz 3.1, § 1196; Zarco Cuevas 3.56-57.

38. Escorial, BRM, MS Z.I.12 fol. 1r-53v, 53v-93r y 92r-141v (s. xiv in.): Quinta, sexta y séptima Partidas. Cartáceo. Antiguas signaturas I.Ξ.15; I.F.7. RAH 1.lii-liii; Arias Bonet, 'El depósito' 560; BOOST p. 9, § 159; Carpenter 13; J. Rodríguez de Castro, 'El Rey

don Alfonso X llamado el Sabio', *Biblioteca española* 2 (Madrid 1786) 679; Zarco Cuevas 3.87-88.

39. ESCORIAL, BRM, MS Z.I.13 fol. ir-ivr + 1r-158r (s. XIV): SEGUNDA PARTIDA. Pergamino. Antiguas signaturas: II.Ξ.8; I.F.5. Los títulos van encerrados en círculos de oro y colores. Una miniatura en el fol. 1r, representando a S. Jorge y el dragón. RAH 1.xliii; BOOST p. 8, § 138; Rodríguez de Castro 679; Simón Díaz 3.1 p. 131, § 1203; Zarco Cuevas 3.88.

40. ESCORIAL, BRM, MS Z.I.14 fol. 1r-102r y 102r-180v (s. XV: 1412): PRIMERA y SEGUNDA PARTIDAS. Pergamino. Antiguas signaturas: II. Ξ.15; I.F.4. Dos manos. Hay un salto del fol. 149 al 160. Al final de la PRIMERA PARTIDA hay esta subscripción: 'Acabose de escriuir este libro primera partida, jueues, veynte e quatro dias de Março, del anno del nasçimiento de nuestro Saluador Jesuchristo de mill e quatroçientos e doze annos.' RAH 1.xxxviii; BOOST p. 7, § 118; Craddock, 'Nota cronológica' 365, 390; García y García 272; Rodríguez de Castro 678-79; Simón Díaz 3.1 p. 131, § 1197; Zarco Cuevas 3.88-90.

41. ESCORIAL, BRM, MS Z.I.15 fol. 1r-173r y 176r-233r (s. XIV): TERCERA y CUARTA PARTIDAS. Pergamino. Antiguas signaturas: II.Ξ.16; I.F.6. Se repite el fol. 53 y hay uno sin numeración entre el 77-78. Capitales en oro y colores en los fol. 167-76. Abundantes notas marginales en las que se cita el *Especulo* y las *Flores del Derecho,* entre otras cosas. RAH 1.xlviii; BOOST p. 8, § 142; Rodríguez de Castro 679; Simón Díaz 3.1 p. 132, § 1214; Zarco Cuevas 3.90.

42. ESCORIAL, BRM, MS Z.I.16 fol. 1r-48v (s. XIV in.): SÉPTIMA PARTIDA. Pergamino. Antiguas signaturas: II.Ξ.15; I.F.9. Abundantes notas marginales. RAH 1.lviii-lix; BOOST p. 9, § 171; Carpenter 12; Rodríguez de Castro 679; Simón Díaz 3.1 p. 135, § 1220; Zarco Cuevas 3.91.

43-47. ESCORIAL, BRM, MSS perdidos. En el Catálogo de Zarco Cuevas 3.456, 462 y 485 se menciona un ejemplar de las Partidas en cinco cuerpos o volúmenes, más otro códice de la SEXTA PARTIDA, que según el mismo catalogador, o perecieron en el incendio de 1671 o desaparecieron posteriormente. En el primero de los lugares citados figuran bajo la rúbrica de 'Libros propios de la Reina Doña Isabel, que estaban en el Alcázar de Segovia a cargo de Rodrigo de Tordesillas, vecino y regidor de dicha ciudad, en el año 1503, ... 88 (TERCERA PARTIDA), 89 (CUARTA PARTIDA), 90 (CUARTO LIBRO DE LAS PARTIDAS), 91 (QUINTA PARTIDA), 92 (SEXTA PARTIDA), 93 (SEXTA PARTIDA). En la p. 462 están bajo el título de 'Cargos de libros propios de la Reina Doña Isabel que se hicieron a su camarero Sancho de Paredes... 23. Un libro grande escripto en pergamino, de mano, que son las SIETE PARTIDAS que tienen sus fechos de plata dorada, que van asidos en unos tejillos de plata tirada dorada, que tiene en la una parte una F y en la otra una I de la dicha plata, con la cubierta de aceituni morado.' Por fin, en la p. 485 aparecen en el 'Inventario de libros que fueron entregados para su custodia a los diputados de San Lorenzo el Real por Hernando de Bribiesca, guarda-joyas de Su Magestad, 30 de Abril de 1576': '153-157. Las LEYES DE LAS PARTIDAS, scriptas en pergamino en cinco cuerpos' y '160. La SEXTA PARTIDA en papel muy antiguo'. Parece a primera vista que se trata de unos mismos códices en la mención de 1503 y en la de 1576. También me parece verosímil que estas referencias se corresponden, al menos parcialmente, con las que da Diego Clemencín, *Elogio de la Reina Católica Doña Isabel,* leído en la junta pública que celebró la Real Academia de la Historia el día 31 de Julio de 1807 (Madrid 1820) n. 88-93, p. 448-49, donde se da la siguiente descripción:

88. Otro libro de pliego entero escripto en papel en romance de mano, que comienza en la TERCERA PARTIDA con unas tablas de papel forradas en cuero colorado.

89. Otro libro de marca mayor escrito en papel en romance, que comienza en la CUARTA PARTIDA con unas tablas de papel.

90. Otro libro de pliego entero de mano en papel de romance, que es el CUARTO LIBRO DE LAS PARTIDAS con una tabla de cuero negro e fáltale otra.

91. Otro libro de pliego entero en romance escripto en papel de mano, que es la QUINTA PARTIDA: las cubiertas de cuero blanco.

92. Otro libro de marca mayor e de mano, escripto en papel, que es la SEXTA PARTIDA, con las tablas de papel forradas en cuero blanco.

93. Otro libro de pliego entero de mano en papel de romance, que es la SEXTA PARTIDA: la cubierta de cuero blanco.

94. Otro libro escripto de molde en papel de romance, que es de las SIETE PARTIDAS, con las cubiertas de pargamino.

El último libro mencionado se dice *de molde,* lo cual quiere decir que se trata de un impreso, que no podía ser de otra edición que de la de Sevilla de 1491. Los restantes (menos el 89) se dicen escritos *de mano,* lo que significa que son manuscritos. Sin embargo, las referencias de Clemencín que acabamos de copiar y el n. 23 de otra lista que extractamos anteriormente parecen referirse al mismo libro, que allí se dice escrito a mano y aquí a imprenta. Posiblemente sea lo correcto esto último, ya que en la edición de Sevilla están contenidas las PARTIDAS en un único volumen, mientras que esto no sería normal tratándose de un manuscrito, como ya advertimos más arriba en esta misma nota.

48. GIJÓN, Biblioteca Pública «Jovellanos», donde menciona Beer p. 242: 'Alonso el Sabio, Partidas. Copie aus einer Toledaner Handschrift.'

Cf. J. Somoza de Montsoriu, *Catálogo de manuscritos e impresos notables del Instituto de Jovellanos en Gijón seguido de un índice de otros documentos inéditos de su ilustre fundador* (Oviedo 1883). La Dirección actual de dicha Biblioteca me informó de que el manuscrito aquí aludido ardió durante la guerra civil de 1936-39.

49. León, Archivo Histórico Provincial, un folio 'muy mal conservado y mutilado por la margen izquierda, de difícil lectura por el verso del texto, contiene una versión galaicoportuguesa de las Partidas, concretamente de un fragmento de la Tercera Partida, tít. 18 (desde la ley 94 a la 96, que es la única que se puede leer íntegramente, pues la continuación del verso es ilegible'. La edad de este fragmento 'parece de comienzos del s. xiv'. J. L. Pensado, 'Tres fragmentos jurídicos galaicoportugueses', *Cuadernos de Estudios Gallegos* 29 (1975) 102-29, cuyos son los entrecomillados de nuestra descripción. En el artículo que acabamos de citar se contiene un estudio exhaustivo de este fragmento y una transcripción de la ley 96 antes aludida.

50. León, Biblioteca de la Real Colegiata de S. Isidoro, MS 22 fol. i + 1-125 + i (s. xiv): Tercera Partida tít. 18 hasta el final. Pergamino y papel. Difiere algo de la numeración de títulos y leyes con respecto a las ediciones. J. A. Arias Bonet, 'Manuscritos de las Partidas en la Real Colegiata de S. Isidoro de León', AHDE 35 (1965) 566-67; BOOST p. 6, § 115; Pérez Llamazares 44.

51. León, Biblioteca de la Real Colegiata de S. Isidoro, MS 24 fol. 1-2 (s. xiv: 1 de Marzo de 1347): Séptima Partida tít. 17 ca. fin. hasta tít. 24 ley 8, tít. 29 ley 5 hasta tít. 30 ley 3, tít. 33 ley 3 hasta el final. El resto se perdió. Al final se conserva la subscripción en la que se da la era de 1385 (año 1347). J. A. Arias Bonet, 'Manuscritos' 567; BOOST p. 9, § 170; Carpenter 14-15; Pérez Llamazares 45.

52. León, Biblioteca de la Real Colegiata de S. Isidoro, MS 110 fol. 1-52 (s. xiv): Primera Partida tít. 6 ley 11 hasta el tít. 7 ley 14, tít. 16 ley 8 hasta el final. Al fin se transcribe la ley 5 del tít. 3 de la Cuarta Partida. J. A. Arias Bonet, 'Manuscritos' 567; Pérez Llamazares 83.

53. Lisboa, Arquivo Nacional da Torre do Tombo, Núcleo antigo, MS 2 (olim Alcobaça CCCXXIV) fol. 1r-178v (segunda mitad del s. xiv): Primeyra Partida en traducción portuguesa. Pergamino. Ver la edición y estudio de Azevedo Ferreira. Este códice perteneció al monasterio de Alcobaça, donde tenía la signatura CCCXXIV. En 1799 fue trasladado al a Torre do Tombo a petición de D. José Cornide Saavedra. Tiene algunas notas marginales del s. xv, que denotan su uso por los juristas en aquella época. No consta documentalmente que la versión portuguesa se hiciese en tiempos del rey D. Dinís, aunque por argumentos de tipo filológico parece haber sido realizada en los últimosc años del reinado de este monarca. De todos modos, este códice

no parece reproducir demasiado fielmente el original de la versión portuguesa, ya que el copista introduce cambios. Dicho copista se llamaba Juan Esteban: 'Johannes Stephani conputavit et scripsit.' Esta copia tampoco coincide del todo con ninguna de las ediciones del texto castellano, por lo que no se sabe a ciencia cierta si es que está hecha por algún manuscrito todavía desconocido, o se trata de cambios introducidos por el traductor originario y/o por el copista de este códice. Otros autores que se habían ocupado de este códice con anterioridad a la monografía fundamental del doctor Azevedo Ferreira, que acabamos de citar, son principalmente los siguientes: A. Anselmo, *Os códices alcobacenses da Biblioteca Nacional,* 1: *Códices portugueses* (Lisboa 1926) 79-80; S. da Silva Neto, *Textos medievais portugueses e seus problemas* (Rio de Janeiro 1956) 65; V. Homero Madureira, *Alfonso X: Livro Primeiro das Leis das Sete Partidas.* Texto fol. 1-12. Estudo linguístico. Glosario. Dissertaçao de Licenciatura em Filologia Romanica. Faculdade de Letras de Lisboa (Lisboa 1962); Myriam Monteiro de Castro Ramsey, *An Edition of a Portion* of the «Livro Primeiro das Leys das Partidas de Castella» (fol. 82-130). The University of North Caroline at Chapel Hill. Ph. D. 1975, 295 pp.; J. Anselmo, *Os códices alcobacenses da Biblioteca Nacional,* 1: *Códices portugueses* (Lisboa 1926) 79-80; Caskey lxiii-lxv; Craddock, 'Nota cronológica' 366, 390; Valle Cintra, *Bibliografia* 64. Ver el MS 9/5612 de la Bibl. de la Real Academia de la Historia de Madrid y MS 103 del Fundo o Núcleo Antigo del Archivo Nacional da Torre do Tombo de Lisboa.

54. Lisboa, Arquivo Nacional da Torre do Tombo, Núcleo antigo, MS 103 fol. 1r-423v. Este manuscrito es una copia del anterior, obtenida por el académico de la Real Academia de la Historia (Madrid) D. José Cornide Saavedra en 1799. Existe otra copia igual en la Biblioteca de la Real Academia de la Historia (Madrid), como veremos más abajo, al referir los códices de dicha biblioteca. Cf. Azevedo Ferreira LXVIII-LXXII; Caskey lxvi.

55. Lisboa, Arquivo Nacional da Torre do Tombo, Núcleo antigo, MS 3 (s. xiv: 1341): Terceira Partida. Pergamino. Este manuscrito es más reciente que los otros fragmentos de la Tercera Partida en portugués. J. de Azevedo Ferreira, 'Subsídios para uma ediçao da *Terceira Partida* de Afonso X', destinado a aparecer en el volumen de homenaje al profesor José G. Herculano de Carvalho, donde cita otros trabajos precedentes; Caskey lxvi-lxviii. Ver el MS 9/5613 de la Real Academia de Madrid (n. 63).

56. Lisboa, Arquivo Nacional da Torre do Tombo, Documento 1. Son dos folios que contienen fragmentos del tít. 18-20 y 22-23 de la Prymeira Partida, en una traducción portuguesa diferente de la que se

contiene en el n. 53 de esta lista. La traducción portuguesa de estos fragmentos es más cercana al texto español de las ediciones que la del n. 53. Proceden estos dos folios de la Colegiata de Santa Iria. Cf. Azevedo Ferreira LVI-LXII; ídem, 'Les versions portuguaises de la Primeira Partida d'Alphonse X', presentado al XVI Congreso Internacional de Lingüística.

57. LISBOA, Arquivo Nacional da Torre do Tombo, Gaveta 7, Maço 15, n. 2 (antigua encuadernación de un códice): SEGUNDA PARTIDA tít. 13 ley 22-24. J. de Azevedo Ferreira, 'A obra legislativa de Afonso X em Portugal'. Comunicación presentada al Congreso Internacional sobre Alfonso X el Sabio: Vida, Obra, Epoca (inédita); Caskey lxix-lxx; Valle Cintra, *Bibliografia* 60, § 297.

58. LISBOA. El rey D. João I de Portugal (1383-1433) tenía un códice de la PRIMERA PARTIDA, cuyo paradero actual desconocemos. Cf. M. de Albuquerque, *Bartolo e bartolismo na história do direito portugués.* Separata del *Boletim do Ministerio da Justiça* (1981) 112 pp., que no he tenido a mano. Ver AHDE 53 (1983) 615-17.

59. LONDON, British Library, MS Add. 20787 fol. 1r-119 (s. XIII-XIV): PRIMERA PARTIDA. Pergamino. Presentó e introdujo este códice en el mundo de los estudiosos J. H. Herriot, *Speculum* 13 (1938) 278-94. Fue estudiado desde el punto de vista de los problemas que suscita la transmisión de la PRIMERA PARTIDA por J. A. Arias Bonet, desde el punto de vista paleográfico por J. M. Ruiz Asencio y desde el aspecto de la ornamentación por G. Ramos, en la obra *Alfonso el Sabio: Primera Partida según el MS Add. 20787 del British Museum* (Valladolid 1975), donde además se da una edición de la PRIMERA PARTIDA por dicho códice londinense. Craddock, 'Must the king obey' 71-79; idem, 'Nota cronológica' 364; idem, 'La cronología' passim. BOOST 7, § 123; Bristish Library, *Catalogue of Additions to the Manuscripts... in the Years 1854-60.* Additional MSS 19720-24026 (London 1875) 261; P. de Gayangos y Arce, *Catalogue of the Manuscripts in the Spanish Language in the British Museum* 2 (London 1875-93) 36 (que identifica erróneamente con el Fuero Real); J. Guerrero Lovillo, *Miniatura gótica castellana* (Madrid 1956) 26-27; J. H. Herriot, 'The validity of the printed editions of the Siete Partidas', *Romance Philology* 5 (1951-1952) 165-74; Ll. A. Kasten-J. Nitti, *Concordances and Texts of the Royal Scriptorium of Alfonso X, el Sabio* (Madison Wis. 1978).

60. MADRID, Biblioteca de la Fundación Lázaro Galdiano, MS 428 (Inventario 15.106; orden topográfico M. 8/15) fol. 1r-100v (s. XIV-XV): QUINTA PARTIDA. Cartáceo. Tejuelo: 'Leyes de Fuero.' Aquí se encuentra encuadernado también otro códice con el Fuero de Andújar, que ocupa el primer lugar y ocupa los fol. 1ra-81vb de una foliación diferente de la del segundo códice donde se contiene la QUINTA PAR-

TIDA. El volumen resultante de los dos está encuadernado en pergamino sencillo. En el fol. 1r se lee: 'Estas leyes de la Quinta Partida de las Leyes de las Siete Partidas es cosa impertinente estar aquí'. Alguna nota marginal esporádica. Ch. B. Faulhaber, *La Coronica* 4 (1975-76) 83.

61. MADRID, BRAH, MS 9/5486 (olim 9-25-4-C-65) fol. 1r-150r (antigua numeración 1r-146r) (s. XIV: 1325): SÉPTIMA PARTIDA. Pergamino. Iniciales en colores y alguna miniatura. Presenta esta subscripción: 'Este libro fue acabado martes, quince dias de Abril, era de mil e trescientos e sesenta e tres annos.' Perteneció al Colegio Mayor de S. Bartolomé de Salamanca, y fue enviado a Madrid por el obispo de Salamanca D. Antonio Tavira para que sirviera para la edición de la Academia, donde el códice permanece. Ed. RAH 1.lx; BOOST p. 9, § 167; Carpenter 14; Simón Díaz 3.1 p. 132, § 1218.

62. MADRID, BRAH, MS 9/5612 (olim 9-26-1-D-2) fol. i-ix + 1r-423r. Contiene una de las dos copias conocidas de la transcripción realizada por el académico José Cornide Saavedra y su equipo, del códice de la Arquivo Nacional da Torre do Tombo de Lisboa, Núcleo antigo MS 2 (cf. supra n. 53) y que contiene la PRIMERA PARTIDA. Esta copia fue realizada en 1799. Azevedo Ferreira xxiii nota 2 y lxiii-lxxii.

63. MADRID, BRAH, MS 9/5613 (olim 9-26-1-D-3) fol. 1r-446v. Contiene la copia correlativa de la descrita en el número anterior, pero que en este caso es de la TERCERA PARTIDA, y está sacada del MS 3 del Núcleo antigo del Arquivo Nacional da Torre do Tombo (cf. supra n. 55). Azevedo Ferreira xxiii nota 2 y lxiii-lxxii.

64. MADRID, BRAH, MS 9/5633 (olim 9-26-1-D-23) fol. i + 1v-67vb (numeración antigua 1v-67vb). Cortado el fol. 2 antes de 1807. SÉPTIMA PARTIDA. Escrito en vitela muy fina, por el escribano real Nicolás González, que lo hizo para el monarca D. Pedro I. Introduce las modificaciones pertinentes a tenor del Ordenamiento de Alcalá, que denomina *Ley nueva*. Algunas mutilaciones. Ed. RAH 1.lx-lxi; BOOST p. 9, § 172; Carpenter, 'An Edition' 14; Simón Díaz 3.1 p. 133, § 1221.

65. MADRID, BRAH, MS 9/6111 (olim 9-30-1) sin paginación (s. XIX): QUINTA y SEXTA PARTIDAS. Copia de finales del s. XIX de las Partidas mencionadas. La quinta consta de 101 folios dobles, y la sexta de 78. BOOST p. 8, § 153; Simón Díaz 3.1, p. 132, § 1215. Este códice es copia del MS 12795 de la Biblioteca Nacional de Madrid.

66. MADRID, BN, MS 22 (olim D. 34) fol. 1ra-78rb, 79ra-170v y 171ra-273rb (s. XV): PRIMERA, SEGUNDA y TERCERA PARTIDAS. Pergamino. Hay muchos trozos suplidos al margen, que la ed. RAH no indica. Los folios 274-75 no son de este códice, sino que se encuadernaron con él en el s. XIX. En el fol. 273vb hay esta indicación de procedencia: 'Esta

primera y segunda Partida son del monesterio de Santo Thomas de Avila, de la orden de los predicadores'. Ed. RAH 1.xxxv-xxxvi; *Inventaro* 124-25; BOOST p. 7, § 131; Craddock, 'Nota cronológica' 365, 390; *Crestomatía* 1.214, § 61; García y García 272.

67. MADRID, BN, MS 580 (olim D. 9) fol. 1ra-72vb y 73ra-176va (s. XV): SEXTA y SÉPTIMA PARTIDAS. Pergamino. Notas marginales. La Sexta Partida se interrumpe en el tít. 17, ley 2. Al final hay esta indicación de procedencia: 'Esta sexta y septima Partida son del monesterio de Santo Thomas de Avila, de la orden de los predicadores'. Ed. RAH 1.lvi-lvii; *Inventario* 2.81; Carpenter 13.

68. MADRID, BN, MS 708 (olim D. 59) fol. 2ra-155vb (s. XV): SÉPTIMA PARTIDA. Cartáceo. En el fol. 3v hay una miniatura donde aparece el escudo de los Zúñiga, realizada por S. Remes. Ed. RAH 1.lvii-lviii; Domínguez Bordona 1.252, n. 508; *Inventario* 2.182-3; Carpenter 13.

69. MADRID, BN, MS 6725 (olim S. 62) fol. 1ra-170vb (s. XV): SEGUNDA PARTIDA desde el tít. 1.2. Pergamino. En la parte interior de la encuadernación se lee esta nota de procedencia: 'Del Señor Conde de Miranda'. Fueron cortadas las cinco primeras hojas. Iniciales en colores. Ed. RAH 1.xlii-xliii; Craddock, 'La cronología' 408-11; *Crestomatía* 1.214, § 61; B. J. Gallardo, *Ensayo de una biblioteca española de libros raros y curiosos* 2 (Madrid 1863-66 = Madrid 1968) Apéndice p. 122; J. Maldonado y Fernández del Torco, 'En torno a un texto modificado de una ley de Partidas', *Revista de la Universidad de Madrid* 2 (1942) 81.

70. MADRID, BN, MS 9199 (olim Bb. 73) fol. 199ra-203ra (s. XIV): Indices de las SIETE PARTIDAS. Afirma que son 180 títulos con 3.001 leyes.

71. MADRID, BN, MS 12793 (olim Bb. 41) fol. 1ra-6vb (Indices de las SIETE PARTIDAS), 16vb-95va y 101ra-135ra (nueva foliación 1ra-80va y 86 ss.) (s. XIV): PRIMERA y CUARTA PARTIDAS. Cartáceo. Varias manos. Iniciales de los títulos en oro y colores. Varias miniaturas. Ed. RAH 1.xxxiii-xxxiv. Ver descripción del MS 12795. BOOST p. 7, § 119; Craddock, 'Nota cronológica' 366, 390; *Crestomatía* 1.214, § 61; Domínguez Bordona 1.304, § 776; García y García 272 que identifica equivocadamente con el MS 580; F. Martínez Marina, *Ensayo histórico-crítico sobre la antigua legislación y principales cuerpos legales de los reynes de León y Castilla, especialmente sobre el código de Alfonso X el Sabio, conocido con el nombre de Las Siete Partidas* (Madrid 1808, Madrid 1834 y Madrid 1966) 414-16 de la ed. de 1808; Simón Díaz 3.1 p. 131, § 1195.

72. MADRID, BN, MS 12794 (olim Bb. 42) fol. iv + 82ra-151va, 152rv y 153r-250rb (nueva foliación 1ra-72va, 74rv, 75ra-170rb) (s. XIV): SEGUNDA y TERCERA PARTIDAS (en el fol. 152rv hay un índice de la

Tercera Partida, así como en el fol. 82rv hay otro de mano posterior de la Segunda Partida. Ed. RAH 1.xxxiv-xxxv. Ver la descripción del MS 12795. BOOST p. 7, § 132; *Crestomatía* 1.214, § 61; Domínguez Bordona 1.304, § 777.

73. MADRID, BN, MS 12795 (olim Bb. 43) fol. 288va-331vb y iv + 332ra-357ra + ii (foliación antigua, ya que éste no presenta otra reciente) (s. XIV): QUINTA y SEXTA PARTIDAS. Cartáceo. Ed. RAH 1.xxxv. Este códice formó uno sólo con los dos anteriores, separándose en tres ya en el s. XV. Conserva todavía una foliación antigua corrida en los dos primeros códices. Hay también una tabla única de las Siete Partidas en el primero de estos tres códices actuales. El salto consistente en colocar la Cuarta Partida inmediatamente después de la Primera, parece obedecer al deso de poner juntas las dos que presentan un contenido prevalentemente canónico. Perteneció al Conde de Haro. Craddock, 'Nota cronológica, 366 nota 19; A. Paz y Meliá, 'Biblioteca fundada por el Conde de Haro en 1455', *Revista de Archivos, Bibliotecas y Museos* 19 (1908.2) 126 donde se da una descripción del manuscrito contenido en los números 71-73 de la presente lista; Arias Bonet, 'El depósito' 560; Domínguez Bordona 1.304, § 777.

74. MADRID, BN, MS 12897 (olim Bb. 44) fol. 1ra-69vb (s. XIV): SEXTA PARTIDA. Cartáceo. En el fol. 1rab índice. Después fueron cortados dos folios, comenzando el texto en el tít. 1 ley 5. Falta desde el tít. 5 ley 2 hasta ley 6 del mismo título. Termina en el fol. 69vb con el tít. 16 ley 21. Falta el resto hasta el final. Restaurado y encuadernado recientemente. Este códice perteneció al Conde de Haro. Cf. A. Paz y Meliá, 'Biblioteca fundada por el Conde de Haro en 1455', *Revista de Archivos, Bibliotecas y Museos* 19 (1908.2) 125-26.

75. MADRID, BN, MS Vitr. 4-6 (olim Hh. 1; Est. reserv. 7; V 2-8) fol. 1rb-2vb (Indices de las Siete Partidas) y fol. 5vb-464va (s. XV): Las SIETE PARTIDAS. Vitela fina. Perteneció este lujoso códice a la Reina Doña Isabel la Católica. Ver cuanto se dijo sobre un códice del mismo contenido en los números 43-47 de este elenco, que parece identificarse con el que aquí describimos. Beer 304, § 228; J. M. Escudero de la Peña, 'Encuadernaciones de la Alta Edad Media y Moderna', *Museo Español de Antigüedades* 7 (1876) 484-92, especialmente p. 484 y 490; *Exposición histórico-europea 1892 a 1893. Catálogo general* (Madrid 1893) sin paginar: Sala XVIII de la Biblioteca Nacional, § 216; E. de Leguina, 'La exposición histórico-europea, 6: Biblioteca Nacional', *La Epoca* (28.xi.1892); Domínguez Bordona 1.340, § 873 (donde da la signatura Vitr. 2.8); Craddock, 'La cronología' 393-94; Arias Bonet, 'El depósito' 560. Este códice ha sido citado por algunos bajo la signatura Vitr. 2-8. A. Paz y Meliá, 'Códices más notables de la Biblioteca Nacional', *Revista de Archivos, Bibliotecas y Museos* 11 (1904) 437-38, donde da también un facsímil.

76. MADRID, BN, MS BR 3.º (perdido). RAH 1.xxxvi-xxxvii; Craddock, 'Must the king obey' 71-79; Idem, 'La cronología' passim.

77. MADRID, Biblioteca de Palacio, MS II 2975 (olim S. 2 Est. M P. 8) fol. 1ra-220vb (s. XIV): SEGUNDA PARTIDA. Cartáceo. Termina en el tít. 21 ley 11. Algún folio deteriorado con pequeñas pérdidas de texto.

78. MADRID, Biblioteca de Palacio, MS II 3087 (olim S. 2 Est. Ll P. 1; VIII G 4) fol. 1r-176v (s. XV: 1401): PARTIDA SEXTA desde tít. 1 ley 4 hasta tít. 19 ley 8, pero la numeración de las leyes no coincide con las ediciones. Lleva al final esta inscripción: 'Acabado es este libro sesto. Loado sea el nombre de Dios. Et acabose en miercoles, veynte dias de Março del anno del nascimiento del nuestro Saluador Christo de mill e quatrocientos e un anos. Et fisole Toribio fijo de Toribio de Torre Lobaton. Et quando lo acabo auia trese annos. Toribio (rubricado)'. Notas marginales. Carpenter 15.

79. NEW YORK, Hispanic Society of America, MS HC: 397/573 fol. 1va-185vb (s. XIV): PRIMERA PARTIDA. Papel árabe de Granada. A principios de este siglo, el presente códice se hallaba en la tienda del anticuario Karl W. Hiersemann. En 1911 el Privat-Dozent W. Friedmann redactó una presentación sumaria del códice, sin duda por encargo de su poseedor, para enviarla a posibles compradores. De hecho sólo he visto el ejemplar que llegó a la Hispanic Society of America, que en efecto adquirió el códice. Allí permaneció ignorado de los estudiosos, hasta que recayó mi atención sobre él durante una breve estancia en la ciudad de los rascacielos, al regresar de un viaje de estudios por los Estados Unidos, durante el verano de 1963. K. W. Friedmann, *Las Siete Partidas del Rey don Alfonso el Sabio. Textkristische Untersuchungen eine unveröffentlichen Handschrift der vierzehnten Jahrhunderts* (Leipzig 1911)17 páginas sin numerar. Este folleto está escrito a doble columna, una en alemán y otra en inglés (esta segunda abrevia bastante el texto alemán); H. Serís, *Nuevo ensayo de una biblioteca de libros raros y curiosos* 1 (New York 1964) 46; García y García, 267-343; idem, 'Los manuscritos jurídicos medievales de la Hispanic Society of America', *Revista Española de Derecho Canónico* 18 (1963) 502-3 (ed. aparte, New York 1963, p. 526-27) donde se da una breve descripción catalográfica; J. A. Arias Bonet, 'Nota sobre el códice neoyorkino de la Primera Partida', AHDE 42 (1972) 753-55; idem, xlvii-ciii donde confronta los manuscritos que presentan recensiones más diferenciadas de la Primera Partida. Craddock, 'Nota cronológica' 364 y 390; Ch. Faulhaber, *Medieval manuscripts in the Library of the Hispanic Society of America. Religious, legal, scientific, historical and literary manuscripts* 1 (New York 1983) n. 229, pp. 225-27.

80. NEW YORK, Hispanic Society of America, MS B1570 fol. 1-4 (sin paginar) (s. XV: 1482): SEGUNDA PARTIDA 15.1-6. Pergamino. Trátase

de un fragmento copiado en Lisboa, por Lopes de Vieiros, notario de la Torre do Tombo, en función de un pleito entre don Alvaro de Zúñiga y Guzmán (tercer Duque de Béjar) y don Diego López de Zúñiga, en Valladolid (26 Feb. 1493). Ch. Faulhaber, o. cit. en el número anterior, n. 230, pp. 227-28.

81. NEW YORK, Hispanic Society of America, MS B2568 (s. XIV) fol. 89rb-96vb: SÉPTIMA PARTIDA 30.5-31.11. Pergamino. A. García y García, 'Los manuscritos...' cit. en el n. 79, p. 549; Ch. Faulhaber cit. supra n. 79, n. 231, p. 228.

82. ORENSE, BC, MS Fragmentos n. 41 (s. XIV). Una hoja de pergamino. Contiene la SEXTA PARTIDA 7.12-17 y epígrafe del tít. 8. E. Duro Peña, 'Los códices de la Catedral de Orense', *Hispania Sacra* 14 (1961) 209.

83. ORENSE, BC, donde se recibió como regalo en 1417 por el personaje que luego se indica. En él se contenía 'un libro de Tercia Partida de Rodrigo Comeiras'. E. Duro Peña, cit. supra n. 82, p. 189.

84. ORENSE, Archivo Provincial, Caja de fragmentos de códices manuscritos. Contiene un fragmento (mediados del s. XIV) de las Partidas, en gallego. Comprende los siguientes trozos de la SEXTA PARTIDA: tít. 14 ley 3-4, 7; tít. 15 ley 1-2; tít. 16 ley 26; tít. 17 ley 1-4; tít. 18 primeras líneas. Este fragmento fue descrito en el tercer volumen, que no llegó a editarse de su obra, por J. Ferro Couselo, *A vida e a fala dos devanceiros. Escolma de documentos en galego dos seculos XIII ao XVI,* cuyo primer volumen apareció en 1967 en la editorial Galaxia de Vigo. Debo la indicación del contenido exacto de este fragmento a mi ilustre colega y amigo J. L. Pensado Tomé, quien lo presenta, con la profesionalidad en él característica, en su estudio 'Nuevo fragmento de una traducción gallega de las Siete Partidas' (en prensa), que he podido consultar para redactar esta nota, por amable concesión del autor.

85. OVIEDO, Biblioteca Universitaria, MS 461 (antiguas signaturas: 195; n. 13; O.24; Clase 3, Sno.o? L.4; A/36) fol. 1va-156vb (s. XV): SEGUNDA PARTIDA. Cartáceo. Encuadernación en pergamino sencillo, con trenzas verdes caídas. Canto: 'Las Partidas de Emperadores e Reyes'. Canto rojo. Escrito a dos columnas. Sin hacer las rúbricas desde el fol. 90va, pero deja espacio para ellas. Fol. 1r: 'Ex Bibliotheca Capuccinorum Patientiae Christi Matriti, n. 13'. Este códice fue comprado por don Roque Pidal, poco tiempo antes de la Guerra Civil española del 1936-39, pasando luego a la Biblioteca Universitaria ovetense.

86. PARÍS, Bibliothèque Nationale, fond espagnol MS 58 (olim 42) (s. XV) 209 folios: SEGUNDA PARTIDA. J. A. Arias Bonet, 'El códice silense de

la Primera Partida', AHDE 40 (1970) 609 nota 2; BOOST 8, § 140; Morel-Fatio 11, § 42; Simón Díaz 3.1 p. 132 § 1209.

87. PARÍS, Bibliothèque Nationale, fond espagnol MS 440 (s. XIII-XIV) fol. 1-289: PRIMERA PARTIDA. Contiene numerosas mutilaciones (ver en Arias Bonet pp. 610-11 una lista de ellas). J. A. Arias Bonet, 'El códice Silense de la Primera Partida', AHDE 40 (1970) 609-11 donde se denomina 'Códice Silense'; ed. RAH 1.xlii; García Gallo 362; BOOST 7, § 124; Craddock, 'Nota cronológica' 366, 390; García y García 272 (donde se da equivocadamente como perdido); Morel-Fatio 11, § 41; Simón Díaz 3.1 p. 131, § 1194 (los §§ 1200 en Simón Díaz y 122 en BOOST se refieren a este mismo códice, y deben ser suprimidos). Sobre este códice hizo una tesis Marie-Claude Bourdin en la Universidad de París XIII bajo la dirección del profesor Jean Roudil, que no sé que se haya publicado.

88. PONTEVEDRA, Biblioteca particular del notario Gonzalo Pérez (año 1381). Dicho notario en su testamento, fechado en 1381, deja, entre otros libros, un códice de la SÉPTIMA PARTIDA. Beer 409, citando a Villa-Amil, 'Los códices', pp. 20-21.

89-92. SALAMANCA, BC. En la donación de libros de Juan de Castilla, ocurrida en 1510, figuran los siguientes volúmenes de las Partidas:

'10. 3 y 4 PARTIDA, de pergamino. *Comienza:* Fizo Nuestro Señor. *Acaba:* diximos.

13. TERCERA PARTIDA que trata de la justiçia. *Comienza:* Estos son. *Acaba:* los compañeros.

14. Las leyes de la 4 PARTIDA. *Inc.:* Honrras. *Finis:* Laus Deo.

15. 1, 2 y 3 PARTIDAS con la glosa del doctor Montalvo. *Comienza:* Despues. *Acaba:* los compañeros'.

F. Marcos Rodríguez, 'La antigua biblioteca de la Catedral de Salamanca', HS 14 (1961) 298-99.

93. S. JOÃO DE SOUTO (Portugal), Archivo parroquial. Fragmento de la TERCERA PARTIDA 18.59-61 y 69-70. Azevedo Ferreira constata que pertenece al mismo códice del fragmento del Arquivo Distrital de Braga. El códice al que pertenecieron los dos fragmentos tuvo como propietario, según opinión de Azevedo Ferreira, al Cabildo bracarense.

94-97. SANTIAGO DE COMPOSTELA, Archivo de la Catedral. Fragmentos B, C, D y E, con trozos de la TERCERA, SÉPTIMA, QUINTA y CUARTA PARTIDAS respectivamente. El primero de estos fragmentos es de la primera mitad del s. XIV, el segundo pertenece a la segunda mitad de dicha centuria y los dos últimos de finales del s. XIV o comienzos del s. XV. Trátase, pues, de cuatro fragmentos de otros tantos códices de las Partidas. Su contenido es el siguiente: Fragmento B: TERCERA PARTIDA, tít. 2, ley 18-19, 22-23, 32, 35-36; Fragmento C: SÉPTIMA PARTIDA, tít. 9, ley 7-15; Fragmento D: QUINTA PARTIDA, tít. 5, ley

48-52, 59-64, tít. 6, ley 3-5 y tít. 7, ley 4-7; Fragmento E: CUARTA PARTIDA, tít. 18, ley 9-19 y tít. 19, ley 1; edición y estudio de estos fragmentos en E. Oviedo y Arce, 'Cuatro fragmentos de distintos códices gallegos de las Partidas de Alfonso el Sabio', *Colección Diplomática de Galicia Histórica* 1 (Santiago 1901) 103-35.

98. SANTIAGO DE COMPOSTELA, Monasterio de S. Martín de Santiago. Una hoja de pergamino de finales del s. XIII: PARTIDA CUARTA, tít. 27, ley 1-6. Este fragmento se conoce como *Fragmento A,* correlativamente con los del número anterior. E. Oviedo Arce, 'Fragmento de una versión gallega del Código de las Partidas de Alfonso el Sabio', *Colección Diplomática de Galicia Histórica* 1 (Santiago 1901) 4-13, donde se contiene una edición y estudio del presente fragmento, cuyo paradero actual ignoro, pero por el contexto parece deducirse que se encuentra en la Catedral Compostelana.

99. SANTIAGO DE TORRES NOVAS (Portugal), en cuya iglesia se conservaba, en 1538, 'Uma Partida, a primeira', según I. da Rosa Pereira, 'Dos livros e dos seus nomes. Bibliotecas litúrgicas medievais', *Arquivo de bibliografia portuguesa* 17 (1971-73: editado en 1974) 127. Ignoro si es un códice castellano o portugués, o incluso un ejemplar de la edición de Montalvo.

100. SEVILLA, Biblioteca particular de D. Juan María Alava, donde había, entre otros libros, un códice del s. XV, cuyo contenido era la SEGUNDA PARTIDA. Beer 450.

100a. TOLEDO, BC, MS 28-15 (olim 28-7) fol. 51v-53r (s. XV): PARTIDA TERCERA, tít. 11.19-21. Cartáceo. García-Gonzálvez 115-16.

101. TOLEDO, BC, MS 43-11 (olim 26-7) fol. 1v-196r y 197ra-358v (s. XV: 1414): PRIMERA y SEGUNDA PARTIDA. Pergamino. Escrito por Juan Alfonso de Trujillo, salvo los fol. 345-46 que son de otra mano diferente. Una miniatura con orla a toda página al comienzo de cada una de las dos piezas. RAH 1.xli-xlii; García-Gonzálvez 168; García y García 272; Craddock, 'Nota cronológica' 366, 390; BOOST 7, § 117; Simón Díaz 3.1 p. 131, § 1199.

102. TOLEDO, BC, MS 43-12 (olim 26-8) fol. 1r-191v y 192ra-253r (s. XV: 1414): TERCERA y CUARTA PARTIDAS. Pergamino. Escrito por el mismo amanuense del anterior, con el que éste forma colección. Hermosas miniaturas al comienzo de cada una de las dos piezas. RAH xlvi-xlvii; García-González 168-69; BOOST p. 8, § 143.

103. TOLEDO, BC, MS 43-13 (olim 26-9) fol. 2ra-150vb (s. XIV: 1344): PRIMERA PARTIDA. Cartáceo. En el fol. 1v aparece el nombre de Diaguez Martines, clérigo del Molar, sin que resulte claro su significado aquí. En el fol. 152 se lee esta inscripción: 'Esta partida se encommenço miercoles quatro dias por andar del mes de Nouiembre, et acabose miercoles quatro dias andados del mes de Março, era de mil

et ccc. et ochenta et dos annos' (= año 1344). RAH 1.xli; García-González 169; García y García 272; Craddock, 'Nota cronológica' 366, 390; BOOST 6, § 114.

104. TOLEDO, BC, MS 43-14 (olim 26-10) fol. 2ra-200ra (s. XIV): TERCERA PARTIDA. Cartáceo. Unica mano, salvo algunos pocos folios suplidos por otra diferente. En el fol. 200r se leen los nombres de Marchos Ferrandez y Didacus Remigii. RAH 1.xlvi; García-González 170; BOOST 8, § 148.

105. TOLEDO, BC, MS 43-15 (olim 26-11) fol. 2ra-74vb (s. XIV): CUARTA PARTIDA. Cartáceo. En el fol. 74vb, firma autógrafa de Marchos Ferrandez. RAH 1.xlix-l; García-González 170-71; BOOST 8, § 151.

106. TOLEDO, BC, MS 43-16 (olim 26-12) fol. 1ra-65vb (s. XIV): CUARTA PARTIDA. Cartáceo. RAH 1.xlix; García-González 171; BOOST 8, § 152.

107. TOLEDO, BC, MS 43-17 (olim 26-13) fol. 2ra-80vb (s. XIV): QUINTA PARTIDA. Cartáceo. Dos manos. RAH 1.l-li; García-González 171; Arias Bonet, 'El depósito' 560; BOOST 8, § 155.

108. TOLEDO, MS 43-18 (olim 26-13) fol. 3r-124v (s. XIV): QUINTA PARTIDA. Cartáceo. Varias manos. En los fol. 3r está el índice los títulos de la PARTIDA TERCERA. En los fol. 4ra-7vb se encuentran los títulos 10-12 y parte del 13 de esta QUINTA PARTIDA, que han sido trasladados aquí del códice siguiente, donde estaban originariamente. RAH 1.li; García-González 171-72; Arias Bonet, 'El depósito' 560; BOOST 9, § 156.

109. TOLEDO, BC, MS 43-19 (olim 26-13) fol. 1ra-60vb (s. XIV): SEXTA PARTIDA. Cartáceo. RAH 1.lv; García-González 172; BOOST 9, § 156.

110. TOLEDO, BC, MS 43-20 (olim 26-14) fol. 78ra-158rb, 191r-195v (s. XIV): PRIMERA PARTIDA hasta 16.3, QUINTA PARTIDA 15.7-9 y parte del tít. 16. Cartáceo. Este códice contiene casi exclusivamente obras alfonsinas (*Setenario* y *General Estoria*). *Alfonso el Sabio: Setenario.* Ed. e introd. por K. H. Vanderford (Buenos Aires 1945 = Barcelona 1984); RAH 1.xxxix-xli; García-González 172-73; García y García 272; Craddock, 'Nota cronológica' 365, 390; BOOST 7, § 116; A. García Solalinde, 'Un códice misceláneo con obras de Alfonso X y otros escritos', *Revista de Filología Española* 11 (1924) 178-83.

111. VALENCIA, Biblioteca del Real Convento de Predicadores, MS 88. Entre otros libros, se conservan 'las primeras PARTIDAS saec. XV'. Beer 521, citando a J. Villanueva, *Viage literario a las iglesias de España* 4 (Madrid 1806) 153, quien, a su vez, habla de 'un vol. fol. MS vit. que contiene las quatro primeras partidas del rey D. Alonso: está escrito

con gran prolixidad y exactitud, y es de principios del s. xv'. En efecto, según un catálogo, que acaba de aparecer, se conserva todavía un códice con la TERCERA y CUARTA PARTIDAS. Pergamino. Encuadernación del s. XVII. Escrito a dos columnas de 50 líneas. Iniciales ornamentadas. Ver A. Robles, 'Manuscritos del Archivo del Real Convento de Valencia', *Escritos del Vedat* 14 (1984) 400-401.

112. VALENCIA, Biblioteca Provincial y Universitaria, MS 92-6-20 (s. xv) 110 folios: SEGUNDA PARTIDA tít. 18 en catalán, que ocupa los fol. 90r-108v de este códice. Abadal (cit. supra n. 2) 17-18.

113. VALENCIA, Biblioteca Provincial y Universitaria, MS 2084 (s. xv) 224 folios: SEGUNDA PARTIDA tít. 18 en catalán, que ocupa los fol. 195r-213r de este códice. M. Gutiérrez del Caño, *Catálogo de los códices existentes en la Biblioteca Universitaria de Valencia* 3 (Valencia 1913) 136.

114. VALLADOLID, Biblioteca Universitaria de Santa Cruz, MS 140 fol. 1r-122v (s. xv): Epítome de las SIETE PARTIDAS en latín (con los lemas en castellano. Estos siguen un texto castellano cercano al MS Z.I.14. Ver supra n. 40 de esta lista). Antigua signatura: 215. Encuadernación en pergamino. Tejuelo: 'Parti. Linguae Latinae'. Escritura gótica libraria del amanuense que se indica en el fol. 122v: 'Iste Partite sunt scripte per me Augustinum Flamingum alias Osto em Godtheeren'. Una mano del s. XVII anotó en el primer folio: 'Estas son las siete Partidas en latin y contienen todos los titulos y leyes que se han en las de romance, no las mismas palabras traducidas, sino el sentido y sumaria conclusion de la ley, y asi aprovechan grandemente, para veer lo que cada qual induce y pretende'. S. Rivera Manescau-P. Ortega Lamadrid, 'Catálogo de los manuscritos de las Bibliotecas Universitaria y de Santa Cruz de Valladolid', *Anales de la Universidad de Valladolid* 2 (1929) 411, donde lleva el n. 108; M. de las Nieves Alonso Cortés, *Catálogo de manuscritos de la Biblioteca de Santa Cruz* (Valladolid 1976) 113-14; J. A. Arias Bonet, 'Un epítome de las Partidas: El MS 140 de la Biblioteca Universitaria de Valladolid', AHDE 38 (1968) 671-73.

115. VITORIA, Biblioteca de la Facultad Teológica del Norte de España, MS 10 fol. 1r-125r (s. XVI): SEGUNDA PARTIDA. Cartáceo. Encuadernación en pergamino. Escrito a dos columnas y a dos tintas. Iniciales en blanco, sin ejecutar. *Catálogo de la Biblioteca del Seminario de Vitoria* 1 (Vitoria 1952) 4.

16. EL JURISTA CATALAN GUILLEM DE VALLSECA

Datos biográficos y tradición manuscrita de su obras *

El factor jurídico es determinante para comprender la historia de la sociedad occidental de los últimos siglos de la Edad Media. Sin embargo, la historia literaria de la ciencia jurídica en la Península Ibérica del s. XII al XV está todavía en gran parte por escribir. Hoy por hoy no es dado ofrecer una síntesis aceptable de esta temática, porque no se han investigado aún monográficamente la mayoría de los autores y obras de estos siglos. Mientras esto no se realice, los manuales e incluso obras de más empeño seguirán tejiéndose a base de indicaciones demasiado genéricas y con frecuencia inexactas.

En otros estudios anteriores traté de rehacer el cuadro de nuestra canonística, inventariando el material disponible como etapa previa para su estudio monográfico [1]. El presente estudio va dedicado a la figura de un ilustre jurista catalán de la segunda mitad del s. XIV y primeros años del s. XV. Me refiero a Guillermo (Guillem, en catalán) de Vallseca. Antes de ocuparme de la tradición manuscrita de sus obras, principal objeto de este trabajo, incluyo a continuación algunas notas biográficas que he podido localizar al ocuparme de sus escritos. Soy bien consciente de que mi labor bajo ambos aspectos es todavía incompleta. Ulteriores investigaciones aportarán sin duda nueva luz sobre este personaje y su obra.

1. DATOS BIOGRÁFICOS

En las últimas décadas del s. XIV, Barcelona es uno de los principales emporios de la política, de la economía, de la industria y del comercio en el Mediterráneo. Paralelamente, se registra en la ciudad condal un extraordinario movimiento en el campo de la cultura. El derecho ocupa un puesto

* Publicado en AEM 7 (1970-71) 677-708. Agradezco cordialmente el asesoramiento que amablemente me prestó en la preparación de este estudio el Prof. Dr. José M.ª Font y Rius, catedrático de Historia del Derecho español en la Universidad de Barcelona. Me es grato manifestar también mi gratitud a diversos estudiosos catalanes por los datos que me proporcionaron, entre los cuales quiero recordar aquí especialmente al Dr. José Serra Roselló, Sra. Josefina Mateu, Dr. José M.ª Madurell Marimón, Srta. Carmen Batlle, Srta. Antonia Colomar y Sra. Sara Cunchillos de Loscertales.

1 Cf. mi trabajo 'La canonística medieval posterior al Decreto de Graciano', AHDE 1 (Salamanca 1967) 397-434 y 2 (Salamanca 1970) 183-214.

de honor dentro de este marco ambiental. Jaime de Callís, Guillem de Vallseca, Jaime de Vallseca, Jaime de Montjuich, etc., no son más que algunos de los representantes más conocidos de esta escuela catalana. Nuestros conocimientos sobre la obra y significado de estos y otros autores continúan en relación inversamente proporcional a su importancia.

Los Vallseca son una de las familias aristocráticas barcelonesas cuyos miembros figuran en la administración de la cosa pública por lo menos desde fines del s. XIII hasta las últimas décadas del s. XVI [2]. Concretamente, durante la primera mitad del s. XIV, que es cuando un Guillem de Vallseca aparece en escena por primera vez, la familia Vallseca pertenece al elemento aristocrático de la ciudad. Como tales, tenían gran influjo en su administración pública, formando parte del restringido clan de los 'ciutadans honrats' (ciudadanos honrados) y frecuentemente del de los 'consellers' del Consejo de Ciento [3]. De hecho, si damos un vistazo a las listas de estos dos estamentos de la élite dirigente, nos encontramos en el s. XIV casi siempre con las mismas familias [4]. Este fenómeno es también normal en las ciudades libres italianas de la misma época.

Como quiera que el nombre de un Guillem de Vallseca aparece durante casi un siglo (1341 a 1436) entre los 'consellers' del Consejo de Ciento, resulta obvio suponer que no todas estas referencias aluden al mismo personaje, sin que sea fácil por otra parte determinar cuáles se refieren a nuestro jurista y cuáles a algún otro miembro de la misma familia. Creo que las últimas de estas alusiones hoy que excluirlas, por varias razones. En 1412, durante el Compromiso de Caspe, a que luego aludiremos, el jurista Guillem de Vallseca se encontraba viejo y achacoso, siendo presumible que no tardara en fallecer, ya que el resto de la documentación en que aparece su nombre no va más allá del año 1413. La primera y última alusiones a un Guillem de Vallseca como 'conseller' son de 1341 y 1436 respectivamente, fechas demasiado alejadas en el tiempo para un personaje que en 1412 se encontraba anciano y enfermo. Habría que suponer según esto en él una edad superior a lo normal [5].

2 Cf. *Rúbriques de Bruniquer. Ceremonial dels magnifichs Consellers y Regiment de la Ciutat de Barcelona* 1 (Barcelona 1912) 32 (donde aparece como 'conseller' del Consejo de Ciento Guillem de Vallseca en 1341 y 1345), p. 35 (se menciona a M. Guillem de Vallseca en 1387 y en 1390), p. 36 (reaparece M. Guiem de Vallseca en 1399 y en 1405), p. 37 (de nuevo Guillem de Vallseca en 1417), p. 38 (el mismo personaje en 1432) y p. 39 (el mismo en 1436). Antes y después de stas fechas se menciona a otros Vallseca de diferentes nombres. Sobre los 'ciutadans honrats' cf. J. F. Cabestany Fort, 'Aportación a la nómina de los «ciutadans bonrats» de Barcelona', *Documentos y Estudios del Ayuntamiento de Barcelona* 10 (Barcelona 1962) 41, donde se menciona a varios Vallseca en 1511.

3 Cf. nota precedente.

4 Cf. F. Carreras y Candi, *Geografia General de Catalunya. La Ciutat de Barcelona* (Barcelona s.a.) 536.

5 Tratando de aquilatar más la información que nos suministran las fuentes citadas en la nota 2 de este artículo, consulté en el Archivo Histórico de la Ciudad de Barcelona los 'Llibres del Consell' correspondientes a la época en que vivió el jurista Guillem de Vallseca. He aquí las referencias localizadas: en el tomo XII, fol. 3v y en el

La primera de las fechas indicadas, es decir la de 1341, creo que no puede referirse a Guillem de Vallseca, jurista, por las razones que indicaré más adelante.

En la familia Vallseca parece que fue bastante frecuente la existencia de varios personajes del mismo nombre. En un acta del 3 de Febrero de 1378 aparece un *Ioannes* de Vallseca licenciado en Decreto, que quizás sea el mismo que se registra como doctor en Decretos en un documento del 28 de Noviembre de 1390 [6]. En otra acta del 8 de Marzo de 1378 y en una del 10 de Julio de 1395 emerge, en cambio, un *Ioannes* Vallseca licenciado en leyes [7]. Algo semejante ocurre con el nombre de Guillem, ya que en acta del 22 de Noviembre de 1400 [8] se cita a un Guillem de Vallseca (hijo de Joan), con la indicación de que tenía entonces 22 años, con lo que queda excluido que se trate de nuestro jurista, quien una docena de años más tarde se dice viejo y enfermo. Puede, en cambio, tratarse de él cuando se menciona a un Guillem de Vallseca que el 13 de Julio de 1413 compró un censo a un cierto *Ioannes* de Faro y otros personajes [9].

También el nombre del jurista Jaume de Vallseca emerge de esta documentación del Consejo de Ciento de 1357 a 1425 [10]. Son 66 años de diferencia, lo que supone una edad verdaderamente larga para tratarse en ambos casos de un único personaje. En 1430 se da un inventario de los bienes que tenía Jaume de Vallseca en Horta (localidad al norte de Barcelona, hoy incorporada a la ciudad condal) en una 'torre' o casa de veraneo [11]. Por cierto que en este inventario no figuran libros importantes, citándose uno sólo de Derecho sin especificar el contenido exacto. Esta circunstancia nada tiene de particular si se tiene en cuenta que se trataba de una casa de veraneo y no del domicilio habitual. Nos consta, por otra parte, que otros juristas

tomo XIII, fol. 3v aparece un Vallseca con el nombre abreviado un tanto arbitrariamente pero que quizás pueda leerse *Guilielmus*. Estos dos tomos abarcan desde el 30 Nov. 1332 al 24 Nov. 1334. En el tomo XIV, fol. 3r figura Guillem de Vallseca en la lista de los cien 'consellers', extendiéndose este libro desde el 30 Nov. 1338 al 25 Nov. 1339. En el tomo XV, fol. 1 bis rv (30 Nov. 1340 al 25 Jun. 1343) aparece nuevamente Guillem de Vallseca. En el tomo XVI, fol. 1 bis rv (30 Nov. 1340 al 25 Nov. 1343) se alude a Guillem de Vallseca como 'conseller' indicándose que ya lo había sido el año anterior. En el tomo XVII, fol. 1v aparece Guillem de Vallseca firmando un documento, pero no figura en la lista de los Cien 'consellers'. En el tomo XVIII ya no se registra Guillem de Vallseca. En el tomo XXX aparece en 1430 repetidas veces un Guillem de Vallseca (fol. 1v, 4v, 6v y 8v), volviendo a registrarse en el mismo tomo en 1433 (cf. fol. 25v y 37r, 47r) y en 1435 (cf. fol. 111v), donde se le menciona entre los 'ciudadanos honrados' de la ciudad en la lista de los 'consellers' del Consejo de Ciento.

6 Barcelona, Archivo Histórico de la Ciudad, MS A. 369 (Documentos del Conde de Vilanova) n. 3.574 y 3.436.

7 Ibid. n. 5.173 y 5.234.

8 Ibid. n. 951.

9 Ibid. n. 907.

10 *Rúbriques de Bruniquer,* l. cit.; Barcelona, Archivo Histórico de la Ciudad MS A. 369 (Documentos del Conde de Vilanova) n. 1.195, donde también se cita a Jaime de Vallseca por primera vez el 3 Feb. 1357 como doctor en derecho.

11 Barcelona, Archivo Histórico de la Ciudad, MS A. 369 (Documentos del Conde de Vilanova) n. 4.885 que reproduce un documento del 2 de Abril de 1425.

catalanes de esta época poseían ricas bibliotecas jurídicas [12]. A juzgar por la rica erudición de las obras que escribieron Jaume y Guillem, los Vallseca también debieron disponer de una bien provista librería.

La presencia de tantos Vallseca en la vida pública barcelonesa de finales de la Edad Media pudiera sugerir que se trata de diferentes ramas de una misma familia o incluso de diferentes familias. Conocemos varios escudos de Vallsecas. Pero todos, menos uno, se refieren a familias que vivían fuera de Barcelona capital. El único que corresponde a una familia barcelonesa presenta tres bandas angulares (los ángulos apuntan con sus vértices hacia arriba) sobre campo liso [13]. En la obra que acabamos de citar se atribuye este escudo a Guerau de Vallseca, personaje que ocupaba varios cargos públicos en Barcelona a finales del s. XV (en 1486). Como es sabido, nuestro jurista, aparte del escudo que pudiera ostentar por su familia, tenía su sello personal como jurista, sello que los jurisperitos de esta época ponían al final de sus *consilia* o dictámenes sobre cuestiones jurídicas que se les formulaban recabando su *consilium sapientis*. Precisamente en un acto tan trascendental como el Compromiso de Caspe, nos dirá Guillem de Vallseca que utiliza el sello del jurista Bernat Gualbes, por no tener el suyo a mano [14]. Es éste un detalle inédito, en cuanto mis noticias alcanzan, en la dilatada literatura de los *consilia,* donde nunca he visto consignada esta circunstancia de que un jurista autentique su *consilium* con el sello de otro, alegando no tener el suyo a mano.

Tratándose de una familia aristocrática afincada en Barcelona, nuestro biografiado presumiblemente vino al mundo en esta ciudad. Esto debió de ocurrir en la primera mitad del s. XIV, a juzgar por la fecha en que aparece como estudiante. Por la documentación que doy en apéndice, consta que tuvo un hijo al que puso el nombre de Leonardo [15]. En un documento de 1413 se le llama *civis Barchinonae* [16].

Nada sabemos sobre sus estudios anteriores a los de derecho, que

12 Cf. M. Mitjá Segué, 'Pedro de Rajadell y su biblioteca jurídica', *Estudios Históricos y Documentos de los Archivos de Protocolos* del Colegio Notarial de Barcelona 1 (Barcelona 1948) 65-104, donde las obras de derecho romano de este jurista contemporáneo de Guillem de Vallseca totalizan 23 títulos, las de canónico 41, las de derecho catalán 5 y las de derecho germánico 2, constituyendo algunas verdaderas rarezas bibliográficas para su época y más todavía para la actualidad; cf. también J. M. Madurell Marimón, ' Micer Jaume Callís y su Biblioteca Jurídica', AHDE 33 (1963) 539-607, donde aparece que la librería de Jaume de Callís constaba de 118 códices que en su inmensa mayoría contenían Derecho canónico, romano, catalán y germánico. En 1434 había en dicha librería dos códices con comentarios de Guillem de Vallseca sobre los Usatges de Cataluña.

13 Sobre el aspecto heráldico cf. F. de Sagarra, *Sigilografía Catalana* 2 (Barcelona 1822) 296-97, lámina 221, n. 2.914, donde se trata del escudo a que aludimos en el texto de este capítulo.

14 Véase el texto alusivo a este asunto más abajo al tratar de la intervención de de Vallseca en el Compromiso de Caspe.

15 Archivo de la Corona de Aragón de Barcelona [en adelante ACA], Cancillería, Registro 2686, fol. 179r; texto publicado en apéndice a este capítulo, n. 12.

16 ACA, Cancillería, Registro 2396, fol. 22v-23r, texto publicado en apéndice a este capítulo con el n. 8.

realizó sin duda en la misma Barcelona. La cuestión reviste escasa importancia. Estos estudios eran de poca consistencia. Los estatutos boloñeses de 1317-1347 no especifican qué estudios previos se requerían para estudiar allí Derecho. Un siglo más tarde, en Salamanca se prescribe de modo genérico que 'nullus studens in iure canonico vel civili ad gradum baccalariatus in Salamantino studio assumatur nisi in grammaticalibus fuerit competenter instructus'[17]. Como es sabido, los estudios jurídicos en Salamanca, como en otras tantas universidades europeas, estaban organizados según el arquetipo boloñés.

Reviste, en cambio, gran importancia saber en qué universidad cursó Guillem sus estudios jurídicos, ya que esta circunstancia permite intuir toda una trayectoria doctrinal. Sobre este particular, se nos ofrecen dos posibilidades. Lo más verosímil es que estudiara en Montpellier hacia 1362, ya que por esas fechas aparece registrado su nombre en el *Cartulaire* de dicha Universidad[18]. Revisando recientemente actas notariales del Archivio di Stato de Bolonia, correspondientes a españoles de los primeros 30 años del s. XIV, encontré una que reza así:

> 'Dominus Guilielmus domini Raymondi de Villasecha de Chatelogna promissit, se obligando, Paci filio magistri Egidii sui patris de Bononia dare et soluere uel eidem uel cui mandauerit 82 libras bononinorum hinc ad unum mensem proxime uenturum in ciuitate Bononie uel ubicumque ad uoluntatem dicti creditoris. Et hoc pro pretio 41 <flor.> de auro quos eidem presentialiter dedit et numerauit renunciationibus debitis appositis, cum pena pignorum, que est octuaginta librarum et obligatione bonorum. Et speciali iure pignoris obligauit eidem unum equum bagium clarum cum una stella in fronte melchatum in coxa destra et generalia omnia alia cum pacto precarii et iuris et cum ceteris in instrumento inserto. Ex Iuliani Iohannis de Comeo notarii hodie facto Bononie in hospitio Caualici presentibus Vrbano Ortixii de Ragona, Bernardo Arnaldi de Catelogna qui dixit se cognoscere contrahentes et Roderico de Ragona testibus uocatis et rogatis. Et sic dicti contrahentes una cum dicto notario, uenerunt, dixerunt et scribi fecerunt'[19].

Esta acta, que es del 23 de Enero de 1330, presenta una obvia dificultad cronológica, aunque dificultad en este caso no es imposibilidad. Pudo en efecto nacer Guillem hacia el año 1310, estar estudiando en Bolonia 20 años más tarde, y morir en 1413 a la edad de 100-105 años. La ortografía de *Villasecha* en vez de *Vallesicha* no crea ninguna dificultad, ya que en los tomos

17 V. Beltrán de Heredia, *Bulario de la Universidad de Salamanca* 2 (Salamanca 1967) 647, n. 15.

18 *Cartulaire de l'Université de Montpellier* (1890) 451, n. 110; cf. A. Gouron, 'Les juristes de l'école de Montpellier', *Ius Romanum Medii Aevi,* pars IV, 3 (Milán 1970) 33. Agradezco a mi ilustre colega el Prof. Gouron, las indicaciones que me ha enviado sobre este particular.

19 Bologna, Archivio di Stato, Memorialia Communis 168, fol. 244v, n. 4 (23 Enero 1330).

de actas notariales de Bolonia, los nombres extranjeros se copiaban de oído y sin verlos escritos previamente, por lo que es normal que aparezcan notablemente desfigurados [20]. Como encontramos en la documentación diversos miembros de la familia Vallseca del mismo nombre, resulta difícil decir en cualquier momento a cuál de ellos se refiere un determinado documento. Más arriba mencionamos otro Guillem Vallseca, también jurista, que tenía la edad de 22 años en el 1400, por lo que no puede identificarse ni con el escolar de Montpellier de 1362 ni con el de Bolonia de 1330. También aludiremos más adelante a otro Guillem de Vallseca que escribía en tiempos del rey Jaime (1291-1327), al cual no puede referirse en modo alguno la documentación de Montpellier ni la de Bolonia citadas. Nuestro jurista presenta, por otra parte, la circunstancia de conocer muy bien y utilizar con profusión los civilistas y canonistas boloñeses, y en general italianos, aparte de los franceses que le eran familiares por razón de proximidad geográfica y cultural, aunque no hubiese estudiado en Montpellier.

Las actas notariales con nombres de españoles a que antes aludí registran en la Bolonia de los primeros 30 años del s. XIV casi un centenar de estudiantes hispanos, de los cuales el 80 por 100 eran precisamente catalanes. Esto demuestra que la afluencia de escolares de Cataluña a Bolonia en esta época es muy superior a cuanto se ha venido diciendo [21].

El paso de un personaje célebre por una universidad constituye uno de los capítulos más importantes de su vida, pese a que esto en las biografías no suele ocupar más de un línea, en la que se da el nombre de la universidad en cuestión y eventualmente la fecha y el nombre de alguno de sus profesores. Si estudió en Bolonia, Guillem adquirió, en virtud de los estatutos vigentes, un triple vínculo: con el profesor que le había de dirigir en sus estudios, con la *nación* y con la pensión o alojamiento. En efecto, todo estudiante debía elegir un profesor ordinario que quedaba con ello constituido en director de sus estudios y que era llamado por el alumno *dominus meus.* Este contrato podía durar todo el *curriculum studiorum,* por un curso académico e incluso por menos tiempo. Las *naciones* eran en Bolonia, en la época de Vallseca, 13 ultramontanas y 17 citramontanas. Los catalanes constituían por sí solos una nación, y a ella perteneció con toda verosimilitud Guillem de Vallseca. Las 13 naciones de ultramontanos constituían la *universitas ultramontanorum.* En las actas notariales antes aludidas la mayor parte de los españoles figuran domiciliados en la zona correspondiente a un tramo de la actual vía de Zaragoza, cerca de donde medio siglo más tarde se fundará el Colegio de S. Clemente de los Españoles. Por lo

20 La misma errata de los Memorialia Communis de Bolonia, aparece en una disposición de Juan I sobre el salario de Guillem de Vallseca, fechada el 10 Enero 1395 (ACA, Cancillería, Registro 1984, fol. 69v-70r; publicada en el apéndice a este capítulo con el n. 5).

21 En numerosas publicaciones se afirma que para estas fechas los catalanes que estudiaban derecho acudían casi exclusivamente a Lérida. Cf. a título de ejemplo M. Mitjá Segué, art. cit. 66-67. Esta apreciación parece inexacta a tenor de la luz que arroja la documentación boloñesa e incluso la de las Universidades del Sur de Francia.

que respecta al alojamiento, en 1330 seguían funcionando las pensiones en casas privadas, que sin embargo era reglamentadas prolijamente por varias normas que se ocupaban de esta materia, y que tendían a evitar la explotación de los estudiantes. Pero desde mediados del s. XIII funcionaban ya algunos colegios universitarios para los laicos. Todos estos vínculos con las diferentes entidades que acabamos de mencionar tenían sus efectos jurídicos, consistentes en una serie de derechos y deberes que condicionaban profundamente la vida estudiantil en Bolonia, implicando una participación más activa en el quehacer universitario que en la actualidad. En la documentación aparece siempre Vallseca como *doctor legum* y nunca como *doctor decretorum* ni como *doctor utriusque iuris,* por lo que es prácticamente seguro que hizo el doctorado en leyes y no en cánones, pudiendo recibir a lo sumo el bachillerato en Derecho canónico. Para este efecto debió permanecer estudiando un mínimo de siete años.

La principal actividad de Vallseca, a su regreso del estudio, se desarrolló al servicio de varios monarcas en diversos cargos públicos. Dice Jaime de Vallseca que Guillem fue vicecanciller del rey D. Pedro IV [22]. Pedro IV de Aragón (III de Cataluña) reinó de 1336 a 1387. En la documentación de la cancillería, que actualmente se conserva en el Archivo de la Corona de Aragón de Barcelona, figura por primera vez Guillem de Vallseca como vicecanciller [23] del rey D. Pedro en un documento del 8 de Febrero de 1385 [24]. El 15 de Junio de 1393 Juan I (1387-1395) le llama *consiliarius et uicecancellarius noster* [25]. Ignoro la fecha en que ocupó este cargo, que siguió conservando durante todo el reinado de este último monarca. El 15 de Junio de 1393 expide Juan I un documento sobre el salario que correspondía a Guillem de Vallseca [26]. Otro documento del mismo rey, fechado el 10 de Junio de 1387, alude a Guillermo no como vicecanciller suyo, sino de su padre el rey D. Pedro [27]. En una disposición del 10 de Enero de 1395 lo llama el rey *consiliarium et vicecancellarium nostrum* [28].

22 Glosa de Jaime de Vallseca al usático 'Auctoritate et rogatu II' (ed. *Antiquiores Barchinonensium Leges, quas vulgus Usaticos appellat cum commentariis Supremorum Iurisconsultorum Iacobi de Monte Iudaico, Iacobi et Guilermi de Vallesicca et Iacobi Calicii...,* Barcelona 1544, fol. 134v).

23 El vicecanciller era el sustituto del canciller, a quien suplía en caso de ausencia, enfermedad, etc. Cuando no sustituía al canciller, le ayudaba en la cancillería, sobre todo por cuanto concierne al aspecto jurídico de los asuntos que allí se tramitaban. El vicecanciller debía ser doctor en leyes, y no ordenado *in sacris* para que pudiera intervenir en asuntos criminales. Las peticiones de privilegios parece que debían dirigirse al vicecanciller y no al canciller. Por su formación jurídica, estaba el vicecanciller más capacitado para juzgar de la justicia y legalidad de tales peticiones. Cf. sobre este tema F. Sevillano y Colom, 'Apuntes para el estudio de la Cancillería de Pedro IV el Ceremonioso', AHDE 20 (1950) 5-109, especialmente en las páginas 40-39, donde menciona otros vicecancilleres de Pedro IV, aunque no cita a nuestro jurista.

24 ACA, Cancillería, Registro 1374, fol. 35r (ed. en apéndice a este capítulo n. 2).

25 ACA, Cancillería, Registro 1881, fol. 101v (ed. en apéndice, n. 4).

26 Ibid.

27 ACA, Cancillería, Registro 2019, fol. 39v (ed. en apándice n. 3).

28 ACA, Cancillería, Registro 1984, fol. 69v-70r (ed. en apéndice n. 5). En otros documentos de fecha anterior al que acabamos de citar, aparece Guillem de Vallseca

Poco después de la subida al trono del rey Martín I (1395-1410), se exigió un severo rendimiento de cuentas sobre su actuación durante el reinado anterior a Guillem de Vallseca y a todos los que habían tenido influjo en la gestión de la cosa pública. En el interrogatorio se le preguntó a Guillem de Vallseca si había aconsejado al rey o a la reina no tener cortes o parlamento general y si hizo otras cosas contra el bien público, a lo que tanto Vallseca como los demás respondieron negativamente. Con este motivo, Vallseca tuvo durante algún tiempo confinamiento domiciliario, bajo pena de 5.000 florines y bajo la pena de juramento y de homenaje. A tenor del documento correspondiente que damos en apéndice, Vallseca había suscrito un compromiso formal en este sentido el 6 de Agosto de 1396 [29]. La reina Doña María le levantó el arresto, llevando el documento la fecha de 18 de Julio de 1396, fecha ésta sin duda ficticia [30]. En este documento se manda destruir los instrumentos relativos a este arresto domiciliario. El secretario es fácil cumpliera con el mandato real de destruir los dos documentos mencionados, pero quedó la copia registrada en la Cancillería y que publicamos en apéndice. Es curioso notar que en este documento ya no se llama vicecanciller a Guillem de Vallseca, por lo que es prácticamente seguro que cesó con el reinado anterior, o a principios del de Martín I.

En la documentación de la Cancillería que venimos citando se da siempre a Guillem el título de *legum doctor* [31], llamándosele sólo por una vez *legum professor* [32], lo que sin duda equivale en este caso a *legum doctor* sin implicar que ejerciera la docencia. Esta parece incompatible con los cargos públicos

como vicecanciller. Así, por ejemplo, en el MS Z.I.4, fol. 97r de la Biblioteca del Escorial, donde firma como vicecanciller en el siguiente documento: 'Petrus Dei gratia Rex Aragonum, Valencie, Maioricarum, Sardinie et Corsice Comesque Barchinone, Rossillionis, et Ceritanie fideli nostro vicario Tarrege presenti et futuro salutem et gratiam. Ecce quamplura quandoque concedimus'; des. 'explanando summarie omnimodo teneant. Datum in Villafrancha Peniten. decima septima die octobris, anno a Natiuitae Domini millesimo CCC. octuagesimo quarto. Guilielmus de Villasiccha'. El mismo códice en el fol. 109rb contiene otro documento donde aparece Vallseca como vicecanciller: 'Sententia lata inter uiccarium Barchinone et uiccarium Vallentie. Nos Iohannes Dei gratia Rex Aragonum etc. Visa quadam supplicatione in duccali audientia'; des. 'quod more sollito celebratur. In palatio Maiori ciuitatis Barchinone XIX februarii anno M.CCC.XCII., presente primo Masa procuratore fiscali curie uicarii Barchinone... Guilielmus de Vallesica uicecancellarius domini regis'.

29 ACA, Cancillería, Registro 2327, fol. 91rv (ed. en apéndice n. 7). El instrumento suscrito por Guillem de Vallseca se transcribe íntegro dentro del documento que alegamos en esta nota.

30 Cf. nota precedente. Véase sobre este tema M. Mitjà, 'Procés contra els consellers, domèstics i curials de Joan I, entre ells Bernat Metge', *Boletín de la Real Academia de Buenas Letras de Barcelona* 27 (1957-58) 376-417. Una buena exposición del alcance y sentido del proceso abierto por Martín I contra el grupo que había gobernado en tiempos de su antecesor y entre los cuales se encontraba Guillem de Vallseca, puede verse en Riquer, *Obras de Bernat Metge* (Barcelona 1959) 113 ss. Hay alusiones a este episodio en *Cortes de Aragón, Valencia y Cataluña* 4 (Madrid 1901) 248 ss.

31 ACA, Cancillería, Registro 974, fol. 168r-169r (ed. en apéndice n. 1); ibid. Registro 1374, fol. 35r (ed. en apéndice n.2); ibid. Registro 1984, fol. 69v-70r (ed. en apéndice n. 5); ibid. fol. 73rv (ed. en apéndice n. 6); ibid. Registro 2019, fol. 39v (ed. en apéndice n. 3), etc.

32 ACA, Cancillería, Registro 1881, fol. 101v (ed. en apéndice n. 4).

de Vallseca y con su residencia en Barcelona, donde no había a la sazón ningún estudio general de derecho.

Durante este tiempo emerge también su nombre como persona destacada en los asuntos públicos de la ciudad condal. Así, cuando murió Pedro el Ceremonioso, en 1387, Guillem de Vallseca fue uno de los pocos que se hallaron presentes en la cámara regia [33].

El 5 de Agosto de 1391, Guillem intervino en el proceso que se siguió contra los provocadores de una escaramuza popular contra los judíos. Habían sido asaltadas las aljamas o juderías de Palma de Mallorca, Barcelona, Sevilla, Valencia, Lérida, Gerona y Perpignan. Un documento, copiado al margen de un códice escurialense [34] describe este proceso, en el que se dictaron severas penas contra los revoltosos. Formaban tribunal con Vallseca, Pedro Castrada, Geraldo de Palaciolo, Francisco Treni y Arnaldo Destorrent.

El 23 de Diciembre de 1391, la reina de Sicilia (María, prometida de Martín el Joven), fue despedida con gran pompa en Barcelona, cerca de la torre de S. Nicolás. Acudieron a acompañarla a la galera que debía conducirla a su país cuatro 'consellers' y dos prohombres de la ciudad condal, el gobernador general de Cataluña Ramón Alemany de Cervelló y el jurista Guillem de Vallseca, siguiéndoles 16 trompetas y otros músicos [35].

El 17 de Agosto de 1394 se presentó en palacio, en presencia del rey, una acusación contra el conde de Ampurias. El vicecanciller, Guillem de Vallseca, en nombre y de parte del rey mandó leer en voz alta los cargos contra el conde ante los obispos y nobles allí presentes. Ordenó que se hiciese proceso, encargándoselo a los juristas Joan de Vallseca y Pere de Berga [36].

En 1410 vemos a Guillem como árbitro en un conflicto existente entre la ciudad de Barcelona y los que importaban mercancías por mar. Vallseca fue nombrado en tercer lugar para el caso en que los dos anteriores discordaran sobre la solución del caso. Los otros dos árbitros eran Bonanat Pere y Jaume de Callís [37].

En 1378, Guillem tomó parte en uno de los sucesos más importantes de la historia europea del s. XIV, que sin duda puede calificarse como el acontecimiento del siglo. Me refiero a la crisis que ocurrió al a muerte de Gregorio XI (27 de Marzo de 1378), que señala el comienzo de las tensiones que conducen al Cisma le Occidente (1378-1417). Primero se divide la cristiandad en dos obediencias y después en tres. A la muerte de Gregorio XI,

33 Cf. R. Tasis i Marca, *Pere el Ceremoniós i els seus fills* 2 ed. (Barcelona 1962) 122.

34 Cf. MS Z.I.4, fol. 8v-9r de la Biblioteca del Monasterio del Escorial.

35 Cf. *Manual de Novells Ardits vulgarment appellat Dietari del Antich Consell Barceloní* 1 (Barcelona 1892 24.

36 Ibid. 45-46.

37 Archivo Histórico de la Ciudad de Barcelona, 'Testaments dels Consellers', a. 1410, fol. 6r. En el mismo Archivo, 'Patrimonial', Varios 37, hay un documento firmado por Jaime de Callís, fechado el 8 de Junio de 1422, que no he visto reseñado en la literatura moderna sobre este autor. Cf. J. Rius Serra, *Jaime de Callís. Notas biobibliográficas (1364-1434)* (Galería de Vicenses Ilustres; Vich 1944); J. M. Madurell Marimón, art. cit.; J. Lalinde Abadía, *La persona y la obra del jurisconsulto vicense Jaume de Callís* ([Vic] 1980) 184 pp.

fue elegido nuevo papa Urbano VI. Unos meses más tarde, los cardenales, franceses principalmente, eligen en Anagni a Clemente VII, iniciándose con ello el Cisma. Es bien sabido que la Corona de Aragón se inclinó más por los papas aviñonenses que por los romanos. Sería interesante poder describir al detalle el papel que jugó en la política de su monarca nuestro Vallseca. Pero la documentación de que disponemos apenas habla de otra cosa que de lo que Guillem cobró por sus servicios. Hay dos disposiciones del rey Juan I, una de 10 de Junio de 1387 [38] y otra del 10 de Enero de 1395 [39], con las que se trata de hacer efectivos a Guillem de Vallseca 1.500 florines de oro por la embajada que desempeñó en Aviñón, en 1387, con motivo de las dos elecciones papales a que acabamos de referirnos, y en la que según la documentación alegada empleó Vallseca más de cinco meses. Su colega de gestión diplomática era el jurista Pere ça Calvi. Aparte de Aviñón, los dos juristas anduvieron también por Italia donde se desarrollaban las gestiones diplomáticas del astuto monarca Pedro IV. No cabe duda que la información y gestión de los dos juristas debieron influir en la conocida actitud de su rey en este complicado asunto [40].

Si en el plano internacional Guillem tuvo que ver con un acontecimiento clave de la historia del s. XIV, hacia el final de su vida se vio envuelto en uno de los sucesos más importantes de toda la historia de España. Me refiero al Compromiso de Caspe. A la muerte de Martín I el Humano (1395-1410), sin haber nombrado sucesor ni dejar hijos, diferentes bandos, que ya habían agitado el reino en vida del monarca, presentaron la nada despreciable cifra de seis candidatos que pugnaban por suceder al difunto rey de la dinastía catalano-aragonesa. Siguió un interregno que duró de 1410 a 1412. El país se vio al borde de la guerra civil. Sin embargo, después de largos trámites, se avinieron a nombrar unos compromisarios que deberían zanjar la cuestión en Caspe. Allí se reunieron tres por Valencia, tres por Aragón y tres por Cataluña. Entre estos últimos figuraba Guillem de Vallseca. Seis de estos compromisarios, al parecer bajo la inspiración de San Vicente Ferrer, dieron su voto al infante castellano D. Fernando de Antequera, hijo de una princesa aragonesa y del rey D. Juan de Castilla. El compromisario por Valencia, Pedro Beltrán, se abstuvo, alegando que no había tenido tiempo para examinar tan complicada cuestión, ya que sólo había llegado a la villa de Caspe el 18 de Marzo de 1412, en sustitución del insigne jurista Ginés Rabasa, que se había retirado por enfermedad [41]. Uno de los compromisarios catalanes (el arzobispo de Tarragona, Pere Sagarriga) dijo que tenían igual dere-

38 ACA, Cancillería, Registro 2019, fol. 39v (ed. en apéndice n. 3).

39 ACA, Cancillería, Registro 1984, fol. 69v-70r (ed. en apéndice n. 5).

40 Sobre la actitud del viejo y experimentado Pedro el Ceremonioso en esta contienda cf. A. Ivars, 'La indiferencia de Pedro IV de Aragón en el Cisma de Occidente', *Archivo Ibero-Americano* 29 (1928) 160-86; J. Vincke, 'Der Konig von Aragon und die Camera Apostolica in den Angängen des grossen Schismas', *Spanische Forschungen* 7 1938) 84-126.

41 De este jurista valenciano me ocupo en el artículo que aparece en RHCEE 2 (Salamanca 1970) 208-12.

cho el conde de Urgel, Jaime el Desdichado,, y el duque de Gandía, Alfonso, ambos también nietos de reyes. Guillem de Vallseca expresó su voto en estos términos:

> 'Ego Guillermus de Vallesica, unus ex praedictis deputatis, idem cum D. archiepiscopo immediate praecedente sentio, hoc tamen addito quod eo casu quod dictus dominus archiepiscopus dicit quod illi de dictis duce et comite debet praeferri qui sit idoneor et rei publicae utilior, ego addo quod caeteris paribus dictus comes meo iudicio est praeferendus dicto duci. Et hoc prima facie dico, quia a tempore quo fui Dertosae non potui plene ut exigit qualitas negotii super hoc impetentibus me doloribus podagrae et aliis doloribus deliberare. In cuius testimonium, haec propria manu scribo, et sigillo domini Bernardi de Gualbis supradicti, cum meum ad praesens non habeam' [42].

O sea, que Vallseca conviene con el arzobispo de Tarragona en dar su voto al conde de Urgel o al duque de Gandía. Pero añade que, a su juicio, es más digno el conde que el duque. El Compromiso de Caspe había dado comienzo el 29 de Marzo de 1412. Vallseca llegó allí el 22 de Abril, debiéndose este retraso a su ancianidad y enfermedades. La sentencia arbitral se dio el 28 de Junio del mismo año de 1412. Deliberadamente prescindo de entrar aquí en ulteriores detalles sobre el Compromiso de Caspe. Como es bien sabido, fue éste un episodio de trascendental importancia en orden a la unificación de los antiguos reinos que hoy constituyen España. El Compromiso de Caspe otorgó el trono de la Corona de Aragón a un príncipe castellano, D. Fernando de Antequera, lo que trajo consigo la unión de ambas Coronas, de Aragón y de Castilla, en tiempos de los Reyes Católicos. El Compromiso de Caspe fue un tema polémico para sus contemporáneos y participantes, continuó siéndolo en todos los tiempos [43] y lo es todavía ahora [44]. Prescindiendo de las razones que unos y otros alegaron con motivo del Compromiso de Caspe, lo cierto es que el fallo se debió principalmente a la hegemonía de Aragón sobre los otros reinos de la misma Corona. Dentro de la crisis económica de finales del s. XIV, una economía de base agropecuaria como la aragonesa resistió mejor el impacto que la economía industrial y mercantil de Cataluña. La peste ne-

42 F. Janer, *Examen de los sucesos y circunstancias que motivaron el Compromiso de Caspe, y juicio crítico de este acontecimiento en sus consecuencias en Aragón y Castilla* (Madrid 1855) 172.

43 Véase el estado de la cuestión en J. Pou i Martí, *Historia de la Ciudad de Balaguer* (Manresa 1913) 139-203 (cap. 5-6 de esta obra).

44 Como ejemplo de las últimas marejadas de esta polémica cf. R. Menéndez Pidal, *Historia de España* 15 (Madrid 1964) en una introducción intitulada 'El Compromiso de Caspe, autodeterminación de un pueblo (1410-1412)' pp. IX-CLXIV. Una respuesta vivaz a esta introducción es la de F. Soldevila, *El Compromís de Casp (Resposta al Sr. Menéndez Pidal)* (Barcelona 1965). El lector observará cómo surge la polémica desde los mismos titulares, si compara el epígrafe de Menéndez Pidal con este otro de Domenech i Montaner, *La iniquitat de Casp* (Barcelona 1930). En las obras citadas en esta nota y en la anterior se encuentra la indicación de las restantes fuentes y bibliografía sobre este tema del Compromiso de Caspe y sus implicaciones. Añádase, además, F. Soldevilla, 'Zurita i el Compromís de Casp', *IV Congrés d'Història de la Corona d'Aragó* (Mallorca 1956); ídem, *Història de Catalunya* 2 ed., 2 (Barcelona 1962).

gra tuvo más serias consecuencias en Cataluña que en Aragón. El fantasma del Cisma de Occidente y el papa Luna no fueron ajenos a la solución a que llegó el Compromiso de Caspe. Que los aragoneses tenían clara conciencia de su supremacía lo demuestran estas palabras de sus diputados en el Parlamento de Alcañiz de principios de Enero de 1412: '... los de aqueste regno de Aragon, que son cabeça de los otros regnos e tierras de la real Corona de Aragon...' [45].

La firma autógrafa de Guillem de Vallseca, estampada al pie de la sentencia arbitral de Caspe, puede verse en un facsímil publicado por Bofarull [46].

¿Cuál fue la suerte que corrió Guillem de Vallseca con el nuevo amo (D. Fernando de Antequera) contra el que había votado en Caspe?... No falta quien afirma que Vallseca no recibió mercedes del nuevo rey [47]. La realidad es algo diversa. Fernando I (1412-1416) puso a Guillem de Vallseca al frente de la bailía de Perpiñán el día 1 de Abril de 1413 [48]. El 21 de Junio del mismo año expidió el rey otro documento relativo al mismo tema, en el que alaba a Guillem de Vallseca, como persona 'de loable fama y conversación, que ha regido y tenido en la ciudad de Barcelona oficios públicos que ejerció loablemente' [49]. El 21 de Julio de 1413 Fernando I manda a Vallseca que vaya a su presencia a Balaguer donde continuaba asediando a su contricante el conde de Urgel [50]. Guillem de Vallseca debió morir muy poco después de esta fecha, cuando contaba una edad avanzada.

Otro cargo que ocupó Guillem de Vallseca fue el de fiscal de la ciudad de Barcelona y de las curias del vicario [51] y de la bailía [52] de la misma ciudad. Fue promovido a este cargo por Pedro IV el 20 de Marzo de 1377 [53].

45 Cf. C. Carrère, *Barcelone, centre économique à l'époque des difficultés 1380-1462* (París 1967); J. Reglá, *La Corona de Aragón en el tránsito de la Edad Media a la Moderna* (Cuadernos de Historia anexos de la revista Hispania 1; Madrid 1967) 206-209.

46 P. de Bofarull y Mascaró, *Colección de Documentos inéditos del Archivo General de la Corona de Aragón* 3 (Barcelona 1848) en la lámina quinta que aparece al final de este tomo, donde reproduce las firmas de los compromisarios de Caspe, figurando la de Guillem de Vallseca en sexto lugar.

47 F. Soldevila, *Història de Catalunya* 2 ed., 2 (Barcelona 1962) 597.

48 ACA, Cancillería, Registro 2396, fol. 22v-23r (ed. en apéndice n. 8); ibid., fol. 23r (ed. en apéndice n. 9).

49 ACA, Cancillería, Registro 2383, fol. 108r-v (ed. en apéndice n. 10).

50 ACA, Cancillería, Registro 2384, fol. 167r-v (ed. en apéndice n. 11).

51 El cargo de procurador y abogado fiscal en la corte o curia del veguer y del baile de Barcelona está todavía poco estudiado, siendo este documento relativo a Guillem de Vallseca una de las piezas iniciales para su estudio. Es de suponer llevaría la voz del rey en sentido fiscal o patrimonial en los asuntos que se ventilaran en dichas curias, constituyendo una especie de «abogado del Estado» actual en los tribunales contenciosos. Cf. referencias a este cargo en J. Lalinde, *La jurisdicción real inferior en Cataluña (Corts, Veguers, Batlles)* (Barcelona 1960) 156, nota 294, y p. 218. En la página 222 de la misma obra se habla de unos juristas que asistían semanalmente a la curia del veguer en número de cuatro y a la del baile en número de dos; ignoro si tienen algo que ver con el papel del procurador y del abogado fiscal. Véase finalmente, J. Lalinde, *La gobernación general de la Corona de Aragón* (Madrid-Zaragoza 1963) 298; ídem, *La institución virreinal en Cataluña (1471-1716)* (Barcelona 1964) 357.

52 Es de suponer que se dio una cierta unidad y homogeneidad en la naturaleza de este cargo, radicando el elemento diferencial en el ámbito en que se ejercían.

53 ACA, Cancillería, Registro 974, fol. 168r-169r (ed. en apéndice n. 1).

El rey Alfonso V, en carta del 17 de Diciembre de 1430, manifiesta sus reales deseos de ver la obra que Guillem había dejado escrita sobre los Usatges y Constituciones de Cataluña [54]. La circunstancia de aludir al hijo y no al padre, y el hecho de citar a este último en tiempo pasado, indican claramente que Guillem había muerto ya en esta fecha.

Los elogios que Fernando de Antequera tributa a Guillem en la carta que acabamos de citar, no parece deban interpretarse como un simple cumplido. Lorenzo Valla, el ilustre humanista italiano y panegirista del rey Fernando I, escribe textualmente acerca de Guillem de Vallseca: 'Bernardus (por *Guilielmus*; en cambio a Bernat Gualbes lo llama Guilielmus) Vallissiccae, quem non tanti faciebant, quod in iure civili nulli suorum foret secundus, et in dicendo sane admodum valeret, quanti quod plerasque causas gratis defensitabat: neque ex patrociniis potentiorum favores, neque ex humiliorum gloriam captabat' [55].

En los manuscritos de derecho catalán que tuve a mano, localicé los nombres de más de 30 juristas que tomaron parte con Guillem de Vallseca en diversas causas. Creo interesante dar aquí la lista completa de estos juristas, por varias razones. Trátase, ante todo, de los hombres de leyes contemporáneos de nuestro jurista, que compartieron con él la administración de la justicia, y forman parte por lo mismo de su entorno humano y profesional. Varios de estos juristas aparecen también como autores de obras jurídicas. Unos eran ya conocidos; pero de la mayor parte no he visto otras referencias. Algunos se registran en textos que transcribimos en las páginas que siguen, mientras que otros no he tenido ocasión de mencionarlos. Su lista completa creo que será útil para futuras investigaciones. He aquí sus nombres por orden alfabético, conservándose generalmente la forma latina con que aparecen en los manuscritos:

> An. de Conions (?), Andreas de Contigots, Arnaldus Destorrent (de Torrentibus), Berengarius Lunes, Berengarius de Podio Alquerio(?), Berengarius Vives (= Berengarius Lunes ?), Bernardus Blanch, Bernardus Gualbes, Bernardus Miquel o Michaelis, Bertrandus de Valle, Bonanat Petrus, Castelion. de Manloras, d. de Mayorich, Franciscus Castilio, Franciscus Treni, Geraldus de Palaciolo, Guilielmus Praepositus, Jacobus de Bisanya, Jacobus Callicus (= Jaume de Callís), Iacobus de Faro (a quien sucedió Guillem en varios cargos, como se desprende del documento n. 1 del Apéndice), Iacobus de Lena, Iacobus de Marquilles, Iacobus Monellus o de Monellis, Iacobus de Vallseca, Ioannes Albert, Ioannes de Bellaria o de Bellera o de Bellalilla, Ioannes de Vallseca, Narcisus de Sancto Dionysio, Petrus de Berga, Petrus Catani, Petrus ça Calvi, Petrus de Cigano Cymenga Vais, Petrus Castrada, Petrus de Rayadello o de Radagello, Raymundus de Francia, Raymundus de Nepot.

Por la forma en que aparecen citados, no resulta del todo claro si son

54 ACA, Cancillería, Registro 2686, fol. 179r (ed. en apéndice n. 12).
55 Laurentii Vallensis... *Historiarum Ferdinandi Regis Aragoniae libri tres* (París 1521) fol. 46v.

contemporáneos de Guillem de Vallseca los siguientes: *Guilielmus Domenege, Iacobus de Area* y *Ia. Pau.*

2. Escritos

Después de las pinceladas biográficas que preceden, paso a ocuparme de las obras de Guillem de Vallseca. Debo precisar, ante todo, que no hay vestigios de que Vallseca se dedicara nunca a la docencia [56]. Según esto, sus escritos no son obra de cátedra, sino de estudio personal, estimulado por el contacto directo con la vida a través de las múltiples causas en que tomó parte nuestro jurista desde los altos cargos que ocupó en la vida pública.

Otra característica de sus escritos consiste en que algunos suministran elementos que permiten fecharlos, mientras que la mayor parte no presenta dato alguno de tipo cronológico que permita asignarles una data de composición. De algunos de estos escritos se hizo algún eco la posteridad. La mayor parte cayó en el olvido. Damos a continuación una lista de las obras de Guillem de Vallseca, junto con las indicaciones que sobre cada una de ellas emergen de un primer examen de los manuscritos en que se conservan [57].

1) De Iustitia Aragoniae. Inc. *Dominus rex fecit forum in Aragonia quo cauetur quod si Iustitia Aragonie fuerit condempnandus pro aliquibus excessibus quod hoc habeat facere idem dominus in et cum curia generali Aragonie. Nunch uertitur in dubium numquid idem dominus per se sine curia generali possit per modum inquisitionis uel accusationis procedere contra ipsum Iustitiam usque ad diffinitiuam sententiam condempnatoriam exclusiue et numquid si repererit per merita processus dictum Iustitiam fore absoluendum ipsum possit absoluere absque curia antedicta. Et uidetur quod non possit processum aliquem;* des. *et notatur de heret. Vt inquisitionis § final. lib. VI G9 (Guilielmus).* Esta pieza se conserva en el MS 123, fol. 160r-v de la Biblioteca del Colegio de España de Bolonia. La escritura de este códice, aunque de varias manos, es de principios del s. XV. En realidad, en el actual manuscrito 123 se contienen tres códices originariamente diferentes, pero unidos ya en el medievo. El códice único resultante, o por lo menos el segundo de los tres originariamente diversos, perteneció a un jurista catalán, verosímilmente juez, que pudo ser el mismo Guillem de Vallseca u otro contemporáneo suyo o ligeramente posterior. Véase una descripción completa del mismo en el Catálogo de los manuscritos del Colegio de España, actualmente en prensa, preparado por D. Maffei, E. Cortese, G. Rossi, A. Domingues de Sousa Costa, C. Piana, M. Ascheri y el infrascrito.

A la cuestión propuesta en lo que acabamos de transcribir responde en sentido afirmativo, después de alegar razones en pro y en contra. No utiliza

56 Cf. supra nota 32 con el texto correspondiente.
57 Debo advertir que los títulos que siguen en letra redonda son míos. Lo que está tomado del códice aparece en letra cursiva.

el derecho catalán o aragonés, lo que resulta comprensible si se tiene en cuenta que el género literario-jurídico de las cuestiones en el medievo consistía en algún aspecto no previsto en el ordenamiento jurídico vigente. Esto explicaría por qué cita solamente obras de derecho romano-canónico medieval. La cita más reciente de derecho se refiere a Bartolo de Saxoferrato, muerto en 1357.

La atribución de este escrito y de los dos que siguen a Guillem de Vallseca no es del todo segura. Se basa, en efecto, en la sigla *G9* (equivalente a *Guilielmus*). Por la temática desarrollada y por la estructura de este códice resulta obvio que se trata de un autor aragonés que escribía en la segunda mitad del s. XIV. Examinando el rico muestrario de autores de la Corona de Aragón más o menos de esta época que aparecen en diferentes manuscritos que he tenido a la vista, tropezamos con otro *Guilielmus* de sobrenombre *Praepositus,* a quien pudiera también referirse la sigla *G9* que aparece en estas tres primeras obras del manuscrito de Bolonia. Un análisis interno de los mismos tampoco nos ha conducido a ningún resultado seguro, dado que se trata de escritos de corta extensión y carentes de detalles que pudieran dar elementos de juicio para la determinación del autor.

2) An a sententia principis sit licitum supplicare. Inc. *Reuocandum est in dubium numquid a sententia principis sit licitum supplicare;* des. *set si bene aduertatur pro nostra opinione facit. G9 (= Guilielmus).* Esta pieza se conserva en el MS 123, fol. 341r-344v del Colegio de España de Bolonia. Cita como autoridades a Guillermo Durante, Inocencio IV, el Hostiense, Cino, Guillermo de Montelauduno, Clementinas, Juan de Andrés y Bartolo de Saxoferrato. A la cuestión propuesta responde de modo afirmativo, después de barajar una serie de argumentos en pro y en contra.

3) De accusationibus. Inc. *Numquid in accusationibus descendentibus ex delictis siue sint rei persecutorie siue pene ut condicio furtiua uel furti actio et siue descendat a iure communi uel municipali siue ab statuto, inopia probationum enim gente procedentibus tamen iudiciis uel semiplena probatione possit procedi ad questionandum reum;* des. *qui sunt mere liberi, arg. ff. de condic. et demonstr. l. Titio centum § ii. G9 (Guilielmus).* Esta pieza se conserva en el MS 123, fol. 345r-346r de la Biblioteca del Colegio de España de Bolonia. Cita a Inocencio IV, al Abbas Panormitanus (Nicolás de Tudeschis), Cino, Hostiensis, *doct.,* Bartolo de Saxoferrato.

4) Genealogia Comitum Barchinonae. Inc. *Genologia comitum Barchinone per Guilielmum de Vallesicca et hec istius libri pan. habetur ideo conseruanda maxime quia infortunio aqua deperit* (?). (Lo que precede es de mano posterior). *Cum dominus Rex Raymundus Berengarius uetus comes ita nominatus sumens uetus uel uetulus unde dicit cronica quod originem et genologiam comitum Barchinone laudabile ac delectabile est scire ideo eam hic apponam quam breuius potero prout ex cronicis recollegi;* des. *et cronica dicti Raymundi Berengarii finem tetigit.* A partir del fol. 501v sigue una especie

de addenda de otra mano: *Guifredus pilosus qui fuit;* des. *et hereditatem sibi debitam gubernabat.* Esto se conserva en el mismo códice de Bolonia que venimos citando fol. 495r-504v. Precisamente a partir de esta addenda y debido a los efectos de la humedad, el texto resulta de difícil lectura. En las piezas restantes a veces es imposible leer el texto. Esta especie de crónica guarda bastante parecido, aunque permaneciendo diferente, con lo que aparece sobre este tema de los condes-reyes de Barcelona en la tercera recopilación oficial titulada *Constitutions i altres drets de Cathalunya compilats en virtut del capítol de cort LXXXII de las Corts per la S.C. y R. Majestat del Rey don Philip IV nostre Senyor celebradas en la Ciutat de Barcelona any MDCCII.* Este mismo texto ya figuraba en la cabecera de la segunda recopilación oficial de *Constitutions i altres drets de Catalunya* (1588-89).

En el fol. 496r hay un dato que permite fechar esta obra con bastante precisión: 'Postea autem anno Domini MCCCLXXXV sexta die nouembris fuit translatus' (alude al cuerpo de un conde de Barcelona) 'per dominum Regem Petrum hodiernum et reconditus in quadam tumba' (aquí queda una palabra deliberadamente borrada) 'super portam sacrestie dicte sedis coniuncta' (alude a la sede de Gerona) 'cuius comitis corpus fere integrum ego tunc uidi...'. Según estos datos, la fecha de composición de esta obra hay que situarla entre 1385 que aquí se indica y 1387 en que murió el rey Pedro IV. La expresión *ego tunc uidi* parece aludir a algo pretérito, por lo que la fecha de composición debe entenderse más próxima a la segunda que a la primera de las datas consignadas.

Una mano posterior añade, al margen, algunas notas, sin gran importancia como contenido. En el fol. 496r hay una con la sigla *CastroJa.*

Esta obra de Guillem de Vallseca es enteramente distinta del comentario que él mismo dedicó al usático *Cum dominus Raymundus,* donde toca esta misma temática histórica, pero con otro esquema y más brevemente.

5) De succesione haereditaria in regno. Inc. *Questio Guilielmi de Vallesicca* (es de mano posterior lo que precede). *XVIII. quero in quibus rebus ac aliis predictis magnis dignitatibus;* des. *l. Cum in fundo ver. Quod si mulier cum similibus.* Esta obra se conserva en el MS 123, fol. 511r-537v del Colegio de España de Bolonia. Faltan las 17 primeras cuestiones de este tratado en el códice boloñés. En el fol. 511r cita *ut dixi supra in questione,* remitiendo con ello precisamente a la parte que actualmente falta.

En esta pieza, casi ilegible, se cita, entre otros, a Juan de Andrés y el *Liber Sextus.* En el fol. 514v, hablando de las mujeres que reinaron en diversos reinos, leemos lo siguiente: *Item nos uidimus Iohannam reginam XL annis et amplius regnasse in regno Ierusalem et Cicilie post obitum sui patris. Item hodie regnum Trinaclis siue insule Cecilie peruenit ad Mariam filiam regis ultimo ibi defuncti...* La reina María de Sicilia reinó del 27 de Julio de 1377 al 25 de Mayo de 1402. Basándose en diversos documentos a partir del testamento de Jaime I, Vallseca concluye que en la Corona de Aragón no pueden suceder las mujeres en el reino. Uno de los argumentos esgrimidos en el Compromiso de Caspe es precisamente el de la sucesión por línea femenina. Esta obra es en todo caso anterior a 1412.

6) De diffidamentis et acuydamentis in guerra. Inc. *De diffidamentis seu acuydamentis in guerra principatus per Guilielmum de Vallesicca* (es de mano posterior lo que precede). *Certum est ne dum alii;* des. *possum offendi.* Sigue una nota ilegible que parece aludir a la relación existente entre este escrito y el siguiente. Este escrito se conserva en el mismo MS 123, fol. 542v-547v de la Biblioteca del Colegio de España de Bolonia. Cita las siguientes autoridades, entre otras: *Liber Sextus,* Bartolo de Saxoferrato y *R de uliga(?) et Jo(annem) de Monte Bonjo* [58].

7) De guerra. Inc. *Differentia inter guerram Catholonie et bella publica per Guilielmum de Vallsicca* (de mano diferente). *Ex predictis igitur potest colligi quod differentia est inter guerram istius partis et publica nam publicum bellum;* des. *presentio ne multa extranea immiscui scientur.* Este escrito está contenido en el MS 123, fol. 589r-551r de la Biblioteca del Colegio de Bolonia. Cita, entre otras autoridades, el *Liber Sextus* y Bartolo de Saxoferrato.

8) De guerra. Inc. *Nota pulchram materiam et cotidianam de generosiis guerrificantibus in Cathalonia per dominum Guilielmum de Vallesica* (de mano posterior). *An banniti nostri qui in istis partibus;* des. *nullum emolumentum consequitur ex dictis* (termina fragmentario). Esto está contenido en el mismo MS 123, fol. 553r-v del Colegio de España de Bolonia. Cita a Bartolo de Saxoferrato.

9) De adulterio. Inc. *Sciendum est quod si uxor committit adulterium et maritus eam non accusat de adulterio;* des. *ubi de hoc per Bartolum in v. Morum. Guilielmus de Vallsicha.* Este escrito se conserva en el MS S. Cugat 40, fol. 109r-110v del Archivo de la Corona de Aragón de Barcelona [59]. Cita los siguientes autores: Iacobus de Monteiudaico (Jaime de Montjuich), Bertrandus de Seva, Iacobus de Revigny, Petrus de Bellapertica, Henricus Boich, Iacobus de Bellovisu, Guilielmus Praepositi.

10) De iuramento. Inc. *Qualiter iurantes enormiter de Deo, Virgine Maria ac de aliis sanctis puniantur. Qualiter iurantes per humanitatem Christi sunt puniendi uide Iacobum de Monteiudaico in usatico Item statuimus;* des. *ubi hec questio per modum predictum est... Guilielmus de Vallesicha.* En el

58 Ignoro quiénes sean estos dos últimos autores. En el MS 122, fol. 17r-v y 39r-v del Colegio de España de Bolonia hay dos *consilia* de un cierto *Ioannes de Monte Bodio.* La identidad de este autor con el segundo de los que aparecen en el MS 123 es muy problemática. Aparte de la diferente transcripción del sobrenombre, está el hecho de que Vallseca parece citar aquí autores catalanes, y los dos *consilia* del MS 122 son ciertamente italianos.

59 En los catálogos impresos relativos a este y otros manuscritos citados en el presente artículo se da una descripción de todo punto insuficiente de estos códices, por lo que creemos innecesarios recargar las notas con la cita del catálogo en cuestión. Baste advertir de una vez por todas que los códices del fondo de S. Cugat del Archivo de la Corona de Aragón fueron descritos por F. Miquel Rosell y los del Escorial por G. Antolín.

margen inferior y superior hay una nota que comienza: *Circa hunc usaticum pone quod aliquis fecit testamentum coram testibus;* des. *hic ponit Guilielmus de Vallesicha in isto usatico in sui lectura.* El asunto de que se trata en este breve escrito es de 1390. Esto se conserva en el mencionado MS S. Cugat 40, fol. 8rv. En la nota marginal se cita, entre otros, a *Raymundus de Area iurisperitus Minorisse et Guilielmus Domenege doctores Gerunde...*

11) De rei venditione. Inc. *Dominus castri de Montecatheno uendidit;* des. *et proprie non dicitur castrum sine termino. Guilielmus de Vallesicha.* Se conserva en el MS S. Cugat 40, fol. 133r-136r del Archivo de la Corona de Aragón. Cita a Jaime de Vallseca, Ioannes Blanch, Iacobus de Bellovisu, Iacobus de Revigny, Bartolo de Saxoferrato y Baldo. La presencia de Baldo entre las autoridades alegadas es claro síntoma de que se trata de uno de los escritos más recientes de Guillem de Vallseca.

12) Quaestio penes quem pupillus educari debeat. Inc. *Quero penes quem pupillus educari debeat. Distingo quia aut parentes sunt;* des. *queritur ubi fiet prouisio. Dic quod in domo patria ipsius uxoris et hec ui dicti pacti et ratione contractus minorise inhiti. Guilielmus de Vallesica.* Esta cuestión se conserva en el MS e.I. 10 fol. 121va-123rb de la Biblioteca del Real Monasterio del Escorial. Consta de quince *quaesita.* Cita a Dino, Petrus de Bellapertica. Cynus, Bartolus de Saxoferrato. El presente escrito forma parte de una larga serie de cuestiones de varios autores que se encuentran en el mencionado códice escurialense del fol. 100rb al 132rb.

13) Apparatus super Usaticis Barchinonae. Inc. *Lucidarium somni emissi. In media nocte Conceptionis beate Marie qui fuit VIII. die Decembris anni a natiuitate Domini M.CCC.XCIII. Antequam usatici: Nota hic quod Usatici ad usum hominum degentium;* des. *in constitutione Cum de ualore Curie Perpiniani domini Regis Petri tertii cuius anima requiescat in pace. Explicit apparatus domini Guilielmi de Vallesicca legum eximii professoris et ciuis insignite ciuitatis Barchinone super Usaticis Barchinone. Sit nomen Domini Benedictum per infinita secula seculorum. Amen.* De esta obra he visto el MS 695, fol. 1r-83v de la Biblioteca Nacional de Madrid (de donde copiamos el *incipit* y *explicit* que preceden), el MS V.II. 16, fol. 206r-242r de la Biblioteca del Monasterio del Escorial[60], y la edición de Barcelona, año 1544[61], donde las glosas de Guillem de Vallseca alternan y se entreveran con las de los otros tres autores indicados en el título, constituyendo este comentario de los cuatro legistas lo que técnicamente podríamos llamar la Glosa Ordinaria a los Usatges de Barcelona. El códice madrileño nos permite dar una fecha de terminación a esta obra, a saber el 8 de Diciembre de 1393, dato que no figura en la mencionada edición. La fecha de dicho códice no se refiere evidentemen-

60 En el fol. 242v contiene una *Tabula Usaticorum secundum Guillelmum de Vallsica,* que no aparece en el otro códice ni en la edición.
61 Cf. la obra citada en la nota 22 de este capítulo, donde las glosas atribuidas a Guillem de Vallseca están contenidas en los fol. 1r-151r.

te a la confección del mismo, que es del s. XV, sino a la data de la terminación del *apparatus*.

En este *apparatus* se citan autores de derecho catalán como Ioannes Blanch, Iacobus de Monteiudaico, Petrus Albert, Iacobus de Bisaya, Bertrandus de Seva, Petrus Iacobi, etc. Se aducen citas de civilistas como Azzo, Oldrado, Cino, Bartolo de Saxoferrato, Baldo degli Ubaldi, Iacobus de Bellovisu, Petrus de Bellapertica, etc. Entre los canonistas, se cita a Huguccio de Pisa, Bernardo de Parma, Inocencio IV, el Hostiense (Enrique de Susa), Guido de Baysio, Guillermo de Montelauduno, Juan de Andrés, Juan de Legnano, Paulo de Liazariis, Guido de Suzzara, Petrus de Sampsona, aparte de un hasta ahora desconocido comentarista de las Clementinas llamado Maynardus. Aparte de estos juristas, aparecen las acostumbradas citas de autores clásicos y Padres de la Iglesia que se solían citar en casi todas las obras medievales, sin que esto suponga siempre que tales autores habían sido leídos por el escritor. Así se aducen los nombres de Aristóteles, S. Cipriano, S. Jerónimo, S. Agustín, S. Tomás de Aquino, etc.

14) Super Schismate in favorem Clementis. En la *Bibliotheca Manuscripta Latina* de Antonio Agustín[62] se registra, con el n. 358, un códice que, entre otras cosas, contenía una obra de Guillem de Vallseca titulada *Super Schismate in favorem Clementis*. De los seis códices con obras de Guillem de Vallseca que figuraban en la librería de Antonio Agustín, sólo conocemos hoy día tres que se conservan en la Biblioteca del Monasterio del Escorial, entre los cuales no se cuenta ciertamente el n. 358 que aquí nos interesa[63]. Dada la participación que Guillem de Vallseca tuvo en la política de su rey durante el Cisma de Occidente sería sin duda sumamente interesante este tratado hoy perdido.

15) Liber constitutionum. Los juristas catalanes contemporáneos de Guillem de Vallseca citan con frecuencia el libro de las constituciones de este autor, que no he podido localizar en ningún manuscrito. Tales citas parecen referirse a una obra distinta de todas las que hemos reseñado hasta aquí. A juzgar por estas referencias de otros juristas, parece tratarse de un comentario de Guillem de Vallseca a las constituciones de los reyes catalanes de su tiempo. Es muy posible que esta obra se encuentre anónima en alguno de los códices que reproducen obras de este género. Los códices examinados por mí contienen obras de este estilo que a veces se presentan anónimas y otras veces atribuidas a otros juristas. Sólo después de un estudio sistemático de toda esta tradición manuscrita será posible dar una respuesta a este y otros

62 Cf. M. Baillus, *Aeternae memoriae Antonii Augustini Archiepiscopi Tarraconensis Bibliothecae...* (Terracona 1586) que también se reproduce en G. Antolín, *Catálogo de los Códices Latinos de la Real Biblioteca del Escorial* 4 (Madrid 1916) 217-50.

63 El MS 396 de Antonio Agustín es el actual e.I.10 del Escorial. El 408 de Antonio Agustín corresponde al actual Z.I.4 del Escorial. Es verosímil que el MS 422 de Antonio Agustín sea el d.II.18 del Escorial. Los dos primeros conservan aún los números que llevaban en la librería de Antonio Agustín.

muchos interrogantes que hoy por hoy no tienen respuesta. He aquí algunas alusiones que otros juristas hacen a este libro de Guillem de Vallseca. En el MS d.II. 17, fol. 42v (al margen) se lee: '... et ita dicit fuisse... presidente Guilielmo de Vallsica et uide scripta per eum infra in presenti constitutione. Ja. Pau.' En el fol. 144r del mismo códice se dice: '... et contra talia dispensare non potest ut ibi libro domini G. de Vallesicca'. Este texto se encuentra en unas glosas de *Ja. de Faro* a las constituciones de Cataluña. En el fol. 151v vuelve el mismo autor a aludir al libro de las constituciones de Vallseca en esta forma: '... a dicto libro constitutionum domini G. de Valleseca'. Y unas líneas más abajo: '... et in libro constitutionum dicti G. de Vallesica similem notam inueni et in fine erat. Ja. de Faro' [64].

En el MS 123 del Colegio de España de Bolonia hay muchas obras anónimas, algunas de las cuales bien pudieran ser de Guillem de Vallseca. Así por ejemplo en los fol. 156v-159v hay unas notas o apuntes jurídicos que unas veces aparecen anónimos y otras llevan la sigla *v.* (= Vallseca?), que lo mismo puede referirse a Jaime que a Guillermo de Vallseca. En los folios 382r-416v hay una obra sobre los judíos, en la que se transcribe una secuencia de cartas del rey Pedro IV, que corren de 1377 a 1381. Esto parece que sólo podía hacerlo una persona con acceso directo al registro de dichos documentos, como era Guillem de Vallseca en su cargo de vicecanciller, sin que por otra parte este detalle pueda considerarse como prueba suficiente de la paternidad de la obra. Otro tratado que sigue a éste sobre la misma temática (fol. 417r-419v) está escrito por un autor que dice de sí mismo en el prólogo: 'idcirco ego... et sim sermone et scientia imperitus, nec mea instructione egeat uir in iuris scientia expertus et certus, de mea modica facultate ratione gradus et officii que immeritus teneo, proferam id quod minus male sentio...'. Más abajo, en el fol. 419r se declara autor del otro tratado sobre los judíos que acabamos de mencionar, en esta forma: 'Istud rescriptum reperies iam insertum de uerbo ad uerbum supra in ii. carta istius tractatus in ii. pagina ver. viii. dicitur...', lo que corresponde exactamente al fol. 383v del tratado anterior. Por otra parte, Guillem de Vallseca tuvo, como dejamos ya constatado, especial relación con asuntos relacionados con los judíos, como en el caso de la destrucción de la aljama o barrio judío en 1390. A este último hecho alude otro pequeño escrito que se conserva en el fol. 421rv del MS 123 del Colegio de España de Bolonia, en el que se trata de la reconstrucción de la aljama con cargo al erario real [65]. Con sólo el códice boloñés será difícil identificar con seguridad el autor de todas estas y otras obras anónimas que en él se conservan. Creo que únicamente la confrontación con otros códices podrá arrojar luz definitiva sobre esta problemática.

64 Otras citas semejantes a éstas, en las que se alude al libro de las constituciones de Guillem de Vallseca, se encuentran en el mismo MS d.II.17, fol. 152v, 158v, 159r, 160r y 162r, etc. Las glosas de Jacobus de Faro, donde aparecen estas citas, ocupan los fol. 140r-163v del mismo códice escurialense.

65 Véanse la descripción completa de este códice en el *Catálogo de los códices del Colegio de España* que mencionamos más arriba.

En el MS Z.I.4, fol. 266ra-273va de la Biblioteca del Escorial se contiene una *Compilatio questionum et casuum facta per Guillelmum de Valsicca uicecancellarium Regis Iacobi quondam bone memorie.* Bajo esta rúbrica comienza: 'Si habeo treugas tecum ad certum diem, nichilominus possum infra illum diem tibi pignorare debitum quod debes michi'; des. 'propter expensas custodum ipsius potestatis ut C. p. arbitr. qui incipit Item si uassallus'. Este códice perteneció a la Biblioteca de Antonio Agustín. Se citan aquí las *Consuetudines Barchinone, Usatici, Liber Gothicus (Forum Iudicum),* aparte de las obras corrientes de derecho romano-canónico medieval hasta 1300. Parece, en suma, una compilación compuesta a principios del s. XIV y por consiguiente de otro Guillermo de Vallseca diferente de nuestro jurista. La indicación de que era vicecanciller del rey Jaime II (1291-1327) aboga en el mismo sentido.

3. Influjo posterior

Tal es a grandes rasgos la semblanza de Guillem de Vallseca que emerge de la documentación que tuve a mano. Una investigación más a fondo, tanto desde el punto de vista del material archivístico como por lo que respecta a los manuscritos de derecho catalán, arrojará sin duda mucha más luz sobre este personaje y su obra. Un estudio a fondo sobre la tradición manuscrita de sus obras presupone un conocimiento que hoy día no tenemos de los escritos de sus contemporáneos que como los de Guillem de Vallseca se encuentran todavía en los manuscritos sin que se les haya dedicado aún una investigación suficiente.

¿Cuál fue el influjo y proyección histórica de la obra literario-jurídica de Guillem de Vallseca? A esta cuestión cabe responder que fue largamente utilizada por sus contemporáneos y demás juristas del todo el s. XV y principios del XVI en Cataluña. A partir de esta fecha, sus escritos caen prácticamente en el olvido, salvo algunas menciones en los eruditos del s. XVII-XVIII. Los códices que hoy se conservan con escritos suyos pertenecieron casi todos a Antonio Agustín (1517-1586) que, como es sabido, fueron a parar en gran parte a la Biblioteca del Escorial, aparte del Vaticano y Colegio de España de Bolonia. Al publicarse el catálogo de los códices latinos del Escorial a principios del presente siglo [66], los historiadores recientes han podido añadir a las noticias de los eruditos del s. XVII-XVIII algunas referencias tomadas del catálogo aludido, sin consultar directamente los códices. Resulta innecesario decir que la descripción que se da de estos códices en dicho catálogo es en este caso de todo punto insuficiente.

Los juristas catalanes del tiempo de Guillem de Vallseca lo citan con mucha frecuencia, haciendo gran aprecio de las opiniones del mismo expuestas

66 Cf. G. Antolín, *Catálogo de los Códices Latinos de la Real Biblioteca del Escorial* 1-5 (Madrid 1910-23).

en sus escritos o en su actuación en las numerosas causas en que tomó parte. Hemos visto ya algunas de estas referencias. Nada tan fácil como añadir un crecido número de citas en el mismo sentido. En el MS d.II.17, fol. 13rv del Escorial leemos: '... Et hanc partem tenuerunt Ja. de Vallsica, Guillelmus de Vallsica, Narcisus de Sancto Dyonisio...' En el fol. 17r del mismo códice: 'Anno Domini M.CCC.LXXV., XXIII. nouembris ... presente Bertrando de Valle uicario, assistentibus sibi uenerabilibus Ja. de Vallsica, Narciso de Sancto Dyonisio, Jo. de Vallsica, Ja. de Lena... Guillelmo de Vallsica...' En el fol.37rv se dice: 'Vidi in regia audientia exarari hanc questionem presente Guillelmo de Vallesica vicecancellario...' En el fol. 40r: 'Scias quod Guillelmus de Vallsica in usatico Mariti dicit...' En el fol. 48v: '... a Guillelmo de Vallsica qui dixit se uidisse casum et iudicatum fuisse ipso patronnante...'. En el fol. 54r: 'Ego Guillelmus prepositi uidi seruare predicta Gerunde regente Guillelmo de Vallsica...'. En el fol. 151r: '... et istud, ut michi dictum fuit, erat scriptum manu dicti domini Vallseca in dicto margine...', aludiendo al libro de las constituciones de Guillem de Vallseca [67].

En el MS d.II.18, fol. 141v del Escorial se contiene la siguiente referencia: 'Vidi... domino rege Petro existente in ultima curia in villa Motiso (Monzón) regente Guilielmo Vallsica vicecancellario in facto Comitis Pallarii cuius aduocatus fui et nobilis Io. Bellera quod capitula oblata pro parte comitis in sui defensione fuerunt oblata et admissa per procuratorem...' [68].

En el MS d.II.8, fol. 97v del Escorial se alude a Guillem de Vallseca en esta forma: 'In consilio regis in quo fuerunt Iacobus de Marquilles, Raymundus de Ceruaria, Franciscus de Castillo, d. de Mayorich, Narcisus de Sancto Dyonisio, Guillermus de Vallesicha et Bernardus Lunes...' [69].

Los juristas catalanes del s. XV y principios del s. XVI también citan a Guillem de Vallseca, considerándolo como una de las primeras autoridades. Véase por ejemplo la obra de Juan Socarrats [70], en la que se aducen las opiniones de Guillem de Vallseca casi en cada página.

Debido a los sucesivos cambios de legislación, la obra de los juristas catalanes del s. XIV-XV dejó en gran parte de servir para la práctica del derecho vigente, quedando tan sólo como objeto de historificación. Una buena parte de los códices con obras de Guillem de Vallseca fue recogida por Antonio Agustín en su biblioteca, como dejamos ya indicado. Siguiendo en parte las referencias de la *Bibliotheca Manuscripta Latina* de Antonio Agustín [71], escribe Marcillo: 'Guillem de Vallseca, que fue la persona de más autoridad y crédito y más estimada entre todos los letrados, que concurrían en su tiempo en este Principado, y de mucho virtud y bondad y de muy buena conciencia,

67 Cf. otras citas semejantes en los fol. 54r-v, 65r, 146v, etc. del MS d.II.17 del Escorial.

68 Cf. otras alusiones similares a Guillem de Vallseca en los fol. 52v, 130r, 134r, 142r, 156r, etc.

69 Cf. también el mismo códice fol. 88r, 96r y ss., 100v, etc.

70 Cf. Ioannis de Socarratis..., *In tractatum Petri Alberti... de consuetudinibus Cathaloniae iner Dominos et vassallos* (Barcelona 1551).

71 Cf. supra nota 62.

escribió: *Super schismate in favorem Clementis, Quaestiones, Postillas super Constitutionibus, Glosas in Usaticos Barchinonenses'* [72]. Nicolás Antonio [73] da a la posteridad la siguiente nota, que otros autores seguirán reproduciendo hasta nuestros días: 'Non seiungimus a Catalanis theologis iurisconsultos. Horum namque sub rege Petro IV, alias III, ... duo vixerunt eiusdem cognomenti, Iacobus et Guilielmus de Valle-Sicca: illustrator uterque sive glossator Usaticorum ... Barcinonensis urbis...' Después de aludir a Jaime de Vallseca, continúa: 'Posterior Guilielmus, altero diligentior et laboriosior, magnusque in legibus patriis doctor, ab Antonio Olibano audit: «cuius sententia lubenter ab omnibus recepta est»; qui et historiam Comitum, Barcinonae, totamque originem regalis prosapiae enarruit in Usatico «Cum dominus Raymundus», etc. Scripsisse hunc sub eodem Petro in Usatico «Princeps namque», testatur ipse, atque eius cancellarius fuisse dicitur: uterque autem ciuis Barcinonensis fuit.'

Entre los autores recientes merecen especial mención, entre otros, Hinojosa, Brocá, Valls Taberner y Elías de Tejada. Eduardo de Hinojosa cita un texto de Guillem de Vallseca sobre la recepción del derecho romano en Cataluña, como derecho subsidiario de los Usatjes [74].

El historiador del derecho catalán Guillermo M. Brocá, en un discurso pronunciado ante la Academia de Jurisprudencia y Legislación de Barcelona, sobre el derecho penal y procedimiento criminal, resume el pensamiento de Guillem de Vallseca y de otros juristas catalanes medievales [75]. En su historia del derecho de Cataluña [76] añade a las noticias transmitidas por Nicolás Antonio las que emergen del catálogo de los códices escurialenses junto con alguna cita de documentación local.

Fernando Valls Taberner cita con frecuencia, en sus trabajos histórico-jurídicos, a Guiller de Vallseca [77].

Elías de Tejada, en su obra sobre el pensamiento político de Cataluña [78], resume el ideario de Guillem de Vallseca sobre este tema, sirviéndose para ello del *Apparatus* a los Usatges.

72 M. Marcillo, *Crisis de Cataluña hecha por las naciones extranjeras* (Barcelona s.a.) 330.

73 Nicolás Antonio, *Bibliotheca Hispana Vetus* 2 (Madrid 1788) 160, n. 264 (cf. también p. 153, n. 239, nota 2).

74 E. Hinojosa, 'La admisión del Derecho romano en Cataluña', *Obras de Eduardo de Hinojosa* ed. A. García Gallo (Madrid 1955) 402, nota 48.

75 G. M. Brocá, 'Autores catalanes que antes del s. XVIII se ocuparon del Derecho penal y procedimiento criminal', *Revista Jurídica de Cataluña* 7 (1901) 129-59.

76 G. M. Brocá, *Historia del Derecho de Cataluña, especialmente del civil, y exposición de las instituciones del Derecho civil del mismo territorio* (Barcelona 1918) 396 y 400.

77 F. Valls-Taberner, *Obras Selectas,* 2: *Estudios Histórico-Jurídicos* (Madrid-Barcelona 1954) 38, 142, 143, 155, 256 y 316.

78 F. E. de Tejada, *Historia del pensamiento político catalán* 1 (Sevilla 1963) 288-94. Por cierto que el autor da una visión bastante pesimista del papel jugado por Guillem de Vallseca. Pero no es objeto del presente capítulo entrar en este terreno.

APENDICE DOCUMENTAL

1

1377, Marzo, 20

Pedro el Ceremonioso nombra al doctor en leyes Guillem de Vallseca como abogado fiscal de la ciudad de Barcelona y de las curias del veguer y del baile de esta ciudad. Dicho cargo se hallaba vacante por muerte de Jaume de Faro. Le asigna un sueldo de 100 libras barcelonesas anuales, que percibirá mientras viva, en tres plazos: el primero, al principio de cada año, y los dos restantes, cada cuatro meses. Le señala también otros ingresos y emolumentos inherentes al cargo.

ACA, Cancillería, Registro 974, fol. 168r-169r

Nos Petrus etc. De probata scientia et legalitate nostri fidelis nostri Guillelmi de Vallesica legum doctoris confisi, cum presenti carta nostra, damus et conferimus uobis officium aduocationis fiscalis ciuitatis Barchinone et curiarum uicarii et baiuli eiusdem ciuitatis, nunc uacans per mortem Iacobi de Faro quondam militis, habendum et regendum per uos bene, legaliter et diligenter, quamdiu uixeritis, uosque ad idem officium exercendum elegimus, constituimus et huius seruitii deputamus, ita quod uos tanquam aduocatus fisci nostri iam dicti in omnibus causis nostris fiscalibus, que in dicta ciuitate et eius uicaria ac baiulia ducantur, uos opponatis cum ad notitiam uestram uenerint de cetero et patrocinium impendatis et cetera faciatis que ad utilitatem dictarum causarum noueritis o<p>portuna. Et pro predictorum uestro salario et labore habeatis et recipiatis centum libras barchinonensium, habendas et recipiendas per uos annuatim, quamdiu uobis fuerit uita comes, per tres equales tercias anni, uidelicet tertiam partem in principio cuiuslibet anni et reliquas duas tercias de quatuor in quatuor menses anni cuiusque super, et de terciis seu pecunia terciorum prouenientium seu prouenire debentium ex firmis iuris et retroclamis debitorum seu rerum et pecuniarum scriptorum seu scribendorum et premissarum solui uel tradi sub pena tercii in curiis uicarii et baiuli predictorum, et de aliis emolumentis seu prouentibus ad manus seu posse collectorum terciorum utriusque curiarum predictarum uicarii et baiuli prouenientibus seu prouenire debentibus quauis causa. De quo quidem salario uestro collector terciorum et prouentuum predictorum curie uicarii respondeat uobis anno quolibet per tercias seu solutiones predictas de duabus partibus, et collector terciorum et prouentuum iam dictorum curie baiuli de residua tercia parte, iuxta formam prefatam superius, inde tribus partibus equalibus; mandantes per hanc eandem dictis collectoribus qui sunt et fuerint et substitutis seu substituendis ab eis, firmiter ex certa scientia et expresse quatinus uobis dicto Guillelmo de Vallesicca anno quolibet, dum uixeritis, per dictas tertias seu solutiones de pecunia curie nostre, ad manus suas quocumque modo peruenta, ex officiis eorum respondeant et satisfaciant de centum libras salarii predicti ante omnia et pro aliis salariis et assignationibus quibuscumque, quibus salarium uestrum huiusmodi ex certa scientia et merito uolumus anteferri, non obstantibus quibuscumque assignationibus, ordinationibus seu mandatis per nos seu predecessores nostros factis uel fiendis, cum talia salaria pro aliis sint exoluenda, quibus quidem collectori seu collectoribus concedimus cum presenti, ut facilius dictum salarium habere possitis, quod possint transactiones, compositiones et lexias ipsorum terciorum et aliorum prouentuum predictorum ad eorum officium spectantium facere, de uestri tamen consilio et assensu et non aliter; mandantes magistro rationali curie nostre uel alii cuicumque a dictis collectore seu collectoribus terciorum compotum audituro quod solutiones per eos uobis de dicto uestro salario iuxta formam prefatam fiendas in eorum compoto recipiat et admittat, ipsis tamen ei exibentibus apocas de soluto in quibus de presenti specialis mentio habeatur, et in prima totaliter inseratur; mandantes etiam per eandem dictis uicario et baiulo Barchinone qui sunt et fuerint et locatenentibus eorundem et ceteris officialibus et subditis nostris dicte ciuitatis et aliis quod uos dictum Guillelmum de Vallesicca pro aduocato fiscali nostro dum uixeritis habeant et teneant et ad uos in quibuscumque causis et negotiis fiscum regium nostrum concernentibus in quibus patrocinium et consilium necessarium habuerint recurrant uobisque de salario predicto et aliis assuetis iuribus responderi faciant et alias uobis faueant et consiliis nostris attendant prout dicto Iacobo de Faro et aliis qui hucusque huiusmodi tenuerint officium fouere et eorum consilis attendere tenebantur et debebant. In cuius rei testimonium, hanc fieri iussimus, nostro sigillo pendenti munitam.

Datum Barchinone, uicesima die martii, anno a Natiuitate Domini milesimo trecentesimo LXX septimo, nostrique regni quadragesimo secundo.

B. de Val. dominus rex mandauit michi Bn. Michaelis p. Thesaurario. Vidit omnia dominus rex. Idem. P.

2

1385, Febrero, 8

Pedro el Ceremonioso concede. 10.000 sueldos barceloneses a su vicecanciller Guillem de Vallseca, doctor en leyes.

ACA, Cancillería, Registro 1374, fol. 35r

Nos Petrus etc. Erga uos dilectum vicecancellarium nostrum Guillelmum de Vallesicca, legum doctorem, uolentes uestris poscentibus meritis nos reddere munificum, maxime dum ubi seruicia grandia et fructuosa non parum que nobis iugiter exhibetis, intuitum difundimus mentis nostre. Tenore presentis decem millia solidos barchinonenses uobis concedimus gratiose, nostro thesaurario iniungentes quod eos de pecunia nostra, que penes ipsum est uel erit, soluat uobis uel cui uolueritis libito uestri, recuperando inde et preteritam et presentem quam in premissorum testimonium fieri iussimus anno preterito sigillo munitam.

Datum in uilla Bissuelli (Besalú), VIII die februarii, anno a natiuitate Domini M.CCC.LXXXV.

Rex Petrus.

Dominus rex mandauit michi <...>.

3

1387, Junio, 10

Juan I manda que sean entregados al doctor en leyes Guillem de Vallseca 1.500 florines de oro de Aragón, los cuales le habían sido concedidos por Pedro el Ceremonioso en pago de los gastos efectuados en la embajada que llevó a cabo junto al papa, para tratar de asuntos referentes al Cisma de Occidente.

ACA, Cancillería, Registro 2019, fol. 39v

Pro Guillelmo de Vallesicca. Iohannes etc. Fideli de domo nostra Iohanni de Muntros, ciui Barchinone, receptori, distributori et administratori generali cuiuscumque pecunie in regnis et terris nostris ex iuribus et redditibus camere apostolice pertinentis per nos specialiter deputato, salutem et gratiam. Cum illustrissimus dominus Petrus bone memorie rex Aragonum, genitor noster, in satisfactionem sumptuum et laborum per fidelem nostrum Guillelmum de Vallesicca, legum doctorem, suum uicecancellarium, factorum et sustentorum in ambaxiata quam cum Petro ça Calui, legum doctorem, in anno proxime lapso, mandato eiusdem domini genitoris nostri fecerit apud dominum summum pontificem pro negotiis ecclesie, mille quingentos florenos auri de Aragonia eidem Guillelmo concesserit cum littera, suo sigillo secreto in dorso sigillata, data Barchinone, prima die nouembris, anni proxime lapsi. Et dictos mille quingentos florenos cum alia littera sua data Barchinone, XXVIII mensis decembris proxime lapsi, eidem Guillelmo assignauit super pecunia dicte camere apostolice ut in eisdem litteris continetur, nosque uelimus, prout est iustum et rationi conforme, quod iuxta assignationem predictam iam dicti mille quingenti floreni predicto Guillelmo de dicta pecunia exsoluantur. Ideo, uobis dicimus et mandamus quatenus de dicta pecunia apostolice camere, que penes uos est uel erit, iam dictos mille quingentos florenos predicto Guillelmo uel cui loco sui uoluerit exsoluatis et in solutione recuperetis ab eo predictas litteras dicti domini genitoris nostri et presentem cum apoca de soluto, quam nos mandamus nostro rationali magistro et alii cuicumque a uobis compotum audituro quod dictos mille quingentos florenos in compoto uestro recipiat, uobis restituente cautelas superius expressatas.

Datum Barchinone, decima die iunii, anno a Natiuitate Domini milesimo CCC LXXX septimo.

Vidit Sperend. Bonanatus Egidii ex p.:<...> Sperend. car. iur. apostolice camere protect. P.

Similis littera et sub eisdem data, signo et mandato fuit facta in fauorem Petri ça Calui, legum doctoris, directa dicto Iohanni de Muntros quantitatis mille quingentorum florenorum auri.

Item fuit facta alia similis littera dicto Iohanni de Muntros directa in fauorem Bonanati Egidii scriptoris regis quantitatis quingentorum florenorum auri. Idem. P.

4

1393, Junio, 15

Juan I otorga a su consejero y vicecanciller Guillem de Vallseca 10.000 sueldos barceloneses, en pago a sus servicios. De estos 10.000 sueldos, 7.000 se obtendrán del tesoro real y los 3.000 restantes de los emolumentos de los sellos reales.

ACA, Cancillería, Registro 1881, fol. 101v.

Guillelmi de Vallesicca uicecancellarii. Nos Iohannes, Dei gratia et. Vt os fidelis consiliarius et uicecancellarius noster Guillelmus de Vallesicca, legum professor, salarium siue quitationem ordinariam, que est decem mille solidorum barchinonensium, super re certa et facilius collatis hinc septem mille solidos super quacumque pecunia que penes thesaurarium nostrum est uel erit; tres mille solidos super emolumentis iurium sigillorum nostrorum que protonotarius noster tenet, habemus ac ducimus assignandos. Mandantes per eamdem thesaurario et protonotario antedictis quatenus dicto Guillelmo decem mille solidos, ut superius est distinctum, uobis uel cui uolueritis loco uestri, anno quandolibet, tam ex tempore preterito, computando a die citra qua uos de officiis uicecancellarii per nos fuit prouisum, quam preterea(?), que tamdiu donantes uobis, prout uestra utilia seruitia et merita ita digna laude exigunt, alim assignationem utiliorem tribuat et exsoluat, uobis tamen faciente eisdem et h<i>is que ab ipsis hiuius uigore receperitis apocas de soluto, in quarum prima tenor presentis rationabiliter sit insertus et in aliis solum de ipsa specialis mentio habeatur, quam nos per hanc eandem iniungimus magistro rationali [a] uel alii cuicumque ab eisdem thesaurario et protonotario compotum audituro quod tempore eorum raciocinii ipsius ponentibus pro datis quitquid uobis huius uigore persoluerint et sibi restituentibus apocas supradictas in eorum compoto recipiat et admittat, nullam super hec questionem iacture cum nos sic dicta sententia duximus ordinandum. In cuius rei testimonium hanc supra iussimus nostro sigillo serico munita.

Datum Valentie, XV die iunii anno a natiuitate Domini MCCCXCIII.

Rex Ioannes. Dominus rex mandauit michi Petro de Penes. P.

5

1395, Enero, 10

Juan I entrega a su consejero y vicecanciller Guillem de Vallseca 1.500 florines de oro de Aragón que Pedro el Ceremonioso le había concedido en pago de los gastos motivados por la embajada que en compañía de Pere ça Calvi, y por espacio de 5 meses, llevó a cabo en Aviñón, tras la muerte del papa Gregorio XI.

ACA, Cancillería, Registro 1984, fol. 69v-70r.

Nos Ioannes etc. Supplicato nobis humiliter per uos fidelem consiliarium et vicecancellarium nostrum Guillelmum de Vallesicca, legum doctorem, quod cum infrascripta debitoria littera illustrissimi domini genitoris nostri bone memorie, in uestri posse casualiter amissa extiterit, nulla proinde in totum uel in partem solutione obtenta, dignaremus litteram ipsam in registro dicti domini genitoris nostri perquiri, et perquisitam, cum inuenta fuerit, facere reparari, tenore presentis supplicationem hanc suscipientes benigne, prestito prius per uos in cancellaria nostra corporali iuramento quod ipsam litteram amisistis nulla de quantitate in ea expressa solutione habita, et quod ipsam litteram diligenter perquisitam reperire nequiuistis, quodque si unquam uestri ad manus peruenerit restituentis eandem magistro rationali curie nostre, eius uigore solutione aliqua non petita, litteram prefatam in dictis registris perquiri et inuentam reparari mandamus in hunc modum:

«Nos Petrus Dei gratia rex Aragonum, Valentie, Maioricarum, Sardinie et Corsice Comesque Barchinone, Rossilionis et Ceritanie. Vt de expensis laboribus atque damnis factis et sustentis que per uos dilectum uicecancellarium nostrum Guillelmum de Villasica, legum doctorem, in et pro ambaxiata quam nouiter pro nobis apud Auinionem uos et dilectus consiliarius et negotiorum curie nostre promotor Petrus ça Calui, legum doctor, fecistis pro complenda informatione nostro mandato, iam diu erat incepta per uos et dictum Petrum, tam in curia utriusque electorum in Christi uicarium quam etiam alibi super meritis electionis celebrate in Urbe post obitum sancte memorie domini Gregorii pape undecimi de romano pontifice, in qua quidam ambaxiata per quinque menses et amplius moram traxistis, satisfactio congrua uobis fiat mille quingentos florenos auri de Aragonia uobis premissorum pretextu et alias gratiose presentis scripture ducimus concedendos, nostro thesaurario iniugentes quod eos de pecunia nostra uobis persoluat, recuperatis inde apocam et presentem quam in testimonium premissorum fieri et nostro sigillo iussimus communiri.

Datum Barchinone, sub nostro sigillo secreto, prima die nouembris, anno a natiuitate Domini MCCC otuagesimo sexto.

R. cancellarius.»

Mandamus, per eandem, expresse et de certa scientia nostro thesaurario ac quibusuis aliis ad quos spectet quatenus huic reparationi seu littere reperate fidem adhibeant, prout eius originali si in sui prima figura exhiberetur, adhiberent. In cuius rei testimonium, hanc sigillo nostro iussimus communiri.

Datum Barchinone, decima ianuarii, anno a natiuitate Domini MCCCXC quinto.

Rex Ioannes.

Dominus rex mandauit michi Bonanato Egidii. Vidit eam regis cancellarius qui dixit posse expediri. Idem. P.

6

1395, Enero, 29

Juan I da a su tesorero 1.000 florines de oro de Aragón para que éste los entregue al consejero y vicecanciller del rey, Guillem de Vallseca. Se los otorga en pago de los servicios que le ha prestado.

ACA, Cancillería, Registro 1984, fol. 73rv.

Nos Ioannes, Dei gratia rex Aragonum, etc. Manus nostras munificas in uos dilectum consiliarium et uicecancellarium nostrum Guillelmum de Vallesicca, legum doctorem, exigentibus profunditate scientie uenustateque morum quibus diuino estis munere preditus necnon et seruiciis fructuosis que nobis impenditis, iugiter extendentes mille florenos auri de Aragonia uobis tenore huiusmodi elargimus, nostro thesaurario, qui nunc est et pro tempore fuerit, iniungentes quod, non obstante ordinatione seu prouisione quacumque prohibente ne absque albarano seu expresso mandato nostri seu nostre consortis procurate pecunie alique persoluantur per nos graciose concesse, predictos mille florenos, cum ordinaria sit hec gratia, uobis uel cui uolueritis loco uestri de pecunia exsoluat, recuperando inde apocham et presentem, quam in testimonium premissorum iussimus fieri nostro sigillo munitam.

Datum Barchinone, XXIX die ianuarii, anno a natiuitate Domini millessimo trecentesimo nonagesimo quinto.

Rex Ioannes.

Dominus rex mandauit michi Bartholomeo Siruent. P.

7

1396, Julio, 18

La reina María manda anular el confinamiento domiciliario a que había sido sometido Guillem de Vallseca al subir al trono el rey Martín, confinamiento al que el mismo Guillem se había comprometido por documento público.

ACA, Cancillería, Registro 2327, fol. 91rv.

Guillelmi de Vallesicca legum doctoris.

Nouerint uniuersi quod nos Maria etc. Recolimus quod fidelis noster Guillelmus de Vallesicca, legum doctor, fuit his diebus mandato nostro captus et arestatus per dilectum nostrum Galcerandum de Rosanis, militem alguizirium dicti domini regis, cui promisit, sub sacramento et homagio ac pena quinque mille florenorum auri de Aragonia, extra limites domus sue non exire sine expresso mandato, licentia et permissu dicti domini regis uel nostri uel unius alguiziriorum domini regis, prout hec et alia largius apparent per instrumentum publicum inde confectum cuius tenor sequitur sub hac forma:

«Nouerint unieursi quod ego Guillelmus de Vallesicca, legum doctor ciuisque Barchinone, gratis et ex certa scientia promicto et conuenio, firma et solemni stipulatione in posse notarii infrascripti, uobis illustrissimo domino regi, licet absenti, et uestri nomine domine regine et uenerabili Galcerando de Rossanis militi alguizirio uestro presenti, quod non exeam amodo extra limites domus mee, que sunt situati prope fontem uocatam de sancta Anna, meis propriis pedibus uel alienis, aliquo ingenio uel arte, sine expresso mandato, licentia et permissu uestri domini regis uel domine regine uel unius uestrorum alguiziriorum, quod mandatum et licentia debeat apparere per instrumentum publicum, modo alias de hoc sub pena quinque mille florenorum auri de Aragonia quam michi gratis impono super his quoque incurrere uolo si per me contra factum fuerit. Et pro predictis omnibus et singulis sic firmiter actendendis et complendis, tenendis et obseruandis inuiolabiliter obligo uobis dicto domino regi absenti et dicte domine regine et uestro honorabili alguizirio presentibus, me in propria persona et omnia bona mea mobilia et immobilia habita et habenda ubique, priuilegiata et non priuilegiata, de iure communi uel municipali. Et ut predicta per me promissa fieri maiori gaudeant firmitate, iuro sponte per dominum Deum et eius sancta IIII Euangelia, corporaliter a me tacta, predicta omnia et singula attendere et complere, tenere et obseruare et in nullo contra facere uel uenire de iure uel de facto alicuius ratione. Et proinde pono homagium ore et manibus commendam ad forum Aragonie et consuetudinis Cathalonie in manibus et posse dicti honorabilis Galcerandi de Rossanis alguizirii uestri, nomine dicti domini regis et pro uobis dicta domina regina ipsum homagium a me recipientis. Et casu, quod Deus auertat, contra predicta per me uobis dicto domino regi uel domine regine promissa fecero uel uenero, ipso facto sola huiusmodi [a] hostensione sim predicor abauxator et pro tali habitus et reputatus, et proinde non possim [b] extracodire(?) per duellum aut parem uel contra similem aut per alidquid [c] genus armorum, renuntians gratia quoad hec, omnibus legibus, iuribus et omnibus constitutionibus, usaticis, consuetudinibus contra predicta repugnantibus aut pro me facientibus ullo modo. Et predicta pena casu quo contrahatur uolo et expresse consentio quod fiat executio per uos dictum dominum regem aut uestrum alguizirium, patronos uel officiales uestros in bonis meis mobilibus et immobilibus, priuilegiatis et non priuilegiatis, ubique habitis et habendis, renuntians gratis quod ad hec spaciis et temporibus que dantur et conceduntur pro bonis mobilibus et immobilibus uendendis, et aliis etiam quibus me modo aliquo iuuare possum. Hec autem facio in manu ipsius notarii infrascripti uice et nomine uestri dicti domini regis et omnium aliorum quorum interesse et intererit et interesse potest et poterit hec a me legitime stipulantis, paciscentis et recipientis.

Quod est actum Barchinone, VI die augusti, anno a Natiuitate Domini millesimo CCC.LXXXX sexto.

Signum Guillelmi de Vallesicca predicti, que supradicta laudo, concedo et firmo ac etiam sacramentum et homagium presto. Testes huius rei sunt Dominicus Jarana et Ioannes de Torrent de officio alguizirii domini regis.

Signum nostri Eximeni Sancii de Turolia domini regis scriptoris auctoritate regia notarii publici per totam terram et dominationem suam, qui in predictis una cum prenominatis testibus interfui et hec scribi feci et clausi.»

Nunc uero [d], habita deliberatione in nostro pleno consilio super dictis captione et arrestamento, prouidemus et expresse mandamus et permittimus dicto Guillelmo de Vallesicca ac etiam licentiam eidem Guillelmo largimur plenariam quatenus exeat ac exire possit extra limites domus sue et uadat et accedat ubicumque ire et accedere uoluerit sicut faciebat et poterat ante prelibatam promissionem, obligationem, sacramentum, homagium, et possit redire ad dictum suum hospitium uel alibi semel et pluries et quotienscumque uoluerit dum uixerit et exire inde libere non obstantibus quibusuis stipulationibus, clausulis in predicto instrumento contentis et specificatis. Nos enim de certa scientia et expresse mandamus Eximino Sancii, notario infrascripto, quatenus dictum instrumentum obligationis et arrestamenti predicti annullet et laceret et pro cancellato in suo protocollo habeat, cum nos per presentem habemus dictum instrumentum obligationis et promissionis et

a *Interl.:* instrumenti
b *Interl.:* me
c *Interl.:* aliud
d Nunc uero *interl.*

omnia et singula in eo contenta pro cancellatis, laniatis etiam et non factis. Et placet nobis et uolumus quod de predictis ad tuitionem, exhonerationem dicti Guillelmi de Vallesicha fiat per dictum et infrascriptum notarium publicum instrumentum. Quod etiam sigillo locumtenencie nostre impendenti munimine roboretur.

Quod est dictum Barchinone, octauadecima die iulii, anno a natiuitate Domini M.CCC.XC. sexto. Bernardus Michaelis.

Signum Marie, Dei gratia, regina Aragonie, Valentie, etc. Que supradicta concedimus et laudamus.

Testes sunt: Gilabertus de Crudillis, Gispertus Guidiano(?) miles, Petrus Paschasii, Bernardus de Gualbis legum doctoris, et Galcerandus de Pulcro Castro domicellus.

Signum mei Eximini Sancii de Turolio domini regis scriptoris, auctoritate regia notarii publici per totam terram et dominationem suam qui in predictis interfui et hec scribi feci et clausi. Corrigitur autem in XI linea «possum me», et in XII linea «aliquid aliud», et in linea XVII «nunc uero», et in linea XXI et XXII «sigillum locumtenencie nostre», et in secunda linea «signi dicte domine regine concedimus et laudamus».

Domina regina mandauit michi Eximino Sancii. P.

8

1413, Abril, 1

Fernando de Antequera nombra a Guillem de Vallseca, ciudadano de Barcelona, como baile de la ciudad de Perpiñán. Le señala sus derechos y obligaciones y le asigna un sueldo de 50 libras barcelonesas al año.

ACA, Cancillería, Registro 2396, fol. 22v-23r.

Officium baiulie uille Perpiniani concessi G. de Vallesicca.

Nos Ferdinandus etc. De fide, industria et legalitate uestri fidelis nostri G. de Valle Sicha, ciuis Barchinone, tenore presentis committimus siue commendamus uobis eidem Guillelmo officium baiulie uille Perpiniani, dum de nostro processerit beneplacito uoluntatis. Ita quod uos dictus Guillelmus, quamdiu nobis placuerit ut prefertur, sitis baiulus dicte uille Perpiniani ipsumque officium teneatis, regatis et exerceatis fideliter, legaliter atque bene, ius et iustitiam submissis dicto officio tribuendo, iuraque et regalias nostras manutenendo et deffendendo et in omnibus conseruando et alia omnia faciendo que ad dictum baiulie officium pertinere quomodolibet dinoscantur. Et habeatis et recipiatis pro uestro salario et labore anno quolibet, quamdiu dictum tenueritis [a] officium, quinquaginta libras monete Barchinone necnon recipiatis iura inde [b] haberi assueta. Mandantes per hanc eandem uniuersis et singulis officialibus nostris, necnon consulibus et probis hominibus dicte uille Perpiniani et aliis subditis dicte baiulie officio presentibus et futuris, quatinus uos dictum Guillelmum pro baiulo supradicto habeant et teneant quam-

a *Interl.:* baiulie
b *Interl.:* iuste et debite

diu nobis placuerit, ut est dictum, uobisque respondeant illi eorum ad quos spectet de dicto salario et aliis iuribus supradictis et alias ipsi et alii dicto submissi officio pareant et obediant uobis in et de omnibus hiis [e] et de quibus aliis baiulis dicte uille pareri, obediri est solitum atque debet. Vos uero antequam utamini dicto officio teneamini assecurare in posse illius ad quem spectet de tenendo tabulam et alia faciendo atque teneamini iuxta Constitutiones Cathalonie generales. Teneamini etiam assecurare cum idoneis fideiussoribus quod infra quatuor menses finito tempore uestri regiminis reddatis (redditus [ac]) compotum et rationem in posse magistri rationalis curie nostre de gestis et administratis per uos de iuribus supradictis in officio antedicto. Et quod refundetis si quid et quicquid inde curie nostre fuerit refundendum. Et quod compositiones fiendas per uos ratione officii iamdiu de iuribus predictis coram scriptore eiusdem receptasque integrales et non cum deductione sumptuum facietis. In cuius rei testimonium, presentem fieri iussimus nostri sigillo communi impendenti munitam.

Datum Barchinone, prima die aprilis, anno a Natiuitate Domini MCCCCXIII, regnique nostri secundo.

Rex Ferdinandus.

Dominus rex mandauit michi Didaco Fernandi de Vadillo. P.

9

1413, Abril, 1

Fernando de Antequera ordena al baile de Perpiñán que cese en el ejercicio de la bailía de esta ciudad, bajo pena de su indignación y la multa de 500 florines de oro, puesto que ha de ser sustituido en este cargo por Guillem de Vallseca.

ACA, Cancillería, Registro 2396, fol. 23r.

Executio precedentis.

Ferdinandus etc. Fideli nostro cuicumque tenenti seu regenti officium baiulie uille Perpiniani, salutem et gratiam. Cum nos cum carta, nostro sigillo pendenti sigillo munita, sub presenti data confecta, dederimus et commisserimus fideli nostro Guillelmo de Vallesicca officium baiulie predictum, dum de nostre processerit beneplacito uoluntatis, uobis dicimus et mandamus, de certa scientia et expresse sub nostre ire et indignationis incursu ac pena quingentorum florenorum auri de Aragonia, uobis imponimus quatenus a regimine seu executione officii uisis presentibus illico desistatis et per dictum Guillelmum et neminem alium regi et exerceri permittatis, omni obstaculo quiescente, istaque nullatenus differatis aliqua ratione.

Datum Barchinone, sub nostro sigillo communi, prima die aprilis, anno a Natiuitate Domini MCCCCXIII.

Rex Ferdinandus Idem. P.

10

1413, Junio, 21

Fernando de Antequera alaba la competencia de Guillem de Vallseca como baile de Perpiñán y sus dotes en el ejercicio de cargos públicos, lo cual ha quedado patente en los que han sido ocupados por él en la ciudad de Barcelona.

ACA, Cancillería, Registro 2383, fol. 108rv.

Lo Rey. Pròmens, sobre la provisió ja feta per nós de la bailia de aquexa nostra vila de Perpenyà en la persona del feel nostre en Guillem de Vallsecca havem recebuda vostra lecència per lo portador de la present et aquella entesa, responem vos que nós, precedent bona informació la qual en semblants fets acostumam pendre, havem trobat ab veritat lo dit Guillem ésser bona et sufficient persona et de loable fama et conversació en lo cual ha regits et tenguts en la ciutat de Barchinona officis públics en lo regiment dells quals s'és haüt loablement et bé tota affecció de parents et de amichs apert posada, e no dubtets del fet dells parcialitats et voluntats que son en aquexa vila car nós havem manat que no faça part ab alguns sinó tan solament ab la justicia. E creem fermament que axí ho farà. E com no.u faés, en aquest cas, nós hi prouehiriem segons pertanyria. E pensar podets que en lo benavenir de aquexa universitat més vas a nós que a persona del món, continuats donchs en lo profit de aquexa universitat segons bé havets acostumat.

Dada en la vila de Cervera, sots nostre segell secret, a XXXI. dies de juliol de l'any de la nativitat de nostre Senyor mil CCCCXIII.

Rex Ferdinandus.

11

1413, Septiembre, 25

Fernando de Antequera manda a Guillem de Vallseca, a la sazón baile de Perpiñán, que vaya a su presencia a la ciudad de Balaguer para tratar de diversos asuntos referentes al rey y a su curia. Le ordena deje un sustituto para el ejercicio de la bailía.

ACA, Cancillería, Registro 2384, fol. 67rv.

Nos Ferdinandus etc. Quia uolumus fidelem nostrum Guillelmum de Vallsicca baiulum uille Perpiniani ad nostram uenire presentiam pro aliquibus negotiis seruicium nostrum ac interesse nostre curie concernentibus, ne autem eos uestros dictum baiulie officium et uestri durante absentia sine presidi remaneat sicuti neque decet, tenore presentis concedimus uobis dicto Guillelmo de Valle Sicca quod dictum baiulie officium hinc ad quindecim dies mensis nouembris proxime uenientis per uestrum substitutum ydoneum et sufficientem teneri et cogi facere ac etiam libere exerceri, ipso tamen uestro substituto assecurante primitus de tenendo tabulam et alia faciendo atque tenendo rationem regiminis officii antedicti. Nos enim eidem uestro substituto, dicto tempore durante, super regimine et exercicio officii antedicti illam et eandem conferimus potestatem, prout et quemadmodum per nos uobis attributa extitit et concesa. Mandantes per hanc eandem gubernatori Rossillionis et Ceritanie, aliis officialibus nostris necnon submissis dicte baulie officialibus quatenus licentiam et concesionem nostram huiusmodi teneant firmiter et obseruent et non contraueniant seu [a] contrauenire permittant aliqua ratione. In cuius rei testimonium, presentem fieri iussimus nostro sigillo secreto munitam.

Datum in obsidione Balagarii, uicesima quinta die setembris, anno a natiuitate Domini MCCCCXIII.

Rex Ferdinandus.

12

1430, Diciembre, 17

Alfonso el Magnánimo se dirige a Benet Servent para que con Lleonard de Vallseca, hijo de Guillem, le manden la obra que este último había escrito sobre los Usatges *y* Constitucions *de Cataluña.*

ACA, Cancillería, Registro 2686, fol. 179r.

Lo Rey. En Benet Servent, nós en tota cas volem veure tota la obra e strets que nunc Guillem de Vallseca ha feta sobre los Usatges e Constitucios de Cathalunya la qual té mossèn Leonart de Vallsecca son fill al qual axí mateix scrivim, per què os dehim e vos encarragam axí stretament com podem que ab lo dit mossèn Benet Leonart treballets que qui don los dits libres e haguts aquells los nos portets decontinent en manera que fiats ab nos a XXII del present mes.

Dada en Leyda, sots nostre segell secret a XVII dies de decembre de l'any M.CCCC.XXX.

Rex Alfonsus.

Dominus Rex mandavit michi Ioanni Olzina. P.

Al feel lochtinent de Tresorer nostre en Benet Servent.

17. LAS ANOTACIONES DE ELIO ANTONIO DE NEBRIJA A LAS PANDECTAS *

Antonio Martínez de Cala y Xarana es conocido en el mundo literario como Elio Antonio de Nebrija (1441-1522)[1]. Iniciados sus estudios en la Universidad de Salamanca, pasó a Italia, donde permaneció durante un decenio. Visitó varias universidades italianas, interesándose por las letras, teología, derecho y medicina, deteniéndose especialmente en la de Bolonia, donde ingresó como colegial del Colegio de S. Clemente de los Españoles el día 2 de Marzo de 1465. Como profesor universitario en Sevilla, Salamanca[2] y Alcalá, y como escritor, consideró misión suya debelar la barbarie del idioma patrio y del latín en su país. Su labor docente y sus numerosas publicaciones, que se escalonan a lo largo de los últimos años del s. XV y primeros decenios del XVI, le colocan con justicia entre los primeros humanistas españoles.

En la amplia temática de sus escritos encuentra un lugar no despreciable el derecho romano. Es bien conocido, bajo este aspecto, un tratado suyo contra los errores de Accursio (tal vez el primero de este género), titulado *Sanctissimi iuris civilis lexicon adversus quosdam insignes Accursii errores*, publicado por primera vez en Salamanca, en 1506, y que acaba de reeditarse todavía en fechas recientes[3]. Pero no es de este *Lexicon iuris civilis* del Nebrisense de lo que voy a ocuparme en las páginas que siguen, sino de otro escrito suyo que permaneció inédito y prácticamente desconocido.

* Publicado en el AHDE 35 (1965) 557-64.

1 Sobre Nebrija, en general, cf. F. G. Olmedo, *Humanistas y pedagogos españoles. Nebrija (1441-1522). Debelador de la barbarie. Comentador eclesiástico. Pedagogo. Poeta* (Madrid 1942); A. Odriozola, *La caracola del bibliófilo nebrisense, o la casa a cuestas indispensable al amigo de Nebrija para navegar por el proceloso mar de sus obras* (Madrid 1947). [Esto mismo apareció anteriormente en *Revista de Bibliografía Nacional* 7 (1946) 3-114]; L. M. Plaza Escudero, *Catálogo de la Exposición Bibliográfica de Elio Antonio de Nebrilla* (Barcelona 1950); A. Pérez Martín, *Proles Aegidiana* 1 (Bolonia 1979) 332-33 y passim.

2 Sobre Nebrija en Salamanca cf. F. G. Olmedo, *Nebrija en Salamanca* (Madrid 1944); M. García Blanco, 'La casa de Nebrija en Salamanca', *Miscelánea Nebrija* 1 (Madrid 1946) 17-40. Este último autor señala como lugar de la casa de Nebrija en Salamanca el n. 34 de la actual calle de Libreros.

3 Elio Antonio de Nebrija, *Léxico de Derecho Civil*. Notas y prólogo de H. Núñez (Madrid 1944). No es, en cambio, de Nebrija el *Vocabularium utriusque iuris*, en contra de lo que se viene diciendo en publicaciones todavía recientes, sino que tiene por autor a Iodoco de Erfut. Cf. sobre esta atribución P. Fiorelli, 'Vocabulari giuridici fatti e da fare', *Rivista Italiana delle Scienze Giuridiche* NS 1 (1947) 299-300.

Me refiero a sus *Annotationes in libros Pandectarum*. El recuerdo más antiguo de ste escrito aparece en Nicolás Antonio [4]. Savigny [5] recoge la referencia de Nicolás Antonio, pero añade por su cuenta que no tenemos prueba alguna de la existencia de tal escrito. Realizando en fechas recientes otras investigaciones en la biblioteca del Colegio de España en Bolonia, encontré entre los manuscritos que allí se conservan un códice en el que se contiene una colección de impresos y manuscritos de obras de Nebrija, en su mayoría conocidos. Dicho códice se encuentra bajo esta asignatura: MS 132 (antiguas signaturas Aul.iv.Aa.ix.8; H-V-11; 47.11). En los folios 263r-274v se encuentra un comentario de Nebrija precedido de esta rúbrica: Annotationes in libros Pandectarum per Antonium Nebrissensem. Comienza comentando las palabras 'In nomine Domini': *Qui prototypas Pandectas quae Florentiae adseruantur* (*obseruantur* B^{ac}) *inspexere, scribunt nihil tale in initio haberi, quare suspicamur a tabellione aliquo adiectum, quoniam in illorum formulis huiusmodi initio utuntur; non quod mihi displiceat inde incipere, cum praesertim ab Apostolo id facere admonear, ut si aliquid in uerbo aut in opere facimus, in nomine Domini nostri Iesu Christi faciamus* (cf. Col. 3.17), *sed quod aliorum libris non liceat quicquam addere aut detrahere*. Termina comentando las palabras 'omne fas atque nefas' (Dig. 1.2.2.2.24): *Ex prouerbio dictum est, idest omnia iusta et iniusta perturbasse*. El fragmento del códice de Bolonia que aquí nos interesa está escrito en letra humanística del s. XVI. Intervienen varias manos [6].

La presencia de este códice en Bolonia es perfectamente comprensible, si se tiene en cuenta que Nebrija, como queda indicado, fue colegial del Colegio de España. Al volver a su país y convertirse en una figura relevante, alguien se preocupó de que en el Colegio, que le contaba entre sus glorias, no faltaran sus obras. Para ello se encuadernaron en un volumen una serie de obras impresas y manuscritas de Nebrija, conservándose con los demás códices hasta la actualidad. El impreso más reciente de este volumen es de 1513. La hechura y encuadernación de este códice es más reciente.

En cuanto mis noticias alcanzan, este códice fue manejado en el s. XVIII por Antonio Martínez de Pons, quien lo describió junto con los demás códices del Colegio [7]. Su labor se limita a una simple catalogación, realizada con los criterios de su época, que no siempre satisfacen las necesidades

4 Nicolás Antonio, *Biblioteca Hispana Nova* 1 (Madrid 1788) 138.

5 F. C. von Savigny, *Geschichte des römischen Rechts im Mittelalter* 6 (Heidelberg 1850 = Bad Homburg 1961) 453-56. En la p. 456 dice textualmente: '*Annotationes in Pandectas*. Für das Daseyn eines solchen Werks ist durchaus keine Beglaubigung vorhanden.'

6 Ver descripción de este códice en A. García y García-C. Piana, 'Los manuscritos filosófico-teológicos, históricos y científicos del Real Colegio de España de Bolonia', *Salmanticensis* 14 (1967) 143-44.

7 La descripción de Antonio Martínez de Pons aparece en el fol. 276r-277r del MS 132. La misma descripción, un poco más extensa, se encuentra en el MS Q (H. I. 11) de la misma Biblioteca del Colegio de España en Bolonia. En la Biblioteca Universitaria de Bolonia hay otras dos copias manuscritas de este catálogo bajo la signatura MS 299 I MS 299 II.

actuales de los estudiosos. En fecha mucho más reciente, el Consejo Superior de Investigaciones Científicas patrocinó una miscelánea dedicada a Nebrija, de la que sólo he visto un primer volumen. En una especie de crónica, al final del mismo, se menciona este códice de Bolonia, indicando incluso la existencia del escrito de Nebrija a que venimos aludiendo [8].

¿En qué fecha compuso Nebrija este escrito? En el códice de Bolonia hay indicaciones que nos permiten datar esta obra entre 1489 y 1508. En las primeras líneas, ya transcritas, alude Nebrija a la *littera pisano-florentina* de las Pandectas. Esta alusión no parece referirse a lo que sobre este tema escribió Poliziano, sino a las noticias de algunos de los varios estudiosos que durante el s. XV tuvieron acceso al famoso códice florentino [9]. De esta primera cita de las Pandectas florentinas nada concreto puede deducirse en cuanto a la fecha. Pero hay otras dos citas mucho más valiosas para nuestro objeto. Comentando las palabras 'Theophilo et Dorotheo' de la inscripción que precede a la constitución 'Omnem rei publicae' dice textualmente Nebrija: *Politianus namque cui saepe data est facultas inspiciendi archetypas illas Florentinorum Pandectas in Miscellaneis suis observatione 93ª*. Un poco más abajo, glosando las palabras 'quarti anni studiosos' del mismo texto justinianeo, añade Nebrija: *Angelus Politianus in Miscellaneis suis scribit pro eo quod...* Ahora bien, el lugar a que alude Nebrija fue publicado por primera vez en 1489 [10], siguiendo después otras ediciones. No he visto por otra parte

8 Cf. *Miscelanea Nebrija* 1 (Madrid 1946) 309.

9 Según Savigny, obra cit. 3.478-83 y 726-27, la *littera florentina* no fue consultada por nadie antes de Poliziano (1490-95), salvo una vez por Bartolo cuando el códice estaba todavía en Pisa. Esta apreciación del ilustre historiador alemán es hoy día insostenible, pues consta que a lo largo del s. XV fueron varios los estudiosos que tuvieron acceso, aunque limitado, al famoso códice pisano, emigrado a Florencia desde principios del s. XV. Cf. sobre esta cuestión D. Maffei, *Gli inizi dell'Umanesimo giuridico* (Milano 1956-60) 86 ss. Esta referencia de Nebrija, que no alude a Poliziano (cf. infra n. 10), es una prueba más de que *littera florentina* no permaneció a lo largo del s. XV tan inaccesible como supone Savigny.

10 Ver Hain n. 13.221, edición que no he tenido a mano. Consulté, en cambio, la de 1498: *Omnia opera Angeli Politiani et alia quaedam lectu digna quorum nomina in sequenti indice videre licet* (Venecia 1498), sin foliar. El c. 93 a que alude Nebrija dice exactamente lo siguiente: Vindicata Iustiniani principis praefatio quaepiam a vitiis, mendisque aliquot. *Pudet me saeculi nonnumquam istius, in quo sum natus, indocti nimis et arrogantis versantem animo identidem, quae monstra rerum verborumque libros etiam ipsos legum, quibus regimur, occupaverint. Sicuti quod nuper, dubium ridens, an stomachans, adnotabam in epistola Iustiniani, quae posita est ante Digestorum libros, Theophilo, Dorotheo, Theodoro, Isidoro, et Anatolio et Thalleleo et Cratino viris illustribus, antecessoribus, et Salaminio viro dissertissimo scripta. Nam cum doceat illic imperator anni quarti studiosos graeco vocabulo* lytas *appellatos, et item quinta* prolytas, *ut in Pandectis extat illis archetypis, cuncta nunc habent exemplaria* hircos *in priore loco,* coloritas *in posteriori loco, nihili vocabula, sed quae tamen ab Accursio pro maxime idoneis enarrentur. Qui in primi anni auditores, non* dispondii *(quod vulgo) sed* dupondii, *sicut in archetypis invenio, tam frivolo, ut idem ait, quam ridiculo cognomine appellabantur. Sed et in eadem epistola (ut in transcursu hoc quoque ostendam) desiderantur verba de sexta Iliados Rhapsodia, cum Glaucum et Diomedem nominat imperator inter se dissimilia permutantes. Etenim post id verbum, sequi debet hic Homeri versus, si archetypo credimus* (copia el verso en griego).

que Nebrija estuviera en correspondencia con Poliziano. Por ello creo que este escrito de Nebrija es posterior a la fecha indicada.

Que no sea muy posterior a 1508 parece seguirse, aunque sin mucha seguridad, del hecho de que no alude para nada a la obra del humanista Budeo *Annotationes in quattuor et viginti Pandectarum libros,* publicada por primera vez en 1508 [11]. Es más, Budeo conocía el derecho romano mucho mejor que Nebrija, resultando su obra mucho más interesante desde el punto de vista estrictamente jurídico, sin desmerecer de la de Nebrija bajo el aspecto filológico-histórico. Por ello creo muy verosímil que Nebrija desistiera de continuar sus *Annotationes* ante la aparición de las de Budeo, que rebasan bajo todos o casi todos los aspectos la obra del Nebrisense. De ser esto así, debemos suponer que Nebrija componía estas *Annotationes* en fechas cronológicamente próximas a la aparición de la obra de Budeo, o sea, más o menos después de publicar el Nebrisense su *Lexico de derecho civil.* Que Nebrija cesara en sus *Annotationes* ante la aparición de la obra de Budeo, es una hipótesis que necesita ulterior confirmación. Pero creo que no carece de verosimilitud.

Una cosa es cierta, a saber, que la obra de Nebrija, tal como nos la transmite el códice boloñés, no está completa. El título parece sugerir un comentario a todo el Digesto o a una parte considerable del mismo. Sin embargo, se limita, como queda indicado, a un fragmento relativamente breve, no llegando más que hasta Dig. 1.2.2.24. Por otra parte, en el Códice de Bolonia termina a mitad de página, sin que se advierta ningún síntoma de que haya sido truncado [12]. Tenemos, por otro lado, que en este mismo escrito hay síntomas inequívocos de que su autor lo había concebido con mucha más amplitud. Esto aparece por lo que nos dice Nebrija al glosar las palabras 'cum aerarium populi' (Dig. 1.1.2.22): *Vnde isti non recte thesaurarium uocant aerarii praefectum, cum potius aerarii quaestor uocari debeat. Sed de officio quaestoris infra suo loco dicetur...* Este tema se toca, como es sabido, en el Dig. 1.13. La intención de Nebrija de glosar todo el Digesto o por lo menos el *Digestum Vetus* aparece todavía mejor al comentar las palabras 'incipite igitur', al final de la const. 'Omnem rei publicae': *De Glauci et Diomedis armorum permutatione in obseruationibus satis multa scripsimus atque infra in tit. de contrahenda emptione in l. prima* (Dig. 18.1.1) *pluscula*

11 No he tenido a mano la primera edición de la obra de Budeo, sino que consulté la edición de 1527; Guilielmi Budaei, *Annotationes priores in Pandectas. Eiusdem in casdem Annotationes posteriores* (Colonia 1527). En una dedicatoria al rey de Francia figura, en efecto, la fecha del 4 de Noviembre de 1508.

12 Termina hacia la mitad del fol. 273r. En el fol. 274r sigue todavía una nota supletoria sobre Dig. 1.2.2.24 *ad vv.* 'Mutii auditores fuerunt quamplures...' Siguen después en blanco los fol. 274v-75v. Finalmente, en los fol. 276r-77r, se encuentra la descripción de Antonio Martínez de Pons aludida en la nota 7 de este trabajo. El presente escrito de Nebrija, tal como se encuentra en el códice de Bolonia, está escrito en dos cuadernillos de ocho folios, de los que el primero está totalmente empleado, mientras que del segundo sólo se utilizan dos folios, quedando en blanco el resto. Todo parece, pues, indicar que en estos dos cuadernillos se copiaron todas las notas manuscritas de Nebrija que se pudieron encontrar sobre el Digesto.

adnotabimus. Todo parece, pues, indicar que nos hallamos ante una obra de grandes vuelos que Nebrija tenía proyectada y que sólo empezó a escribir. De haber sido más extensa tal como la realizó, no se comprende por qué no continuó copiándola el amanuense del códice de Bolonia.

Nebrija utiliza en sus anotaciones a las Pandectas el género literario jurídico del *apparatus glossarum.* Esta circunstancia y la de no citar, entre los medievales, más autores que a Accursio, hacen pensar que no conoció o por lo menos no tuvo a mano para escribir estas glosas otra cosa que el texto legal justinianeo y la Glosa Ordinaria de Accursio [13].

Comparando este comentario de Nebrija a las Pandectas con el Léxico de derecho civil del mismo autor, encontramos varios textos conceptualmente similares e incluso uno literalmente casi idéntico:

Annot. in Pandectas (MS 132, folio 264r)	Léxico (n. 388, p. 376).
Pandectae: ... *Nam graeci a* pan *et* dechomae *quod est graece comprehendo. Gellius lib. xix. in fine Noctium Atticarum: «Sunt, inquit, qui pandectas, idest, omnium rerum receptacula inscripserunt.» Idem lib. xii.: «Quod graeco titulo pandectas, idest promiscua et omnimoda continentes libros»* (13.9).	PANDECTA *potest interpretari comprehensorium, hoc est, omnia continens, a* pan, *quod est omne, et* dechomae *comprehendo. Gellius lib. xix.: «Sunt, inquit, qui pandectas, idest, omnium receptacula scripserunt»* (13. 9. 3). *Idem lib. xii.: «Quas graeco vocabulo pandectas, idest, promiscua et omnimoda continentes libros»* (13. 9).

Pasemos ahora a una valoración de este escrito de Nebrija. Para ello, comenzaremos por encuadrarlo dentro de una corriente o actitud de pensamiento. Nebrija es un humanista y, ante todo, un gramático. Pero adviértase que el gramático del renacimiento no responde enteramente al sentido que nosotros damos hoy a este vocablo, como equivalente del enseñante del lenguaje y de sus reglas. A esto llamarían los antiguos *grammatista.* El *grammaticus* evoca no sólo una actitud literaria, sino también filosófica, consistente en ahondar en el conocimiento de todos los saberes humanos a través de la puerta del lenguaje, que, según los humanistas, conduce directamente a la sustancia de las cosas. Esto es lo que quiere expresar Nebrija en el prólogo de su *Gramática* cuando afirma que escribe *... non tamquam iuris studiosus, sed tamquam grammaticus disputare* [14]*...*

13 Evidentemente, el texto legal utilizado por Nebrija es el vulgato según la *littera bononiensis.* Las preocupaciones de sistematización que se advierten en el humanismo jurídico, en su etapa adulta, están totalmente ausentes de la mente de Nebrija, tal como se manifiesta en este escrito. Lo mismo cabe decir de su *Lexicon,* no como contenido, sino como género literario. Como es sabido, el tardo medievo abundó en repertorios, diccionarios y *tabulae iuris.*

14 Elio Antonio de Nebrija, *Gramática Castellana* 1 (Madrid 1946) 20. Sobre Nebrija desde el punto de vista jurídico cf. P. F. Girard, 'Les préliminaires de la Renaissance du droit romain', *Revue Historique du Droit Français et Etranger* 4 série 1 (1922)

La corriente de pensamiento en que se mueve Nebrija en el escrito que venimos comentando, es la italiana [15], que tuvo ocasión de conocer durante su estancia en Italia a que aludimos más arriba. Los comienzos de esta escuela se registran en Petrarca, al que siguen, en la primera mitad del s. xv, Salutati, Poggio Bracciolini, Leonardo Bruni y sobre todo Lorenzo Valla y Maffeo Vegio. Otros autores, cronológicamente más cercanos a Nebrija, son Ambrogio Traversari, Fonteguerri, Francesco Filelfo, Carlo Marsuppini y Angelo Poliziano. Esta escuela de iniciadores del humanismo jurídico llegará a su plenitud con el triunvirato formado por Budeo, Zasio y Alciato, que aparte de sus conocimientos filológico-históricos, aventajarán a sus predecesores con la posesión de un bagaje de conocimientos jurídicos mucho más considerable.

Nebrija no da muestras de grandes conocimientos jurídicos ni en este escrito que comentamos ni tampoco en su *Lexico de derecho civil*. Su mérito radica en la nueva metodología o modo de acercarse a los textos legales de la antigüedad clásica. Roto el universalismo político medieval, que consideraba el derecho romano como derecho común del Imperio, suceden en Italia las independencias comunales y en el resto de Europa las nuevas naciones. Con ello el derecho romano deja de ser un derecho vivo, pasando a ser objeto de historificación en manos de los humanistas. Estos tratan, ante todo, de restituir las fuentes romanas a su pureza original, eliminando las erróneas interpretaciones que de estos textos dieron los autores medievales. Por eso las dos notas de antitribonianismo (o antijustianismo) y de antimedievalismo de los humanistas van íntimamente unidas. Destruida, según los humanistas, la lógica interna del derecho romano clásico con la labor compilatoria de Justiniano y Triboniano, se hicieron necesarios los trabajos de los glosadores y bartolianos para concordar las numerosas antinomias resultantes. Lorenzo Valla y más tarde Hotman serán los mejores exponentes de esta actitud antitriboniana y antimedieval. En Nebrija, esta actitud crítica se manifiesta ya en el título de su *Lexicon iuris civilis* dirigido directamente contra Accursio.

37-8; J. Beneyto Pérez, 'Humanismo y ciencia jurídica: la teoría del nombre de España en el s. xvi', *Atti del terzo Congresso di Diritto Comparato* 1 (Roma 1953) 337 ss. y 341-42; D. Maffei, *Gli inizi dell'Umanesimo...* 49-51 y 150 n. 13, aparte de las referencias de Nicolás Antonio, Savigny y Fiorelli ya aludidas.

15 La monografía más documentada y al día sobre los comienzos del humanismo jurídico es el libro del Prof. Domenico Maffei citado en notas precedentes. Aparte de esta obra, cf. el libro del mismo autor *Alessandro d'Alessandro giureconsulto umanista [1461-1523]* (Milano 1956); S. Condanari, *Humanismus und Rechtswissenschaft* (Innsbruk 1947); S. Stelling-Michaud, 'L'histoire des universités au moyen age et à la Renaissance au cours des vingtcinq dernières années, *XIe Congrès International des Sciences Historiques* 1 (Göteborg-Stockolm-Uppsala 1960) 107 ss.; R. Orestano, 'Diritto e storia nel pensiero giuridico del sec. xvi', *La storia del diritto nel quadro delle scienze storiche* [Atti del primo Congreso Internazionale della Società Italiana di Storia del Diritto] (Firenze 1966) 389-415; V. Piano Mortari, 'La sistematica come ideale umanistico dell' opera di Francesco Connano', ibid. 521-31; E. Garin, 'Leggi, diritto e storia nelle discussioni dei secoli xv e xvi', ibid. 419-35. Algunas de estas obras se refieren más bien al humanismo jurídico en su etapa de madurez. Pero indirectamente ilustran también los comienzos.

Sin mencionar explícitamente a Justiniano o a Triboniano, en este escrito hace numerosas rectificaciones de los textos justinianeos. Esta crítica es realizada por el Nebrisense casi exclusivamente a base de observaciones de tipo filológico e histórico, con ausencia de consideraciones de tipo jurídico.

El antimedievalismo de los humanistas disminuye a medida que aumenta su conocimiento del derecho propiamente tal, dirigiéndose entonces más contra los contemporáneos que siguen el *mos italicus* (continuadores del sistema jurídico medieval) que contra los medievales propiamente dichos. Como es sabido, el humanismo jurídico, nacido en Italia, tomará carta de nacionalidad en Francia bajo la etiqueta del *mos gallicus*. Pero esto sobrepasa ya el área cronológica de ambientación del Nebrisense.

Como justamente se ha observado, no se distingue el humanismo jurídico con respecto a los juristas medievales por la vuelta a los textos legales de la antigüedad ni por el renacer de los estudios sobre el hombre y la naturaleza. Bajo este aspecto, es cosa demostrada la continuidad de la cultura clásica a lo largo de la Edad Media, registrándose renacimientos de considerable importancia en la era carolingia y en los primeros decenios que siguieron al año mil. El paso del escolasticismo jurídico al cultismo jurídico no gravita sobre estos puntos de vista. Los humanistas no echan en cara a los medievales la ignorancia del derecho justinianeo, sino el haberlo querido aplicar a una realidad político-social diferente de aquella para la que el derecho romano había sido creado, realizándolo, además, con un lenguaje bárbaro. Pero los medievales no fueron bárbaros, según los humanistas, por haber ignorado a los clásicos, sino por no haberlos sabido colocar en su verdadera situación y dimensión histórica.

Tal es la ambientación y significado de las *Annotationes* de Elio Antonio de Nebrija sobre las Pandectas.

Nota adicional

Con posterioridad a la fecha de aparición de este capítulo en su primera edición (1965), apareció una amplia referencia a este tema en el libro de S. Caprioli, *Indagini sul Bolognini. Giurisprudenza e filologia nel Quattrocento italiano* (Ius nostrum 15; Milano 1969) 27-29 y 386-91, donde hace interesantes observaciones sobre la ambientación boloñesa de las *Annotationes* de Nebrija y sobre su fecha de composición. Estas últimas me permitieron corregir una errata evidente que se deslizó en mi primera publicación.

18. DERECHO HISTORICO Y DERECHO MODERNO EN ESPAÑA *

En las páginas que siguen se trata de describir la dimensión histórica del derecho moderno español, es decir la incidencia del derecho histórico anterior a la Edad Moderna en los ordenamientos principales por los que se rigió España a partir de los Reyes Católicos. No interesa aquí la estadística cuantitativa de la dosis de derecho histórico asumido en las modernas recopilaciones españolas. El siguiente análisis versa sobre las coordenadas históricas y criterios tenidos en cuenta por los autores de estas recopilaciones. Para proceder con un cierto orden, tocaremos sucesivamente los siguientes puntos: colecciones objeto de examen, juicio que sobre ellas se ha dado, crítica de esta valoración, base crítica del derecho moderno español, sistema compilatorio seguido, interpretación y utilización, estructura del estado español moderno como condicionante del sistema compilatorio.

1. En atención a los menos familiarizados con esta temática, comenzaré por reseñar brevemente las colecciones jurídicas españolas a las que se refiere este análisis. No vamos a ocuparnos aquí de todas y cada una de las colecciones que se utilizaron en la España moderna, sino tan sólo de las más representativas del derecho castellano. La actividad compilatoria en Castilla durante la Edad Moderna se polariza en torno a cuatro momentos estelares: las *Ordenanzas Reales de Castilla* de Alfonso Díaz de Montalvo, la *Nueva Recopilación,* la *Novísima Recopilación* y la codificación de finales del siglo pasado.

A lo largo del s. XV, los procuradores pidieron varias veces que se recopilaran las leyes del reino [1]. En las Cortes de Toledo de 1480 se acordó nuevamente recopilar las leyes y ordenanzas anteriores, encargo que los Reyes Católicos confiaron a Alfonso Díaz de Montalvo [2], quien tituló su recopila-

* Publicado en *La formazione storica del diritto moderno in Europa. Atti del Terzo Congresso Internazionale della Società Italiana di Storia del Diritto* 2 (Firenze 1977) 891-906.

1 Cf. por ejemplo las peticiones de los procuradores al Rey D. Juan II, en las Cortes de Madrid de 1433, n. 36 y 38 (ed. *Cortes de los Antiguos Reinos de León y Castilla* por la Real Academia de la Historia 3, Madrid 1866, 181-83).

2 Sobre este jurista, véanse las indicaciones contenidas en mi artículo 'La canonística ibérica medieval posterior al Decreto de Graciano', RHCEE 2 (Salamanca 1971) 183-85. Por una errata de imprenta, se llama a este personaje *Juan* en vez de *Alfonso.*

ción *Ordenanzas Reales de Castilla,* siendo alegada más tarde como *Ordenamieno de Montalvo.* Esta colección consta de ocho libros, que se dividen en títulos y éstos en leyes. Aunque no llegó a obtener el refrendo de texto revestido de fuerza legal, fue tenido en grande estima por los Reyes Católicos, quienes ordenaron que hubiese un ejemplar en cada pueblo. En la práctica ejerció un grande influjo, como lo evidencia el hecho de que hasta 1567 habían aparecido 28 ediciones [3]. Su proyección ulterior aparece todavía realzada por el hecho de que la *Nueva Recopilación* copia sistemáticamente a Montalvo, así como la *Novísima* reproduce la *Nueva,* con lo cual tenemos que el influjo de Montalvo se proyecta de algún modo hasta fines del siglo pasado. Otras recopilaciones anteriores a la *Nueva Recopilación,* no tuvieron ni con mucho el influjo de la de Montalvo.

La *Nueva Recopilación de Leyes* intenta recoger en un solo cuerpo el derecho castellano vigente en el momento de su promulgación, que tuvo lugar en 1567, en tiempos de Felipe II. Aparte de la legislación realmente moderna, figuran en ella leyes del *Fuero Juzgo, Leyes del Estilo, Fuero Real* y del *Ordenamiento de Alcalá de Henares* [4], textos que ya aparecían en el *Ordenamiento de Montalvo.* La *Nueva Recopilación* está dividida en nueve libros, y éstos en títulos, en los que se recogen 3.391 leyes. En cada una de las nuevas ediciones se añaden las leyes emanadas desde la última vez que se había publicado. En el s. XVIII se adicionan en forma de apéndice los *Autos Acordados* o disposiciones del Consejo Real de Castilla [5]. Una de las principales características de esta compilación fue su inobservancia, debida a causas que luego veremos, y que aparece ya testificada por las Cortes del s. XVI.

La *Novísima Recopilación de Leyes* pretende compilar el derecho castellano presumiblemente vigente en 1805, que es la fecha de su promulgación por el Rey Carlos IV. Consta de doce libros, divididos en títulos y éstos en leyes, totalizando 3.391. Los textos anteriores a 1567 está tomados de la *Nueva Recopilación,* así como ésta los había copiado de Montalvo por cuanto respecto a los anteriores a este autor. La *Novísima Recopilación* estuvo vigente hasta 1889, fecha de la promulgción del actual *Código Civil Español.*

El movimiento codificador que se registra en Europa desde finales del s. XVIII, estuvo presente y operante también en España a lo largo del s. XIX,

3 Cf. A. Palau y Dulcet, *Manual del Librero Hispanoamericano* 4 (Barcelona 1951) 427-28.

4 Sobre las colecciones de derecho castellano aquí aludidas cf. A. Pérez Martín-J.-M. Scholz, *Legislación y jurisprudencia en la España del antiguo régimen* (Valencia 1978) 13-34.

5 La *Nueva Recopilación* consta de 214 títulos, con 3.391 leyes, registrándose en los *Autos Acordados* 110 títulos con 1.134 leyes. Cf. F. W. von Rauchhaupt, *Geschichte der spanischen Gesetzesquellen von den Anfängen bis zur Gegenwart* (Heidelberg 1923) 184. En la p. 340 se indica el número de títulos y leyes de la *Novísima Recopilación* y del *Suplemento* a la misma: 340 títulos y 4.020 leyes la primera, y 75 títulos, con 122 leyes en el segundo.

cristalizando como resultado final en el *Código Civil* promulgado el 11 de Julio de 1889 que, aunque modificado parcialmente, está todavía en vigor. La Codificación difiere sustancialmente de las anteriores recopilaciones, en que éstas recogen un derecho histórico, respetando, al menos en principio, la redacción, mientras que los codificaciones decimonónicas tratan de crear un derecho que no es producto histórico, sino producto de la razón. No se trata, como antes, de coleccionar textos legales y ordenarlos mejor o peor en una nueva compilación, sino de redactar *ex novo* un código, creando con él un sistema jurídico de estructura lógica en el todo y en su partes, de acuerdo con las ideas racionalistas y las teorías del derecho natural dominantes en el s. XVIII. De la Codificación no vamos a ocuparnos aquí, por tratarse de un fenómeno enteramente diverso de las anteriores recopilaciones. Con más o menos acierto o desacierto, éstas se mueven en una línea histórica de continuidad, mientras que la Codificación, aun asumiendo una buena dosis de anterior derecho histórico, se inspira más en modelos extranjeros contemporáneos [6].

2. Aunque son muchos los autores que se ocuparon de valorar críticamente las tres Recopilaciones *(Montalvo, Nueva* y *Novísima),* el juicio más incisivo es sin duda el que emitió Francisco Martínez Marina [7]. Aparecida la *Novísima Recopilación* en 1805, Martínez Marina escribió tres años más tarde: 'Carecería de muchos defectos considerables que se advierten en ella (en la *Novísima*), anacronismos, leyes importunas y superfluas, erratas y lecciones mendosas, copiadas de la edición de 1755 (= 1775), si la precipitación con que se trabajó esta grande obra por ocurrir a la yngente necesidad de su edición, hubiera dado lugar a un prolixo examen y comparación de sus leyes con las fuentes originales de donde se tomaron' [8]. El autor de la *Novísima Recopilación,* don Juan de Reguera Valdelomar, se ofendió por tan severo veredicto, y consiguió que el Consejo de Castilla ordenara a Marina que especificase detalladamente las aludidas deficiencias de la *Novísima,* cosa que Martínez Marina hizo con creces en un largo estudio, que fue editado

6 Como es obvio, aparte de la codificación civil, se realizaron también otras codificaciones: mercantil, penal, etc. Pero del tema de la codificación no vamos a tratar aquí expresamente. De todas formas, todas estas materias se encontraban antes en las *Recopilaciones.*

7 Francisco Martínez Marina (1754-1833) fue rector de la Universidad de Alcalá, canónigo de S. Isidro de Madrid, director de la Academia de la Lengua en 1801 y de la de Historia a partir de 1816. Aparte de las obras citadas aquí, escribió una *Teoría de las Cortes.* Disfrutó de gran prestigio como historiador. Era de mentalidad liberal, por lo que fue acusado durante las dos reacciones absolutistas de 1814 y 1823. Tomó parte muy activa en la tarea de la edición de las *Partidas* y de otros opúsculos legales de Alfonso el Sabio, realizada por la Real Academia de la Historia. Cuando ya estaban muy adelantados los trabajos de dicha edición, Marina los presentó a la opinión pública en la obra que citamos en la nota siguiente.

8 F. Martínez Marina, *Ensayo Histórico-Crítico sobre la Antigua Legislación y principales cuerpos legales de los Reynos de León y Castilla especialmente sobre el Código de D. Alonso el Sabio, conocido con el nombre de Las Siete Partidas* (Madrid 1808) 398.

en 1820 [9]. En este trabajo achaca a la *Novísima Recopilación* los siguientes defectos: 1) Falta de sistemática, orden y método; 2) Anacronismos, errores y falta de exactitud en las citas de los autores de las leyes y documentos de donde se tomaron; 3) Leyes formadas de documentos contrarios y opuestos entre sí, o citados inoportunamente, y en perjuicio de la claridad de la ley, atribuidas a reyes que o nada resolvieron sobre el asunto, o resolvieron lo contrario; 4) Leyes anticuadas y de ningún uso en nuestros días, por haber cesado las causas, fines y objeto de su publicación; 5) Leyes repetidas, redundantes y superfluas; 6) Confusa mezcla de leyes vivas y muertas, derogantes y derogadas, y que en todo o en parte chocan y se contradicen en sus disposiciones; 7) Leyes erradas, interpoladas y no conformes con los originales de donde se tomaron; 8) Leyes que no merecen este nombre y solamente contienen amonestaciones, recuerdos, encargos, declaraciones y providencias particulares, decretos temporales y órdenes ceñidas a asuntos y personas determinadas; 9) Leyes que atendida su materia, objeto y estilo son impropias y ajenas del código nacional; 10) Leyes omitidas, y que se echan de menos en la *Novísima Recopilación;* 11) Notas mal hechas, que confunden más que aclaran lo que pretenden.

Todo este alegato, que ocupa más de trescientas páginas, con numerosos ejemplos de cada tipo de deficencias, se refiere directamente a la *Novísima Recopilación*. Pero de hecho, afecta también a las dos anteriores, de donde provienen muchos de los textos de la *Novísima* [10]. El Consejo de Castilla parece que se dio por satisfecho con esta prolija respuesta, reconociendo sin duda que este juicio no carecía de fundamento. Los historiadores siguientes suelen remitir sobre esta materia a las apreciaciones del *Juicio crítico* de Martínez Marina.

3. Sin entrar ahora en una apreciación pormenorizada de la valoración de Marina, creo que su juicio es fundado desde su punto de vista, pero su punto de vista no es enteramente el que corresponde a un historiador, bajo cuyo aspecto padece ciertos defectos de óptica. Ante todo, se muestra muy imbuido del regalismo borbónico de su tiempo [11]. Pese al indudable conocimiento que refleja de los textos del derecho histórico castellano, se mueve

9 F. Martínez Marina, *Juicio crítico de la Novísima Recopilación* (Madrid 1820).

10 Algunas veces el mismo Marina se refiere expresamente a las anteriores Recopilaciones. Cf. por ejemplo la obra citada en la nota anterior, p. 158.

11 Véase a título de ejemplo la explicación regalista que ofrece Marina sobre el tema de los diezmos en su obra citada más arriba en la nota 8, 306-10. Con respecto a la tradición manuscrita de las Partidas, cf. ibid. 414-20. Confróntense sus apreciaciones con los resultados que emergen del análisis de algunos códices, tal como aparecen, por ejemplo, en J. H. Herriot, 'A Thirteenth Century Manuscript of the Primera Partida', *Speculum* 13 (1938) 278-294; A. García y García, 'Un nuevo manuscrito de la Primera Partida de Alfonso X el Sabio', RHDE 33 (1963) 267-343. Ver también el cap. 15 de este libro, con las fuentes y bibloigrafía allí citada.

en una tierra desconocida por cuanto concierne a la tradición manuscrita de los ordenamientos medievales, que enjuicia siempre desde el nivel de las ideas de la Ilustración [12]. En realidad, juzga a los recopiladores desde un ángulo muy diverso de las coordenadas históricas en que se movió su labor compilatoria. Estos no recibieron el encargo de redactar un código como el de Napoleón, a tenor de las ideas en boga en tiempos de Marina, sino el de recopilar la legislación anterior, respetando, al menos en principio, la redacción que este derecho histórico tenía en los antiguos ordenamientos. En este sentido, las críticas de Marina demuestran tal vez que en 1805 no era la *Novísima Recopilación* lo que convenía al país, sino un código al estilo napoleónico y algunos otros de aquel tiempo. En resumidas cuentas, Marina enjuició la labor de los recopiladores a tenor de criterios que no existían en tiempos de Montalvo ni de Felipe II. Existían ciertamente cuando se hizo la *Novísima Recopilación,* pero tales criterios no informaban el encargo recibido por el recopilador de esta colección. Tenemos aquí el clásico vicio de juzgar fenómenos de tiempos pasados con criterios tomados de lo que actualmente se piensa sobre la misma temática. Pese a este defecto de enfoque, es obvio que los defectos que Marina señala son reales desde el punto de vista práctico y funcional [13]. Y no es una justificación de tales deficiencias lo que aquí intento, sino simplemente su explicación.

4. La base crítica del texto de los ordenamientos españoles no puede ser más frágil de lo que es. Bajo este aspecto, tenemos que reconocer que se tropieza en estos trabajos con un obstáculo inicial, prácticamente insuperable en el estado actual de la investigación sobre los textos jurídicos medievales que aquí se manejan. Carecemos hoy por hoy no sólo de una edición crítica de tales texos, sino incluso de una edición aceptable de trabajo. Como es normal, estos textos jurídicos se presentan fluidos debido al dinamismo textual tan característico de las fuentes legales de la Edad Media. Algunos circularon en varias recensiones, con variantes no sólo verbales sino también de estructura. Esta circunstancia no es suficientemente acusada por las ediciones disponibles. Los recopiladores y editores del s. XV al XX no sólo no remediaron esta situación, sino que la agravaron con las erratas y despropósitos introducidos por ellos.

La investigación moderna se preocupó de realizar ediciones, pero no llegó a tener clara conciencia de las exigencias editoriales para tales textos. Durante el s. XVIII existió un plan de una *Bibliotheca Canonica Hispana,* muy poco o nada conocido, entre otras razones porque no llegó a realizarse. Sus promotores fueron Simón Rodríguez Laso (Rector del Colegio de España de Bolo-

12 Marina se muestra muy optimista con el resurgir científico de la época borbónica en España: 'En el Reynado de Felipe V, época de la restauración de las letras en España...' (ibid. 397), sin percatarse que un Antonio Agustín, del tiempo de la dinastía anterior, poseía un sentido crítico de los textos legales que quisieran para sí los editores de la Real Academia de principios del s. XIX.

13 Más abajo volveremos sobre este tema.

nia)[14], José Goya y Muniain[15], Francisco Pérez Bayer[16] y Nicolás Azara[17]. El autor del plan fue José Goya y Muniain, quien lo presentó a los obispos y canonistas españoles, sin conseguir otra cosa que las usuales alabanzas de cortesía para el autor y su proyecto. Entonces entra en escena Francisco Pérez Bayer, quien recomienda la *Bibliotheca Canonica Hispana* al rector del Colegio de Bolonia, Simón Rodríguez Laso[18]. Este recibió comunicación directa del autor del plan y otra a través del ministro plenipotenciario del gobierno español en Roma, José Nicolás Azara. Goya y Muniain, fiel reflejo de las ideas regalistas de su tiempo, pensaba en un gran *corpus* de derecho canónico español, que debería anteponerse al derecho canónico común de la Iglesia universal. Completaban la colección los textos de derecho secular, liturgia, historia e incluso otras materias. El rector y los escolares de Bolonia contestaron negando el supuesto de que existiese semejante derecho, después de lo cual no tenemos más noticias sobre este plan. La correspondencia aquí aludida entre los personajes protagonistas de este plan es del año 1792. El año siguiente reaparece el autor de este proyecto embarcado en otro plan de una monumental edición documental sobre los españoles en Trento, cosa que tamposco se realizó. De haberse realizado el plan que aquí nos interesa, es muy dudosa la garantía crítica que hubiese ofrecido una tal edición[19].

Por lo que respecta a los ordenamientos castellanos medievales, el plan fracasado en el s. XVIII se realiza parcialmente en el siguiente, por iniciativa y a cargo de la Real Academia de la Historia (Madrid). La primera de sus ediciones bajo este aspecto, fue la de las *Partidas* de Alfonso X el Sabio.

14 Simón Rodríguez Laso fue nombrado por Carlos III rector del Colegio de España de Bolonia.

15 José Goya y Muniain (1756-1807), después de estudiar en varios centros (Filosofía en Pamplona, ambos derechos en Zaragoza y Valencia, etc.), fue oficial de la Biblioteca Real de Madrid (1784), auditor de la Rota Española (1797) y canónigo de Sevilla (1801). Tradujo varias obras clásicas y de latín tardío. Presentó en 1793 un plan de corpus documental sobre los españoles en Trento, que se quedó en mero proyecto. Cf. A. Huarte, 'Un proyecto frustrado', *Revista de Bibliografía Nacional* 5 (1944) 136-49; M. Batllori, 'Un corpus documental sobre los españoles en Trento en el s. XVIII', *Estudios Eclesiásticos* 17 (1943) 319-27. Los dos articulistas escriben ignorándose mutuamente sobre el mismo tema, complementándose su información documental.

16 Francisco Pérez Bayer (1711-1794) es un polígrafo cuyas obras ejercieron un considerable influjo en la historiografía hispánica posterior. Cfr. *Espasa* 43 (Barcelona s.f.) 665-66 para un relato sucinto de su biografía y publicaciones. En 1757 fue visitador regio del Colegio de S. Clemente de los Españoles en Bolonia.

17 José Nicolás de Azara (1730-1804) fue uno de los diplomáticos más influyentes de su tiempo. Mabía estudiado derecho y letras en la Universidad de Huesca. Entre otros cargos, fue procurador general de Carlos III en la corte pontificia, y poco después ministro plenipotenciario del gobierno español en Roma. Es también una figura representativa de la Ilustración. Editó y comentó, con Arteaga. las obras de Mengs.

18 Cf. M. Batllori, 'El Colegio de España en Bolonia a fines del s. XVIII', *El Cardenal Albornoz y el Colegio de España* 2: *Studia Albornotiana* 12 (Bolonia 1972) 639-69.

19 De esta *Bibliotheca Canonica Hispana* hay tan sólo una mención de pasada en el artículo citado en la nota anterior p. 667. La documentación se encuentra en el Archivo del Colegio de España de Bolonia, *Busta Epsilon n. 6;* en el libro del mismo Colegio *De rebus gestis lib. 2 fol. 282rv;* en la *Busta 12 n. 405 (T.I)* del mismo Archivo. Edición y comentario de esta documentación en mi artículo 'Plan de una Bibliotheca Canonica Hispana del s. XVIII', AHDE 43 (1973) 445-65.

Los defectos de esta edición han sido ya suficientemente subrayados, para que volvamos a ocuparnos ahora de este tema [20]. Las mismas deficiencias se registran en la edición que la misma Academia realizó de otros opúsculos legales del mismo Rey [21]. Otra tarea editorial de la Real Academia es la de las Cortes de León y Castilla [22]. De estas Cortes se conservan muchos manuscritos, aparte de algunas ediciones parciales. En estos códices se contiene generalmente una serie de Cortes y otros documentos, copiados por orden cronológico, sin que ninguno de los manuscritos conocidos nos ofrezca la serie completa. Como la edición de la Real Academia se basa generalmente en algún que otro manuscrito, escogido al azar, su primer fallo consiste en que no es completa [23]. Como segunda consecuencia de este criterio editorial, esta edición ofrece un texto mal atestiguado. Para una buena edición de las Cortes es absolutamente necesario contar como base con una tradición manuscrita mucho más amplia. Sólo así se podrán obviar los inconvenientes aludidos.

Una parte de los defectos que Marina achacaba a la *Novísima Recopilación* e indirectamente a las anteriores, guarda relación con cuanto acabamos de insinuar acerca de la frágil base crítica de la transmisión de los textos en las ediciones disponibles, de suerte que no es fácil, sin una investigación más a fondo que ésta, trazar la línea divisoria entre lo que son fallos de los recopiladores y los que obedecen a las deficiencias de las ediciones que manejaron.

5. La técnica compilatoria utilizada para introducir los texos jurídicos medievales en las modernas recopilaciones castellanas, tiene muy poco de moderna. En realidad, no es más que una aplicación del sistema que emplearon los autores de algunas colecciones del *Corpus Iuris Canonici,* con la única diferencia de que nuestros modernos recopiladores, usando el mismo sistema

20 *Las Siete Partidas del Rey D. Alfonso el Sabio,* cotejadas con varios códices antiguos 1-3 (Madrid 1807). Acerca de los fallos de esta edición, que reproducen las siguientes, cf. supra cap. 15 de este libro.

21 *Opúsculos legales del rey don Alfonso el Sabio,* publicados y cotejados por la Real Academia de la Historia 1-2 (Madrid 1836).

22 *Cortes de los antiguos Reinos de León y Castilla,* publicadas por la Real Academia de la Historia (Madrid 1861 y ss.).

23 Entre los muchos manuscritos que corroboran esta apreciación, puedo citar los siguientes: Hispanic Society of America MS HC: 380/681/1-5 (son cinco volúmenes), MS HC: 411/522, MS B: 2193 etc.; Toledo, Biblioteca del Cabildo, MS 23-35; Córdoba, Biblioteca del Cabildo, MS 7 y MS 58. Cf. mi artículo 'Los manuscritos jurídicos medievales de la Hispanic Society of America', REDC 18 (1963) 501-60. (publicación aparte en New York 1964); A. García y García-R. Gonzálvez Ruiz, *Catálogo de los manuscritos jurídicos medievales de la Catedral de Toledo* (Roma-Madrid 1970) 87-90; A. García y García-F. Cantelar Rodríguez-M. Nieto Cumplido, *Catálogo de los manuscritos e incunables de la Catedral de Córdoba* (Salamanca 1976). Algunas de las piezas que figuran en estos catálogos como no identificadas, son en realidad identificables a base de un cotejo más directo de los códices con las ediciones. Los autores de los catálogos no pudieron tener a mano *in situ* las ediciones cuando describían los manuscritos.

de los canonistas, lo hicieron de un modo mucho más elemental e indiscriminado.

Para entender el sistema compilatorio de los recopiladores, hay que partir de los modelos que tuvieron a la vista al realizar su tarea. Estos recopiladores no habían estudiado en la universidad otro derecho que el romano-canónico medieval. Las colecciones justinianeas no fueron objeto de ningún manejo compilatorio en toda la Baja Edad Media, por lo que no podían servir de modelo que inspirara la labor de los recopiladores castellanos. El derecho canónico, en cambio, se había planteado este problema, dándole dos diferentes soluciones, o, si se quiere, una solución única, con dos matices diferentes. San Raimundo de Peñafort, al confeccionar el *Liber Extra* de Gregorio IX (promulgado en 1234), copia literalmente los textos anteriores, cortando los trozos que no interesaba conservar *(partes decisae)* [24], supliendo con nuevas decretales endosadas a Gregorio IX la legislación sobre nuevos problemas que no se solucionaban con las normas contenidas en la legislación anterior. También introduce pequeñas modificaciones en las rúbricas y en los mismos textos [25].

Los compiladores del *Liber VI* de Bonifacio VIII, aparecido en 1298, fueron Guillermo de Mandagoto, Berengario Fredoli y Ricardo Petronio de Senis [26]. Estos siguen un sistema parecido al de San Raimundo, pero con una diferencia notable: en vez de cortar trozos caducos del texto legal, señalizando estas *partes decisae,* y de inventar nuevas decretales con el refrendo oficial del papa reinante, manipulan libremente los textos anteriores para hacerles decir lo que realmente convenía que dijeran. De esta suerte, el derecho histórico se acomoda al *ius condendum,* aunque para ello haya que abreviarlo e incluso cambiarle el sentido sustancial originario. No cabe duda que el *Liber VI* se acerca mucho más a la técnica de un código moderno [27].

Había todavía otro ejemplo, que tal vez hubiese sido oportuno seguir. Me refiero al caso de las *Partidas* de Alfonso X el Sabio, aparecidas a lo largo de la segunda mitad del s. XIII. Esta colección siguió un sistema mucho más moderno que los dos modelos canónicos aludidos, procediendo a una nueva redacción, que prescinde de la que anteriormente presentaban los textos tenidos en cuenta. Pero precisamente por esta y otras razones [28], el código

24 Sobre S. Raimundo cf. cap. 5 y 10 de este libro.

25 Cf. A. M. Stickler, *Historia Iuris Canonici Latini* 1: *Historia Fontium* (Torino 1950) 245-47.

26 Sobre estos juristas cf. J. F. von Schulte, *Die Geschichte der Quellen und Literatur des canonischen Rechts von Gratian bis auf die Gegenwart* 2 (Stuttgart 1877 = Graz 1956) 183-85, 180-82, 35.

27 Cf. A. M. Stickler, o. cit., 261-62; S. Gagnér, *Studien zur Ideengeschichte der Gesetzgebung* (Acta Universitatis Upsaliensis, Studia Iuridica Upsaliensia 1, Stockholm-Upsala-Göteborg 1960) 164 ss., 175 ss., 283 ss. y passim.

28 Muchas ciudades castellanas tenían sus fueros locales. En todo caso, las *Partidas* se inspiraban largamente en el derecho común romano-canónico medieval, por lo que es comprensible la oposición de los pueblos al nuevo derecho del código alfonsino, en gran parte ajeno a las tradiciones jurídicas castellanas. Resulta explicable, aunque sea paradójico, que su área de vigencia se limitara a los tribunales del Rey.

alfonsino no parece llegar a entrar en pleno vigor hasta 1348, en tiempos de Alfonso XI de Castilla, quien lo acepta como derecho supletorio. Las *Partidas* se adelantaron en el sistema compilatorio a los demás códigos de su tiempo, pero ésta fue una de las causas de que se las considerase como un manual didáctico más que como un texto legal. Quizá por estas razones, este modelo no fue seguido por los recopiladores, quienes por otra parte las conocían bien, aunque no las hubiesen estudiado en la universidad. La fortuna vacilante de las *Partidas* pudo parecer un mal presagio para intentar otra experiencia semejante.

Los recopiladores castellanos siguieron el sistema del *Liber VI,* aunque utilizándolo más imperfectamente que en el modelo. En el *Liber VI* no se da el fallo de recoger textos que ya no estaban en vigor. Pero los canonistas jugaban con ventaja desde este punto de vista. En el ordenamiento canónico medieval era bien clara la distinción entre derecho vigente y caduco. En el derecho castellano éste era un aspecto sumamente complejo y hasta confuso [29]. Por esta razón, la labor de los recopiladores es más excusable de lo que parece a primera vista. Esto era mucho más claro a principios del s. XIX de lo que había sido en tiempos de Montalvo o de Felipe II.

Otro fallo de los recopiladores fue la falta de fidelidad a la redacción primitiva de los textos. También bajo este aspecto, los textos canónicos se conservaban en una tradición mucho más pura y homogénea que los textos de derecho castellano. Lo mismo ocurría con el orden y sistemática, que en el derecho canónico habían sido fijados a finales del s. XII por Bernardo de Pavía y se habían depurado y decantado a lo largo de todo un siglo. En el derecho castellano no existió nunca un orden y sistema que llegara a imponerse como adquisición definitiva. Algo semejante ocurre con varias otras deficiencias alegadas por Marina contra los recopiladores. Por ello, creo que el juicio que se dé sobre la labor de éstos, es diferente según que se tome como punto de referencia lo que se pensaba sobre esta materia a principios del s. XIX, o si se tienen en cuenta las coordenadas históricas en que tal labor se realizó. Con estas consideraciones, es obvio que cae fuera de mi propósito hacer una apología de los recopiladores. Sólo intento dar una explicación, que creo más objetiva, del modo cómo se realizó su labor con todas sus deficiencias. Es más, estoy convencido de que la tarea de S. Raimundo o la de los compiladores del *Liber VI* fue realizada por distinguidos miembros de una gran escuela, de la cual los recopiladores castellanos no eran más que modestos alumnos.

6. Cabe preguntarse qué uso hicieron los prácticos del derecho a la hora de actuar de acuerdo con las normas contenidas en las Recopilaciones. Ante un código que les ofrecía un texto legal que no estaba siempre de acuerdo con el derecho vigente, o por lo menos con el derecho vivido, ¿qué podía hacer el juez, el abogado y demás administradores del derecho?... Para responder a este interrogante, hay que comenzar por fijarse en el *curriculum*

29 Cf. ibid.

studiorum de un jurista de la época, y esto nos dará la imagen de la sensibilidad y actitud de un jurista corriente frente a estos textos.

En España, como en otros países de Europa, hasta finales del s. XVIII no se enseñó en las universidades otro derecho que el *ius commune* romano-canónico medieval. En Salamanca, entonces la principal universidad del país, se introduce la enseñanza del derecho patrio o real, como también se le llamaba, en 1771 [30]. El derecho regio irá desplazando, a partir de esta fecha, la enseñanza del derecho romano-canónico, que quedará limitado a una cátedra para canónico y otra para romano. Es curioso constatar que en los momentos actuales, para dar cabida a nuevas materias en los planes de estudio, se habla una vez más en casi todo el mundo culto de recortar la enseñanza de materias como el derecho romano y el canónico [31]. El plan de 1771 para Salamanca fue aplicado, con algunas modificaciones, en las demás universidades españolas durante las primeras décadas del s. XIX [32].

El ordenamiento canónico medieval estuvo en vigor en la Iglesia, con las modificaciones que fueron surgiendo, hasta 1918, con lo que seguía siendo un derecho presumiblemente actual. Pero el derecho romano no estaba en vigor, técnicamente hablando, en el sentido de que el derecho español no le otorgaba explícitamente tal prerrogativa. Es más, se declaró repetidamente lo contrario. Pero en la práctica era ampliamente aducido, sobre todo en los tribunales. Este estado de cosas resulta perfectamente comprensible, si se tiene en cuenta que nuestros juristas no hacían más que utilizar el derecho que habían estudiado a su paso por las aulas universitarias. Cuando no podían aplicar la letra de las colecciones justinianeas, aplicaban el espíritu y la lógica jurídica de tales textos. Por otra parte, los textos medievales incorporados en las recopilaciones contenían una fuerte dosis de derecho romano y canónico medieval. Por añadidura, los comentarios que se escribían a los ordenamientos nacionales estaban plagados de alegaciones del derecho romano-canónico medieval. Por ello resulta comprensible la pugna que se registra entre el 'droit savant' estudiado y comentado y el derecho patrio, vigente, pero no estudiado ni reducido a una sistematización lógica.

El resultado fue que la *Nueva Recopilación* se caracterizó por su incumplimiento, como atestiguan los mismos contemporáneos. La *Novísima Reco-*

30 Cf. G. M. Addy, *The Enlightenment in the University of Salamanca* (Durham N.C. 1966); M. Peset Reig-J. L. Peset Reig, *El reformismo de Carlos III y la Universidad de Salamanca. Plan General de Estudios dirigido a la Universidad de Salamanca por el Real y Supremo Consejo de Castilla en 1771* (Salamanca 1969); A. Alvarez Morales, *Génesis de la Universidad Española Contemporánea* (Madrid 1972).

31 Esta fue una constatación en la que coincidieron los representantes de los diferentes países en el Congreso de historiadores que tuvo lugar en Varenna (Como, Italia) en 1971. Lo que en los historiadores del derecho era una simple constatación, puede verse defendido con pasión, entre otros, por J. R. Capella, *Sobre la extinción del derecho y la supresión de los juristas. Consideraciones oblicuas* (Barcelona 1970).

32 Cf. M. Peset Reig, 'Inéditos de Gregorio Mayáns y Siscar (1699-1781) sobre aprendizaje del derecho', *Anales del Seminario de Valencia* VI, 11 (1966) 49-110; ídem, 'La enseñanza del derecho y la legislación sobre Universidades, durante el reinado de Fernando VII (1808-1833', AHDE 38 (1968) 229-375; ídem, 'Universidades y enseñanza del derecho durante las regencias de Isabel II (1833-1843)', ibid. 39 (1969) 481-544.

pilación, teóricamente en vigor desde 1805 hasta 1889, coincide con un período convulsivo en la vida del país, aparte de haber nacido más anacrónica que las anteriores. Durante el período de su vigencia se registra una serie de intentos de codificación que sólo culminan en 1889, lo que demuestra también el alto grado de inadaptación de la colección promulgada en 1805, y que paradójicamente fue la única que tuvo valor de texto legal. Para percatarse de su anacronismo baste observar que para esas fechas ya había aparecido el Código de Napoleón y algunos otros en Europa[33].

7. Pero hay todavía otro aspecto que ayuda a comprender el por qué de la inclusión de ciertos sectores del derecho canónico medieval en ordenamientos españoles modernos. Me refiero a la estructura misma del Estado español a partir de la unión de la Corona Aragonesa y Castellana. El estado resultante de esa unión es, desde el punto de vista jurídico-político, uno de los más modernos estados del Renacimiento, con la conciencia trascendente de sí mismo que esto supone. Pero a la vez, conserva, como ninguno tal vez, el ideal de cristiandad propio de la Edad Media a partir del s. XI. Estos dos factores (cristiandad medieval y estado renacentista) son antitéticos y en ellos radica en gran parte lo paradójico de la constitución de la España moderna. El primero de estos factores es subjetivo y se basa en la conciencia religiosa de los reyes, quienes conciben su tarea de gobernantes en relación directa con la salvación de las almas de sus súbditos. Por ello, la monarquía española es confesional y católica como ninguna otra. Aquí pesa también en cierta medida el antecedente de la reconquista ocho veces secular contra los mahometanos. Por este factor se explica la política de los reyes españoles frente a judíos y moriscos, su actitud con respecto a la evangelización de las tierras recién descubiertas en América y Asia, y su postura, en fin, frente al protestantismo en Europa. No sin razón se ha dicho que el más destacado antagonista de Lutero fue Carlos V y no los papas o la Iglesia de Roma[34].

Pero la otra realidad objetiva de un estado renacentista, absorbente y autoritario, también tiene sus exigencias y por cierto en sentido contrario, con lo cual se crea una permanente tensión entre el elemento objetivo del estado y el subjetivo de la conciencia religiosa de los gobernantes. El estado, a la vez que se constituye en protector de la Iglesia (Carlos V y Felipe II se hacen incluso protectores del Concilio de Trento), interviene cada día más en ella, en sectores incluso muy específicamente eclesiales. Y lo que es im-

33 *Code Civil des Français.* Edition originale et seule officielle (Paris 1804).

34 Cf. J. Lortz, *Historia de la Reforma,* tr. por L. García Ortega 1 (Madrid 1963), donde afirma que en la Dieta de Worms el único que respondió reaccionando contra Lutero fue Carlos V, alegando el principio de que era su misión defender la fe católica: 'He decidido, por tanto, emplear en este asunto todos mis estados, mis amigos, mi cuerpo y mi sangre, mi vida y mi alma...' (p. 306). En otro lugar añade: 'Algunos papas sacrificaron varias veces la religión a la política y ayudaron de hecho a la Reforma religiosa (al protestantismo). No así el emperador, ni remotamente. Carlos fue, prescindiendo de los santos y orantes, el mejor servidor de la Iglesia de su época' (t. 2, p. 320). 'Carlos V está en más estrecha relación con la Reforma que cualquiera de los demás compañeros de juego, excepto Lutero...' (ibid., p. 321).

portante, lo hace basándose siempre en el derecho canónico heredado de la Edad Media. Una primera área de intervención es el derecho de patronato, que permite al Estado controlar el nombramiento de todos los beneficios mayores, y en algunas partes de sus reinos, incluso los menores. Otro control de tipo financiero consiste en que el estado percibe las tercias de los diezmos de la Iglesia, aparte de otros ingresos de origen eclesiástico que iban a parar igualmente a las arcas reales. Por medio de la Inquisición, el Estado español llega a controlar algo tan íntimo para la Iglesia como es su propia fe y ortodoxia. Todavía más, se llega a la retención de bulas y a los recursos de fuerza, para evitar, se decía, que el papa pudiera actuar mal informado y para proteger a los súbditos de Su Católica Majestad contra cualquier abuso o agravio de los tribunales eclesiásticos.

Hay, en este sentido, una diferencia esencial entre el reinado de los Reyes Católicos o de los Austrias por un lado, y el de los Borbones por otro. Estos últimos adoptaron una postura abiertamente regalista, sin cuidarse mucho de que estuviese de acuerdo o en desacuerdo con el derecho canónico vigente. Los primeros, en cambio, consiguen siempre estar de acuerdo con el derecho canónico, o más bien que el derecho canónico esté de acuerdo con ellos por la vía del privilegio pontificio.

La tensión resultante entre la monarquía española y la Santa Sede fue enorme, no llegándose a una ruptura definitiva porque la Santa Sede en el fondo compartía con España el ideal de cristiandad y tenía que hacer frente al protestantismo, para lo cual tenía en España su más sólido punto de apoyo. Lo más curioso de todo esto es que un Estado basado en dos elementos contradictorios llegara, precisamente en el s. XVI, a su Siglo de Oro, produciéndose entonces en la Iglesia española sus mejores frutos. Esto fue posible porque había factores no jurídicos que facilitaban la síntesis y el difícil equilibrio de los dos factores contrarios entre sí. Entre estos elementos no jurídicos hay que contar sin duda la conciencia religiosa de los reyes, la unidad y vivencias religiosas de los españoles, etc. Cuando estos elementos vinieron a faltar, la constitución y convivencia política en el país apareció todo lo paradójica y erizada de dificultades que era desde su misma esencia y constitución. Se comprende también que son tan absurdas las reformas que pretendieron volver a la fórmula del s. XVI como las que propugnaron una constitución y legislación para el país, que pasase por alto el factor religioso [35].

Estas características del Estado español moderno creo que ayudan a comprender no sólo la cantidad de derecho medieval que fue asumida en nuestros ordenamientos, sino también la inflexión y características especiales que este derecho canónico recibe en ellos.

35 Cf. A. M. Rouco Varela, *Staat und Kirche im Spanien des 16. Jahrhunderts;* Münchener Theologische Studien, Kanonistische Abteilung 23; München 1965). Estas mismas ideas fueron todavía más explicitadas por el Prof. Rouco en una conferencia que tuvo lugar en Salamanca el 23 de Enero de 1973 y que aparece editada en el volumen que lleva por título *Iglesia y Comunidad Política* (Bibliotheca Salmaticensis 4; Salamanca 1974) 9-26.

Derecho canónico indiano

19. LA ETICA DE LA CONQUISTA EN EL PENSAMIENTO ESPAÑOL ANTERIOR A 1534 *

El objeto de este estudio consiste en el análisis del pensamiento de los autores españoles que, desde 1511 hasta 1534, se ocupan de alguna manera del tema de la ética de la conquista de Indias. Para ello, seguiré un orden cronológico, del que emerge a su vez una cierta evolución ideológica en el pensamiento acerca de esta problemática, como se insinúa en los epígrafes de los cuatro apartados en que este estudio se divide.

1. La cuestión de la ética de las conquistas en 1511

Fr. Antonio de Montesinos

La historiografía moderna [1] ve un primer planteamiento directo del problema de la ética de la conquista en el dominico fray Antonio de Montesinos. Veamos, pues, las fuentes, su contenido y la correspondiente valoración crítica de este tema.

a) *Fuentes*

Dos son las que se invocan sobre esta cuestión. La primera es el sermón que predicó Montesinos el primer domingo de Adviento de 1511 en la isla Española, y que repitió la domínica siguiente. Este sermón sólo es hoy conocido a través de las referencias, aparentemente literales, que del mismo da

* Agradezco muy de veras las sabias observaciones que sobre un primer borrador de este pequeño estudio me hicieron mis queridos colegas los doctores Pedro Borges Morán y Luciano Pereña. Este capítulo fue, en su origen, una conferencia en el Simposio que a continuación se indica, publicándose en sus actas: *V Centenario del Descubrimiento de América. Actas del I Simposio sobre la ética en la conquista de América (1492-1573),* Salamanca, 2-5 de Noviembre de 1983 (Salamanca 1984) 77-104. Fue reproducido también en la obra colectiva: *Francisco de Vitoria y la Escuela de Salamanca. La ética en la conquista de América* (Corpus hispanorum de pace 25; Madrid 1984) 67-115. Es más correcto el primer texto (reproducido aquí) que el segundo.

1 Véanse, entre otros, autores como L. Hanke, *La lucha por la justicia en la conquista de América* tr. por R. Iglesias (Buenos Aires 1949) passim; V. D. Carro, *La teología y los teólogos-juristas españoles ante la conquista de América* 2 ed. (Biblioteca de teólogos españoles, 18; Salamanca 1951) 34-36 y passim.

fray Bartolomé de Las Casas [2]. El historiador del convento de San Esteban de Salamanca habla de otra fuente, desafortunadamente hoy desconocida. Afirma, en efecto, que al llegar Montesinos a España, redactó un informe jurídico en defensa de los indios: '... como testigo de vista, sacó para este fin un tratado en forma de información en derecho' [3].

b) *Contenido*

El pasaje de la primera fuente que aquí nos interesa es el siguiente: '¿Con qué autoridad habéis hecho tan detestables guerras a estas gentes, que estaban en sus tierras mansas y pacíficas?...' [4]. Suponiendo que éstas sean realmente palabras literales de Montesinos, veamos cuál es su alcance y contenido:

1.º) Contrariamente a lo que hasta ahora se ha venido diciendo, no se ve aquí una condenación de las guerras y de las consiguientes conquistas, en virtud de su misma naturaleza intrínseca (condenación directa), sino que se condenan simplemente porque no se hicieron con la debida autorización. Esto significa que si la autoridad competente las aprueba, la guerra y su secuela (la conquista) sería lícita. Hay que subrayar que esta interpretación es acorde, por otra parte, con la que dan otros autores que luego citaremos durante los dos decenios siguientes.

2.º) A la alusión a las guerras no autorizadas, antecede en la misma página del pasaje trascrito la expresión 'execrables crueldades': '... Fray Juan Garcés... descubrió a los religiosos muy en particular las execrables crueldades que él y todos los demás en estas inocentes gentes habían en las guerras y en la paz... cometido.' Cabe preguntarse por qué eran execrables y por qué eran crueldades. Es obvio que tal carácter nos les provenía de la licitud o ilicitud de las guerras, tema de que aquí no se trata, sino de los abusos a que éstas dieron lugar. Este mismo pensamiento emerge del diálogo de Montesinos con Espinar, que el mismo Las Casas refiere [5].

3.º) Otro matiz en este *in crescendo* de Las Casas es el que se expresa con los términos 'injustas guerras', que también aparece en el diálogo de Montesinos y Espinar. De acuerdo con lo que antes dijo Montesinos, las guerras son injustas no por la licitud o ilicitud en sí mismas consideradas, sino

2 Bartolomé de Las Casas, *Historia de las Indias,* lib. 3, cap. 3-5. Ed. preparada por J. Pérez de Tudela y E. López Oto (BAE, t. 96; Madrid 1961) 174-81. En adelante citaremos esta obra con la abreviatura *Hist. Ind.*

3 J. Cuervo, *Historiadores del Convento de San Esteban de Salamanca* 3 (Salamanca 1915) 30.

4 *Hist. Ind.,* lib. 3, cap. 4 (p. 176).

5 *Hist. Ind.,* lib. 3, cap. 5 (pp. 178-81). Por cierto que la visión que da Las Casas sobre fray Antonio del Espinar creo que debe someterse a crítica. Ver entretanto A. López, 'Fray Alonso del Espinar, misionero en las Indias', *Archivo Ibero-Americano* 6 (1916) 160-67, donde aduce fuentes que ofrecen una imagen bastante divergente de la que nos da Las Casas sobre este personaje.

por los abusos que de ellas se estaban siguiendo con los malos tratos dados a los indios dentro del sistema de las encomiendas.

En conclusión, Montesinos en su discurso juzga directamente a los españoles y su sistema de gobierno y trato dado a los indios, y no de la licitud o ilicitud intrínseca de la guerra y de las conquistas, que cree injustas sólo porque no estaban debidamente autorizadas por la autoridad competente, y porque daban lugar a los abusos indicados. Nos hallamos, pues, ante un inciso sin mayor importancia que trata directamente de las encomiendas, y no de la ética de la conquista, que sólo aparece aquí aludida indirectamente y muy de pasada. La misma extensión material que Las Casas dedica en su relato a la alusión a las guerras, desproporcionadamente exigua dentro del prolijo contexto de los malos tratos dispensados a los indios, sugiere que nos hallamos ante un inciso irrelevante en la misma mente del que escribe.

c) *Crítica*

La lectura y exégesis que precede se basa en el supuesto de que Montesinos pronunció realmente las palabras que Las Casas le atribuye. Pero, ¿es literal de Montesinos el fragmento que transcribimos y comentamos? Más todavía, ¿llegó a ponerse realmente el sermón por escrito? Analicemos por partes esta cuestión:

1.°) Una respuesta afirmativa a estos dos interrogantes parece seguirse del hecho de que, según Las Casas, todos los miembros de la comunidad de dominicos de la que Montesinos formaba parte, firmaron el sermón, con el fin de dar mayor firmeza y solidez a la denuncia contra la conducta de los colonos de la Española. Sin embargo, este hecho de la firma, si es que existió, plantea algunas preguntas de difícil respuesta. ¿Leyó Montesinos literalmente el sermón previamente firmado por todos y cada uno de los religiosos, o más bien desarrolló el tema con palabras suyas? Si se limitó a leerlo, no se comprende el énfasis que pone Las Casas en las cualidades oratorias, temperamentales y de talento de Montesinos. De hecho, del relato de Las Casas [6] se desprende claramente que el sermón que predicó Montesinos el segundo domingo no era literalmente igual que el que había proferido el domingo anterior. Y si lo declamó según su talante, ingenio e inspiración, nos hallamos ante la paradoja de que se firmó un texto y se declamó otro. La conclusión es que el relato resulta de una exactitud histórica harto dudosa.

2.°) En carta de Fernando el Católico a Diego Colón, hay una primera frase que, al menos aparentemente, alude al texto del sermón de Montesinos, lo que implicaría que llegó a ponerse por escrito: 'Vi ansimiso el sermon que dezis que hizo un flayre dominico que se llama frey Antonio Montesinos' [7].

6 *Hist. Ind.*, lib. 2, cap. 5 (p. 178).

7 *Colección de documentos inéditos relativos al descubrimiento, conquista y colonización de las posesiones españolas de América y Oceanía,* 6 (Madrid 1866) 429-31. El

Sin embargo, esta frase no se puede sacar del contexto de toda esta correspondencia, donde más bien parece que lo que el rey vio fue la referencia o resumen que su representante en la Española le había enviado.

3.º) Ni en 1511 ni ahora se redactan por escrito los sermones, tal como se van a pronunciar o se han pronunciado ya. Los que aparecen en los sermonarios manuscritos e impresos son piezas que no fueron necesariamente proferidas por nadie en público, sino que se editan para utilidad de los predicadores como posibles modelos de inspiración. Este es el sentido que tenían las *artes praedicandi* y las colecciones de sermones medievales [8] y los sermonarios y homiliarios modernos hasta nuestros días inclusive.

4.º) No está demás recordar que el entonces clérigo sevillano Las Casas era, al filo de 1511, un encomendero y se hallaba en Cuba y no en la Española. ¿Cómo y dónde conoció el sermón de Montesinos? Sólo más tarde conoció personalmente a este último personaje [9]. No deja de llamar la atención que ningún otro autor contemporáneo o anterior a 1511 llegó a plantear directamente el problema de la ética de la conquista de las Indias. Y los primeros que lo hacen (Matías de Paz y Palacios Rubios) no aluden para nada al sermón de Montesinos, sino que parten de otros datos y supuestos, que luego veremos.

5.º) Durante toda la discusión de la Junta de Burgos de 1512 no hay mención o alusión alguna a la licitud o ilicitud de las guerras ni conquistas de Indias, sino que tan sólo se alude a las encomiendas y al maltrato que de ellas se derivaba para los indios.

6.º) El resultado de dichas discusiones, o sea, las llamadas *Leyes de Burgos* de 1512, complementadas en 1513 [10], sólo responde a la mencionada cuestión de las encomiendas y del trato dado a los indios dentro de tal sistema, sin que se registre la menor alusión directa ni indirecta a la ética de la conquista y de las guerras que la precedieron.

pasaje transcrito está en la p. 429. En adelante citaremos esta colección con las siglas CDIAO.

8 Cf. T. M. Charland, *Artes praedicandi* (Paris-Ottawa 1936); J. B. Schneyer, *Wegweiser zu lateinischen Predigtreihen des Mittelalters* (Bayerische Akademie der Wissenschaften. Veröffentlichungen der Komission für die Herausgabe ungedruckter Texte aus der mittelalterlichen Geisteswelt Bd 1; München 1965); idem, *Repertorium der lateinischen Sermones des Mittelalters für die Zeit von 1150-1350* [Autoren A-D] (Beiträge zur Geschichte der Philosophie und Theologie des Mittelalters. Texte und Untersuchungen Bd 43, Heft 1; Münster i/W. 1969).

9 M. Giménez Fernández, *Bartolomé de Las Casas,* 1: *Delegado de Cisneros para la reformación de las Indias, 1516-17* (Sevilla 1953) 48 y passim.

10 R. de Altamira, 'El texto de las Leyes de Burgos de 1512', *Revista de Historia de América* 4 (1938) 5-79; A. Muro Orejón, 'Ordenanzas reales sobre indios, las Leyes de 1512-13', *Anuario de Estudios Americanos* 13 (1956) 417-71; *The Laws of Burgos* (San Francisco 1960); R. D. Hussey, 'Text of the laws of Burgos (1512-13) concerning the treatment of the indians', *The Hispanic America Historical Review* 12 (Toronto 1932) 301-26; *Declaración y moderación de las ordenanzas para el buen gobierno de las Indias promulgadas en Valladolid en 1513* (s.f.).

7.º) Un conocido memorial, escrito en Castilla, verosímilmente en 1516, y que es de autor anónimo, que parece hay que identificar con el cardenal Cisneros, describe así la actuación de Montesinos, sin relacionarla para nada con la ética de las guerras ni de las conquistas: 'Un fray Antonio, dominico, hizo un sermón en la ciudad de Santo Domingo en que dijo que los indios no los podían poseer ni servirse dellos, e que todo el oro que con ellos habían ganado, lo habían de restituir; e sobre esto vino a la corte de Burgos...' [11].

8.º) Por otra parte, las numerosas guerras de que habla Montesinos con Alonso del Espinar, según el relato de Las Casas, no parece que fueron tantas, ya que en 1502, fecha en que llega a Indias Espinar, parece que sólo hubo dos en la Española. El inciso tiene, en cambio, pleno sentido, si fue escrito después de la conquista de Méjico y del Perú.

En conclusión, resulta claro que Montesinos, tanto en el sermón de 1511 como en el contexto de la Junta de Burgos de 1512, criticó el trato que los españoles daban a los indios de la Española, trato que estaba de alguna forma institucionalizado en el sistema de las encomiendas, y por ello combate este sistema. Un planteamiento directo por parte de Montesinos de la ética de las guerras y conquistas no parece seguirse de un análisis objetivo de las fuentes enmarcadas en su verdadero contexto histórico. Más bien parece tratarse de una anticipación a 1511 del pensamiento que Las Casas sostendrá varias décadas más tarde, y al que aludiremos más abajo.

2. Planteamiento instrumental desde 1512 hasta 1530

1) *Fr. Alonso de Loaysa*

Como provincial de los dominicos, fray Alonso de Loaysa escribe el 23 de Marzo de 1512 a sus religiosos de la Española, tratando de hacerles comprender que el sistema allí establecido se basaba por un lado en la donación pontificia hecha por Alejandro VI de aquellas tierras a los reyes de España, y por otro en el derecho de guerra justa que permitió a los españoles hacer efectiva dicha donación: '... pues que estas islas las ha adquirido Su Alteza *iure belli*, y Su Santidad ha hecho al Rey donación dello, por lo cual ha lugar y razón alguna de servidumbre...' [12].

Aunque Loaysa lo que trata de demostrar es la licitud de la encomienda, lo importante para nuestro tema es que utiliza el doble argumento aludido de la donación pontificia y del derecho de guerra. Si este *ius belli*, tal y como

11 'Memorial informativo acerca del modo que se ha tenido en el repartimiento de indios de la Isla Española y lo que conviene proveer para que la tierra se pueble', CDIAO 1 (Madrid 1864) 247-53. Sobre la autoría, data y demás circunstancias de este documento ver M. Giménez Fernández, op. cit., supra nota 9, 144.

12 V. D. Carro, op. cit., supra nota 1, 443-47. Sobre este tema, ver los cap. 11-12 del libro de P. Castañeda, *La teocracia pontifical y la conquista de América* (Publicaciones del Seminario de Vitoria 25; Vitoria 1968) 429-31.

entonces se entendía, podía dar lugar incluso a la esclavitud, *a fortiori* legitimaba la encomienda, sistema compatible, al menos en principio, con la condición de hombres libres. A principios del s. XIV se opinaba, en efecto, que si las guerras estaban aprobadas por quien tenía el derecho de autorizarlas, eran justas y por consiguiente lo era también la conquista a que eventualmente dieran lugar. Se presuponía que quien autorizaba la guerra, tenía causa justa para ello, y la exposición de la causa justa gozaba de una larga tradición desde los días de San Agustín [13].

Esta presuposición de que existía causa justa para estas guerras era un punto de vista comúnmente compartido por todos a la altura de 1516, incluso por el clérigo Las Casas. En seis tratados que escribe a la altura de 1516-19, consistentes en cinco memoriales y una petición [14], no habla para nada de guerras injustas. Sólo en dos de ellos alude de pasada a las 'entradas contra los indios' [15], que realizaban los españoles. Y no las menciona para condenarlas como tales, sino para reprobar los efectos que producían al despojar a los indios de los metales preciosos, hacerlos esclavos, etc. Por otra parte, estas 'entradas' no eran guerras formales, sino más bien escaramuzas que no revestían las características de verdaderas guerras de conquista. Las Casas no plantea aquí el problema de las guerras de conquista, sencillamente porque a estas alturas no se lo planteaba nadie de modo directo. Sobre este tema en relación con Las Casas volveremos todavía ulteriormente.

2) *Matías de Paz*

Ignórase el lugar y fecha de su nacimiento. Profesó en la Orden dominicana, en el convento de San Esteban de Salamanca, hacia 1486. En 1489 se le asigna como residencia el convento de San Pablo de Valladolid, donde estudia filosofía a la vez que explica lógica a seis escolares de aquella casa. Después estudió teología en París. En 1497 pasa a formar parte del cuadro docente del Colegio de San Gregorio de Valladolid, donde verosímilmente explica artes hasta 1502, y desde esta fecha teología. Realiza esta explicación adoptando como texto base la *Summa* de Santo Tomás de Aquino y no el libro de las *Sentencias* de Pedro Lombardo, con lo cual preludia el método introducido años más tarde por Vitoria en Salamanca. Desde 1505 es regente del mismo Colegio de Valladolid. En 1512, y según Las Casas [16], por re-

13 A. Vanderpol, *La doctrine scholastique du droit de guerre* (Paris 1919); Y. de la Brière, *Le droit de juste guerre* (Paris 1938); J. C. Murray, 'Remarks on the moral problem of war', *Theological Studies* 20 (1959) 40-61 con abundante bibliografía; J. Fernando Ortega, 'La paz y la guerra en el pensamiento agustiano', REDC 20 (1965) 5-35.

14 Ver la edición de estos escritos realizada por J. Pérez de Tudela y Bueso, *Obras escogidas de Fray Bartolomé de Las Casas* 5: *Opúsculos, cartas y memoriales* (BAE, t. 110; Madrid 7958) 3-43.

15 Ibid. 32 y 35. En la p. 3 dice Las Casas que en la isla de Cuba, 'en guerra que justa fuese', no se habían matado 15 ó 20 indios, y que ahora, en tiempos de paz, habían muerto más de 100.000 en los trabajos de las minas. O sea, que para Las Casas, en 1516, había habido 'guerras justas' en Cuba.

16 *Hist. Ind.*, lib. 3, cap. 7 (p. 183-86).

comendación del P. Antonio de Montesinos, figura entre los teólogos que forman parte de la Junta de Burgos, convocada por el rey don Fernando para dictaminar sobre las quejas de los misioneros acerca del trato dado por los españoles a los indios de la Española. En 1513 obtuvo en Salamanca la cátedra de Escritura, que regentó hasta su muerte, ocurrida el 8 de Junio de 1519. No es seguro que fuese también titular de la cátedra de Santo Tomás en la misma universidad salmantina.

Se citan varios escritos suyos, hoy día desaparecidos, salvo el dictamen que redactó con motivo de la Junta de Burgos de 1512, bajo el título *De dominio Regum Hispaniae super Indos,* que se conserva en dos manuscritos, independientes entre sí, lo cual arguye la existencia de más copias hoy perdidas, y por consiguiente una mayor difusión. Uno se halla en la Biblioteca Universitaria de Sevilla, donde lleva la signatura 333-166-1, y es anterior a 1523. Perteneció al P. Miguel de Arcos, O. P., colegial de San Gregorio de Valladolid. El P. Arcos es quien dio al tratado el título que acabamos de indicar. De su autoría son también unas notas a este manuscrito, que datan de mediados del s. XVI, y que reflejan la evolución de este tema en tiempos del P. Francisco de Vitoria, con quien Arcos estuvo en correspondencia a propósito del tema de los títulos del dominio de los españoles en América. Estas notas, todavía inéditas, son, en todo caso, menos importantes que las de Bartolomé de Las Casas al manuscrito de Palacios Rubios, de que hablaremos más abajo. El otro códice está en la Biblioteca de la Real Academia de la Historia, en Madrid, bajo la signatura 'Colección Murillo E.33.8', pudiendo situarse su origen entre 1530 y 1540. El P. Vicente Beltrán de Heredia fue el primero que dio a conocer in extenso este tratado [17], y lo editó en 1933 [18]. Según Bartolomé de Las Casas [19], la iniciativa para escribirlo partió del propio autor. Pero el testimonio de la obra misma y el modo como los acontecimientos se desarrollaron hacen más verosímil la tesis contraria, es decir, que la causa motivadora fue una orden del rey don Fernando el Católico. El tratado, por otra parte, no es una recapitulación de las proposiciones de la Junta de

17 V. Beltrán de Heredia, 'El P. Matías de Paz, O. P., y su tratado *De dominio Regum Hispaniae super Indos', La Ciencia Tomista* 40 (1929) 173-90. De este artículo tomamos los datos biográficos que anteceden sobre Matías de Paz.

18 Idem, 'El tratado de Matías de Paz, O. P., acerca de los Reyes de España sobre los indios de América. Edición crítica', *Archivum fratrum praedicatorum* 3 (1933) 133-81. El editor no identifica cada una de las citas explícitas e implícitas del autor, por lo que los lectores difícilmente pueden comprender y evaluar el alcance de la argumentación de Paz en todos sus matices afectados por las alegaciones de fuentes, de canonistas y de teólogos. En 1954, fue editada una versión castellana del tratado de Matías de Paz junto con otra del escrito de Palacios Rubios sobre el mismo tema: *De las islas del mar Océano,* por Juan López de Palacios Rubios. *Del dominio de los Reyes de España sobre los indios,* por Fray Matías de Paz. Introducción de Silvio Zavala. Traducción y bibliografía de Agustín Millares Carlo (México-Buenos Aires 1954). Tampoco en esta traducción castellana de los dos tratados se dan las identificaciones de los juristas y teólogos, aunque sí las bíblicas y las de las fuentes legales del *Corpus iuris canonici.* El tratado de Palacios Rubios ocupa las pp. 1-209, y el de Matías de Paz está en las pp. 211-59.

19 *Hist. Ind.,* lib. 3, cap. 8 (p. 188).

Burgos, como alguien ha dicho [20], sino que refleja el punto de vista personal del P. Matías de Paz.

La cuestión que directamente se ventila en este tratado es la del trato que había que dar a los indios, y no el problema de la ética de la conquista, que con respecto a estos indios ya estaba hecha hacía tiempo, y no era directamente cuestionada, que se sepa, por nadie en estos momentos. Pero este último problema aparece tratado *in extenso* por Paz, porque de su solución, en un sentido o en otro, dependía en gran parte el trato que había que dar a los indios. Trataré seguidamente no sólo de traducir a la lengua vernácula el pensamiento del P. Paz, sino también de reflejarlo en un lenguaje inteligible incluso para los lectores no entrenados en los tecnicismos y terminología escolásticos. Nuestro autor comienza formulando estas tres preguntas, aparentemente sin relación directa con nuestro tema:

1.ª) ¿Puede el rey gobernar a los indios como a esclavos?

2.ª) ¿Puede gobernarlos como a hombres libres?

3.ª) Los que entretanto exigieron a los indios servicios propios de esclavos, ¿están obligados a restitución o reparación por daños y perjuicios? [21].

Paz responde a estas tres preguntas con otras tantas tesis o conclusiones, de cada una de las cuales se siguen corolarios o consecuencias que él mismo formula. En estas respuestas de Paz es donde por primera vez aparece nítidamente la cuestión de la ética de la conquista de Indias, que él desarrolla ampliamente a lo largo de la mayor parte del tratado. He aquí sus palabras:

> 'Conclusión 1.ª: No es lícito a los príncipes cristianos hacer la guerra a los infieles por afán de dominar o por ambición de riquezas, sino tan sólo por celo de la fe, para que el nombre de nuestro Redentor sea ensalzado y engrandecido en todo el mundo. *Corolario primero:* Por consiguiente, no pueden lícitamente dichos príncipes invadir la tierra de aquellos infieles que nunca estuvieron sujetos al yugo del Salvador, si sus habitantes quieren recibir y escuchar a los predicadores evangélicos y están dispuestos a abrazar la fe. *Corolario segundo:* Es, pues, muy conveniente que a estos infieles, antes de declararse la guerra, se les amoneste, pudiéndolo hacer sin gran detrimento, para que abracen la fe de corazón y la mantengan incólume.
>
> Conclusión 2.ª: Aunque un rey, movido por celo cristiano y con la competente autorización del papa, haya podido hacer la guerra lícitamente a los infieles, ellos tenían derecho a defenderse, si no precedió la sobredicha admonición. *Corolario primero:* Por lo tanto, los vencidos de ese modo no pueden ser tenidos por esclavos, mientras no nieguen pertinaz-

20 A. Carrión, 'Doctrina que sobre la predicación del Evangelio y su aplicación en los territorios descubiertos y conquistados por España enseñaron los dominicos Fr. Matías de Paz, Fr. Francisco de Vitoria, Fr. Domingo Báñez y Fr. Pedro de Ledesma', *Biblioteca hispana missionum* 2 (Barcelona 1930) 63.

21 Ed. cit. supra nota 18, 137.

mente su obediencia al mencionado príncipe, o no quieran someterse al yugo suavísimo del Salvador. *Corolario segundo:* En consecuencia, si después de hechos cautivos, al tener conocimiento del Redentor, quieren libremente recibir el bautismo, de ningún modo han de ser tratados como esclavos.

Conclusión 3.ª: Sólo con autorización del Sumo Pontífice será lícito a nuestro Rey Católico gobernar con imperio político a dichos indios y anexionarlos perpetuamente a su Corona. *Corolario primero:* Luego quienes los han oprimido con esclavitud despótica después de convertirlos a la fe, están obligados a restituir por razón del daño infringido y conforme al lucro obtenido de esa servidumbre; pero no así cuando el daño y el lucro proceden de otra causa' [22].

Dejando a un lado varias hipótesis que Paz se plantea y que no coinciden con el caso de las Indias, nuestro autor se pregunta por la licitud de la guerra y consiguiente conquista contra los infieles que viven pacíficamente en sus propios reinos, separados de los nuestros, sin molestar para nada a los cristianos. Para contestar a esta cuestión, que es justamente la que emerge del caso americano, el P. Paz evoca el planteamiento de los canonistas y teólogos medievales.

Entre los primeros, se refiere principalmente a Inocencio IV (ca. 1200-1254, papa desde 1243), Enrique de Segusio (cardenal Ostiense, ca. 1200-1271), Pedro de Ancharano (ca. 1330-1416) y San Antonino de Florencia (1389-1459).

Según Inocencio IV [23], todos los infieles pueden tener lícitamente dominios, jurisdicción y posesiones, por lo cual no se les puede invadir ni conquistar sin manifiesta injusticia. Pero a este principio general, que invalidaría la conquista de Indias, pone el papa Inocencio IV dos limitaciones. La primera alude a las cruzadas medievales tendentes a la recuperación de la Tierra Santa, que fue ganada por un emperador romano después de la muerte de Cristo, y que por consiguiente el papa puede reconquistar, en virtud del Imperio Romano que posee y del cual ha sido injustamente despojado por estos infieles que ahora ocupan la Tierra Santa, razón que vale en teoría para todas las demás tierras del antiguo Imperio Romano que están ahora en manos de otros [24]. Es obvio que aquí se encuentra una de las más tardías aceptaciones de la va-

22 Ibid. 145-46.

23 El pasaje de Inocencio IV es el comentario a la decretal de Inocencio III 'Quod super his' de Agosto-Octubre de 1200. Cf. A. Potthast, *Regesta pontificum romanorum* 1 (Berlin 1875 = Graz 1957) 1137, 104. El razonamiento y trabazón lógica del pensamiento de Inocencio IV está mejor y es más inteligible en su propia obra que en la explicación que da aquí Matías de Paz. Para Inocencio IV, puede verse la siguiente edición: Sinibaldus Fliscus (Innocentius IV), *Commentaria Apparatus in V Libros Decretalium* [X 3.34.8] (Francofurti ad Moenum 1570 = 1968) fol. 429vb-430vb.

24 Ed. cit. supra nota 18, 149-50.

25 Gratiani Decretum D. 96 c. 13-14. Sobre la donación o *Constitutum Constantini,* cf. H. Fuhrmann, *Einfluss und Verbreitung der pseudoisidorischen Fälschungen von ihren Auftauchen bis in die neure Zeit* (Monumenta Germaniae Historica, Schriften Bd 24.1-3; Stuttgart 1975).

lidez de la donación de Constantino. Como es sabido, trátase de un documento apócrifo de mediados del s. VIII, parcialmente transmitido en un texto añadido posteriormente al Decreto de Graciano [25]. Sobre su carácter apócrifo se discutió hasta el s. XVII y tal vez hasta tiempos más recientes [26]. Pero desde que Lorenzo Valla descubrió su falsedad en 1440, tal vez sea Matías de Paz uno de los pocos autores que a principios del s. XVI ignora o finge ignorar la refutación de humanista italiano. Por otra parte, Paz acaba admitiendo el dominio universal del mundo por parte del papa, como vicario de Cristo, por donde se ve que no estaba al corriente de que los que admitían esto, explicaban la donación de Constantino como un reconocimiento de un derecho que el papa tenía, y no como una donación [27]. La otra limitación del papa Inocencio se refería a los infieles que tratan mal a los cristianos que viven en sus reinos, razón por la cual el papa podía autorizar la guerra y conquista de las tierras de tales infieles [28].

Para el Ostiense, en cambio, los infieles son sujeto activo de dominio político hasta la venida de Cristo, momento histórico en que pierden este poder en favor del dominio supremo de la Iglesia, que hereda de Cristo una especie de soberanía sobre todo el mundo. A partir de este instante, los infieles sólo pueden ejercer el poder político con el consentimiento o con la tolerancia de la Iglesia. Según Paz, el Ostiense se contradice al sostener que los cristianos cautivos y esclavos de los infieles tienen el deber de sometérseles y de no fugarse [29]. El papa puede ejercer este dominio temporal con el fin espiritual de misionar a los infieles, y esto fue lo que ocurrió, según Paz, en el caso de la concesión de las Indias a la corona de Castilla.

Algunas de las ideas del papa Inocencio IV y del Ostiense las encuentra Paz también en textos de Pedro de Ancharano [30] y en San Antonino de Florencia [31]. Los demás juristas que alega Paz figuran sólo a título de inventario.

26 D. Maffei, *La donazione di Constantino nei giuristi medievali* (Milano 1964).

27 Ibid.

28 Cf. supra nota 23.

29 Ed. cit. supra nota 18, 151-55. Los pasajes del Ostiense, aludidos aquí muy vagamente, son particularmente los siguientes: Henricus de Segusio (Cardinalis Hostiensis), *Summa* [X 3.34.8 y X 4.17.9] (Lyon 1537 = Aalen 1962) fol. 176rb-178vb y 215ra-216vb. Ver también el tít. 'De haereticis' (ibid. fol. 237rb-239rb), así como los lugares correspondientes de la obra del mismo autor titulada *Summa in quinque Decretalium Gregorianarum libros* (Parisiis 1520). Estos grandes autores medievales no han sido siempre bien entendidos por los autores del s. XVI que se ocupan de la ética de la conquista de Indias. Tampoco la historiografía americanista se muestra siempre al corriente de la investigación actual sobre estos temas medievales. El desarrollo del pensamiento jurídico-político de la canonística medieval excede de todo punto los límites del presente capítulo. Sobre ello y más en concreto sobre el pensamiento político de Inocencio IV y del Ostiense, ver la obra de J. A. Watt, *The theory of papal monarchy in the thirteenth century. The contribution of the canonists* (New York 1965) con la bibliografía citada por este autor.

30 Petrus de Ancharano, *Repetitio super regula Peccatum* (In VI de regul. iuris 4), que ocupa los fol. 33va-49ra de la ed. incunable del autor que fue publicada bajo el título de *Repetitiones*... (Venetiis, por Baptista de Tortis, 14 Noviembre 1500). Hay otras ediciones posteriores, que no he tenido a mano al redactar estas líneas.

31 S. Antoninus de Florentia, *Summa theologica in quatuor partes distributa*, parte III, cap. 2 (Verona 1740 = Graz 1959) fol. 176-83.

Son citas de segunda mano y además no desarrolla poco ni mucho su pensamiento. Alude en este sentido, y muy de pasada, a Nicolò dei Tudeschi o Abad Panormitano (1386-1445) [32], Bartolo de Sassoferrato [33] y Oldrado de Ponte de Laude [34].

Del análisis de las ideas de los canonistas, pasa Paz a resumir el pensamiento de los teólogos. Para ello, comienza por ofrecernos lo que él cree que es la teoría de Santo Tomás de Aquino, cuando en realidad pertenece a su continuador Tolomeo de Lucca [35], quien sostiene que la Iglesia puede privar a los infieles del dominio político, como castigo por su infidelidad, independientemente de que unas veces lo haga y otras no. También puede la Iglesia declarar libres de dicho dominio a los que se convierten. De ahí que los infieles sólo pueden tener poder político sobre los fieles por tolerancia de la Iglesia.

Durando de San Porciano [36] admite esto mismo, aunque limitando el poder de la Iglesia al caso en que el príncipe infiel procura que el súbdito convertido vuelva a la infidelidad.

Parecidas doctrinas encuentra Paz en Tomás de Estrasburgo [37], a quien cita sólo de pasada.

Acogiéndose siempre a los matices más favorables a su propio parecer, Paz consigue, espigando en estos autores medievales, algo tan difícil como es defender una tesis regalista a base del pensamiento de escritores que habían defendido ideas hierocráticas. Esto le permite llegar a las siguientes conclusiones finales, que formula de este modo: '*Primera,* que el príncipe infiel, hablando en absoluto, tiene dominio legítimo. *Segunda,* que tanto según los teólogos como según los juristas, de ningún modo puede ser privado de ese

32 Nicolaus de Tudeschis, *Commentaria Primae Partis in Primum Decretalium Librum* [X 1.2.7] (Lugduni 1856) fol. 24r. Paz no da ninguna cita concreta, pero éste parece ser el lugar aludido del Panormitano.

33 Bartolus de Saxoferrato, *In Secundam Digesti Novi Paterm* [Dig. 49.15.24] (Venetiis 1595) fol. 214vb-15rb.

34 Oldradus de Ponte de Laude, *Consilia seu responsa et quaestiones aureae,* cons. 72 (Venetiis 1585) fol. 32va-33rb. El escaso conocimiento de la canonística medieval que demuestra Matías de Paz parece haberse transmitido a sus editores y comentadores, ya que ninguno de ellos llega a identificar plenamente los pasajes de los canonistas aquí citados. Así, por ejemplo, el P. Carro confunde a Inocencio IV con Inocencio III, sin haber consultado por supuesto ninguna obra de cualquiera de los dos ('La teología...', cit. supra nota 1, 282). El P. Beltrán de Heredia achaca los desaciertos de Paz a haberse fiado de los canonistas y no de los teólogos ('El Padre Matías de Paz...', cit. supra nota 17, 189). Otros, como Silvio Zavala, aluden pesimísticamente a la canonística, sin mostrar mayor conocimiento de la misma. Tal vez se toman demasiado al pie de la letra una frase del P. Vitoria, cuando dice que ésta es una cuestión más de teólogos que de canonistas (ver la obra de Zavala cit. supra nota 18, p. LXII, XCVII n. 1) censurando a algunos canonistas, cosa que podía haber aplicado igualmente a no pocos teólogos del medievo. Precisamente el mérito de Vitoria consistió en incorporar al tratamiento de ésta y de otras cuestiones la totalidad de los saberes humanos interesados en ellas, como es la filosofía, ambos derechos y la teología.

35 Pseudo Sanctus Thomas (Ptolomaeus de Lucca), *De regimine principum,* lib. 3, cap. 10 y 14 (Opuscula omnia divi Thomae Aquinatis doctoris Angelici, Lugduni 1562) pp. 232-34.

36 Durandus de Sancto Porciano, *De legibus* (Paris 1505).

37 Thomas de Argentina, *Commentaria in quatuor libros Sententiarum,* lib. 2, dist. 44, q. 1, art. 4 (Genuae 1585) fol. 209vb-210vb.

dominio al convertirse a la fe. *Tercera,* que aún en el caso de que no se convierta (y en esto discrepan los teólogos entre sí) por la sola razón de su infidelidad no puede lícitamente ser privado de sus dominios, aunque según Santo Tomás pudiera serlo en castigo de su obstinación... Incluso sostengo que la Iglesia puede, conforme a justicia, privarle de sus dominios por sola su infidelidad, en el caso en que sus súbditos no se conviertan' [38]. Dicho en otros términos, Paz cree que, al menos después de la venida de Cristo, no hay verdadero poder político entre los infieles, y que el papa tiene poder temporal directo sobre todo el orbe y particularmente sobre las tierras del antiguo Imperio Romano de Occidente. Aparte de los textos bíblicos y razonamientos que encuentra en algunos de los juristas y teólogos que cita, añade él por su cuenta algunos más. En estas autoridades se habla en realidad de poder espiritual, no de poder temporal, y éste es uno de los puntos débiles de la argumentación de Paz. Esta tesis del poder directo era también algo anacrónica y anticuada a principios del s. XVI. Ya en la Edad Media eran minoría los que sostenían esta tesis.

Curiosamente, esta tesis teocrática del poder directo le sirve a Paz para defender la causa de su rey, ya que el papa, en virtud de las bulas alejandrinas, encargó o delegó esta causa en los Reyes Católicos y en su sucesores, para facilitar así la predicación y difusión del Evangelio entre los indios de América. En este contexto, Paz insiste en que esto no se puede conseguir debidamente sin una conquista y ocupación permanente de aquellos pueblos y de sus tierras [39]. Fue mérito de nuestro autor el haber sido el primero o uno de los primeros en plantear de modo explícito y afrontar este problema de la ética de la conquista de Indias [40].

Las Casas pedía en 1516 que el tratado de Paz fuese publicado junto con el de Palacios Rubios, para que los razonamientos de estos autores sirvieran de apoyo doctrinal del buen trato que había que dar a los indios [41]. Pero prescinde de la tesis principal de Paz, que defiende, como acabamos de ver, la licitud del dominio político de la corona castellana sobre Indias. Por otra parte, Las Casas colma de alabanzas a Paz, cuando realmente su tesis es sustancialmente idéntica a la de Palacios Rubios, a quien Las Casas recrimina

38 Ed. cit. supra nota 18, p. 159.
39 Ibid. 174.
40 Sobre algunos aspectos considerados aquí por Paz volverá el P. Vitoria aunque situándolos en un planteamiento más amplio. Cf. Beltrán de Heredia, 'El Padre Matías de Paz', cit. supra nota 18, p. 182.
41 *Hist. Ind.,* lib. 3, cap. 7-8 (pp. 183-88). La cita que Las Casas hace de la tesis de Paz en este pasaje es rigurosamente literal, pero mutila y deforma el sentido de la misma, como puede observarse por el párrafo íntegro que nosotros transcribimos. De la tesis de Paz forma parte esencial la legitimidad de la conquista y de la permanencia del dominio español en Indias, como queda explicado, a lo cual no alude para nada Las Casas, lo que demuestra que en 1516 no se planteaba Las Casas ni le interesaba la ética de la conquista, sino sólo el tema del trato dado a los indios.

amargamente [42]. Esta es una de tantas incongruencias que se encuentran en el modo temperamental que Las Casas tiene de abordar algunos problemas [43].

3) *Juan López de Palacios Rubios*

Juan López de Vivero, que tomará el sobrenombre de Palacios Rubios, por el lugar de su nacimiento en la provincia de Salamanca, vino al mundo hacia 1450, y murió en 1524. Fue colegial de San Bartolomé, doctor en ambos derechos y profesor de derecho canónico en las universidades salmantina y vallisoletana. Ostentó numerosos altos cargos al servicio de los Reyes Católicos, tales como el de oidor de la Chancillería de Valladolid, presidente del Consejo de la Mesta, consejero de la Corona por espacio de veinte años. En 1504 estaba nombrado para ir a Roma, con el fin de gestionar ante la Santa Sede asuntos del regio patronato, viaje que se suspendió debido a la muerte de la reina Isabel. Es autor de numerosas obras, entre las que destacan las *Leyes de Toro* (en colaboración con otros) y un comentario a las mismas, una repetición sobre el cap. 'Per vestras' (que es el cap. 7 del tít. 20 del libro 4 de las Decretales de Gregorio IX), *Libellus de beneficiis in curia vacantibus, De iustitia et iure obtentionis Regni Navarrae, De insulis maris Oceani quas vulgus Indias appellat* y el famoso *Requerimiento* que había que leer a los indios. Algunas de estas obras conocieron varias ediciones [44].

Entre todas sus obras, aquí nos interesa especialmente el *De insulis maris Oceani quas vulgus Indias appellat,* escrito entre 1512 y 1516, más verosímilmente entre 1512 y 1514, al mismo tiempo que redactaba la otra obra en cierto modo paralela *De iustitia et iure obtentionis Regni Navarrae.* En ambos pone al servicio de su rey sus amplios conocimientos jurídicos, ocupando un puesto destacado en la historia del regalismo español. El tratado *De insulis* se encuentra manuscrito en la Biblioteca Nacional de Madrid, MS 17641, fol. 1r-89v, proveniente de la Colección de Pascual Gayangos, y que es una copia contemporánea del original, hecha por un calígrafo de oficio, salvo los fol. 59-75 que se deben nada menos que a la mano de fray Bartolomé de Las Casas, escritos a mediados del s. XVI, de cuya autoría son las notas marginales

42 Aunque en algunos pasajes de la *Hist. de las Ind.*, lib. 3, cap. 7, 17 y 19, etc. (pp. 183-86, 211-14, 216-19), se registran elogios de Las Casas a Palacios Rubios, llegando incluso a pedir que se publique la obra de este último. En el lib. 3, cap. 7 (p. 184) se califica de errónea su doctrina referente al título en que se basa el dominio de los españoles en Indias. En las notas escritas de su puño y letra en el MS 17641 (Bibl. Nac. de Madrid) de la obra de Palacios Rubios, Las Casas se extiende más ampliamente en su refutación.

43 Aparte de los autores ya citados, comentan el tratado de Matías de Paz autores como L. Hanke (cit. supra nota 1, passim); V. D. Carro (cit. ibid., pp. 276-85 et passim, y por supuesto en la primera ed. de su obra aparecido en 1944); J. Pérez de Tudela, en la Introd. a *Hist. Ind.,* BAE, t. 95, p. XXX-XXXI; P. Castañeda, *La teocracia,* cit. supra nota 12, pp. 311-16; etc.; L. Pereña, 'La conquête de l'Amérique et la paix internationale', *Chrétiens dans l'Univers* (Paris 1964) 45-80.

44 Ver reseña de sus escritos en la obra de Zavala-Millares Carlo, cit. supra nota 18, p. 269-89.

que lleva el tratado. En ellas se intenta refutar las tesis de Palacios Rubios que no agradan a Las Casas, después de haberle elogiado en 1516.

Las notas marginales de Las Casas fueron editadas junto con la versión castellana, que citamos más arriba. La obra completa comprendía por lo menos otro capítulo, hoy perdido. Por lo demás, el cap. 6 está extractado y no copiado *in extenso*. Faltan también algunas subdivisiones de los capítulos 5 y 7. Aparte de Las Casas en 1516, elogian a Palacios Rubios como defensor de los indios su hijo Alonso Pérez [45], Solórzano Pereyra [46], Nicolás Antonio [47], etcétera. Para la historiografía americanista moderna fue recuperado por Vicente de La Fuente [48], Eloy Bullón [49] y Julián Paz [50]. El texto latino permanece inédito, mientras que en 1954 apareció una traducción castellana, notas y bibliografía por Agustín Millares Carlo, junto con un extenso estudio introductorio de Silvio Zavala [51], en la que se identifican las citas bíblicas y fuentes legales, pero no las de los juristas y teólogos. Esta deficiencia se suple, sólo parcialmente, en el citado estudio introductorio.

Prescindiendo de otras cuestiones que se relacionan con el trato de los indios y no con la ética de la conquista, trataremos de resumir aquí los razonamientos de Palacios Rubios relativos a este último tema. En el cap. 2 [52] se ocupa del concepto de esclavitud. Dejando de lado el tema de la esclavitud natural, de tan largo abolengo aristotélico-tomista, se ocupa largamente de la esclavitud legal, es decir, de la introducida por la ley o derecho positivos. De la esclavitud legal están exentos los indios, dado que nunca el rey de España

45 Alude al tratado de su padre *De insulis...* en el prólogo a la edición de la obra titulada *Repetitio rubricae et cap. Per vestras de donationibus inter virum et uxorem* (Francofurti ad Moenum 1576), indicando que dicho trabajo era en defensa de los indios.

46 Pero confiesa que no pudo tenerlo a mano. Cf. R. Streit, 'Die erste *Junta* von Burgos 1512', *Zeitschrift für Missionswissenschaft* 13 (1923) 67, n. 12.

47 *Bibliotheca Hispana Nova* 1 (Madrid 1783 = Torino 1963) 720, donde explica el título con este matiz de protección de los indios, a saber, '*Insularum Maris Oceani tractatus* sive de Indis in servitutem non redigendis'.

48 Primero escribió dos artículos sobre la vida y obras de Palacios Rubios, colmándole de elogios como protector de la causa de los indios: V. de la Fuente, 'Palacios Rubios. Su importancia jurídica, política y literaria', *Revista General de Legislación y Jurisprudencia* 34 (1869) 79-96; idem, 'Palacios Rubios, considerado bajo el aspecto de su importancia literaria y jurídica', ibid. 160-76. Una vez que conoció el manuscrito del tratado de Palacios Rubios, Vicente de la Fuente escribió un tercer artículo mostrándose sumamente decepcionado porque la teoría política de Palacios Rubios no era, según él, favorable a los indios: V. de la Fuente, 'Nuevas noticias acerca de Palacios Rubios, descubrimiento de su libro sobre las Indias y juicio crítico de él', ibid 36 (1870) 243-56. En realidad, Palacios Rubios era favorable a que se diera buen trato a los indios, pero dentro del poco favorable sistema de las encomiendas.

49 E. Bullón Fernández, *Jurisconsultos españoles* 2 (Madrid 1911-14) 37-42; idem, *Un colaborador de los Reyes Católicos. El doctor Palacios Rubios y sus obras* (Madrid 1927), sin que en ninguno de estos dos libros se refiera todavía al tratado *De insulis*, al que dedica Eloy Bullón posteriormente un artículo titulado 'El problema jurídico de la dominación española en América antes de las «Relecciones» de Francisco de Vitoria', *Anuario de la Asociación Francisco de Vitoria* 4 (1931-32) 99-128.

50 J. Paz, *Catálogo de manuscritos de América existentes en la Biblioteca Nacional* (Madrid 1933) n. 1373, 619.

51 Cf. supra nota 18.

52 Ibid. 25-39.

les impuso tal condición. Tienen, por consiguiente, su libertad natural antes de convertirse, siempre que no resistan con las armas la difusión del Evangelio, una vez que llegan a conocer el anuncio del mismo. Y la misma libertad conservan después del bautismo, a menos que medie una guerra justa que pueda desposeerles de ella, reduciéndolos a la esclavitud legal. A esa guerra justa debe preceder, en todo caso, el famoso *Requerimiento* [53], claramente aludido por su autor en este razonamiento que acabamos de extractar.

En el cap. 3 [54] se describe cómo los isleños todavía infieles no gozaban por derecho natural sólo de su libertad, sino también del dominio y posesión de sus bienes, porque son criaturas racionales a quienes Dios sometió el mundo con cuanto en él existe. Por sola su infidelidad, los príncipes cristianos no pueden declararles la guerra ni invadir sus tierras, y menos retenerlas, por lo que estarían obligados a restituir lo invadido y reparar los daños seguidos. Pero la guerra sería justa, si los infieles no reconocen la superioridad de la Iglesia y si se oponen a la entrada de sus misioneros.

La misma consideración doctrinal le merece la patria potestad en orden a si se podía bautizar a los hijos sin consentimiento de los padres, así como el tema de si los cristianos tenían que pagar peajes por atravesar las tierras de infieles.

Como se ve por todo lo que antecede y por el cap. 4 [55], Palacios Rubios reconoce en los indios la libertad y demás prerrogativas mencionadas, basándose en el derecho natural que concede esto a todos los mortales. Da un paso más, y les respeta esto mismo después de bautizarlos, porque no puede empeorar su condición por el hecho de abrazar el cristianismo. Pero les deniega el dominio político, porque con el advenimiento de Cristo, este poder pasa a manos de la Iglesia. Por consiguiente, los caciques o príncipes indios y demás magistrados pierden todo derecho político a gobernar a sus súbditos, porque éste pasa a la Iglesia y de la Iglesia al rey de España, en virtud de la concesión alejandrina.

Para fundar este principio de que el derecho natural ampara a los indios en cuanto a la libertad y posesiones individuales, pero no les garantiza, en cambio, el dominio político, Palacios Rubios recurre más o menos a los mismos autores medievales que reseñamos a propósito de Matías de Paz, es decir, a Inocencio IV, Ostiense, etc., añadiendo por su cuenta algunos más. Así, está de acuerdo con Inocencio IV en que el papa puede castigar a los infieles por obrar contra el derecho natural. Comparte con el Ostiense que el papa tiene, a partir de la venida de Cristo, poder universal sobre todos los infieles existentes hasta en los últimos confines del mundo. En el caso concreto de las

53 Ibid. 288-89, donde se indican las ediciones y versiones de este curioso texto. Ver más abajo un breve análisis del contenido de este documento y las referencias que le dedica Martín Fernández de Enciso. Cf. J. Manzano, *La incorporación de las Indias a la Corona de Castilla* (Madrid 1948) 42-48. El texto del *Requerimiento,* editado muchas otras veces, puede verse en las p. 43-46.

54 Ibid. supra nota 36-39.

55 Ibid. 69-148.

Indias, está además la donación alejandrina, que confía a la Corona española la ejecución de estos derechos de la Iglesia sobre los infieles. De ahí que cualquier resistencia por parte de estos infieles justifica una guerra lícita de los españoles contra ellos.

Pero en el caso de que se sometan pacíficamente y sin la menor resistencia, parecería lógico pensar que se les respetan no sólo sus derechos individuales, sino también los derechos del principado político, como habían sostenido Durando de S. Porciano [56] y Tomás de Estrasburgo [57]. Pero Palacios Rubios sostiene, con Agustín de Ancona [58], que los príncipes infieles merecen ser privados del dominio político a causa de su infidelidad, y esto es valedero tanto para el caso de que sus súbditos se conviertan al cristianismo, como en la hipótesis contraria de que no se conviertan. Si no se convierten, se les aplica el derecho de guerra, perdiendo no sólo el principado político, sino también sus bienes y su libertad individual. Como quiera que el Ostiense había sostenido que los príncipes infieles pueden seguir ejerciendo su dominio político, si la Iglesia así se lo tolera, Palacios Rubios va más allá, subrayando que la Iglesia o quien haga sus veces (la Corona española en este caso) puede retirárselo en todo o en parte según lo juzgue oportuno, para lo cual invoca de nuevo al Ostiense un tanto forzadamente. Si Palacios Rubios concedía al papa tan amplios poderes en el caso de la deposición del supuestamente cismático rey de Navarra, no es para extrañarse de que a los infieles de las Antillas no les conceda mejores oportunidades.

Como le ocurre a Matías de Paz, Palacios Rubios recoge teorías medievales de teólogos y canonistas más favorables a sus tesis, descartando como defectuosas las más liberales que eran a la vez mayoritarias. Así, está con el Ostiense mientras sufraga su tesis, y lo descarta cuando le resulta insuficiente. Con más razón discrimina lo favorable de lo desfavorable a sus tesis en Inocencio IV, Santo Tomás de Aquino y Francisco de Zabarella [59] que sostienen la capacidad de los infieles para tener verdadero dominio político, que dimana del derecho natural, anterior al derecho divino de fieles e infieles.

Como Matías de Paz, Palacios Rubios propugna un trato humano para los indios, equiparándoles teóricamente a los españoles en cuanto al pago de

56 Durandi a Sancto Portiano, *In Sententias theologicas Petri Lombardi commentariorum libri quatuor,* lib. 2, dist. 44, quaest. 3 (Antuerpiae 1567) fol. 206r-207r.

57 Thomas de Argentina, *Commentaria in quatuor Libros Sententiarum,* lib. 2, dist. 44, q. 1, art. 4 (Genuae 1585), fol. 209-210vb.

58 Augustinus (Triumphus) de Ancona, *Summa de potestate ecclesiastica* (Romae 1584). Esta edición no está paginada. El tema que aquí nos interesa está en la quaest. 23, que ocupa dos folios y medio. He aquí un breve pasaje representativo de la doctrina de este autor: 'Videtur enim quod papa iuste possit dominia et iurisdictiones a paganis auferre, quia iniustum est quod secus dominetur. Set pagani, cum sint infideles, servi sunt peccati infidelitatis. Omnis enim qui facit peccatum servus est peccati. Iuste ergo dominari non possunt. Preterea infideles merentur ratione infidelitatis potestatem et libertatem amittere iuxta illud lxxvii. dist. c. Vbi ista: Privilegium meretur amittere qui permissa sibi abutitur potestante. Iuste ergo papa potest dominium et iurisdictionem ab eis auferre.'

59 Franciscus de Zabarella, *Super Secundo et Tertio Decretalium* [X 2.1.13] (Venetiis 1502) fol. 4va-5ra.

tributos y otras prestaciones en favor del rey. Pero en la práctica admite las encomiendas. El desnivel de capacidad racional y de cultura de los indios con respecto a los españoles, induce a Palacios Rubios a sostener como muy conveniente una cierta tutela sobre los primeros, tutela que en concreto se ejerce por medio de las encomiendas que, eso sí, dice que el rey debe concederlas a los mejores entre los hispanos. Dentro de las limitaciones, por cierto muy sustanciales, que quedan indicadas, y que reducen a nada el dominio político o autonomía de los indios, Palacios Rubios subraya fuertemente el buen trato que hay que dar a los indios hasta tal punto que en 1516 pudo superar con éxito el examen de Bartolomé de Las Casas, y por supuesto el de su hijo y posteriormente el de otros muchos, tal como queda indicado más arriba. El tratado de Palacios Rubios está mejor elaborado y organizado que el de Matías de Paz, aunque las conclusiones son sensiblemente idénticas [60].

4) *Bernardo de Mesa*

Bernardo o Bernardino de Mesa, dominico, era predicador del rey. Fue nombrado obispo de Cuba, aunque no llegó a trasladarse a dicha isla, muriendo como obispo de Elne, ostentando simultáneamente el cargo de obispo de Badajoz de 1521 a 1524 [61]. Las Casas resume el parecer de este personaje en siete proposiciones, entre las que nos interesan las dos primeras solamente, ya que las restantes se refieren al trato que había que dar a los indios [62]. En la primera de estas proposiciones da como fundamento de la conquista y de la posesión de las Indias por parte de España la donación de aquellas tierras por Alejandro VI a la Corona castellana, con el fin de cuidar de la evangelización de sus gentes: '... y esto por el estrecho mandamiento que el papa le puso por la bula de la donación, en la cual se mostraba claramente que una de las principales cosas que le motivó a hacer la dicha donación fue para que la fe se plantase en aquellas tierras, y con ella las otras virtudes, tanto cuanto fuese posible'.

En la segunda de dichas proposiciones insiste en que los indios son vasallos y no siervos o esclavos del rey. Especificando más por qué no eran siervos, procede por exclusión de esta forma: 'Los indios no eran siervos por derecho, porque no fueron conquistados al principio por la introducción de la fe, ni por razón de su infidelidad, porque la infidelidad en ellos no es pecado; ni menos son siervos por compra, ni menos son siervos por natividad, porque naturalmente todos los hombres son libres; ni menos eran siervos por la estimación de Su Alteza, ni de la reina doña Isabel, de gloriosa memoria, que siempre los llamaron libres, y era manifiesta señal de libertad... Mas

60 Cf. supra nota 43. Los autores citados en dicha nota, y en general todos los que se ocupan de esta temática, dedican un espacio más o menos extenso a la obra de Palacios Rubios: Hanke, passim; Carro, 270-72 et passim; Pérez de Tudela, XXXII; Castañeda, 304-11, etc.

61 G. Van Gulik-C. Eubel, *Hierarchia catholica medii et recentioris aevi* 2 ed., 3 (Monasterii 1923 = Patavii 1960) 266 y 182.

62 *Hist. Ind.*, lib. 3, cap. 9 (p. 188-89).

como quiera que sea, los indios no se pueden llamar siervos'[63]. Se excluyen, por consiguiente, cualesquiera posible títulos de conquista basados en simple derecho de guerra y esclavitud consiguiente.

Las Casas introduce al autor del presente dictamen, lo mismo que al licenciado Gregorio, cuyo parecer veremos en seguida, como personas maleables ('benévolos y aparejados') en favor de los encomenderos de los indios y de sus razones o sinrazones. Esto no parece justificarse, puesto que el dictamen que acabamos de ver no difiere sustancialmente del de Matías de Paz, por cuanto respecta al trato que se debía a dar a los indios. Sin embargo, Matías de Paz es alabado por Las Casas, mientras que el juicio sobre Benardo de Mesa es más bien duro.

5) *Licenciado Gregorio*

Este era otro predicador del rey, a quien alude Las Casas en el mismo pasaje que acabamos de citar para Bernardo de Mesa. Si peyorativo es el juicio que da allí sobre estos dos personajes, a Gregorio lo trata más severamente al resumir su parecer un poco más abajo[64]. En este último lugar citado da por bueno el parecer de Bernardo de Mesa, ante el dictamen del licenciado Gregorio, que desde luego rezuma partidismo por los encomenderos y en contra de los indios. Aunque el licenciado Gregorio no trata en directo la cuestión de la ética de la conquista, por varios pasajes de este informe se ve que la basaba en el derecho de conquista de unas gentes que eran 'naturalmente esclavos', en el sentido aristotélico de la palabra: 'Esto mismo dice Aristóteles en el libro primero de la *República,* tít. primero, cap. segundo, donde, según los exponentes, allí, dicen que entonces la gobernación domínica, id est tiránica, es justa, donde se hace en aquellos que naturalmente son siervos y bárbaros, que son aquellos que faltan en el juicio y en el entendimiento, como son estos indios, que, según todos dicen, son como animales que hablan...'[65].

En otro pasaje, aflora un segundo posible fundamento para justificar la conquista desde el punto de vista ético, a saber, las transgresiones de la ley natural por parte de los infieles. Consiguientemente podía el papa castigarlos, y aquí va implícita la donación alejandrina a los Reyes Católicos para infligir este castigo. Pero oigámosle en sus propios términos: 'Item, hace para la corroboración desto lo que dice Agustino de Anchona en su libro *De potestate papae,* y tráelo el arzobispo de Florencia en su 3.ª parte, donde dice que aunque el papa ni otro señor no pueden punir a los infieles por razón de la infidelidad que tienen, queriendo ellos obedecer y no haciendo daño a los cristianos, pero a los que pecan pecados contra natura, los puede punir por que reciban la ley natural, y haciendo contra ella pueden ser punidos; y como la

63 Ibid., p. 189. En este texto parece contenerse una cita implícita del derecho romano, relativa a la manumisión informal de un esclavo, basada en el derecho pretorio, por el simple hecho de llamarle *hijo* o algo equivalente.
64 Ibid. lib. 3, cap. 12 (p. 197-201).
65 Ibid. p. 198.

idolatría sea contra razón y ley natural, por razón de la idolatría pueden ser punidos y castigados...' [66]. Claro está que si los indios 'son como animales que hablan' como dice el licenciado Gregorio en el pasaje anteriormente transcrito, no se comprende muy bien cómo pueden ser capaces de transgresión ninguna de leyes morales naturales o positivas.

Como queda indicado más arriba, Juan López de Palacios Rubios aparece en las fuentes como autor del famoso *Requerimiento.* Como luego veremos, Martín Fernández de Enciso habla de dicho documento como una emanación de la asamblea que tuvo lugar en el convento de San Pablo de Valladolid en 1513. Dejando a un lado la autoría de este texto y otros problemas sin relación directa con nuestro tema, dedicaremos aquí una breve glosa a este último aspecto. De entrada, podemos ya adelantar que su contenido doctrinal es completamente coherente con el tratado de Palacios Rubios que acabamos de resumir. En el *Requerimiento* se afirma que Cristo dio a Pedro y a los papas que le sucedieron 'todo el mundo por su reyno, señorío y jurisdicción'. Uno de estos papas, Alejandro VI, 'como Señor del mundo, hizo donación destas yslas y tierra firme del Mar Océano a los dichos Rey y Reina y a sus subcesores... con todo lo que en ellas ay... ansy que sus Altezas son reyes y señores destas yslas...'. Se recuerda asimismo como finalidad de esta donación la conversión de los indios a la fe católica, que no se impondrá a la fuerza, quedando por lo demás los indios como súbditos de la Corona castellana igual cualesquiera otros vasallos de la misma. Si los indios se resisten a recibir a los misioneros y a reconocer su carácter de súbditos del rey de Castilla, 'yo (el capitán encargado de intimar el *Requerimiento*) entraré poderosamente contra vosotros y os haré guerra por todas las partes y maneras que yo podiere, y vos subjetaré al yugo y obidiencia de la Yglesia y de sus Altezas y tomaré vuestras personas y de vuestras mugeres e hijos, y los haré esclavos y como tales los venderé y disporné dellos como su Alteza mandare, y vos tomaré vuestros bienes y vos haré todos los males e daños que pudiere como a vassallos que no obedecen ni quieren recibir a su señor...'. Dicho en otros términos, ya no se trata aquí de un derecho de guerra, tal y como entonces se entendía, que facultaba al vencedor para esclavizar a los indios, y expropiarles de sus bienes y de su autonomía política, sino que la donación pontificia autorizaba a la Corona o a sus agentes para recuperar la soberanía que ya poseían sobre los indios en virtud de dicha donación, obligándoles además a recibir a los misioneros.

6) *Martín Fernández de Enciso*

Como veremos más abajo [67], este personaje fue redactor de las Leyes de Burgos, junto con Alonso del Espinar, extremo que el propio Enciso confirma en torno a 1519, aludiendo a dichas Leyes como 'ciertos capítulos que por

66 Ibid. p. 199.
67 Cf. infra nota 68.

mandado de Su Alteza hicimos fray Alonso del Espinar e yo'[68]. En el antes aludido memorial de 1516 se habla de un tercer personaje que formó parte de esta comisión, a saber, el comerciante Pedro García de Carrión, lo que absolutamente no excluye que fueran realmente los dos letrados (Espinar y Enciso) los verdaderos redactores del documento, en el que se intentara reflejar el parecer de los tres.

Volviendo al Memorial de Enciso, su autor comienza resumiendo de pasada los episodios de la Junta de Burgos de 1512, que arrojó como resultado las Leyes de Burgos de ese año, en la forma indicada. Pero lo más interesante de este Memorial es la referencia a una reunión que tuvo lugar en 1513 en el convento dominicano de San Pablo de Valladolid, motivada porque los dominicos se oponían a una expedición de Pedrarias Dávila y del propio Enciso a la provincia de Darién. En un relato no contrastado por otras fuentes de la época, y en el que Enciso es protagonista, parte y narrador exclusivo para la posteridad[69], se da cuenta de cómo este personaje argumentó en favor de la licitud de la conquista proyectada, a base de un paralelo tan lejano como la conquista de Jericó por Josué[70]. Esta fue la primera ciudad que los israelitas encontraron a su paso entrando en la tierra prometida por Dios a sus antepasados. Josué requirió a sus habitantes y autoridades a entregarse. Como no lo hicieron, les declaró la guerra, los venció y los exterminó, sin excluir más que a la mujer que había ayudado a los espías judíos que se habían adelantado a explorar la ciudad. Y continúa Enciso: 'E alegado esto, diré que pues el papa teníamos en logar de Dios, e él, como señor universal, había dado las tierras de las Indias que poseían los idólatras al Rey Católico, para que en ellas pusiesen el nombre de Dios e nuestra fe, que el Rey podía muy justamente enviar a requerir a estos indios idólatras que le entregasen la tierra, pues se la había dado el papa, e que si no se la quisiesen dar, que les podía hacer la guerra, e tomársela por fuerza e matarlos e prenderlos sobre ello, e dar por esclavos a los que sobre ello fueren presos, e como había fecho Josué a los de la tierra de promisión. E después de haber mucho altercado sobre ello, todos los maestros teólogos que allí se hallaron, e el confesor del Rey Católico con ellos, declararon que el papa podía haber dado aquella tierra al Rey Católico, e que el Rey les podía enviar a requerir que se la diesen, e que si no se la quisiesen dar, les podía hacer la guerra e tomársela por fuerza e matarlos, e prenderlos sobre ello, e que a los que fuesen presos los podía dar por esclavos, e determinaron que si algunos les quisiesen entregar la tierra e vivirse en ella, que eran obligados a le servir como sus vasallos e quel Rey podía hacer merced deste servicio a los que allí fuesen a ganar aque-

68 Martín Fernández de Enciso, 'Memorial que dio el bachiller Enciso de lo ejecutado por él en defensa de los reales derechos, en la materia de los indios', CDIAO 1 (Madrid 1864) 442 (el documento completo ocupa las p. 441-50).

69 Aparte de una cierta complacencia y prolijidad en la narración de los hechos en los que tuvo algún protagonismo, no parece que se le pueda acusar de haber tergiversado nada.

70 Ver el cap. 6 del libro de Josué (cf. también el cap. 2).

lla tierra e a la poblar, lo cual enviaron a Su Alteza firmado de sus nombres con siete firmas, sin la del confesor, e ordenaron por escrito el requerimiento que a los indios se había de hacer e se lo dieron a Pedrarias, el cual está asentado en los libros de la Contratación de las Indias questá en Sevilla, e el primer requerimiento que con él se hizo, lo hize yo en el puerto del Cenú a los caciques del logar de Catarapa' [71].

Merece la pena subrayar lo que dice Enciso de que todos 'los teólogos que allí se hallaron' estaban de acuerdo en que el papa podía hacer la donación de las Indias al Rey Católico y de que éste podía declarar la guerra a los indios que no acatasen dicha donación intimada por medio del requerimiento. La opinión que Enciso atribuye a estos teólogos está de acuerdo con el parecer de varios autores que ya hemos mencionado. Pero no deja de llamar la atención que los dominicos, que primero se oponían a la expedición de Pedrarias Dávila, acaban al fin dando su asentimiento a este acuerdo que había de resultar tan desventajoso para los indios.

7) *Miguel de Salamanca*

El maestro fray Miguel de Salamanca presentó un informe en que hace una vibrante defensa de los indios, con una fuerte crítica al trato que les estaban dando los encomenderos. Criticando la encomienda como el mal más funesto que pudo caer sobre las Indias, incide en el tema del título o títulos del dominio español, y por consiguiente del fundamento ético de la conquista: 'Item, esta encomienda es dañosa al bien del rey, nuestro señor, porque le quita el justo y verdadero título y dominio de aquellas tierras, que ternía y tiene si esta dicha invención no interviniese. Porque por una de tres maneras, el que no era señor de algún pueblo ni le pertenecía por herencia, puede ser justo señor dél: la primera, si el superior del suyo o de aquel pueblo, en justa pena de males cometidos, los pusiese so el señorío de la tal persona, privando dél los primeros señores con justa causa; 2.ª, si tal superior pusiese aquel pueblo en sujeción del tal príncipe para que con muy buenas obras, en acrecentamiento temporal y espiritual de aquel pueblo, mereciese el señorío dél; la 3.ª, por querer *sua sponte* y voluntariamente el tal pueblo someterse y subjetarse al tal señor; y cualquiera príncipe que, sin alguno destos títulos posee y usa del dominio de alguna tierra, no es rey ni verdadero señor, sino pésimo y tirano se puede llamar, pues manifiestamente consta que el sumo pontífice no privó por delictos, del señorío, a los señores de aquellas tierras, porque ni eran infestadores de la fe, ni cismáticos, ni la sola infidelidad basta para privallos de dominio, máxime en tierras que nunca fueron subjetas a la Iglesia. Resta, pues, manifiestamente quel dominio y señorío del rey, nuestro señor, depende o del bien y acrecentamiento que procura a aquella república, como suena la concesión apostólica, o de la voluntad de aquellos pueblos; y pues este medio de la encomienda destruye y deshace aquella república

71 Memorial cit. supra nota 68, p. 444.

en lo espiritual y temporal, y hace aquellos vasallos involuntarios, como por muchos ejemplos ha constado, ergo, quítale todo el derecho que a aquéllas tiene, y donde se piensa que por aquel medio hace señor, le hacen tirano, quitándole el verdadero señorío que tiene en ellas...' [72]. Después de exponer la finalidad de la evangelización como justificativo del dominio español, y por ende de la conquista, concluye: '... y para esto puso en nuestras manos aquellas tierras y gentes' [73].

Resumiendo, fray Miguel de Salamanca excluye que el papa haya privado del dominio a los señores indios a causa de sus delitos ni a causa de la sola infidelidad, máxime en tierras como las Indias que nunca habían pertenecido a la Iglesia. Retiene como títulos la concesión apostólica con fines misionales y/o la aceptación del dominio español por parte de los indios, movidos a ello por el bien que debería reportarles el buen gobierno del monarca español, que precisamente no se estaba realizando así en aquellos momentos.

8) *Juan de Quevedo*

El caso del obispo fray Juan de Quevedo merece ser tratado con una cierta detención. Tras unas breves líneas de presentación, veamos las fuentes para conocer su pensamiento, su contenido, para concluir con un análisis o valoración crítica.

Creada la diócesis de Panamá en la iglesia de Santa María la Antigua del Darién, el año 1513, su primer obispo, el franciscano fray Juan de Quevedo, pariente del famoso literato del mismo apellido, fue su primer obispo. Recibió la consagración episcopal en Sevilla el 19 de Enero de 1514. Partió de Sanlúcar de Barrameda el 11 de Abril del mismo año rumbo a su sede, y allí aparece tres meses después actuando. De treinta clérigos que tenía consigo al principio, acaba por no poder contar más que con uno, debido a la insalubridad del sitio, a los fallecimientos y abandonos que se registraron a la vuelta de sólo cinco años. La situación de los colonos españoles era precaria en todos los sentidos. El gobernador Pedrarias y Vasco Núñez de Balboa se hallaban enfrentados. El obispo sostuvo siempre a este último, aunque trató de conciliar a los dos propiciando un matrimonio entre Balboa y la hija del gobernador. Hombre luchador, enérgico y tenaz, Juan de Quevedo agotó en vano todos los esfuerzos en pro de un mejor gobierno de aquella colonia, esfuerzos que se estrellaron contra un cúmulo de intereses personales y banderías de diverso signo. Por todo ello, pidió su traslado a alguna sede de la metrópoli ibérica o a Santo Domingo, cosa que curiosamente pidieron también sus sucesores a lo largo del s. XVI [74]. Quevedo viajó a España en 1518, sin que desafortunadamente tengamos más relatos contemporáneos que el de Las Casas sobre sus movimientos en la corte de Carlos V. Veamos por partes:

72 *Hist. Ind.,* lib. 3, cap. 135 (p. 502).
73 Ibid. p. 505.
74 C. Ruiz Cajar, 'La jerarquía eclesiástica en Panamá durante el s. XVI', *Missionalia hispanica* 16 (1959) 5-86, especialmente 9-19.

a) *Fuentes*

Siguiendo siempre a Las Casas, contamos con tres fuentes de información sobre el pensamiento de Quevedo: su intervención oral ante Carlos V, que tuvo lugar el año 1519, en Molins de Rey (Barcelona) [75]; un tratado en latín que Las Casas le atribuye, resume y en parte transcribe literalmente, y que dice haber recibido de un médico, amigo común del obispo y del clérigo sevillano [76]; y dos memoriales que el obispo presentó en la corte como complemento de su información oral, y que Las Casas afirma haber recibido nada menos que del Canciller del Emperador [77]. Hay algunas otras fuentes que nos hablan de la vida y actuación de Quevedo bajo otros aspectos que aquí no interesan directamente.

b) *Contenido*

No es fácil ordenar y resumir ordenadamente el contenido de las tres fuentes indicadas. Intentaré, no obstante, hacerlo con la mayor fidelidad posible al relato de Las Casas:

1.º) Quevedo viene a España, vía Cuba, donde se ofreció al gobernador Diego Velázquez o éste le indujo a que le negociara en la corte del emperador el nombramiento de gobernador de Tierra Firme o Darién, añadiendo Las Casas la sospecha de que Velázquez 'untó al señor obispo las manos' [78].

2.º) En 1519, como queda indicado, llega el obispo a la corte de Carlos V, con tanto sigilo y secreto que Las Casas apostilla: '... no supe a qué fin, no al menos para remedio de las tiranías y perdición que padecían sus ovejas...' [79].

3.º) Antes de que el obispo compareciera delante del emperador, media un diálogo un tanto agresivo y falto de buenas formas entre el clérigo Las Casas y el obispo Quevedo [80]. Al principio de este relato, Las Casas adelanta ya el resultado de este duelo singular como 'otro combate que se le ofreció al susodicho clérigo Bartolomé de las Casas y la victoria que con el favor divino y con la fuerza de la verdad que traía y defendía dél'. El diálogo versó obviamente sobre el maltrato que recibían los indios de parte de los españoles, y sobre la negligencia que Las Casas le achaca a Quevedo en defender a sus ovejas.

4.º) No sin antes pedir secreto para su información, Quevedo expone ante el emperador que llevaba cinco años de obispo de Tierra Firme, y que durante este tiempo los españoles, para no morirse de hambre en aquella tie-

75 *Hist. Ind.,* lib. 3, cap. 147-52 (p. 530-43).
76 Ibid. p. 537-41.
77 *Hist. Ind.,* lib. 3, cap. 147-52 (p. 530-43).
78 Ibid. cap. 106 (p. 430).
79 Ibid. cap. 147 (p. 530).
80 Ibid. cap. 147 (p. 530-32).

rra inhóspita, no hicieron otra cosa que matar y robar a los indios, los cuales, según Quevedo, eran esclavos *a natura*[81].

5.º) Después interviene el propio Las Casas y un religioso franciscano anónimo, del que no nos da el nombre, y que venía de la Española. Las Casas habló de 'guerras injustas y crudelísimas contra aquellos indios', y sostuvo que éstos eran libres por naturaleza, en contra de lo que había afirmado Quevedo. El religioso franciscano anónimo, por su parte, se extendió en relatar la cantidad de indios que habían muerto por maltratos en la isla Española. Afirmó que le habían encomendado por dos veces realizar un censo de la población india, y que la segunda vez comprobó que habían muerto muchos indios a causa de los malos tratos recibidos de los españoles. Según Las Casas, el obispo Quevedo quiso intervenir de nuevo, pero el canciller del emperador le dijo que pusiera por escrito lo que deseaba alegar, y que esto sería estudiado y juzgado después[82].

6.º) Aquí intercala Las Casas el resumen del antes mencionado tratado latino, donde Quevedo sostiene, en contra de cuanto había dicho antes, que los indios no eran esclavos ni *a natura* ni por declaración legal de la Corona española. Más sorprendente todavía, si cabe, resulta el hecho de que comienza preguntándose en este tratado por un problema que nadie había suscitado anteriormente, a saber, el de la licitud o ilicitud de las guerras que se habían hecho y seguían haciéndose a los indios. Quevedo se pronuncia por la ilicitud de dichas guerras, movido a ello por la doble razón de que no habían sido debidamente autorizadas por quien podía hacerlo, ni existía causa justa para ellas[83].

7.º) Finalmente, Las Casas da un brevísimo resumen de los dos memoriales del obispo Quevedo. En el primero pinta, todavía con más vehemencia que Las Casas, las atrocidades cometidas por los españoles. Contra estos males sugiere que se prohíban las *entradas* o escaramuzas de los españoles contra los indios y que se deje a estos últimos en libertad. Como persona recomendable para realizar estas medidas, proponía a Diego Velázquez, quien a la sazón gobernaba Cuba en lugar de Diego Colón.

8.º) A los tres días, Quevedo murió inesperadamente, no sin antes haber afirmado de palabra ante los del Consejo de su majestad el emperador que Las Casas tenía razón y obraba en 'justicia y andaba por los caminos de Dios'[84].

c) *Crítica*

En todo este relato que precede se registran no pocas contradicciones, casualidades e incoherencias que le hacen al lector sospechar que Las Casas

81 Ibid. cap. 148 (p. 532-34).
82 Ibid. cap. 149 (p. 534-37).
83 Ibid. cap. 150 (p. 537-39).
84 Ibid. cap. 152 (p. 541-43).

sitúa en 1519 planteamientos que nadie, incluido él mismo, parece haber formulado antes de 1530-31. De su lectura surgen espontáneamente dudas y perplejidades como la siguientes: ¿Cómo se compagina la imagen del Quevedo voluble lascasiano con la que del mismo dieron sus contemporáneos presentándolo como hombre de carácter firme y de sólidos principios?... [85]. ¿Cómo se explica que el obispo en sus tres intervenciones o cambia la problemática o contradice lo expresado por él mismo anteriormente?... ¿A qué vino Quevedo a la corte?... ¿Por qué en su supuesto tratado latino habla directamente del problema de la ética de las guerras de conquista, y en cambio en sus dos informes sólo alude a la guerra en función de la esclavitud y del maltrato dado a los indios?... ¿No es casualidad que ningún contemporáneo aluda para nada a ningún episodio de todo este complejo drama narrado por solo Las Casas?... Y esta casualidad, ¿no sube de punto por el modo cómo el tratado latino llega a manos de Las Casas y de nadie más?... ¿Qué decir del Canciller del Emperador pasando a Las Casas los memoriales de Quevedo?... ¿Cómo conciliar el Quevedo cauteloso, que pide secreto para su información, con el Quevedo que descubre todas sus cartas ingenuamente a su adversario?... ¿Cómo es que, estando todos ganados para la causa de Las Casas, desde el Emperador hasta el último peón de esta historia, dicha causa no avanza lo más mínimo?... ¿Por qué el Emperador piensa por un lado como Las Casas, y por otro tarda 16 años en manifestar su intranquilidad de conciencia, zarandeada por la duda indiana?... Todos estos y otros interrogantes que aun podrían formularse proyectan sobre este relato la duda que indiqué más arriba, a saber, que Las Casas probablemente retrotrae a 1519 planteamientos no anteriores a 1530-31. Lo más verosímil es que en 1519 sólo se habló del maltrato que los españoles daban a los indios de Tierra Firme, y si se habló de las guerras de conquista, fue en función del planteamiento instrumental del que venimos hablando en este apartado.

9) *Miguel de Ulcurrun y otros autores*

Este autor navarro, que escribía poco antes de 1525, editó un tratado sobre el gobierno del mundo. Sin relación explícita con el caso de Indias, propone que el dominio político sobre los humanos, tanto fieles como infieles, corresponde al emperador, a quien compete por oficio ocuparse de la felicidad temporal de todos, tanto cristianos como paganos. Excluye que esto pueda corresponder al papa, porque, según él, la Iglesia no tiene dominio alguno sobre los infieles. Cita para esto último una autoridad de Graciano, que realmente no tiene mucho que ver con el tema [86]. Aplicando esta doctrina imperialista al

85 Ver los autores citados por C. Ruiz Cajar, cit. supra nota 74, y por S. de Santa Teresa, *Historia documentada de la Iglesia de Urabá desde el descubrimiento hasta nuestros días* 2 (Bogotá 1956) 197-262 y 4 (Bogotá 1956) 103-58, 307-41.

86 *Catholicum opus imperiale regiminis mundi,* parte II, quaest. 2, n. 72 (Caesaraugustae 1525), reeditado en los *Tractatus illustrium iurisconsultorum* 16 (Venetiis 1584) fol. 103va-130va. En el fol. 103va, donde escribe: 'Cum igitur infideles non sint de Ecclesia, ut C. 11 q. 3 c. Nolite (c. 22), papa non est caput ipsorum. Sed potestas

caso de Indias, tendríamos que la conquista y ocupación podrían justificarse por el título del derecho y el deber del emperador de mirar por el bien temporal de los infieles que allí habitaban. El pensamiento de Ulcurrun es simplemente una conjunción de ideas teocráticas medievales con tesis regalistas, tan en auge estas últimas en España a partir de los Reyes Católicos.

Fernando de Loaces publicó en 1525 un tratado sobre la conversión de los infieles del reino de Valencia a la fe católica. En este opúsculo sostiene que el príncipe tiene el derecho y el deber de obligar a dichos infieles a convertirse o a mantener la fe cristiana anteriormente recibida, aunque sin usar la coacción física para convertirlos. En el caso de que no obedezcan, puede y debe expulsarlos del reino [87]. Aunque esta doctrina no se refiere al caso de Indias, sin embargo tiene su importancia como precedente doctrinal y de mentalidad de un influyente personaje como Loaces que fue obispo de Lérida, consejero político de Carlos V y Felipe II, y miembros del Consejo de Indias.

3. Planteamiento directo del problema de la ética de la conquista, 1530-31

1) *Dos series de dictámenes sobre la guerra de Nueva Galicia*

La primera noticia cierta que tenemos sobre autores que plantean de modo sistemático, directo o frontal este problema, se encuentra en dos series de dictámenes, de los cuales el primero aparece fechado en 1531, mientras que el segundo carece de fecha, asignándosele con verosimilitud la misma data. Estos dos seriales de pareceres resultan particularmente importantes y significativos, porque es la Real Audiencia de Nueva España quien pide oficialmente su dictamen a los consultados. Por otra parte, estos últimos son personalidades con cargos importantes en Nueva España, y pertenecen principalmente a las dos grandes órdenes de franciscanos y dominicos, que eran las que más se distinguían en aquella área. Se da también la circunstancia de que se trata de una guerra en curso, llevada a cabo por Nuño de Guzmán contra los indios de Nueva Galicia [88]. La guerra había comenzado poco antes de Navidad de 1530, y se prolongaba con éxito y moralidad dudosos un año más tarde. Sobre ambos extremos consulta la Real Audiencia.

a) *La primera serie de dictámenes* está fechada en 1531, contiene los pareceres de Cristóbal de Barrios, fray Julián Garcés (dominico y primer obispo de

imperatoris extendi potest, et extenditur ad omnes humanos, sive sint fideles sive infideles, cum imperator tractet de pacifico statu hominum, licet sint fideles quo ad hoc, bene possunt omnes dici membra huius corporis quod duntaxat tendit ad foelicitatem temporalem hominum.'

87 Fernando de Loaces, *Tractatus super nova paganorum regni Valentiae conversione* (Valentiae 1525) fol. 17v (cap. 59).

88 En el segundo de los informes se habla de que la guerra tenía lugar contra los indios de la Española, lo cual parece ser un error material, debiendo decir 'indios de Nueva Galicia' o a lo sumo 'indios de Nueva España'.

Tlaxcala), fray Juan de Zumárraga (franciscano y a la sazón obispo electo de México), fray Martín de Valencia (franciscano y custodio de su Orden), fray Francisco de Soto y fray Francisco Jiménez (franciscano)[89]. Los dictámenes o pareceres de todos estos personajes aparecen en un único documento[90], en el que se suceden las respuestas de cada uno de ellos por el mismo orden en que acabamos de enumerarlos. Dos de estos consultados ponen en litigio la licitud de esta guerra, por no haber sido autorizada por la instancia competente, de suerte que si lo hubiese sido, la tendrían como lícita. Pero revalidan su defecto de autorización, por cumplirse con ella los fines para los cuales se hubiese podido autorizar, es decir la difusión de la fe y el aumento de vasallos del Emperador. Así opinan fray Juan de Zumárraga y Francisco Jiménez.

Otros no se ocupan de la licitud o ilicitud derivada de la autorización previa, pero legitiman aquella guerra de conquista por la finalidad de la difusión de la fe entre los indios. Así Cristóbal de Barrios, Julián Garcés y Martín de Valencia. También aluden casi todos al aumento de súbditos del Emperador entre los indios que se convertían después de la paz que seguiría a aquella guerra. Esta reflexión se encuentra en Cristóbal de Barrios, Martín de Valencia, Francisco de Soto y Francisco Jiménez. El único que menciona expresamente la concesión del papa y la supuesta autorización pontificia de la conquista es Cristóbal de Barrios. Según el mismo Barrios, Martín de Valencia, Francisco de Soto y Francisco Jiménez, otro fin justificativo de la guerra es la idolatría de los indios, sus vicios *contra naturam* y en algunos casos la infidelidad.

b) *Una segunda serie de dictámenes* fue solicitada por la Real Audiencia sobre la misma guerra de Nueva Galicia. Las respuestas aparecen firmadas por los dominicos fray Reginaldo de Morales y por fray Vicente de Santa María[91]. En este informe se admite la licitud de dicha guerra, basándose en que, aunque se trate de infieles que no ocupaban tierras anteriormente cristianas, y su principado infiel era perfectamente lícito, el papa como vicario de Cristo tiene no sólo el derecho, sino también la obligación de difundir la fe. Para ello, puede autorizar una guerra contra los infieles que dificultan la labor misionera. Esto se refuerza con el argumeno del castigo merecido por dichos infieles a causa de su infidelidad y de sus pecados contra el derecho natural. Se alude a la donación pontificia como razón justificativa de que sean los reyes de

89 Cf. P. Borges Morán, *Métodos misionales en la cristianización de América. Siglo XVI* (Madrid 1960), donde se contienen datos sobre estos personajes (ver índice onomástico). Para Francisco de Soto, ver el mismo P. Borges Morán, *El envío de misioneros a América durante la época española* (Salamanca 1977) 134.

90 'Información sobre los acaecimientos de la guerra que hace el gobernador Nuño de Guzmán a los indios, para con los pareceres de las personas examinadas tomar resolución', CDIAO 16 (Madrid 1871) 363-75.

91 'Relación o parescer de los Padres Fray Rexinaldo de Morales e Fray Vicente de Santa María por mandado de la Abdyencia, sobre la guerra de Nuño de Guzmán contra los indios de la Española', ibid. 42 (Madrid 1884) 549-54. Sobre Vicente de Santa María, cf. J. Cuervo, *Historiadores del Convento de San Esteban de Salamanca* 3 (Salamanca 1915) 34-41, 395 ss.

Castilla y no otros el brazo secular de la Iglesia para este efecto. Insisten en que la guerra se mantenga dentro de los límites de lo estrictamente necesario para conseguir la indicada finalidad misionera, sin infligir a los infieles más daños que los estrictamente necesarios. Este dictamen aparece en forma conjunta, al revés del anterior, en el que se sucede el parecer de cada uno de los consultados.

Nótese, de pasada, que carece de base científica la tesis de una cierta historiografía [92], según la cual los dominicos defendían siempre en Indias la posición más favorable a los indios, en contra de las posiciones de otras órdenes, particularmente de los franciscanos. Generalmente no coinciden los defensores de cada opinión con tal o cual orden religiosa. Esto aparece claramente en las dos últimas series de dictámenes que acabamos de mencionar, donde defienden la licitud de una guerra de conquista miembros destacados de las dos grandes órdenes de franciscanos y dominicos, aparte de otros que no pertenecen a ninguna de las dos. Otro tanto ocurre en 1516 [93] con los dominicos de la Española que defienden la licitud de dos guerras de los indios contra los españoles, dando a entender que en otros casos la licitud podía estar a la inversa. Esto último es lo que dice el dominico fray Matías de Paz, que sostiene prácticamente las mismas tesis rígidas de Palacios Rubios, pese a que Las Casas alaba al primero y vitupera al segundo, como indicábamos más arriba.

Para completar todavía más el cuadro de opiniones sobre nuestro tema en México, es oportuno recordar que sobre el proyecto de conquista que condujo a la campaña que aquí comentamos, habían opinado también varios oidores de la Real Audiencia. El licenciado Ceynos exigía como condición previa para la licitud de esta guerra, que los indios contra quienes se dirigía hubiesen molestado previamente a los cristianos u obstaculizado la predicación evangélica. Vasco de Quiroga, en cambio, sólo exigía que se cumpliese lo que el Emperador mandaba para estos casos, lo cual consistía en la presente circunstancia en encomendar la dirección de la campaña a Hernán Cortés. Cumplido este requisito, la campaña era lícita sin más, y tenía como objetivos la difusión de la fe, ensanchar los dominios de Su Majestad y consolidar lo ya conquistado, aparte de poner a punto el ejercicio de las armas y capacidad militar de los expedicionarios españoles [94].

2) *Bartolomé de Las Casas*

Antes de poner punto final a este estudio, preguntémonos todavía por el pensamiento de Bartolomé de Las Casas al filo de 1531-34. A lo largo de las

92 Ver por ejemplo *Cuerpo de documentos del s. XVI sobre los derechos de España en las Indias y las Filipinas* descubiertos y anotados por L. Hanke, editados por A. Millares Carlo (México 1943) pp. XVIII-XXIII.

93 'Carta que escribieron varios Padres de la Orden de Santo Domingo residentes en la Isla Española a Mr. de Xevres', 4 de Junio de 1516, en CDIAO 7 (Madrid 1867) 397-430, especialmente 405-12.

94 Cf. P. Borges, 'Vasco de Quiroga en el ambiente misionero de la Nueva España', *Missionalia Hispanica* 23 (1966) 308-12.

páginas que preceden queda constancia de la sospecha de que algunos relatos suyos, como los que dedica a Montesinos y al obispo Quevedo, contienen elementos o ideas que responden al pensamiento lascasiano posterior, y que son retrotraídos e insertados en un contexto y en unos relatos indebidos. Es obvio que esto altera notablemente los resultados historiográficos que tengan por base la información suministrada en exclusiva por Bartolomé de Las Casas.

También referimos más arriba el pensamieno de Las Casas sobre el tema de la ética de las conquistas, a base de seis escritos suyos que datan de 1515-19, donde por cierto no se plantea en directo semejante problemática, cuando era la *sedes materiae* indicada para hacerlo. Sin embargo, lo más normal es que no lo haga, coherentemente con los demás autores de la época que tampoco se plantean directamente este interrogante, sino en función del maltrato dado a los indios.

En una carta del 20 de Enero de 1531, dirigida al Consejo de Indias, alude Las Casas, a 'tan encendidas y horribles guerras y otras intolerables angustias', que había en la cristiandad de entonces [95]. Concretándose más al caso de Indias y a los atropellos cometidos por los españoles concluye: 'Después de acabadas las guerras cometidas contra todo derecho divino e natural...' [96]. Afirma que los indios darían de muy buena gana lo que se les pide 'si *guerras injustas* e violentas e otros males de los ya dichos no se les hacen' [97]. Más abajo, legitima las guerras de los indios contra los españoles: '... Estas naciones, todas cuantas acá hay, tienen justa guerra desde el principio de su descubrimiento, e cada día han crescido más e más en derecho e justicia hasta hoy, contra los cristianos; e muy señalada e particular justicia e guerra justa contra los oficiales del Rey, como se prueba bien probado por el capítulo *Dominus noster* (C. 23 q. 2 c. 2) ... con otros muchos derechos que podríamos traer e notables que allí se notan. E sepan, más, que no ha habido guerra justa ninguna hasta hoy de parte de los cristianos, hablando en universal... porque de aquí se sigue que ni el Rey ni ninguno de cuantos acá han venido ni pasado han llevado cosa justa ni bien ganada, e son obligados a restitución' [98]. Esto es lo que Las Casas pensaba y escribía en 1531, y que según vimos, parece retrotraer en su *Historia de las Indias* a 1511, 1519, etc., cuando nadie se planteaba directamente esta cuestión. En el mismo punto de vista insiste el 30 de Abril de 1534, escribiendo de nuevo al Consejo de Indias, donde afirma que 'más de cincuenta mil castellanos, que *en las guerras, muy injustamente*... se han expedido, en los cuales, en verdad de justicia e conciencia podrían e deberían con muy justo título e recta justicia de condenar' [99].

95 *Obras escogidas,* cit. supra nota 14, p. 43.
96 Ibid. p. 48.
97 Ibid. p. 51.
98 Ibid. p. 54.
99 Ibid. p. 57.

Conclusiones

Resumiendo, y sin que este balance final ahorre la lectura de la exposición anterior y de los textos en que se apoya, los autores estudiados parten de un hecho consumado, que es la conquista ya realizada en las zonas de Indias de donde comenzaron a llegar quejas sobre el trato que los españoles daban a los indios, institucionalizado en el sistema de las encomiendas. La cuestión que inmediatamente emerge de esta situación no era ni podía ser la de la ética de la conquista, sino la de la ética del trato que se daba a los indios y la del sistema de las encomiendas en que tal trato se apoya.

Para resolver esta última problemática, los autores vuelven, en mirada retrospectiva, a la consideración del fundamento ético de la presencia española en Indias y de la condición jurídico-política de los indios antes y después de la llegada de los españoles. Poco a poco, estos problemas fundamentales fueron dando lugar, a partir de 1512, a una serie de cuestiones, interdependientes entre sí, que no comienzan a formularse en el sermón de fray Antonio de Montesinos, sino algo después, aunque a propósito de la discusión a la que éste dio lugar. Desglosando los diferentes problemas que se plantearon, obtendríamos un cuadro de preguntas y respuestas como el siguiente:

1.ª ¿Cómo se justifica la conquista que dio lugar a las encomiendas? Respuestas: a) Por la guerra justa, basada en las transgresiones de los indios contra el derecho natural (Palacios Rubios, licenciado Gregorio, Alonso de Loaysa, Barrios, Martín de Valencia, Soto, Jiménez, Reginaldo de Morales y Vicente de Santa María); b) Por guerra justa, y se presume que lo es si precedió la debida autorización que se justifica por la finalidad misional (Barrios, Garcés, Martín de Valencia, licenciado Ceynos y Vasco de Quiroga); c) Para aumentar el número de vasallos del Emperador, finalidad que va unida a la anterior (Barrios, Martín de Valencia, Soto, Jiménez y Vasco de Quiroga); d) Por la donación pontificia de Alejandro VI (Matías de Paz, Palacios Rubios, Enciso, Bernardo de Mesa, Miguel de Salamanca, Barrios); e) Por guerra justa, basada en la infidelidad de los jefes indios, que pierden su dominio político a partir de la venida de Cristo en beneficio de la Iglesia, la cual lo cede a los Reyes de Castilla en virtud de la donación de Alejandro VI con el fin de evangelizar a los indios (Matías de Paz, Palacios Rubios, Enciso, Bernardo de Mesa, Miguel de Salamanca, Reginaldo de Morales, Vicente de Santamaría); f) Porque los infieles dependen del Emperador y no de la Iglesia, el cual tiene el deber y el derecho de mirar por el bien material o temporal de los mismos (Miguel de Ulcurrun, sin aludir al caso de Indias explícitamente); g) No se justifica moralmente la conquista ni sus consecuencias, tales como la persistente ocupación del territorio, esclavitud, encomiendas, etc. (Juan de Quevedo y Las Casas); h) Por analogía con la conquista de Jericó por Josué después de haber requerido previamente a sus habitantes para que se entregaran (Enciso); i) De modo genérico, sin especificar razones (dominicos de la Española en 1516).

2.ª ¿Cómo se justifica la persistencia del dominio político español en Indias? Respuestas: a) Porque sin ella, la evangelización resulta imposible, aunque dejando a salvo que tal dominio es político y no despótico, es decir que se ejerce sobre hombres libres y no sobre esclavos (Matías de Paz, Palacios Rubios); b) Porque los indios viven en un atraso cultural y social que hace necesario, incluso por bien de ellos, que sean gobernados por los españoles (Palacios Rubios); c) Porque es necesario por el bien temporal de los indios que el emperador, de quien dependen para este efecto, les gobierne directamente (Miguel de Ulcurrun); d) Por la aceptación de los mismos indios, quienes podrían aprobar a posteriori el dominio español, aun en el supuesto de que la conquista no haya sido justificable (Juan de Quevedo, quien constata que no se da el buen gobierno que pudiera servir de base a esta solución).

3.ª ¿Cómo se justifica la donación pontificia? Respuestas: a) Porque el papa es vicario de Cristo, de quien recibe el dominio del mundo *(dominus mundi* o *dominus orbis)* que Cristo poseyó en su vida mortal, y que delega a Pedro y a sus sucesores al marcharse de este mundo (Matías de Paz, Palacios Rubios); b) Por la donación de Constantino de las tierras del antiguo Imperio Romano de Occidente (Matías de Paz, Palacios Rubios); c) Porque la Iglesia puede en lo temporal todo aquello que necesita para cumplir su misión espiritual. Sin la ocupación material delas Indias, no se podría realizar la evangelización que es un deber de derecho divino ('Id por todo el mundo y enseñad' [100]). Por consiguiente, pudo la Iglesia encomendar esa ocupación e incluso la evangelización a los Reyes de Castilla (Matías de Paz, Palacios Rubios).

Notemos, finalmente, que ni los autores aquí estudiados ni buena parte de la historiografía americanista muestran tener una visión de conjunto profesional y adecuada de la teoría política medieval.

100 Mt. 28.19.

20. PARA UNA INTERPRETACION DE LOS CONCILIOS Y SINODOS *

Para hacer inteligible a los lectores el sentido de los sínodos de la América colonial española, es preciso conocer sus orígenes en la alta Edad Media, su recepción en el derecho canónico común y configuración definitiva en los siglos bajomedievales, sus características en los tiempos modernos y su concreción en América [1].

1. Los sínodos altomedievales [2]

La palabra griega σύνοδος (latín *synodus,* castellano *sínodo*) entraña, entre otras ideas, la de reunión, asamblea o consejo. Con el cristianismo, se aplicó esta terminología a las reuniones de los obispos que regían cada una de las iglesias locales. A medida que la Iglesia se afinca en el mundo latino, el término griego de *sínodo,* se simultanea con el de *concilium* (castellano *concilio*). Una y otra se emplearon indistintamente para significar ya el concilio de

* Publicado en Juan García de Palacios, *Sínodo de Santiago de Cuba de 1681* (Sínodos Americanos 1; Madrid-Salamanca 1982) IX-XXVI como introducción a toda la serie.

1 Como bibliografía selectiva general sobre historia de los sínodos diocesanos, ver L. Thomassinus, *Vetus et nova Ecclesiae disciplina,* parte 2, lib. 3, cap. 72-75 (ed. Venecia 1773, t. 2, 453-59); G. Phillips, *Die Diozesansynode* (Freiburg i.B. 1849); J. Th. Sawicki, *Bibliographia synodorum particularium* (MIC. Subsidia 3; Città del Vaticano 1967) con varios suplementos de su autor a este libro en la revista del Institute of Medieval Canon Law titulada *Bulletin for 1968,* inserta en *Traditio* 24 (1968) 508-11, ibid. 26 (1970) 470-78, y en *Bulletin of Medieval Canon Law* New Series 2 (1972) 91-100, ibid. 4 (1974) 87-92 e ibid. 6 (1976) 95-100; O. Pontal, *Les statuts synodaux français du XIII*[e] *siècle précédés de l'historique du synode diocésain depuis ses origines,* 1: *Les statuts de Paris et le Synodal de l'Ouest (XIII*[e] *siècle)* (Paris 1971) XXV-LXXVII; varios autores, *El Concilio de Braga y la función de la legislación particular en la Iglesia.* Trabajos de la XIV Semana Internacional de Derecho Canónico, celebrada en Braga bajo el patrocinio del señor Arzobispo Primado (Salamanca 1975); F. Cantelar Rodríguez, *Colección sinodal 'Lamberto de Echeverría'. Catálogo* (Bibliotheca Salmanticensis. Estudios 30; Salamanca 1980); J. A. Fuentes Caballero, 'El sínodo diocesano', *Ius canonicum* 21 (1981) 543-66.

2 Aparte de la bibliografía indicada en la nota anterior, ver sobre los sínodos altomedievales P. Hinschius, *System des katholischen Kirchenrechts mit besonderer Rücksicht auf Deutschland* 3 (Berlin 1883 = Graz 1959) 582-603; F. G. Savagnone, 'Le origini del sinodo diocesano', *Studi in onore di B. Brugi* (Palermo 1910) 565-600; M. Rizzi, 'De synodis dioecesanis', *Apollinaris* 28 (1955) 292-315.

varios obispos, ya el sínodo diocesano o asamblea del obispo con el clero de su diócesis y a veces con una representación de los laicos.

Se ha querido ver una marcada analogía entre los concilios y el senado y comicios romanos. Durante los tres primeros siglos no es fácil detectar tal analogía. A partir de la paz constantiniana, tal tesis no carece de verosimilitud en detalles como el desarrollo de las sesiones, el voto por aclamación, el papel del presidente de la asamblea, etc.

La clasificación de los antiguos concilios corresponde en líneas generales a las circunscripciones eclesiásticas, salvo el sínodo diocesano, que no aparece hasta el s. VI. Así, tenemos concilios ecuménicos (de toda la Iglesia), generales (de Oriente o de Occidente, y en la Edad Media los ecuménicos), extraterritoriales (de varias provincias eclesiásticas, por ejemplo algunos de Toledo en la España visigótica), patriarcales (de un patriarcado), plenarios (igual que los anteriores donde no había patriarcado) y provinciales (que reunían a los obispos de una provincia eclesiástica o metrópoli).

Durante los primeros siglos, el obispo es la figura central de la vida de la iglesia local hasta tal punto que apenas se hace nada sin su intervención directa. Los sacerdotes son meros ayudantes del obispo, y constituyen a su lado lo que se llamó el presbiterio. Este contacto cotidiano del obispo con su presbiterio hizo innecesaria una institución como el sínodo diocesano. Los presbíteros no podían dar cuenta al obispo de unas responsabilidades pastorales que realmente no ejercían. Esta necesidad se siente al filo del s. VI. Entre los primeros que se celebraron está el de Auxerre (año 585), junto con tres ingleses de Llandaff (año 560), Huesca (año 598), etc.

Entre los componentes del sínodo diocesano, ocupa el primer lugar el obispo, que es su presidente nato. Vienen seguidamente los párrocos y abades. Durante la época carolingia, el párroco debía llevar consigo algunos clérigos inferiores, encomendados a su cuidado, libros litúrgicos, vasos y utensilios sagrados, para que pudiera comprobarse el grado de cuidado que tenía de todas estas cosas. En la época carolingia formaba también parte del sínodo un conde *(comes),* funcionario imperial, cuya misión consistía en obligar a asistir al sínodo a todos los que por derecho estaban obligados a ello y no obstante se mostraban remisos. En algunos sínodos tomaron parte también seglares no constituidos en autoridad, sin que aparezca claramente cuál era su misión. Con la reorganización de los cabildos de canónigos en la época gregoriana del s. XI, éstos ocupan un puesto importante en la celebración de los sínodos.

Los sínodos diocesanos se ocupan de hacer llegar hasta los últimos confines de la cristiandad las normas de derecho común y las de los concilios, aparte de las que pudieran emanar del mismo sínodo diocesano. El sínodo de Auxerre del 585 ordena la reunión de la asamblea sinodal una vez al año, en el mes de Mayo, y la de los abades en el otoño. El concilio de Huesca (598) prescribe la celebración anual. La institución del sínodo es impulsada por S. Bonifacio, sobre todo con el fin de controlar la formación del clero y el ejercicio de la cura pastoral. La celebración de los sínodos es frecuente en la época carolina.

Durante los s. X-XI es más rara, coincidiendo con un período de depresión general en la vida de la Iglesia. A partir del mismo s. XI, se reactiva la celebración de los sínodos al calor de la reforma gregoriana.

A partir de la época carolingia, tiene lugar una institución llamada *visita y juicio sinodal*. La *visita* no era otra que la que normalmente realizaba el obispo o un delegado suyo a la diócesis. El *juicio sinodal* se realizaba en cada arcedianato o circunscripción diocesana, después de la visita canónica y como resultado de la misma. En este juicio se dictamina judicialmente de los principales delitos que fueron detectados con motivo de la visita. El apelativo de *sinodal* le viene del hecho de que para realizar este proceso, se reunía el obispo o su enviado con el clero local y con los fieles, por lo que venía a ser algo así como un sínodo diocesano parcial, ya que el sínodo propiamente dicho se refiere a toda la diócesis. Este carácter judicial de los sínodos es una imitación de los concilios, donde originariamente se da esta característica. A partir del s. XIII, tiende a desaparecer de los sínodos y concilios este aspecto judicial, aunque excepcionalmente siga dándose, incluso en algunos americanos.

Pero el objeto principal de los sínodos fue, desde un principio, el rendimiento de cuentas del clero local ante su obispo, particularmente por cuanto se refiere a la administración de los sacramenos. Es elocuente bajo este aspecto el testimonio del Concilio Toledano del 633:

> 'Cuando son ordenados los presbíteros para las iglesias rurales, recibirán de su obispo el libro ritual para que vayan instruidos a las iglesias que les han sido encomendadas, no sea que por ignorancia profanen los sacramentos divinos, de modo que cuando vinieren a las letanías, o para el concilio, den razón a su obispo de cómo ejercen el oficio encomendado, o cómo bautizan' [3].

El Concilio Toledano del 696 describe más detalladamente la finalidad de los sínodos diocesanos, en estos términos:

> 'Sirve de gran corrección y enmienda para el pueblo, si las actas conciliares, una vez concluidas, son publicadas por medio de los obispos en sus diócesis. Y por lo tanto, unidos con una total unanimidad, decretamos que cuando se celebre en alguna provincia el concilio, cada uno de los obispos no dilate en modo alguno el reunir, avisándolos oportunamente, dentro del plazo de seis meses, a todos los abades, presbíteros, diáconos y clérigos, y también a toda la asamblea de la misma ciudad en que tiene su sede. E igualmente a todo el pueblo de su diócesis, para que delante de ellos públicamente, manifestándoles todo, tenga más completa noticia de todo aquello que aquel mismo año ha sido tratado y decidido en el concilio. Pues ciertamente se extirpa la dureza de los malvados cuando se les da a conocer por todos los modos las determinaciones canónicas que deben ser guardadas, de tal modo que ninguno se atreva ya a oponerse a todas aquellas cosas que fueron determinadas

3 Conc. 4 Toledo (año 633) c. 26 (ed. J. Vives y otros, *Concilios visigóticos e hispano-romanos,* Barcelona-Madrid 1963, 202).

en las actas pasadas o en las presentes, ninguno se atreva a conculcarlas, y ninguno trate de infringirlas. Porque si alguno creyere poder menospreciarlas, o prefiere despreciarlas, o, inflado por la desobediencia, lleno por la murmuración, encendido por la envidia y recomido por la amargura, se alzare contra ellas, y no se presentare más bien como benévolo favorecedor de las referidas decisiones, será castigado ineludiblemente durante dos meses con la pena de excomunión' [4].

Este canon toledano, originariamente de alcance sólo local, es recogido en el s. XII en el *Decretum Gratiani,* con lo que se universaliza su área de difusión, aunque no su fuerza legal, ya que el Decreto de Graciano no confiere nueva fuerza legal a los textos en él incluidos.

La presencia de los laicos a que se alude en el texto que acabamos de transcribir, se limita mucho con el andar del tiempo, y prácticamente se excluye en el s. XIII-XIV. Reaparece en los sínodos americanos bajo la situación de vicariato regio, que renueva hasta cierto punto el modelo de relaciones Iglesia-Estado de la era visigótica. En América, como veremos, interviene el Rey de España, quien manda tener concilios provinciales, la autoridad local secular española interviene en los sínodos, los concilios necesitan la aprobación regia, etcétera. En el modelo constantiniano, en el cual se basa el visigótico, son las autoridades seculares quienes convocan los concilios y los copresiden con la autoridad eclesiástica, y se interesan en general por los asuntos de la Iglesia hasta tal punto, que Constantino el Grande pudo decir que los emperadores cristianos eran 'los obispos de fuera en la Iglesia, como los prelados de ésta eran los obispos de dentro'.

El sínodo es un órgano consultivo, no deliberativo. La legislación sinodal sigue siendo legislación episcopal, aunque con el asenso consultivo de los sinodales, expresado con la fórmula latina *sancta synodo approbante* (aprobándolo el santo sínodo), que no es más que una adaptación de la que se usaba en los concilios *(sacro concilio approbante* o parecidas fórmulas). Este asentimiento de los sinodales, aunque no sea deliberativo, no cabe duda que le añade una nueva autoridad moral a la legislación del obispo, de suerte que no es práctica ni teóricamente lo mismo un decreto que el obispo da por su cuenta fuera del sínodo, que el que emana de este último. De hecho, los obispos se esfuerzan muchas veces en dar carácter sinodal a constituciones que habían dado antes sin tal carácter. Por otra parte, el clero, y en particular los canónigos, protestaban inmediatamente contra cualquier verdadera o supuesta arbitrariedad por parte del obispo en su legislación sinodal. Hay ejemplos de esto en todas las épocas de la institución sinodal, sin excluir los sínodos americanos [5]. En la práctica, los sínodos influían más o menos según que el obispo que los había convocado tuviese una personalidad relevante o endeble.

4 Conc. 16 Toledo (año 693) c. 7 (ed. ibid. 504-5).

5 Ver sobre este particular mi artículo 'Primeros reflejos del Concilio IV Lateranense en Castilla', *Studia historico-ecclesiastica für Prof. Luchesius Spätling* herausgegeben von Isaac Vázquez Janeiro (Bibliotheca Pontificii Athenaei Antoniani 19; Roma

Nótese que la Iglesia no tuvo código o colección de normas valederas universalmente durante su primer milenio de existencia. Así surgieron muchas colecciones legales de autores particulares, que, en régimen de libre concurrencia, unas permanecen relegadas al área local donde surgieron, y otras consiguieron mayor difusión al ser aceptadas en otras colecciones e iglesias, como acabamos de ver con el segundo de los textos conciliares de Toledo, que a través de varias colecciones canónicas, desemboca en el Decreto de Graciano a mediados del s. XII [6].

2. SÍNODOS BAJOMEDIEVALES [7]

En este período, la Iglesia posee ya una colección o grupo de colecciones, primero utilizadas *de facto* en toda la Iglesia, y después con fuerza de ley a escala universal. El uso *de facto* de una única colección se opera con el Decreto de Graciano, que aparece en torno al 1150. En él se recogen las normas de derecho canónico más importantes que habían circulado a través de infinidad de colecciones a lo largo del primer milenio.

El Decreto de Graciano se ocupa de los concilios y sínodos en las distinciones 17-18 de su primera parte. Con respecto al sínodo diocesano, reproduce dos textos conciliares anteriores. El primero es un texto de incierto origen, puesto que está atribuido a un concilio que no parece haber existido, y que en traducción castellana suena así: 'El obispo haga sínodo de sus clérigos y abades cada año en su diócesis' [8]. Este texto es apostillado así por el

1977) 249-82; en el volumen 3 del *Synodicon hispanum* (Madrid 1984) hay varios casos parecidos: ver p. 455-59.

6 Sobre las colecciones canónicas anteriores a Graciano, ver mi libro *Historia del Derecho Canónico,* 2: *Primer milenio* (Salamanca 1967) 168-89, 291-323; idem, 'Las codificaciones y su impacto en la Iglesia a través de la historia', *XVIII Semana de Derecho Canónico. Temas fundamentales en el nuevo Código* (Salamanca 1984) 35-61, aparecido también en la edición bilingüe comentada de la BAC (primera edición).

7 Cf. mi artículo 'Los concilios particulares en la Edad Media', *El Concilio de Braga...,* cit. supra nota 1, p. 135-67; varios autores *Synodicon hispanum,* 1: *Galicia* (Madrid 1981), 2: *Portugal* (Madrid 1982), 3: *Astorga, León y Oviedo* (Madrid 1984) en preparación avanzada el resto de los volúmenes que cubren toda la geografía de la Península Ibérica. En esta obra, preparada por un equipo de casi medio centenar de personas, que tengo el inmerecido honor de dirigir, se canaliza actualmente la investigación y estudio de los sínodos de 1215 a 1563, en orden a una edición crítica de los mismos. Entre los tratados clásicos sobre el sínodo diocesano, destaca, a finales de este período, el del canonista italiano Enrico Botteo (de Bottis): Henrici Bottaei Brixiani, *De synodo episcopi et de statutis episcopi synodalibus,* editado en *Tractatus illustrium iurisconsultorum* 13.2 (Venetiis 1584) fol. 377vb-407va, moderadamente episcopalista, y muy utilizado por Benedicto XIV en su obra clásica que citamos en el apartado siguiente. Cf. P. Hinschius, o. cit. supra nota 2, p. 654-65; C. R. Cheney, *English synodalia of the thirteenth century with a new Introduction by the Author* (Oxford 1968) 1-33.

8 *Gratiani Decretum* D. 18 c. 16. El concilio en cuestión es denominado por Graciano como 'Bylon', bajo cuya denominación no se conoce ninguno.

Maestro Graciano: 'Cada uno de los obispos trate de informar a su iglesia de lo que se establece en los concilios' [9].

El otro texto está tomado del concilio 16 de Toledo del año 696, que transcribimos más arriba. Graciano omite la primera frase, comenzando por las palabras 'Y por lo tanto'. Aunque su inclusión en Graciano no le dio ningún valor jurídico nuevo a este texto, no cabe duda que ensanchó geográficamente el área de uso del mismo a toda la Iglesia.

La primera vez que se da una legislación de alcance universal en la Iglesia acerca del sínodo diocesano emanó del c. 6 del Concilio 4 Lateranense de 1215. Aunque trata principalmente del concilio provincial, sólo leyendo esta constitución entera, se percibe la correlación entre la legislación universal, la provincial y los sínodos. He aquí el texto lateranense en cuestión:

> 'Conforme a las disposiciones notorias establecidas en otros tiempos por los santos padres, los metropolitanos deberán celebrar todos los años con sus sufragáneos, concilios provinciales para reflexionar en el temor de Dios con todo interés acerca de la corrección de los abusos y de la reforma de las costumbres, principalmente en el clero. Harán que se repasen las reglas canónicas, sobre todo los decretos del presente concilio general, a fin de garantizar la observancia de los mismos castigando así a los transgresores con la pena merecida. Para alcanzar eficazmente este fin, se elegirán en cada diócesis personas idóneas, instruidas y honradas, quienes durante el año procederán a investigaciones sencillas y directas, sin poder alguno ejecutivo, sobre todos los puntos que merezcan corrección o reforma. Estas personas encargadas de la investigación darán cuenta exacta de la misma al metropolitano, a los sufragéneos y a otras personas en el concilio provincial siguiente, a fin de que éstos puedan reflexionar detenida y maduramente sobre estos puntos y otros según las exigencias de la honestidad y de la utilidad. Las medidas adoptadas deberán ser observadas; serán publicadas en los sínodos diocesanos que deberán celebrarse cada año en todas las diócesis. Todo aquel que descuidase el cumplimiento de estas prescripciones será suspendido de sus cargos y beneficios hasta que la sanción le sea levantada por su superior' [10].

Al lado del Decreto de Graciano, surgen otras colecciones legales que complementan y ponen al día la legislación del primer milenio. La siguiente a Graciano, en esta línea, es la de Gregorio IX, llamada *Liber Extra* o *Decretales Gregorii IX,* promulgada en 1234 con carácter obligatorio para toda la Iglesia, independientemente del origen de cada uno de los textos que la integran. En estas Decretales de Gregorio IX se recoge literalmente el c. 6 del

9 Ibid., D. 18 dpc. 16.

10 Para el texto latino de esta constitución lateranense ver mi libro *Constitutiones Concilii quarti Lateranensis una cum Commentariis glossatorum* edidit Antonius García y García (MIC. Series A: Corpus glossatorum vol. 2; Città del Vaticano 1981) 53. El texto castellano está tomado de R. Foreville, *Lateranense IV* (Historia de los concilios ecuménicos dirigida por G. Dumeige, tr. por J. Gorricho; Vitoria 1973) 163.

Concilio 4 Lateranense de 1215, que acabamos de transcribir en versión castellana [11]. Curiosamente se coloca entre las materias penales, fijándose el compilador más en las penas que lleva al final o derecho adjetivo, que en el contenido sustantivo de esta norma acerca de los concilios y sínodos. Pero las Decretales de Gregorio IX recogen todavía otro texto sobre los sínodos, colocándolo esta vez en el sector del derecho sustantivo. El texto en cuestión es un fragmento de una carta de Inocencio III del año 1199, en la que responde a varias consultas de un obispo: 'Del mismo modo obliga, por medio de las censuras eclesiásticas, a venir al sínodo a los abades y sacerdotes súbditos tuyos por medio de la ley diocesana, que, convocados, no quieren venir, con tal de que en dicho sínodo no establezcas nada que eventualmente se oponga a las normas canónicas' [12].

Otra de las colecciones canónicas, que, como las dos anteriores, forma parte del *Corpus iuris canonici,* es el *Liber VI* de Bonifacio VIII, promulgado en 1298, con fuerza vinculante para toda la Iglesia. En este *Libro VI* se alude a un aspecto mucho menos importante, a saber, el tipo de mitra que podían llevar en la cabeza los prelados eclesiásticos inferiores cuando participaban en los concilios o en los sínodos diocesanos [13].

Es el Concilio de Basilea el que ofrece una legislación universal más detallada sobre el sínodo diocesano:

> 'Este santo concilio promulgó cierto decreto salubérrimo, en favor de la estabilidad y vigencia de los concilios generales, cuya frecuente celebración es algo muy principal en el cultivo de la viña del Señor. Pero como no haya duda de que los sínodos episcopales y concilios provinciales pertenezcan a ese mismo cultivo, como los antiguos cánones decretaron celebrarlos con frecuencia, por ello este santo concilio, mandando observar en nuestro tiempo las antiguas y laudables costumbres, establece y manda que el obispo diocesano celebre el sínodo episcopal personalmente, a menos que tuviere un impedimento canónico, en cuyo caso lo hará por medio de un vicario idóneo para este cometido, en cada diócesis, después de la octava del Domingo de Resurrección o en otro día, de acuerdo con la costumbre de las diócesis, al menos una vez al año, a no ser que haya costumbre de celebrarlo dos veces cada año. El cual sínodo dure dos o tres días, o lo que a los obispos pareciere necesario.
>
> Reunidos el obispo diocesano y todos los demás que están obligados a asistir al sínodo, dentro de la misa o después de ella, el obispo u otro en su nombre proponga la palabra de Dios, exhortando a todos a seguir las buenas costumbres, a abstenerse de los vicios, y a todas aquellas cosas que pertenecen a la disciplina eclesiástica y a los deberes de cada uno, y especialmente para que, los domingos y otras festividades, aquellos a quienes está confiado el cuidado de las almas, instruyan al

11 X 5.1.25. Cf. también X 5.33.17.
12 X 1.33.9.
13 In VI 5.7.6.

pueblo que les está sujeto con saludables enseñanzas y recomendaciones. Léanse después los estatutos provinciales y sinodales, y, entre otras cosas, algún tratado compendioso, que enseñe cómo hay que administrar los sacramentos y otras cosas útiles para instrucción de los sacerdotes. Inquiera después diligentemente el mismo obispo diocesano acerca de la vida y costumbres de los súbditos, y reprima con el debido castigo el vicio de la simonía, los contratos usurarios, el concubinato, la fornicación y cualesquier otros crímenes y excesos. Revoque las enajenaciones de cosas eclesiásticas, prohibidas por el derecho, reforme y corrija en mejor los abusos de los clérigos y demás que falten en cuanto al oficio divino y a llevar el hábito debido.

Y como frecuentemente hay muchos escándalos, por no observarse la constitución del Papa Bonifacio VIII, que empieza *Periculoso* (In VI 3.16 un.), promulgada sobre la clausura de las monjas, cuide el mismo obispo diocesano que se ejecute absolutamente según el tenor de dicha constitución, y asimismo que cualesquiera religiosos sujetos al obispo diocesano observen inviolablemente las reglas y constituciones de sus religiones, sobre todo para que renuncien a toda propiedad. Ni siquiera exijan algo por simonía en la recepción de los mismos a la religión.

Sea la principal preocupación del obispo, en el mismo sínodo, investigar y remediar debidamente para que no contaminen su diócesis cualquier doctrina herética, sortilegios, adivinaciones, encantamientos, supersticiones y cualesquier ficciones diabólicas.

Institúyanse, además, como testigos sinodales, graves varones, previsores y honestos, que tengan celo de la ley de Dios, en número suficiente según la latitud de la diócesis, u otros que tengan la misma potestad, donde no haya otros instituidos para esto. Si éstos parecieren al obispo menos idóneos, removiendo éstos instituya a otros, según le pareciere conveniente. Estos están obligados a jurar en manos del obispo diocesano o de su vicario, como dice el canon *Episcopus in synodo* (C. 35 q. 6 c. 7), quienes en el decurso del año recorriendo la diócesis, vean lo que hay que corregir y reformar, y refiéranlo a quien corresponda corregir y reformar tales cosas. Si no estuvieren ya corregidas y reformadas estas cosas, comuníquenlas al sínodo siguiente, en el cual se prevea de los oportunos remedios. Pero, aparte de las cosas que el obispo diocesano oyere de los testigos sinodales o de otros que desempeñen su oficio, investigue también él mismo diligentemente sobre todos los excesos de sus súbditos, y de tal manera caiga sobre los delincuentes la disciplina del debido castigo, que sirva de ejemplo a otros que quieran cometer la maldad' [14].

Este texto del Concilio de Basilea no innova nada con respecto a la praxis inmediatamente anterior en la celebración de los sínodos diocesanos. Su valor radica en elevar a derecho común para toda la Iglesia lo que ya venía practicándose por derecho particular. En los sínodos inmediatamente anteriores

14 Conc. de Basilea. Sesión 15 (26 Nov. 1433), ed. del texto latino *Conciliorum Oecumenicorum Decreta* por G. Alberigo y otros, 3 ed. (Bologna 1973) 473-74 (la traducción castellana fue hecha por el infrascrito).

abundan los ejemplos de todos y cada uno de los aspectos aquí legislados, como son las normas sobre fecha y frecuencia y duración de los sínodos, obligación del obispo de celebrarlos por sí o por medio de su vicario, sermón inicial, lectura de los anteriores concilios y sínodos, diversos tipos de crímenes sobre los que el sínodo debía investigar y a los que debía aportar el oportuno castigo y remedio, clausura de las monjas, disciplina de los religiosos, herejías y supersticiones, testigos sinodales, etc.

Tal es, a grandes rasgos, la legislación eclesiástica más importante sobre el sínodo diocesano en los tiempos anteriores a Trento. Unas normas tan claras y tajantes como son las del Concilio 4 Lateranense de 1215 y del de Basilea no significan que los sínodos se celebraran cada año puntualmente. No tenemos noticias de que esto ocurriera en parte alguna de la cristiandad, mientras que sí tenemos evidencia documental de que esto no se hizo. En vista de ello, los legados pontificios trataron de urgir la celebración de los sínodos a escala local del territorio de su legación. Para España, tenemos principalmente el Concilio legatino de Valladolid, celebrado en 1228, por el cardenal Juan de Abbeville [15]. En el c. 1 de este concilio se dice textualmente:

> 'Primeramente, mandamos que la constitución de los concilios provinciales et de los synodos obispales que han de facer por correpcion et por reformacion de las costumbres fechas por salut de las almas et de los cuerpos, sean aguardadas firmemente segun so tenor, et que no se deje de guardar por negligencia o por otra razon ninguna. Stablecemos que se faga dos veces en el año synodo, conviene a saber, otro dia de Sant Lucas, et otro dia de Domingo que se canta *Misericordia Domini.* Item, establecemos que se el obispo fuer absente por alguna razon necesaria, o fuer embargado en otra manera con razon, que provea por alguno o por algunos que se faga el synodo.
>
> Item, establecemos que se vacar la see, que fagan synodos particulares por los arcedianos en sos arcedinalgos, en los dichos terminos, et que todas estas cosas sean aguardadas so la pena que se contiene en el Concilio general.
>
> Item, establecemos que la constitucion fecha de la correccion de los subditos, los prelados entiendan et velen diligientemente que el pecado de los subditos non sea demandado de las manos de ellos de nuestro Señor Dios.
>
> Item, establecemos que cuando los prelados oyeren de muchos algunas cosas desaguisadas, por que inquisicion deban facer, si facer non la quisieren, por escusar mucho trabajo et muchos dannos, manden que se purgen sollempnemiente; se defalleciesen en ello, que hayan bona pena por ello' [16].

15 Sobre la labor de este legado en la Península Ibérica, ver. Linehan, *La iglesia española y el papado en el s. XIII,* tr. por P. Borges Morán (Bibliotheca Salmanticensis V, Estudios 4; Salamanca 1975) passim (ver índice analítico).

16 Conc. legatino de Valladolid (año 1228) c. 1 (ed. J. Tejada y Ramiro, *Colección de cánones y de todos los concilios de la Iglesia de España y de América* 3 [Madrid 1851] 325).

Otro concilio legatino no menos importante fue el de Valladolid de 1322, celebrado por el cardenal Guillermo Godin, en cuyo primer canon se vuelven a repetir estas normas, aunque en forma más abreviada por cuanto al sínodo diocesano concierne [17].

Curiosamente, el legado Juan de Abbeville trata de remediar la desgana de celebrar sínodos anualmente, con la norma de hacerlo dos veces por año, exigiendo así mucho más de lo que pedía la constitución lateranense que se trataba de ejecutar. En realidad, si la legislación lateranense pecaba de algo, era de idealismo. El legislador lateranense y su legado en la Península Ibérica, como en general casi todas las gentes de todos los tiempos, confunden la existencia de la ley con su cumplimiento o ejecución, sin darse cuenta de que sirve de poco una ley en sí muy perfecta, si se queda en letra muerta. Y la ley sólo llega a cumplir sus objetivos en una sociedad o colectividad con la salud moral suficiente para reformarse. Que la sociedad medieval no poseía ese grado de salud, lo evidencia el hecho de que es rarísima la celebración de sínodos en toda la cristiandad entre 1215 y 1228. Para Castilla, sólo conozco uno, que parece celebró en 1216 el obispo de Segovia don Giraldo. Dicho sínodo fue contundentemente contestado por su clero, que no tenía interés mayor en ser reformado, entablándose un pleito arbitral que estuvo a punto de acabar con el sínodo y con el obispo [18]. La resistencia que los concilios y sínodos americanos encontrarán en el clero y en el sector español de los fieles no es más que la reiteración de un fenómeno varios siglos anterior al descubrimiento de América.

3. Los sínodos modernos [19]

Contrariamente a lo que comúnmente se cree, el Concilio de Trento (1545-1563) no produjo, salvo raras excepciones, grandes innovaciones en el campo de la disciplina eclesiástica. Otra cosa son las posiciones doctrinales tridentinas en el campo dogmático, que no nos interesan ahora aquí. Desde el punto de vista disciplinar, Trento no rebasa generalmente las perspectivas medievales, tal como emergen del *Corpus iuris canonici* por un lado, y de los concilios particulares y sínodos diocesanos por otro. Esta observación es importante de cara a los concilios y sínodos americanos. Cuando éstos siguen de cerca

17 Con. legatino de Valladolid (año 1322) c. 1 (ed. ibid., 480).

18 Cf. mi art. cit. supra nota 5.

19 Cf. sobre los concilios y sínodos modernos G. Martínez Díez, 'Del decreto tridentino sobre los concilios provinciales a las conferencias episcopales', *HS* 16 (1963) 249-63; varios autores, 'Concilios nacionales y provinciales', DHEE 1 (Madrid 1972) 537-77; J. L. Santos Díez, 'Los concilios particulares postridentinos', *El Concilio de Braga...*, cit. supra nota 1, p. 185-217. La obra clásica de la canonística moderna sobre los sínodos diocesanos es la de Benedicto XIV (Prospero Lorenzo Lambertini), *De synodo dioecesana libri octo* (Roma 1748 y 1755, Ferrara 1756 y 1760, Padua 1756, Parma 1764, Venecia 1775 y 1792, Maguncia 1842, etc.).

la disciplina tridentina, siguen fundamentalmente un modelo medieval. He aquí cómo concibe Trento el sínodo diocesano:

> 'Restablezcanse los concilios provinciales donde hubieren cesado, con el fin de arreglar en ellos las costumbres, evitar los escesos, ajustar las controversias, y tratar de cuanto permiten los sagrados canones. Por esta razon, no dejen los metropolitanos de congregar sinodo en su provincia por si mismos o, si se hallasen legitimamente impedidos, no lo omita el obispo mas antiguo de ella, a mas tardar dentro de un año, contado desde el fin de este presente Concilio, y en lo sucesivo de tres en tres años por lo menos, despues de la octava de Pascua de Resurreccion o en otro tiempo mas comodo, segun costumbre de la provincia: al cual esten absolutamente obligados a concurrir todos los obispos y demas personas que, por derecho o costubre deben, a escepcion de los que tengan que pasar el mar con inminente peligro. Ni en adelante se precisara a los obispos comprovinciales a que contra su voluntad acudan, bajo pretesto de cualquier costumbre, a la iglesia metropolitana. Ademas, los obispos que no estan sujetos a arzobispo alguno, elijan por una vez algun metropolitano vecino, a cuyo concilio provincial deban asistir con los demas, y observen y hagan observar cuanto en el se ordene. En todo lo demás queden salvas y en su integridad sus esenciones y privilegios. Celebrense tambien todos los años sinodos diocesanos, a los que asistiran todos los esentos, que deberian concurrir en caso de cesar sus esenciones, y no estar sujetos a capitulos generales; mas por razón de las parroquias y de otras iglesias seculares, aunque sean anejas, deban asistir los que tienen el gobierno de ellas, sean los que fueren. Y si tanto los metropolitanos como los obispos y demas mencionados fuesen negligentes en la observacion de estas disposicones, incurran en las penas establecidas por los sagrados canones'[20].

Si Trento no significa una innovación importante en la concepción medieval del sínodo diocesano, sí representa algo nuevo desde el punto de vista de la eficacia de sus normas. El trauma producido en la conciencia católica por la reforma protestante creó una mayor convicción de la necesidad de una seria reforma disciplinar en la Iglesia. La autoridad de Roma, por otra parte, fue mucho más efectiva y eficaz creando, con la Congregación del Concilio pocos días después de clausurar el Concilio de Trento (30 de Diciembre de 1563), lo que hoy se llamaría una verdadera comisión de seguimiento del cumplimiento de las normas tridentinas y más tarde también de los concilios particulares y sínodos. El texto de los concilios requería la aprobación de Roma[21]. Otras Congregaciones romanas controlaban, a su vez, otros aspectos de la disciplina eclesiástica.

20 Conc. Tridentino, Sesión 24 (11 Nov. 1563), Decretum de reformatione c. 2 (ed. del texto latino *Conciliorum Oecumenicorum Decreta* cit. supra nota 14, p. 761). La traducción castellana está tomada de J. Tejada y Ramiro, *Colección* cit. supra nota 16, t. 4 (Madrid 1853) 334-35. Son interesantes las observaciones que hace Tejada y Ramiro (cf. p. 335-37) sobre la praxis española en materia de concilios y sínodos.

21 Los concilios particulares y sínodos necesitaban la aprobación romana en virtud de la norma dada por Sixto V. Const. 'Immensa' (3 Febrero 1587).

Inmediatamente después de Trento, se reactiva considerablemente la celebración de concilios provinciales en los países católicos de Europa, menos en Francia. El ritmo de celebración de estos concilios se reduce más o menos a la mitad a lo largo del s. XVII-XVIII. Se mantiene, en cambio, una alta frecuencia en la celebración de sínodos durante todo el s. XVI y XVII, para disminuir en el s. XVIII. Entre las causas de la disminución de la frecuencia de los concilios, se señalan su inoperancia, su suplantación por otro tipo de reuniones como las asambleas del clero, la intromisión regia de las monarquías absolutas [22], los litigios a que daban lugar los intereses creados de unos y otros que aprovechaban el concilio como caja de resonancia de los mismos, el centralismo romano, etc. Pero esto se deja sentir menos en los sínodos diocesanos, que escapan más al control de la autoridad secular, que a su vez tiene también menos interés en ejercer su control, porque la temática de los sínodos es más local y carente de interés a nivel de Estado.

La temática de los concilios particulares y sínodos posteriores a Trento es menos nueva de lo que a veces se ha afirmado, mencionando como cuestiones centrales la fe, los sacramentos, la enseñanza, la reforma de las personas eclesiásticas, la beneficencia, etc. Si se exceptúa la cuestión de la enseñanza (tema verdaderamente innovado por Trento y por los concilios y sínodos postridentinos), todos los demás problemas aquí aludidos eran ya relevantes en concilios y sínodos anteriores al Tridentino.

4. Los sínodos americanos [23]

La historia conciliar de las Indias españolas comienza en tiempos del Concilio de Trento, al crearse, en 1546, las tres primeras provincias eclesiásticas de Santo Domingo, Méjico y Lima, a las que se añadieron después la de Santa Fe (1564) y la de Charcas o La Plata (1609). Hay que añadir que los

22 La norma de que los concilios y sínodos tuvieran que ser revisados por el Consejo de Castilla fue dada por Felipe II el 31 de Agosto de 1560, y modificada parcialmente el 16 de Enero de 1590 e incluida en la *Recopilación de las Leyes de Indias* 1.8.6.

23 L. Lopetegui, 'Labor del padre José de Acosta, S. J., en el Concilio III de Lima, 1582-83', *Revista de Indias* 2 (1941) 63-84; idem, 'Notas sobra la edición del tercer concilio provincial de Lima', *Gregorianum* 22 (1941) 252-72; C. Bayle, 'Ecos de América en Trento', *Revista de Indias* 6 (1945) 559-605; idem, 'El Concilio de Trento en las Indias españolas', *Razón y Fe* 45.1 (1945) 257-84; F. Mateos, 'Los dos concilios limenses de Jerónimo de Loaysa', *Missionalia Hispanica* 4 (1947) 479-524; J. Restrepo Posada, 'El sínodo de Popayán de 1617', *Popayán* (n. 214-18, de julio de 1950); F. Mateos, 'Constituciones para indios del primer Concilio Limense (1552)', *Missionalia Hispanica* 7 (1950) 5-54; idem, 'Segundo Concilio Provincial Limense (1567)', ibid. 7 (1950) 209-96 y 525-617; J. M. Pacheco, 'Don Bartolomé Lobo Guerrero, arzobispo de Bogotá', *Ecclesiastica Xaveriana* 5 (1955) 123-201; J. Restrepo Posada, 'El sínodo diocesano de 1556', *Boletín de historia y antigüedades* 43 (1956); J. M. Pacheco, 'El catecismo del Ilmo. Sr. Don Luis Zapata de Cárdenas', *Ecclesiastica Xaveriana* 8-9 (1958-59); M. Lucena Salmoral, 'Primer Concilio Provincial del Nuevo Reino', *Boletín cultural y bibliográfico* 5 (1963); J. Restrepo Posada, 'El sínodo del señor Arias de Ugarte', *Ecclesiastica Xaveriana* 14 (1964) 158-164; B. Velasco, 'El Concilio Provincial de Charcas de 1692', *Missionalia Hispanica* 21 (1964) 79-130; L. Lopetegui-F. Zubillaga, *Historia*

concilios provinciales tuvieron como antecedente en la América española las Juntas de obispos que se reunieron en Méjico (1524, 1532, 1536, 1537, 1539, 1544, 1546).

La edad dorada de los concilios provinciales americanos se sitúa entre 1550 y 1630. Por orden cronológico se suceden los siguientes: Lima I (1551-1552), Méjico I (1555), Méjico II (1565), Lima II (1567-68), Lima III (1582-83), Méjico III (1585), Lima IV (1591), Lima V (1601), Santo Domingo I (1622-23), Santa Fe I (1625) y La Plata o Charcas I (1629). De todos estos concilios, sólo llegaron a ser aprobados el de Méjico I, el Lima III (en el que se recibe y aprueba implícitamente el Lima II) y el de Méjico III. Después veremos cuán complejo era este problema de la doble aprobación regia y romana. El Concilio III de Lima y el III de Méjico superan con mucho a todos los demás, por su influjo en los concilios y sínodos no sólo de la era colonial, sino hasta finales del siglo pasado.

En tiempos de Carlos III se celebra otra serie de concilios provinciales, cuya principal característica es su encorsetamiento regalista por parte de las autoridades civiles españolas, si se exceptúa el de Charcas II, en el que los padres conciliares consiguieron hacer oír su voz. A esta serie pertenecen el de Méjico IV (1771), Lima VI (1772), el frustrado de Santa Fe (1774) y el de La Plata o Charcas II (1774). No es el caso mencionar aquí algunos intentos de celebrar concilios provinciales que no se vieron coronados por el éxito. El Lima VI recibió la probación de Carlos IV en 1795, pero no parece que llegara a recibir la de Roma. Los demás tuvieron una historia todavía más azarosa debido al intrusismo regalista borbónico. Fue nula, por lo demás, la

de la Iglesia en la América española desde el descubrimiento hasta comienzos del siglo XIX. México, América Central, Antillas (Madrid 1965); A. de Egaña, *Historia de la Iglesia en la América española desde el descubrimiento hasta comienzos del s. XIX. Hemisferio Sur* (Madrid 1966); J. Piedrahita, *Historia de los sínodos* (Medellín 1966); R. Lebroc, 'Proyección tridentina en América', ibid. 16 (1969) 129-207; F. Mateos, 'El primer Concilio del Río de la Plata en Asunción (1603)', ibid. 26 (1969) 257-359; E. Dussel, *Les évêques hispano-américains défenseurs et évangélisateurs de l'indien 1504-1620* (Veröffentlichungen des Instituts für europäische Geschichte Mainz, Bd. 58 (Wiesbaden 1970); C. de Armellada, 'Actas del Concilio Provincial de Santo Domingo (1622-1623)', *Missionalia Hispanica* 27 (1970) 129-252 (hay edición aparte, sin cambiar la paginación de la revista); P. Castañeda Delgado, 'La condición miserable del indio y sus privilegios', *Anuario de Estudios Americanos* 28 (1971) 245-335; S. Aparicio, *Influjo de Trento en los Concilios Limenses* (Madrid 1972); J. Alejandro Soria-Vasco, 'La iglesia metropolitana de Charcas en la época del Concilio Provincial de 1774', *Année Camonique* 17 (1973) 85-917; idem, 'Concilios hispanos y latinoamericanos', *El Concilio de Braga...*, cit. supra nota 1, p. 235-84; C. E. Mesa, 'Concilios y sínodos en el Nuevo Reino de Granada', *Missionalia Hispanica* 31 (1974) 129-71; M. Gutiérrez de Arce, *El sínodo diocesano de Santiago de León de Caracas de 1687. Valoración canónica del regio placet a las constituciones sinodales indianas* 1-2 (Caracas 1975); P. Castañeda, 'El sínodo de la iglesia de Charcas de 1773', *Missionalia Hispanica* 35-36 (1978-79) 91-135; J. M. Arancibia, *Los sínodos del antiguo Tucumán celebrados por Fray Fernando de Trejo y Sanabria, 1597, 1606-1607*. Edición crítica, con introducción y notas, preparada por... y Nelson C. Dellaferrera (Buenos Aires 1979) 334 pp. Para el texto de los concilios, ver las indicaciones que se dan a propósito de cada uno en P. Palazzini, *Dizionario dei concili* 1-5 (Roma 1963-66).

influencia positiva de estos concilios en la vida y disciplina eclesiástica americana, si se exceptúa el de Charcas II.

Coincidiendo con la primera serie de concilios provinciales, que se celebraron entre 1550 y 1630, se celebró más de medio centenar de sínodos diocesanos, cuya lista cronológica es como sigue: Santo Domingo I (1539), Santiago de Guatemala I (¿1539-56?), Santiago de Guatemala II (¿1539-56?), San Juan de Puerto Rico I (1547), Popayán I (1555), Santa Fe I (1556), Popayán II (1558), Coro-Venezuela-Caracas I (¿1563-80?), Santiago de Guatemala III (1566), Quito I (1570), Tucumán I (1572), Santo Domingo II (1576), Santa Fe II (1576), Mérida I (¿1582-87?), Lima I (1582), Imperial-Concepción de Chile I (¿1584?), Lima II (1584), Lima-Yungay III (1585), Santiago de Chile I (1586), Lima-Yaurasbamba IV (1586), Lima-San Cristóbal V (1588), Lima VI (1590), Lima VII (1592), Lima-Piscobamba VIII (1594), Quito II (1594), Quito-Loja III (1596), Lima IX (1596), La Plata o Charcas I (¿1597-1602?), Tucumán-Santiago del Estero I (1597), Lima-Huartaz X (1598), Lima XI (1600), Lima XII (1602), Asunción-Paraguay I (1603), Lima XIII (1604), Tucumán-Santiago del Estero II (1606). Santa Fe III (1606), Tucumán-Santiago del Estero III (1607), Caracas II (1609), Santo Domingo III (1610), Santiago de Chile II (1612), Lima XIV (1615), Santa Fe IV (1614), Popayán III (1617), La Plata-Charcas II (1620), Panamá I (1620), La Paz I (1620), Trujillo de Perú I (1623), San Juan de Puerto Rico I (1624), Imperial-Concepción de Chile II (¿1625?), Santiago de Chile III (1626), Santo Domingo IV (1626), Guamanga-Perú I (1629), Asunción de Paraguay II (1631), Valladolid-Comayagua-Honduras I (1631), Lima XV (1636), Tucumán-Córdoba V (1637), Arequipa-Perú I (1638), La Paz II (1638), Santo Domingo V (1638).

A partir de 1638, constatamos noticias sobre los siguientes sínodos, cuya existencia no siempre hemos podido controlar: Puerto Rico (1644, 1647 y 1697), Santiago de Chile (1663, 1668, 1670, 1673, 1688, 1763, 1764 y 1771), Santiago de Cuba (1681), Santo Domingo (1683 y 1685), Arequipa (1684), Caracas (1687), Tucumán (1700), Chiapas (1702), Popayán (1717), Yucatán (1723 y 1725), Guamanga (1725), La Paz (1738 y 1739), Lima (1739), Concepción de Chile (1744), La Plata o Charcas (1773), Santiago de Cuba (1778) y Cartagena de Indias (1782 ó 1789).

Los sínodos americanos no son mayormente novedosos por cuanto se refiere a la disciplina de los clérigos y religiosos. Bajo este aspecto reflejan, salvo raras excepciones, el tradicionalismo, la meticulosidad y el rigor tridentinos y, en definitiva, medievales. Hay relativamente pocas normas sobre las cualidades positivas de las personas, e innumerables que sólo contienen prohibiciones, que a veces se refieren a temas tan nimios y pintorescos como la indumentaria, el arreglo personal, el uso del tabaco, etc. Desde este punto de vista no tienen un interés mayor ni menor que los sínodos europeos de la época, en los que obviamente se inspiran. Aun así, no es raro encontrar en ellos información de primera mano sobre aspectos locales, resultando útil su consulta para los más diversos aspectos de la historia de la América hispana de la era colonial.

La gran novedad de los sínodos americanos radica en todo lo relacionado con el problema misional y trato que había que dar a los indios. Bajo este aspecto, bien se puede afirmar que no había precedentes tridentinos ni medievales. Los historiadores acuden con relativa frecuencia a estos sínodos cuando tratan de la temática aludida, pero no se ha realizado todavía un estudio exhaustivo de estos textos sinodales desde este punto de vista. La originalidad de los sínodos americanos por cuanto respecta a los indios es sólo relativa. La mayor parte de las veces sus normas están tomadas o siguen muy de cerca, generalmente sin citarlas, disposiciones civiles sobre el particular. Como es bien sabido, los monarcas españoles, no sólo legislan sobre aspectos temporales de Indias; en virtud del patronato regio y del regio vicariato, también se ocupan ampliamente de aspectos eclesiásticos y espirituales.

De lo dicho se desprende que el historiador puede encontrar en estos sínodos americanos una especie de radiografía de la sociedad y de la Iglesia de la época colonial. En las páginas de estos sínodos se describen las más variadas situaciones humanas: la religiosidad y la picaresca, las creencias y las supersticiones, la pobreza y la opulencia, el trabajo y las finanzas, el amor y las animadversiones, junto con las fechas estelares de una vida humana, tales como el bautismo, el casamiento, las fiestas, las exequias, etc. Todas y cada una de las disciplinas históricas pueden beneficiarse largamente del contenido de estos sínodos, donde se encuentran aportes que afectan a la historia de la economía y de la sociología, de la demografía y de la geografía, de la historia eclesiástica y profana, de la religiosidad y de la teología, del derecho canónico y de la liturgia, del folklore y de la cultura.

Pero se impone la observancia de ciertas reglas de hermenéutica en el manejo de estos textos sinodales que no son de una tipología común y corriente. En ellos no se intenta dar una imagen completa de la sociedad y de la Iglesia en donde se realizan, sino que se pretende tan sólo corregir abusos. La imagen total de la realidad hay que completarla a base de otros filones documentales. Por no tener esto en cuenta, se han dado a veces descripciones de una iglesia local de tal forma negativas, que sólo destacan abusos y aberraciones humanas de todo tipo. Toda institución humana trata de dar una imagen positiva de sí misma, exagerando sus méritos y callando los defectos. El mérito de los sínodos consiste en que nos completan el cuadro con los trazos negativos. Este es su principal mérito, pero también su limitación. El historiador que no comprenda esto, hará decir a estos textos cosas que realmente no dicen.

De lo anteriormente expuesto se desprende que a veces los sínodos están reproduciendo un esquema o modelo anterior, inspirado en el Concilio de Trento, que a su vez refleja con frecuencia modelos pretridentinos. Quien no distinga lo que es repetición reiterativa, de lo que es realmente nuevo en estos textos, aplicará a la Iglesia de Indias modelos que corresponden a iglesias europeas a veces anteriores al descubrimiento de América. En esta misma línea, interesa también distinguir entre lo que el sínodo dice de la iglesia local a que se refiere y lo que transcribe del correspondiente concilio provincial americano.

También es preciso tratar de averiguar si estos textos sinodales fueron puestos en práctica, o se quedaron en letra muerta debido a alguna de las causas o factores que se oponían a su realización. Como escribí en otra parte, 'pocos se han preguntado ante estos textos sinodales, si reproducen o extractan textos de tipos y orígenes diversos, o si recogen una costumbre preexistente, o si tratan de hacer obligatoria una determinada corriente de conducta o de pensamiento frente a otras, o si los sínodos tratan realmente de innovar algo... En el caso de incumplimiento, cosa bastante frecuente, una sana exégesis debería tratar de enjuiciarlo a tenor de los designios del legislador, de los obstáculos que se oponían al cumplimiento de los mismos, de la eficacia de instancias intermedias como los jueces eclesiásticos, los arcedianos, los párrocos, etc. Tampoco es seguro que estos textos reflejen en cada caso la imagen de la sociedad y de la iglesia local en donde surgen, como tampoco si reflejan el punto de vista de la mayoría de los sinodales o sólo el del obispo' [24]. Estas palabras, que escribí en una introducción a los sínodos pretridentinos de la Península Ibérica, creo que son sustancialmente aplicables a los sínodos americanos.

24 *Synodicon hispanum,* 1: *Galicia* (Madrid 1981) XIX.

21. LA PROMOCION HUMANA DEL INDIO EN LOS CONCILIOS Y SINODOS DEL S. XVI *

Este capítulo es tan sólo un pequeño adelanto de otro estudio más extenso, que aparecerá en el vol. 24 del *Corpus Hispanorum de Pace.* Los textos conciliares y sinodales representan, como es sabido, una concreción normativa realizada desde determinados principios doctrinales y ante unas necesidades pastorales muy concretas. En un primer apartado expondré algunos criterios para la lectura e interpretación de los concilios y sínodos de Indias en la época colonial, y muy en particular en el s. XVI. La valoración de estas asambleas conciliares y sinodales depende mucho de la posición que se adopte ante dichos criterios hermenéuticos. Dedicaré otro apartado a la doctrina conciliar sobre el tema que sirve de epígrafe a estas páginas, aplicándole los principios de interpretación expuestos en el primer punto de este capítulo.

En los concilios y sínodos del s. XVI se da una especie de *crescendo* en la formulación y solución de los problemas, que va desde las primeras Juntas apostólicas de Méjico hasta el tercer concilio de Lima (1582-83) y tercero de Méjico (1585). El impacto y vigencia de estos dos concilios provinciales se extiende a todos los dominios de la Corona española en Indias y a las nuevas repúblicas independientes, hasta el concilio plenario latino-americano celebrado en Roma el año 1899. Estos dos concilios constituyen por un lado una culminación de los anteriores, y por otro están fuertemente influenciados y condicionados por los que les precedieron. No me parece posible valorar debidamente estos concilios, si no se los compara con los anteriores a esta fecha de la década de los años ochenta del s. XVI. Por ello, se imponen algunas consideraciones sobre este tema. Los historiadores de América no suelen hacerlo así, y por ello acostumbran dar a estos textos una interpretación demasiado rotunda y poco matizada.

En los concilios y sínodos de Indias hay que tener en cuenta toda una serie de antecedentes medievales, peninsulares, tridentinos e indianos. Veamos esto con mayor detalle.

* Este capítulo fue una comunicación al Congresso Internazionale del V Centenario della nascita di Francisco de Vitoria e di Bartolomé de Las Casas (1484-1984), Roma (Univ. de Santo Tomás) 4-6 Marzo 1985.

1. Antecedentes medievales

La legislación conciliar y sinodal de Indias llega a su ápice con los concilios provinciales tercero de Lima (1582-83) y tercero de Méjico (1585). Entre los dos, llama la atención el de Lima por la serie de complementos pastorales que se añaden a las constituciones propiamente dichas. Entre estos complementos, ocupan el lugar más importante la *Doctrina christiana,* el *Catecismo breve,* el *Catecismo mayor,* el *Catecismo por sermones,* el *Confesionario* [1], etc. El mérito y originalidad están principalmente en el ensamblaje y acoplamiento de todas estas piezas con la meta principal del concilio, que consistía en profundizar la cristianización de los indios, que hasta entonces había sido demasiado superficial. Si se considera cada una de estas piezas pastorales, aislada del contexto que les da el concilio de Lima, hay precedentes medievales para todas y cada una, cosa que parecen ignorar los comentaristas de este concilio. Veamos algunos ejemplos más significativos.

Doctrinas sensiblemente iguales a las del concilio de Lima abundan en los sínodos de la Península Ibérica durante la Baja Edad Media y primera mitad del s. XVI [2]. Estas *doctrinas* también emanaban de los sínodos, hasta tal punto que aparecen bajo la forma de una de sus constituciones, lo cual no impide que circulen también en forma autónoma, como expresamente mandan algunos sínodos [3]. Tampoco faltan los casos en que estas *doctrinas* circulan en texto bilingüe, en latín y en lengua vulgar [4].

Catecismos menores y mayores, que emanan igualmente de concilios, no faltan en la Baja Edad Media. Sin que falten algunos raros ejemplos de catecismos por preguntas y respuestas [5], lo más corriente es una redacción de los principales temas en forma expositiva, sin diálogo. Tales catecismos solían recibir el nombre de *Libri synodales,* que recuerdan bien a las claras su origen en una asamblea sinodal. Entre otros ejemplos, podemos citar aquí los libros sinodales franceses, editados recientemente por O. Pontal, y que se remontan al s. XIII [6]. Para la Península Ibérica, podemos citar, entre otros, el *Liber synodalis* del sínodo de Cuéllar, del año 1325, presidido por el obispo de Segovia don Pedro, y el del obispo dominico de Salamanca, don Gonzalo de Alba, en el sínodo de 1410. Por ciero que este último es asumido por el

1 Sobre las ediciones de estos textos, ver. J. G. Durán, *El Catecismo del III Concilio provincial de Lima y sus complementos pastorales (1584-85). Estudio preliminar. Textos. Notas* (Buenos Aires 1982).

2 Pueden verse numerosos ejemplos de esto en los volúmenes ya aparecidos del *Synodicon hispanum,* 1: *Galicia* (Madrid 1981) 168-73 y 398-408; 2: *Portugal* (Madrid 1982) 405-14; 3: *Astorga, León y Oviedo* (Madrid 1984) 26-38, 276-81, 464-75. En los siguientes volúmenes (en prensa y en preparación) abundan ejemplos en el mismo sentido.

3 Ver la obra cit. en la nota anterior, índice temático, v. *Catequesis.*

4 Ibid.

5 Ver, por ejemplo, P. Galindo Romeo, 'El Catecismo Cesaraugustano', *Homenaje Finke* t. 1: *Revista Zurita* (Zaragoza 1935) 42-49.

6 O. Pontal, *Les statuts synodaux francais du XIIIe siècle précédes de l'historique du synode diocésain depuis ses origines,* 1: *Les statuts de Paris et le Synodal de l'Ouest (XIIIe siècle);* 2: *Les statuts de 1230 à 1260* (Paris 1971, 1983).

también dominico Lope de Barrientos, obispo de Segovia y después de Cuenca, en el sínodo de Turégano de 1440, y en el sínodo de Cuenca del año 1446[7].

De los *Confesionarios* son bien conocidos los antecedentes medievales, tanto en latín como en lengua vulgar. De los primeros son exponente las *Summae confessorum,* que por obra de autores de las dos órdenes mendicantes, dominicos y franciscanos, extienden su radio de influencia hasta el s. XVIII[8]. Como antecedente más cercano, están ciertas obras en castellano como el *Libro de las confesiones,* de Martín Pérez, escrito en torno al 1316[9], el *Confesionario* del Tostado[10], varias obras traducidas del latín[11], etc.

2. Antecedentes peninsulares

En los concilios y sínodos indianos no es raro encontrarse con citas explícitas de concilios y sínodos peninsulares, particularmente de Sevilla, que fue la sede metropolitana de las iglesias de Indias desde 1512 hasta 1546. Pero son muchos más los lugares inspirados en sínodos ibéricos, sin mencionarlos expresamente. Esto resulta obvio para cualquier lector familiarizado con estas fuentes[12]. Más arriba, mencionamos ya varios ejemplos relacionados con las piezas pastorales que se publicaron en 1584-85 por mandato y con la autoridad del concilio tercero de Lima.

Poco se ha reparado en los antecedentes ibéricos de catecismos del s. XVI, diferentes de los que habían emanado de algún concilio. Nos hallamos ante catecismos redactados por teólogos como Diego de Deza, Alonso de Madrid, Juan de Valdés, Hernando de Contreras, Gutierre González Doncel, Francisco de Enzinas, Francisco Javier, Constantino Ponce de la Fuente, Pedro de Covarrubias, Juan Díaz, Pedro de Soto, Andrés Flórez, Domingo de Soto, Diego Jiménez, Martín Pérez de Ayala, Felipe de Meneses, Gaspar Miguel de la Cueva, Juan López de Segura, Gregorio de Pesquera, Juan de Avila, Alfonso Martín de Laguna, Domingo de Valtanás, Antonio de Valenzuela,

7 Ver B. Alonso Rodríguez-F. Cantelar Rodríguez-A. García y García, 'El *Liber synodalis* de Gonzalo de Alba', REDC (1985: en prensa). Este *Liber synodalis* tiene mucho en común con el *Liber synodalis* de Nîmes del año 1252, que aparece editado en el volumen segundo de la obra de Madame Pontal, cit. en la nota precedente.

8 Una exposición de conjunto en A. von Hove, *Prolegomena ad Codicem iuris canonici* 2 ed. (Mechliniae-Romae 1945) 512-17.

9 A. García y García-J. M. Múgica, 'O *Libro de las confesiones* de Martín Pérez', *Itinerarium* 20 (1974) 137-51; versión castellana del artículo precedente y puesta al día en mi libro *Estudios sobre la canonística portuguesa medieval* (Publicaciones de la Fundación Universitaria Española. Monografías 29; Madrid 1976) 201-17. Ver también RHCEE 5 (Salamanca 1976) 382.

10 RHCEE 5.352.

11 Ver, entre otras, la traducción castellana de la *Confessio generalis maior* de André Dias de Escobar, indicada en RHCEE 5.357-58.

12 Ver, a título de ejemplo, la serie *Sínodos Americanos* con sus correspondientes introducciones, editada por el Consejo Superior de Investigaciones Científicas y por el Instituto de Historia de la Teología Española de Salamanca.

Juan Pérez de Pineda, Juan Martín Cordero, Bartolomé de Carranza, Juan de la Cruz, Luis de Granada, etc. [13]. Buena parte de estos catecismos son todavía de corte medieval. Otros acusan influencias humanísticas. Unos adoptan el sistema dialogado de preguntas y respuests, otros ofrecen un texto o exposición continuada. Unos se presentan como breves doctrinas, otros como exposiciones extensas del mensaje cristiano. Casi todos ofrecen un contenido más teológico y menos canónico que en el medievo.

3. Antecedentes tridentinos

Contrariamente a lo que suele decirse, el Concilio de Trento (1545-63) no introduce muchas ni muy profundas innovaciones disciplinares en la Iglesia. Contiene ciertamente un gran cuerpo disciplinar, mejor ordenado y redactado que sus antecesores medievales, pero repite, salvo en muy pocos casos, disciplina reiteradamente formulada durante la Baja Edad Media, particularmente en el Conc. 4 Lateranense de 1215. El gran mérito y originalidad de Trento consistió en que sus normas no se quedaron en letra muerta, como había sucedido con la misma normativa durante los siglos bajomedievales. La Iglesia de los tiempos de Trento se sintió con un talante suficientemente autoreformador del que había carecido anteriormente. Como escribí a otro propósito 'La historia muestra reiteradamente que una buena legislación dada para una sociedad carente de fuerza moral para ponerla en práctica, es papel mojado desde el día mismo en que se promulga. Por el contrario, una legislación mediocremente concebida y redactada, puede cumplir su cometido con relativa normalidad y eficacia dentro de una sociedad provista de dicha fuerza y talante moral para realizarla' [14].

Los concilios y sínodos de Indias citan con mucha frecuencia la legislación tridentina, encontrando también una fuente oficial de inspiración en el llamado *Catecismo Romano* [15]. Cumple recordar, sin embargo, que muchas normas tridentinas son, en realidad, normas medievales en su origen.

13 Reseña de todos estos catecismos en J. R. Guerrero García, 'Catecismos de autores españoles en la primera mitad del s. XVI', RHCEE 2 (Salamanca 1971) 225-60; *Valdés'Two Catechisms:* The Dialogue on Christian Doctrine *and the* Christian Instruction for Children. Ed. and Introduction by José C. Nieto, traslated by W. B. Jones (Lawrence, Kansas, Coronado Press, 1981).

14 A. García y García, 'Las codificaciones y su impacto en la Iglesia a traves de la historia', *Temas fundamentales en el nuevo Código: XVIII Semana Española de Derecho Canónico* (Salamanca 1984) 61.

15 Ver P. Rodríguez-R. Lancetti, *El Catecismo Romano: fuentes e historia del texto de la redacción. Bases críticas para el estudio teológico del Catecismo del Concilio de Trento (1566)* (Pamplona 1982). Trento propició la unificación de los múltiples catecismos existentes, imponiendo uno solo para toda la Iglesia, problema que se planteará en Indias y que afrontará de modo especial el concilio tercero de Lima.

4. Antecedentes en Indias

La múltiple problemática abordada por los citados concilios provinciales de Lima (1582-83) y Méjico (1585) se había planteado y recibido las primeras soluciones en las Juntas apostólicas de Méjico, que se celebran en 1524, 1532, 1536, 1537, 1539, 1544 y 1546 (esta última con participación muy activa de Bartolomé de Las Casas)[16]. En dichas juntas y en los ulteriores concilios y sínodos de Indias cada uno de los problemas recibió soluciones provisionales unas veces, y definitivas otras, que estimularon e inspiraron la labor de los siguientes concilios y sínodos, concilios limenses y mejicanos incluidos.

Con anterioridad a la década de los años 80 del s. XVI, circularon en Nueva España (Méjico) más de medio centenar de doctrinas, catecismos mayores y menores, confesionarios, etc., en las diversas lenguas de los indios. Aunque en grado menor, lo mismo se puede decir del virreinato del Perú[17].

En conclusión, un análisis objetivo de las orientaciones doctrinales y normas de los concilios provinciales de Lima (1582-83) y Méjico (1585) pasa necesariamente por una comparación minuciosa con sus antecedentes medievales, peninsulares, tridentinos e indianos.

5. Normas sobre la promoción humana del indio

Veamos ahora algunas de las principales normas conciliares relativas a la promoción humana del indio. Dentro del estrecho marco de que disponemos aquí, no voy a intentar aquí ni siquiera una breve síntesis de tal normativa a lo largo del amplio arco de tiempo y espacio de las Indias. Elegimos como textos más representativos los del concilio tercero de Lima de 1582-83. Como queda indicado, dicho concilio constituye una cierta culminación de la época precedente y una especie de catapulta de lanzamiento hacia el futuro. Por otra parte, se sitúa en un momento histórico en el que muchos problemas recibieron una solución que de hecho fue definitiva por lo que a legislación conciliar y sinodal se refiere. En gracia a los lectores que no conocen el latín, transcribiré los textos de la antigua versión castellana tal como la edita Vargas Ugarte[18]. Como esta edición es bastante defectuosa en puntuación y en algunas palabras manifiestamente erradas, me permito introducir en ella el mínimo necesario de correcciones.

16 W. Henkel, *Die Konzilien in Lateinamerika,* Teil I: *Mexiko 1555-1897 mit einer Einführung von H. Pietschmann* (Konziliengeschichte, Reihe A: Darstellungen; Paderborn 1984) 51-61, donde se da la bibliografía precedente sobre estas juntas apostólicas mejicanas.

17 E. de la Torre Villar, 'Estudio crítico en torno a los catecismos y cartillas como instrumentos de evangelización y civilización', aparecido como Introducción a Fray Pedro de Gante, *Doctrina christiana en lengua mexicana* (edición facsimilar de la del año 1553 = México 1981) 13-104.

18 R. Vargas Ugarte, *Concilios Limenses, 1551-1772* 1 (Lima 1951) 313-75.

En la constitución 2.36 se ordena que no se prohiba el matrimonio a los esclavos, tanto negros como indios, porque 'no es justo que la ley del matrimonio, que es natural, se derogue por la ley de servidumbre, que es humana'.

En la 2.43 se contienen importantes normas sobre escolarización y educación de los niños indios: 'Tengan por muy encomendadas las escuelas de los muchachos los curas de yndios y en ellas se enseñen a leer y escribir y lo demás, y principalmente que se abecen a entender y hablar nuestra lengua española, y miren los curas que con ocasión de la escuela no se aprovechen del servicio y travajo de los muchachos, ... mas despídanlos temprano para que vayan a sus casas, y sirvan y ayuden a sus padres, a los quales guarden respeto y obediencia.'

En la 5.4 se manda 'poner particular diligencia en que los yndios, dexadas sus costumbres bárbaras y de salvajes, se hagan a vivir con orden y costumbres políticas, como es que a las yglesias no vayan sucios y descompuestos, sino lavados, aderezados y limpios; que las mugeres cubran con algún tocado sus cabezas (como el Apóstol Sant Pablo lo enseña); que en sus casas tengan mesas para comer y camas para dormir, que las mismas casas o moradas suyas no parezcan corrales de ovejas sino moradas de hombres en el concierto y limpieza y aderezo y las demás cosas, que fueren semejantes a éstas, lo qual todo no se ha de executar haziendo molestia y fuerza a los yndios, sino con buen modo y con un cuydado y autoridad paternal'.

La 2.6 manda que los indios aprendan en su lengua las oraciones y doctrina: '... cada uno ha de ser de tal manera instruído que entienda la doctrina: el español en romance, y el yndio también en su lengua, pues de otra suerte, por muy bien que recite las cosas de Dios, con todo se quedará sin fruto su entendimiento como lo dice el mismo Apóstol. Por tanto, ningún yndio sea de oy más conpelido a aprender en latín las oraciones o cartillas, pues les basta y aun les es muy mejor saberlo y decirlo en su lengua, y si alguno de ellos quisieren, podrán también aprenderlo en romance, pues muchos le entienden entre ellos, fuera de esto no hay para qué pedir otra lengua ninguna a los yndios'.

De acuerdo con el párrafo que acabamos de transcribir, se ordena en la 5.3 que se traduzca a las dos lenguas generales del Perú (quechua y aymara) el *Confesionario* del propio concilio tercero limense. En la 2.15 se manda a los obispos que provean a los indios que nunca se habían confesado de sacerdotes que entiendan su lengua. En la 2.16 se advierte sobre los confesores de indios que 'si no entienden bastantemente al que se confiesa, remítanle a otros que saben más o aprendan ellos lo que no saben, pues no puede ser buen juez el que da sentencia en lo que no entiende'. En la 2.40 se insiste: '... dévense procurar para las doctrinas personas, que sepan su lengua, y para que todos la aprendan, es justo animarlos con premios de honras y ventajas; pero quando no se hallan personas diestras en su lengua, no por eso se ha de dexar de enbiar algún sacerdote para la doctrina de yndios, con tal que sea persona de buena vida...'. Para el examen de los curas de indios, se establece en la 4.17: ' para el examen que han de hazer los dichos curas, así en la suficiencia de doctrina como en la lengua, usarán principalmente los examinadores de preguntarles por el *Cathecismo* compuesto y aprovado por este synodo, para que los que han de ser curas le aprendan y entiendan y enseñen por él la lengua de los yndios...'.

En las constituciones 4.7-9 se prevé un trato especial favorable para los indios, en consideración a que son más débiles y 'como tiernas plantas', como se les denomina en la constitución 3.3. Así, se dice en la 7 que para cierto tipo de faltas de los indios '... puédese dar algún castigo conforme a la calidad del delito: pero ha de ser más con afecto y término de padres que con rigor de juezes, en tanto que en la fee están tiernos los yndios, si ya no fuese negocio de mucho escándalo y que para enmienda y escarmiento de otros cumpliese usar de más rigor'. La c. 8 manda que 'de ninguna manera el cura ni otra qualquiera persona eclesiástica por sí misma azote o hiera o castigue ni a qualesquiera yndios, por delincuente que sea, pues de suyo es esto muy ageno y contrario a la autoridad sacerdotal'. Frente a la vigencia de 38 días festivos para los españoles, la constitución 9 prevé sólo 12 para los indios. En la 2.17 se ordena que los curas de indios tengan potestad para absolver a los indios de los casos reservados al obispo, atribución que no tenían los párrocos de españoles para sus súbditos de acuerdo con el derecho canónico común. Se alega como razón la 'flaqueza y poco entendimiento en las cosas del spiritu' por parte de los indios.

De poco serviría, según el Concilio, la promoción positiva del indio, si no se removiese toda una serie de abusos que los españoles solían cometer contra ellos. Así en la 3.3 se alude a este tema en términos tan severos como los siguientes: '... doliéndose grandemente este sancto synodo de que no solamente en tiempos pasados se les ayan hecho a estos pobres tantos agravios y fuerzas con tanto exceso, sino que también el día de oy muchos procuran hazer lo mismo, ruega por Jesuchristo y amonesta a todas las justicias y gobernadores que se muestren piadosos con los yndios y enfrenen la ynsolencia de sus ministros, quando es menester, y que traten a estos yndios no como esclavos sino como a hombres libres y vasallos de la Magestad real, a cuyo cargo los ha puesto Dios y su Yglesia. Y a los curas y otros eclesiásticos manda muy de veras que se acuerden que son pastores y no carniceros, y que como a hijos los han de sustentar y abrigar en el seno de la caridad christiana...'. Otra constitución que no sólo se ocupa del trato dado a los indios, sino que trasciende a la ética de las acciones bélicas contra ellos. Dice a este propósito la 2.7: '... ninguno de los clérigos, que tienen doctrina de yndios ni de otros cualesquiera, vaya a guerra contra yndios, ni a otras cualesquiera entradas, si no fuese con expresa licencia del obispo, so pena de caer en excomunión por el mismo caso...'. En la constitución 3.4 se refuerzan las penas de derecho común contra los clérigos comerciantes, en el caso de que ejerzan el comercio con los indios. Lo mismo se ordena *a fortiori* con respecto a los párrocos de indios en la constitución 3.5.

El concilio tercero de Méjico abunda en normas similares a éstas que acabamos de entresacar del tercero de Lima. En los concilios precedentes, particularmente en los dos limenses del arzobispo García de Loaysa (1551-52 y 1567-68) se puede encontrar buena parte de esta misma normativa. El mérito principal del concilio tercero de Lima radica en su exposición más completa y ordenada, y sobre todo en su rápida entrada en vigor y al hecho de prolongarse su vigencia hasta finales del siglo pasado.

El elemento realmente nuevo en Indias eran los indios y los problemas derivados del trato que había que darles. De este trato dependía su promoción, tanto material como espiritual. La originalidad y relevancia de la legislación conciliar y sinodal indiana radica precisamente en este sector. El resto de la normativa, que se refiere a solos los españoles, difiere muy poco de la que se daba en la Península Ibérica. Pero esta originalidad y relevancia de la normativa, que emanaba para los indios y para los españoles en sus relaciones con la población india, no pertenecen en exclusiva a ningún determinado concilio ni sínodo, sino que fue una concreción canónica de un largo proceso, que no se ventiló tan sólo en el aula conciliar o sinodal, sino también y sobre todo en la discusión entre teólogos, juristas, autoridades eclesiásticas y civiles, conquistadores, encomenderos, misioneros, etc.

Para los lectores que conocen la discusión doctrinal de estos problemas resulta claro que en los textos transcritos y en otros similares confluyen varias líneas de pensamiento y de acción anteriores y contemporáneas. Estos textos reflejan generalmente la actitud doctrinal más común de Francisco de Vitoria y su escuela [19]. En algún caso concreto, como en la última de las Juntas apostólicas mejicanas, no es difícil detectar la voz de Bartolomé de Las Casas, que efectivamente estuvo presente en dicha asamblea [20].

El tercer concilio de Lima tuvo como principal inspirador y artífice al P. José de Acosta, quien adopta una actitud intermedia entre las varias opciones extremas que por aquel entonces trataban de imponerse en el Perú. Su pensamiento se inscribe más en la línea de Vitoria que en la de Las Casas. Acosta es una estrella que no sólo refleja la luz recibida, sino que tiene brillo propio. Puso su pluma y su capacidad de gestión al servicio del conci-

19 Ver la obra de varios autores *La ética en la conquista de América* (Corpus hispanorum de pace 25; Madrid 1984), donde se expone el pensamiento de la escuela de Vitoria y sus sucesores hasta 1573.

20 Ver W. Henkel, cit. supra nota 16, p. 60-61. En esta Junta, de la que no se conservan las actas se proclamó la legitimidad de los reinos indios con el principado político de sus jefes, ilegitimidad de las guerras contra los indios, legitimidad de la evangelización, que sólo podía hacerse por medios pacíficos, obligación de los reyes castellanos de sostener económicamente la evangelización de Indias, obligación de restitución por parte de los que no habían observado estos principios, como era el caso de conquistadores, encomenderos y cuantos con ellos habían colaborado en conculcar tales principios. Este contexto se recoge bien en el *Confesionario* de Bartolomé de Las Casas, aparecido ese mismo año. Cf. A. Gutiérrez Rodríguez, 'El *Confesionario* de Bartolomé de Las Casas', *La Ciencia Tomista* 102 (1975) 249-78.

lio Limense, y contribuyó, tal vez como nadie, no sólo a la elaboración del ciclo de textos relacionados con este concilio, sino también a algo tan importante como es la rápida aprobación y difusión por medio de la imprenta. El concilio refleja en varios de sus textos ideas que Acosta expone ampliamente en su obra *De procuranda indorum salute,* que alcanzó un éxito similar al del concilio. Curiosamente, concilio y libro de Acosta fueron concebidos como dictamen y diagnóstico de una situación histórica muy concreta, y tuvieron vigencia durante siglos: el concilio hasta finales del s. XIX, y la obra de Acosta fue considerada por los misionólogos modernos como un tratado de misionología, cosa que Acosta no había pretendido [21].

21 Sobre la aportación de Acosta, ver las introducciones a los dos volúmenes de José de Acosta, *De procuranda indorum salute. Pacificación y colonización* por L. Pereña, V. Abril, C. Baciero, A. García y García, D. Ramos, J. Barrientos y F. Maseda (CHP 23; Madrid 1984). El tomo segundo (24 del CHP) está en prensa.

22. APORTACION FRANCISCANA A LAS FUENTES DEL DERECHO CANONICO INDIANO

A los evangelizadores del Nuevo Mundo se les impuso desde muy temprano la tarea de acomodar el derecho canónico común de la vieja cristiandad europea a las necesidades indianas. Esta labor se realizó a diversos niveles, como son los documentos pontificios, las disposiciones de diverso rango emanadas de las autoridades seculares españolas, los concilios y sínodos de Indias y los tratados escritos por los más variados autores.

En este capítulo trataré, en la medida de lo posible, de cuantificar y cualificar la aportación franciscana en esta larga y difusa empresa de la creación de un derecho canónico indiano. Prescindiendo de otras posibles aportaciones a otros niveles, aquí me voy a detener en la consideración del aporte de los franciscanos en el contexto de los concilios y sínodos de Indias.

Trataré de reunir los elementos de juicio pertenecientes a toda la geografía de Indias, a lo largo de toda la época colonial. Un tema tan amplio y con frecuencia difícilmente cuantificable y cualificable, no puede ser aquí objeto de un análisis exhaustivo, sino que tendrá que quedarse, por fuerza, en una visión de conjunto, que otros podrán matizar y acrecentar ulteriormente. Es la primera vez que se aborda este tema, así concebido, y de momento me preocuparé más de ofrecer unas pautas o claves para su interpretación que en coleccionar de modo exhaustivo los datos históricos sobre el mismo.

Teniendo en cuenta todas estas delimitaciones, me atendré al siguiente esquema en el desarrollo del presente capítulo: 1. Juntas apostólicas, 2. Concilios y sínodos convocados por franciscanos, 3. Participación franciscana en concilios y sínodos convocados por otros, 4. Valoración de la aportación franciscana a nivel popular.

1. Las Juntas apostólicas

El día 13 ó 14 de Mayo de 1524 desembarcaban en Ulúa los doce miembros de la primera misión franciscana de Méjico, conocidos generalmente como los *Doce apostóles* primeros de Nueva España. Cuatro o cinco días más tarde llegaban a la capital azteca. Apenas habían transcurrido tres años desde la conquista de aquel Imperio por Hernán Cortés y sus hombres. Estos religiosos, enviados por el ministro general de su orden, venían provistos de las necesarias facultades de la Santa Sede para el cumplimiento de su misión. Adriano VI les concedía a ellos y a los demás mendicantes, por la bula 'Exponi nobis' del 10 de Mayo de 1522, la autorización para todo lo necesario, donde no había obispos o distaban más de dos dietas, excepto para aquellos actos que requerían carácter episcopal [1].

Pronto se percataron los religiosos de que su apostolado no resultaba fácilmente viable dentro del cuadro canónico-pastoral de la vieja Europa. Y por ello, se reunieron para deliberar sobre los problemas y métodos para la predicación de la fe y la administración de los sacramentos a los indios. Prácticamente plantearon y, en la estrecha medida de lo entonces posible, resolvieron los problemas fundamentales que sobre esta temática se plantearán a lo largo de la colonización y evangelización de Indias. Las reuniones que entre 1524 y 1546 se celebraron en Méjico para intentar esclarecer estos problemas, se conocen con el nombre de *Juntas apostólicas.* Técnicamente hablando no fueron concilios, porque no habían sido convocados por ningún metropolitano o arzobispo de una provincia eclesiástica. Como es sabido, las Indias dependían durante este tiempo de la sede arzobispal de Sevilla. La primera de las Juntas ni siquiera contó con la asistencia de ningún obispo, por la sencilla razón de que todavía no había obispos en Nueva España. Las Juntas mejicanas constituyen un caso típico en que la vida desborda el cuadro del derecho. Por ello, no constituyen una entidad claramente configurada. Discuten los estudiosos el número de estas Juntas, debido a que las características esenciales de las mismas no llegaron a fijarse suficientemente. Eran algo atípico de cara a las instituciones jurídico-canónicas entonces vigentes. Pero tienen todas en común el intento de abordar y tratar de resolver los problemas fundamentales de la evangelización de Indias que emergen en aquellos primeros años de la presencia española en la Nueva España. Y por eso, intentaremos dar aquí los datos esenciales de todas ellas, prescindiendo de la naturaleza jurídica de cada una de estas Juntas [2].

1) *Primera Junta de Méjico, 1524*

En el verano de 1524 se celebró en la iglesia de San José de la capital azteca una reunión, que inició sus tareas con la celebración solemne de la misa y con la profesión de fe, como solían iniciarse los concilios. Presidió la asamblea el franciscano Fr. Martín de Valencia, que era el superior de aquellos primeros *Doce apóstoles* de Méjico. Los demás miembros de aquella asamblea el franciscano Fr. Martín de Valencia, que era el superior de aquellos tres o cuatro laicos. Como queda indicado, no había ningún obispo entre los

1 B. de Tobar, *Compendio Bulario Indico* 1 (Publicaciones de la Escuela de Estudios Hispanoamericanos de Sevilla 82; Sevilla 1954) 90-95.

2 L. Lopetegui-F. Zubillaga, *Historia de la Iglesia en la América Española desde el descubrimiento hasta comienzos del s. XIX. México, América Central, Antillas* (Madrid 1965) 293-437; W. Henkel, *Die Konzilien in Lateinamerika,* Teil I: *Mexiko 1555-1897. Mit einer Einführung von H. Pietschmann* (Konziliengeschichte, Reine A: Darstellungen; Paderborn 1984) 51-61, con la bibliografía alegada por estos dos autores.

participantes. Juan de Zumárraga, el primer obispo de Méjico, fue electo desde 1528, consagrado en 1533 y elevado al rango de arzobispo en 1548, y no asistió al a primera Junta.

No se conservan actas de esta primera Junta. Pero hay un resumen que permite hacerse una idea bastante cabal de su contenido [3].

Se discutió sobre los medios para remover la idolatría y para organizar la instrucción religiosa de los indios. Los gobernadores de los poblados conducirían a los indios a la iglesia para asistir a la misa y recibir la instrucción religiosa. A los niños, conducidos por una persona mayor, se les daba una instrucción acomodada a su capacidad, y se les enseñaba a cantar. En cuanto a los sacramentos, los reunidos debaten más largamente los que presentaban mayores dificultades. Sobre el bautismo, se planteó el problema de la necesaria instrucción religiosa previa, tanto para niños como para adultos, así como la imposibilidad de ungir al bautizado con los santos óleos, debido a que no existía en aquellas tierras el aceite de oliva para confeccionarlos. Carecían asimismo del bálsamo para confeccionar el crisma. Para la confesión se tropezaba, entre otras, con la dificultad proveniente de la falta de conocimiento de las lenguas indígenas en aquellos comienzos de la evangelización novohispana. En cuanto a la administración de la Eucaristía a los indios, los reunidos se mostraron más bien restrictivos, acordando concedérsela sólo a los más instruidos y preparados, que eran pocos realmente.

Con respecto al matrimonio se planteó el problema de la validez de muchos casamientos anteriores de los indios, sobre todo cuando habían estado unidos con varias mujeres, preguntándose entonces cuál de aquellos matrimonios era válido. Prudentemente, no se adoptó ningún acuerdo sobre este tema, que registrará todavía muchas evoluciones en las décadas posteriores. La confirmación no planteaba mayores problemas, dado que había algún religioso con facultades para administrarla, mientras no hubiera obispos.

2) *Segunda Junta de Méjico, 1532*

El primero de Mayo de 1532 se reunieron, en Méjico, Fr. Juan de Zumárraga (obispo electo de Méjico), Sebastián Ramírez de Fuenleal (obispo de Santo Domingo), los oidores de la recién creada Audiencia don Vasco de Quiroga (después obispo de Michoacán desde 1536), el licenciado Ceynos, Salmerón y Maldonado, los franciscanos Antonio Ortiz (guardián del convento de S. Francisco de Méjico), Francisco de Soto (guardián del convento de Cholula), Luis de Fuensalida (guardián de Tlaxcala), Alonso de Herrera (guardián de Cuatitlan), y los dominicos Francisco de S. Miguel (prior de la casa de Santo Domingo, Isla Española), Pedro de Marmolejo, Domingo de Santa María y Bernardino de Tapia.

De esta Junta se conservan las actas en el Archivo de Indias de Sevilla [4].

3. F. A. Lorenzana, *Concilios provinciales de México en los años 1555 y 1566* 1 (México 1769) 1-10.

4 Sevilla, Archivo General de Indias (en adelante: AGI), Indiferente general 1624

El motivo y cuestionario inicial de esta Junta fueron suministrados por Carlos V, al pedir relación de los poblados que había en Nueva España, censo de sus habitantes, así como otros detalles relacionados con su mejor gobierno. Las dos autoridades, civil y eclesiástica, se reunieron, como queda indicado, para dar respuesta a esta demanda del emperador. Lo más importante sobre el tema que aquí nos interesa es la impresión positiva que los reunidos reflejan acerca de los indios, tanto por lo que respecta a la vida civil como a la vida cristiana: '... todos dixeron que no hay dubda de aver capacidad y suficiencia en los naturales y que aman mucho la doctrina de la fe y se ha hecho y se haze mucho fruto, y las mugeres son honestas y amigas de las cosas de la fe y trabajadoras...'. También es interesante la observación de que los pueblos deberían ser evangelizados por los religiosos, sin presencia de los otros españoles, tema éste que reemerge reiteradamente en los años subsiguientes: '... todos dixeron que haziendose en cada una (cabeceras de pueblos) un monesterio y no residiendo españoles en ellos, se instituiran y governaran como deben'.

3) *Tercera Junta de Méjico, 1536*

Esta Junta había pasado desapercibida a los historiadores, hasta que Chauvet llamó la atención sobre ella. En la misma tomaron parte el franciscano Juan de Zumárraga, Sebastián Ramírez de Fuenleal y Julián Garcés (obispos de Méjico, Santo Domingo y Tlaxcala respectivamente).

Acerca del contenido de esta Junta cabe señalar que se centró en el tema del bautismo de los indios, dando diferentes normas sobre su administración. En el fondo subyacía la división de opiniones que se había producido sobre este tema, polarizándose en dos posiciones: una, representada principalmente por los franciscanos, que propendían a una mayor facilidad en conceder el bautismo a los indios, y otra, que se mostraba más rigurosa insistiendo incluso en la necesidad de no omitir ninguna de las ceremonias previstas en el ritual para este efecto. La solución que en esta Junta se adopta se acerca más al segundo de los dos puntos de vista mencionados [5].

4) *Cuarta Junta de Méjico, 1537*

En esta Junta tomaron parte tres obispos, que encontraron la oportunidad para reunirse con motivo de la consagración del recién nombrado obispo de Guatemala, Francisco Marroquin, electo en 1534 y consagrado por Juan de Zumárraga en Méjico el 8 de Abril de 1537, hallándose presente también el obispo de Oaxaca, Juan de Zárate.

fol. 451r-452r (ed. I. A. Llaguno, *La personalidad del indio y el III Concilio Provincial Mexicano 1585;* Biblioteca Porrúa 27; México 1963, 151-54).

5 F. Chauvet, *Fr. Juan de Zumárraga OFM* (México 1948) 331 ss.; J. Specker, *Die Missionsmethode in Spanisch-Amerika im 16. Jh. mit besonderer Berücksichtigung der Konzilien und Synoden* (Schöneck-Beckenried 1953) 139-43; C. Ceccherelli, *El bautismo y los franciscanos en México, 1524-1539* (Madrid 1955).

Los tres obispos dirigieron al emperador una carta [6], en la que le exponen el derecho y el deber de los obispos de Nueva España de asistir al Concilio de Trento, la conveniencia de reunir a los indios en pueblos para su mejor promoción humana y religiosa, el aumento de los religiosos y disminución de clérigos seculares debido a la mayor dificultad para la congrua sustentación de estos últimos, la conveniencia de no cobrar a los indios diezmos completos como a los españoles, y el asendereado tema de la reincidencia o permanencia de los indios en la idolatría. La primera de las cuestiones fue resuelta en sentido negativo, asumiendo el emperador el cometido de hacer llegar a Trento los problemas de los obispos de Indias. Las demás cuestiones recorrerán todavía un largo itinerario en ulteriores reuniones, concilios, pragmáticas, etc.

5) *Quinta Junta de Méjico, 1539*

Esta es la llamada *Tercera Junta* por los historiadores, debido a que la de 1536 no era conocida y la de 1537 no suelen considerarla como Junta propiamente dicha. Lo cierto es que ésta es la quinta vez que se reúne el episcopado novohispano para discutir y tomar determinaciones sobre asuntos canónico-pastorales de importancia para sus iglesias locales. La Junta tuvo lugar por expreso deseo del emperador. En medio quedaba también la bula de Paulo III 'Altitudo divini consilii' del 1 de Junio de 1537 [7], que obligaba a una revisión de la praxis bautismal adoptada en los comienzos de la iglesia novohispana, tratando de dirimir con ello la controversia a que aludimos a propósito de la tercera Junta.

Los reunidos fueron Zumárraga, Juan de Zárate y Vasco de Quiroga (obispos de Méjico, Oaxaca y Michoacán respectivamente), el comisario de los franciscanos Juan de Granada, el provincial de los franciscanos Antonio de Ciudad Rodrigo, el provincial de los agustinos Jerónimo Jiménez, los franciscanos Francisco de Soto y Cristóbal de Zamora, así como otros peritos.

En esta Junta se retoma el tema de la de 1536, debido, entre otras posibles causas, a la bula pontificia antes aludida que urgía unos criterios más rigurosos a la hora de administrar el bautismo a los indios [8]. A principios de 1540, los obispos reunidos escribieron al emperador una carta informándole de las conclusiones de la Junta [9].

6) *Sexta Junta de Méjico, 1544*

Las famosas *Leyes Nuevas* de 1542, limitativas de las encomiendas de indios en favor de los españoles, encontraron fuerte resistencia en Nueva España. El visitador Tello de Sandoval convocó una Junta de eclesiásticos y re-

6 J. García Icazbalceta, *Don Fray Juan de Zumárraga, primer obispo y arzobispo de México* 3 (México 1886-92) 94-122.
7 B. de Tobar, op. cit. 1.210-16.
8 J. García Icazbalceta, op. cit. 3.514-35.
9 F. Chauvet, op. cit 206.

ligiosos en Méjico, en 1544, con este motivo. Los reunidos eran los prelados Zumárraga y Juan López de Zárate (obispos de Méjico y Oaxaca respectivamente), el deán de esta última ciudad y después obispo de Guadalajara, Pedro Gómez Malaver, y los representantes de las tres órdenes allí existentes (franciscanos, dominicos y agustinos).

La *Relación sumaria* [10], que emanó de esta Junta y que fue enviada a la Corte, constituye una defensa tajante del *status quo* en materia de encomiendas, sin las cuales los asambleístas no veían la forma de llevar a cabo la colonización de Indias, con la evangelización incluida, que era en definitiva la razón de ser de la presencia hispana en Indias. Las encomiendas habían adquirido tal carta de naturaleza en Indias y se habían convertido en una pieza tan esencial del sistema que ni esta Junta ni ninguna otra instancia conseguirá acabar con ellas en la posteridad.

7) *Séptima Junta de Méjico, 1546*

El mismo visitador Tello de Sandoval reunió de nuevo a los eclesiásticos en una Junta celebrada en 1546. Los convocados eran, en este caso, Zumárraga, Marroquin, López de Zárate, Vasco de Quiroga y Bartolomé de Las Casas (obispos de Méjico, Guatemala, Oaxaca, Michoacán y Chiapas respectivamente). La Junta, que concluyó sus trabajos hacia finales de 1546, adoptó varias resoluciones, cuyas actas no se conservan, pero que se reflejan en los cronistas del momento, sobre todo en Remesal [11]. En esta Junta se proclamaron los siguientes principios: legitimidad de los reinos indios con el principado político de sus jefes, ilegitimidad de las guerras contra los indios, legitimidad de la evangelización, que sólo podía hacerse por medios pacíficos, obligación de los reyes castellanos de sostener económicamente la evangelización de Indias, obligación de restitución por parte de todos los que no habían observado estos principios, como era el caso de conquistadores, encomenderos y cuantos con ellos habían colaborado en conculcar tales principios. Este contexto se recoge bien en el *Catecismo* de Bartolomé de Las Casas aparecido ese mismo año de 1546 [12]. Se acordó asimismo redactar *doctrinas* para los indios, a lo que ya se había adelantado, entre otros, el propio Juan de Zumárraga, autor de una *Doctrina breve para la enseñanza de los indios* (1543), *Doctrina breve muy provechosa* (1543) y *Doctrina christiana cierta y verdadera* (1546). Esta concatenación de las Juntas con catecismos y doctrinas, con precedentes medievales [13], no caerá en el vacío, sino que será recogida y potenciada por concilios posteriores, sobre todo por el tercero de Lima de 1582-1583. Se insistió, en fin, en la promoción humana de los indios, como algo

10 Sevilla, AGI, Indiferente general 1530 fol. 456rv; CDIAO 7 (Madrid 1867) 532-42.

11 A. Remesal, *Historia general de las Indias occidentales y particular de la gobernación de Chiapa y Guatemala* 2, ed. 2 (Guatemala 1932) lib. 7, cap. 16, n. 5.

12 A. Gutiérrez Rodríguez, 'El *Confesionario* de Bartolomé de Las Casas', *La Ciencia Tomista* 102 (1975) 249-78.

13 Ver mi trabajo 'El P. José de Acosta y el Conc. 3 de Lima de 1582-83', en prensa en el vol. 24 del *Corpus Hispanorum de Pace* (en prensa).

inseparable de su evangelización, idea que será retomada reiteradamente en diversos contextos de la evangelización de Indias. La reacción de la Corona fue positiva. La reina contestó el 16 de Abril de 1556 [14] recomendando al virrey y audiencia de Méjico la ejecución exacta de lo que los asambleístas habían pedido. Esta Junta fue el último acontecimiento público a que asistió Zumárraga, que tanta parte había tenido en todas estas Juntas, si se exceptúa la primera en la que no estaba presente.

Como acabamos de ver, la presencia franciscana en estas Juntas mejicanas fue numerosa y determinante. A estas asambleas corresponde el mérito de haber iniciado con garbo el tratamiento de los problemas específicos que están en la base del derecho canónico indiano.

2. Concilios y sínodos convocados por franciscanos

Veamos cuáles son los datos o elementos de juicio sobre nuestro tema del derecho indiano en los concilios y sínodos convocados por franciscanos. Aunque un concilio o sínodo suele ser una especie de radiografía del talante pastoral y humano del obispo que los convoca, no es justo atribuirle en exclusiva los méritos o deméritos que de tales asambleas se deriven. Consciente de estas limitaciones es como hay que abordar el estudio de esta documentación sobre concilios y sínodos, que expongo seguidamente por orden cronológico de los concilios y sínodos aludidos:

1) *Sínodo de Santa Fe de Bogotá de 1556, por el obispo Juan de los Barrios (1553-69)*

El primer sínodo del virreinato del Perú, convocado por un obispo franciscano, de que se tiene noticia, es el de Santa Fe de Bogotá de 1556. Juan de los Barrios había nacido en Pedroche (Córdoba) hacia 1496. Fue el primer obispo de Asunción de Paraguay (1547-52). Precisamente recuerda en el tít. 4 de este sínodo algunas disposiciones que había dado en Asunción. Presentado en 1551 para el obispado de Santa Marta (Colombia), llegó allí en 1553. Pero tanto él como su antecesor habían recibido del propio emperador la consigna de trasladar la sede episcopal a Santa Fe de Bogotá, que había de convertirse en capital del reino de Nueva Granada. Y en esta última localidad, fundada sólo dieciocho años antes, convoca el sínodo de que aquí se trata. En 1562 se hizo la traslación canónica de la sede episcopal de Santa Marta a Santa Fe de Bogotá, y en 1564 se le dio el carácter de sede metropolitana, siendo en consecuencia promovido su obispo Barrios a la dignidad arzobispal [15].

14 CDIAO 23 (Madrid 1875) 543-47. Ver también p. 520-29.
15 M. G. Romero, *Juan de los Barrios y la evangelización del Nuevo Reino de Granada* (Bogotá 1960).

Este sínodo se conservó en tres manuscritos: uno en el Colegio de San Bartolomé de Bogotá, otro en el arzobispado de la misma ciudad (éste pereció), y un tercero en el archivo catedralicio bogotense. Este último está hecho en pergamino, a fines del s. XVIII, y contiene además los sínodos del obispo Lobo Guerrero y el concilio de Arias Ugarte. Perteneció a Camilo José Torres. Hay una fotocopia del mismo en el archivo de la Academia Colombina de Historia Eclesiástica de Medellín [16].

El sínodo está dividido en 10 títulos, y éstos en cánones o capítulos. Dentro de su normativa destacan, desde el punto de vista del presente estudio, las siguientes disposiciones de notorio alcance para el derecho canónico indiano. En el tít. 1 se encuentra una prohibición de que los clérigos vayan a 'nuevos descubrimientos o castigos de indios sin licencia nuestr*a in scriptis*..., si sucediera algun caso de necesidad o que lo mande Su Majestad, ha de preceder examen diligente de si es persona celosa de la conversión, conservacion y buen tratamiento de los naturales, con instrucción de como se ha de haber con los dichos naturales' (cap. 4).

Interesante asimismo cuanto dice sobre el bautismo de los niños indios: 'Mandamos a todos los sacerdotes que no bauticen indio ni india alguna de ocho años arriba sin que sepa de el si viene de su voluntad o por amor al sacramento que pide. Ni bauticen niño ninguno de infiel antes que llegue a uso de razon contra la voluntad de sus padres o de las personas que lo tienen a su cargo' (cap. 4).

También se ocupa de la costumbre de los indios de matar y enterrar juntamente con el fallecido cacique a sus esposas y criados: '... mandamos que todos los que fueren cristianos, cuando mueran, sean enterrados en la iglesia y cementerio y sean llevados con la cruz y agua bendita y con el oficio de finados que a todos los cristianos se suele hacer. Y esto se guarde en los pueblos de indios donde hay cura. Y para los indios que no son cristianos, se señale un lugar público, a la vista del pueblo, donde los difuntos sean enterrados. Y el sacerdote o español que a esto se hallare presente, no permitira llorar al difunto mas de un dia... y esten muy advertidos de hacer traer ante si las mujeres y criados del cacique o principal, luego que muera, y asentando sus nombres, los entregue al que sucediere en el señorio, avisandole que han de dar cuenta de ellos, porque no los mate' (cap. 4).

Es interesante lo que se indica en el tít. 2 sobre la preparación intelectual, ciertamente modesta a tenor de las posibilidades de aquel momento y lugar, para los candidatos al sacerdocio: 'Los candidatos deben saber de coro los articulos de la fe en latin y romance; y den cuenta de los sacramentos y sepan los diez mandamientos, los pecados mortales, las obras de misericordia espirituales y corporales, las virtudes teologales y cardinales, los dones

16 J. Restrepo Posada, 'El sínodo diocesano de 1556', *Boletín de historia y antigüedades* 43 (1956). El sínodo de Barrios está en los fol. 1r-67v (este códice tiene dos foliaciones: una de 117 folios, donde se contiene el sínodo que aquí nos interesa, y otra de 40 folios).

del Espiritu Santo, los sentidos corporales, la confesion general y la absolucion de los pecados que han de hacer al penitente que confesare, y la intencion que ha de tener en cualquier sacramento que administrare y sepa la forma del bautismo para las necesidades apresuradas que suceden a menudo entre indios cuando no se puede administrar con la solemnidad que manda el Manual. Y sepa las palabras de las ceremonias de la misa.'

En el tít. 4 se ha visto una alusión a los pintores locales, prohibiendo la exhibición de sus cuadros en las iglesias, sin la aprobación previa de la autoridad eclesiástica.

En el tít. 5 muestra el sínodo su interés por proveer de los libros litúrgicos necesarios aquella iglesia, con la adopción del rito romano en vez del hispalense hasta entonces en uso: 'Y porque para el efecto dicho son menester libros, misales y breviarios y salterios, dominicales, santorales, procesionales y otros cuadernos y libros apuntados de canto y sin canto, ordenamos y mandamos que se compren con cuidado y en ello se ponga toda la diligencia, desde luego. Y porque todo lo dicho lo han menester las demas iglesias de este obispado, mandamos que se envie por ello a España en la primera armada que vaya a ella. Y en el entretanto que se trae el dicho oficio romano de España, mandamos que en la dicha nuestra iglesia catedral y en todas las demas de nuestro obispado, se cante y rece el oficio sevillano, de que al presente se usa en las dichas iglesias' (cap. 2). Como en otro lugar indicamos, las iglesias de Indias dejaron de ser sufragáneas de Sevilla en 1546, es decir, diez años antes de la celebración del presente sínodo de Santa Fe.

Como nota pintoresca, indiquemos que en el tít. 6 se prohíbe a los clérigos aparecer por las corridas de toros: 'Otrosi, mandamos que ningun clerigo dance ni baile... ni anden en el coso donde se corren toros, so pena de diez pesos.'

En su calidad de protector de los indios, no se olvida de incluir en el título 10 un capítulo con la rúbrica 'De la restitucion de lo que se rancheo a los indios y si la guerra que se les hizo fue justa o no' (cap. 8).

Tampoco se olvida de obligar a restitución a los que habían cobrado por impartir la doctrina a los indios, sin haber cumplido con su cometido, a los encomenderos que cobraban a los indios más de lo permitido por la ley y otros casos similares.

Finalmente, en cuanto al texto de estas constituciones sinodales, 'se acuerda que se remita al santo Concilio (de Trento) y al Consejo de Indias de su Majestad para que de alli se envie al santo Concilio'. El sínodo no parece que llegara a Trento, sencillamente porque se debió quedar enredado entre los bastidores del Consejo de Indias. De hecho, Barrios se atuvo al sínodo en su gobierno ulterior. Por ello, en 1560 la Audiencia declaró que 'en proceder asi, habia hecho fuerza... y dieron por ninguno lo por el hecho'. Y en 1561 se advirtió que en este sínodo había disposiciones sobre asuntos que tocan a la jurisdicción real y otras cosas que convenía remediar. En Marzo del mismo año aparece una cédula que decía: 'Otra para que los prelados no descomulguen en los casos que tuvieren jurisdiccion por cosas y casos livianos, ni echen penas pecuniarias a los legos.' Con estas disposiciones quedaban perfectamente descafeinadas las más incisivas disposiciones sinodales sobre el trato que había que dar a los indios [17].

2) *Concilio frustrado de Santa Fe de Bogotá de 1583, por el arzobispo Luis Zapata de Cárdenas (1573-90)*

El franciscano Luis Zapata de Cárdenas nació en Llerena (Badajoz) hacia 1510, y murió en Bogotá en 1590. En 1540, fue nombrado comisario general de su orden en el Perú. En 1566, fue presentado para la sede de Cartagena de Indias. Pero antes de tomar posesión, fue trasladado a la sede arzobispal de Santa Fe, de la que tomó posesión en 1573, y donde edificó la catedral, construyó un colegio para la formación de los jóvenes, se interesó a fondo por la disciplina del clero y vida cristiana de los laicos, ocupándose seriamente del bien espiritual y material de los indios, para cuya evangelización y enseñanza redactó en 1576 un *Catecismo* [18]. En 1583, convocó para el 15 de Agosto de ese mismo año a sus sufragáneos para un concilio provincial con el que intentaba 'ver la manera de extirpar la peste de la idolatria y para que se enmendasen las corrompidas costumbres del pueblo cristiano'. Acudieron, de hecho, los obispos de Cartagena de Indias y Santa Marta. Este último Sebastián Ocando, era también franciscano. Pero el de Popayán no quiso venir, porque decía ser sufragáneo de Lima y no de Santa Fe. Los otros dos volvieron entretanto a sus diócesis, y el concilio provincial no llegó a celebrarse. Tendrá que esperar Santa Fe hasta el año 1625 para ver reunido su primer concilio provincial.

Suelen subrayar los historiadores que el arzobispo Zapata de Cárdenas consiguió, de alguna manera, el fruto de un concilio o sínodo con el *Catecismo* que redactó para su clero en 1576, y que puso en vigor el 1 de Noviembre del mismo año. Su título completo indica las metas que pretendía: *Catecismo en que se contienen reglas y documentos para que los curas de indios les administren los sacramentos, con advertencias para mejor atraerlos al conocimiento de nuestra fe.* Le sirvió también de cauce para introducir la normativa del Concilio Tridentino en su diócesis. Su contenido fue previamente tratado y comunicado 'con los provinciales de las órdenes de Santo Domingo y San Francisco y con otros letrados y personas doctas y religiosas'. Las autoridades civiles protestaron en 1577 porque el *Catecismo* se había hecho imprimir sin permiso, lo que indica bien a las claras que en él se defendían más los derechos de los indios que los intereses de los españoles [19].

17 C. E. Mesa, 'Concilios y sínodos en el Nuevo Reino de Granada, hoy Colombia', *Missionalia Hispanica* 31 (1974) 129-71, especialmente 152-59.

18 P. Borges, 'Zapata de Cárdenas, Luis, OFM', *Diccionario de Historia Eclesiástica de España* 4 (Madrid 1975) 2805-6. En adelante citamos este *Diccionario* con las siglas DHEE.

19 J. M. Pacheco, 'El catecismo del Ilmo. Sr. Don Luis Zapata de Cárdenas', *Ecclesiastica Xaveriana* 8-9 (1958-59 161; M. Lucena Salmoral, 'Primer Concilio Provincial

3) *Sínodo de Imperial-Concepción de 1584 (?), por el obispo Antonio de S. Miguel (1563-90)*

Antonio de S. Miguel nació en Salamanca, en 1520 ó 1522. Tomó el hábito franciscano en 1539 en la misma ciudad del Tormes, donde realizó también sus estudios. Se ordenó de sacerdote en 1550, en cuya fecha pasó al Perú. Allí fue misionero, superior de Lima y Cuzco y ministro provincial de su orden. Pío IV le nombró obispo de Imperial el 22 de Marzo de 1563, entrando en su diócesis en 1568. Participó en el Conc. 3 Limense de 1582-83, y fue el único obispo que permaneció fiel a Santo Toribio de Mogrovejo, que era el arzobispo convocante, en unos momentos en que el concilio corría serio peligro de convertirse en un conciliábulo cismático, ya que los otros obispos hicieron causa común con el obispo de Cuzco, que era el antagonista de Mogrovejo. En 1587 fue nombrado para la sede de Quito (Ecuador). Pero falleció, cuando se dirigía a su nuevo destino, en Riobamba, cerca de Quito, el año 1590 [20].

A su regreso del Conc. 3 de Lima, parece que celebró sínodo en su diócesis Imperial. Así lo aseguran varios historiadores, aunque no se ha encontrado una evidencia documental directa de este evento [21]. De lo que no cabe la menor duda es de que las intenciones de este obispo, con sínodo o sin él, eran de aplicar las determinaciones del mencionado Concilio Limense, en cuyo éxito tanto había colaborado [22].

4) *Sínodo de Santiago de Chile de 1586, por el obispo Diego de Medellín (1496-1593)*

Diego de Medellín fue el tercer obispo de Santiago de Chile. Nació en Medellín (Badajoz) en 1496. Fue superior de Lima en 1564. Se ocupó de los estudios en su orden franciscana. Se graduó de doctor en teología en la Universidad de S. Marcos de Lima. Fue ministro provincial en 1566. Gregorio XIII lo nombró obispo de Santiago el 18 de Junio de 1574. Fue consagrado por el también franciscano obispo de Imperial Antonio de S. Miguel.

del Nuevo Reino', *Boletín cultural y bibliográfico* 5 (1963) 11-14; J. Restrepo Posada, 'El sínodo del señor Arias de Ugarte', *Ecclesiastica Xaveriana* 14 (1964) 158-64; J. M. Groot, *Historia eclesiástica y civil de Nueva Granada,* 3 ed. 1 (Bogotá 1953) 258-86, 289-92, 735-45; C. E. Mesa, 'Concilios y sínodos en el Nuevo Reino de Granada', *Missionalia Hispanica* 31 (1974) 129-71, con la bibliografía citada en los autores que acabamos de alegar.

20 C. Oviedo Cavada, *Los obispos de Chile 1561-1978* (Santiago de Chile 1979) 25, 70, 124, 162-63, 208, 224. Para los obispos franciscanos de Chile, ver también L. Olivares, *La provincia franciscana de Chile de 1553 a 1700 y la defensa que hizo de los indios* (Santiago de Chile 1961).

21 C. Silva Cotapos, *Historia eclesiástica de Chile* (Santiago de Chile 1925) 26; idem, 'Don Fray Antonio de S. Miguel', *Revista Chilena de Historia y Geografía* 10 (1914) 86; R. Muñoz Olave, *Rasgos biográficos de eclesiásticos de Concepción, 1552-1818* (Santiago de Chile 1916) 59 y 434.

22 C. Oviedo Cavada, 'Sínodos y concilios chilenos, 1584?-1961', *Historia* 3 (1964) 18-19.

Como este último, Diego de Medellín participó también en el tercer Concilio Limense de 1582-83. Falleció en Santiago de Chile el año 1593 [23].

Celebró sínodo en Santiago el año 1586. No se conocen actas ni constituciones de este sínodo, que es de suponer trataría de poner en acción las normas emanadas del Conc. 3 Limense [24].

5) *Sínodo de Santiago del Estero (Tucumán) de 8-29 de Septiembre de 1597, por el obispo Fernando de Trejo y Sanabria (1594-1614)*

Fernando de Trejo y Sanabria nació hacia 1554, verosímilmente en Viaza (Paraguay). Era medio hermano de un importante personaje de la vida civil de entonces, como es Hernandarias de Saavedra. Profesó en la orden franciscana en Lima el año 1569, y se ordenó de sacerdote en 1576. Fue provincial de la provincia de los Doce Apóstoles del Perú. Recibió el nombramiento de obispo de Tucumán en 1594. Llegó a su diócesis en Marzo de 1597, encontrando en ella todo por hacer. Y ese mismo año de 1597 celebra su primer sínodo (primero también de aquella diócesis). 'Fray Fernando de Trejo y Sanabria sería una de las figuras más descollantes del Tucumán colonial. Gran organizador, dotado de muy buena visión del porvenir, experimentado en la vida apostólica, enérgico y, sobre todo, con un corazón franciscano lleno de amor por el indígena, estaba llamado a dar a su extensa diócesis los rasgos fundamentales que la caracterizarían durante la época hispánica y aun mucho más allá' [25]. Falleció en 1614.

De los tres sínodos que celebró en Santiago del Estero (Tucumán) en 1597, 1606 y 1607, se conserva una amplia tradición manuscrita y editorial, que damos aquí conjuntamente. La dilatada difusión de estos sínodos denota el gran impacto que ejercieron durante mucho tiempo [26]. He aquí la lista de códices y ediciones en que se conserva el texto de los sínodos del obispo Trejo:

a) *Tradición manuscrita:*

Buenos Aires, Archivo de la Biblioteca Nacional, Colección Gaspar García Viñas, documentos 3119-3130. Es una copia del de *Charcas 137* del Archivo de Indias de Sevilla, al que luego aludiremos. Contiene los tres sínodos.
Córdoba, Archivo del Arzobispado, Leg. 54, tomo II. Contiene los tres sínodos en 25 folios con 47 páginas de texto. Como el anterior, es copia del *Charcas 137*. Estas copias fueron hechas durante el episcopado de Zenón Bustos y Ferreira (obispo de Córdoba de 1905 a 1925).
— Archivo del Cabildo Eclesiástico de la Catedral, MS sin signatura. Con-

23 Idem, *Los obispos* 49, 50, 70, 124-25, 206, 224.
24 Idem, 'Sínodos' 19.
25 J. M. Arancibia-N. C. Dellaferrera, *Los sínodos del antiguo Tucumán celebrados por Fray Fernando de Trejo y Sanabria 1597, 1606, 1607.* Edición crítica, con introducción y notas, preparada por... (Teología 3; Facultad de Teología de la U.C.A.; Buenos Aires 1979) 93.

tiene los tres sínodos. Los dos primeros en los fol. 16r-58r, y el tercero en el fol. 74r-84v.

— Archivo del Instituto de Estudios Americanistas, Universidad Nacional, Documento 12.087. Contiene los tres sínodos: primero en las pp. 1-32, segundo en las pp. 32-48, y tercero en las pp. 78-93.

— — Doc. 12.830. Contiene una transcripción a máquina de los tres sínodos, tomada por Levillier en Septiembre de 1929 del Archivo General de Indias de Sevilla, *Charcas 141,* al que aludimos más abajo.

— — Doc. 12.831. Contiene los dos primeros sínodos de Trejo: Doc. 12831/5 pp. 22-31 (Introducción al primer sínodo): Doc. 23.831/14 (constituciones del primer sínodo); Doc. 12.831/15 pp. 1-16 (hay p. 5 y 5a) que contiene el sínodo segundo.

Salta, Archivo del Arzobispado, MS sin signatura. En 30 hojas (58 pp. de texto) contiene una transcripción moderna de los tres sínodos de Trejo.

— — MS sin signatura. Contiene los tres sínodos de Trejo: el primero en las pp. 1-30, el segundo en las pp. 31-44, y el tercero en las pp. 46-158.

— — MS sin signatura. Contiene los tres sínodos en 56 pp. de texto.

Sevilla, Archivo General de Indias, MS *Charcas 48* (antigua signatura: 74-4-33). Documento de 16 folios, con 31 pp. de texto. Contiene el primer sínodo de 1597.

— — MS *Charcas 141* (antigua signatura: 74-6-50). Documento de 63 pp. de texto, con los tres sínodos de Trejo.

— — *Charcas 137* (antigua signatura: 74-6-46). Documento de 71 pp. de texto, que contiene los tres sínodos de Trejo.

b) *Tradición editorial:*

El texto completo de los tres sínodos de Trejo fue editado por Toscano [27], Liqueno [28], Levillier [29], Mateos [30] y Arancibia-Dellaferrera [31], existiendo incluso edición parcial de algunos fragmentos [32]. De todas estas ediciones, las mejores son la de Mateos y la de Arancibia-Dellaferrera, particularmente esta última, que tiene en cuenta todos los manuscritos antes citados y las edicio-

26 Ibid. 33-49, de donde tomamos los datos que siguen sobre la tradición manuscrita y editorial de los sínodos de Trejo.

27 J. Toscano, *El primitivo obispado del Tucumán y la Iglesia de Salta* 1 (Buenos Aires 1906) 527-613, donde se editan los tres sínodos.

28 J. M. Liqueno, *Fray Fernando de Trejo y Sanabria, fundador de la Universidad* 2 (Córdoba 1916) 323-98, que edita igualmente los tres sínodos de Trejo.

29 R. Levillier, *Papeles eclesiásticos del Tucumán. Documentos originales del Archivo de Indias* 1 (Madrid 1926) 9-78, donde se editan una vez más los tres sínodos.

30 F. Mateos, 'Sínodos del Obispo de Tucumán, Fray Fernando de Trejo y Sanabria (1597, 1606, 1607)', *Missionalia Hispanica* 28 (1971) 5-76.

31 Arancibia-Dellaferrera, cit. supra nota 25, p. 129-213, que es, en conjunto, la mejor edición, que va acompañada, además, de un buen estudio.

32 Cf. *Revista Eclesiástica del Arzobispado de Buenos Aires* 10 (1910) 856-60, que resume el primer sínodo.

nes precedentes. Sin embargo, el método utilizado de dar lo mejor de cada códice o testigo del texto trae consigo una recensión mixta, que representa un texto que nunca existió como tal.

El texto del sínodo de 1597 se abre con unas piezas introductorias donde se indican las metas que con él se persiguen, las rogativas que había que hacer por su buen resultado, la convocatoria, el nombramiento de consultores y otros sinodales entre los cuales había varios franciscanos, como Baltasar Navarro (custodio de la provincia franciscana local), Alonso de la Torre (guardián del convento franciscano de Santiago del Estero) y Pedro Muñoz. Como meta principal del sínodo señala el obispo 'la obligacion que tenemos de procurar la salvacion de todos los fieles españoles e indios de nuestro obispado' [33]. El sínodo se divide en tres partes, que versan sobre la enseñanza o catequesis, sacramentos y temas varios respectivamente.

La primera parte está prácticamente dedicada, en su integridad, a los indios, y en ella se tocan temas como los siguientes, que constituyen la puesta en práctica del Concilio 3 Limense, que el P. Trejo promulga por primera vez en Tucumán con motivo de este sínodo, donde además se leyó con otros concilios. En la introducción y constitución 1 [34] se promulga el Concilio 3 Limense y el sumario del Concilio 2 de Lima de 1567-68 [35], obligando a los clérigos con cura de almas a tener traslado manuscrito de entrambos, porque tal vez no era conocida aún en Tucumán la edición del Concilio tercero realizada en Lima el año 1590. En la primera parte se tocan problemas como éstos: que se enseñe la *Doctrina* y el *Catecismo* del Concilio 3 Limense, en la lengua del Cuzco (quéchua), que los clérigos con cura de indios sepan al menos un mínimo de lenguas indígenas (pide menos que el Concilio Limense), que se enseñe la doctrina a los indios todos los domingos, que los menores de catorce años tengan dos horas diarias de doctrina, preparación de los indios para confesarse durante tres días se piden las reducciones de los indios al gobernador que se hallaba presente en el sínodo y que era a la sazón Pedro Mercado de Peñalosa, se trata de los fiscales de los indios, de los estipendios de los curas de indios, a lo cuales sólo se concede un mes al año para ausencias, de la construcción de las iglesias para los indios, y de los días de fiesta de los mismos. Esta normativa representa, en su conjunto, una buena puesta en práctica de las constituciones del Concilio 3 Limense, el cual, como es sabido, llevaba consigo la vigencia del segundo Concilio de Lima del año 1567-68.

De las 18 constituciones de que consta la segunda parte de este sínodo de Trejo de 1597, sólo cuatro se refieren a los españoles y tratan sobre temas rutinarios que figuran en cualquier sínodo de Indias o de la Península Ibérica. Hay tres que se refieren por igual a los castellanos y a los indios. Y las restantes tratan cuestiones como los siguientes: se faculta a los curas de

33 Arancibia-Dellaferrera, op. cit. 129.
34 Ibid. 138.
35 Sobre las ediciones de los concilios Limenses, ver mi art. cit. supra nota 13.

indios para dispensar de las amonestaciones matrimoniales (debido a que los indios no aguardaban a que éstas se hicieran para iniciar la vida conyugal), que confiesen a los indios antes de casarles, que se dé el viático y la extremaunción a los indios (cosa que había puesto en tela de juicio el Concilio primero Limense de 1551-52, y que otorgan, en cambio, los dos siguientes Concilios provinciales Limenses de 1567-68 y 1582-83), ornamentación de las iglesias frecuentadas por los indios, que los señores informen al cura para que vaya a confesar a los criados indios enfermos, contra los que impiden los casamientos de los indios, que no se corte la cabellera a las indias, que los amos den a los criados indios la posibilidad de dormir con sus esposas, de los padrinos de los indios, etc.

Particularmente interesante e incisiva es la constitución 10 de esta segunda parte, en la que se pinta con duros colores la conducta de algunos encomenderos por cuanto se refiere al trato que daban a los indios enfermos: 'Muchas veces se verifica en algunos encomenderos y encomenderas, con mucho dolor nuestro, lo que dice san Pablo: los que no tienen cuidado de su familia que son peores que infieles. Y si en alguna cosa su descuido se debe mas sentir, es que a la hora de la muerte, se descuidan de los enfermos que mueren en su servicio, en exhortarles a la confesion y llamarles confesor que los confiese...' [36].

De las 25 constituciones de que consta la tercera parte, hay unas 15 que se refieren a españoles, y que versan sobre la disciplina que usualmente tratan de tutelar los sínodos, salvo algunos casos en que se les exige un buen trato para los indios. Las restantes se refieren directamente a los indios y tocan los siguientes temas: que se ponga una cruz en las iglesias de indios abandonadas, del buen ejemplo que tienen que darles los españoles en vez del malo que les están dando, que no se tomen los encomenderos los bienes del indio difunto, de las borracheras de los indios, 'que no vayan muchachos y muchachas indios juntos a buscar yerba o agua', que los españoles declaren cuáles indios de los que trabajan para ellos están casados, que los clérigos puedan ir a las entradas contra los indios 'que en esta provincia se hacen justificadas', etc.

En un protocolo adicional al fin del sínodo, el obispo Trejo accede a rebajar algunas de las penas impuestas en tres de estas constituciones sinodales. Concluye convocando sínodo para el año 1599, ya que 'hay declaracion de nuevo que los sinodos diocesanos se hagan en estas provincias de dos en dos años' [37].

6) *Sínodo de Santiago del Estero (Tucumán) de 24-29 de Abril de 1606, por el obispo Fernando de Trejo y Sanabria (1594-1614)*

El segundo sínodo de Trejo no se celebró de hecho en 1599, como estaba programado, sino en 1606, debido a diversas circunstancias. Entre ellas

36 Arancibia-Dellaferrera, op. cit. 150.
37 Ibid. 169.

cabe destacar un viaje del prelado Trejo a Paraguay, donde visitó a su medio hermano el gobernador Hernandarias. Allí visitó también a su madre, la señora María de Sanabria, y se dedicó también al ministerio de ordenaciones, confirmaciones, consultas, etc. El cambio de impresiones entre el obispo y el gobernador parece haber sido fecundo, en el sentido de que ambos se mostraron de acuerdo en compartir, en su respectiva esfera, el ideal de unir la evangelización con la promoción humana del indio. De este viaje del obispo Trejo a Paraguay puede también pensarse que pudo influir en el hecho de que el primer sínodo de Asunción (1603) asume prácticamente el primer sínodo de Trejo en Tucumán del año 1597, sobre lo cual volveremos más abajo.

Otra circunstancia que retrasó la celebración del segundo sínodo de Trejo fue sin duda el tiempo que había que tomarse para la necesaria visita pastoral previa a las dilatadas tierras de su diócesis. De hecho, esta necesidad ya existía cuando Trejo se disponía a celebrar el primer sínodo. Pero optó al fin por empezar por este último, por 'la mucha necesidad que hay en este obispado de poner en orden muchas cosas, para el remedio de las cuales era mejor remedio que se tratasen, confiriesen y eligiesen en sínodo para que quedasen mas bien sentadas y mas bien recibidas' [38].

El sínodo de 1606 se convocó para los días 24-29 de Abril de 1606. Pero de hecho la fecha final fue prorrogada hasta el 11 de Junio, día en que terminó realmente esta asamblea sinodal. El gobernador Alonso Rivera fue representado en el sínodo por su lugarteniente Francisco Lugones. Curiosamente, en la constitución 13 de este sínodo se inserta una oración por las autoridades civiles y eclesiásticas. En dicha oración figura el obispo en primer lugar, antes que el rey y el gobernador, lo cual dio lugar a reclamaciones e intervenciones, incluso regias, lo que muestra una vez más la hipersensibilidad que en esta materia existía. Entre otros sinodales, figura el franciscano Lázaro Díaz, custodio de los franciscanos en Tucumán.

De las 25 constituciones de que consta este sínodo, sólo dos están dedicadas a los indios: la 22, sobre confesores extraordinarios que había que enviarles, a semejanza de los que existían para las religiosas, y la 23, sobre el examen que había que hacer a los candidatos a curas de indios. Las demás se refieren a los españoles y sólo incidentalmente se alude a los indios en materias que ya fueron explícitamente tratadas para ellos en el primer sínodo de 1597. En general, las constituciones de españoles versan sobre el ordenamiento del cabildo y del culto catedralicio, aparte algunos aspectos de la vida cristiana de los españoles. El tema de la catedral en este segundo sínodo cobra importancia, en buena parte debido a una ordenación de Felipe II sobre esta materia, que promulgó poco antes de su muerte.

Concluye este segundo sínodo, convocando el siguiente para un año más tarde, abreviando el plazo de dos años antes señalado.

38 Ibid. 130.

7) *Sínodo de Santiago del Estero (Tucumán) de Septiembre de 1607, por el obispo Fernando de Trejo y Sanabria (1594-1614)*

No se indican los nombres de los sinodales como otras veces. Pero es de suponer fueron más o menos los mismos, habida cuenta de que el segundo sínodo se había celebrado sólo un año antes. En la lectura y aprobación de las constituciones, que tuvo lugar en la sesión del día 28 de Septiembre de 1607, aparece el franciscano Juan de Benalcázar (vicecustodio de los franciscanos) y el predicador Bartolomé Muñoz, también franciscano. Se le señala al sínodo como finalidad poner en práctica las disposiciones de sínodos anteriores, aunque añade el obispo 'Pero no se debe juzgar por cosa reprensible que alteremos algunas cosas y deroguemos otras... segun la variedad de los tiempos por alguna evidente utilidad' [39]. El obispo añade que también incluirá en este sínodo algunas constituciones nuevas. Comienza urgiendo que cada cura y visitador tenga una copia de los tres sínodos, cosa que parece haberse cumplido bastante bien, aunque no sea más que por el detalle de que se conservan aún hoy día varios códices con esta composición de las constituciones de los tres sínodos. Siguen varias constituciones en las que se trata de reforzar la institución de las doctrinas: aumentar su número, garantizar una retribución congruente a los doctrineros, residencia de los doctrineros, quiénes deben aportar los medios económicos para el sostenimiento de las doctrinas de indios, y del ministerio de los doctrineros como aquí se les llama. Se vuelve a recordar que no se separe a los cónyuges indios sino que se garantice su convivencia, se vuelve sobre los informes previos para casar a los indios, de la asistencia de los niños a las doctrinas. Las restantes constituciones se refieren a los aspectos usuales de disciplina y vida cristiana de los españoles. Llama la atención la constitución 15 sobre que no se viole la correspondencia ('Que no se abran las cartas'), 'abuso indigno de gente política y cristiana', que el sínodo castiga con excomunión mayor *latae sententiae* [40]. En la constitución se habla de una *Instrucción* para confesores 'que nos le daremos' [41], y que hoy día no se conoce, del Concilio 3 Limense y del resumen del Concilio 2 de Lima 'que se dara tambien autorizado del presente secretario' [42]. Se conoce un *Confesonario para los curas de indios* (publicado en 1585) que da idea de lo que podía ser el de Trejo.

Al final de este sínodo, Trejo dice a los interesados que estén prontos para acudir al nuevo sínodo cuando se les dirija la convocatoria [43]. Pero de hecho no tenemos noticia sobre ulteriores sínodos de obispo Trejo en Tucumán.

39 Ibid. 129. Curiosamente, estas palabras están tomadas literalmente del Conc. 4 Lateranense de 1215 c. 50 (X 4.4.8).

40 Arancibia-Dellaferrera, op. cit. 210.

41 Ibid.

42 Ibid.

43 Ibid. 211.

8) *Sínodo de Asunción de Buena Esperanza (Paraguay) del 6 de Octubre-2 de Noviembre de 1603, por el obispo Martín Ignacio de Loyola (1601-1606)*

Martín Ignacio de Loyola, pariente del fundador de la Compañía de Jesús, fue nombrado obispo previa pesentación real, el 19 de Noviembre de 1601. Llegó a Buenos Aires en 1603. Y ese mismo año celebró el sínodo de que aquí se trata. Previamente había realizado dos intentos de penetración misional pacífica en China, acabando ambos intentos en las cárceles chinas. Viajero infatigable y celoso misionero, dedicó los últimos años de su vida a su diócesis de Asunción de Paraguay, donde falleció el año 1606.

La tradición manuscrita del sínodo del obispo Loyola se reduce al único códico conocido, que se conserva en el Archivo General de Indias de Sevilla [44]. Indirectamente pueden considerarse como dentro de la tradición manuscrita de este texto todos los testigos del primer sínodo del obispo Trejo de Sanabria en Santiago del Estero (1597), del que es copia en su mayor parte, como en seguida veremos. La tradición editorial parte de la publicación de algunos fragmentos, para concluir en una edición del texto completo realizada en tiempos recientes [45].

Como ya indicamos, este sínodo asume prácticamente la casi totalidad del primero que celebró en Santiago del Estero (1597) el obispo Trejo, que resumimos más arriba. En realidad lo asume casi entero, pero algunas de las pocas variantes que contiene son realmente significativas. Así, por ejemplo, en vez de asumir la *Doctrina* y el *Catecismo* del Concilio 3 de Lima en lengua quéchua, ordena en la constitución segunda que en su diócesis se adopte 'la *Doctrina* y *Catecismo* que se ha de enseñar a los indios en lengua guarani, por ser mas clara y hablarse casi generalmente en estas provinçias' [46].

En la constitución siguiente pide a los curas de indios que sepan de memoria 'el *Catecismo* y *Doctrina* que hizo el padre fray Luis de Bolaños, que es el sobredicho' [47], quedando con ello aprobados y puestos en vigor para la diócesis de Asunción en virtud de este sínodo de 1603.

El obispo Loyola omite en su sínodo las constituciones de Trejo II.3, 13, 15, III.1, 6 (las 7-8 difieren), 11-15, 17, 20-25. En cambio, Tucumán omite las de Asunción III.8-9, 11-13, 15, 17. Como es obvio, es en esta tercera parte donde se advierten más cambios entre ambos textos de Tucumán 1597

44 Sevilla, AGI, Charcas 128 (antigua signatura: 74-6-47).

45 Editaron fragmentos de este sínodo M. R. Trelles, 'Catecismos en Guaraní', *Revista de la Biblioteca Pública de Buenos Aires* 4 (1882) 3-80; P. Pastells, *Historia de la Compañía de Jesús en la provincia del Paraguay* 1 (Madrid 1912) 111-13; R. Carbia, *Historia eclesiástica del Río de la Plata* 1 (Buenos Aires 1914) 54 (tan sólo copia los títulos); R. Streit, *Bibliotheca Missionum* 2: *Americanische Missions Literatur*, 1493-1699 (Aachen 1924) p. 311, n. 1348, y p. 378, n. 1373, que resume los datos de Trelles y Pastells. Ultimamente, el sínodo fue editado por F. Mateos, 'El primer concilio del Río de la Plata en Asunción (1603)', *Missionalia Hispanica* 26 (1969) 257-359, ocupando el texto de las constituciones las p. 334-59, dedicando el resto a un estudio previo.

46 F. Mateos, ed. citada en la nota precedente, p. 340.

47 Ibid. 341.

y Asunción 1603. Entre los textos de Asunción que no figuraban en Tucumán, llama la atención el siguiente sobre una curiosa superstición de los indios: 'Y porque en esta prouinçia hay unos pajaros de diuersos colores, que se llaman guacamayos, que los naturales tienen por cierto genero de superstiçion y idolatria, y como a tales, particularmente los indios de la çiudad de Santa Fee; y los traen consigo en las popas de las canoas que andan por los rios, teniendo toda su feliçidad y buena andança colgada de los dichos pajaros, idolatria y superstiçion por çierto lastimosa y digna de ser llorada; por tanto, preuiniendo de remedio, con pena de excomunion mayor, mandamos a todas e cualesquier personas, de cualquier calidad y condiçion que sean, no consientan los dichos indios traigan consigo los dichos pajaros, ni que se saquen de esta çiudad para la de Santa Fee, para que asi se vaya remediando este tan grande mal, cosa de que nuestro Señor sera muy seruido; aperçiuiendoles que a la persona que se le probare haber tenido descuido en esto, en razon de tan enorme pecado sera castigado y punido seueramente' [48].

Otro texto digno de especial mención es la constitución 14, que dice literalmente: '... Ordenamos y mandamos que todos los curas, asi de españoles como de indios, de todo este dicho obispado, y cada uno dellos, tengan un tanto de la instruccion que, con acuerdo de las personas doctas desta santa sinodo, tenemos ordenado, el cual tengan firmado de nuestro nombre y refrendado de nuestro secretario. Y asimismo un traslado destas sinodales, autorizado, como dicho es, el cual saquen dentro de un mes de la publicacion, so pena que en la visita que se les hiciere seran castigados en penas pecuniarias' [49]. La *Instruccion de confesores* a que aquí se alude, parecida a la de Lima y de otras diócesis, fue editada por el franciscano Jerónimo de Oré [50], y lleva por título 'Instruccion para los confesores del obispado del Río de la Plata, acerca de las cosas en que suele haber mas peligro y dificultad, dada y mandada guardar por el Revdmo. Sr. don Fray Martin Ignacio de Loyola, obispo de dicho obispado.'

Curiosamente, esta constitución 14 del sínodo de Asunción de 1603, de la que hemos copiado la parte final, aparece con diferentes palabras en la constitución 20 del tercer sínodo de Trejo (1607): '... Y asimismo tendran la *Instruccion* de confesores que nos les daremos...' [51]. Dada la vinculación del obispo con su Paraguay nativo, bien pudiera tratarse de un influjo en sentido inverso, es decir, de Loyola en Trejo, aunque no tengamos hoy conocimiento del texto a que aquí alude este último. También es posible que aquí Trejo aluda al *Confesonario para curas de indios* del tercer Concilio de Lima de 1582-83, editado en Lima en 1585.

En este sínodo de Asunción de 1603 estuvieron presentes personas importantes como San Francisco Solano, que se sentó en el segundo banco de

48 Ibid. 353.
49 Ibid. 356.
50 Luis Jerónimo de Oré, *Rituale seu Manuale Peruanum* (Neapoli 1607) 412-15.
51 F. Mateos, op. cit. supra nota 45, p. 210.

la izquierda, y San Roque González de Santa Cruz, que después se hizo jesuita. También estaba presente el custodio de los franciscanos.

9) *Sínodo de Caracas del 5-12 de Octubre de 1609, por el obispo Antonio de Alzega (1605-10)*

Alzega fue el segundo obispo de Venezuela. Antiguo contador de la Real Audiencia de Yucatán, se hizo franciscano y gobernó la sede venezolana en unas condiciones realmente difíciles, debido a la escasez de clero y fieles, a las amenazas del exterior y a las incursiones de los indios cimarrones en el interior. En 1608, convocó el segundo sínodo venezolano para el año siguiente. Aunque estaba previsto celebrarlo en Barquisimeto, de hecho parece tuvo lugar en Caracas del 5 al 12 de Octubre de 1609. Como preparación realizó una visita a la diócesis, visita que emprendió apenas puso el pie en ella en 1605. No se conserva el texto de las constituciones de modo directo. Pero setenta y seis años después reunió el siguiente sínodo de Venezuela el obispo Diego de Baños y Sotomayor, quien asume con elogio varias disposiciones de su predecesor Alzega. El sínodo de Baños y Sotomayor fue de extraordinaria importancia para la Iglesia venezolana prácticamente hasta nuestros días. Entre otras disposiciones del sínodo de Alzega destaca la entrada en vigor de la norma tridentina sobre la puesta en marcha del seminario diocesano[52].

10) *Sínodo de Santiago de Chile de 1612, por el obispo Santiago Pérez de Espinosa (1600-22)*

Santiago Pérez de Espinosa nació en algún lugar incierto de Castilla hacia 1538. Pasó a Méjico hacia 1575, donde se hizo franciscano en el convento de Zacatecas, y cursó sus estudios. Ejerció el apostolado en Méjico, Nueva Vizcaya y Guatemala como predicador, misionero, profesor y en diversos cargos de gobierno dentro de su orden. En 1599 regresó a España. Al año siguiente fue nombrado obispo de Santiago de Chile por Clemente VIII (12 de Mayo de 1600). Fue consagrado en el convento de San Francisco el Grande de Madrid el 25 de Julio del mismo año, entrando en su diócesis en 1601, tomando posesión en Octubre del 1601. Hizo por procurador una visita *ad limina* el primero de Marzo de 1609. Gobernó a la vez la diócesis de Concepción (Chile), primero por encargo del arzobispo de Lima y después como vicario apostólico nombrado por Paulo V. En 1618 viajó a España para presentar su renuncia a la diócesis, que le fue aceptada en 1622, año en que falleció en Sevilla.

Celebró sínodo en 1612, pero no se conoce el texto que recogió sus disposiciones, ni se conocen más detalles sobre esta asamblea sinodal. Este sí-

52 N. E. Navarro, *Anales eclesiásticos venezolanos* 2 ed. (Caracas 1951) 91-94; A. Egaña, *Historia de la Iglesia en la América Española desde el descubrimiento hasta comienzos del s. XIX. Hemisferio Sur* (Madrid 1966) 557-58. Cf. también p. 566-71.

nodo es el segundo que se celebró en Santiago de Chile. El anterior es de 1586, y el siguiente es el de 1626 [53].

11) *Sínodo de Imperial-Concepción de 1625 (?), por el obispo Luis Jerónimo Oré (1620-30)*

Nació Luis Jerónimo Oré en Huamanga (Perú), en 1554. Perteneció como franciscano a la provincia de los Doce Apóstoles del Perú. Fue hombre versado en lenguas indígenas. Ejerció diversos cargos pastorales y de gobierno, como el de provincial del Perú. En 1587 pasó a España e Italia. En 1614 fue nombrado visitador de Florida y Cuba, regresando a España en 1618. Paulo V le nombró obispo de Concepción (Chile) el 17 de Agosto de 1620. Consagrado en España en 1620-21, tomó posesión de su diócesis a finales de 1622 o principios de 1623. Falleció en Concepción el 30 de Enero de 1630.

Después de girar por dos veces la visita pastoral a su diócesis, 'que había cuarenta años no la visitaba prelado', celebró sínodo en Concepción. Este fue el segundo sínodo. El primero tuvo lugar en tiempos del primer obispo, que fue el franciscano Antonio de S. Miguel, de quien ya hicimos mención. Es discutible la fecha de celebración, aunque lo más probable es la que queda indicada en 1626. No se conserva el texto de las disposiciones de este sínodo ni tampoco noticias sobre su contenido [54].

12) *Sínodo de Santiago de Chile de 9 de Febrero de 1670, por el obispo Diego de Humanzoro (1660-1676)*

Diego de Humanzoro o Umanzoro nació en Azcoitia (Guipúzcoa), en Noviembre de 1601. Como franciscano, perteneció a la provincia de San Antonio de Charcas. Fue misionero y ministro provincial de Charcas y calificador del Santo Oficio. El 26 de Enero de 1660 fue nombrado obispo de Santiago de Chile por Alejandro VII. Tomó posesión de su diócesis en Julio de 1662. Hizo la visita *ad limina* por procurador en 1663, 1666, 1673. Falleció en Santiago en 1676.

Después de realizar la visita pastoral a la diócesis, celebró el IV Sínodo de Santiago de Chile el día 9 de Febrero de 1670. El sínodo permaneció inédito, por las razones que el obispo expone a la Reina: 'Y aunque seria bien que se imprimiese, por no haber memoria de los sinodos de este obispado, no me atrevo a intentarlo por falta de medios, porque los posibles todos he gastado con mis pobres y en la reedificacion de esta iglesia de Vuestra Majestad, que la halle demolida y hoy esta cubierta toda y estara acabada en breve' [55]. El contenido de las constituciones sinodales de 1670 sólo nos es

53 C. Oviedo Cavada, *Los obispos* 49, 143-44, 159, 200, 206; idem, 'Sínodos' 19-20.
54 Idem, *Los obispos* 119, 139, 159, 197, 208; idem, 'Sínodos' 20-21.
55 Idem, 'Sínodos' 27.

conocido a través del sínodo de Carrasco, en el que se invoca el de Humanzoro infinidad de veces [56]. El sínodo de Carrasco es del año 1688 [57].

13) *Sínodo de Imperial-Concepción de 1774, por el obispo Pedro Angel Espiñeira (1761-78)*

Nació este obispo en San Pedro de Vilariño (Pontevedra) el 29 de Julio de 1727. Ingresó en la orden franciscana en 1742. Pasó al Perú en 1752. Fue vicario de su provincia franciscana. Pasó a Chile, donde fue misionero y guardián del convento de Chillán. Fue nombrado obispo de Concepción el 23 de Noviembre de 1761 por Clemente XIII, consagrado en Santiago de Chile en 1763, y tomó posesión de su diócesis el 24 de Febrero de 1764. Hizo la visita *ad limina* en 1769 (presentada en 1771). Participó en el Concilio provincial de Lima de 1572-73. Falleció en Concepción el 9 de Febrero de 1778.

En 1774 celebró sínodo en Concepción, para poner en práctica las decisiones del Concilio Limense al que había asistido. Este sería el postrer sínodo chileno y también el último de Concepción durante la época colonial. Las únicas noticias que hay sobre la existencia de este sínodo se deben a Eyzaguirre [58]. Como quiera que su obra contiene bastantes errores históricos, parece proyectarse alguna duda sobre la exactitud de las referencias que este autor hace al presente sínodo [59].

14) *Sínodo de Cartagena de Indias de 1782, por el obispo José Díaz de Lamadrid (1777-1792)*

El obispo franciscano Lamadrid gobernó la sede de Cartagena de Indias de 1777 hasta 1792, en que fue trasladado a Quito, donde falleció en 1794. En Cartagena visitó toda la diócesis, dio nueva vida al seminario diocesano y construyó un hospicio para niñas. En 1782 (o según otros en 1789) convocó sínodo. De esta asamblea sólo tenemos noticias retrospectivas. En la Pinacoteca episcopal de Cartagena de Indias hay un cuadro que representa a este obispo. En la correspondiente inscripción del cuadro se lee que 'Celebró sínodo diocesano'. Que esta noticia esté bien fundada, se deduce del testimonio de don Pedro Adán Brioschi, arzobispo de Cartagena de Indias, quien al convocar el segundo sínodo diocesano de Venezuela, refiere lo siguiente:

56 Ver nuestra edición del sínodo de Bernardo Carrasco Saavedra, *Sínodos de Santiago de Chile de 1668 y 1763* (Sínodos Americanos 2; Madrid-Salamanca 1983) 21, 22, 24, 27, 30, 31, 36, 38, 41, 46, 54, 60, etc. En la introducción se indican las anteriores ediciones.

57 C. Oviedo Cavada, *Los obispos* 61, 103, 197, 206, 225; idem, 'Sínodos' 26-28.

58 J. I. V. Eyzaguirre, *Historia eclesiástica, política y literaria de Chile* 2 (Valparaiso 1850) 127, 183, donde afirma que el sínodo del obispo Espiñeira fue aprobado, y que sus constituciones eran una ampliación de las del obispo Azúa, que pueden verse editadas en el tercer volumen de la serie *Sínodos Americanos* cit. en la nota 56.

59 C. Oviedo Cavada, *Los obispos* 82-83, 121, 147, 183, 209, 227; idem 'Sínodos' 39-41.

'En nuestra diócesis, desde el último sínodo que es fama haber sido reunido por nuestro predecesor el Il.mo Sr. José Díaz de Lamadrid, hasta el que nos celebramos hace tres años, transcurrieron cerca de ciento veinticinco años' [60]. Al decir que 'es fama', da a entender el autor de estas líneas que no llegó a ver el texto del sínodo de Lamadrid, acerca del cual tampoco nosotros poseemos más información. Su sínodo fue uno de los últimos de la época colonial en la América hispana [61].

3. Participación franciscana en concilios y sínodos

Nos referimos en este apartado a aquellos concilios y sínodos en los que participaron los franciscanos como convocados y no como convocantes. Obviamente no vamos a realizar aquí un inventario de concilios y sínodos con la lista de los franciscanos que a ellos asistieron. Ofreceremos seguidamente un par de ejemplos, que juzgamos más importantes que puedan servir de punto de referencia para el resto de las asambleas conciliares y sinodales de Indias.

Los dos concilios más importantes, a juzgar por su impacto y trascendencia, fueron, sin duda alguna, el tercero de Lima de 1582-83 [62] y el tercero de Méjico de 1585 [63]. En la *Recopilación de Indias* [64] se impone su vigencia para Indias, vigencia que no termina con la época colonial, sino que de hecho se prolonga hasta el Concilio Plenario de América Latina celebrado en Roma 1899 [65]. La normativa de la *Recopilación de Indias* que acabamos de citar procede de las reales cédulas de Felipe II (18 de Septiembre de 1591 y 7 de Febrero de 1593) y de Felipe III (9 de Febrero de 1621). Contrariamente a lo que a veces se supone, el impacto y la importancia histórica de estos dos concilios no radica tanto en su originalidad y perfección intrínseca, cuanto en las condiciones favorables de aprobación, edición y aplicación de que disfrutaron estos concilios, particularmente el tercero Limense, condiciones ambientales de las que otros carecieron.

Las normas escritas y consuetudinarias que regulaban la convocatoria de los concilios y sínodos eran prácticamente idénticas en Indias a las que regían en la Península Ibérica, y éstas a su vez coincidían sustancialmente con las del derecho común [66]. Para los concilios se convocaba a los obispos sufra-

60 J. Restrepo Posada, 'Cronología de los obispos de Cartagena de Indias', *Boletín de historia y antigüedades* 43 (1955) 317.

61 C. E. Mesa, 'Concilios y sínodos en el Nuevo Reino de Granada, hoy Colombia', *Missionalia Hispanica* 31 (1974) 169.

62 La ed. mejor y más completa, aunque no crítica, es la de R. Vargas Ugarte, *Concilios limenses (1551-1772)* 1 (Lima 1951) 259-426.

63 *Concilio III provincial mexicano* primera ed. en latín y castellano (México 1859).

64 1.8.7.

65 *Acta et decreta concilii plenarii Americae Latinae in Urbe celebrati anno Domini MDCCCXCIX* (Roma 1902), con un apéndice (Roma 1910).

66 Ver estas normas reunidas y comentadas en mi Introducción a la serie *Sínodos Americanos:* Juan García de Palacios, *Sínodo de Santiago de Cuba de 1681* (Sínodos Americanos 1; Madrid-Salamanca 1982) IX-XXI.

gáneos, a los superiores de las órdenes religiosas con casas en el territorio o al menos en la ciudad donde el concilio tenía lugar, a una representación del cabildo y del clero con cura de almas, consultores teólogos y canonistas, aparte de los oficiales del concilio, como eran los secretarios y encargados de otros cometidos. En Indias, asistían además las autoridades civiles, en virtud del patronato regio. En los sínodos regían normas parecidas, salvo las excepciones exigidas por la misma naturaleza de estas asambleas: así, no asistían obispos sufragáneos, y en vez de la representación del clero con cura de almas, estaban invitados todos su miembros, etc. En virtud de una vieja *regula iuris* [67], según la cual cada uno podía hacer por otro lo que podía realizar por sí mismo, los convocados al concilio debían enviar un representante, cuando ellos se encontraban legítimamente impedidos. Es obvio, por otra parte, que entre los mencionados, unos tenían el deber y el derecho de asistir por derecho propio, en virtud del oficio que desempeñaban, como era el caso de los obispos y superiores de órdenes religiosas, mientras que otros tenían el derecho de asistir porque habían sido convocados, como era el caso de los consultores.

Con estas observaciones previas, veamos ahora cuál fue la participación franciscana en los dos concilios citados. No sería correcto ofrecerla de modo absoluto y sin términos de referencia que permitan valorarla en sus justos límites. Por ello, daremos en cada caso su porcentaje sobre el total de miembros convocados del mismo nivel, aparte de otras circunstancias que permitan una justa evaluación.

Al Conc. Limense asistieron nueve de los doce obispos de la provincia eclesiástica limense, de los cuales tres eran seculares (entre ellos el propio Santo Toribio de Mogrovejo, arzobispo de Lima), tres dominicos y tres franciscanos. Estos últimos fueron Diego de Medellín (obispo de Santiago de Chile) [68], Antonio de San Miguel (obispo de Imperial, Chile) [69], y Pedro Ortiz (que en realidad no era obispo, sino representante del obispado de Nicaragua, cuyo obispo, el también franciscano Antonio de Zayas, acababa de fallecer) [70]. En otro lugar, ponderamos ya la valiosa y valiente labor de Antonio de S. Miguel, que en unos momentos muy críticos contribuyó de modo decisivo a salvar el concilio y su obra.

Entre los superiores de órdenes religiosas, asistieron los franciscanos

67 In VI regul. iuris 72: 'Qui facit per alium, est perinde, ac si faciat per se ipsum'.

68 Nació en Medellín en 1496. Entró en la orden franciscana en el convento de Hornachuelos. En 1545 ya estaba en Lima. Fue uno de los primeros doctores que se formaron en la Universidad de S. Marcos de aquella ciudad. Estuvo dedicado a la enseñanza, fue guardián del convento de Jesús en Lima, siendo nombrado provincial en 1568. El 8 de Junio de 1574 fue nombrado obispo de Santiago, siendo consagrado por su hermano de hábito Antonio de S. Miguel (ob. de Imperial). Falleció en 1592, después de gobernar la sede santiaguina durante 16 años. Cf. Oviedo Cavada, *Los obispos* 49, 50, 70, 103, 124-25, 206, 224. Ver supra nota 24 de este capítulo.

69 Ver la bibliografía indicada supra nota 20 de este capítulo.

70 Llegó al fin del Concilio. Ver R. Vargas y Ugarte 1.62.

Jerónimo de Villacarrillo (Comisario de su orden)[71] y Marcos Jofré (guardián del convento de Lima)[72]. En el cuerpo de consultores figuraba uno de cada orden religiosa. El franciscano era Juan del Campo[73].

Para obviar las posibles celotipias entre las diversas órdenes religiosas, se trató en Indias de invitar, en la medida de lo posible, el mismo número de representantes de cada orden religiosa, criterio que en este concilio tercero Limense se realizó con precisión matemática[74].

El tercer concilio provincial mejicano de 1585 representó para el virreinato del norte lo que el tercero limense de 1582-83 para el meridional. No se registró la presencia de ningún obispo franciscano a este concilio. En el cuerpo de consultores había un miembro de cada una de las órdenes religiosas. El franciscano era Juan Salmerón, lector de teología en su convento. La aportación franciscana estuvo principalmente en los informes que los franciscanos presentaron sobre las principales cuestiones allí debatidas, cosa que también hicieron las demás órdenes. El concilio adoptó sobre tales problemas una posición que trató de atenerse a estos informes. Veamos algunos casos.

Uno de los problemas más difíciles y conflictivos, sobre el cual tuvo el concilio que adoptar una resolución, fue el de los repartimientos de indios, con todas las consecuencias que de aquí se derivaban. Entre los informes sobre esta cuestión, hay tres de los franciscanos: dos más breves y un tercero mucho más amplio. Sus firmantes son los franciscanos Pedro de San Sebastián (provincial), Juan Ramírez, Diego Vengel, Pedro Oroz y Gaspar de Recarte. Como en general el de los demás religiosos, el punto de vista de los franciscanos era favorable a los indios y contrario a los excesos de los encomenderos españoles.

Otro problema del momeno era el de la guerra de los españoles contra

71 Oriundo de Murcia, fue guardián del convento de Cuzco y provincial de aquella provincia. Ejerció el cargo de comisario general por espacio de 14 años. Felipe II lo propuso para obispo de Tucumán, pero Jerónimo de Villacarrillo declinó tal nombramiento. Falleció en Lima el año 1588. Cf. L. Arroyo, *Comisarios generales del Perú* (Madrid 1950) 77-81.

72 Era hijo de la provincia franciscana de Castilla. Ejercía el cargo de ministro provincial en el Perú desde 1577.

73 Pertenecía originariamente a la provincia franciscana de Castilla. Fue lector en el convento de San Juan de los Reyes. Ejerció importantes cargos en el Perú: lector de Teología en el convento de Jesús de Lima, guardián del mismo, provincial, comisario de la orden franciscana en el Perú, calificador y consultor del Santo Oficio, confesor del gobernador Lope García de Castro, consejero de los virreyes Toledo y Enríquez, muy apreciado por los dos arzobispos Loaysa y Mogrovejo. Jugó un papel relevante como teólogo del concilio provincial segundo de Lima (1567-68). Propuesto por Felipe II para el obispado de Asunción (Paraguay) el 19 de Septiembre de 1575, Gregorio XIII lo nombró el 27 de Marzo de 1577. Pero el interesado había presentado sus razones declinando tal nombramiento el día 30 de Noviembre de 1576, razones que le fueron aceptadas. Falleció en Lima en 1584, predicando en su funeral el jesuita José de Acosta, con el que le unían lazos de amistad. Cf. Arroyo 55-76.

74 R. Vargas Ugarte, *Concilios Limenses (1551-1772)* 1-3 (Lima 1951-54); J. G. Durán, *El Catecismo del tercer concilio provincial de Lima y sus complementos pastorales (1584-85). Estudio preliminar. Textos. Notas* (Buenos Aires 1982).

los indios llamados chichimecas, sobre el cual se pronunciaron igualmente las órdenes religiosas, y el concilio acabó adoptando el parecer de los informes de los religiosos que sostenían que la única forma de evitar aquella guerra consistía en promocionar humanamente a los indios, habituándolos a vivir civilmente en reducciones, junto con otra serie de medidas. El informe de los franciscanos estaba firmado de modo colectivo por Alonso Ponce (comisario general), Pedro de San Sebastián (provincial), Diego Vengel, Juan de Castañeda, Antonio de Salazar, Pedro de Torres, Pedro Oroz, Antonio Quijada, Rodrigo de Olivos, Juan de León [75].

Otro problema no menos espinoso era el de las relaciones entre los religiosos y los obispos. Los primeros intentaban seguir disfrutando de las mismas exenciones con respecto a los segundos que desde un principio habían tenido. Los segundos trataban de aplicar la supresión de la exención tal como lo prescribía el Concilio Tridentino. No es éste el lugar de resumir las diferentes alternativas que todavía siguió esta cuestión durante bastante tiempo. En las actas de este tercer concilio mexicano hay también un largo informe de los franciscanos Pedro de San Sebastián y Pedro Oroz, que ocupa ocho folios [76]. En la mente de todos estaban todavía las páginas que le había dedicado un distinguido miembro de la Orden, a saber Juan Focher, quien antes de morir, en 1572, redactó su *Itinerarium,* que se editará en 1574 y volverá a reeditarse recientemente [77]. En este y otros escritos suyos, Focher es uno de los más rígidos defensores de los privilegios de los religiosos, dentro del contexto de su defensa del regio patronato y vicariato del monarca español sobre las Indias.

Desde el punto de vista catequético, merecen recordarse, entre otros trabajos realizados por franciscanos, el opúsculo *Rudimentos de la nuestra sancta fe* [78], escrito por la ya mencionados Pedro de San Sebastián y Pedro Oroz. Pero este tema tenía para los días del concilio de 1585 una larga trayectoria entre los franciscanos. De unos cuarenta y cuatro tiradas de tratados catequéticos (catecismos, sermonarios, confesionarios, gramáticas de lenguas indígenas de los indios, vocabularios, etc.) más de la mitad eran de autores franciscanos. Aparte de algunas tiradas anónimas (aunque ciertamente de franciscanos) los autores de esta orden que redactaron las restantes eran

75 En el manuscrito en que se conserva este documento están tachados dos de estos nombres por una mano posterior. Cf. W. Henkel, op. cit. supra nota 2, p. 99, nota 68.

76 Berkeley, Bancroft Library, MS 269 fol. 165r-172r. Cf. W. Henkel, ibid. p. 128, nota 11. Sobre el concilio tercero mexicano, cf. W. Henkel, ibid. 83-139; F. Zubillaga, 'Tercer Concilio Mexicano 1585. Los memoriales del P. Juan de la Plaza', *Archivum Historicum Societatis Iesu* 30 (1961) 180-244; I. A. Llaguno, *La personalidad jurídica del indio y el III Concilio Provincial Mexicano 1585* (Biblioteca Porrúa 27; México 1963) con la bibliografía citada por estos autores.

77 Juan Focher, *Itinerarium catholicum proficiscentium ad infideles convertendos* (Sevilla 1574). Reciente edición bilingüe, con introducción y notas de A. Eguiluz (Madrid 1960).

78 W. Henkel, op. cit. supra nota 2, p. 117.

Juan de Zumárraga [79], Alonso de Molina [80], Pedro de Gante [81], Maturino Gilberti [82], Juan Bautista de Lagunas [83] y Bernardino de Sahagún [84]. Tanto el concilio tercero de Méjico como el tercero limense prestaron gran atención a esta literatura catequético-pastoral. Su mérito no estuvo obviamente en la invención de estos géneros literarios ni en su introducción en Indias, sino en haber reforzado su uso con su autoridad oficial [85].

La participación de los franciscanos en los sínodos diocesanos quedó suficientemente ejemplificada en el apartado que dedicamos más arriba a las asambleas sinodales convocadas y presididas por obispos de esta Orden. Incidentalmente indicamos allí los demás franciscanos que asistieron a tales reuniones.

79 *Breve y mas compendiosa Doctrina Christiana en lengua mexicana y castellana, que contiene las cosas mas necesarias de nuestra sancta fe catholica, para aprovechamiento destos indios naturales y salvación de sus animas* por mandado de Juan de Zumárraga (México, Juan Cromberger, 1539); *Doctrina christiana breve para enseñanza de los niños* por fray Juan de Zumárraga (México, Juan Cromberger, 1543); *Doctrina breve muy provechosa de las cosas que pertenecen a la fe catholica y a nuestra cristiandad en estilo llano para comun inteligencia compuesta* por... Fray Juan de Zumárraga (México, Juan Cromberger, 1543-44). Los datos esenciales de esta nota y siguientes están tomados del estudio introductorio de E. de La Torre Villar que aparece editado junto con la edición facsimilar de Fray Pedro de Gante, *Doctrina christiana en lengua mexicana* (México, Juan Pablos, 1553 = México 1982).

80 *Doctrina christiana breve traduzida en lengua mexicana* por Alonso de Molina de la Orden de los Menores... (México 1546); *Vocabulario en la lengua castellana y mexicana,* compuesto por Alonso de Molina... (México 1555); *Confesionario breve en lengua mexicana y castellana...* por Alonso de Molina (México, por Antonio de Espinosa, 1565); *Confesionario mayor, en lengua mexicana y castellana* (México, Antonio de Espinosa, 1565); *Arte de la lengua mexicana y castellana...* por Alonso de Molina (México, Pedro Ocharte, 1571); *Vocabulario en lengua castellana y mexicana...* por Alonso de Molina (México, Antonio de Spinosa, 1571); *Arte de la lengua mexicana y castellana...* por Alonso de Molina... (México, Pedro Balli, 1576).

81 *Doctrina christiana en lengua mexicana...* (México, Juan Cromberger, 1547); *Doctrina christiana en lengua mexicana...* (México, Juan de Pablos, 1553; es la misma anterior, con correcciones. Esta edición de 1553 ha sido reproducida facsimilarmente en Méjico (1982), con la Introducción de E. de la Torre Villar cit. supra nota 79. *Cartilla para enseñar a leer, nuevamente enmendada y quitadas todas las abreviaturas que antes tenia...* (México, Pedro Ocharte, 1569).

82 *Arte de la lengua de Mechuacan copilada por...* Maturino Gilberti (México, Juan Pablos, 1558); *Thesoro espiritual en lengua de Mechuacan, en el cual se contiene la doctrina christiana y oraciones para cada dia y el examen de la conciencia y declaracion de la misa compuesto por...* Maturino Gilberti (México 1558); *Dialogo de doctrina christiana, en la lengua de Mechuacan. Hecho y copilado de muchos libros de sana doctrina por...* Maturino Gylberti (México 1559); *Vocabulario en lengua de Mechuacan compuesto por...* Maturino Gilberti (México 1559; *Grammatica Maturini Tractatus omnium fere que Grammatices studiosi tradi solent a fratre Maturino Gilberto minorita ex doctissimis collectus auctoribus* (México, Antonio Espinosa, 1559); *Cartilla para los niños en lengua tarasca* (México 1559); *Thesoro espiritual de pobres en lengua de Mechuacan...* (México, Antonio de Spinosa, 1575).

83 *Arte y diccionario: con otras obras, en lengua mechuacana* (México, Pedro Balli, 1574).

84 *Psalmodia christiana y sermonario de los santos del año, en lengua mexicana... ordenada en cantares o salmos para que canten los indios en los areytos que hacen en las iglesias* (México, Pedro Ocharte, 1583).

85 Ver sobre esta temática en el concilio tercero limense mi art. cit. supra nota 13 de este capítulo.

4. VALORACIÓN DE LA APORTACIÓN FRANCISCANA A NIVEL POPULAR

Los franciscanos fueron ante todo y sobre todo misioneros, y por ende pastores de almas, particularmente de los indios. Y fue precisamente en este nivel donde surgieron los principales problemas que están en la base de la tipicidad del derecho canónico indiano. Ya vimos cómo fueron principalmente franciscanos los primeros misioneros que afrontaron en Nueva España la problemática multiforme de la administración de los sacramentos a los indios. Estos problemas fueron examinados y sólo provisionalmente resueltos en las llamadas *Juntas apostólicas* a las que dedicamos las primeras páginas de este estudio. Los informes y las consultas sobre estas cuestiones fueron elevados a la autoridad civil y eclesiástica, lo cual trajo consigo varios documentos pontificios y cédulas reales, que trataban de esclarecer estas cuestiones. Y estas bulas y cédulas son otras tantas fuentes del derecho indiano: es el típico caso en que el pueblo y sus pastores inmediatos provocan que la autoridad y los juristas se definan sobre puntos concretos. La aportación de los franciscanos en este ámbito, particularmente durante el primer siglo de la evangelización, fue realmente notable. A ellos, como al pueblo que representaban, cabe una buena parte del mérito de que llegaran a redactarse no pocas bulas y cédulas reales. Y el mérito principal en este sentido no está obviamente en haberse adelantado en cada caso a la solución correcta de cualquier problema, cosa que tampoco ocurrió siempre ni mucho menos, sino sencillamente en haberla provocado. Detrás de la solución pontifica y regia a cualquier cuestión hay casi siempre franciscanos que sostuvieron alguna de las alternativas que se trataba de dirimir, y con frecuencia los hay entre los sostenedores de cada una de las alternativas que se dieron.

Merece subrayarse especialmente este tercer nivel, porque es aquí donde subyace la principal aportación de los misioneros, franciscanos y no franciscanos, que estuvieron en contacto con la vida real, lo que les permitió captar las primeras palpitaciones de cada problema, darle una primera solución de emergencia, y consultar a sus inmediatos superiores y éstos a instancias más elevadas, provocando con ello una solución doctrinal de los juristas, o una solución auténtica de la autoridad competente o las dos cosas a la vez. Su mérito es más anónimo y menos cuantificable que el de otros muchos que escribieron sobre esto, sin haber sido nunca misioneros ni haber tenido contacto real con el problema en cuestión. Así, por ejemplo, quien tenía que absolver o negar la absolución a los encomenderos eran los misioneros y clero con cura de almas, y no Bartolomé de las Casas, que ejerció poco como misionero ni párroco. Si el derecho tiene alguna razón de ser, es en función de su finalidad de regular la vida. El punto más neurálgico de toda valoración de un ordenamiento jurídico está precisamente en la línea de contacto o de falta de contacto entre la vida y el derecho.

No vamos a realizar aquí un inventario de todas las bulas y cédulas reales que se encuentran en este caso que aquí analizamos, porque esto supondría pasar revista a una larga serie de legislación canónica y civil de Indias. Aunque a otro propósito, hemos aludido ya a numerosos sectores de esta legislación al hablar de las Juntas apostólicas de Méjico. En las páginas que preceden aludimos también a problemas como el de las relaciones entre los obispos y los religiosos, al de las guerras contra los indios con todas sus consecuencias, al de los repartimientos y encomiendas, a la promoción humana del indio, etc. Aparte de los franciscanos que scribieron sobre estos temas, fueron muchos los miembros anónimos de la Orden que sobre estas cuestiones adoptaron una actitud que facilitó que se escribieran informes y que se elevaran a las correspondientes instancias, propiciando así la elaboración de normas al respecto. De una u otra forma, fueron muchos los franciscanos de quienes se puede decir aquello de Plinio el Joven: 'Beatos puto, quibus deorum munere datum est aut facere scribenda aut scribere legenda, beatissimos vero quibus utrumque' [86].

86 Plinio el Joven, *Epist.* 6.16.3. Ver, entre otras, la ed. Schuster, rev. par Hauslik (Leipzig 1958); ed. A. Marie Guillemin (Paris 1927); ed. R. A. B. Mynonr (Oxford 1963).

23. ORIGENES FRANCISCANOS DE PRAXIS E INSTITUCIONES INDIANAS *

Hay toda una serie de instituciones y praxis diversas propias de la estructura interna de la Orden franciscana u originadas por algunos de sus miembros, que después son de uso común en Indias. Trataré, pues, de exponer varias iniciativas franciscanas que, de una manera u otra, influyeron o representaron el comienzo de actitudes, prácticas, leyes o instituciones que más tarde o más temprano fueron adoptadas por la Corona, por las autoridades de Indias o por cualquier otro estamento americano, sobre todo por las restantes órdenes religiosas distintas de la de San Francisco, fueran o no conscientes de esta imitación. En cada caso en que se dé esta circunstancia, expondré la existencia del hecho, práctica o institución, y cómo fueron los franciscanos los iniciadores de la misma. Otras veces procederé a la inversa, exponiendo primero la iniciativa franciscana y haciendo ver a continuación cómo esta iniciativa sobrepasa el ámbito de la Orden.

Nos ocuparemos de praxis e instituciones, no de corrientes de pensamiento, como, por ejemplo, el primitivismo franciscano de Nueva España o proyecto de fundar una Iglesia Apostólica [1], o el milenarismo americano, cuyo principal representante fue el franciscano Jerónimo de Mendieta [2].

Se tratará únicamente de aquellos casos en los que la iniciativa franciscana esté por encima de toda duda, con exclusión de aquellos otros solamente posibles o susceptibles de duda o controversia, así como de prácticas, leyes e instituciones de auténtica trascendencia e importancia dentro del mundo americano.

* Este capítulo fue originariamente una de las ponencias del *I Congreso sobre los Franciscanos en el Nuevo Mundo,* La Rábida 16-21 Septiembre 1985.

1 P. Borges Morán, 'El sentido trascendente del descubrimiento y conversión de Indias', *Missionalia Hispanica* 13 (1956) 141-77.

2 Idem, *Métodos misionales en la cristianización de América. S. XVI* (Biblioteca Missionalia Hispanica 12; Madrid 1960) 28-44; J. L. Phelan, *The millenial Kingdom of the Franciscans in the New World. A Study of the Writings of Gerónimo de Mendieta (1525-1604)* (Berkeley and Los Angeles 1956); G. Baudot, *Utopía e Historia en México. Los primeros cronistas de la civilización mexicana* tr. por V. González Loscertales (Madrid 1983).

He aquí el esquema que seguiremos:

I. AMBITO LEGISLATIVO

1. Cisneros reformador de Indias
2. Alonso del Espinar y las Leyes de Burgos de 1512
3. Los franciscanos y la bula 'Omnimoda'
4. Influencia de Jerónimo de Mendieta en el Código Ovandino
5. Alonso Maldonado de Buendía y la Junta Magna de 1568.

II. AMBITO INSTITUCIONAL

1. Las Juntas apostólicas
2. Correspondencia de las provincias religiosas españolas y las de Indias
3. Comisarios de Indias
4. Colegios de misiones
5. Juan Focher, primer teorizante del vicariato regio.

III. LOS FRANCISCANOS Y LA ENSEÑANZA

1. Los franciscanos y las escuelas elementales
2. Idem y las escuelas de artes y oficios
3. Idem y los colegios de hijos de caciques
4. Idem y los colegios de segunda enseñanza
5. Idem y los centros femeninos
6. Idem y el teatro religioso.

I. AMBITO LEGISLATIVO

1. Cisneros reformador de Indias

1) *Situación precedente.* El cardenal Francisco Ximénez de Cisneros se hizo cargo de la regencia de España en Enero de 1516. Para esas fechas, hacía tiempo que las Indias se hallaban sumidas en una profunda crisis, derivada sobre todo del trato que los españoles daban a los indios. Como es sabido, aquellos territorios estaban entonces constituidos por las cuatro Antillas Mayores: la Española (Santo Domingo), San Juan (Puerto Rico), Cuba y Jamaica, aparte del enclave de Tierra Firme del Darién (Panamá). En lo civil, el gobernador de las Indias era Diego Colón (hijo del descubridor), con el título de Almirante y Adelantado de las Indias, que se hallaba ausente en España [3]. En su nombre, regía cada isla un gobernador. Para la administración de la

3 Ver L. Arranz Márquez, *Don Diego Colón, Almirante, Virrey y Gobernador de las Indias* 1 (Tierra nueva e cielo nuevo 5; Madrid 1982) y sobre todo el volumen siguiente, todavía en prensa, que corresponde a la época aquí aludida.

justicia había una audiencia o tribunal de apelación, cuyos jueces resultaron condenados en el correspondiente juicio de residencia que se les hizo durante la reforma cisneriana. La hacienda se hallaba al cuidado de un tesorero, que a la sazón era Miguel de Pasamonte.

Había en lo eclesiástico tres obispados, cuyos titulares también se hallaban por entonces en la Península. Los misioneros de las dos grandes órdenes (franciscanos y dominicos) se ocupaban del cuidado espiritual de los españoles y de los indios. Pero su acción se veía muy condicionada y conmocionada por el trato que los españoles daban a los indios y por su consecuencias, aparte de otras causas de las que los españoles no siempre tenían la responsabilidad.

Se calcula que había a principios de siglo en las islas antes mencionadas unos 250.000 indios, de los cuales quedaban hacia 1516 poco más de 50.000. Entre las causas de la extinción de los indios, ocupaba un puesto importante el cambio social, laboral, económico y de género de vida dentro del sistema de 'repartimientos' de los nativos a los colonizadores. Los hispanos, por el contrario, más bien trataron de sacar el máximo rendimiento posible de la mano de obra barata de los indios. La falta de hábito de trabajo, las epidemias y otras causas contribuyeron a diezmar aquella población nativa del modo antes indicado. El problema de los repartimientos y encomiendas estaba entonces regulado por las Leyes de Burgos de 1512, complementadas con las de Valladolid de 1513 [4]. Pero el problema no estaba tanto en el contenido de dichas leyes, cuanto en el de su observancia.

2) *Fuentes de información de Cisneros.* El contacto de Cisneros con los problemas de Indias databa de antiguo. Desde 1493, había sido confesor de la Reina Isabel. En 1500, le expusieron los franciscanos la situación de La Española, pidiéndole más misioneros. Su secretario particular era el también franciscano Francisco Ruiz, quien había estado por espacio de cuatro meses en La Española el año 1500, y era a la sazón obispo de Avila. También debió conocer de cerca la discusión y redacción de las Leyes de Burgos de 1512, entre cuyos autores estaba el franciscano Antonio del Espinar, cuya ida a Indias en 1502 fue activada por Francisco Ruiz y verosímilmente por el propio Cisneros. Añádanse a todo esto las cartas de los 'religiosos y otras muchas personas' a las que él alude y que Bartolomé de Las Casas atribuye a los franciscanos de La Española. Y como dato más reciente, están los memoriales de Las Casas de Marzo de 1516: uno en latín para el cardenal Adriano y otros dos en castellano para Cisneros, quien además oyó a Las Casas sobre 'todo lo que quiso decir e informar'.

4 R. de Altamira, 'El texto de las Leyes de Burgos de 1512', *Revista de Historia de América* 4 (1938) 5-79; A. Muro Orejón, 'Ordenanzas reales sobre indios, las Leyes de 1512-13', *Anuario de Estudios Americanos* 13 (1956) 417-71; *The Laws of Burgos* (San Francisco 1960); R. D. Hussey, 'Text of the Laws of Burgos (1512-13) concerning the treatment of the indians', *The Hispanic America Historical Review* 12 (Toronto 1932) 301-26; *Declaración y moderación de las ordenanzas hechas por el buen gobierno de las Indias promulgadas en Valladolid en 1513* (s.f.).

3) *Primeras medidas cisnerianas.* En Abril de 1516, comenzaba Cisneros su reforma por lo más cercano, que era la Casa de Contratación de Sevilla. Apartó del poder a personajes como el todopoderoso Juan Rodríguez de Fonseca y a su brazo ejecutor Lope de Cunchillos (15 de Junio de 1516). Para un mejor y más poderoso estudio de la cuestión, reunió una junta que, en su presencia y en la del cardenal Adriano, deliberara sobre la situación de Indias en todos sus aspectos e implicaciones. Estaba compuesta por el licenciado Luis Zapata, por el doctor Lorenzo Galíndez de Carvajal, por el doctor Palacios Rubios, Bartolomé de Las Casas y por el secretario de Cisneros, Francisco Ruiz. Dicho secretario hizo una síntesis final de los resultados de la deliberación, pasando este dictamen a Cisneros.

El informe de la junta, que tal vez no hizo más que confirmar las convicciones precedentes del Cardenal, le hizo proferir juicios muy severos sobre la situación en Indias. La causa de los males estribaba, según él, en la 'desordenada codicia', ya que nadie había sido enviado a Indias hasta entonces 'en quien no haya reinado la codicia más de lo que fuera razón'. Alude a los funcionarios y pobladores españoles como los causantes de la extinción de los indios, que 'opresos de intolerable trabajo, no solamente han aprovechado muy poco de la fe, mas el gran número que había de ellos es así despoblada la tierra que a pocos años, si no se remediase, se espera quedar sin morador y desierta'. En carta a Carlos V, afirma Cisneros que 'todo aquello está perdido así en lo espiritual como en lo temporal', debido a la corrupción de los funcionarios y pobladores hispanos. Es de notar que el Cardenal no sugiere ninguna medida correctiva de la evangelización llevada a cabo por los misioneros.

4) *Plan cisneriano de reforma de las Indias.* Existe un documento de dudosa paternidad cisneriana, de Junio-Julio de 1516, en el que se pergeña un plan de reforma de Indias, que se reduce prácticamente a urgir el cumplimiento de las Leyes de Burgos de 1512 y Valladolid 1513. Dado que ni se llevó a la práctica ni consta con toda certeza que sea realmente de Cisneros, prescindiremos aquí del mismo.

Cisneros optó por encomendar su reforma a los monjes jerónimos, sin duda por el triple motivo de que se hallaban en un momento floreciente, por tratarse de una orden monacal lejana del mundanal ruido de los desenfrenados intereses materiales que en Indias se ventilaban, y para evitar celotipias entre las don grandes Ordenes que trabajaban en Indias (franciscanos y dominicos). Dicho plan cisneriano fue elaborado en doble redacción a partir del 27 de Junio de 1516, por Palacios Rubios y Las Casas, ayudado este último por el dominico Reginaldo de Montesinos. Los dos documentos fueron refundidos en uno solo por la Secretaría de Indias, siendo entregado a los jerónimos el 18 de Septiembre del mismo año. El documento final consta de una introducción, un plan de reforma con tres medios o remedios (el documento sólo habla de dos, porque refunde en uno los dos primeros), una cláusula adicional y una disposición final. Veamos brevemente su contenido:

a) *Introducción,* en la que se ordena a los jerónimos entrevistarse primero con los españoles y después con los indios, para notificarles que venían a remediar la deplorable situación de Indias, en beneficio de todos. Las dos etnias debían nombrar sus representantes, que estudiaran por separado la mejor manera para instaurar un nuevo orden en Indias.

b) *Plan de reforma,* que consta de tres remedios, cuya prioridad se había de respetar, no pasando al siguiente a menos que hubiese fracasado el anterior. Estos remedios eran, por este orden: concentración de los indios en poblados, con autonomía tutelada por los españoles; persistencia del régimen de repartimientos y encomiendas, aunque observando escrupulosamente las normas dadas por las Leyes de Burgos de 1512 y complementarias de Valladolid del año siguiente, aparte de algunas otras nuevas contenidas en el mismo plan. La principal diferencia entre el primero y el segundo remedio consistían en una mayor o menor intervención de los españoles, aunque en ambos casos el plan conllevaba la supresión del sistema de repartimientos-encomiendas. El tercer remedio consistía en la persistencia del régimen de encomiendas, mitigado por una serie de modificaciones introducidas por las Leyes de Burgos de 1512 y de Valladolid de 1513. Este tercer remedio debería aplicarse si fallaban los dos anteriores.

c) *Cláusula adicional,* en la que se mandaba comprobar, tanto en el presente como en el futuro, si había indios capacitados para vivir libre y autónomamente, sin tutela alguna de los españoles, debiendo en caso afirmativo propiciarse esta solución.

d) *Disposición final,* consistente en que los jerónimos podrían proponer a Cisneros cuanto creyesen acertado para el buen gobierno de Indias.

Cisneros no ordena y manda a los jerónimos que ejecuten mecánicamente su plan, sino que les manda que procuren atenerse a las instrucciones que llevan. Pero les daba poder para modificarlas total o parcialmente, si viesen que así convenía hacerlo. Era, pues, un plan hasta cierto punto discrecional, cuyas últimas decisones había que tomarlas *in situ,* vistas las circunstancias reales de cada problema. El papel de los jerónimos era difícilmente tipificable en las categorías de entonces lo mismo que en las de ahora. Así se explica que para unos historiadores, los jerónimos eran jueces, para otros gobernadores, para algunos altos comisarios. Eran, en realidad, reformadores.

Cisneros dio a los jerónimos dos colaboradores de la reforma: un juez-visitador, que fue Alonso de Zuazo, quien se encargó de hacer el juicio de residencia a todas las autoridades españolas a quienes aún no se había hecho, y un protector de los indios en la persona de Bartolomé de Las Casas. El primero cumplió bien su cometido, mientras que Las Casas acabó organizando una especie de contrarreforma con respecto a los jerónimos. Cisneros entregó, en fin, doce cédulas en blanco a los jerónimos, para que pudieran utilizarlas, según su juicio, para el buen gobierno de las Indias.

5) *Ejecución de la reforma y juicio sobre ella.* La reforma o actuación de los jerónimos duró desde el 20 de Enero de 1517 hasta finales de 1519, fecha en que la muerte de Cisneros y el vacío, que Carlos V dejó caer sobre los jerónimos y su actuación, hicieron naufragar definitivamente este plan de reforma. Pasando por alto muchos episodios de esta reforma en Indias, hay que decir, ante todo, que estaba formada por dos planes contradictorios. El primero, de clara inspiración lascasiana, constaba de los dos primeros remedios antes indicados, que presuponían la capacidad y preparación de los indios para la autonomía o independencia, sobrando allí los españoles, que podían irse a Tierra Firme. Incluso se prevé, y lo ven todos bien menos Cisneros, que vengan los esclavos negros y los indios lucayos (tan indios, por otra parte, como los de La Española) a realizar el trabajo que deberían hacer los indios locales. Este plan fracasó antes de que se intentara ponerlo en práctica. En realidad era una solución idealista a los problemas de los indios, ignorando los de los españoles (para estas fechas habían ido a Indias unos 4.000, aunque no sabemos cuál fue la movilidad demográfica de nacimientos y defunciones).

El otro plan, que es el tercer remedio, representa la posición oficial desde las Leyes de Burgos y Valladolid, y es también el plan de Cisneros, lo cual no significa que el Cardenal no admitiera como opción a ensayar los otros dos remedios. El plan oficial, globalmente considerado, también fracasó, por muy diversas causas. Entre ellas hay que destacar la resistencia activa y pasiva de los colonizadores a cumplir la letra y el espíritu de las Leyes de Burgos-Valladolid, aparte de las nuevas reglas de juego que trataban de imponer los jerónimos. Como ya indicamos, Las Casas, al ver el fracaso de su plan, se dedicó, apoyado por los dominicos, a sabotear el plan que los jerónimos trataban de llevar a la práctica, según su leal saber y entender. Cisneros se vio entonces obligado a retirar el sueldo y el oficio a Las Casas, ordenando que volviera a la Península.

Hay que añadir con respecto a los jerónimos que carecían de una experiencia previa para la alta misión que se les encomendó. Ellos estaban habituados al coro y a la agricultura, por lo que no pudieron comprender convenientemente problemas como, por ejemplo, la minería y la acción misional. Así se explica que no percibieran el verdadero alcance de la evangelización pacífica que durante este tiempo ensayaron los franciscanos y dominicos en la Costa de las Perlas (Venezuela). En cambio, tuvo su importancia para la colonización su iniciativa de llevar agricultores de Castilla, aunque no fuera ésta la primera ni la última vez que se ensayara este sistema. A finales de 1519 pudieron regresar a España, convencidos sin duda de que aquel mundo no tenía arreglo.

Para concluir, no dudaría en suscribir el juicio de uno de los más recientes y autorizados historiadores de este tema: 'La reforma cisneriana fue un noble intento de saneamiento general de las Indias, cuyo embrión, y al mismo tiempo objetivo primordial, lo constituyó el proyecto de encauzar definitivamente el sistema sociolaboral de los indios, considerado injusto y, además, dañino para la conservación de la población indígena. El saneamiento, concebido como de ámbito universal, quedó reducido por la muerte de Cisneros a prácticamente sólo La Española. No fue ni el primero ni el último de los intentados en el s. XVI, pero sí el más serio y radical de los aplicados en las Antillas y uno de los más ambiciosos de la centuria'[5].

2. Alonso del Espinar y las Leyes de Burgos de 1512

No sabemos gran cosa de este personaje hasta que, en 1502, embarca con el comendador Ovando, en Sanlúcar de Barrameda, al frente de otros trece religiosos franciscanos con destino a Indias[6]. Algunos años después aparece en La Española en discusión con el dominico Antonio de Montesinos acerca de la licitud o ilicitud de los repartimientos en encomienda de indios a los españoles[7]. Los dos personajes reaparecen en España, donde Las Casas los presenta discutiendo del mismo tema[8]. Alonso del Espinar fue uno de los redactores de las Leyes de Burgos de 1512, sin que se pueda saber, en el estado actual de nuestros conocimientos, cuál fue exactamente su aportación a este texto. En todo caso, las Leyes de Burgos se mueven, como es obvio, en la anterior línea de pensamiento de Espinar en cuanto al tema central de las mismas sobre la licitud o ilicitud de los repartimientos en encomienda, bajo las condiciones que son conocidas.

3. Los franciscanos y la bula 'omnimoda'

El 9 ó 10 de Mayo de 1522, Adriano de Utrech, recién elegido papa con el nombre de Adriano VI, expedía desde Zaragoza el breve 'Exponi nobis' dirigido a Carlos V[9], por el que el papa delegaba a los mendicantes, y especialmente a los franciscanos, la *omnimoda* potestad pontificia, en el fuero interno y externo, para todo lo que fuese preciso en su ministerio evangeli-

5 P. Borges Morán, 'La época de la reforma cisneriana', *Historia General de España y América* 7 (Madrid 1982) 218. El estudio completo, que constituye una excelente exposición de toda esta temática, ocupa las p. 198-221.

6 P. Borges Morán, *El envío de misioneros a América durante la época española. S. XVI* (Bibliotheca Salmanticensis, Estudios 18; Salamanca 1977) 131, 237, 286, 427, 479, 558.

7 A. López, 'Fray Alonso del Espinar, misionero de las Indias', *Archivo Ibero-Americano* 6 (1916) 160-67, donde ofrece fuentes de las que emerge una imagen de Fr. Antonio del Espinar bastante diversa de la que nos da Bartolomé de Las Casas en el pasaje citado en la nota siguiente.

8 Bartolomé de Las Casas, *Historia de las Indias* lib. 3, cap. 5 (Biblioteca de Autores Españoles, ed. preparada por J. Pérez de Tudela y E. López Oto, 95; Madrid 1961) 178-81.

9 Edición crítica y un buen estudio en P. Torres, *La bula Omnimoda de Adriano VI* (Biblioteca Missionalia Hispanica. Serie B, vol. 1; Madrid 1948) 328 pp.

zador en Indias, incluso para actos episcopales que no requiriesen ordenación episcopal, siempre que no hubiese algún obispo o su representante en un radio inferior a dos dietas (unos 42 kilómetros). La designación de estos misioneros corría a cargo de los superiores de las respectivas Ordenes, con consentimiento del Emperador y del Consejo de Indias.

Esta concesión que facilitó enormemente la evangelización en sus comienzos, creó pronto problemas con la jerarquía episcopal que rápidamente se fue estableciendo en Indias. Los enfrentamientos entre obispos y clero secular por un lado, y los religiosos y la Corona por otro, anduvieron a la orden del día. Los papas, en una línea zigzagueante, unas veces respetan esta normativa, otras la restringen, sobre todo en el contexto postridentino y más aun con la aparición y consolidación de la Congregación de Propaganda Fide. En otro lugar vimos cómo este documento se relaciona con la teoría del regio vicariato indiano. Nos hallamos, pues, ante un texto de una enorme incisividad en la historia de Indias desde 1522 hasta muy entrado el s. XVIII, aunque su grado de operatividad no sea uniforme en el tiempo ni el espacio, ni tampoco en cuanto a las diferentes órdenes religiosas, donde su uso llega al máximo con los franciscanos y al mínimo con la Compañía de Jesús.

Pues bien, este documento tiene resonancias franciscanas en sus precedentes medievales, en su gestación, en su redacción, en su puesta en práctica, y en las diferentes incidencias históricas a que dio lugar.

Entre los precedentes de este breve, están el c. 12 de la Regla Franciscana y demás sistemas que estuvieron vigentes en la Orden con respecto a la misión canónica para sus miembros que iban de misoneros entre infieles. Remitimos para un breve resumen sobre el particular a cuanto decimos hablando del canonista y teólogo franciscano Juan Focher, teorizador del vicariato regio.

No conocemos en detalle la gestación de este documento. Pero los historiadores sospechan que el general de la Orden, Quiñones, 'no anduvo muy lejos de ste asunto' [10]. Como quiera que sea, no tenemos datos decisivos de la participación personal de Quiñones [11]. Pero 'está fuera de toda duda el influjo ejercido por esta Orden en la negociación' [12], influjo que evidencian el léxico y el colorido franciscano del documento. Ya vimos, en efecto, cómo trata de los mendicantes, pero especialmente de los franciscanos ('omnibus religionibus fratrum mendicantium, presertim fratrum minorum regularis observantie', expresión que aparece dos veces). También alude al cargo de custodio general, que a la sazón sólo tenían los franciscanos y por cierto muy en relación con el envío de misioneros a Indias.

También vimos cómo fueron los franciscanos quienes más desarrollaron las diferentes virtualidades de este documento, a nivel de los hechos y al tratar de temas como la teoría del vicariato regio español en Indias.

10 Ibid p. 71.

11 Miguel Angel, 'La vie franciscaine en Espagne entre les deux couronnements de Charles Quint', *Revista de Archivos, Bibliotecas y Museos* 25 (1912) 350-57.

12 Obra cit. en la nota 1, p. 71.

4. Influencia de Jerónimo de Mendieta en el Código Ovandino

Juan de Ovando y Godoy fue visitador y luego presidente del Consejo de Indias. Partiendo del modelo de la llamada *Copulata de Leyes de Indias* (1568-70) [13] que al parecer elaboró López de Velasco con la colaboración del mismo Ovando, este último proyectó redactar unas *Ordenanzas para las Indias* (1569-75) [14]. Según parece, contenían o debían contener siete libros. Esta obra se conoce vulgarmente con la denominación de *Código Ovandino.* No habiéndose conseguido la aprobación pontificia ni tampoco la definitiva aprobación real del libro primero, esta circunstancia hizo que la empresa no prosperara ni se completara tal como había sido concebida. Sólo llegaron a entrar en vigor algunos títulos sueltos, que fueron promulgados independientemente de que estuvieran contenidos en este Código Ovandino.

El libro primero se conoce en dos recensiones. La primera se encuentra en el MS 776B de la colección *Codices* del Archivo Histórico Nacional de Madrid y en dos manuscritos de la llamada *Miscelánea Ayala* de la Biblioteca del Palacio Real madrileño (MSS 2845 y 2849). Acaba de ser objeto de un reciente estudio [15]. La segunda recensión está contenida en el MS 2935 de la Biblioteca Nacional de Madrid, y fue editada por Maurtúa a principios de este siglo, reproducida con variantes de la primera en fecha reciente [16].

En el Código Ovandino hay, cuando menos, una fuente franciscana implícita, que quisiéramos explicitar aquí. Dicha fuente emerge de una triple consulta que Ovando hizo al franciscano Jerónimo de Mendieta. Ovando acusa recibo del dictamen de Mendieta con estas palabras, en carta del 8 de Julio de 1571: '... con esta última recibí los despachos que venían en el pliego, que son la respuesta a tres cuestiones que yo a Vuestra Merced aquí puse... y el borrador de lo que respondieron las tres Ordenes sobre la materia de los diezmos...' [17]. Cuáles eran las tres cuestiones, nos lo dice Mendieta en la carta a Ovando antes aludida, que lleva fecha del 20 de Mayo

13 J. de la Peña Cámara, 'Nuevos datos sobre la visita de Juan de Ovando al Consejo de Indias 1567-68', AHDE 12 (1935) 425-38; R. Altamira y Crevea, 'El manuscrito de la *Gobernación espiritual y temporal de las Indias* y su verdadero lugar en la historia de la Recopilación', *Revista de Historia de América* 12 (1941) 5-72; J. de la Peña Cámara, 'La Copulata de las leyes de Indias y las ordenanzas ovandinas', *Revista de Indias* 2 (1941) 121-46; idem, 'Las redacciones del Libro de la Gobernación espiritual, Ovando y la Junta de Indias de 1568', ibid. 2 (1941) 93-115; A. Pérez Martín-J. M. Scholz, *Legislación y jurisprudencia en la España del Antiguo Régimen* (Valencia 1978) 105.

14 Ibid. 105-6; ver también la obra cit. en la nota siguiente.

15 A. Martín González, *Gobernación espiritual de Indias. Código Ovandino, Libro Primero* (Publicaciones del Instituto Teológico Salesiano 18; Guatemala 1977). Ver reseña en REDC 40 (1984) 172-73. En las p. 270-74 está la adición al tít. 9, que luego comentamos.

16 V. Maurtúa, *Antecedentes de la Recopilación de Indias* (Madrid 1906) 19-181. Esta edición es reproducida en la obra citada en la nota anterior, con variantes y acotaciones de la primera recensión.

17 'Respuesta del Licenciado Ovando al Muy Reverendo Señor Fray Jerónimo de Mendieta, mi señor y padre, en el monasterio de San Francisco de Vitoria', en Joaquín Icazbalceta, *Cartas de religiosos de Nueva España, 1539-1594* (México 1941) 119.

de 1571. He aquí su tenor: '1) Qué medio se daría para que los obispos de las Indias y los frailes que residen en ellas tuviesen entre sí conformidad; 2) Qué medios se darían para que los indios en el pagar de los diezmos no fuesen vejados; 3) Qué orden se pornía para que los españoles pudiesen poblar en aquella tierra sin perjuicio de los naturales' [18].

El tema de la primera de estas tres cuestiones se recoge al final del título noveno del Código Ovandino. Aparece insertado posteriormente en forma de doce párrafos o capítulos, que constituyen una alternativa a los ochenta de que ya constaba el título 9 antes de esta inserción. Los ochenta primeros capítulos describen el sistema que venía funcionando de diócesis y parroquias del clero secular. En los doce nuevos que se añaden, se expone todo un *Plan de parroquias y diócesis regulares,* que no coincide literalmente con la respuesta de Mendieta, pero sí en cuanto al sentido. Es normal, por otra parte, que Ovando no copie literalmente la respuesta de Mendieta, ya que son dos géneros literarios muy diferentes el del *consilium* o *dictamen* de Mendieta y la redacción de un código jurídico como es el de Ovando. El hecho de que esto aparezca como una adición posterior, parece dar a entender que Ovando ya tenía redactado el título noveno cuando recibió la carta de Mendieta. Parece seguro que esta adición se hizo después del 8 de Julio de 1571, fecha en que recibió dicha carta, a menos que la adición no haya sido hecha por Ovando, sino por otra mano posterior a él.

Con respecto a la segunda cuestión de la consulta que Ovando dirigió a Mendieta, relativa a los diezmos de los indios, hay que decir que Mendieta propone a Ovando dos soluciones por este orden de prioridad preferencial: a) No cobrar diezmos a los indios, y b) Caso de cobrárselos, que esto no se haga, sino con muchas limitaciones favorables a los indios en cuanto a la base imponible, en cuanto a la cantidad y en relación con el modo. Ovando trata esta materia en el título 18 del libro primero [19], donde no toma en consideración lo que Mendieta le dice en su carta. Pero también aquí hay una adición posterior en el Código Ovandino en que aparece una cierta limitación que se refiere al modo de cobrar los diezmos tanto a los indios como a los españoles, a saber que no los cobren los eclesiásticos, sino los funcionarios reales, quienes después harían llegar a cada cual su parte. Esta limitación, que no aparece en la carta de Mendieta, tal vez se contenga en la respuesta (que no he tenido a mano) de las tres órdenes mendicantes, a que alude Ovando en su carta arriba citada. Curiosamente, en la segunda redacción del Código Ovandino se vuelve al sistema de que sean los obispos quienes hagan la recaudación y distribución de los diezmos tanto de indios como de españoles.

En cuanto a la tercera consulta, relativa al poblamiento de aquella tierra por los españoles, sin detrimento de los derechos de los naturales, Ovando

18 'Carta del Padre Fray Jerónimo de Mendieta al ilustre Señor Licenciado Joan de Ovando, del Consejo de S. M. en la Santa y General Inquisición y visitador de su Real Consejo de Indias', ibid. 101-118.

19 Obra cit. supra nota 15, p. 309-19.

trata esta cuestión en lib. 2, tít. 9 y 11, leyes que fueron promulgadas en 1573, y publicadas hacia 1577, bajo el título de 'Instrucción y memoria de las relaziones que se han de hazer para le descripción de las Indias, que su Magestad manda hazer para el buen gobierno y ennoblecimiento dellas', impreso que no he podido tener todavía a mano [20].

En resumidas cuentas, Ovando utilizó la respuesta de Mendieta como funcionario regio que era, y no como protector de los indios que no era. Acepta la respuesta a la primera cuestión, porque suponía un enorme ahorro a la hacienda regia, como Mendieta explica muy largamente. Desoyó la segunda, porque representaba una merma muy notable a las arcas reales, si no se cobraba diezmos a los indios. En cuanto a la tercera consulta, Mendieta insistía en tres puntos: 1) Sólo se debían construir poblados de españoles para defensa contra corsarios e indios hostiles; 2) Para cultivar las tierras fértiles que permanecían incultas; 3) Concentrar en poblados a los españoles que andaban regados por toda Nueva España, y que sólo daban malos ejemplos a los indios. En todo caso estos poblados no debían perjudicar nunca a los indios. De esto último queda algún vestigio en las citadas Ordenanzas de 1573, en cuyo n. 90 se dice que los nuevos asentamientos de españoles se hagan 'en parte a donde no pare perjuycio a qualesquier pueblos de españoles o de indios que antes estuvieren poblados...'. En los números 137-38 de dichas Ordenanzas se expone más en detalle este aspecto en términos que parecen revelar, aunque de forma recortada, algún reflejo de lo que sobre el particular había respondido a Ovando el franciscano Mendieta.

5. Alonso Maldonado de Buendía y la Junta Magna de 1568

La Junta Magna de 1568 tuvo, como es sabido, una gran importancia en la marcha de los acontecimientos de Indias. Hacía tiempo que las voces más dispares ponían de relieve, en sus informes desde allí, el desasosiego y la crisis a los que dicha Junta intentó poner remedio. Alonso Maldonado de Buendía no solamente denunció los males, tal como él los veía, sino que sugirió la idea de una junta o congregación general, o, en su defecto, un concilio para remediar este problema.

Maldonado descendía, por línea materna (su madre era de Ledesma) de los Maldonados salmantinos. Ignórase la fecha de su nacimiento, que debió ocurrir hacia 1510-20. Perteneció a la provincia franciscana de Santiago. Pasó en Nueva España el decenio 1551-61. Reaparece en la Península, en 1561-70, a cuya época pertenecen los memoriales a que luego aludiremos. Viajó a Roma, en 1570-71, donde fue recibido frecuentemente por el papa

20 He visto, en cambio, las ordenanzas reales sobre nuevos descubrimientos, poblaciones y pacificaciones, fechadas en el Bosque de Segovia el 13 de Junio de 1573, que han sido publicadas repetidas veces: D. de Enzinas, *Cedulario Indiano*... con estudio e índices de A. García Gallo 4 (Madrid 1596=1946) 232-46; CDIAO 8 (Madrid 1867) 484-537 y CDIAO 16 (Madrid 1871) 142-87.

Pío V, a quien hizo llegar de modo tan directo sus puntos de vista sobre Indias y sobre la Orden franciscana. En 1571-81 vuelve a Madrid, pasando los últimos catorce años de su vida en las cárceles de la Inquisición por motivos que luego diremos, sin que ni siquiera llegara a ser juzgado. Se pierde su pista a partir de 1596, por lo que es de suponer debió morir pronto a partir de esa última referencia cronológica.

Era amigo de Bartolomé de Las Casas (a quien llama 'christianisimo y doctisimo obispo de Chiapas'), amistad propiciada sin duda por un temperamento y un talante idealista muy semejantes. También fue amigo personal de Alonso de Veracruz. A estos personajes le acercaba también una semejante denuncia de los abusos de los españoles en Indias, y parcialmente también la lista de remedios que proponían para instaurar allí un nuevo orden. Maldonado constituyó también en centro de su vida y de sus afanes otras reivindicaciones, que no nos interesan aquí directamente, como fue la reforma de la Orden franciscana y la defensa de los neo-conversos del judaísmo (colectivo al que él pertenecía por línea paterna). Un libro que escribió sobre este tema fue el motivo para que la Inquisición encarcelara al franciscano, episodio que se realiza en un contexto lleno de intrigas.

Maldonado, tenido por loco por su enemigos, gozó de la estima y audiencia de Pío V, e influyó en la apreciación pontificia de los problemas indianos y de la Orden franciscana. Como es sabido, este papa estaba particularmente más propenso a escuchar las informaciones siniestras que las favorables al gobierno de las Indias por parte de la Corona española, y por ello encontró en Maldonado el informador a la medida de sus deseos. Esto no significa que los informes de Maldonado fuesen siempre objetivos, ni siempre apasionados. Escribió no menos de siete memoriales sobre el tema de las Indias: cinco que entregó al Consejo en Madrid, otro a Felipe II, y otro más al papa Pío V. Sus ataques versan sobre el incumplimiento de las leyes en sí justas, sobre las injusticias que se hacen a los indios al margen de toda ley y sobre las dificultades que las autoridades españolas crean a los misioneros. A juicio de Maldonado, el gobierno de las Indias era francamente reprobable en su conjunto y en cada una de sus partes. Si se comparan sus alegatos con los de sus contemporáneos, hay que decir que muchos de los capítulos de Maldonado se encuentran también en otros dictámenes más serenos, pero la totalidad parece rebasar el mundo real de las Indias en aquel momento. Comparado con Las Casas, Maldonado es menos radical, puesto que admite, no sabemos con qué fundamento (por haberse perdido la obra en que trata este tema), la licitud de que las Indias fuesen gobernadas por la Corona española exactamente igual que la Península Ibérica.

Para poner remedio a todos estos males, Maldonado sugiere, en 1561, el envío de cuarenta religiosos con plenos poderes para arreglar aquel mundo, que él pinta con tonos trágicos y apocalípticos. Pero, un año más tarde abandona esta idea y sugiere, independientemente de remedios sectoriales a cada problema, una junta o congregación general que examinara a fondo el estado de las Indias y arbitrara los remedios más oportunos a su mal gobierno temporal y espiritual. No se olvida de pedir que en dicha junta estuviesen presentes, al lado de otros prelados y hombres doctos, sus amigos Las Casas y Veracruz. El Consejo debería urgir el cumplimiento de estos acuerdos, y se debía alentar a los religiosos, como a las únicas personas capacitadas para refrenar los abusos que emergieran en lo sucesivo. Como es normal en la literatura apocalíptica, predecía el castigo divino, tanto para las Indias como para la Península, si no se ponía coto a tantos males. La sugerencia de una junta o congregación generales parece que tuvo acogida favorable en 1562-64, si bien, por motivos que el mismo Maldonado dice ignorar, no se puso en práctica [21]. En vista del fracaso de este proyecto, Maldonado propone que se aproveche la oportunidad de la convocatoria de un concilio provincial en Salamanca por parte del arzobispo de Santiago, al que asistirían unos quince prelados y la correspondiente representación de la Universidad salmantina, para abordar esta problemática de Indias [22]. Obviamente, dicho concilio, convocado como otros de su época para dar cumplimiento a ciertas normas tridentinas, no se ocupó en absoluto del tema indiano.

Esta idea de la junta o congregación general se encuentra también en Las Casas [23] y en el bachiller Luis Sánchez [24]. Pero en Maldonado reviste especiales características, y por ello le citamos aquí como precursor de la idea de la Junta de Magna de 1568 [25].

II. AMBITO INSTITUCIONAL

1. Las Juntas apostólicas

Apenas llegó a Méjico, en 1524, la expedición de franciscanos dirigida por Fr. Martín de Valencia, pronto se percataron los religiosos de que su apostolado no resultaba fácilmente viable dentro del cuadro canónico-pastoral de la vieja Europa. Y por ello, se reunieron para deliberar sobre los problemas y métodos para la predicación de la fe y la administración de los sacramentos a los indios. Prácticamente plantearon y, en cierta medida, resolvieron los problemas fundamentales que sobre esta temática se plantearán

21 *Memorial al Presidente del Consejo de Indias (1526)*: Paris, BN, MS esp. 325 fol. 315v.

22 *Memorial al Presidente del Consejo de Indias (1565):* Madrid, BN, MS 20. 245⁹ fol. 7v.

23 Bartolomé de Las Casas, *Memorial al Consejo de Indias (1565)*: BAE 110 (Madrid 1958) 537.

24 L. Sánchez, *Memorial al Presidente Espinosa,* CDIAO 11 (1869) 163-70.

25 P. Borges Morán, 'Un reformador de Indias y de la Orden Franciscana bajo Felipe II: Alonso Maldonado de Buendía, OFM', *Archivo Ibero-Americano* 20 (1966) 281-337, 487-535, 21 (1961) 54-97.

a lo largo de la colonización y evangelización de Indias. Las reuniones que entre 1524 y 1546 se celebraron en Méjico para intentar esclarecer estos problemas, se conocen con el nombre de *Juntas apostólicas*. Técnicamente hablando, no fueron concilios, porque no habían sido convocados por ningún metropolitano o arzobispo de una provincia eclesiástica. Como es sabido, las Indias dependían durante este tiempo de la sede arzobispal de Sevilla. La primera de las Juntas ni siquiera contó con la asistencia de obispo alguno, por la sencilla razón de que todavía no había obispos en Nueva España. Las Juntas mejicanas constituyen un caso típico en que la vida desborda el cuadro del derecho. Por ello, no constituyen una entidad claramente configurada. Discuten los estudiosos el número de estas juntas, debido a que las características esenciales de las mismas no llegaron a fijarse suficientemente desde un punto de vista canónico. Eran, por el contrario, algo atípico dentro del cuadro de las instituciones canónicas vigentes. Pero tienen todas en común el intento de abordar y tratar de resolver los problemas fundamentales de la evangelización de Indias que emergen en aquellos primeros años de la presencia española en la Nueva España. Y por eso revistieron gran importancia, ya que ejercieron un gran impacto en la evangelización e incluso en otros aspectos de Indias.

El fundamento jurídico que las asimila a verdaderos concilios es el breve 'Exponi nobisí del 9 ó 10 de Mayo de 1522 (conocido vulgarmente como bula *Omnimoda*) que autoriza a los religiosos para realizar, en el fuero interno y externo, todo aquello que fuere necesario para su apostolado, incluso actos episcopales, salvo aquellos que requiriesen la consagración episcopal, y siempre que no hubiere obispos o sus representantes a menos de dos dietas de distancia.

Las Juntas apostólicas de las que tenemos noticia tuvieron lugar en el verano de 1524, 1 de Mayo de 1532, 1536, 1537, 1539, 1544 y 1546. Se habla, aunque sin fundamento, de una de estas juntas del otro virreinato de Indias, a saber en Lima el año 1549. En la primera de estas juntas no estuvo presente ningún obispo, sencillamente porque no había aún obispos en Nueva España, como queda indicado. En las demás no faltó nunca una presencia episcopal, pero tampoco se trataba de concilios provinciales, por no haber sido convocados por ningún arzobispo como tales concilios. En la primera, antes mencionada, estuvieron presentes 17 ó 18 franciscanos, cinco curas seculares y tres o cuatro laicos, presididos por el franciscano Fr. Martín de Valencia [26].

Entre las personas más influyentes en las juntas novohispanas destaca el franciscano Fr. Juan de Zumárraga, que tomó parte muy activa en todas ellas, excepto en la primera de 1524 [27].

26 W. Henkel, *Die Konzilien in Lateinamerika,* Teil I: *Mexiko 1555-1897. Mit einer Einführung von H. Pietschmann* (Konziliengeschichte, Reihe A: Darstellungen; Paderborn 1984) 51-61, con la bibliografía y fuentes citadas por este autor.

27 Ibid.; F. de J. Chauvet, *Fray Juan de Zumárraga* (México 1948).

2. Correspondencia entre las provincias religiosas españolas y las de Indias

Este tema guarda relación con el sistema de reclutamiento de misioneros para Indias. Varios fueron los sistemas en uso, según las diferentes coyunturas históricas, que pueden reducirse a los siguientes: a) Reclutamiento jerárquico, en el sentido de que se encargaban los respectivos provinciales de buscar los religiosos que se sintiesen con vocación para ir de misioneros a Indias; b) Reclutadores ocasionales, que recorrían las diferentes provincias y conventos buscando candidatos para ir a Indias como misioneros; c) Reclutadores permanentes, como sugería el franciscano Jerónimo de Mendieta para su provincia del Santo Evangelio de México, enviando un religioso que estuviese permanentemente en España con este fin; d) La Junta Magna de 1568 propugnó un procurador de cada orden en la corte, que se debería encargar de este cometido; e) Hacia 1571-72, Mendieta propone un sistema jerárquico, pero con especiales connotaciones, entre las cuales merece especial mención la circunstancia de que cada provincia religiosa de España debía encargarse de enviar un determinado cupo de misioneros a una provincia de Indias, confiando el reclutamiento no a los provinciales, sino al comisario reclutador [28].

En este plan de Mendieta parece que se inspiró Felipe II, ordenando a determinadas provincias españolas el número de misioneros que tenían que enviar a una provincia concreta de Indias. Así en 4 de Marzo de 1572, estableció una correspondencia ('corresponsión'), al parecer efímera entre las provincias franciscanas de España y las de las Indias. Las de Santiago, San Gabriel y San Miguel deberían enviar cada una ocho misioneros a la provincia del Santo Evangelio de México. Las de Aragón, Cataluña y Valencia, tenían que enviar a la de Nueva Galicia el mismo número de misioneros. La de Cartagena debía destinar veinticuatro a la de Nueva Granada, la de Burgos debía contribuir con doce a la de La Española, la de Andalucía veinticuatro a la de Charcas, la de la Concepción veinticuatro a Nueva Castilla y Chile, la de los Angeles doce a Guatemala, y la de Castilla otros doce a Yucatán. Con el establecimiento del Comisario general de Indias en Madrid, el sistema de reclutamiento de los misioneros comienza a discurrir por otros cauces que no hace al caso especificar aquí [29]. Los mercedarios confiaron sus misiones de Indias a la provincia de Castilla.

Curiosamente, sin embargo, vuelve a reaparecer el mismo método de 'corresponsión' o correspondencia en el s. XVII, en relación con las provincias capuchinas de España con respecto a sus misiones de Venezuela: la provincia de Aragón envía misioneros a la misión de Cumaná (fundada en 1567), la de Andalucía a las misiones de Caracas y Orinoco (fundadas en 1658 y 1674), la de Cataluña a la de Trinidad-Guayana (fundada en 1678), la de Navarra

28 P. Borges Morán, obra cit. supra nota 25, p. 131-40.
29 Ibid. 146.

a la de Maracaibo (1693) y la de Valencia a la de Santa Marta Goajira (fundada en 1749) [30].

3. Los comisarios de Indias

Veamos, ante todo, su alcance en la Orden franciscana con anterioridad al s. XVI, su implantación en Indias dentro de la misma Orden, su adopción por parte de la Corona y su impacto en las demás órdenes misioneras.

Los comisarios constituyen una institución antigua en el seno de la Orden franciscana, intensificándose su frecuencia a finales del s. XV y principios del s. XVI. Las más de las veces eran delegados *ad casum* del general de la Orden en función de casos o reformas muy concretas en alguna circunscripción más o menos amplia. Existían, pues, los comisarios, pero no el comisario o comisariato u oficio estable [31]. Suele señalarse como primer caso de comisariato estable el de la bula 'Ite vos' de León X (29 de Mayo de 1517), por la que se crea el comisario general para una de las dos familias en que entonces se dividía la Orden (Cismontana y Ultramontana: el comisario era para la familia a la que no pertenecía el general de la Orden) y el comisario general en la curia romana. Este último pertenecía a la misma familia que el general de la Orden [32].

En el caso de Indias se conocían tres comisariatos franciscanos: el Comisario general de la Nueva España (1541), Comisario general del Perú (1559) y Comisario general de Indias en la Corte de Madrid (1572), que han sido objeto de una penetrante y detallada investigación por parte del doctor Pedro Borges [33]. Recientemente, el profesor Isaac Vázquez Janeiro dio a conocer un cuarto comisario al frente de la Comisaría general de La Española (1504-5, sin que sepamos si su duración se prolonga ulteriormente), en la que el comisario aparece en 1504 como delegado de Cisneros en su calidad de vicario apostólico con atribuciones de vicario general de los franciscanos observantes ultramontanos. Por causas que desconocemos, en 2 de Enero de 1505 no es ya Cisneros, sino el general de la Orden quien nombra comisario para el mismo puesto. Y finalmente, el 17 de Septiembre del mismo año el general de la Orden confiere una serie de facultades a dicho comisario [34]. Hasta 1583, los poderes de los comisarios fueron delegados de quien los nombró, mientras

30 B. de Carrocera, *Misión de los capuchinos en Cumaná* 1 (Caracas 1968) XV-XVI.

31 A. Barrado Manzano, *De historia et iure commissariorum generalium in ordine fratrum minorum* (Sevilla 1952).

32 J. Meseguer Fernández, 'La bula *Ite vos* (29 de Mayo de 1517) y la reforma cisneriana', *Archivo Ibero-Americano* 18 (1958) 257-361.

33 P. Borges, 'En torno a los Comisarios Generales de Indias entre las Ordenes misioneras de América', *Archivo Ibero-Americano* 23 (1963) 145-96, 24 (1964) 147-82, 25 (1965) 3-60 y 173-221; idem, 'Institución de la Comisaría General de Indias', ibid. 27 (1967) 341-47.

34 I. Vázquez, *Un plan inédito para la evangelización de América: la creación de una Comisaría General indiana en 1505* (Humanismo, Reforma y Teología 6; Santiago de Compostela 1979). Ver sobre esta obra P. Borges, 'La Comisaría General de la Española (1504-1505). Observaciones a un estudio reciente', *Archivo Ibero-Americano* 40 (1980) 267-76.

que a partir de esta fecha se convirtieron en ordinarios. Claro está que, en la práctica, la delegación *ad universitatem causarum* viene a producir los mismos efectos que la jurisdicción ordinaria.

Esta terminología de comisario, de claro origen franciscano, aparece adoptada por la legislación común de Indias, para referirse a cargos, oficios y menesteres también existentes en otras órdenes religiosas. En la legislación común indiana encontramos esta terminología para referirse a dos realidades diferentes: la de superior de una expedición misionera y la de superior jerárquico. En el primer sentido, tenemos textos tan claros como éstos: 'Que cuando alguna religión de las que hay en las Indias pidiere religiosos, no envíen prelados comisarios que los lleven' [35]; 'Que los comisarios que de España llevaren religiosos guarden la forma que se declara' [36]; 'Que a los comisarios que llevaren religiosos no se encarguen los despachos hasta que hayan dado la nómina' [37]; 'Que a los comisarios de los religiosos que fueren a las Indias se les entregue el dinero para compras' [38]; 'Que los religiosos señalados para una misión no pasen a otra sin licencia del primer comisario' [39]; 'De los religiosos que fueren a las Indias se nombre un comisario' [40]; 'El comisario que para dicho efecto fuere nombrado' [41]; 'El comisario que llevare los dichos religiosos' [42], etc. Recuérdese que también los jerónimos enviados por Cisneros a Indias se llamaron comisarios o jueces comisarios.

A partir de la Junta Magna de 1568, la institución del comisario general de Indias, puesto por el rey y residente en Madrid, se convierte en una meta y sueño dorado de la Corona, con el fin de conseguir el control regio de la selección, nombramiento, envío y actuación de los misioneros en Indias. El primer intento de la Corona fue en realidad conseguir poner un patriarca de Indias, residente en Madrid. En su defecto, intentó colmar este vacío con los comisarios. Y sólo ante el fracaso, al menos a escala general, de esta institución, se contentó con el envío de visitadores. Roma, que en el fondo intentaba lo mismo a la inversa que la Corona, trató por todos los medios de introducir un nuncio suyo que controlara la acción de la Iglesia de Indias. Ambas supremas instancias (Corona y Santa Sede) se neutralizaron mutuamente, teniendo que conformarse con un mínimo que no era el ideal de ninguna de las dos, a saber la institución de los visitadores [43].

35 *Recopilación de las Leyes de los Reinos de las Indias* 1.14.3.
36 Ibid. 1.14.4.
37 Ibid. 1.14.5.
38 Ibid. 1.14.8.
39 Ibid. 1.14.9.
40 Juan de Ovando, *Código Ovandino* 1.6.5 (ed. A. Martín González, *Gobernación espiritual de Indias. Código Ovandino. Libro I,* Guatemala 1977, 209-10).
41 Ibid. 1.6.8 (ed. 211-12).
42 Ibid. 1.6.14 (ed. 214).
43 Sobre el patriarcado cf. L. Frías, 'El patriarcado de las Indias Occidentales. Nuevas investigaciones históricas', *Estudios Eclesiásticos* 1 (1922) 297-318, 2 (1923) 24-47; sobre la nunciatura, cf. P. Borges Morán, 'La nunciatura indiana. Un intento pontificio de intervención directa en Indias bajo Felipe II, 1566-88', *Missionalia Hispanica* 19 (1962) 169-227; análisis de conjunto en el mismo, 'La Santa Sede y América en el s. XVI', *Estudios Americanos* 21 (1961) 141-68.

Las características definitorias del cargo del comisario general, eran, como ha señalado Borges, estas cuatro: a) Jurisdicción sobre todas las provincias americanas de la respectiva orden; b) Lugartenencia casi omnímoda del propio superior general; c) Intervención regia en su nombramiento; d) Residencia del comisario en Madrid [44]. En el caso de la comisaría franciscana de La Española de 1504-5 no se dan ciertamente los dos últimos elementos. Pero en los otros tres comisarios de dicha Orden, sí se dan. Pero no por esto ha de considerarse el comisariato de 1504-5 como institución diferente, sino que es la misma institución en su estadio inicial, en la que después se integran los dos elementos, como en seguida veremos.

Tradicionalmente se creía que el proyecto regio de comisario general de Indias, residente en Madrid, había sido ideado por Jerónimo de Mendieta, pudiendo considerársele como el padre de la idea. Pero Borges advierte, después de un concienzudo estudio de toda esta temática, que Mendieta opera sobre una institución ya existente y en funcionamiento mucho antes de la Junta Magna de 1568 y de los ulteriores intentos de poner por obra esta institución de los comisarios generales. Pero no cabe duda de que fue un importante inspirador de varios de los elementos integrantes del proyecto regio, como lo muestra el mismo autor exponiendo ambos planes en columnas paralelas [45].

La Orden franciscana fue la única que aceptó el plan regio de los comisarios generales de Indias, porque fundamentalmente ya tenía esta institución antes de que surgiera el plan de la Corona sobre esta materia. En cuanto a las demás órdenes, salvo la transitoria aceptación de los agustinos en el capítulo general de 1582, se mantuvieron opuestas a la aceptación del comisario general de Indias [46]. Solamente los capuchinos adoptaron el comisario general para sus misiones de forma muy parecida al modelo franciscano. Su cometido abarcaba la selección de los misioneros, presentación de los mismos al Consejo, gestión de aviamiento, pasaje y embarque, gobierno de las misiones y su marcha, solicitar cédulas reales, y, en una palabra, atender a todos los asuntos relacionados con las misiones americanas. Fue creado el 28 de Octubre de 1662. Se designaba para este cargo al provincial de Andalucía y, en caso de división de la provincia, al provincial que continuara residiendo en Sevilla. El nombramiento se comunicó al general de la Orden el 4 de Febrero de 1664, quien lo dio por bueno el 24 de Junio de 1667. El 16 de Junio de 1671 fue ratificado por otro general. A los misioneros de Cumaná no les gustó la creación de este oficio, porque preferían que el cargo recayera en el provincial de Castilla, pero no vieron satisfecha su demanda [47].

44 P. Borges, 'En torno a los Comisarios...' 23 (1963) 145.

45 Idem, ibid. 24 (1964) 158-59.

46 Q. Fernández, 'El Vicario General de Indias. Una controversia jurisdiccional entre Andrea Securani de Fivizano (1492-98) y el Provincial de Castilla Fray Gabriel de Goldáraz (1592-1595)', *Analecta Augustiniana* 41 (1978) 25-63.

47 B. de Carrocera, *Misión de los capuchinos de Cumaná* 1 (Caracas 1968) 441-46.

4. COLEGIOS DE MISIÓN

Los colegios de misión son una institución típicamente franciscana. Su impacto en América desde finales del s. XVII y a lo largo del s. XVIII-XIX fue realmente decisivo, tanto por el número como por la preparación de los misioneros que proporcionaron. Los colegios franciscanos fundados en la Península Ibérica fueron los de Varatojo-Portugal (1679), Nuestra Señora de la Hoz-Segovia (1681) trasladado en 1683 a Sahagún-León, Escornolbou-Tarragona (1688), Nuestra Señora de la Oliva-Toledo (1689) trasladado en fecha desconocida a Tamajón-Guadalajara y en 1702 a Cogolludo-Guadalajara y en 1814 a Villarejo de Salvanés-Madrid, San Antonio de Arcos de la Frontera-Cádiz (1687), San Roque de Calamocha-Teruel (1690), San Esteban de Cehegín-Murcia (1690), Santo Espíritu del Monte-Valencia (1690), San Juan de Villaviciosa-Asturias (1692), Nuestra Señora de los Angeles de la Moheda-Cáceres (1627), Santa Marina de la Verde-Salamanca (1726) trasladado el año siguiente a la Moheda-Cáceres, Cambados-Pontevedra (1695), Olite-Navarra (1745), San Juan Bautista de Zarauz (1746) y Baeza (Jaén) en fecha desconocida.

Estos colegios eran exentos del provincial de la provincia en donde estaban enclavados, dependiendo del general de la Orden. Estaban destinados a las misiones populares en España y a la vez constituían un plantel de vocaciones misioneras para América. De hecho, ningún religioso podía ir a aquellas misiones, sin haber estado primero en alguno de estos colegios misionales. Eran, pues, colegios mixtos, en el sentido de que estaban concebidos para el doble fin de las misiones populares entre fieles y para las misiones de infieles en América. Los colegios para sólo la finalidad misional americana no dieron resultado.

La Constitución de Cádiz del año 1810 les afectó en la misma medida que a los demás conventos. Con las leyes de 1820 y la desamortización de 1835 fueron clausurados, con el consiguiente detrimento para las misiones americanas. A partir de la mitad del siglo pasado se fueron abriendo otros colegios misionales a imagen y semejanza de éstos que acabamos de mencionar. Algunos religiosos venidos de América abrieron colegios de misiones en Vich, Morón de la Frontera y La Aguilera, aunque su vida fue efímera como tales colegios de misiones.

Paralelamente a los colegios peninsulares, se fundaron muchos en América. Obedecen al contexto histórico de principios del s. XVII, en el cual había decaído bastante el fervor misional de ir a evangelizar a los infieles, contentándose los religiosos de mejor gana con el apostolado entre fieles que era más cómodo. Los religiosos preferían los curatos y las prelacías a las misiones al vivo entre los islotes de infieles que todavía quedaban entre la población autóctona. Bajo este aspecto, los colegios de misiones significaron un relanzamiento del ideal misionero.

He aquí una lista de colegios de misiones franciscanos en América: en el virreinato de Nueva España figuran los de Querétaro (1682), Cristo Crucificado de Guatemala (1682 y 1694), Nuestra Señora de Guadalupe de Zacatecas (1704), San Fernando de México (1732), San Francisco de Pachucha-Méjico (1732), San José de la Gracia de Orizaba-Méjico (1799), Nuestra Señora de Zapopán-Méjico (1812); en el virreinato del Perú estaba Nuestra Señora de Popayán-Colombia (1753), Nuestra Señora de los Angeles de Tarija-Bolivia (1755), San Ildefonso de Chillán-Chile (1756), San Joaquín de Cali-Colombia (1756), Santa Rosa de Ocupa-Perú (1757-58), San Francisco de Panamá (1785), Purísima Concepción de Píritu-Venezuela (1787), Nuestra Señora del Mayor Dolor de Moquegua-Perú (1795), San José de Tarata-Bolivia (1796) y San Carlos de San Lorenzo-Argentina (1784). Después de la independencia de las posesiones españolas de América, siguieron los franciscanos fundando colegios de misiones, para colmar el vacío de vocaciones misionales provenientes de España que se produjo en el s. XIX y el anticlericalismo y laicismo importado de Europa a las jóvenes repúblicas americanas.

A imitación de los colegios de misiones de los franciscanos, se fundaron otros en algunas órdenes, particularmente entre los capuchinos y mercedarios. Los colegios franciscanos recibieron el nombre de Colegios de Misiones. Entre los capuchinos se denominaron Seminarios de Misiones o Conventos de Perfecta Vida Común [48].

5. Juan Focher, primer teorizante del vicariato regio

En pocas materias como en la presente se encuentran tan íntimamente entrelazados los hechos y la teoría. Los monarcas españoles a partir de los Reyes Católicos tuvieron conciencia clara de que, por las bulas alejandrinas de 1493 y demás documentos correlativos de papas como Julio II y Adriano VI, se les concedía algo más que un patronato sobre las Indias. Un segundo punto de apoyo venía del hecho de que los papas habían concedido poderes vicariales al maestre de la Orden de Cristo en Portugal, cuya heredera fue la Corona portuguesa, y más tarde la española al unirse ambas Coronas bajo Felipe II. Otro precedente se hallaba en la Monarquía Sícula, cuyos monarcas gozaban del poder de legados *a latere* de los papas a partir de la concesión de Urbano II (1088-89) al rey Rugero de Calabria y sus sucesores. Como es sabido, los monarcas españoles también se contaban entre los sucesores de los reyes sicilianos. Añádase el papel de defensores del catolicismo que los reyes españoles jugaban en el s. XVI. De vicarios de Dios, como se les llama en las Partidas, pasan a ser vicarios del papa.

En el caso concreto de Indias, se dan además los siguientes hechos históricos: 1) Los reyes de España ejercen el control del envío de los misioneros a Indias y de su distribución en aquellos dilatados territorios. 2) Establecen los límites de las diócesis, aunque con expreso consentimiento del papa en

48 F. Sáiz Díez, 'Los Colegios de Propaganda Fide en Hispanoamérica', *Missionalia Hispanica* 25 (1968) 257-318, 26 (1969) 5-113.

cada caso. 3) El único intermediario entre la Iglesia de Indias y el papa era el rey, rechazándose todos los intentos de establecer un nuncio o legado del papa en Indias. 4) Los obispos designados por el rey, y todavía pendientes de confirmación por el papa, gobernaban su diócesis por el sistema de *ruego y encargo* (*ruego* al cabildo catedralicio, y *encargo* por parte de éste del gobierno al nuevo obispo).

Tratándose de una exposición del pensamiento de Focher, resulta obligado dejar constancia de otra serie de hechos relacionados con este tema:

1) En virtud de la Regla Franciscana de 1223, c. 12, competía a los ministros provinciales (y *a fortiori* al general) la misión canónica para enviar a los miembros de la Orden a misiones.

2) Los romanos pontífices, sobre todo a partir de los papas aviñonenses, nombran a los jefes de las expediciones misioneras, dándoles las facultades que creen oportuno.

3) A partir de Urbano V (1362-70) y Gregorio XI (1370-78), los papas sustraen al control de la Orden la autorización o el visto bueno de los jefes de expediciones misioneras, de suerte que actúan, en virtud de su encargo pontificio, con entera libertad en relación con la jerarquía interna de la Orden.

4) Con las bulas pontificias dirigidas primero a los portugueses, y sobre todo con las dirigidas a los castellanos, compete a los monarcas el deber y el derecho de seleccionar a los misioneros, enviarlos, financiar las expediciones y sustentarlos, lo que se efectúa de diferentes modos. En virtud de la bula *Omnimoda* de 1522, la Orden elige a los candidatos, el rey los aprueba y el papa les da la misión canónica.

5) En el mismo año de 1523, Clemente VII concede al rey el derecho de enviar 120 franciscanos, 70 dominicos y 10 jerónimos, pasando por alto la licencia de los superiores regulares. Aunque se concede un número taxativo, no extensible a otros casos, no deja de ser un hecho significativo.

6) El papa Julio III, en 1554, faculta al arzobispo de Sevilla (metropolitano de todas las iglesias de Indias hasta 1546), al obispo de Avila y al patriarca de Indias para dar licencias a los misioneros, incluso en el caso de que se opongan los superiores de la Orden respectiva, pese a habérseles solicitado el permiso.

7) Bajo Felipe II, se intenta que el poder de enviar misioneros y de darles las facultades necesarias fuese atribución del patriarca de Indias, intento que fracasó. Se pretendió entonces, sobre todo con motivo de la Junta de 1568, que tal prerrogativa pasase al comisario de cada una de las cuatro órdenes misioneras (franciscanos, dominicos, agustinos, jesuitas). Este intento cuajó en cuanto a los franciscanos, constituyendo para ellos el sistema de

transmisión de la potestad y facultades espirituales que se daban a los misioneros.

En este contexto encajan tres textos famosos de Juan Focher (m. en 1572) que constituyen una especie de *crescendo* de la teoría vicarial. El primero está tomado del *Itinerario* [49]:

> 'Los religiosos misioneros, en virtud de sus indultos, desempeñan su cargo por autoridad del papa y, por lo mismo, no deben ser considerados como personas particulares, sino públicas, c. *Sane, de officio delegati* [50]. En efecto, llevan la delegación del papa y son delegados suyos. Dígase lo mismo de quienes son enviados por algunos de los monarcas que tienen recibida del papa autorización para ello, como la tuvieron los Reyes Católicos y el Emperador Carlos V, quienes la obtuvieron de varios pontífices para las Indias Occidentales, y la tiene en el día de hoy, respecto a los indios, nuestro muy católico Rey Felipe.'

A tenor de este texto, el misionero es persona pública en el desempeño de su cargo, porque recibió la potestad del papa o del rey o emperador, quienes a su vez la recibieron delegada o vicaria del papa. Nótese que el texto de las Decretales aquí citado se refiere a jueces delegados nombrados por el papa, los cuales 'en la causa que se les encomendó tienen jurisdicción sobre el ordinario (el obispo) y sobre cualquier otro superior', como sumariza la rúbrica del capítulo que aquí se alega.

Otro texto del *Itinerario* [51] subraya que el papa puede comisionar a un eclesiástico (como fueron los superiores de la Orden franciscana) o a un seglar (como fueron los Reyes Católicos y sus sucesores) para el envío de misioneros, con todo lo que esto lleva consigo, basándose esta vez en la famosa *regula iuris* del Libro Sexto de las Decretales [52], según la cual puede uno realizar por medio de otros todo lo que puede hacer por sí mismo. Gozan de las mismas prerrogativas los enviados directamente por el papa que los enviados por el rey, que recibió el poder del papa para ello. Los reyes, por consiguiente, están en la misma situación en que estaban los provinciales de la Orden franciscana para este efecto de enviar misioneros.

En un comentario, verosímilmente de 1559, que se refiere a dos breves dirigidos por Paulo IV a los franciscanos y dominicos en 1555-56, Juan Focher da un nuevo paso que ensancha y redondea considerablemente el contenido del regio vicariato. Una vez más, es preciso recordar algunos hechos históricos, sin los cuales las palabras de Focher quedarían desambientadas y posiblemente incomprensibles.

En virtud de la bula *Omnimoda* de 1522, los religiosos misioneros eran exentos del ordinario de lugar, y se les declara capaces de cualquier acto de

49 Juan Focher, *Itinerario del misionero en América.* Texto latino con versión castellana, introducción y notas de Antonio Eguíluz (Madrid 1960) 72-73.

50 X 1.29.11.

51 Ibid. 95-97.

52 In VI de regul. iuris 72.

su ministerio que no requiriese la consagración episcopal, y siempre que el obispo más próximo estuviese a dos o más dietas de distancia (unos 42 km.). Con esta autorización pontificia actuaron los primeros franciscanos en su apostolado, así como al reunir la primera Junta apostólica de 1524, a la que aludimos en otro apartado de este capítulo. Al llegar los dominicos en 1526, las dos órdenes alternaron el ejercicio de estas facultades. En 1528 llegó el primer obispo (el franciscano Fr. Juan de Zumárraga), que no había recibido aún la confirmación de Roma. En estas condiciones, los religiosos le transmitieron las facultades que creían tener y con ellas gobernó el nuevo obispo hasta que recibió la confirmación pontificia. Una vez establecida la jerarquía episcopal, surgieron grandes disensiones jurisdiccionales entre los obispos y clero secular por un lado, y los religiosos y la Corona española por otro. Estos consiguieron en cierto modo ganarse el apoyo pontificio, que se manifiesta particularmente en los dos breves aludidos de Paulo IV, en los cuales se declara que las facultades y privilegios concedidos por los papas a los religiosos han de entenderse 'iuxta ampliorem et favorabiliorem illorum intelligentiam et interpretationem', declaración que Focher comenta con las siguientes palabras:

> 'Nunc vero Paulus IV approbat illa quae ipsi reges ordinaverint pro huius ecclesiae utilitate ac si ab ipso emanassent. Et sic concedit virtualiter ipsis regibus potestatem condendi statuta et per fratres mendicantes in ipsis habitantes indiis dispensanda, quae quidem vult papa ut interpretentur ab his a quibus et privilegia sua, sed et illo modo quo sua mandat interpretari privilegia fratribus concessa, scilicet in ampliorem et favorabiliorem intelligentiam, et non aliter, ut supra notavi' [53].

Aquí se establece una paridad entre lo que el papa manda *formaliter* (por sí mismo) y lo que ordena *virtualiter* (por medio de los reyes de España) para el gobierno de la Iglesia de Indias, y que ejecutan los religiosos. Este poder legislativo se refiere, según parece, a sólo el fuero externo.

Juan Focher es el primer autor conocido que teoriza sobre el regio patronato, a qupien seguirán muy de cerca el agustino Alonso de Veracruz, OSA; Jerónimo de Mendieta, OFM; Manuel Rodríguez, OFM; Luis Miranda, OFM; Antonio Remesal, OP, y Juan Silva, OFM [54]. Tampoco escaparán a la atención del lector los elementos de la legislación franciscana que Focher aduce en el desarrollo de este tema.

53 P. Leturia, 'El regio vicariato de Indias y los comienzos de la Congregación de Propaganda Fide', *Spanische Forschungen der Görresgesellschaft. Gesammelte Aufsätze* 2 (Münster in Westfallen 1926) 133-77; A. de Egaña, *La teoría del regio vicariato español de Indias* (Analecta Gregoriana 95; Roma 1958) 60-76.

54 J. García Icazbalceta, *Nueva colección de documentos para la historia de México* 2 (México 1889). Una ed. más reciente en el mismo volumen, *Códice Franciscano* (México 1899) 115-26 (latín) (México 1941) 103-14 (castellano).

III. LOS FRANCISCANOS Y LA ENSEÑANZA

Entre las diferentes instituciones y prácticas relacionadas con la enseñanza y la formación de los indios, los franciscanos fueron los iniciadores de las siguientes: escuelas elementales o primarias, escuelas de artes y oficios o técnicas, colegios para hijos de caciques, colegios de segunda enseñanza y centros de formación femenina. Las tres primeras tuvieron gran éxito y se extendieron a toda América. Las dos últimas rindieron escasos resultados y terminaron fracasando. Veamos lo más esencial de cada una de estas instituciones o praxis iniciadas por los franciscanos.

1. Los franciscanos y la enseñanza primaria

Fueron los franciscanos quienes iniciaron la enseñanza elemental o primaria en Méjico: Tezcoco (1523), en la capital (1524), Huejotzingo (1525) y Tlaxcala (1527), donde llegaron a reunir 600 alumnos. Veamos brevemente lo más importante sobre el profesorado, alumnado, metodología de la enseñanza, materias, metas, acogida y resultados.

1) *Maestros.* Los primeros franciscanos que emprendieron esta experiencia fueron los tres flamencos enviados por Carlos V: Fr. Juan de Tecto (que había enseñado en la Sorbona y había sido confesor del joven emperador Carlos V), Fr. Juan de Aora y Fr. Pedro de Gante. Los dos primeros eran sacerdotes y fallecieron durante la expedición de Hernán Cortés a las Hibueras (Honduras). El tercero era hermano lego y vivió largos y fecundos años de apostolado en Nueva España, como veremos en seguida. Con la llegada de los *Doce apóstoles* de Méjico y de otras sucesivas expediciones de franciscanos, esta experiencia educacional se incrementa notablemente, de tal suerte que será ya una constante el que los frailes tengan una escuela en cada uno de sus conventos, aparte de otras que se abren en lo que podríamos llamar la zona de influencia de cada una de sus casas. Fue importante la colaboración de antiguos alumnos indios. No tuvo mayor éxito, en cambio, el plan de llevar maestros laicos de España para hacerse cargo de estas escuelas.

2) *Alumnado.* Estas escuelas estaban previstas para los macehuales o indios plebeyos, aunque a veces se acogiera indistintamente a todos los niños sin distinción de clases sociales. Esto ocurría especialmente en pueblos pequeños. A la instrucción recibida en estas escuelas seguía, en muchos casos, el paso a un centro de artes y oficios. En algunos casos se simultaneaban ambas enseñanzas.

3) *Escuelas.* Veamos sucesivamente su ubicación y número, metas, método o sistema pedagógico, asignaturas o materias, acogida y resultados prácticos.

a) *Ubicación y número.* Puede afirmarse que dondequiera que hubo convento de religiosos franciscanos, se creó una escuela para los niños indios. El número de conventos creados hacia 1570 ascendía a 70. En 1573 advierte Mendieta que 'en cada pueblo donde residimos tenemos una escuela'. Pero el número de escuelas excedía al de conventos, ya que está atestiguada su existencia en muchas localidades donde los frailes no residían, pero que visitaban dentro del área geográfica de influencia de cada convento.

b) *Metas.* Múltiples eran las metas que se intentaba conseguir con las escuelas. Por un lado, se trataba de formar nuevos cristianos, cosa mucho más fácil a la temprana edad de aquellos niños indios que con la población adulta. Estos niños fueron utilizados, además, para anunciar a sus connacionales el mensaje evangélico por medio de catecismos en lenguas autóctonas preparados para este efecto por los misioneros. Estas escuelas sirvieron asimismo para un intercambio de idiomas: los misioneros aprendían o perfeccionaban sus conocimientos de las lenguas indígenas al contacto con los niños, traduciendo a ellas catecismos y otros escritos que unos y otros utilizarían en su apostolado. Los indios, por otra parte, aprendían de los misioneros la lengua de Castilla, aparte de las otras materias que en estas escuelas se cursaban.

c) *Metodología.* Generalmente estas escuelas se organizaron en régimen de externado. Se utilizaron cartillas o catecismos breves, como los dos mil ejemplares adquiridos por el franciscano Fr. Antonio del Espinar en Sevilla el año 1512, destinadas en este caso para los niños de la Española. En Nueva España se traducen a los diferentes idiomas locales. Estos catecismos servían a la vez para aprender a leer y para la instrucción religiosa, de lo que se conocen ejemplos en la Península, como ocurre con el Sínodo de Coria del año 1537 [55]. Junto con estas cartillas o doctrinas, también adquirió 20 ejemplares de la *Gramática* de Nebrija el año 1513, pero esta obra iba dirigida a la enseñanza del latín en escuelas de nobles, y no en estas escuelas elementales que aquí nos interesan. La introducción del alfabeto latino para escribir las lenguas indígenas significó una auténtica revolución cultural.

d) *Materias.* En estas escuelas se enseñaba la lectura, la escritura, cuentas y música, algunas veces también el latín relacionado con los textos que en dicho idioma se utilizaban en la liturgia. Otro tanto ocurría con la música tanto vocal como instrumental, que también se enseñaba en función de la liturgia preferentemente.

e) *Acogida y resultados prácticos.* No faltaron encomenderos y otras gentes que criticaran la promoción cultural del indio plebeyo. Como se indica en un informe de la provincia franciscana del Santo Evangelio, dirigido a Ovando: '... no conviene que sean instruídos los hijos de los labradores y gente plebeya, sino que solamente deprendan la doctrina cristiana, y luego, en sabiéndola, comiencen desde mochachos a seguir los oficios y ejercicios de

55 Tít. II y *Carta de visita,* donde propiamente manda que los niños lean diariamente la doctrina. Ed. *Synodicon hispanum* 5 (Madrid: en prensa).

sus padres, para sustentarse a sí mismos y ayudar a su república, quedando en la simplicidad que sus antepasados tuvieron...'. Pero son prácticamente unánimes los testimonios de los contemporáneos que nos cercioran de que fundamentalmente se cumplían las previsiones o metas que los religiosos se habían propuesto al abrir estas escuelas. Esta institución fue largamente practicada por todas las órdenes misioneras a lo largo y a lo ancho de Indias durante todo el s. XVI e incluso después [56].

2. Los franciscanos y las escuelas de artes y oficios

Si para la formación cultural de tipo literario se pensó desde un principio que los aztecas eran hábiles, la opinión de los contemporáneos fue todavía más optimista con respecto a su excepcional destreza para las artes laborales. Según Bernardino de Sahagún, 'todo esto tenemos por experiencia que tienen habilidad para ello, y lo aprenden y lo saben y lo enseñan, y no hay arte ninguna que no tengan habilidad para aprenderla y usarla'. Lo mismo opina Motolinía: 'en sólo mirarlos y verlos hacer, han quedado maestros'.

Como indica Robert Ricard: 'La práctica del trabajo manual les impediría (a los indios) caer en el ocio, fuente de vicios, y sería, ya por sí solo, un gran medio de elevación moral. Por otra parte, la enseñanza técnica daba a los indios medios seguros y honestos para ganarse la vida, y ponía un cimiento de estabilidad social, que tenía que contribuir a la estabilidad' [57].

Este tipo de enseñanza se impartió bajo tres formas: de modo individual por los misioneros, por extraños y en auténticos centros o escuelas de artes y oficios o profesionales. Nos referimos aquí a la tercera de estas formas. En la realización de este plan, una vez más nos encontramos con el buen franciscano flamenco Fr. Pedro de Gante como iniciador de estas escuelas para formar a los indios en esta faceta de su promoción espiritual y humana.

El año 1524 estableció Pedro de Gante en México el primero de estos centros junto a la escuela primaria de San José. En este centro seguía enseñando el fraile flamenco, en 1570, pintura, escultura, carpintería, cantería, sastrería, zapatería, herrería y en general todos los oficios 'mecánicos' o manuales. A esta fundación de Pedro de Gante siguen la de los agustinos en Tiripitío (Michoacán-Méjico) en 1537 y la de Vasco de Quiroga establecida

56 C. Bayle, *España y la educación popular en América* (Madrid 1941); M. Rodríguez Pazos, 'Los franciscanos y la educación literaria de los indios mejicanos', *Archivo Ibero-Americano* 13 (1953) 1-59; L. Gómez Canedo, *La educación de los marginados durante la época colonial. Escuelas y colegios para indios y mestizos en la Nueva España* (México 1982) 12-25, 40-53; P. Borges Morán, *Civilización y evangelización en América* (en prensa). Agradezco al Dr. Pedro Borges su amable autorización para consultar este nuevo libro suyo inédito.

57 R. Ricard, *La conquista espiritual de México,* trad. por A. M. Garibay K. (México 1947) 383.

en el mismo año en Pátzcuaro. Los obispos de México propusieron al emperador el mismo año que 'hubiese escuela (pública) de oficios para que los indios los deprendiesen todos', aunque esta propuesta no llegó a realizarse.

Otro franciscano, el también flamenco Jodoco Ricke, inició una escuela de estas características en Quito a mediados del s. XVI, en la que se enseñaban más o menos todas las artes mecánicas, que los indios asimilaron tan bien que 'sirven a poca costa y barato toda aquella tierra, sin tener necesidad de oficiales españoles'. Los agustinos, que llegaron al Perú en 1550, llevaban instrucciones de establecer esta clase de escuelas, aunque no consta que lo hicieran.

Los jesuitas extendieron esta experiencia por los llanos de Colombia, estableciendo escuelas para aprender las primeras letras y 'oficios útiles'. Verosímilmente era ésta una práctica general de las misiones jesuíticas, ya que aparece también en Mainas (Ecuador-Perú) a mediados del s. XVIII por obra de los Padres de la Compañía, Pedro Uriarte y Florián Paucke. La misma práctica se registra en esta época en el Chaco argentino. Una escuela selectiva jesuítica era la de Tepozotlan (México), donde los hijos de los caciques aprendían artes nobles como la pintura, escultura y platería, mientras que los macehuales se dedicaban al aprendizaje de los oficios de menor rango social.

Centros más reducidos aparecen en la misión de San Joaquín de los Omaguas (Ecuador) a mediados del s. XVIII y en la de Abapó (Tarija-Bolivia).

Al lado de los centros polivalentes mencionados donde se trataba de enseñar todos o los principales oficios mecánicos, había otros especializados, como el que tenían los franciscanos en sus misiones del Ecuador, dedicados a la confección de determinados paños. Algo parecido tenían los jesuitas en Meta y Casanera (Colombia) al abandonar estas misiones en 1767. Los jesuitas del Orinoco solían establecer una fragua y un taller, la primera para la elaboración de utensilios de trabajo y la segunda para confeccionar los tejidos. En 1579, el franciscano Narciso de la Vega Otero tenía establecida en su misión de Abapó (Bolivia) una 'escuela de hilazas' para las niñas, mientras que los niños aprendían además carpintería y herrería. Algo parecido se encuentra en la misión franciscana de Itatí (Paraguay). En las misiones guaraníes del s. XVIII había toda clase de talleres.

Aparte de los oficios o artes indicados, se difundieron en México a lo largo del s. XVI la alfarería, cerámica de Talavera, bordado, cantería, tallado de la piedra, tintorería, escultura, caligrafía, zapatería, sastrería.

Tenemos, en conclusión, que esta iniciativa franciscana se extendió con éxito en la totalidad de las Indias [58].

58 M. Rodríguez Pazos, 'Los misioneros franciscanos de Méjico y la enseñanza técnica que dieron a los indios', *Archivo Ibero-Americano* 33 (1973) 14-190; P. Borges Morán, ibid.

3. Los franciscanos y los colegios para hijos de caciques

Al filo de 1582-83 se puso de actualidad el tema de los colegios para hijos de caciques, sobre todo en el contexto del Concilio 3 Limense y del tratamiento de este tema por parte del P. José de Acosta. Por la forma como a veces se ha escrito sobre esta cuestión, el lector menos versado fácilmente sacará la impresión de que se trata de una institución nueva [59]. Sin embargo, nos hallamos ante una institución con dilatados precedentes en Indias, tanto en el tiempo como en el espacio. Los iniciadores fueron los franciscanos, primero en la Española y después en Nueva España, de donde pasó luego al resto de las Indias.

Como es sabido, en el Imperio azteca e incluso en otras zonas de Indias no estaba prevista la escolarización de los plebeyos, pero sí la de los nobles y muy en concreto los hijos de los caciques. Dicha educación tenía lugar en los templos, en régimen de internado y dirigida por los sacerdotes. Su género de vida era de una dureza y austeridad muy superiores a todo lo imaginable. En el imperio incaico, incluso se daba este tipo de formación a los hijos de los caciques vencidos, con la finalidad de ganarlos para la cultura y la causa del vencedor. Todos estos antecedentes tienen su importancia, ya que parecen inspirar algunas de las prácticas del período español.

La preferencia de los misioneros por los hijos de los caciques y de los nobles para impartiles una educación especial, no se basaba en ningún prejuicio racial, sino en el papel que presumiblemente iban a jugar ocupando puestos de mando en la administración española: 'Estos caciquillos (como dice Pazos), aunque empequeñecidos a los ojos de sus conquistadores, conservaban ante sus compatriotas aquel rango de superioridad y nobleza que habían poseído en los tiempos de Moctezuma, y sus súbditos aún les acataban con el hábito de la obediencia y del temor a que los tuvieron acostumbrados sus antepasados.'

La experiencia de impartir una educación especial a los hijos de los caciques y de otros nobles se gestó de modo embrionario en la Española y llegó a su plenitud en Nueva España. Sin que conste a ciencia cierta de quién partió la idea, el hecho es que los franciscanos de la Española comenzaron a educar a hijos de caciques durante el mandato del gobernador Ovando (1502-9). Hacia 1512 debió cobrar cierta consistencia, por lo que dejamos dicho de la adquisición de 20 *Gramáticas* de Nebrija en Sevilla, destinadas sin duda al aprendizaje del latín por parte de los hijos de caciques, lo cual, a su vez, parece indicar que por este tiempo se pensaba en su posible vocación sacerdotal o por lo menos en darles una formación adecuada como auxiliares de los misioneros, posibilidad que a escala general no se realizó. Las Leyes de Burgos de 1512-13 no tratan de este asunto. Pero en 1518 se ordena que un hijo de cada cacique sea educado por los religiosos franciscanos y dominicos. En 1528

59 L. Lopetegui, *El Padre José de Acosta S. I. y las misiones* (Madrid 1942) 167 con los lugares allí citados.

se dice que sean entregados a los franciscanos los hijos de caciques, menores de trece años.

La experiencia de enviar a España a los hijos de los nobles indios para que recibieran allí una educación cristiana fracasó pronto.

El 20 de Marzo de 1524 Hernán Cortés dio orden 'a toda la tierra de veinte y cuarenta leguas alrededor de donde estábamos, que todos los hijos de los señores y principales viniesen a México a San Francisco a aprender la ley de Dios y a la enseñar, y la doctrina cristiana, y así se hizo.' Los encomenderos debían enviar a los niños nobles de su encomienda para ser educados, en régimen de internado, por los religiosos y, en su defecto, por otra persona. El colegio más famoso fue el de los franciscanos de San José, anejo al convento de San Francisco de México, fundado en 1525 y transformado en 1536 en escuela elemental. El régimen era tan rígido que se parecía a un noviciado religioso. La enseñanza era matutina y vespertina, y consistía en aprender a leer, escribir, latín, música, etc. Los franciscanos recogían para educarlos a los hijos de los nobles de modo sistemático. No siempre aparece claro si se trata de internados o de simples escuelas elementales, donde la enseñanza es común para nobles y plebeyos.

Esta experiencia franciscana se extendió rápidamente no sólo a Nueva España, sino al resto de Indias. Su época de esplendor coincidió con el tiempo de la evangelización de Nueva España y Perú, los dos únicos sitios donde había dos imperios política y jerárquicamente organizados y por consiguiente una nobleza abundante. En los demás lugares de Indias se daban en sentido inverso estas condiciones, por lo que esta institución de la educación de los hijos de caciques alcanzó menos importancia[60].

4. Los franciscanos, los colegios de segunda enseñanza y el clero indígena

Con frecuencia se habla sólo de enseñanza elemental y superior para los indios, sin mencionar la enseñanza media. Hubo sin embargo una enseñanza media, para cuya identificación hay que fijarse más en el nivel que en las materias objeto de docencia. En la práctica se encuentra esta enseñanza en los colegios franciscanos de Tlatelolco (México) y en el de Quito.

La primera experiencia de enseñanza media que se conoce en el Nuevo Mundo fue realizada por los franciscanos en el Colegio de Santa Cruz, situado en el barrio azteca de Santiago de Tlatelolco, al norte de la capital mejicana. En este lugar impartían también los franciscanos la enseñanza primaria a un elevado número de alumnos, que llegó a cifrarse en unos cuatrocientos.

El 6 de Enero de 1536 se fundaba en dicho lugar el primero de estos cen-

60 J. J. B. Olaechea, 'Los colegios de los hijos de caciques a la luz de los terceros concilios provinciales de Lima y México', *Missionalia Hispanica* 19 (1962) 109-13; P. Borges Morán, ibid.

tros de América. Su primer promotor fue el obispo franciscano Fr. Juan de Zumárraga, para lo cual contó con todo el apoyo del presidente de la audiencia de México, Sebastián Ramírez de Fuenleal. Estuvieron presentes en el acto de apertura, aparte de los indicados, el virrey Mendoza, los superiores franciscanos y los que iban a ser profesores del nuevo centro.

Los estudios que allí se cursaban eran retórica, artes (filosofía) y teología. Algunos citan también la astrología. Hubo incluso una cátedra de medicina, que se abrió con motivo de las plagas que por este tiempo afligieron a Nueva España.

Allí enseñaron profesores franciscanos como Bernardino de Sahagún, Arnaldo de Bassac, Andrés de Olmos, García de Cisneros, Juan de Gaona, Francisco de Bustamante, Juan Focher, Pedro de Oroz, Juan de Torquemada. No faltaron profesores indios como Pablo Nazareo de Xalcotán, Antonio Valeriano, Martín de la Cruz. Allí encontró asilo y empleo el latinista judío, penitenciado por la Inquisición, Luis Rodríguez de Carvajal.

El número de alumnos osciló entre medio centenar y doscientos, según las épocas, si bien no aparece del todo claro si se trata de alumnos de enseñanza superior o también de enseñanza media. Como queda indicado, también llegó a haber allí hasta cuatrocientos alumnos de enseñanza primaria.

La selección de los alumnos se hizo con el criterio de traer dos o tres de cada población importante. En cuanto a la edad se habla primero del período comprendido entre los ocho y los doce años, y en 1570 se pone la edad tope de quince años. El régimen era de estricto internado. Vestían trajes o uniformes al estilo de los colegios universitarios de Castilla: 'hopas azules o moradas'. Por encima de la hopa o sotana llevaban una capa verde con capirote morado y la cruz de Santiago al lado izquierdo del pecho. Santiago era y es el patrono del barrio y de la iglesia de los franciscanos de Tlatelolco.

Este colegio parece que tuvo en la mente de sus fundadores la triple finalidad de formar culturalmente a futuros sacerdotes indígenas, hijos de gente principal india; promocionar a seglares indios con una formación superior, con la consiguiente proyección que éstos estaban llamados a tener sobre la sociedad circundante en su ulterior vida profesional; y, finalmente, la labor que estos laicos prestaron de hecho a los misioneros como auxiliares en su apostolado.

De estos tres fines, el segundo y tercero se cumplieron sustancialmente, ya que no fueron pocos los antiguos colegiales de este centro que, en alguna medida, fueron auxiliares de los misioneros y del clero en las dos formas indicadas.

Pero el primer fin, que parece claro era el de formar clero indígena, fracasó de modo total, ya que no se sabe de un solo indio colegial de Tlatelolco que recibiera órdenes sagradas. Veamos esto más en detalle.

El contador Albornoz dirigía, en 1525, una petición a Carlos V: 'Para que los hijos de los caciques y señores se intruyan en la fe, hay necesidad nos mande V. M. se haga un colegio donde les muestren a leer y gramática y filosofía y otras artes, para que vengan a ser sacerdotes, que aprovechará más el que de ellos saliese tal y hará más fruto que cincuenta de los cristianos (españoles) para atraer a los otros a la fe'. Esta petición se repite en 1526. Se orientaba, pues, a los hijos de los principales entre los indios. Parece ser éste el único colegio dedicado exclusivamente para hijos de caciques hasta finales del s. XVI. Para esta fecha, se ve que estaba totalmente olvidado el plan de llevarlos a España. En este sentido se enfocó la fundación del Colegio de Santa Cruz de Santiago de Tlatelolco. Obviamente no se esperaba que todos llegasen a ser sacerdotes, pero se confiaba ciertamente en que una selección llegaría a serlo. Estamos en una época en que los franciscanos y agustinos se muestran abiertos y receptivos con respecto a recibir a los indios en las filas del clero y entre los miembros de sus respectivas órdenes. Los dominicos eran más rígidos en este punto, mostrándose más negativos con respecto a tal posibilidad.

La experiencia de Tlatelolco bien se pudiera calificar de un seminario tridentino, antes de que el Concilio de Trento llegara a reunirse, ya que tanto el programa de estudios como el de prácticas religiosas, así como el régimen disciplinar respondían a las futuras exigencias tridentinas. Pero la experiencia de Tlatelolco fracasó por cuanto al clero indígena se refiere. Zumárraga explica que esto ocurrió porque precisamente los mejor formados 'tendunt ad nuptias potius quam ad continendum', o sea que se sentían más inclinados por el matrimonio que por la continencia. El fallo, pues, parece que estuvo en el escollo del celibato eclesiástico. Sin duda que esta dificultad se agrandaba todavía más tratándose de indios, en cuya tradición y cultura no figuraban el celibato y la virginidad como valores positivos. Este fracaso, ocurrido en el curso académico 1539-40, dejó tan mal sabor de boca en los misioneros y en el propio Zumárraga, que desistieron del proyecto, cediendo la dirección del colegio a los profesores indios, quienes lo orientaron más hacia la retórica que hacia las artes (filosofía) y la teología. Con ello, aumentó el alumnado a unos doscientos. Pero el colegio perdió ya todo carácter de seminario. Esta experiencia fracasada de Tlaltelolco se proyectó como una sombra en el ulterior tratamiento de esta cuestión, que se volvió durante mucho tiempo enteramente negativo por cuanto respeta a la admisión de los indios al clero y a las órdenes religiosas.

En el colegio de Quito, aludido al principio de este apartado, los franciscanos enseñaban en 1562 gramática y filosofía probablemente a los hijos de los nobles, en régimen de internado [61].

61 F. B. Steck, *El primer Colegio de América, Santa Cruz de Tlatelolco* (México 1944); M. R. Pazos, 'Los franciscanos y la educación literaria de los indios mejicanos', *Archivo Ibero-Americano* 13 (1953) 1-59, especialmente 44-59; J. J. B. Olaechea, 'Cómo abordaron la cuestión del clero indígena los primeros misioneros de México', *Missionalia Hispanica* 25 (1968) 95-124; idem, 'Opinión de los teólogos españoles sobre dar estudios mayores a los indios', *Anuario de Estudios Americanos* 15 (1958) 113-200; P. Borges Morán, ibid. en la obra citada supra nota 56.

5. Los franciscanos y la educación femenina

La educación femenina nunca llegó a alcanzar en la América Española la importancia que tuvo la masculina, por la doble razón de que las niñas no estaban llamadas a desempeñar en aquella sociedad los mismos cometidos e influencia que los niños, y porque en la mayoría de los casos los misioneros no disponían de mujeres educadoras a las que confiar esta misión.

Pese a estas limitaciones, no dejó de haber cierta corriente en pro de la educación femenina, cuyos iniciadores fueron precisamente los franciscanos de Nueva España.

Fr. Juan de Zumárraga y otros franciscanos fundaron un internado de este tipo en Tetzcoco tan pronto como en 1529. A este internado para adultas añadieron desde 1534 en adelante los infantiles de México, Otumba, Tepepulco, Huejotzingo, Tlaxcala, Cholula y Coyoacán.

Con estas fundaciones trataban de liberar a las alumnas de los abusos deshonestos a que estaban expuestas por parte de sus propios padres y prepararlas para contraer en su momento un matrimonio cristiano, a poder ser con los propios jóvenes que esos mismos franciscanos educaban en sus escuelas. La educación comenzaba entre los cinco y siete años y concluía a los doce. Se impartía en régimen de internado, aunque no de clausura, y en ella se insistía sobre todo en las enseñanzas de la doctrina cristiana, en las prácticas religiosas y en el aprendizaje de los oficios domésticos, es decir, en la formación de mujeres cristianas y hazendosas, modelo de la futura esposa, según las concepciones de la época. Por ello mismo, parece que se descuidó la formación cultural, e incluso la simple alfabetización, de cuya enseñanza no consta.

Esta educación estuvo a cargo de 18 mujeres venidas de España en tres expediciones, los años 1530, 1534 y 1535. En la primera llegaron seis 'beatas' (seglares que llevaban vida claustral, bajo la regla de alguna de las Ordenes Terceras femeninas). En la segunda fueron ocho mujeres seglares, de las cuales dos estaban casadas y otras se casaron en Méjico. La tercera expedición estaba compuesta por cuatro mujeres que llevaban un género de vida idéntico al de las que habían llegado en la primera expedición. Esta iniciativa estuvo en todo momento activada por Juan de Zumárraga, acompañando él personalmente la segunda de estas expediciones. La primera fue promovida y acompañada por Fr. Antonio de la Cruz, OFM, que luego fue obispo de Canarias y teólogo de Carlos V en en el Concilio de Trento.

Curiosamente, los mismos que habían promovido la idea tuvieron que desistir de ella hacia 1556, es decir, unos diez años más tarde, por la imposibilidad práctica de obtener lo que pretendían. Por una parte, algunas educadoras resultaron inadaptadas al duro y austero género de vida de su ministerio, y optaron por las mejores perspectivas que se les ofrecían fuera de aquellos beaterios, de los que podían salir libremente, ya que no eran religiosas ligadas con ningún voto. Por otra parte, los padres de las alumnas se oponían a esa educación y, finalmente, los jóvenes educados por los franciscanos no apetecían casarse con unas mujeres que hubieran sido excelentes esposas sin duda en conformidad con la mentalidad española de la Península, pero a ellos no les interesaba mantenerlas, en lugar de ser mantenidos por ellas.

Los esfuerzos de Zumárraga, secundado por los demás obispos, en 1536-37, para traer de España verdaderas religiosas que sustituyeran a las educadoras anteriormente mencionadas, no se vieron coronados por el éxito [62].

A esta iniciativa franciscana, llevada al máximo, como hicieron en otros varios aspectos los franciscanos de Nueva España, siguieron algunas otras en diferentes lugares y momentos. Simples escuelas femeninas elementales las hubo, como mínimo, en Yucatán, promovidas entre 1530 y 1569 por el franciscano Diego Martín, en las misiones peruanas de Cajamarquilla, en las que los franciscanos tenían en el s. XVII una escuela para varones y otra para mujeres; en Panamá en 1795 y en Sonora en 1793, al cargo también de franciscanos.

Escuelas femeninas, a las que iba unido un taller, las hubo, por lo menos en el monasterio de Santa Clara del Cuzco en el s. XVI y en cada una de las misiones franciscanas de Tarija (Bolivia) en 1795.

Existieron internados femeninos en Guatemala en 1546, a cargo de 'algunas dueñas devotas' procedentes de México, en las misiones jesuíticas de California desde 1730 aproximadamente hasta 1767 y en las misiones de Mainas (Ecuador-Perú), también de la Compañía de Jesús, desde 1741 en adelante [63].

6. Los franciscanos y el teatro religioso

Aunque la fijación por escrito de esta clase de representaciones es tardía, los historiadores están de acuerdo en que las primeras obras teatrales de carácter edificante en Nueva España se deben a autores franciscanos, en cuya Orden este género cuenta con antecedentes desde sus mismos orígenes. En esta línea se inscriben los pesebres de Navidad, la imitación del que San Francisco hizo construir en Greccio. Los nombres de los franciscanos Luis de Fuensalida y de Andrés de Olmos van unidos a las primeras representaciones que de este tipo se hacen en Nueva España. Algunos de estos autos religiosos tuvieron lugar en fecha no posterior a 1535. Mejor documentados aparecen otros representados en Tlaxcala en 1538-39. Al lado de los grandes temas bíblicos de la historia de la salvación, emergen otros de origen franciscano como la predicación de San Francisco a las aves. Una constante de este tipo

62 A. Ortega, 'Las primeras maestras y sus colegios-escuelas de niñas en México', *Archivo Ibero-Americano* 31 (1929) 259-76, 365-87; J. M. Kabayasi, *La educación como conquista (empresa franciscana en México)* (México 1974) 280-92; R. Ricard, obra cit. 282-83; L. Gómez Canedo, obra cit. 93-130.

63 Tomamos estos datos de P. Borges Morán, obra cit. supra nota 56.

de teatro es su representación por los mismos indios, y en su lengua propia. La lengua más usada para este efecto es el náhuatl. La técnica es rudimentaria. No faltan elementos precortesianos, como los muchachos disfrazados de animales. El arraigo entre los indios fue grande. Todavía a finales del s. XIX, los mejicanos y los indios hacían esta clase de representaciones en Nuevo México y Texas. En torno al año 1900, los indios tarascos de Michoacán llevaban a la escena coloquios de tema religioso [64].

64 R. Ricard, obra cit. 353-73.

Indices

1. ÍNDICE DE MANUSCRITOS

2. INDICE ONOMASTICO Y TEMATICO

3. INDICE SISTEMATICO